当代齐鲁文库·山东社会科学院文库
THE LIBRARY OF CONTEMPORARY SHANDONG
SELECTED WORKS OF SHANDONG ACADEMY OF SOCIAL SCIENCES
山东社会科学院◎编纂

近代山东市场经济的变迁

庄维民◎著

中国社会科学出版社

图书在版编目(CIP)数据

近代山东市场经济的变迁/庄维民著.—北京:中国社会科学出版社,2015.12

ISBN 978-7-5161-7287-2

Ⅰ.①近… Ⅱ.①庄… Ⅲ.①市场经济—经济史—研究—山东省 Ⅳ.①F129

中国版本图书馆CIP数据核字(2015)第300968号

出 版 人 赵剑英
责任编辑 冯春凤
责任校对 张爱华
责任印制 张雪娇

出　　版 中国社会科学出版社
社　　址 北京鼓楼西大街甲158号
邮　　编 100720
网　　址 http://www.csspw.cn
发 行 部 010-84083685
门 市 部 010-84029450
经　　销 新华书店及其他书店

印刷装订 环球东方(北京)印务有限公司
版　　次 2015年12月第1版
印　　次 2015年12月第1次印刷

开　　本 710×1000 1/16
印　　张 37.5
插　　页 2
字　　数 615千字
定　　价 155.00元

《山东社会科学院文库》
出版说明

党的十八大以来，以习近平同志为总书记的党中央，从推动科学民主依法决策、推进国家治理体系和治理能力现代化、增强国家软实力的战略高度，对中国智库发展进行顶层设计，为中国特色新型智库建设提供了重要指导和基本遵循。2014 年 11 月，中办、国办印发《关于加强中国特色新型智库建设的意见》，标志着我国新型智库建设进入了加快发展的新阶段。2015 年，在中共山东省委、山东省人民政府的正确领导和大力支持下，山东社会科学院认真学习借鉴中国社会科学院改革经验，大胆探索实施“社会科学创新工程”，成为全国社科院系统率先全面实施哲学社会科学创新工程的地方社科院之一。近一年来，山东社会科学院在科研体制机制、人事管理、科研经费管理等方面大胆改革创新，相继实施了一系列重大创新措施，为山东新型智库建设勇探新路，并取得了明显成效。

《山东社会科学院文库》（以下简称《文库》）是山东社会科学院“创新工程”重大项目，是山东社会科学院着力打造的《当代齐鲁文库》的重要组成部分。该《文库》收录的是我院建院以来荣获山东省社会科学优秀成果一等奖及以上的科研成果。首批出版的《文库》收录了孙祚民、戚其章、马传栋、路遇、韩民青、郑贵斌等全国知名专家的研究专著 15 部。这些成果涉猎历史学、哲学、经济学、人口学等领域，以马克思主义世界观、方法论为指导，深入研究哲学社会科学领域的基础理论问题，积极探索建设中国特色社会主义的重大理论和现实问题，为推动哲学社会科学繁荣发展发挥了重要作用。这些成果皆为作者经过长期的学术积累而打造的精品力作，充分体现了哲学社会科学研究的使命担当，展现了潜心治学、勇于创新的优良学风。这种使命担当、严谨的科研态度和科研作风值得我们认真学习和发扬，这是山东社会科学院深入推进创新工程和新型智库建设的不竭动力。

实践没有止境，理论创新也没有止境。我们要突破前人，后人也必然会突破我们。《文库》收录的成果，也将因时代的变化、实践的发展、理论的创新，不断得到修正、丰富、完善，但它们对当时经济社会发展的推动作用，将同这些文字一起被人们铭记。《文库》出版的原则是尊重原著的历史价值，内容不作大幅修订，因而，大家在《文库》中所看到的是那个时代专家们潜心探索研究的原汁原味的成果。

《文库》是一个动态的开放的系统，以后，我们还会推出第二批、第三批成果……《文库》的出版在编委会的直接领导下进行，得到了作者及其亲属们的大力支持，也得到了院相关研究单位同志们的大力支持。同时，中国社会科学出版社的领导高度重视，给予大力支持帮助，尤其是责任编辑冯春凤主任为此付出了艰辛努力，在此一并表示最诚挚的谢意。

本书出版的组织、联络等事宜，由山东社会科学院科研组织处负责。因水平所限，出版工作难免会有不足乃至失误之处，恳请读者及有关专家学者批评指正。

《山东社会科学院文库》编委会

2015 年 11 月 16 日

目　录

第三编 农业改进与农业经济变迁

序

从清末到抗日战争爆发前，也就是说从19世纪60年代到1936年，是山东传统经济向近代市场经济转变的时期，也是近代市场经济发生、演变、发展的时期。这一时期，社会经济领域内的变迁有两个方面的内容和趋势：一是口岸市场贸易改变着传统的市场流通结构，造就出新的市场联系机制，这种联系后来发展成近代商品市场体系；一是产业改进改变着传统的产业结构，产生了近代工业和商品性农业，形成新的商品生产体系。变迁所代表的历史进程改变着传统封闭的自给自足式的经济结构，造就了一种与传统迥异的生产、流通、消费结构，当市场发展同早期工业化进程、手工业转型、农业改进相融合之时，近代统一的市场经济体系便随之形成。

近代市场和产业经济变迁方面的研究，是近代经济史和区域经济史研究比较受忽视的领域。近年来，关于近代市场经济的理论探讨和区域市场经济及产业变迁的研究，越来越受到学术界的重视，海内外学者已有若干专题研究陆续出版发表。这些研究在许多相关领域做了有益的探索，方法和见解很值得借鉴。但是，由于受研究对象和范围所限，对区域市场和产业经济变迁的相关研究还比较零散，广度与时间跨度都还不够，往往只涉及一个或几个侧面，而关于近代山东市场和产业经济变迁的系统性专门研究和相关理论探讨，更是付诸缺如。

近代山东在当时国内尤其在北方地区，是市场化和产业经济发展程度较高的地区，中国近代经济的变迁发展及其特点在山东有相当集中的表现或反映。近代山东有四个通商口岸和三个内地开埠城市，资本主义经济因素的影响和作用十分突出，与国内沿海地区的交流也极为密切。通过口岸的辐射作用，近代市场经济因素与传统经济相互激荡，由沿海而内地，逐渐导致传统经济发生变迁乃至变革，这一进程在近代中国具有十分典型的意义。系统而有重点地考察近代山东市场经济的变迁和产业经济的发展，研究传统经济向近代市场经济转变的深层机制，探讨变迁的特点、联系和影响，将深化、拓展近代区域市场经济和产业经济的研究。而透过地区特殊性所蕴含的普遍性，把握一般历史趋势在不同地区的反映，则有助于加深对中国近代经济史的认识。

从近代到当代所发生的一系列经济变迁，无论市场经济转型、产业更新改进，抑或经济的现代化进程，最初都起源于近代经济所发生的一系列变迁和变革，那时的变化是形成今天的胚胎。经由胚胎长期进化演变而形成的发展框架，并未因时代的变更而变得模糊不清，市场经济与产业进步仍然是当代经济发展的基本内容和目标。在制度与技术创新的基础上，二者仍将是保持经济长期增长的必要条件。因此，课题研究不仅会对近代经济史的研究有益，而且从提供历史借鉴、探索历史趋势的角度看，也有其现实的意义。

本书内容共分三个部分，亦即由三编组成。

第一编——市场结构嬗变与商人资本兴替。市场嬗变是整个近代经济变迁的动因，因而也是变迁研究的出发点。本编把口岸贸易作为变迁的诱因，探讨口岸贸易的发生与发展，以及贸易对市场结构的影响。研究涉及新旧商路网络的兴替演变，市场结构变化与新市场体系的形成，商品流通结构的变迁及其意义，外国资本的商贸金融经营，商人资本的兴替，新兴行栈资本的发展等论题。围绕这些论题来论述近代市场结构体系的形成和发展，结构内不同市场层次间的关系，开埠城市在结构中的地位与作用，市场结构与商品流通的关系，并对近代商人资本的“资本主义化”提出新的解释。

第二编——产业改进与工业化进程。主要论述传统手工业结构的嬗变与商品化趋势，考察近代工业化在几个主要部门的发展历程，产业技术的改进和发展，工业化进程面临的困顿，阻碍发展的因素等问题。内容触及产业技术改进与工业化的关系，工业化与市场变迁的关系，资本经营形态的变化及工业发展的结构等问题。

第三编——农业改进与农业经济变迁。本编从近代农业改进的各主要层面，论述农业改进的基本内容、特征与农业改进推行的途径，探讨农业改进与近代农业经济变迁的关系，并围绕改进与传统农业现代化以及市场经济的关系，综合评价近代农业改进及其成效、意义和局限。

作为阶段性的研究成果，本书的部分内容，曾以论文的形式发表于《近代史研究》《中国经济史研究》《中国农史》《齐鲁学刊》《东岳论丛》《中国科技史料》《古今农业》等杂志。这里需特别指出，有的论文是我与吕景琳先生共同研究的结果。另外，在若干文献资料的搜集、整理以及本书写作过程中，吕先生的学识与惠助，也使我获益匪浅。在本书出版之际，谨向他表示由衷的感谢。为编辑本书，中华书局的刘德麟先生、华晓林女士不惮烦劳，仔细审阅了书稿，提出了若干有价值的修改意见，并纠正了书稿中不少错讹，在此一并致谢。同时，还要感谢山东社会科学院的王如绘、刘大可先生，山东地方史志编纂委员会的张敬忠、孙捷先生，他们对本书申请科研资助和出版给予了慷慨的协助。最后，感谢国家社会科学基金和山东社会科学院对本书研究所给予的资助。

近代市场经济和产业经济的变迁历程，涉及广泛的领域和不同历史因素间的复杂联系，可供研究的文献资料极为浩繁，尤其是大量的历史档案和散落于海内外的日文、英文资料，尚有待进一步的搜集、发掘与整理，许多研究领域有待开拓，许多理论问题也有待进一步探讨，而对相关历史进程的深入思考尤显重要。学术进步须建立在新的思想方法基础上，更须不断向新的领域拓展。为达至新的境界，在学术认知过程中，信守歌德"既忠于守旧，又乐于迎新"的诗言，或许将有助于使研究探索再进一程。

庄维民

2000 年初春于济南

导　　言

一　传统经济的特征

传统经济是历经延传而持久存在的经济范畴，有着既定的农业、手工业生产模式，或者说最一般意义上的“产业形式”，同时还包括既定的技术水平、商品流通结构、消费模式(“样式”)、生产关系及其他经济关系。传统经济以小农经济和个体手工业为基本经济单元，生产处于一种依赖手工劳动、经营分散、规模狭小的落后状态，生产消耗和生活消费基本靠自身生产来解决，但也有少量剩余和需求靠简单的市场交换来调剂。生产和生活的余缺规模制约着当时市场和商品交换的水平。

传统经济本质上是一种农业经济，但是在这一经济中并非没有市场商品交换，从某些方面说，它所包含的初级市场体系还相当完备，某些商品的流通范围也具备一定的规模。商品经济在跨入近代社会前就已经有所发展，因此近代之前，社会经济并非通常所说的那样是一个纯粹的自然经济世界。传统经济既有非纯粹、不完全的自然经济成分，又有真正初级意义上的商品经济成分，经济系统中存在耕织结合、“自循环”的稳定结构，同时也存在着广泛频繁的商品交换和市场行为。就交换流通而言，既有“抱布贸丝”“蛋禽蔬果”式的集市零星琐碎的农家有无调剂，又有商人长途跋涉的远程贩运。

传统经济的这一特点由其产权制度、生产水平所决定。士、农、工、商是构成传统经济的不同经济成分，具体说，自耕小农、地主、手工业者、商人、士绅、官僚都是系统中的不同经济单元，各自拥有当时社会制度所承认的“产权”，这一产权在常规下受到律典、习惯、观念的认可和保护，形成一种原始意义上的“法权”。进一步说，即使生活在底层的佃雇农，也是以出卖部分产权（劳动力作为商品也具有产权性质）来获得某一产权的使用权，并通过生产来获得维持自身再生产的产权（衣食是其物化形式）。独立私有产权的存在，是传统经济下交换、流通的基础，也是其能够接纳外来经济因素影响、在近代发生变迁的内在条件。

即使最具自给自足特性的小农经济，产权的分散、生产规模的狭小零细，迫使其不能不尽量以生产自给的方式来满足自身生活和生产的需要，但同时又不能完全靠自身来解决全部的生活生产需求，于是便产生了产权意义上的交换，传统社会中的商品经济，本质即是不同产权之间在市场上通过货币形式来完成的交换。

自给自足特征与实际上的不能完全自给，迫使一部分物质生活需求和消费须靠交换来满足或补充。由于农业生产要素的分配缺乏弹性，技术又长期停滞，劳动投入的边际收益呈停滞甚至下降之势。农业边际收益的降低与人口不断增长的矛盾，迫使农户更多地转向手工业和副业，以缓解农业边际收益下降后劳动力相对过剩的压力。于是，市场因素有所发展。初级市场形式的定期市、货会（庙会）、市镇经济是传统经济运行的重要条件，市场因素在其中得到体现。市集广泛存在于农村市镇和城镇，集市附近的居民出售少量的农副产品和手工业品，用来交换所需物品，以弥补“自给”中的不足。交换的物品往往以几文钱来计算，大多是满足生产者自身的消费需要，由此不难了解当时交易的性质。集市专业商人为数甚少，且多是小商贩，为牟取利润的商品交换不占主导地位。通常，集市交易与远程贸易缺乏广泛持久的内在联系，在这种情况下，“市场的数目正说明了市场的无关重要”①。

部分地区的粮食不足和相对剩余，城市对地方土产的需求，为地区间贸易范围的扩大提供了可能。通过传统的水陆商路和沿海民船航运，城镇间的远程贸易、带有地区特色的运河贸易和沿海贸易，越过重重限制，曾获得一定程度的发展，不仅专卖性质的食盐运贩，粮食、土布、丝绸以及部分地方土产的贸易规模亦有所扩大。但是在多数情况下，粮食运贩受农业丰歉（因而也是受气候）影响，带有临时性物资调剂的色彩，买卖贩运不一定是贩运者常年的专门职业，而是带有偶然性。至于地方特产品的

---

① 亨利·皮朗：《中世纪欧洲经济社会史》，上海人民出版社1964年版，第9页。

贸易，尽管表面上货品琳琅满目，实际却往往只服务于城市特殊阶层的特殊需要，并非建立在一般大众消费的基础上，故不能对市场和产业产生大的影响。商业中占主导地位的是带有垄断性、特许专卖性和高利贷性质的旧式盐、典、钱商人资本，他们构成传统商人资本结构的基石。一般贸易商虽然有所发展，但仍处在边缘位置，尚无机缘和条件逾越障碍，脱颖而出。

传统经济在一定生产力水平上保持着脆弱的平衡，不同产权所有者及产权使用者之间存在着一种经常性波动的不稳定平衡，亦即动态的平衡。这种暂时的平衡不时要受到以下四种因素的影响和破坏：人口膨胀的压力；水旱、虫蝗、瘟疫灾害的袭扰；土地产权的过度集中；外来侵略与内战动乱。四种因素往往相互联系，当各项因素的合力作用达到一定限度时，均衡便会动摇，甚至倾覆，社会经济也会随之发生剧烈动荡。但是传统经济的失衡，并非因新生产力、新商品的出现而引起。只是在开埠通商以后，平衡才为新的因素所打破。

传统经济的外在形式与内在特点表明：传统经济尽管不具备独自向新经济形态转型的能力，但却可以接纳外来经济的影响，使本身所含的商品经济、自然经济成分发生变异；近代市场经济的变迁将在传统经济的基础上展开，并在变迁的方向、范围和程度上受其制约。

在开放的经济系统中，资源是一个经济变量，它本身的总量和结构随着制度和技术的创新而变化。而在一个封闭或半封闭的经济体系中，因制度结构、技术水平的长期僵化呆滞，资源的再生与积累受到边际收益递减的影响制约，资源增长呈递减趋势，仅够维持同期人口增长的需要。这在相当程度上造成了经济的长期停滞。

传统经济处在一种对外半封闭、与世几近隔绝的状态——远离世界市场，与世界经济和科学技术的发展缺少联系。在几近封闭的传统经济体系中，分散的小农经济和作坊式手工业经营，通过生产所能提供给经济系统的资源是相当有限的。从明清各州县志登列的物产（实际亦是当时的产业）清单看，市场可资利用的资源局限在极其狭小的范围内。由于产品的趋同性和产品资源的匮乏，商品供给、流通、消费均处在一个往复循环的低水平上，能够促使生产力飞跃的资源明显匮乏。从总体上看，传统经济的生产和流通恰如法国年鉴派史学家布罗代尔所言，“仍在自产自销的巨大实体内"[1]，交换还极不完善，在技术水平、贸易状况、资本积累等方面，显然还不足以引起包括产业、市场、流通、消费、阶级在内的经济结构发生变革。

恰如一个生命机体有时需要某种外力来激发活力才能获得生机一样，传统经济的变革转型同样需要一种外力的激发和诱导。通商口岸的对外贸易正是这样一种刺激和诱因，它给传统经济注入了新的资源。新资源的性质和作用与以往迥然不同，它包括改变物质生活样式的新商品以及生产此类商品的机器设备、工艺方法和工厂制度，另外还包括科学技术、思想观念，尽管这种新资源的注入是以资本主义国家强势经济对传统弱势经济掠取、占夺、控制的形式来体现，但是最终结果却造成大宗土洋货的双向流通，改变了消费与需求的格局。

二 仅有"萌芽"还不够

长期以来，在界定中国传统社会经济发展方向和前景时，学术界一直沿用这样一个假设，即毛泽东在《中国革命和中国共产党》一文中的如下表述："中国封建社会内的商品经济的发展，已经孕育着资本主义的萌芽，如果没有外国资本主义的影响，中国也将缓慢地发展至资本主义社会。"[2] 这是一个被研究者广泛使用的推断形式的假设，其使用范围之广，几乎成了迄今国内所有近代经济史教科书的基本理论前提和开场白。

这一假设包含着两个要素：一是发展条件，一是发展趋势。传统经济已经有资本主义萌芽，"萌芽"的积累，将为资本主义的产生提供一切必要条件；作为发展趋势，传统经济将循着"五种社会形态"递进的顺序（持此说的人将其称作"规律"）循阶而上，自行发育出资本主义。假设的推理逻辑为，先认定鸦片战争前的社会经济是一典型的封建社会经济，既然是封建经济，就必然会按照"五种社会型态说"的规律，独自地发展到资本主义。其次是将资本主义萌芽的累积和结果与资本主义相等同，

① 费尔南·布罗代尔：《资本主义的动力》，生活·读书·新知三联书店1997年版，第12页。

② 毛泽东：《毛泽东选集》，北京：人民出版社1968年合订本，第589页。

认定萌芽与真正的资本主义之间有着必然的本质联系。

一些近代史的著述喜欢将这一假设加以引申，并由此衍生出以下论点：一种认为资本主义入侵打断了中国社会独立前进的道路，中断了中国自行发展资本主义的进程，将中国抛出正常的发展轨道；另一种认为，鸦片战争后，中国资本主义的萌芽等待到的不是一个促进自身迅速成长的条件，而是遭遇到一场狂暴的毁灭性的空前浩劫。

将萌芽的可能结果与资本主义经济等同起来的看法，认为封建社会中的资本主义萌芽可以单独径直发展至资本主义的观点，其实是将资本主义产生的条件简单化，或是将资本主义与其经济体系中生产关系的部分特征相等同，结果夸大了萌芽与资本主义形成之间的联系。正是基于对二者关系的误解，才会误认为近代以后的经济变化中断了一国独立产生发展资本主义的前景。

假设只是从传统经济内发生的某些资本主义生产关系的萌芽推断其发展趋势，而忽略了市场、科学技术以及制度等根本性的条件。资本主义萌芽是资本主义关系的胚胎，它只是资本主义生产方式产生的必要条件之一，而不是充分条件。也就是说，仅有萌芽还不够。单靠萌芽自身的发育和积累还远不能使资本主义登堂入室，在传统社会中长驱直入，成为一种社会经济的本质特征。

从世界历史的发展看，资本主义是市场经济发展到相当发达阶段、扩大到一定规模后的产物，具体说是世界市场的产物。作为一种开放型的经济，它不可能脱离开世界市场而单独生成或存在。无论在任何时期，不论在世界任何地区，资本主义的产生与发展，都是以同外部世界的联系、以商业的极度扩张、以世界市场为基本前提，所不同的唯主动与被动之分而已。商业扩张的程度与性质决定着发展的程度与特点。离开大规模广泛的市场交往，一国单独依靠自身资源（包括制度、资本、产业、市场、技术），由自身所具有的某种所谓资本主义的萌芽的渐进积累就能发展至资本主义的假设，在历史和逻辑上都是难以成立的。

远离世界市场，远离世界经济发展和交往的中心——这恰是传统经济的基本特征之一——最终只能是一事无成。资本主义诞生于欧洲，但是它真正的“家”却是整个世界。它的产生与发展脱离不开这个“家”，由世界市场的建立和拓展为之提供“温床”。实际情形正像布罗代尔所说，

“归根到底，没有世界市场所起的特殊和解放的作用，任何事情都将不能成功”①。

市场不断扩展，并达至“世界规模”，是大机器工业与近代意义上的生产、流通、消费得以确立的必要条件。按照亚当·斯密的说法，“分工是由市场的大小决定的”。法国历史学家保尔·芒图根据其对18世纪产业革命的深入研究，指出在资本主义萌生成长过程，“商业的扩张往往先于并决定着工业的进步”。他还进一步指出：“出口贸易刺激着已有的工业，进口则引起新工业的产生。”“机械装置的产生是商业扩张的不可避免的结果。”② 英国经济学家希克斯在其经济史研究中也曾指出：“最初发生工业革命的北欧，已经达到商业扩张的顶点”③，为现代化提供原初动力的产业革命的基石，就是贸易扩张和世界范围的商品销售。离开世界市场，单独或独自产生发展的资本主义，在迄今为止的世界历史上尚无实例可证。

资本主义同时又是近代科学技术和制度观念创新的产物，只有在科学技术革命的基础上，产业革命才会成为可能。“正是科学，尤其是自然科学，为工业开辟了如此宏伟的前景”。而科学的产生与世界范围的贸易交往又有着密切的关系，因为科学“在前一阶段探索考察的主要是地理方面”，只是后来才转变为“更广意义上的物质世界的科学考察”④。事实上，“资本主义不可能起源于单一因素，经济、政治、社会、文化和文明都曾对它产生过影响”⑤。传统闭关时代的某些微弱的资本主义萌芽和特征，由于缺乏大规模的市场体系和科学技术的配合，未造成经济体内供需总量的变化，因而对近代经济和资本主义的产生与发展，并没有显示出多少深远的影响和意义。

条件不是可有可无的，只有在各种必要条件的总和构成的经济整体

---

① 费尔南·布罗代尔：《15至18世纪的物质文明、经济和资本主义》第2卷，生活·读书·新知三联书店1993年版，第669页。

② 保尔·芒图：《十八世纪产业革命》，商务印书馆1991年版，第80页，第102页。

③ 约翰·希克斯：《经济史理论》，商务印书馆1987年版，第130页。

④ 同上书，第132页。

⑤ 费尔南·布罗代尔：《15至18世纪的物质文明、经济和资本主义》第2卷，生活·读书·新知三联书店1993年版，第432页。

中，资本主义才会具有“内在必然性”。假设仅仅是从传统经济内微弱的生产关系变化或“异数”出发，而忽略了全部必要条件，尤其是忽略了市场、技术创新及制度创新的意义。资本主义的前提和条件主要不在于萌芽的有无及其发展程度，而在于市场扩张的程度与性质，在于技术与制度创新的程度和后果。倘若一个社会经济实体尚不具备必要的市场交换、产业技术、制度创新诸条件，单凭封闭型经济中的某些微弱“萌芽”的缓慢发育成长，便指望能从中出现经济上质的变化、产生资本主义，那么，这种推断假设只能是源于决定论的幻想和神话，因为它所依据的前提与资本主义产生的实际条件实在相去甚远。

卡尔·波普尔在《猜想与反驳》一书中曾说：“在探索真理时，从批判我们所钟爱的信念开始，这可能是我们的最佳方案。”① 继续袭用我们久已熟知的假设，沿用建构其上的“封建社会说”、“资本主义萌芽说”，固然方便省力，但现成的观念并不能增益我们对历史的认识，提高对发展因果的认知能力。历史研究没有不可更易的前提或结论。随着时间的推移，放弃“资本主义萌芽”的神话，重新回到起点，更换视角，探究一条新的历史认识路径，或许是明智的选择。

三　口岸贸易——变迁的诱因和动力

口岸贸易是整个近代经济发展变迁的起点和原初动力，因而也是研究近代社会经济变迁的起点。

按照一般流行的政治经济学观点，在社会经济机体生产—消费的生存代谢循环中，生产总是每次循环的起点，它对消费处于支配地位，起着决定性的作用。“没有生产，就没有消费”。同样有什么样的生产，就会有什么样的消费，因而生产的变化是一切经济变迁的起点。

但是在近代中国，这一关系却是以颠倒的形式表现出来——至少在初始阶段是如此，因为传统经济不可能凭空产生对机制工业品的需求。当近代城乡人口尚未接触诸如火柴、机织布、煤油、化学染料等外来商品时，对这类商品的消费需求是决不会出现的。而没有新消费需求，便不可能出

① 卡尔·波普尔：《猜想与反驳》，上海译文出版社 1986 年版，第 8 页。

现与之对应的新型产业。传统经济似乎正是身陷这种“悖论”困境而难以自拔。但是，口岸贸易改变了这一切。贸易产生的新商品物流，使传统经济在尚无近代机器工业之前，便早早开始以购买并消费舶来洋货的形式，对近代工业品产生了有效需求，即通常意义上有购买欲望和购买能力的需求。这种有效需求恰是传统经济赋予每一经济单位的能力，因为如前所述，传统经济中的每一经济单位都拥有数额不等的产权，且自身并无法做到纯粹的自给自足。

传统经济的内在矛盾、其本身实际上的不能自给、每一经济单元拥有的可转让交换的产权（或者说“小私有权”），是传统经济能够与近代商品经济契合，并经由转型而迈向现代化的基础。否则，近代市场经济便会成为无本之木，难以在旧经济解体转型的基础上生存发展。

对于口岸贸易给传统手工业造成的冲击，以及后来对国内民族工业的压抑，迄今已有大量的论述，其中的说辞人们已是耳熟能详。然而，那些为人所熟知甚至偏爱的论据、论证和结论，往往未必能把握住历史进程的全部特征和意义。有时越是专注于熟知的某类事态、特征、倾向和后果，往往越容易忽略事物、过程所蕴含的其他趋势和意义。

通商口岸是西方国家武力胁迫的产物，口岸贸易以不平等条约和关税税则为条件，是资本主义经济入侵的伴生物与基本形式，带有商品倾销的性质。但是市场与商品自有其内在的运行方式。鸦片战争能够打开闭关制度下传统经济的大门，却无法靠鸦片改变传统经济的消费需求结构；资本主义作为强势经济可以强行输入商品，却无法强迫城乡消费者购买和使用。这里不单是一个“倾销”的问题，更有潜在的市场力量在起作用。考虑到商品的使用效用，它对传统消费结构、偏好、习惯以至“样式”的替代及替代的经济后果，商品输入的影响和意义显然具有更为复杂的性质。

伴随丑陋的鸦片贸易，资本主义工业国的各种工业制品，如纺织品、机械制品、化工产品以及火柴、钟表、卷烟、肥皂、饮料等日用消费品，以口岸城市为通道源源不断地进入国内城乡市场，于是在病态的鸦片消费之外，也产生了对上述商品的“正常”消费。可见消费依然源自于生产，只不过这种生产不是传统社会自身提供，而是由远隔重洋遥远国度的工业文明所提供。消费和生产的结合起初是通过贸易来完成。因此，在一定时期增长着的消费不是由增长的生产来供给，而是由增长着的贸易来满足。

随着贸易的扩展，在前不久还是奢侈品的商品，现在变成了廉价商品；从前只有上层社会消费得起生活物品，开始悄然渗入到下层社会，为越来越多的人购买和使用。一些商品（如棉纱、染料、化肥）甚至融入传统的生产领域，变为手工业、农业的生产资料。当着这种消费从“不时之需”的初始阶段，过渡为一种不可替代的依赖性状态时，新的消费需求便有了完全不同的意义。需求孕育出汰旧出新的机制，它不仅促使旧产业沿着商品生产的方向发生改观，而且还将直接刺激着近代机器工业的产生。不少研究已经证实，在第一次世界大战期间，新消费需求的供应链环一旦中断，对应的国内工业是如何迅速兴起扩展，以弥补供给的短缺和不足。

尽管有丑陋的鸦片贸易，尽管在贸易初期进口工业品受到传统经济顽强的抵制，但是通商口岸、开埠城市的新兴贸易终究还是造就了新的消费需求，甚至规定了消费的“样式”，新消费需求的增长扩展，又为近代产业在民间的兴起发展提供了现实的基础，从这个意义上说，“没有消费，也就没有生产”。

贸易带来的不仅是以前没有的新商品和一般贸易的扩大，其结果也不仅仅是新商品结构对旧商品结构的替代，作为机器生产的物化形式，商品输入还意味着一种不同于传统的生产力变相的引入。在新的生产力尚未从传统经济产生之时，资本主义生产力的成果便已经造成强有力的震撼。20世纪后，对外贸易开始建立在铁路运输的基础之上，商品贸易与产业改进的关联愈益直接。贸易商品已不单单是日用消费品，机器设备和工业原料的进口已开始占有一席之地。一段时期，纺织、面粉、采矿、电力、化工、印染、机械等行业的机器设备及近代交通工具，几乎全部经由贸易来获得。在外国资本输入的同时，贸易也成为国内资本移植近代工业技术的渠道。

相对于中国旧的传统经济模式，相对于绵延千年之久的历史系统，近代口岸贸易是一种前所未有的经济力量，尽管只是一种“外生变量”，但这一变量一经进入旧经济世界，便会作为变迁因素产生革命性的影响，使经济发生前所未有的变化。影响所及，将会在流通、消费、需求诸方面产生新的因素，带进新的刺激，从而打破原有的平衡与停滞，改变既有的模式，并最终导致经济世界发生一系列深刻变迁。

四　商品市场的变迁

从长期的观点和宏观的角度看，近代所形成的商品市场和流通交换体系与传统经济有着本质上的区别，就是说，不仅市场范围和交易规模有着天壤之别，而且内在结构、资源、发展取向、交易主体也发生了显著的变异、演变以至变革。

在开埠通商前，传统以运河贸易、沿海民船港为依托的地方性商品集散市场，因河道改变、航运受阻以及连绵不绝的社会动乱，业已出现明显的衰落迹象，市场贸易萎缩，市场结构面临解体。

开埠通商后，口岸贸易为传统经济注入了新的市场因素，商品市场由此发生了前所未有的巨变。口岸市场是引发市场嬗变的根源，它的意义在于通过大量国内外商品的吐纳，以不断增长的商品双向流通为联系机制，造就了一种不同以往的市场经济体系。口岸市场依次对周邻市场和内地市场产生影响，适应商品需求、供给、流通和消费的变化，新的市场开始出现，传统类型的市场也依其对口岸市场的关系而发生不同程度的变化，衍生出新的市场功能。在新贸易趋势的基础上，以开埠城市为核心的多层次市场结构体系开始建构形成。新市场结构由产地市场、专业市场、中转市场、集散市场、中心市场和口岸市场构成，不同市场间的联系表现为一种市场运行的模式，由共生、依存、中转、制约等关系来体现。

在新结构中，中心市场和口岸市场起着推动市场体系运行的作用。中心市场是新旧商路交汇和各地商品汇聚的中心，它通过与各类市场的直接联系，将开埠前几近隔绝的地区性市场连接在一起，主导着内地市场的商品流通。口岸市场则作为内地市场与埠际市场和国外市场连接的纽带，改变着传统封闭式的市场格局，代之而起的是一个开放的市场系统。商品、资本、金融和工业的汇聚与集中，始终紧随在市场变化之后，以市场变化为先决条件。伴随市场结构演变和贸易中心的转移，主要舞台再度更易——商业重心由南部运河地区转向东部沿海地区。

市场结构的变化和大宗商品贸易的发展，促进了市场交易方式、贸易形式的进步，随着行栈业与行栈商、贸易公司及号庄在流通领域经营的扩展，贸易商不再满足于过去那种店头交易的方式，具有近代资本主义商业特征的委托代理、合同购销、期货交易、商业信贷、票据承兑与汇兑，从市场交易中衍生出来，且为市场越来越广泛的接受和采用。后来，在大城市出现的商品交易所和“公所”等市场组织，进一步发展了商品期货交易和标准化交易，使市场交易更加具有了资本主义性质。

经历着各种变迁和兴替的市场经济，传统与近代之间的区别是显而易见的。传统市场基本是封闭、半封闭型的，与国外市场几乎没有联系，与外省市场的联系也十分有限，往往限于少数几个特殊地区和特殊商品；近代商品市场则是开放性的，与国外市场和国内埠口市场、内地市场有着广泛而持久的贸易联系。这种联系由于是散布在广大的地域空间，因而改变了以往商业活动的地方性特征。受交通条件、商品趋同性、市场隔绝等因素的限制，传统市镇和城镇市场的规模一般都很狭小，商品流向单一；随着交通条件的改善、不同类型市场间流通的加强和交易主体的变化，近代市场的规模超过了以往历史上任何一个时期，尤其是城市市场的规模，比清代中叶扩大了十几倍甚至几十倍。

在市场结构体系变迁过程中，市场兴衰与商路网的变化息息相关。新商路替代传统旧商道，无疑是近代商货运输最显著的变化，这其中，铁路、公路的修筑与近代交通工具的采用起了“革命性”的作用。胶济、津浦铁路修通后，铁路便替代传统的河运商路和陆运商路，成为商品流通的真正动脉；而在旧商路（或官道）基础上修筑的公路，则改善了道路的运输功能和运输效率。虽然就整体而言，近代商路网还只是时通时阻的新旧混合体，传统运输工具仍在商运中担当着不可或缺的角色，但是新式交通运输工具在商运中的比重毕竟不断上升，并且成为远程贸易赖以发展的条件。由于有了铁路和公路，沿线各类市场的商品流通逐步脱离封闭半封闭的地方性旧模式，并随着流通范围与距离的扩展，与国内外市场建立起长期的商运贸易联系。市场与商路始终是一种相互影响、相辅相成的关系：一方面商路沿线是最适合各类新兴市场发育的温床，偏离以近代交通工具为特征的商路主干道，任何市场都将失去竞争力；另一方面，商路分布格局又会在市场因素的作用下发生变化，由口岸市场和中心市场向外延伸，最终形成以口岸市场、中心市场为起讫点或交会点的近代商路网。

在市场、商路、商人购销网业已变化的基础上，供需与交易的同时增长，使商品流通比以往任何时期都更加充满活力。城市之间、城乡之间的流通成倍增长。城市间的商品流通发育成为物流的主动脉，流通的末梢延伸至农村。进出口贸易、工业和刚刚开始的城市化，对农村农副产品、手工业品产生了前所未有的需求。原先局限在产地或地方性市场买卖消费的农副产品脱离原来的流通轨道，成为重要的出口商品和工业原料，这类商品从初级市场源源不断地进入城市集散市场和口岸市场，极大地改变着农产品的流通格局。与此同时，原先仅能在口岸城市和沿海地区消费的进口商品，则沿着商路网进入内地，悄然影响改变着内地市场的流通与消费。民国以后，国内机器工业的成长又使流通增加了新的资源，农业商品性生产与城市工业化机器生产的关系愈来愈密切。流通的变化不仅表现在数量规模上，而且反映在流通商品结构上。由于对外贸易和产业改进使流通资源增加，流通已不再局限于粮食、土布、丝、盐及少数土特产品（尽管有几类商品仍在流通中占一席之地），种类繁多的进出口商品与国内工业品构成商品流通结构的主要组成部分。在新结构中，土洋货流通、农产品与工业品的双向流通成为近代商品流通有别于传统的本质特点。

商人资本同样经历了一个新旧兴替、由旧形态向新形态转变的过程。传统商人资本的衰落，新式行栈商人资本的崛起与发展，各地商人资本向沿海和内地开埠城市的汇聚与集中，城市商人资本在经贸领域中心地位的确立，商帮结构的变动，这一系列相互关联的深层次连锁变化，构成了近代商人资本嬗变的总图景和总趋势。变化从一开始就触及到传统结构，使旧结构由内部发生兴替更迭，在新的市场流通机制催化下，逐步由传统形态向近代形态转变。随着新结构的建构生成，传统盐、典、钱商人资本让位于新式行栈商人；开埠城市取代运河商业城镇，成为商人资本汇聚的殿堂，于是传统城镇商人让位于开埠城市商人；商人资本的血脉也在悄然改变——稳健保守的晋、豫帮商人让位于富于进取精神的东南沿海商帮和山东沿海商人，结果，形形色色的特许商、高利贷商和食息商最终被真正意义上的贸易商所取代。不难看出，这是一种整体性的结构变迁，惟其如此，变迁无论对商人资本本身抑或对近代市场经济，都有着深刻的意义和影响。

对于商人资本本身而言，变迁汰旧出新，造就了一个新的商人群体，这个群体的中坚是开埠城市的商人资本和行栈商人资本。与传统商人不同，他们不再逡巡于旧领域，而是热衷于在新兴贸易中兴业生财，积累资本。这一群体的形成标志着在近代工业资本产生之前，商业资本便已开始了向近代形态的转变，逐步成长为具有近代资本主义特征的商人资本或商业资本家。新式商人资本通过商业贸易积累起可观的资本后，经营范围逐步向工业领域拓展，兴办工业企业，从而为近代工业提供了所需的资金和经营人才。因此从一定意义上说，正是商人资本的结构变迁为近代工业化进程提供了必要条件。

资本总是要按实力的大小进行排序，经过新旧更替，在商人资本中形成了一个新的金字塔式结构。结构的下层变化不大，仍旧是市镇与城市市场种类繁多的下层商人或普通商贩；中层是各集散市场、专业市场及中转市场的号庄、中转商、中小行栈和店铺；顶层的位置以前由盐、典、钱商人占据，现在则是开埠城市有实力的行栈、贸易公司、批发庄、银号及大型店铺。尽管居于顶端的这类城市商人为数不多，即使在主要城市也不过几十家、上百家，但是他们却掌握着主要市场上主要商品的交易，他们的经营活动通常发生在商品流通的最顶端，而具有近代资本主义商业特征的信托代理、合同购销、信贷、期货、票据承兑等，恰恰正是从这一顶端的活动中衍生出来。

作为新商人资本结构的核心，行栈商、开埠城市贸易商、东南沿海商帮，无一例外都是市场重心转移和新贸易趋势的受益者，他们的经营遍及大宗商品流通的各个领域，并始终同城市远程贸易息息相关。这类商人资本围绕着市场需求，按照新方式组织参与商品贸易，形成了从城市到乡村广大的商品购销网，使得商品流通跳出了早先地方性的狭小圈子。可以说，如果没有新兴商人资本的参与经营，便不可能有近代意义上的大范围商品流通。因果总是辩证的，近代商人资本结构根源于市场经济变迁和商业重心的转移，但它同时也给市场和流通带来莫大的生机与活力。

旧帷幕尽管尚未完全撤去，但是新背景已然推出，并与前台新旧角色的变换融为一体，而新旧间的变换兴替，恰是近代市场经济最本质的特征。

五 产业改进——驱动经济变迁的车轮

传统经济从封闭转向开放，外来商品阑入，对改变经济供求总量关系具有不可低估的作用。但是，由口岸贸易、新商品和开埠城市人口增长引发出的新生活需求与市场流通需求，不可能依靠或通过旧产业、旧工艺技术来满足，而只能在产业改进的基础上加以解决。流通贸易只是变迁的初始动力，带来的只是最初意义上的变化，从根本上说，经济中最具创造性的原动力来自产业改进和包含于其中的技术进步。

近代产业改进是一种整体性的变迁，它发生于农村和城市两个地域，运行于工业、交通和农业等部门。产业改进在城市就是借助商品市场扩大、商品结构变化所产生的新需求，需求更新所产生的新消费刺激，利用近代工业技术，采用动力机器，在工厂制度下进行商品生产；或是通过改良制造工艺，在手工业形式下，生产新类型的商品。改进的过程实际就是工业化的过程和手工业转型的过程。产业改进在农村就是在农业改良政策的支持下，利用农业科学技术，通过农业改良和推广，将近代农业生产方法、手段与知识应用于农业生产，以逐步改造传统农业，提高农业的集约化、专门化和商品化的程度。两个领域里的产业改进源于开埠通商后市场的变迁，受城乡商品需求变化的推动和制约。改进进程由于改良了传统的生产技术，采用新技术生产新商品，使产业与市场的变化相适应，反过来又推动了近代市场经济的变迁。

采用“产业改进”一词，是因为变迁过程包含的历史事实的多样性，很难用类似历史进程的相似特征来概括。近代中国并没有发生像英国 18 世纪那样的产业革命，产业的更新变革不是由内在的制度与技术创新来催生，而是被“诱导”出来的，并以一种缓慢渐进的方式展开。相对于传统而言，产业改进具有某种“创新”的意义，但它远未达到全然替代传统产业的程度，在诸多领域和行业部门、在各个发展阶段均显示出新旧特征的奇妙混合，某些特征是从传统产业而来，受其制约；某些特征则代表着即期与未来变化发展的方向。

从生产的角度看，市场机制将决定产业改进的内容，决定其生产什么（What）、如何生产（How）和为谁生产（Who），亦即决定手工业与新兴产业的发展方向，并影响农业的商品化进程。

随着外来机制商品的输入和新需求新市场的出现，传统手工业率先在传统产业经济中发生变化，结构发生变易与转型。

在生产效率普遍低下的传统产业中，存在着不同生产间比较效率

（在收益上表现为比较收益）上的差异。受进口工业品竞争的影响（后来还受国内工业化的影响），生产者面临三种选择和前景：一是失业破产；二是降低收益，以生活收入下降为代价继续勉强维持原来的生产；三是受比较效率和收益的驱使，将生产劳动转向生产效率高的部门或领域。三种情况在近代可以说同时存在。前两种情况无疑是一痛苦的过程，后一种情况则有助于生产规模扩大和生产率提高。

棉纺织业是传统手工业最具代表性的行业，它曾是传统耕织结合小农经济的基本组成部分。近代以后，机制棉纱的输入，肢解了纺与织的联系。“纺”在衰退，逐渐消亡；而“织”却因大量改用机制棉纱，在市场价格和生产效率方面仍具竞争力。因为比较而言，手工织布的生产效率要高于手工纺纱，尤其在改用脚踏铁轮织机后，手工织布的质量已接近同期的机器织布，这就促使农户和手工业者在离弃纺车后，越来越多地转向相对效率和效益高的织布业。民国以后，农村及城镇手工织布业的再度兴盛，便是这种转移的反映。结果，传统手工织布与机器纺纱形成了奇妙的混合以至结合。农户与市场在新的形势下发生了更多的联系，原料和成品基本依赖市场买卖。

与棉纺织业不同，缫丝、织绸、草辫、粉丝、榨油、花边、发网等行业的兴起发展，完全建立在贸易需求的基础之上，行业兴衰以贸易消长为转移。只有贸易所产生的大宗需求，只有与这种大宗需求相对应的资金支付能力，才能促成这类手工业“规模经济”的形成，而单靠当时的城乡消费显然难以达到这种水平。在手工业“规模经济”形成过程中，以雇佣劳动为基础的手工工场获得了较快的发展，而商人资本（尤其是行栈资本）的投资经营，不仅为工场生产提供了资金，而且为生产和流通搭起了桥梁。同时，生产技术沿着传统方向上的改进也并未停止，铁轮织机代替木机织布、螺旋式榨油代替楔式榨油、小框缫丝代替大框缫丝、加柯尔铁机代替旧式木机织绸，诸如此类的改进奏出了一段早期工业化的伴奏曲。

近代手工业的转型，显示出这样一条演变发展轨迹：当供需结构发生变化后，市场机制的作用促使生产力资源由低效率行业转向相对高效率的行业，传统“纺”与“织”结合、以“金、木、陶、土”为主体的旧形态发生变易，部分手工业急骤衰落和蜕变，另一部分手工业却获得新的发展机会，一些新兴的生产行业出现了令人称奇的兴盛。一旦手工业形成某种新的生产结构，采取了某种资本主义式的生产组织形式，其生产便会转变为以市场为基础。结果，一方面为商人资本提供了资本积累的机会，同时使城乡劳动者获得一定的消费资金；另一方面亦使手工业生产力资源实现了有限程度上的重新“配置”，手工业以及与手工业结合的小农经济由此得以延续，耕织结合演化出新的形式，避免了整体性的破产和消亡。当然，手工业所处的状态只是一种夹缝中的生存延续，它时时要受到来自两个方面的冲击：一是工业品的竞争；一是国内外商品市场波动的影响，所以某个行业的兴旺往往是短暂的。

近代手工业转型表现为新与旧、近代与传统、机器与手工、家庭副业劳动与手工工场生产混合的特征。手工业生产结构的转型毕竟只是近代产业改进的前奏，真正意义上的产业改进与变革，最终是围绕着工业化的产生与发展而展开，并同时扩展到农业领域。产业改进尤其工业化进程，将从生产制度、产业结构、资本和技术的层面改变传统制造业的面貌。

在近代工业初兴阶段，国内私人资本投资工业，无一不标榜以“挽回利权”“振兴实业”为目标。事实上，民族意识的觉醒，观念的转变，也确实在其中发挥了不可低估的作用，但是，民间资本的投资方向离不开当时市场需求结构的制约，离不开与市场销售相联系的利润预期，生产什么最终要由当时社会不同消费群体的日常需求和购买来决定。

需求结构的变动以对工业品需求的产生和增长为基本内容，它为国内工业品（包括日用消费品、出口加工品等）的生产创造了市场条件，但这仅仅是工业化起步所需诸条件中的一项。资本的原始积累是工业化进程的起点，民间私人资本投资工业更是离不开资本的最初积累。由于传统产业（工商业）规模狭小，所能积累的剩余资本是十分有限的。依循旧的资本积累途径，显然难以走出工业化初始阶段所面临的资本不足的困境。

贸易再次扮演了重要的角色，它为民间资本的原始积累提供了第一推动力。以行栈资本为主体的商人资本通过参与经营土洋货贸易，积累起可观的利润和资本；与贸易经营密切相关的金融资本通过商业借贷、控制利率与汇兑等方式，“借鸡生蛋”，也积累起可观的资本；此外一部分手工工场主通过生产经销出口型手工业产品，同样积累了一定数量的资金，使之有可能扩大规模，改用机器，由手工工场向机器工厂过渡。尽管官僚私人资本在早期工业投资中占有一定比例，但是相比之下，与贸易相关的资本原始积累无疑是近代工业化更基本的资本来源。

在市场机制的作用下，资本等要素资源存在转向近代工业领域的趋向，而要素资源能否顺利转移至工业领域，以使供给结构适应业已变化了的需求结构，以及经由何种途径、何种方式实现转移，还要取决于资本约束和市场约束的程度。

在两种约束的制约下，工业化初期，国内私人资本最初的工业投资自然会先集中于农产品加工业、简单化学工业、丝纺织业等轻工业部门。这些部门通常符合下述条件：少量投资即能生产、技术要求不高、不需很大市场规模、生产劳动密集型产品，基本不受规模效益的影响。在这种投资模式下，许多企业实际只是机器工业与手工工场的混合体。例如早期开办的织布工厂、火柴厂、榨油厂、机器磨坊、烛皂厂、染料厂，等等，都带有这种混合体的形貌。由于这些企业生产的产品属劳动密集型产品，基本不受规模效益的影响，因而中小规模的企业能在同类外国资本和产品竞争的夹缝中生存，并借助廉价劳动力价格优势与进口产品竞争，有时甚至出现替代进口品的情况。

20 世纪二三十年代，民族资本投资兴办的近代工业逐渐增多，行业部门和地区分布不断扩展，制造工业在国民经济中占的比重也随之逐年上升，与此同时，工业出现了某种集中化的倾向——尽管集中的程度还非常有限。纺织、面粉、化工、机器制造等行业的形成，与工业集中化趋势和大企业的产生密切相关，没有大企业的存在，行业的扩展就难以有牢固的基础。用当时的标准看，一些纺织、面粉、火柴企业一开始就是大企业，资本额、产量和工人数都大大超过同期的中小企业，产品销路远及外省，而中小企业产品的销售地基本限于周邻地区。

工业的集中化系指资本、技术、劳动力向大企业集中，促使工业规模扩大的过程，这一过程与资本组织和生产技术的进步相一致。大企业的资本组织大多采用了股份制的形式，由众多社会股东参与投资，投资主体结构趋于多元化，既有商人、官吏，也有乡绅及社会专业人士；同时股份制企业在一定程度上实现了投资者与管理者的分离，这种分离有助于企业吸收专业人士参与经营管理，提高生产技术水平。公开有效的资本市场，是社会资本实现流动和集中的必要条件，也是工业集中化及大企业发展的必要前提。然而，由于缺乏制度和法制上的有效保障，资本的有形市场始终未能在近代形成，股份制企业的发展受到重重限制。

工业化初始阶段，制造业的技术进步沿着两条途径发展：一是机器工业本身技术的改进与创新，其动力来自企业对外来技术、机器设备的引进与企业自身的创新活动；一是手工业受工业化影响，逐步采用改良机械工具替代旧式工具，以提高生产效率的进程。这两种进程代表着制造业技术改进的两种方向，即工厂形式下的改进与手工工场或家庭劳动形式下的改进。两种改进的同时存在，造成了新产业与传统产业、机器制造与手工制造并存的局面。后来，随着工业集中化趋势和大企业的发展，提高机器设备生产能力及相关工艺技术水平逐渐成为改进的主流。大企业的资本投入与积累，有利于机器设备的更新和技术改造。当时一些企业之所以能在外资企业的竞争中立于不败并保持发展，除赖于不断追加投资外，很大程度上得益于自身经营管理和工艺技术的不断改进与创新。

近代工业改变着传统制造业的结构，相当部分的日用消费品和少量生产资料的生产开始建立在机器工业的基础之上，越来越多的制造品逐渐由国内工业生产获得，对传统手工业的依赖有所减弱，在一定程度上国内生产的工业品甚至开始替代国外进口商品。诚然，从长期发展的角度看，产业改进还只是在“兴起”阶段，发展程度非常有限，距离建立完整的制造工业体系还很遥远。但是不可否认，近代工业在整个经济中的重要性不断增长，工业生产所创造的财富在沿海地区经济中占了相当比重，并且这一比重一直呈上升趋势。

如果说口岸市场和海外贸易经由流通—消费—生产的途径，改变了传统市场的流通结构和商品结构，导致市场经济变迁；那么，产业改进则是经由生产—流通—消费的途径，改变着传统的产业结构和生产方式，通过扩大商品生产规模，影响着流通与消费，进而推动市场经济变迁。

开埠初期，以进出口贸易为基础的土洋货双向流通主导着国内商品流通，这一状况大致持续了半个世纪。民国以后，产业改进改变了这一局面。近代工业和交通运输业的发展、农业改进以及农业生产结构的变化，一方面影响改变着对外贸易的结构，使生产资料、工业原料等资本货物的进口逐年上升，商业性农产品的出口大幅度增长，一些过去在贸易中占主导地位的手工业品被工业加工品和农副产品所取代；另一方面促使国内贸易资源增加，贸易范围扩展，国内工业品开始逐步替代部分“洋货”，农产品成为国内工业的原料，同时二者间的交换逐渐扩大，实现了国内工业品与农产品的双向流通，使商品流通形成双重结构。国内企业采用机器生产和新工艺技术，可以比较廉价地生产出大众消费品，使诸如火柴、染料、棉纱、色染布、针织品、五金、烛皂、胶鞋、钟表、卷烟等生活日用品，以较低的价格进入下层社会消费领域，在这一领域国货已部分替代进口商品。不仅如此，工业还为当时的手工业和农业提供了一定数量的改良工具，如铁轮织布机、铁轮提花机、弹花机、榨油机、改良水车，等等，对改进当时的手工业和农业起了相当的作用。

产业改进使部分制造业走上了资本主义化的道路，部分农业逐步变为商品性农业，生产力在生产条件和生产方式变化的前提下，产生了一种不同于传统的开放扩张能力，在一定程度上打破了经济长期呆滞的局面。代表新生产力的近代工业、交通运输业在物质生产和经济领域占了一席之地，经济中出现了新的需求和建立在其上的生活方式。但是，相对于传统经济体系，新产业和新经济成分在旧体系中的总量和比重尚未占主导地位，改进在农村和农业中的成效也只是冰山一角，其意义更多地表现在发展方向、开辟途径等方面。

产业改进及其现代化在发展道路上遇到来自内外两方面的压力和障碍。一方面，新经济成分的成长、市场因素的发育扩展、产业改进与新技术的采用，始终处在一个国家分裂、内战频仍、社会支离破碎、政治动荡不宁的环境之中，企业生产经营与资本积累得不到有效的保护。另一方面，对外贸易和工业化进程深受不平等条约规定的制度影响。关税主权的丧失与不平等的关税税则，为外国商品的流通提供了比国内产品更为有利的条件；外资企业依靠治外法权，享有“特殊国民”待遇，并在通商口岸、租界得到外国政府的保护，凭借资本、技术、管理上的优势，通常它们比国内企业更具市场竞争优势，在许多行业形成市场垄断力量。在当时恶劣的环境条件下，民族工业企业由于没有关税保护、缺乏技术管理人才和有效的资本融资渠道，在外国资本的竞争下，往往遭到失败或受到严重挫折。

六　变迁的意义

所谓经济变迁，系指流通、消费、生产在近代所发生的一系列深层次的变化。不同变化间的相互作用，导致近代经济社会发生整体性的变迁。变迁通过改变经济需求与供给的结构，提高需求与供给的总量水平——通过贸易、手工业转型、工业化、农业改进而获得——最终提高了经济活动与发展的总水平。

近代生产力的发展，在量态上表现为规模的扩大；在质态上表现为产业结构的更新。新的生产力、资本结构、技术与知识资源，使近代经济的资本存量与技术知识存量比之传统明显增加。按照制度变迁理论代表人物诺斯的说法，“资本存量的变化通过许多途径来诱导制度变迁”，同时，包括近代科学技术在内的“知识存量的累积对政治和经济制度的长期变迁起了潜移默化的作用”①。

从清末到抗日战争爆发前，社会经济领域内的变迁有两个特征：一是口岸市场和海外贸易改变了传统的市场流通结构，造就了新的市场联系机制，这种联系后来发展成近代商品市场体系；一是产业改进改变了传统的产业结构，产生了近代工业和商品性农业，形成新的商品生产体系。这两种特征代表着两种历史进程，前一进程是由商品流通的变化来改变经济内部供需的陈旧状态，促使新的消费和新的消费者出现，进而推动近代商业资本主义的发展；后一进程则是由工业化来改变以商品生产为目的的制造业，完成资本资源的重新配置，促使近代工业资本主义发轫成长，并经由农业改进，提高农业集约化、专门化和商品化的程度，为自给自足型的小农经济向小商品生产者转变提供条件。两种进程最终将促使交换极不完善、自给封闭型的传统经济向着近代市场经济转变。

很显然，变迁的动因不是旧经济体内的旧矛盾，根本的动力也不是传统社会内的阶级斗争，而是来自开埠通商后市场经济的变化和产业改进所导致的产业进步。二者挟带着前所未有的变迁能力，给近代经济乃至整个社会带来了活力、变化、兴替和变革，也带来了与以往性质不同的对立、

① 道格拉斯·C. 诺斯：《经济史中的结构与变迁》，上海三联书店1994年版，第232页。

矛盾、冲突和斗争，尽管两种因素、过程尚不能从根本上解决发展所面临的问题，但其所产生的后果毕竟造成了近代经济与传统经济的对立。变迁是对传统经济的创新性转变，因此传统经济与近代形成的市场经济体系相比，二者间的差异是很明显的，也就是说，近代市场经济不仅广度、深度超过了传统经济，二者不可同日而语，而且近代市场经济下的市场结构、商品流通、商人资本结构、产业构成、阶级构成、阶级关系，等等，均有着自身深刻的时代含义和质的区别。

变迁给传统经济导入了现代成分，因而也就在一定程度上改变了传统经济的面貌。从转型的意义上说，传统经济可谓终于从漫无止境的兴衰循环中绕出最后一个弯道，转向新的轨道。整个社会经济虽没有以革命性的方式向现代化跨越，但终究是摆脱了以往周而复始的循环停滞模式，在一系列汰旧、兴替、冲突、渐进、演化的变迁过程中，踏上了沿着现代化方向发展的道路。

传统经济面临的最大问题是贫穷和停滞，以及由此引发的生存挑战，近代经济面临的问题则是如何变革和发展，尽管它的生存问题非但没有解决，甚至日益紧迫。二者间的区别在于市场经济的发展。变迁使社会矛盾的性质改变——资本主义入侵、新生产力和生产方式的产生，改变了经济的性质和发展方向。如何摆脱半殖民地国家的地位，争得民族解放；如何实现工业化，改进传统农业，提高生产力水平，概括说，如何使传统经济经由变迁而实现现代化，是当时历史发展面临的新问题。解决这一问题，需要根本性的社会、政治与经济的全面变革，需要建立新的制度体系。变迁不单提出问题，而且也为解决问题提供了必要的手段和前提。

中外资本的投资设厂，新式机器工业的发展，新生产方式——工厂制度的确立和扩散，意味着在经济变迁的同时，新的社会利益集团、新的阶级——资产阶级和产业工人阶级——也随之产生。如果没有变迁所由产生的新生产力和新生产方式，传统经济本身显然不可能在半个多世纪中造就一支蔚然成军的产业工人队伍。产业资本存量的增长，必然以增长的数量扩大工人队伍，即使外国资本的扩张，也在不自觉地增强着自身对立面的力量。随着工人阶级、资产阶级的出现与成长，代表新社会利益集团要求及进取目标的社会改良和改革进到一个新的更高层次，从而打破了延续已久的传统对立格局。

变迁是一种范围广泛、结构转变性与方向变易性的变化和发展，是传统经济同外来经济因素相互激荡并最终向着市场经济进步的历程，也是近代市场经济形成、发展、演变的历史。惟其如此，变迁才有了实质性的意义，否则只能是零星的变化；惟其如此，变迁才具有价值评判意义上的进步和肯定，否则也只能算是周而复始循环中的一个新的轮回。

变迁与发展历程尽管屡遭挫折，备受磨难，未能使传统经济全然脱胎换骨，但它在工业、农业、交通运输业中留下的痕迹、积累的成果、造成的影响，并未因历史的嬗递而变得模糊不清。仔细想想，近代经济百余年经历的变化，从近代到当代所发生的一系列经济变迁，现代化也好，市场经济转型也好，产业更新改进也好，最初都是发端于近代经济所发生的一系列变迁，那时的积累是形成今天的胚胎。经由胚胎演化生成的发展框架，在制度和技术创新的基础上，仍然从市场和产业两个方面制约着当代经济的发展。市场经济（开放的市场体系）与产业改进（以创新为动力的商品生产），在新的制度体系下，仍将是保持经济长期增长的必要条件。

第一编

市场结构嬗变与商人资本兴替

第一章　变迁的诱因:开埠通商与对外贸易

明清时期的山东，运河沿岸城镇和沿海登州、胶州、金口等港口，曾经是商业贸易的繁盛之区。运河城镇与江、浙、河北等省城镇之间，沿海港口与江、浙、闽、粤以及渤海湾诸民船港之间，都有着较为广泛的贸易联系，沿海民船甚至将一些舶来“洋货”由南方带入沿海城镇市场——19世纪30年代，在胶州集市上已经有外国商品出售①。但是，这些贸易联系，因专制王朝对沿海、运河航运贸易的忌惮和重重限制，带有明显的地区性特征，严格地说，只能算是传统经济形态的补充，涨落消长几乎完全视农业丰歉为转移，尚不能对经济变革与变迁产生推力。

及至近代，自1861年烟台对外开放，成为山东第一个通商口岸后，沿海航运贸易和陆路远程贸易开始发生变化，商品流通格局也随之改变，此后青岛、龙口、威海三港相继对外开放并实行对外自由贸易。四处港口的开放与对外贸易的发展，大大提高了近代贸易对传统经济变迁的作用和影响，通过持续增长的国际贸易和国内埠际贸易，商品流通的总体规模空前扩大，与之相适应，传统意义上的消费、生产、流通均发生了新旧间的嬗变。从本质上说，工业化进程、城市化进程和农业商品化进程，都源自于贸易格局的改变，源自于贸易所刺激引发的新需求。因此，口岸贸易所产生的后果，不仅仅是商品流通总量的增长和一般意义上的范围扩大，更重要的是，它作为经济变迁的诱因和原初动力，还以前所未有的深度和广度，改变着传统经济的形貌，并最终为近代市场经济体系的形成奠定基础。

---

① R. C. Forsyth, Shantung, The Sacred Province of China. Shanghai, 1912, p. 178.

一 烟台港开埠通商

烟台位于山东半岛北端，地处黄海之滨，具有良好的港湾条件和丰富的腹地资源。烟台港向东和东北方向敞开，芝罘岛横卧其北部，形成港湾天然屏障。自秦汉以后，烟台就以“芝罘”之名闻于世。明代为防御倭寇侵扰，于洪武三十一年（1398 年）在芝罘湾设立奇山守御千户所，并设置烽火台传报军情，此后人们常以“烟台”之名指称芝罘港湾地区。清初实行海禁，烟台沿海经济和港口的发展受到严重阻碍。至道光年间，清政府为鼓励南方沙船主北上转运漕粮，允许沙船捎带少量货物在沿海贩运，烟台港的贸易由此而重获生机。但是在开埠通商之前，烟台港航运贸易的规模一直不大，入口仅限于“粮石”，出口仅限于“渔盐”而已①。

鸦片战争之后，广州、厦门、上海、宁波、福州五口开埠通商，洋货大量出现在南方沿海，从而为从事海漕运输的沙船携带洋货贩运提供了条件。这一时期，抵烟台港贸易的沿海商船，除进行粮、鱼、盐等传统土货交易外，还买卖粉丝、花生、豆油、豆饼、棉布、糖、竹、鸦片等多种货物。同时，抵港商船数和输出入贸易量也逐年增多。随着海上贸易的发展，烟台出现了专门从事航运贸易的商船帮，其中“有广帮、潮帮、建帮、宁波帮、关里帮、锦帮之目”。商帮的形成和发展，壮大了烟台商人资本的阵容，使当地商业逐渐兴盛起来。鸦片战争前，烟台商号只有二十几家，道光末年已达百余家，而到咸丰后期，商号数量又有成倍增加②。随着贸易规模的扩大，烟台在开埠前已基本具备了一个商业港口的雏形。

烟台港优越的地理位置和自然条件，在鸦片战争前后就引起了西方商人的注意，他们通过走私贸易向烟台及周邻沿海地区渗透，当时有不少外国商船到登州及沿海各处贩运鸦片，然后装豆南下。有些外商不仅“停泊贸易”，而且串通华商“买地造屋”，营建永久性贸易场所。对于外商的走私活动，清政府自始至终采取了严厉禁止的方针。1843 年 8 月和 10 月，清政府曾两次严令山东巡抚梁宝常，不准各海口商贩与洋商私相贸

---

① 〔民国〕《福山县志稿》卷 5，1931 年版，商埠志，缘起。

② 同上。

易，外国船只进入非通商口岸者，一律将船货没收①。咸丰年间，清政府又多次谕令山东地方官员，严禁外商在烟台等海口进行走私贸易。但是，由于各项措施不力，走私活动多半是禁而不止。

1856 年，英法两国发动了第二次鸦片战争。1858 年 6 月，战败的清政府被迫同俄、美、英、法等国签订《天津条约》，条约规定增开包括山东登州在内的十个沿海沿江港口为通商口岸。11 月，清政府又同列强签订了《通商章程善后条约》。条约规定：鸦片贸易合法化，中国海关由英国人“帮办税务”，调整修改旧税则。修改后的税则，税率比旧税率降低，更加便利了资本主义国家对中国的商品输出和原料输入。

本来，按照中英《天津条约》“即在牛庄、登州等府城口，嗣后皆准通商”的规定，山东开放的通商口岸原是作为“登州府城口”的蓬莱港，但是，英国驻登州领事官马礼逊等人在 1861 年底对山东进行“考察”之后，发现“登州府作为一个港口是不利的”，“它的港口浅，并且完全无遮蔽”，而烟台港则无论地理位置、自然条件和当时的商业贸易规模，都远远超过登州港②。这些情况，促使英国最后选中烟台来取代登州。英国以烟台取代登州为通商口岸的做法，显然违反了中英《天津条约》，但是，清政府的妥协态度却使英国的违约行为能够得逞，烟台港最终代替了“登州府城”而对外开放。

1861 年 7 月，三口通商大臣崇厚委派直隶候补知府王启曾到烟台办理通商事宜。王启曾在经过短期筹备后，于 1861 年 8 月 22 日宣布开关征税，此后烟台港便正式对外开放。

1862 年 3 月，清政府将登莱青道由莱州移驻烟台，以监督东海关事务，并开办户关，统管山东沿海的税金和厘金。7 月，户关开始征收常税。户关因征缴的税称为“东海常税”，所以又称常关。常关管理着包括烟台在内的山东沿海 24 个民船港口，向过往商船征收帆船税。烟台海关则称东海关，受总理衙门下设的三口通商大臣和海关总署的双重管辖。东海关掌握着烟台港的管理大权，负责向外国船只征税，征缴税称为“东

① 贾桢等编：《筹办夷务始末（咸丰朝）》，中华书局点校本，1979 年版，第 1537 页；山东师范大学历史系编：《清实录山东史料选》中册，齐鲁书社 1984 年版，第 1161 页。

② R. C. Forsyth, Shantung, The Sacred Province of China. Shanghai, 1912, p. 7.

海洋税”。东海关因控制着烟台港的行政管理和主要税收来源，所以与港口发展息息相关。

二　烟台港贸易结构与贸易消长

烟台辟为通商口岸后，因所处地理位置“四通八达，占水陆运输要冲之便”，与北方诸港相比，还有气候温暖，冬季不结冰等优点，“故船舶往来，四时不绝，帆樯林立，货物辐辏，买卖极盛”①。从19世纪80年代起，烟台逐渐成为欧美和东亚各种舶来品以及北方地区各种出口土货的重要集散市场。

烟台对外贸易自1864年始有较完备的海关统计，在1864—1931年长达68年的时间里，进出口贸易总额由600万海关两（净总值556万海关两）增至5211万海关两（净总值4908万海关两），年平均增长率为12.4%。根据盛衰变化的基本趋势，烟台对外贸易的发展进程以1905年为分界线，大体可分为前后两个时期，前期为1864—1905年；后期为1906—1931年。前期贸易基本呈上升趋势；后期则由于烟台港自身原因和周围环境的变化，出现衰退和复苏交替的现象。按照市场变化和商品进出口的消长，前期贸易又分前后两个阶段，第一阶段为1864—1894年，第二阶段为1895—1905年；根据港口航运贸易条件的变化，后期贸易也可为两个阶段，第一阶段为1906—1920年，第二阶段为1921—1931年。这四个阶段的特点可以概括为初兴、繁荣、衰退和缓慢复苏。

从1864年到1894年甲午战争爆发的31年中，烟台港进出口贸易获得了长足的发展，无论港口进出港船舶数、港口吞吐量以及进出口贸易额，都比开埠前和开埠初期有大幅增长。1864年烟台开埠之初，进出港船舶数为900艘，船舶吨位近28万吨。1865—1880年，港口年平均进出港船舶数为1200艘，总吨位54万吨，年平均货物吞吐量13万吨。1881—1894年，烟台年平均进出港船舶数增至1950艘，总吨位增至158万吨，年平均货物吞吐量达到20万吨。进出口贸易一直呈平稳增长之势。1864—1894年，烟台年进出口贸易总额由600万海关两（净数556万海

① 〔日〕日清貿易研究所：《清國通商綜覽》上海，1891年版，第228—229頁。

关两）增至1535万海关两（净数1478万海关两），增长了近1.56倍。期间洋货进口总额由188万海关两（进口净数151万海关两）增至586海关两（进口净数580万海关两），增长了2.1倍，约占同期贸易总额的38%；土货进口19世纪80年代后一直保持在200万海关两以上，在同期贸易总额中的比重为20%左右；这一时期增长最快的为土货径运出口，1864年为264万海关两，1884年超过400万海关两，1894年达657万海关两，约占当年贸易总额的42%①。

1894年甲午战争之后，外国经济势力在步步深入，不断向内地开拓着市场。国外商品输入规模的扩大和内地土产出口的大幅增加，导致烟台对外贸易出现了迅猛增长的势头。1895—1905年，进出口贸易总额从1818万海关两（净数1750万海关两）增至4435万海关两（净数3913万海关两），11年间增长了1.44倍，年平均增长率接近13%，贸易规模大大超过了前一时期，使得这一时期成为对外贸易的极盛期。

1906年是烟台贸易的一个分水岭，这一年贸易形势急转直下，开始步入衰退，当年贸易总额比上年减少了380多万海关两，以后除个别年份偶有回升外，基本呈逐年下降之势，到1918年已降至3582万海关两（净数3083万海关两），直到第二年才重新恢复增长。

进口与出口相比较，基本是一种背离的趋势。进口于1905年达到巅峰，当年土洋货进口净值合计达2718万海关两，约占贸易净总值的70%，此后开始跌落，几乎每隔两三年就要下降100万两，直到1931年才恢复到1905年的水平。出口虽在1906年后也有几年的下降和徘徊，但很快便恢复了增长，并在1915年超过进口，改变了贸易长期入超的格局，此后土货出口一直与土洋货进口平分秋色，在净值上甚至略有超出②。这是一个非常重要的变化，表明内地农副产品、手工业产品的生产与口岸贸易的关系愈来愈密切，土货输出已在贸易经济中占据了重要的位置。

1906年后烟台港贸易之所以由盛转衰，有自身和外部两个方面的原

① 烟台港务管理局编：《近代山东沿海通商口岸贸易统计资料》，对外贸易教育出版社1986年版，凡例，第4—7页，66—67页，129—130页。按：1863—1874年烟台海关统计货币单位为芝罘两，1875年后为海关两，为求统一，1874年前的数字已按1海关两≈1.044芝罘两做了调整。

② 烟台港务管理局编：《近代山东沿海通商口岸贸易统计资料》，1986年版，第6—9页。

因。就自身而言，烟台港埠头设施不完善以及同内地交通的不便一直是困扰商贸发展的重要因素。烟台港因海口较宽，缺少海坝屏蔽，一遇大风，港区内波涛汹涌，商船屡屡受风浪损害，这一状况自开埠后长期未得到改善。1902 年进港船只因受风浪影响，“竟有停泊三数日而不能起下货者，费时糜费，折耗甚巨”。1910 年“轮船在港内因风雨不能卸货者，计四十日”，船行甚至声言“将不驶行烟台，只往来于上海、天津”①。另外，烟台地处丘陵地区，与内地货物往来除部分经由羊角沟、龙口、虎头崖转运外，大部要靠骡马驮运，能够通行大车的大路只有烟潍路一条，交通不便在很大程度上减弱了烟台港的吞吐集散功能。就外部环境而言，20 世纪初烟台对外贸易面临着青岛港的有力竞争。青岛港现代化港口设施的建成使用，胶济、津浦铁路的相继通车，极大地改变了原有的商货流向，棉纱、布匹、火柴、草辫、花生等大宗进出口商品改走青岛，两路一港几乎把铁路沿线和广大内地的商货资源占夺一空，使烟台由北方一大货物集散港降为专司沿海地区贸易的二流口岸。

进入 20 年代后，烟台对外贸易一度出现了明显转机。1921 年年底，历时六年之久的防波堤工程终于竣工投入使用，由于解决了港口受风浪威胁这一痼疾，因而在一定程度上增强了烟台港对外的吸引力，到港船只数开始增多。在整个 20 年代，进出港船舶数恢复到年均 4000 艘的水平，吨位也达到 360 万吨，年平均货物吞吐量接近 40 万吨。航运条件的改善为贸易注入了活力，1921 年，烟台进出口贸易总额骤增至 6270 万海关两（净数 5558 万海关两），此后又连续两年维持在 5000 万海关两之上，从而进入开埠后贸易增长的第二个高峰期。但是好景不长，1924 年后对外贸易形势再度逆转，进出口额连续六年出现下降，1929 年贸易总额跌至不足 3000 万海关两②。造成这次贸易萧条的原因主要有以下两点：其一，当地军阀割据争战，给城乡经济造成极大破坏；其二，地方当局对进出口商品加征货物税，迫使众多商人将贸易转向不在征税范围的大连和威海二埠。直到 1931 年后，烟台对外贸易才又重新恢复到 20 年代初的水平，截

① 《光绪二十八年通商各关华洋贸易总册》下卷，1903 年版，烟台口，第 11 页；《宣统二年通商各关华洋贸易总册》下卷，1911 年版，烟台口，第 31 页。

② 烟台港务管理局编：《近代山东沿海通商口岸贸易统计资料》，1986 年版，第 6—9 页，68 页，131 页。

至抗日战争全面爆发前，年平均贸易额大致保持在5000万海关两上下。

烟台进出口贸易基本由洋货进口、土货进口、土货出口三项构成，贸易市场分为国内市场和国外市场，洋货进口、土货出口以及土货进口与两个市场相互关联，构成一个有机整体，其基本结构如下：

- 烟台进出口贸易
  - 进口
    - 由国外直接进口——洋货　复出口
    - 由国内各埠进口
  - 出口
    - 向国外直接出口——土货
    - 向国内各埠出口
      - 由沿海各埠消纳
      - 转口至上海向国外出口

烟台进出口贸易市场分国内和国外两个市场，在贸易发展的各个阶段均以国内市场为主，1867—1894年贸易偏重国内市场的倾向尤为明显。

开埠前期，烟台保持并发展了传统的与汕头、福州、宁波、广州、厦门等南方港口的贸易，进口以糖、纸、茶、棉花、夏布、桐油等为大宗，其中以汕头糖的进口为最多；出口大宗多为豆类、豆饼、果品、药材等，其中豆类及豆饼的出口居首位。19世纪70年代中期后，烟台与上海间的贸易勃兴。上海发达的进出口市场、畅旺的货源以及完善的金融汇兑，对烟台商人无疑具有极大的吸引力，一些烟台商人常年寄寓于上海行栈内，购办大宗土洋货物①，上海由此成为烟台主要的土洋货输入港。此外，上海还是烟台出口土货的转口输出港，19世纪末，烟台“出口土货运往各口者，上海一埠已占过半”②。烟台同天津、牛庄等渤海湾沿海口岸的贸易，在开埠后也有较大发展。随着胶东地区榨油业、粉丝业、缫丝业及织绸业商品化生产的兴起，烟台每年都要从牛庄等地进口大量豆货、柞蚕茧及杂粮，供本地手工业生产之需。

1905年以后，烟台国内贸易市场同前期相比，发生了较大变化。经过日俄战争，日本将沙俄势力排挤出东北地区，先后在大连、旅顺等港修建起商船码头，营口、牛庄等港也在原来基础上有较大改观。东北诸港航运贸易的发展，使烟台早先与南方的豆货贸易完全被辽东取代，丝茧贸易也面临辽东半岛丝业生产的竞争。过去南货、洋货输往辽东以及辽东商货

① 〔日〕東亞同文會：《支那經濟全書》第2輯，1908年版，第85—87頁。
② 《光绪十八年通商各关华洋贸易总册》，1893年版，烟台口，第47页。

输往南方大都要经烟台转口，此时南方与辽东间的贸易变得越来越直接，烟台中继港的作用因之逐渐减弱。民国成立后，一方面，上海继续在烟台国内贸易市场保持着举足轻重的地位；另一方面，渤海湾诸港尤其是辽东诸港同烟台间的贸易也变得益加密切。清末民初，山东人口曾大批移居东北，生活习惯上的原因，使东北地区每年要经烟台输入大量山东出产的手工日用品，而胶东沿海手工业的发展则扩大了对东北农产品的需求，此外，胶东地区因地狭人稠，经济作物挤占粮田，每年也需从东北输入大宗粮食，以弥补粮食不足。

烟台同国外市场的贸易（即直接对外贸易），基本以英（包括英占香港）、美、日、俄、朝鲜为主，但是在甲午战争之前，大部分贸易依赖国内市场转口，同国外市场的直接贸易只占很小比重。就进口而言，国外直接进口的洋货值平均只占洋货进口总值的三分之一，其余则由国内（主要为上海）转口输入。1893 年烟台“所有洋货进口价值，此数［按：直接从国外进口数］仅居十之三成，其七成则系由上海进口”①。1894 年后，烟台对国外市场的直接贸易有了较大幅度的增长，1901 年贸易额已由 1894 年的 232 万海关两增至 1200 万海关两，其中由国外直接进口的洋货货值增长最快，已大致可与国内口岸的转口输入值平分秋色。但是从贸易的长期平均趋势看，烟台同国外市场的直接贸易额，一般只占贸易总额的 20%—30%，其余大部分仍为国内市场的埠际贸易②。

20 世纪前 20 年，由于大连、青岛等港口商业上的竞争，形成进出口商品大量分流，烟台与国外市场的直接贸易长期徘徊在 1000 万海关两上下。这一时期最突出的变化，就是日本取代欧美在烟台对外贸易中跃居首位。1894 年以前，在烟台直接对外贸易中，欧美平均约占八成左右，而日本仅占一成左右。从 1889 年起，日本开辟了通往烟台的直接航线，是年日本商船进出烟台港的艘次和吨位均比上年增加了 1 倍③。此后日本对烟台的贸易规模逐年扩大，廉价的日本棉纱、棉布、火柴、煤等商品开始大量进入烟台市场。1903 年自日本输入烟台的商品总值达 562 万海关两，

① 《光绪十九年通商各关华洋贸易总册》，1894 年版，烟台口，第 45 页。

② 烟台港务管理局：《近代山东沿海通商口岸贸易统计资料》，1986 年版，第 22—23 页。

③ ［日］日清貿易研究所：《清國通商綜覽》，上海，1891 年版，第 236 頁。

占烟台直接从国外进口商品总值的58%，这一状况直到第一次世界大战结束后才有所改变。

烟台开埠以后，外国商人便把口岸作为向内地输送商品的孔道，将大批洋货运销烟台。在甲午战争前历年土洋货进口值中，洋货始终占60%以上，1864—1894年，洋货历年进口净值累计达12856万海关两。1895年后，由于日本棉纱、棉布、火柴等大量进口，洋货进口出现激增，1895年洋货进口净值为732万海关两，到1905年增至1716万海关两，增长了1.34倍，11年间洋货进口净值累计为15096万海关两，超过了前31年的总和。1906年后受青岛港吸纳分流洋货的影响，烟台洋货进口逐年减少，到1918年进口净数跌落至564万海关两，此后几年虽有所回升，但1925年再次下降至不足400万海关两，1930年前基本只能维持在500万海关两上下。

烟台大宗洋货进口以1905为分界线，前期进口商品主要有棉布、鸦片、棉纱、五金、煤、煤油、火柴、粮食、糖、海菜十大类，这十类商品在1905年以前约占进口洋货值的八成左右，1905年后鸦片、海菜为纸和染料所取代，同时因进口项目增多，数额相对分散，十类商品所占进口比重也下降为六成至七成。棉布和鸦片是前期进口最多的货物，19世纪80年代两项合计约占进口洋货总值的一半以上。20世纪初，鸦片和棉布贸易走向衰退，代之而起的是棉纱进口，1898年以后棉纱进口超过了棉布，成为居第一位的进口品。砂糖和五金在前期进口呈增长之势，后期出现衰退，而纸和颜料两项进口呈稳定之势，粮食（面粉）、燃料、火柴的进口则有相当大的增长①。

棉布是烟台进口最早的洋货之一，在甲午战争之前进口值一直居洋货首位，约占洋货进口总值的40%左右②。开埠初期，进口棉布尚无法与土布竞争，因为土布价格低廉，坚实耐用，在广大农村比洋布更受欢迎。为增强洋布竞争力，外国商人采取了压价的办法。1866年进口本色布每匹价格为2.9—4银两；1867年降为2.5—3银两；1868年再降至2.2—2.5

---

① 刘素芬：《烟台对外贸易分析：一八六七——一九一九》，《食货》第12卷，第8期。

② China Imperial Maritime Customs, Decennial Reports on the Trade（以下简称Decennial Reports），1882—1891，Chefoo. p. 43.

银两。“外国棉布在这样低价下就能与土布竞争，并能担负运输费用深入内地去”①。棉布连续降价促使进口锐增，1868 年进口量已接近 90 万匹，1872 年突破 100 万匹。在这之后，因华北各省发生严重干旱，城乡购买力下降，棉布进口有所减少。80 年代后进口恢复增长，1886 年进口再度超过 100 万匹。1887—1906 年二十年间，除 1894 年外，烟台棉布进口每年都在 100 万匹以上，其中 1901 年的进口量高达 184 万匹，此后由于青岛港棉布进口的竞争，烟台棉布进口开始走向衰退，进口量逐年递减，到 1920 年已降至 35 万匹②。

19 世纪 70 年代，棉纱进口在烟台尚属试销性质，进口增长缓慢。80 年代后，棉纱进口开始成倍增长，从 1883 年起，成为进口货值仅次于棉布的第二大进口货。1884—1888 年，烟台棉纱进口约占同期国内棉纱进口量的 22%。1890 年棉纱进口突破 10 万担，约占同期国内棉纱进口量的 10%③。甲午战争后，日本棉纱大量涌进烟台，促使进口量激增，1898 年进口棉纱达 24.5 万担，进口货值超过棉布，成为烟台第一大进口货。此时，外国棉纱不仅已通行于沿海地区，而且通过水陆商路行销于内地城乡和周邻省份。大量洋纱的进口，对山东传统土纱生产形成强烈冲击。由于洋商享有种种关税上的便利与优惠，“洋纱要比山东土纱便宜”，“贫穷阶级的妇女和儿童使用洋纱织布，比较自己纺纱节省时间，可以生产更多的棉布”④。于是，在各地乡村普遍出现了用洋纱代替土纱织布的现象，传统纺纱业陷入严重的危机境地。

在烟台近代对外贸易史上，鸦片作为一种特殊的洋货，曾经在进口贸易中占了相当大的比重。第二次鸦片战争后，原先只能靠走私进行的鸦片贸易取得了合法地位，自此，鸦片开始大量涌入新开埠的烟台港。1882 年以前，烟台每年都有大量鸦片进口，除个别年份进口量在千担上下外，平均年进口量在三四千担左右。

---

① 姚贤镐编：《中国近代对外贸易史资料》第 3 册，中华书局 1962 年版，第 1358 页。

② 烟台港务管理局编：《近代山东沿海通商口岸贸易统计资料》，1986 年版，第 136—137 页。

③ Decennial Reports，1882—1891，Chefoo，p. 43.

④ China Imperial Maritime Customs，Returns of Trade and Trade Reports（以下简称 Trade Reports），1886，Chefoo，p. 2.

鸦片销售市场的逐年扩大，刺激了山东内地的罂粟种植和鸦片生产。19 世纪 60 年代，山东鸦片产地尚限于滕县和金乡等少数地区；70 年代后，逐步扩及到胶州和东昌府地区；到 90 年代，几乎已遍布全省。1890 年全省十府二州鸦片产量已达 28000 余担，价值白银 480 万两。土制鸦片（土药）产量和销售量的骤增，导致外国鸦片（洋药）进口量减少，对此 1890 年海关报告曾说："土药加增极广，价值尤廉，较洋药不过半价，是以洋药之销比往年仅十分之一。"① 在这种形势下，从 19 世纪 80 年代后期到 1894 年，烟台年鸦片进口量下降到 300—400 担左右。由于生意不景气，1882 年烟台有两家从事鸦片贸易的外国商行倒闭，当地 20 家做进口鸦片生意的商行停业②。

大量鸦片的生产，给传统农业经济带来严重影响。鸦片种植面积的扩大，使粮食生产面积相对减少，一些地区不得不依赖输入粮食来接济粮食生产的不足，从而加大了粮食进口量。1892 年烟台大米进口量已高达 12 万担，此外还从国内其他口岸进口大量杂粮。不仅如此，鸦片的长期生产与进口，还使城乡吸烟人口日益增多，"吸烟之人，在在皆是"，1890 年仅烟台一地就有烟馆 135 家③。鸦片毒蚀着吸烟者的身心健康，严重地败坏着当时的社会风气。

五金在早期是仅次于纺织品和鸦片的进口货，1882—1891 年约占洋货进口值的 7%，年平均进口约 5 万余担。山东铁业使用的铁原料原先主要为山西铁，随着外国旧铁的大量进口，山西铁因价格无法与之竞争，在沿海地区遂被洋铁挤出市场。90 年代后，条铁、钉条铁和铁丝的进口有显著的增加，平均年进口量增至 18 万余担。到 1906 年，烟台洋铁进口已接近 24 万担。

烟台煤油进口始于 19 世纪 70 年代，煤油主要来自美国，最初只是用于照明点灯，后来也兼用于机器榨油等加工业生产。1874 年进口量为 10 万加仑。在早期，由于煤油与豆油相比价格偏高，进口量很不稳定。为扩大销路，美国煤油公司采取了降价销售的办法，为煤油销往内地寻找途

---

① 《光绪十六年通商各关华洋贸易总册》，1891 年版，烟台口，第 50—51 页。

② Decennial Reports，1882—1891，Chefoo，p. 49.

③ 《光绪十六年通商各关华洋贸易总册》，1891 年版，烟台口，第 51 页。

径。1886年油价削减了一半，由原先每箱（10加仑）5元降至2.5元，使煤油价格大大低于豆油。例如1888年豆油的平均价格是每担5海关两，而煤油价格仅相当于每担3.4海关两，这一价格差无疑为煤油销往内地铺平了道路。就在同一年，烟台煤油进口量一下子上升到44.4万加仑，比1881年增长了2.8倍。煤油开始大量进入城乡社会消费领域，“织工和草帽编织者大量使用煤油，私人住宅和衙门也用”。截至1894年，烟台煤油进口已达183.4万加仑，与此同时，许多地区世代相传的豆油灯也逐渐被煤油灯所取代①。

随着洋货的大量进口，洋货取代土货的现象已不只限于洋纱取代土纱、洋铁取代土铁、煤油取代豆油这几个方面，而是在民众日常生活的许多方面都有所表现。譬如，沿海地区这一时期还出现了洋蜡代替土蜡、火柴代替火镰、洋针代替土针的趋势，一些畅销的洋货逐步成为当时人们广泛使用的日常生活用品。

烟台开埠后，随着外国和外埠商品源源不断地输入，商品交换规模逐渐扩大，交换的需要使封闭的旧篱樊开始解体，新商路网络将大大小小形形色色的市场连接在一起，商贸空前活跃，内地越来越多的农副产品和手工业产品向口岸城市汇流，一些原先在沿海传统民船贸易中已有基础的土货产品，出口量和出口范围年复一年的扩大，而更多的适合国外市场需要的土货跻身入大宗出口商品的行列。由各地汇入烟台转而出口的土货商品，有豆类及加工品、草辫、生丝、茧绸、粉丝、花生及花生油、海产品、畜产品、花边、杂货（包括衣鞋类、果品类和药材）等十大类，其中前四类是19世纪后期烟台最重要的出口商品，出口值占全部商品出口值的80%—90%；如按出口值划分，豆类、草辫、丝绸分别为烟台土货出口前、中、后三个时期的代表性商品。

豆类及豆饼、豆油等加工品的出口，是烟台开埠前传统的出口商品，出口地主要为华南地区。开埠后，此项出口发展较快，开埠最初10年间，豆货出口值约占土货出口总值的50%。但自1876年后，因其他土货出口的增加，豆货出口比重开始急遽下降，1877—1907年豆货出口值大致占土货出口总值的20%左右。在出口量方面，1875年后烟台豆饼出口一直

① Trade Reports, 1886, Chefoo, p. 41; 1888, Chefoo, p. 42.

维持在100万担左右，但是在1906年后出口开始出现衰退，这一变化显然与内地商品性农业豆饼使用量的增长有关。豆类出口1863年为58万担，后因胶东地区粉丝和油坊加工业兴起，对豆类原料的需求不断增大，出口量逐年减少，而由东北地区的进口则逐年增加。豆油出口也存在着相同趋势，1869年出口接近2万担，后逐年减少，80年代年平均出口量降至数百担，已不在重要出口项目之列①。

在豆货之后勃兴的是草辫出口。甲午战争前20年为烟台草辫出口的黄金时期，这一时期烟台跃居为国内最大的草辫输出港。草辫出口途径有两条：一是由烟台直接出口，运销欧美等国；一是由上海、天津等口岸转运出口，当时上海出口的草辫，多数来自山东。烟台草辫出口始于1863年，当时只有307担。70年代，因山东出口草辫价廉质优，在欧洲市场极受欢迎，收运价格不断上涨，对草辫业生产和出口形成刺激。随着莱州、登州、兖州、武定、沂州等地草辫加工业的兴起，以及草辫商运销网的形成，大量草辫开始源源不断地运至烟台，此外，河北、山西等省出产的草辫也有相当一部分经由水陆商路汇集于烟台，从而促使草辫出口迅猛增长。1880年烟台草辫出口已达4.9万担，货值近112万海关两，分别占全国草辫出口量的68%和烟台土货出口值的33%。从这年起到1894年，烟台草辫年平均出口近4.2万担，约占全国同期出口量的一半左右，其中1887年为出口最多的一年，达6.6万担，出口值近215万海关两②。

山东缫丝业和织绸业有着悠久的历史，尤其是用柞蚕丝织成的茧绸更是久负盛名。烟台开埠后，原先仅在国内销售的生丝和茧绸开始远涉重洋，运销欧美。19世纪70年代后，缫丝业和织绸业在沿海地区广为发展，成为山东重要的出口产业。许多外国洋行在烟台开办了丝绸购运业务，华商丝行与绸栈也纷纷设立，丝绸出口量随之迅速增长。1881年生丝与茧绸出口分别增至5750担和1722担。进入90年代后，生丝和茧绸取代草辫成为烟台最重要的出口商品，丝绸出口值合计约占整个土货出口

---

① 烟台港务管理局编：《近代山东沿海通商口岸贸易统计资料》，1986年版，第138—139页；刘素芬：《烟台对外贸易分析：一八六七——九一九》，《食货》第12卷，第8期。

② 烟台港务管理局编：《近代山东沿海通商口岸贸易统计资料》，1986年版，第137—138页，170—171页；Decennial Reports，1882—1891，Chefoo，p. 45.

值的一半左右①。20世纪前20年，烟台生丝出口每年基本都在300万海关两之上，1915—1919年出口值平均在500万海关两之上，其中1912年出口值高达824万海关两。但在这之后，生丝出口却因青岛竞争的缘故，呈逐年下降之势，到1931年已降至不足百万海关海。茧绸出口对于烟台具有非常特殊的意义。因靠近茧绸产地，茧绸大部分要经烟台出口，1906年之前烟台几乎独占茧绸出口市场。1907—1913年茧绸出口受到青岛的有力竞争，有一半分流于青岛。1915年后，烟台商人借日德交战之机，重新夺回茧绸贸易的控制权，1915—1926年为出口最盛时期，年平均出口量为13721担，平均出口值为607万海关两，其中出口值最高的1921年达964万海关两②。

近代烟台港对外贸易的发展兴衰历程，与近代市场经济的变迁息息相关，既推动影响变迁，又受变迁过程的制约。

在19世纪下半叶，烟台是当时山东唯一的对外开放港口，全省进出口土洋货，除少量经由运河从镇江输出入外，绝大部分要经由烟台，这一因素使烟台成为该时期商人资本汇聚、商品汇流的贸易集散中心。每年数十万吨货物的吞吐运销，年均数千万海关两的商品进出口，以及与进出口相关、货流量远大于此的口岸与各地间的商品流通，给当时烟台的城市化进程以及市场经济的变迁打下了深深的烙印。在近代工业尚未登堂入室，手工业随贸易兴衰而消长的状况下，对外贸易自然而然成为近代烟台城市经济最基本最重要的特征和支柱。市场经济的一切运作，城乡经济生活的种种变迁，起初无不以贸易为前提，围绕着贸易来展开，而贸易所造就的经济条件，所积累起来的资本，带来的消费需求及相关影响，最终又为早期工业化的起步创造了条件。

开埠后，在传统民船贸易的基础上，烟台开辟了更加广泛、更加自由的同国内沿海各埠口间的贸易，加之烟台所处地理位置，使之在南方港口和渤海湾诸港之间起了一种中转枢纽的作用，从而使国内市场在贸易中的地位日趋重要。但是，由于港口设施的改善进展迟缓，与国际贸易相关的

---

① Decennial Reports，1892—1901，Chefoo，Vol. I，p. 51.

② 烟台港务管理局编：《近代山东沿海通商口岸贸易统计资料》，1986年版，第183—184页，187—189页。

金融、电信业发展滞后，尤其是缺少能够深入腹地的铁路运输设施，结果使烟台直接对外贸易的比重一直难以提高，形成了贸易过分偏重于国内埠际贸易的状况。20 世纪初，当周边的青岛、大连等港口发展起来后，烟台便在周边港口的竞争中逐渐落伍，贸易甚至一度出现了衰退。烟台近代贸易的历史说明，口岸贸易在一定条件下可以成为近代市场经济体系的助产士，但同时其自身的发展也离不开近代交通与生产条件的支持。

三　青岛港的开放及自由港（地区）制

1897 年德国强占胶州湾后，就一心想把胶州湾地区变成德国在远东地区进行商品输出的基地，但是，在胶澳殖民地建立之初，由于山东对外贸易大部分集中于早在 1861 年即已开放的烟台，青岛贸易的发展受到很大限制。为了最大限度地利用租借地及其腹地的贸易资源，同时扩大德国商品的输出，德国政府一开始就计划把英国在香港推行的自由港制搬到青岛。1898 年 1 月，德国外交大臣布洛夫曾说："有资格了解经济及中国当地情况的专家坚决相信，只有将胶州作为一个自由港，然后才能达到那种商业发展，而那样的商业发展乃我们居留该处的主要目的。"① 1898 年 7 月，德国驻华公使海靖与清政府总税务司赫德在北京谈判设关征税办法，在当时德国答应于租借地内设立中国海关的情况下，清政府很快接受了德国提出的要求，与其达成协议。9 月 2 日，青岛港作为自由港对所有国家一律开放。1899 年 4 月 17 日，中德正式签订《会订青岛设关征税办法》。同年 6 月 16 日，正式设立胶海关，并开始办理征税事宜。

中德《会订青岛设关征税办法》共 20 条，其主要内容有以下几个方面：

（1）胶州海关税务司这一要职，由总税务司在各海关中选调德国人担任，海关采用德文为正式文字（兼用中文和英文），胶州海关税务司负责海关和常关事务，并有权颁发一切凭证文件；

（2）除鸦片烟外，由海路运进青岛的货物不征进口税，并可以在租

---

① 孙瑞芹译：《德国外交文件有关中国交涉史料选译》第 1 卷，商务印书馆 1960 年版，第 218 页。

界范围内自由流通，但是货物若再由胶州运内地，仍征进口税；

（3）凡在租界地内生产的土产品和制成品，出口时不需缴纳出口税；

（4）来自内地的货物运入租界，再出港水运其他口岸或外洋，则按税则缴纳出口税①。

通过上述规定，青岛不仅是作为通商口岸，而且是作为自由商港实行对外开放。来自国外或者国内的货物，都可以自由进口，而在租界地内出产的土产品，均可以自由出口。对于中国出产的货物，经过青岛转到中国其他地方时，得按照沿海口岸贸易的规定，享受缴纳半税的待遇；如果不经过青岛转运而在本地消费，则可免税。所以从内地运入青岛的食品、建筑材料及其他家庭用具、个人消费品都是免税的。上述规定使德国和其他国家的商人与商品，在青岛除了享有通商口岸的待遇外，还享有自由港的一切优惠待遇。另外，租借地内的土产品和工业加工品一概免税，也为德商在青岛投资设厂带来了莫大的便利和好处。

实行自由港制和胶海关征税办法后，德国原以为会大大促进租借地的发展，然而事与愿违，由于免税区域过于宽泛，虽然也设了很多分卡进行稽查，却始终不能解决走私漏税问题，中国商人因不愿意到租借地为做生意而生麻烦，华洋购销活动反形萧条。另外在边境设关征税的办法，对于清政府也有不便之处，清政府需要在边境建立一支花费很大的海陆缉私军队，以防止大规模的走私活动。

由于上述原因，德国未能达预期目的。于是在自由港制实行 6 年之后，1905 年海关总署赫德与德国公使穆默重新对《会订青岛设关征税办法》进行了修订，将自由港制改为自由地区制，并于 12 月 1 日正式签订《会订青岛设关征税修改办法》。自由地区制的主要内容如下：

（1）缩小自由港的免税区域，胶澳租界的免税区以大港埠头附近为限，出界即须课税，入界之货也一律照章纳税；

（2）每季度将进口税的 20% 交给胶澳殖民地政府，作为给殖民当局的津贴；

（3）租借地内工厂制成各货，出口时按所用原料应纳税额纳税；

---

① 王铁崖编：《中外旧约章汇编》第 1 册，生活 · 读书 · 新知三联书店 1957 年版，第 884—886 页。

（4）租借地内所有一切军用物资、各种机器及工厂整套设备、各种农具、官署所用工程材料、税额一元以下的邮政包裹，一律免税①。

自由地区制实行后，给德国殖民当局带来了许多好处。一方面免税范围的缩小，增加了海关税收，德国当局通过截留20%的进口税，增加了殖民政府的财政收入；另一方面自由地区限于埠头附近，使货物滞留时间缩短，加速了港口货物的吞吐。同时，采用新的征税办法，还给青岛工商贸易带来以下便利：第一，由于没有设立边界海关和边防哨所，租借地可以与内地进行自由贸易，由铁路或骡马大车运入青岛的土产品不受管制，海关只对这些土产品的出口部分征税；第二，在缴纳关税前，商人可预先对出口商品进行分级、采样和改进包装；第三，在租界地内出产的土产品和制成品，都免征出口税；第四，采用中国原料制成商品出口时，得由制造商自行决定按原料成分付税，或按制成品价值付税；第五，采用进口原料制成的商品，在出口时得退回已付的原料进口税。随着税关管理和稽查手续由繁变简，往日聚集于海关附近和租界外的华商，开始陆续迁入租界内，从而促使青岛的商业贸易迅速繁荣起来。这在当时海关统计上有所反映，1906年青岛进出口贸易净值达到3051海关两，比上年增加818万海关两，增长了36.7%②。

对于一个新开埠的通商口岸，建设现代化设施完备的港口是发展商业贸易的必要条件。德国为了达到“欲在中国得一商业地”的目的，一向重视对青岛港港口设施的建设。港口兴建包括五项内容：（1）兴建小港，作为嗣后大港的辅助港，即实际上的民船贸易港；（2）兴建船渠港；（3）兴建大港，即青岛港的主体港；（4）兴建大型修船厂；（5）安设航灯标志。这五项工程的兴筑又包括修筑防浪堤、疏浚航道、修建大小码头和仓库、敷设专用铁路等项工程。1898年德国政府拨款500万马克用于建港，不久又追加350万马克，此后，德国当局每年都拨付巨款，从事大规模港口建设。

1898年末，青岛大港防浪堤开始动工兴建。第二年春，大港码头也

① 王铁崖：《中外旧约章汇编》第2册，生活·读书·新知三联书店1957年版，第336—338页。

② 烟台港务管理局编：《近代山东沿海通商口岸贸易统计资料》，1986年版，第10页。

开始动工。由于建设规模浩大，所需建筑材料主要靠水运，而青岛老港又没有适宜的码头可供驳卸，于是德国当局不得不在兴筑大港的同时，开工兴筑小港。小港于 1899 年春动工，港口筑有南北防波堤，港口内有一长 150 米、宽 6 米的码头，并有铁路岔道与铁路干线相接。1901 年春小港工程完竣。小港建成之初，主要用于驳卸军火和建筑材料，后来成为民船靠泊港，供沿海民船和内海小汽轮入港装卸，港内平常可靠泊民船数百只①。

1901 年，青岛大港工程全面展开，1904 年港口竣工投入使用。大港工程包括南北防波堤、码头、仓库等设施，防波堤内筑有三座码头，一号码头供普通商船使用。二号码头为海军专用码头，一、二号码头可同时靠泊 12 艘 6000 吨级轮船，可同时卸货 72000 吨，仓储能力为 5 万吨。三号码头为盐、石油专用码头。在防波堤尽头建有四号码头，供海军储煤之用，并附设海军造船厂。各个码头均配备了机械化起重装卸设备，并有铁路直通大港车站，与胶济铁路相连接。港口与铁路相通，实现了水陆联运，大大方便了货物的运输，同时也为扩大港口吞吐提供了条件。

青岛新港建设，工程技术主要由德国人担任，材料设备大都来自德国，而具体的土建施工则完全由中国劳工完成。建港期间，从山东农村和外省涌入青岛的民工与技术工人达数万人，这些人中后来有相当一部分定居青岛，散布于各行各业，构成青岛城市化和工业化进程中产业队伍的骨干。由于建设工程浩大，青岛港从 1898 年动工兴建到 1908 年工程基本完竣，耗费了巨额资金。这期间，德国政府投资于港口的建筑费、船坞及修理工场费、海标费三项即达 2930.2 万马克，约占该期德国在青岛全部投资 12215 万马克的 24%。1908 年后，海港建筑费相应减少，但却增加了官营事业费和造船厂营业费，因此青岛港资金投入仍保持相当高的水平。1899—1914 年，德国在青岛的总投资为 21016.9 万马克，其中用于青岛港的投资即达 5383.3 万马克，约占总投资的 25.6%，与其他投资相比较，居于首位②。

港口的修筑与完工，大大改善了青岛在国内沿海城市中的地位。海港

---

① 叶春墀：《青岛概要》，1922 年版，第 6 页。

② 〔日〕青島守備軍民政部：《青島研究資料》，1919 年版，附表。

设备在当时是东亚最好的，港口拥有宽敞的轮船码头和货物仓库，先进的起重机械与照明装置，尤其是“港口在装卸设备的安全与便利方面超越所有东亚的海港，因为在青岛即使最大的船都可以直接在码头边将货物转装列车”。通过轮船和火车联运，大量在青岛港转运的货物可直接进出内地，而且“欧亚两洲之间的旅客和货物均可不在途中耽搁而畅通起来”①。

随着青岛港航运条件的改善和贸易的发展，青岛与国内和世界各地的联系也越来越密切，以港口为起讫点的近海和远洋航线不断增加，各资本主义国家为争夺在中国沿海的航运控制权，争相在青岛发展各自的航运势力。德占胶澳时期，德国航运势力一直占据着主导地位。1901 年 3 月，德国汉美轮船公司率先开辟青岛航线，这是青岛第一条远洋航线。为了鼓励新辟远洋航线，德国政府曾给予该公司特许航运补贴。1908 年日本轮船首次直接通航青岛，正式开通神户至青岛的定期航班，不久，香港至青岛航线也开始通航。翌年，德国和英国几家大轮船公司也相继加入欧洲至青岛的客货营运。1910 年北德轮船公司继汉美公司之后得到德国政府的补助金，每月定期派船往来青岛一次②。从这一年起，从事青岛与欧洲之间航运的外国轮船公司共有 7 家，即德国的汉美轮船公司（由亨宝船行代理）、禅臣洋行、北德轮船公司（由美最时洋行代理）、捷成洋行，英国的怡和洋行、太古洋行。这些轮船公司投入航线运营的轮船共有 37 艘，船舶总吨位达 10 万吨以上。远洋航线的开通，不仅加强了青岛与国内上海、烟台、天津、香港、牛庄诸港的货运联系，而且使青岛通航范围远及鹿特丹、汉堡、安特卫普、马赛、热那亚、利物浦、伦敦、不来梅等欧洲著名港口。

四　青岛港贸易的发展及其影响

青岛扼胶州湾咽喉，因“湾阔水深，方向、位置举得其宜，外当黄海之门户，内通中原之奥区”，具备发展商业贸易的种种有利条件。

开港前，胶州湾内的塔埠头、女姑口等港口，与宁波、福建及长江口

---

① 单维廉著：《德领胶州湾（青岛）之地政资料》，周龙章译，台北：中国地政研究所 1980 年版，第 28 页，64 页；青岛市档案馆编：《帝国主义与胶海关》，档案出版社 1986 年版，第 104 页。

② 青岛市档案馆编：《帝国主义与胶海关》，档案出版社 1986 年版，第 112 页。

沿岸各港有着广泛的民船贸易。来自福建、宁波的民船，普通载重量3000担到6000担不等（合180—360吨），小型船载重量2000担。两地民船带来的货物主要是土纸、陶器、毛竹、糖、席子及各类南货，带回的货物主要是豆油、花生油、豆类、豆饼、胡桃、瓜子、粉条、柿饼、中药材等山东土产。来自江苏沿海各地的民船为平底沙船，船分大、中、小三种类型，载重自660担至2600担不等。大型船多来自上海，装来货物主要是棉花，返回时一般为空舱压载。中小型船多来自盐城、海州、潮河、阜宁、青口等地，装来货物主要为棉花、黄麻、大蒜、粮食等，回载货物主要为水果、白菜、咸猪肉等①。除外省民船外，山东本省沿海各港口的民船也经常往来于胶州湾，从事农副产品和土特产品的贸易。开埠前，胶州传统的民船贸易虽然已具有一定规模，但是贸易仍未能摆脱传统自然经济的特征和影响。整个贸易受农业收成丰歉的影响而上下波动，收成坏的年份要从外地进口粮食，这样其他货物的进口就相应减少，收成好的年份，进口粮食减少，其他货物的进出口就相应增加。

青岛开埠之初，由于"本地民人务农者十分之九，民贫且俭素，不购买洋布、洋纱等物"，限制了进口货的消纳，加上当时青岛港缺乏完善的码头设施，"船不能进岸驳船运货，且内地运物路亦不平"，所以许多外洋货物和内地土货只能按传统运路由烟台进出口②。1900年，青岛的贸易额仅395.9万海关两，只相当于烟台同期贸易额的14.6%。

德国当局为扩大青岛的贸易规模，采取了兴建港口、修筑铁路等措施，极力改善青岛的贸易条件，同时在建港筑路过程实行边建设边使用的方针。1904年6月，胶济铁路全线通车，接通了青岛与山东内地最大集散市场——济南的联系，使青岛同广大腹地连为一体，从而扩大了商品贸易的购销范围，使"山东的各种水果及蔬菜以及胡桃、豆类、豆油、麻、烟草、毛皮、牲畜均以增长的数量经铁路运往青岛，再由该处经海上输出"。与此同时，大量的外国工业品如棉纱、棉织品、机器、纸张、石油、火柴、颜料、建筑材料等，也通过铁路输往内地③。1904—1905年，

① 青岛市档案馆编：《帝国主义与胶海关》，档案出版社1986年版，第83—86页。

② 《光绪二十五年通商各关华洋贸易总册》下卷，1900年版，胶州口，第11页。

③ 单维廉著：《德领胶州湾（青岛）之地政资料》，周龙章译，台北：中国地政研究所1980年版，第37页。

大港第一、第二码头相继建成并投入使用，这样就使青岛港由一个内贸港转变为国际贸易港。在水陆货运量上升的同时，贸易获得稳步增长，1905年，青岛的贸易额比1900年增长了4.6倍，达2235万海关两①。

1905年12月，原自由港制改为自由地区制。实行这一制度后，原自由港范围缩小，同时租借地内旧有边界、税关撤废，货物出港即须课税。这样，无形中限制了货物在港区滞留，加速了港口货物运转；1910年，津浦铁路津济路段建成通车，使整个华北地区通过胶济、津浦两铁路的连接，纳入到青岛市场贸易范围之内。这时，许多大商号包括许多外国洋行接踵而至，在青岛开办国内与国外贸易业务。沿海城市商人资本的汇聚集中，使商品和资金大规模的流通成为可能，城市吐纳集散商品的能力也随之提高，进出口贸易由此有了坚实的基础。

从1906年到第一次世界大战爆发前的1913年，青岛港进出港船舶航运量由100万吨增至270万吨，贸易总额由3072.4万海关两增至6044.9万海关两，可谓开埠后贸易增长最快的时期。1906年，青岛海关税收总额超过烟台，在全国36个海关中居第7位。1910年，青岛又在贸易总值上超过烟台，排在上海、天津、汉口、广州、汕头之后，在全国各通商口岸中居第6位。青岛对外贸易的增长，对山东沿海诸港尤其是烟台港产生了极大影响。1904年青岛第一码头启用和胶济铁路全线通车后，烟台国外市场进口额便开始减少；1910年津浦铁路津济段通车，原先由烟台出口的河北、山西等省土货改由铁路运青岛和天津出口，该年烟台贸易额比上年减少了800万海关两。正如《胶澳志》所说："前山东全省，殆烟台为唯一之贸易港，胶济路通，而分其一部分东走青岛，津浦路通，又分其一部分走天津。"② 1901—1903年，烟台年贸易额平均4000余万海关两，而同期青岛的年贸易额只有1000余万海关两，但是到1910年烟台反被青岛超出，其贸易额只占青岛的77%，在"青岛日盛，烟台日衰"的趋势下，烟台作为山东第一贸易口岸的地位遂被青岛所取代。

1914年第一次世界大战爆发后，欧美各国因忙于战争，减少了对华输出，青岛港贸易也为此受到影响。不久，日、德两国在青岛开战，致使

① 烟台港务管理局编：《近代山东沿海通商口岸贸易统计资料》，1986年版，第10页。

② 民国《胶澳志》卷5，1928年版，食货志，商业。

口岸贸易全部陷于停顿。日本占领青岛后，全国各地掀起了抵制日货运动，青岛进出口市场再次受到冲击，进出口货值急骤跌落，贸易连续两年出现衰退，贸易额最低的 1915 年比 1913 年减少了 78%，直到 1917 年，才重新恢复到战前水平。此后青岛港同国内沿海口岸的埠际贸易快速增长，本省花生、烟叶、棉花、丝、茧绸、畜产品、煤炭等商品的出口也大幅度增加，随着金融、贸易、通信条件的不断改善，城市的市场集散功能也相应提高，输出入贸易平均以每年 1000 万海关两的速度逐年递增，到中国收回青岛主权的 1922 年，贸易总值已接近 1 亿海关两①。

同烟台一样，青岛对外贸易也分国内、国外两个市场。开港初期，青岛无论土货、洋货，均由国内各埠转口输入或输出，后来随着远洋航线的开辟，国外直接进出口值逐年增长，但即使如此，在德国统治时期，国内市场在整个贸易中仍占主导地位。当时国内市场进口值平均约占进口总值的 57%，出口值约占出口总值的 64%②。20 世纪二三十年代，两个市场尽管互有消长，但基本保持了平分秋色、较为平衡的态势。国内同青岛保持密切贸易联系的港口主要有上海、海州、宁波、福州、大连、牛庄、营口等。青岛从上海输入的商品大部分为布匹、棉纱、煤油、卷烟等工业品，输往上海的商品大部分为草辫、花生、花生油、丝、茧绸、烟叶、猪鬃等土货，1919 年运沪土货总值达 710 万海关两，其中烟叶 270 万海关两；青岛、海州间的贸易主要为海产品和粮食、腌猪等农副产品；与宁波、福州等港的贸易基本保持着传统风貌，进口以土纸、陶瓷器、砂糖等货为大宗，出口则以豆货、粉丝、果蔬为大宗；与辽东半岛的贸易在德占时期发展较快，青岛每年都要从营口等地进口大批粮食、木材，同时向这些地方出口海产品、畜产品和手工业品，第一次世界大战后，贸易重心转向大连，大批土产由大连转运日本，1919 年的转口值达 750 万海关两③。

青岛与国外市场的贸易（即直接对外贸易），在 1914 年之前德国占第一位；其次为日本；再次为法、英、美等国。德国为确保自身在青岛贸易上的优势，从一开始便给予德商种种优惠政策，鼓励德国商业资本从事

---

① 烟台港务管理局编：《近代山东沿海通商口岸贸易统计资料》，1986 年版，第 10 页。

② 〔日〕東亞同文會調查編纂部：《山東及膠州灣》，1914 年版，第 91—92 頁。

③ 青岛市档案馆编：《帝国主义与胶海关》，档案出版社 1986 年版，第 294—295 页。

与青岛间的贸易。1907 年，由德国直接输入的商品占青岛直接进口值的 67%；直接输往德国的货值占青岛直接输出值的 52%。日本则依靠距青岛较近的优越条件，通过销售廉价布匹、棉纱、火柴等商品，在青岛市场上与德国展开激烈竞争。1907 年后，以三井为首的汤浅、日信、大仓、江商、磐城等日本商行，纷纷在青岛设立机构，派遣人员沿胶济、津浦两铁路深入到济南、泰安、大汶口等城镇，购运大宗土货产品。德占胶澳中期，德日双方竞争出现了此起彼伏、相持不下的局面。1909 年，对德和对日贸易分别占青岛直接贸易的 26% 与 27%，可是后两年，日本又被德国超出。1912 年，日本对青岛的直接贸易额达 767 万海关两，而德国只有 472 万海关两，从这一年起，日本的贸易额才真正超过德国，上升为第一位。日占青岛时期，青岛对外贸易几乎为日本独占，1919 年日本商品进出口值达 3637 万海关两，占青岛国外市场贸易额的 84%。20 年代后，欧美各国对青岛直接贸易逐渐恢复，尤其是美国增长最为迅速，1922 年美国在直接贸易市场的比重已占 10%，地位仅次于日本。1928—1931 年，美国所占的贸易比重又进一步上升到 20% 左右。1922 年青岛交还中国后，日本在青岛直接对外贸易中所占的比重逐年下降，由 1922 年的 69% 下降为 1927 年的 52%（4065 万海关两），而美、英、法及香港地区的贸易比重则有较大提高①。

青岛进出口商品结构，分进口洋货、进口土货、出口土货三个环节，这三个环节的变化消长，既在一定程度上反映了口岸贸易不同时期的变化特点，又从不同方面对近代山东经济产生深刻影响。

就进口洋货而言，1901 年，青岛洋货进口值为 343 万海关两，到 1913 年增至 2467 万海关两，增长了 6.7 倍。第一次世界大战时期，洋货进口出现跌落和徘徊，直到 1920 年才恢复到战前水平，1922 年中国收回青岛之时，洋货年进口净值已达 4412 万海关两。这一时期进口洋货大部分为工业产品，较具代表性的有棉布、棉纱、煤油、五金（包括铁路矿山器材）、火柴、染料、糖、针类、卷烟、绸缎十大类，这十类商品在一

① 〔日〕山東每日新聞社：《山東に於ける邦人の經濟發展并に日華親和策》，1934 年版，第 18—19 頁；烟台港务管理局编：《近代山东沿海通商口岸贸易统计资料》，1986 年版，第 38—39 页，47 页。

次大战前约占进口洋货总值的80%，战后至20年代初约占60%以上①。

棉布、棉纱进口值居进口洋货首位，自1906年起，两项进口就各在500万海关两以上，以后各年始终占洋货进口值的50%以上。1903年两项进口分别为47.6万匹和13.6万担，1913年增至218万匹和28万担，其中棉纱进口值为712万海关两，占同期全国棉纱进口值的10%以上②。20世纪初，随着煤油灯在城乡生活照明中的广泛采用，山东各地对煤油的需求量逐年上升，煤油遂成为仅次于纺织品的重要进口商品。1907年美英石油公司在青岛建立储油站，随后又沿胶济铁路在潍县、周村、济南等城市建立新的储油站，并大量向内地城镇运销煤油。1901年青岛煤油输入量为880万加仑，到1912年上升至1635万加仑。20年代，煤油进口一直保持在每年1000万加仑左右③。德占时期，五金进口基本为铁路和矿山建筑材料，进口量的增减也以铁路矿山的修筑为转移。1902年为修建胶济铁路和淄川煤矿，由德国进口的铁路矿山设备占洋货进口值的40%；1910年津浦铁路修筑之际，由德国进口铁路器材260万海关两，占全部德国进口货值的38%④。20年代后，受城市工业化进程的影响，五金类进口开始转向纺织、面粉、火柴等工业所需的机器设备，1921—1923年，单是纺纱机器的进口值就达960万海关两⑤。染料、火柴两项进口，在德占时期一直呈持续上升之势，1900年火柴进口只有28000罗（1罗为144盒），1912年增至770万罗，同期染料进口也达到3万担⑥。受进口影响，城镇已开始广泛使用火柴和“洋染料”。

20世纪20年代后，青岛洋货进口结构开始逐渐发生变化。日、英、美等国在输出商品的同时，不断扩大资本输出规模，陆续在青岛、济南等地投资开办起一批以机器生产为特征的工业企业——如纱厂、火柴厂、面粉厂和卷烟厂。这些企业利用当地廉价的原料和劳动力，生产出大量制造

① 民国《胶澳志》卷5，1928年版，食货志，商业。

② 烟台港务管理局编：《近代山东沿海通商口岸贸易统计资料》，1986年版，第140页，173页。

③ 民国《胶澳志》卷5，1928年版，食货志，商业。

④ 《光绪二十八年通商各关华洋贸易总册》，1903年版，胶州口，第15页；田原天南：《膠州灣》，1914年版，第299頁。

⑤ 青岛市档案馆编：《帝国主义与胶海关》，档案出版社1986年版，第318页，325页。

⑥ 民国《胶澳志》卷5，1928年版，食货志，商业。

成本低于进口的产品，然后通过华商销售网，使产品直接进入范围广大的内地城乡市场。与此同时，民族工商资本也利用第一次世界大战期间进口货减少的机会，积极扩大工业投资与经营，在工业领域取得较快发展。纺织工业、面粉工业、火柴工业以及烛皂业的发展，使得一向占主导地位的棉纱、布匹、火柴、面粉、烛皂、纸烟等洋货的进口开始下降，而兴建工厂所需机器设备以及工业原料的进口则逐年增长。从 1919 年起，由美国进口的商品就转以各种机器和煤油为主。1923 年青岛本地纱厂纱锭数已达 18.3 万锭，普通粗纱产量“已足供本地之需要，不需他求”。1925 年青岛 6 家日商纱厂和华商华新纱厂的纱锭总数增至 26.7 万锭，机器织布机达 1019 台，最高月产量为各种棉纱 5 万担，各种机织布近 5 万匹。以后几年，“本地所制棉纱继长增高，外洋棉纱几被排挤”，1927 年棉纱进口量已跌至 3108 担。“本地纱厂产纱之量既增，外洋输入之原色布需要遂寡”，棉织品进口随之转向国内尚不能大量生产的高档色织布和印花布①。

导致洋货进口变化的经济因素，同样对土货进口也有影响。进口土货来自国内沿海各埠，第一次大战前进口发展较为缓慢，开埠初期年进口值约 200 余万海关两，1913 年为 800 万海关两。战后，“一则国民渐知提倡国货之重要，供求相因而并进；二则欧战结束，洋货来路缺乏，价格昂贵，乃授土货以振兴之机会”②。1917 年，土货进口超过 1000 万海关两，中国收回青岛后的第二年（1923 年），超过了 2000 万海关两，1931 年达 3771 万海关③。

土货进口大宗主要为棉纱、粮食、糖、纸、卷烟、棉花、茶、瓷器等日用消费性商品，这些商品在二三十年代约占土货进口总值的 90% 左右。青岛进口的国产棉纱大都产自上海华商纱厂，1918 年进口额达 13 万担，价值约 200 万海关两，20 年代初进口值增加了 1 倍，达 400 万海关两，后来由于青岛、济南机器纺纱厂的兴建投产，进口量锐减，到 20 年代中期进口几乎绝迹。粮食进口通常“视丰歉为伸缩”，杂粮仰给于东北地区，大米则由南方输入，荒歉年景进口量在 200 万担以上。第一次世界大战

① 青岛市档案馆编：《帝国主义与胶海关》，档案出版社 1986 年版，第 293 页，345 页，364 页。

② 民国《胶澳志》卷 5，1928 年版，食货志，商业。

③ 烟台港务管理局编：《近代山东沿海通商口岸贸易统计资料》，1986 年版，第 10—13 页。

前，“山东用纸，本多来自福建及上海”，平均年进口值为 300 万海关两，战后土纸渐有被国外机制纸取代之势①。

德占胶澳时期，青岛出口值在 100 万海关两以上的土货有草辫、茧绸、生丝、花生、花生油、牛皮、铁矿、小麦、煤、烟叶十大类，1918 年后，在农业改进、手工业转型与生产商品化的基础上，花生、丝、绸、烟叶、棉花出口跃居前列。

胶济铁路修筑之前，山东及邻近省份出产的草辫多由烟台出口，烟台为当时国内最大的草辫输出港，而同期青岛草辫出口年均只有数千担。胶济铁路开通后，德国当局对草辫出口实行鼓励政策，给予草辫商铁路运货以价格优惠，这样潍县以东、莱州以南出产的草辫运青岛比运烟台每包可省 1 元运费②。对于运往欧洲的草辫，德国亨宝轮船公司从 1906 年起“亦大减运费”，甚至“不收从青岛至上海的运费”③。上述做法吸引了众多草辫商，不仅济南、莱州、青州、沂州等地草辫由商人悉数运抵青岛，而且山西、河南以及河北元城、广平、南乐、开州等地也有大宗草辫经由青岛出口。从 1904 年起，青岛草辫出口值每年以百万海关两的增幅递增。1905 年青岛草辫出口达 4 万余担，超过烟、津、沪三港草辫出口总和，成为国内最大的草辫输出港。1909 年草辫出口突破 10 万担。1911 年草辫出口值达 844 万海关两，占青岛土货出口总值的 43%。1914 年日德在青岛交战之时，草辫出口因战争影响几乎停顿。战后，草辫出口大量分流于烟台、天津等港，加之欧洲市场需求量大幅减少，青岛草辫出口严重萎缩，出口量长期徘徊在二三万担左右，在出口贸易中已不占重要地位④。

20 世纪初，花生就已是青岛出口值仅次于草辫的商品。当时花生在山东农村已广为种植，胶东和鲁中山区是重要的花生产地，而且商品化程度较高。1907 年德商首次从青岛向欧洲输出花生，此后德商禅臣、捷成、美最时、礼和、瑞记等洋行以及日商汤浅、三井两家洋行开始大量收购，组织大规模输出。1909 年花生仁出口 34.8 万担、花生油出口 13.8 万担，

---

① 民国《胶澳志》卷 5，1928 年版，食货志，商业。

② 《光绪二十七年通商各关华洋贸易总册》，1903 年版，烟台口，第 16 页。

③ 叶春墀：《山东草辫调查记》，《东方杂志》第 8 卷，1911 年 4 月第 2 期。

④ 烟台港务管理局编：《近代山东沿海通商口岸贸易统计资料》，1986 年版，第 157—158 页。

两项价值共约 268 万海关两。津浦铁路修通后，黄河以南和运河沿岸地区出产的花生，经由铁路汇集于青岛；而河南、山西等省出产的花生则经黄河水运，在洛口中转后，转由胶济铁路运抵青岛。1913 年青岛花生出口突破 100 万担，达 102.5 万担，占到当时全国出口总量的 45%，出口值达 511 万海关两。花生和花生油在国外、国内都有着广大的销售市场，国外市场以美、德、英、荷、日为大宗买主；国内市场以广东为最大消纳地。民国时期，花生取代草辫跃居土货出口首位，除 1927—1929 年受农业歉收和铁路运输中断影响偶有下降外，出口一直保持逐年增长势头。1924 年花生和花生油出口值达 2422 万海关两，占土货出口总值的 44%。1931 年，青岛带壳花生、花生仁、花生油三项的出口量与出口值都达到了历史最高水平，出口总量 480 万担，出口总值 3900 余万海关两，占土货出口总值的 40%①。这一时期山东花生种植面积为 407 万亩，年产量 1253 万担。产量与出口相比较，不难看出花生生产的商品化程度已达到很高水平，而高出口比率意味着农业经济已与进出口市场的购销贸易紧密地联系在一起。

青岛开埠前，山东生丝和茧绸出口依赖烟台一港，青岛开埠和胶济铁路开通后，周村、青州、临朐等地丝商相继改变原先的运销路线，就近由铁路运货至青岛出口。1903 年青岛生丝出口 4601 担，1913 年增至 13497 担，占全国出口总量的 7.5%；1907 年青岛始有茧绸大宗出口，1913 年出口量达 6897 担，占全国出口总量的 37.5%；当年生丝、茧绸两项出口值共约 518 万海关两，占全部土货出口值的 20%。第一次世界大战后，茧绸出口重新转至烟台，青岛的出口额一直低于战前水平，而生丝则因内地多家机器缫丝工厂开工和产量增加，出口量锐增，1931 年出口量达到创纪录的 15161 担，出口值达 825 万海关两②。

青岛牲畜及畜产品的出口以活牛、牛皮、牛肉为大宗，另外有腌猪、羊皮等。牲畜出口始于 1899 年，每年出口约在数千头左右。1910 年 7 月，清政府鉴于北方地区农业耕畜减少，将烟台、青岛两港活牛出口限制

---

① 烟台港务管理局编：《近代山东沿海通商口岸贸易统计资料》，1986 年版，第 155—156 页。

② 同上书，第 159—161 页。

为每月各250头，但这一限制并未产生实际效果，1912年青岛活牛出口仍多至16000头，1913年又增至24000头。战后个别年份的活牛出口一度曾高达六七万头。20年代，青岛机械化屠宰加工厂和冷藏厂已具备相当规模，出口商从便于储运考虑，逐渐减少活牛出口，增加鲜、冻肉出口，1923年鲜、冻肉出口已达20万担，同时货源地也由山东本省扩大至河北、山西等省。20年代中期，牛肉、牛皮、牛油三项畜产品的出口总值已达六七百万海关两。同一时期，与畜产品出口相关联的鸡蛋出口，也因日本等国外市场的大量需求，出现了前所未有的快速增长，1922年出口量达3.63亿个，出口值达450万海关两①。

烟叶是第一次世界大战后方兴起的出口商品。战后国内外市场烟叶价格腾涨，促使美种烟叶在胶济铁路沿线地区大范围引种推广，烟叶生产的商品化程度不断提高。出口烟叶大部分由南洋、英美、米星、山东、南信五家公司在产区收买，然后运青岛装箱出口。20年代烟叶出口基本保持在15万—20万担之间，出口值约二三百万海关两。1931年，山东美种烟叶种植面积由1926年的15.8万亩发展到24万亩，烟产量为34万担，这一年烟叶出口达21万担，相当于当年产量的62%，出口值557万海关两②。

青岛比烟台晚开放37年，与烟台相比，因所处经济环境条件不同，因而对外贸易发展的特点也有很大差异。烟台开埠及其早期贸易，处于资本主义国家对中国进行商品输出的阶段，而青岛开埠时则处在资本主义国家对中国资本输出的阶段，港口设施的兴建、胶济铁路的修筑以及外资企业的开办，其实无一不是这种资本输出的体现。如果说烟台对外贸易建立在口岸贸易制度和传统商路运输的基础之上，那么，青岛港对外贸易则是建立在自由港制（后来为自由地区制）和铁路运输的基础之上。作为贸易发展两个迥然不同的阶段，青岛不仅贸易的规模远远大于烟台，而且商品贸易的结构也与烟台有所不同。就进口而言，进口商品已不单单是国外机制工业品和生活日用品，另外机器设备、工业原料以及国内沿海城市生产的工业产品，也逐渐在进口中占有一席之地。20年代后，用于机器纺

① 民国《胶澳志》卷5，1928年版，食货志，商业。

② 阙名：《山东美种烟叶状况》，《工商半月刊》第4卷，1932年4月第8期。

纱的原棉进口大幅增长，1923年原棉进口达10万担，第二年达20万担，1926年超过30万担，进口值高达945万海关两[①]。与此同时，出口商品结构也在发生变化，花生、烟草及畜产品、矿产品的出口大幅增长，出口贸易与工业化进程、农业改进和生产商品化进程越来越紧密的联系在一起。就口岸市场的影响辐射范围而言，烟台的影响范围集中于鲁东和鲁北地区，而青岛的影响范围则扩展到鲁中、鲁南和鲁西南地区，正是由于青岛市场商品流通范围的不断拓展，以口岸市场为核心的市场贸易结构才真正得以建立起来。

五　龙口港开埠与航运贸易

龙口位于山东半岛北部，濒临渤海，西面隔海与黄河口相对，北面隔海与天津、旅顺、大连遥遥相望，港口地势如牛角伸入海中，长约15公里，有屺姆岛作为港口屏障，故一向有“天然停泊港”之称。

清代前期，龙口作为沿海渔户的沙碛网场，仅有渔户窝棚数家，但是因渔产丰饶，“直、奉、苏、浙等处帆船颇有前来买鱼者”。为了以货换鱼，各地来船多载运货物往当地交换，“北船来必粮、酒，南船来必纸、糖”。清代乾隆年间，“登、莱大饥，粮食缺乏，直、奉二省帆船载粮至此出售者，贩运不绝”。部分粮商还在龙口设立粮行，专门经营龙口与直隶及东北之间的粮食贸易。此后，来往龙口的帆船渐趋增多，“粮船大店亦渐增加”[②]。1889年，在当时登莱青道盛宣怀的安排下，轮船招商局“广济”轮先是通航于烟台——虎头崖之间，后又将航路延伸至羊角沟，随着烟台——羊角沟航运贸易的兴起，龙口一变而为疏导两地货物的中继港。此时港口附近渐设市廛，商贾日多，人口亦繁，贸易经济开始出现较快发展。

20世纪初，营口、大连等港的航运贸易逐渐兴盛，同时山东蓬莱、黄县、莱阳等地前往东北谋生的人口也日益增多，龙口因地理位置关系，遂成为航路交叉点和迁徙人口的往返港。由于龙口港输出货物往辽东可南

① 民国《胶澳志》卷5，1928年版，食货志，商业。

② 民国《龙口志》，1936年版，第一，方舆；第七，工商。

北直行，无须绕道，加之货源、客源丰沛，因此吸引了不少中外商人到龙口从事航运和商贸经营。1901 年秋，日商田中商会的船只始航龙口，此后日商东和轮船公司、炽昌厚洋行、龙口洋行、三井洋行以及英商太古、怡和、旗昌三家洋行，相继在龙口设立机构，经营航运代理和贸易业务。宣统末年，华洋商人在龙口兴建的商家房屋建筑已达 5000 间①。民国初年，龙口港每年进出港船舶 2000 余只，进出口货物在 6 万吨以上，输入货大部分为粮食、木材、豆饼、煤炭以及烟酒和洋货，输出货有粉丝、花生、土布、烟草、水果等，年输出值约合制钱一千数百万串。同一时期，每年由龙口前往东北的移民约七八万人②。

龙口港优越的港湾条件和商贸发展潜力，吸引了国内政商各界的关注，同时日本等列强也对之抱有觊觎之心。宣统年间，日本商人团体曾组织数十人“考察团”，前往龙口调查港湾、航运及贸易情况，谋求在当地拓展经济势力③。在这种形势下，袁世凯政府一方面迫于外国势力的压力，一方面担心类似“租借”胶州湾、威海的情形再度发生，遂于 1914 年 1 月自行将龙口辟为商埠，实行对外开放。翌年龙口设立海关，正式开关征税。

龙口商埠开埠之初为官办，后因库款支绌，难以为继，于 1915 年 6 月改为官督商办。同年 9 月 8 日，山东巡按使蔡儒楷委派蔡国器为龙口商埠局局长。9 月 28 日商埠局正式成立，具体负责龙口港工程建筑、警务和对外交涉事宜。按商埠局拟定的《龙口商埠租建章程》规定，商埠界内所有警察、工程、税关、电报、邮政等局，均归中国派员办理，电话、自来水、电灯、电车等公共事业也由中国招商承办。洋商虽可在界内租地经商，但界内一切事权皆归中国自理。

商埠区分新市街和旧市街两部分，面积计 8600 亩。最初商埠兴建工程费计划 40 万元，以商股为经费主要来源，同时辅以官款，先由财政部拨款 10 万元。1916 年，商埠工程在仅仅修了一条马路和一座木桥之后，款项即全部耗尽，负责工程的蔡国器因犯有挪用公款嫌疑，遭到当地绅商

① 阙名:《第二大连将发现》,《地学杂志》第 1 卷，1910 年 12 月第 10 期。
② 阙名:《山东龙口之现象》,《东方杂志》第 7 卷，1910 年 11 月第 10 期。
③ 阙名:《新辟七商埠之形势》,《东方杂志》第 10 卷，1914 年 2 月第 8 期。

的强烈反对，最后被撤职。1917 年 5 月，龙口当地绅商自行组织起“商埠兴筑公司”，推举赵琪为经理，蒋邦彦为协理。公司开办后，拟招商股 50 万元，用于兴建码头，在短短两月内即召集股金 20 万元。但时隔不久，因张勋复辟，市面发生金融恐慌，公司招股与建港之事也陷于停顿。张勋倒台后，经过数次酝酿，码头工程终于在 1918 年 9 月动工，全部工程由美国慎昌洋行包工兴建。翌年 8 月 15 日港口码头竣工落成，整个工程耗资计 128000 元①。

港口码头修筑前，因港小水浅，“当落潮之时，虽民船亦不能近，装卸货物极为困难”。码头落成后，不仅改变了民船不能就近装卸的状况，而且轮船泊卸条件也大为改善。内港可停靠三四百吨的货船，外港可停泊 600—1200 吨的轮船，新码头长约 900 余尺，宽 30 余尺，可同时停靠轮船五六艘②。为了方便货物转运，1920 年 1 月，码头至城区路段还敷设了石条路和长 4 华里的轻便铁轨，从而加快了港口货物的吞吐。

港口码头的兴筑带动了城市的发展，随着新街区的拓展，龙口城区面积扩大了 3 倍。市街以南北四平街为中心，纵横大小 23 条街道。南四平街相邻市街为原来的旧街区，房屋密集，船行、粮行及十几家收粉庄多集中在这一区域；北四平街相邻市街多为新辟街道，银行、钱庄、炭栈、商会、轮船公司均集中于新城区，商况繁盛程度超过了南市旧街区。开埠前的 1912 年，龙口只有商号百余家，开埠后，随着航运贸易的逐年增长，“中外商家之有远见者，均纷纷向龙埠设立商业基础”。据 1918 年海关统计，龙口约有人口 3900 人。1919 年据日本人实地调查统计，城区户数约 1000 户，其中大小商号约 700 余户③。另据当时有关文献记载，龙口共有商号店铺 800 余家，较大的商号约 300 余家，其中洋广杂货行 70 余家、客栈 60 余家、粮行 50 余家、行店（栈）10 余家、钱庄银号 40 余家、轮船公司 3 家④。这些商号大部分系黄县帮、掖县帮、潍县帮商人资本所

---

① 赵琪、蒋邦彦编：《开辟龙口商埠纪事》，1920 年版，凡例，第 1 页；附录，第 1 页，8 页，13 页。

② 同上书，第 1 页。

③ 〔日〕青島守備軍民政部：調查資料第 17 輯，《東北山東踏查報告》，1920 年版，第 200—201 頁。

④ 赵琪等编：《开辟龙口商埠纪事》，1919 年版，附录，第 1 页；第 3 页。

开，其中约有六成属于黄县帮商人资本[①]。此外，外商经营的商行也有所增加。迄于1919年，日商又先后在龙口设立了三成洋行、大和洋行、大连洋行和喜正洋行，经营杂货、药品等的买卖贸易，而田中商会、龙口银行、东和公司等开埠前开办的洋行，则改由华商代理经营[②]。

龙口港开埠通商过程有三个突出特点：其一，由于受胶东地区商品经济发展和沿海航运贸易勃兴的影响，在开埠前夕，当地的航运和商业贸易即已具备了一定的基础，故而为开埠后的港航和城市发展提供了有利条件；其二，港口开埠通商，虽然在很大程度上与外来侵略威胁有关，含有防范列强觊觎野心的考虑，但是因为口岸系自行开放，港口、海关及商埠管理权仍归中国自有，这同德占胶澳、英占威海，两地领土主权丧失殆尽相比，不能不说是一种历史进步；其三，民族资本在港口城市的发展方面起着首要作用。龙口港开放采取官督商办的形式，无论海港码头、商埠街区，均由华商集资兴建，这从一个侧面反映了民族资本力量的增强和参与意识的提高。

开埠之前，龙口港航运以风帆船为主，只有三五艘轮船不定期往来于龙口、天津之间。开埠后，随着港口设施的逐步改善和往东北迁徙人口的增多，轮船航运成为沿海贸易运输的主要手段。从1916年起，龙口定期往来轮船达26只之多，不定期往来轮船计有10艘。通过各条定期与不定期航线的开通，龙口与国内19处港口建立了航运联系，通航范围东至登州、烟台、安东、滦家口、刘家旺，南达上海、宁波、香港，北到大连、旅顺、营口，西通羊角沟、虎头崖、石虎嘴、海庙后、大沽口、塘沽、天津等港[③]。各定期与不定期航线的开辟，促使龙口轮船航运业务迅速增长。开埠前的1912年，龙口港进出港轮船仅560艘[④]，而开埠设立海关后的第二年（1916年），进出港轮船即增至1366艘，载运吨位达34万吨。1921年航运量继续增长，进出港轮船达1600艘，载运吨位达48万吨。1920—30年代，进出港轮船数虽无明显增加，但是这一时期由于一些公

① 日本外務省：《在芝罘日本領事館管内狀況》，1921年版，第316—317頁。

② 〔日〕青島守備軍民政部：調査資料第17輯，《東北山東踏查報告》，1920年版，第201頁。

③ 赵琪、蒋邦彦编：《开辟龙口商埠纪事》，1920年版，第8页，12页。

④ 田原天南：《膠州灣》，1914年版，第122頁。

司将大吨位轮船投入航运，港口轮船货运量仍有较大增长。1930 年，龙口进出港轮船数为 1742 艘，货运吨位却增至 75 万吨[①]。

开埠后，日英两国航运资本围绕龙口航运业展开了激烈竞争，而刚刚起步的民族航运业则在竞争中倍受排挤。龙口与营口间的航运联系最为密切，山东每年迁移东北的人口大部分由龙口转往营口，而东北的牲畜、豆饼、粮食、杂货等也有相当一部分由营口输往龙口，因此两港间航运业便成为日、英争夺的目标。最初从事龙口与营口间航运业的公司和轮船，有太古洋行的“温州”轮与“牛庄”轮、怡和洋行的“怡生”轮、旗昌洋行的“芝罘轮”和华商肇兴公司的“肇兴”轮。五轮吃水均在 1000 吨左右，同时五轮之间还订有运费协议，但是由于“肇兴”轮势单力孤，利益大部被英商占去。不久，属于满铁的日商东和公司将“第二永田丸”等轮投入航线，华商轮船招商局也派“立裕”轮加入航运，于是各轮间的竞争愈加激烈。后来太古、怡和两洋行在竞争中失利，不得不将轮船从航线中退出，调往其他航线，招商局也将“立裕”轮移往安东——上海航线。30 年代，从事营口——龙口航线轮船航运的公司只剩东和、肇兴、旗昌三家公司，三家公司之间订立航运协定，规定每五日一航，不得擅加航班[②]。

开埠初期，日、英两国轮船公司控制了龙口港大部分航运业务。1915—1919 年，中国轮船的年平均运输量为 10.4 万吨，占整个轮船航运量的 37.7%，而日本轮船的年平均运输量则达 14.4 万吨，占航运总量的 51.9%，如果再加上英国轮船的运量，外国航运势力在龙口港轮船航运量中所占的比重高达 62%。第一次世界大战后，外国航运势力受到削弱，对沿海航运业的控制也有所放松，借此机会，烟台、龙口等地的民族航运业迅速兴起，成立了政记等轮船公司，派轮船行驶于各航线。在此基础上，龙口港中国轮船的航运量迅速增长，逐步超过了日本。1921—1925 年，中国轮船的航运量为 27.5 万吨，占整个航运量的 64.2%，而日本轮船的航运量则降至 9 万吨，所占比重也下降为 21.3%，只是到 1927 年后，

---

① 烟台港务管理局编：《近代山东沿海通商口岸贸易统计资料》，1986 年版，第 72 页。

② 实业部国际贸易局：《中国实业志（山东省）》，1934 年版，（丁），第 73 页。

日本航运势力才重新抬头①。

在轮船航运成为龙口沿海商货主要运输方式的同时，作为轮船航运业的重要补充，传统民船航运业也获得一定程度的发展。开埠前（1912年），龙口年帆船进出港数为1260只。帆船载重，小船约300石，大船约1200石，平均每船约800石，年航运量约66000余吨②。开埠后，民船进出港数增至1625只，航运量达10万吨，约相当于同期轮船航运量的三分之一③。民船航运贸易的主要港口，一为辽东沿海各港，一为山东沿海各港，另外由福州、宁波等港来的风帆船“亦不可枚举”。龙口从东北地区进口的大批粮食和木材基本要靠民船运载，其中每年从辽东大孤山、锦州、降河而来的运粮船就有800多艘④。

国内航线的开辟与当地商人资本的成长，为龙口港对外贸易的发展提供了条件。自1915年设立海关，龙口进出口贸易始有正式记录。从开埠之日起到1920年，港口年进出口贸易额平均约为350余万海关两；1921—1925年，平均每年为667万海关两，比前5年的平均额几乎增长了1倍；而1926—1930年，年平均贸易额超过了1000万海关两。与国内多数口岸相同，龙口港进出口贸易长期处于入超状态。1920年以前年平均出口值68万海关两，尚不足贸易总额的20%；1921—1925年增至232.5万海关两，占贸易总额的35%；1926—1930年升至447万海关两，占贸易总额的比重也上升为45%左右。在整个进口贸易中，以土货进口为主，洋货进口仅占进口总额的五分之一左右⑤。

在长期贸易发展过程中，龙口与国内口岸、国外市场以及内地市场建立了不同层次的联系，这些联系通过不同形式和内容的商品贸易流通来体现，并促使龙口与各类市场之间形成一个多层次的市场结构。市场贸易结构的构成大致可由下图表示：

在这一市场结构中，市场之间的联系分输出入、集散、中转几种形式。龙口同国外市场的联系有两方面的内容，一是对国外直接进出口洋货

① 烟台港务管理局编：《近代山东沿海通商口岸贸易统计资料》，1986年版，第104页。

② 胡升鸿：《调查龙口报告书》，民国初年刊，第2页。

③ 田原天南：《膠州灣》，1914年版，第122—123頁。

④ 吉田豐次郎：《山東視察報告文集》，1913年版，第173頁。

⑤ 烟台港务管理局编：《近代山东沿海通商口岸贸易统计资料》，1986年版，第12—13页。

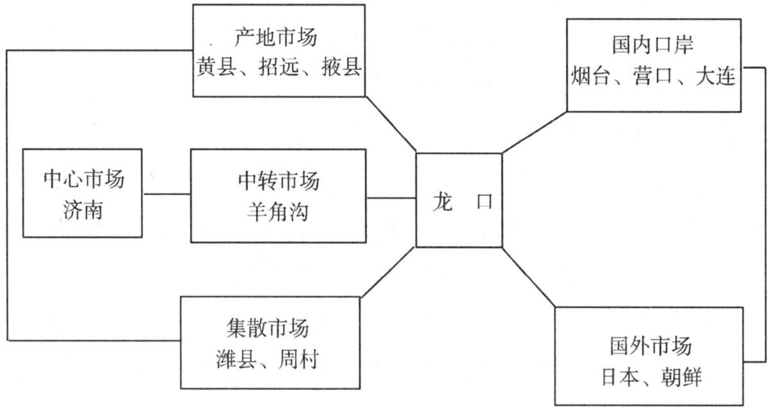

和土货，一是经国内口岸转口输出入土洋货。龙口同国内市场的联系则有四个方面的内容：（1）由国内各口岸输入土洋货并向其输出土货；（2）以产地市场（黄县、招远、掖县等地）为土货货源地和洋货消纳地，吸收土货（粉丝、畜产品、干果等），然后向外出口，而进口的洋货和南北各地土货则运至腹地市场消费；（3）通过羊角沟中转市场，与中心市场济南实现土洋货双向流通；（4）通过潍县、周村等集散市场吸收远距离产地市场的土货，同时间接向这些市场运销进口货物。20 年代，随着与各类市场多层次联系的加强，龙口逐渐成为莱州湾各民船港及其腹地区域商品流通的中心，不但周邻腹地区域的土货大部分经由该港输出，而且港口输入的土洋货也大部分销于这一地区。

龙口港各时期航运贸易一直都是以国内各港为主，即使同国外市场的贸易，也大部分是由国内口岸转口输出和输入。1921—1925 年，龙口对国外直接贸易额年平均 140.6 万海关两，只占同期年进出口平均额的 21%；1926—1930 年，对国外直接贸易额年平均 297 万海关两，尚不到同期年进出口平均额的 30%①。龙口港贸易的国外市场主要为日本和朝鲜（按当时海关统计亦包括香港），国内市场则以辽东各港、东南沿海港口以及本省沿海港口为主。

龙口同辽东大连、营口、安东等港的航运贸易至为密切，由大连输入

① 烟台港务管理局编：《近代山东沿海通商口岸贸易统计资料》，1986 年版，第 12—13 页，第 26—27 页。

的货物主要有粮食、豆油、烧酒、煤炭、棉布、火柴等货为主，向大连输出的货物主要为畜产品、纸和杂货；自营口、安东输入的货物基本为粮食、豆饼和木材，输出的货物则以粉丝、棉花、纸及杂货为主①。龙口同东南沿海地区的航运贸易一向以上海、宁波、香港等港为主。从上海输入的货物以棉纱、布匹、煤油、火柴为大宗，从香港输入的货物多为糖、纸、茶叶等转口货；由龙口运往上述港口的货物则以粉丝、柿饼、蔬果、药材为大宗②。由东北及东南沿海港口输入的货物，有相当一部分运至山东沿海利津、虎头崖、石虎嘴、海庙后等民船港，然后再由各民船港向周邻地区分流，在这一贸易模式之下，龙口实际起着通商口岸与地区小港之间货物流通中转站的作用。

龙口进出口商品的种类，在很大程度上受胶东地区商品经济发展状况的影响制约，尤其是受当地手工业、农业生产结构的制约。清末民初，胶东地区因粮食生产不足，存在着严重的粮食短缺。“山东登、莱各府产粮素少，向赖奉天等省贩卖接济”，黄县“丰年之谷，不足一年之食”，掖县“物寡人众，仰给邻封”③，榨油、制造粉丝等手工业生产又使粮食短缺进一步加剧。这一情况反映到沿海航运贸易上，便是粮食、豆货的大量进口。开埠后，龙口每年由东北地区进口粮食 35 万石左右，面粉 10 万余包。20 年代初，龙口各种粮食进口值为 134 万海关两，约占同期土货进口总值的 38%④。开埠前，龙口粉丝出口便已初具规模，1912 年出口粉丝 44162 包（每包 150 斤），翌年为 47000 包。开埠后，随着腹地粉丝加工规模的扩大，粉丝成为增长最快的出口货。20 世纪 20 年代前后，龙口共有大小收粉庄 50 余家，收购范围包括招远、黄县、掖县等粉丝主要产区，输出地除东北、东南沿海港口外，另有相当一部分经由烟台、青岛、香港转口至国外市场。1921 年龙口粉丝出口量已超过 10 万担，出口值达 100 多万海关两；1926 年出口超过 20 万担，价值达 300 余万海关两，分

① 日本外務省：《在芝罘日本领事館管内狀况》，1921 年版，第 316—317 頁。

② 满鐵總務部調查課編：《北支那貿易年報（1918—1924）》，1925 年版，龍口港。

③ 李秉衡：《李忠节公奏议》，卷 5，第 10 页；同治《黄县志》卷 3，1871 年版，食货志；光绪《掖县全志》卷 1，1893 年版，物产。

④ 满鐵總務部調查課編：《北支那貿易年報（1917—1921）》，1922 年版，第 58—59 頁。

别占全国出口量和出口值的46%和53%[①]，这一时期龙口已成为国内最大的粉丝出口港。

近代龙口港贸易经济深受周边口岸贸易和地区产业经济的影响，其特点体现在以下两个方面：

（1）龙口港位于北方烟台、天津、大连、营口等港之间，贸易基本以这些港口为主要对象，而很少以国外市场作为直接贸易对象。就贸易内容而言，港口贸易主要是为大通商口岸提供货源，同时向沿海民船港和腹地转运分销进口货，货物吞吐带有很大的中转性质。

（2）港口航运贸易在很大程度上受腹地手工业发展的影响和制约，特别是鲁东地区粉丝业和丝织业的发展，对龙口港的影响尤为突出。民国初年，因胶东地区丝织业对原料丝的需求迅速增长，龙口港曾一度成为山东最大的原料丝进口市场，1916年由安东、盖平等地进口的茧丝达7000余担。这样，在地区商品流通上，龙口就如同一根纽带，把莱州湾腹地与辽东及山东东部沿海地区联系在一起，从而开始打破这一地区传统的市场封闭格局，使之初步具备近代商品经济色彩。

六　威海港的对外贸易

威海位于山东半岛的东北端，三面环山，一面临海，是北方良港之一，也是继青岛、烟台和龙口之后对外开放的山东第四个通商口岸。

1898年5月，英国海军强占威海，7月强迫清政府与其签订《中英订租威海卫专约》，强行租占威海及港湾周围10英里内的土地。1902年，英国殖民当局开始在威海港口一带兴建“爱德华商埠区”，力图将威海作为其向腹地渗透的据点。但由于威海“内则交通阻滞，无铁路之联络；外有青岛、烟台作商业之竞争”，英国殖民当局“知商务之不易发展”，于是将威海辟为自由贸易港，对进出口货物一律实行免征关税，只收取码头使用费。这样一来，“进出口货商人图无税之便利，竞于此输入再谋转口”，“有许多牟利的烟台商人，不惮跋涉，由大连、香港批买来的货物由此处入口，然后由骡马转运烟埠等处。因为贸易额增多，轮船进出口日

---

① 烟台港务管理局编：《近代山东沿海通商口岸贸易统计资料》，1986年版，第197页。

渐频繁，陆路运输也就非常忙碌，结果造成了市面的繁盛景象”①。

威海近代对外贸易建立在商业资本实力增长、航运交通逐步改善的基础之上。1888 年，北洋海军在威海成立后，随着货物买卖交易的增加，当地各种商号渐渐增多。英占期间，新辟商埠区为商人聚居区，20 年代初有华商大小商号 400 余家，其中钱庄 50 余家，商号大部分系由旧城区迁来商户开办，另有一部分则由周围市镇迁来，资本数万元的大商号为仁大盛号与德昌号②。同一时期，外国商人也相继在威海开设洋行或代理行，经营土洋货贸易。1900 年英国泰茂洋行在威海开业，为太古轮船公司代理经营定期轮船客货运输，并兼理香港汇丰银行和麦加利银行的金融汇兑及保险业务。此后，英国和记洋行、康来洋行、富威洋行也相继在威海开办花生贸易及开滦煤输入业务。

民国初年，沿海货运交通也开始由帆船向轮船过渡。威海至烟台航线有政记公司的货轮定期往来运货，另外英国太古、和记轮船公司航行香港—上海—烟台—天津航线的货轮，也在威海停泊。1920—30 年代，招商、太古、怡和三公司往来津、沪的班轮，中途常在威海停靠，捎带装卸货物。当时威海与各埠口的往来定期班轮共有 10 只。此外，“直通欧美之数万吨大轮，亦复不时在此停泊”③。威海港的船舶进出港数，自 1902 年始有记录，该年入港船只为 146 只，总吨位 15 万余吨④。到 1909 年，进出威海港的轮船数增至 567 只，吨位达 48 万余吨⑤。1927 年，单是入港船只数即达 858 只，载重吨位近 103 万吨⑥。

威海的对外贸易规模远不如青岛和烟台，但是由于港湾易于航行，无论遇到什么风向，轮船都能顺利靠岸装卸，加上当地新的消费需求和周邻地区丰富的农副业、渔业、手工业资源，因而每年还是有相当数量的商品经由港口输出入。1919 年，威海进出口总额为 811 万元，其中进口为

---

① 蒋桐生：《威海卫指南》，1933 年版，六，工商；曲滢生：《威海卫鸟瞰》，《时事月报》第 2 卷，1930 年 2 月第 2 期。

② 日本外務省：《在芝罘日本領事館管内狀況》，1921 年版，第 312—313 頁。

③ 实业部国际贸易局：《中国实业志（山东省）》，1934 年版，（丙），第 66 页。

④ 朱世全：《威海问题》，1931 年版，第 108 页。

⑤ R. C. Forsyth，Shantung，The Sacred Province of China. Shanghai，1912，p. 103.

⑥ 曲滢生：《威海卫鸟瞰》，《时事月报》第 2 卷，1930 年 2 月第 2 期。

537.4 万元，出口为 273.5 万元，入超 263.9 万元。1928 年是威海贸易额最多的一年，进出口总额达 1914 万元，其中出口 301 万元，粮食、纺织品和各种日用品净进口 869 万元，入超达 568 万元，比 1919 年增长了一倍多。

1930 年 10 月，迫于中国政府及社会各界收回领土主权的强烈要求，英国政府不得不将威海归还中国。威海收回后，南京政府将英租占区连同威海卫城划为特别行政区，成立东海关威海分关，设立盐务、烟酒、印花等税收机构，自此威海成为山东第四个对外开放的贸易港口。

在实行对外开放贸易的同时，威海取消了英占时期的自由贸易港制，口岸不再作为无税区，海关开始对进出口货物征税。随着新贸易制度的实施，“一时负担激增，物价腾涨，当时之因无税而来者，亦相率他去”，商业一度出现衰退现象，加之当时走私货物泛滥，各地抵制日货运动风起云涌，进出口贸易也有所减少。受商贸萎缩的影响，当地先后倒闭商号百余家。1933 年威海共有各类商家 358 户，其中花生出口业 35 家、海产品业 53 家、杂货业 92 家、棉纱业 21 家、果业 15 家，商家经营基本仍集中在土产贸易行业①。数年后，贸易开始复苏，经商业户也逐年增加，到 1936 年商户已增至 1085 家。同一时期，在威海经营商贸易的欧美洋行和日本商行家数也有所增加。外国公司洋行主要经营花生出口、航运和保险业，凭借雄厚的资本，它们控制着这些行业的大部分市场份额。

威海收回后，沿海航运业仍保持了以往的规模，30 年代中期，船舶进出港数超过了英占时期。1931 年商船进出港数为 2052 只，运输吨位 249 万吨，1936 年商船进出港数增至 7368 只，货运吨位达 277 万吨，占山东四港同期货运总吨位的 18%。30 年代初，因日本侵占东北三省，威海出口贸易丧失了相当一部分市场，加之世界市场经济萧条等原因，进出口贸易曾一度低迷，1932 年贸易总额只有 363.3 万元。此后逐渐恢复增长，1936 年上升至 677.6 元②。

---

① 实业部国际贸易局：《中国实业志（山东省）》，1934 年版，（丙）第 73 页。

② 烟台港务管理局编：《近代山东沿海通商口岸贸易统计资料》，1986 年版，第 16 页，77 页，88 页。

从进出口货物种类来看，19 世纪末，进口货主要是木材、玉米和烟草。从 20 世纪初到 30 年代，进口货转以棉纱、布匹、糖、火柴、煤油等为主。出口货长期以花生、盐、蚕茧三项为主，其中花生居出口贸易首位。

威海花生出口始于 20 世纪初，1906 年后，威海因税课全免，向香港出口花生骤增，当年出口 3.86 万担，1909 年增至 13.9 万担①。1919 年达 33 万担，价值 100 万海关两。1932 年是战前花生出口最多的一年，出口量达 39 万余担，出口值 397 万元。威海花生出口一般需经外商之手，洋行除派员直接往产地设庄收买外，大多通过华商行栈代理买卖，由此形成的交易购销链为：洋行——行栈——粮店、站庄、商贩——农户，整个购销以行栈商人为中心环节。威海行栈商的活动范围不仅限于胶东，还远及内地最大的专业市场——大汶口，行栈在当地设立站庄，大规模收买花生，然后由威海转运出口。盐为威海第二大出口产品。英占时期，威海有盐田 6000 余亩，所产之盐除当地自用外，输出量约占总产量的 70%，出口地以朝鲜、日本为主。1919 年出口量为 33 万担。1923 年为出口最多的一年，达 72.4 万担②。

与山东其他通商口岸相比，从英占时期到抗日战争前，威海对外贸易发展水平一直没有太大的提高，无论进出港船舶数，还是进出口货物量和货值，增长速度都不快，市场规模与繁荣程度也远不及其他口岸。其中原因，应该说与威海周边的贸易环境以及英国在威海的殖民政策有关。威海地处胶东半岛最东端，与内地缺少便利的交通条件，港口夹处于几大通商口岸之间，发展空间十分局促，在近代商路网的作用影响下，腹地商货多数分流于烟台、龙口、青岛等口岸市场；另外在英占时期，英国当局主要是将威海作为军港，对民用港口和交通设施的投资很少，远不如德国在胶州湾地区的投资规模。商港和交通设施由于长期得不到改善，货物进出腹地耗资费时，结果限制了口岸市场的商品流通。

---

① 〔日〕華北交通株式會社青島出張所：《青島開港以來ノ山東省ノ經濟的發展》，1939 年版，第 10 頁（H. Betz, Die wirtschaftliche Entwickelung der Provinz Schantung seit der Eröffnung Tsingtaus, 1898—1910. Tsingtau, 1911. 日译本）。

② 蒋桐生：《威海卫指南》，1933 年版，七，物产。

七　贸易带来了什么

从1863年到1936年抗日战争全面爆发前，山东通商口岸对外贸易的总体发展趋势，是一个贸易总量、航运量和货物吞吐量不断增长扩大的过程，其间大体经历了三个阶段。

第一阶段：1863—1898年

这一时期贸易处于起始阶段，全省只有烟台一个对外通商口岸，1864年时贸易总值只有627万芝罘两（约合600万海关两），到1898年发展到2732万海关两，年进出口货物吞吐量也由12.4万吨增长到24.6万吨。由于当时烟台只有几条远洋货运航线，贸易性质基本为转口贸易，对国外的直接贸易只占很小比重，相比之下，与辽东及东南沿海港口的贸易则居突出重要的地位。此时通商口岸对省内商业的辐射影响，一是靠烟潍商路，再是靠海、河航路接运——货物由羊角沟沿小清河上溯济南等内地市场。无论货物消纳地还是货源地，基本都包括在以济南——烟台为半径的扇形地域范围内。该期最具代表性的进口商品为棉纺织品、鸦片、金属品、煤油、火柴、纸、糖等，最具代表性的出口品为豆货、草辫、丝、茧绸、海产品、粉丝等。受商品种类和贸易量的限制，口岸贸易对内地经济的影响还只是初步的，波及影响的范围主要是城市和城镇市场，受影响的产业主要是手工业和沿海地区的农业。

第二阶段：1899—1914年

这一时期青岛港对外开放，实行自由港（地区）制和自由贸易。随着近代化港口和铁路设施的兴建，商品流通重心逐渐转移至青岛，贸易的地域范围骤然扩大，贸易总量大幅增长。到第一次世界大战前的1913年，青、烟两港商船航运载重量达到646万吨，货物吞吐量估计在90万吨以上，两港的贸易总额合计达9000万海关两，按张玉法当时全省人口3400万人的估计数计，每人约合2.67海关两①。巨额商品贸易量加诸传统社

① 烟台港务管理局编：《近代山东沿海通商口岸贸易统计资料》，1986年版，第6—11页，130—131页，因缺1913年青岛货物吞吐统计数，暂取贸易额相近的1916年统计数与烟台合并计算；张玉法：《中国现代化的区域研究·山东省（1860—1916）》上册，台北，中央研究院近代史研究所，1982年版，第13页。

会，引发出社会经济一系列的变迁，而且随着变迁的步步推移，所产生的影响愈来愈广泛、愈来愈深入。这一时期的贸易格局有如下新变化：（1）青岛港贸易地位超过烟台，成为山东对外贸易的中心；（2）因为有了近代化的运输手段，口岸城市与内地集散市场——济南、潍县、周村——的商贸交流益加密切，流通规模相应扩大，通过这些市场，贸易的辐射作用延伸到更为广大的地区；（3）进出口贸易带来了传统经济未曾有过的巨量商品，为经济造就了新需求、新市场和新能量，在贸易的推动下，农业、手工业的商品化进程开始加速，同时作为近代化标志的农业改进与工业化进程也由此出现发展的契机。

第三阶段：1914—1936 年

在经历了第一次世界大战之后，曾经一度减弱的国外市场需求开始恢复，国内工业发展对工业原料的需求也逐渐增长，在这种条件下，青、烟两港的贸易同步增长，加上龙口港、威海港贸易所起的补充作用，使口岸市场贸易的整体规模达到一个新水平。1929 年，进出青、烟、龙三港的轮船航运总吨位突破 1000 万吨，反映商品流量的货物吞吐量达到 273 万吨，三港贸易总额在战后的 1918 年突破 1 亿海关两，1929 年超过 2 亿海关两，1931 年青、烟、龙、威四港的贸易净总额达到 28759 万海关两。

巨额商品川流不息地从口岸流进流出，使口岸贸易作为一种新的市场机制，影响制约着近代市场经济下的流通、消费与生产。

首先，对外贸易的扩大、贸易量的增长，使贸易成为一种强有力的促进因素，带动着内地与口岸城市的商品流通。1904 年，济南、潍县、周村三城市及其附近地区，由铁路从青岛输入的各种商品货值达 649 万海关两。1907 年，济、潍、周三地经由铁路从青岛输入的货物总量达 164113 吨，向青岛输出的货物总量达 51933 吨，到 1910 年，输出入货流量分别增至 314472 吨和 79171 吨①。此时商品流通已不再局限于市镇集市和区域性市场，围绕口岸进出口贸易形成的商品流通格局，扩大了商品流通的范围，服务于口岸市场的各类专业市场和中转市场相继兴起，内地集散市场

① 烟台港务管理局编：《近代山东沿海通商口岸贸易统计资料》，1986 年版，第 143 页；〔日〕華北交通株式會社青島出張所：《青島開港以來ノ山東省ノ經濟的發展》，1939 年版，第 10 頁。

的商品集散功能得以增强，而这一切，最终将为近代市场贸易流通体系的形成奠定基础。

其此，口岸贸易和各类新商品的输入造就出了新的需求和新的消费者，从逻辑和历史的角度看，二者最先产生于通商口岸、开埠城市及其周邻市镇，然后逐渐向内地延伸。

1901年，青岛及其郊区人口总共约有14000人，到1910年，人口增至162949人，其中市区华人34180人，外籍人口4084人。伴随口岸城市人口的迅速增长，形成了新的消费人口结构。新结构最初由四部分组成：(1)外籍人口。“有政府和海关官员、商人、建筑师；政府铁路及矿山公司雇用的工程师、教会人员；海军工场、公用事业和铁路部门工作的机械师、工头和旅馆、商店、工匠等工作人员”。(2)来自农村的工匠、劳工和南方的技工。城市设施修筑需用大量劳动力，“成千上万的劳动者从山东各地聚集青岛”，尽管当中许多人完工后要返回家乡，但是“对于木匠、瓦匠、石匠和其他技工以及帮佣人员来说，总是能够找到工作和得到较好的工资待遇”，因此仍有相当多的人留居下来。(3)从事商业经营的商人及其家眷。(4)由灾区流入青岛的灾民①。

口岸城市迅速增长的消费人口，其消费方式和消费选择与传统社会有很大差异，他们的衣食用度必须到市场购买，而且消费物品的种类也有所不同，范围包括与贸易有关的各类商品，如机织布、火柴、煤油、卷烟、烛皂、五金、纸张，等等。作为消费资源的新商品起初正是依赖贸易提供，及至清末，此类商品的使用在通商口岸已越来越广泛，与之相关的消费也随之渗透到城市物质生活的诸多方面。当时曾有人这样描述烟台商业：“土货所入者，不及洋货十分之一，而洋货销路之广，较土货倍蓰焉。今试游览市面，见各商号所罗列者，何一非洋货，无论各洋行、各细货行，购者、卸者舍洋货外无他种。即从前绝不贩运之家，如粮店，今则洋面居其半矣；如蜡铺，今则洋烛居其三分之一矣；如药行，今则药水居十之三四矣。”② 新商品的使用改变了物质生活的样式。清代同治朝以前，

---

① 青岛市档案馆编：《帝国主义与胶海关》，档案出版社1986年版，第62页，69页，117页。

② 阙名：《烟台商业之沿革》，《山东杂志》1909年第38期。

黄县家居照明一向用豆油灯或牛油蜡烛，1894 年“始用玻璃罩火油灯”，后来“用者日广，豆油灯废而不用”；过去引火用火镰火石，“光绪初年，外国火柴输入，民皆便之”，很快取代了火镰火石。在衣着方面，“在昔妇女专纺织，洋货甚少，故常用者为土布，洋货只有哈喇羽毛绸数品，为男子外衣。后渐有花旗布等，土布日少，清末，花色种类渐多，国产日稀”①。

贸易对需求的影响也逐渐波及市镇乡村。生活于城市的消费者，其消费方式和消费选择不同于乡村人口，但却对乡村消费有一种“示范作用”或“示范效应”。在清政府统治的最后几年，随着商路网向内地的延伸和运贩费用的降低，洋货逐渐成为农村市镇市场流通交换的重要商品。例如在乐陵，“遍观市廛，凡陈列百货为人所争取乐购者，土货不及洋货什分之五六”，购用洋货渐成风气②。根据当时地方文献记载，各地购用洋货的情况如下：

齐河　洋布、洋线由陆运来，岁售本境约两万金。

新城　洋油由羊角沟水运至本境，岁约数千箱；洋火…岁约数千箱；洋布…岁约数千匹；洋线…岁约数百余件；洋铁…岁约数万斤。

平度　洋棉纱，每年本境可销万余件，共计京钱二百万；另有火柴、红白糖、火油销行若干。

高唐　洋布…城内岁销约三万匹，洋缎、洋纱、洋油、洋火，岁销无定数。

济宁　洋线按年约计百余万斤，洋布按年约计七八万匹，洋火按年约计千余箱，洋油按年约计四五千箱。

武城　洋布，自天津由水路运入本境，每岁约销数千匹。

商河　外洋煤油每岁销行数万余箱，洋线每岁销行数万余斤，洋布每岁销行百余万匹，洋绸每岁销行数千匹，洋火每岁销行数万箱，外洋纸张每岁销行数千匹，外洋颜料每岁销行数百余斤，洋靛每岁销行数千斤。

---

① 民国《黄县志》卷4，1945 年版，实业，经济。

② 宣统《乐陵县乡土志》，1909 年版，商务。

德平　岁所畅销，以洋油、洋布、火柴为大宗，糖、纸次之。
寿张　洋布周村客商贩来，岁约二万金；洋线济南府客商及本境客贩来，岁售约万金。
冠县　行销之洋油、洋布，每岁亦均以数千计。
博平　洋布、洋绸在城乡集镇销行，每岁约万余匹。
峄县　进口货物，每年洋线有千件，值银八九万两。
滕县　外来货物其销售之多者，惟纸烟为最，洋线、洋油、茶叶次之。
邹县　货品以洋布、洋线为大宗，岁售万金，而洋油、洋火岁售之金不与焉。
郓城　输入品，洋线、石油、煤烛、洋瓷等。
临淄　自青岛运入本境…洋线约值三万六千两，煤油约值三万五千两，纸张约值六千五百两，自来火约值五千两。
乐陵　洋油由天津陆运至境，岁销约三千余箱；洋线、洋布…岁销约七八千金；洋火…岁销约三四千金。
禹城　洋布、洋线均自外境贩来，岁约万余金。
蒲台　绸缎、洋布、洋货、杂货、铁器等物运入本境，每年约值银三万余两。
范县　纸张、火柴、煤油、杂货路运自临清、东昌、济南等处，岁售约万金。
平阴　洋货、布匹类，约值万余两。
宁阳　洋布，周村客商贩来，岁售约二万金；洋线，滕县客商贩来，岁售约万余金。
临朐　洋布、洋绸、洋线自潍县陆运入境，销行北关、冶源、五井等市，每岁二百小车①。

到民国初年，随着贸易规模的扩大，舶来商品价格的降低，从前只有人数不多的富裕阶层才能消费得起的物品变成了廉价物品，以往还作为奢侈品的商品变成了大众消费品，越来越多的人在使用诸如机织布、棉纱、火柴、煤油、肥皂、机制面粉一类的物品，而这些物品对传统社会不久前

① 资料来源出自有关各县乡土志“商务”部分。

还完全是陌生的。正如当时海关报告所说："进口货表内，向视为奢侈品者，今已认为必需品，来自外洋之布匹、糖、纸张、煤油、化妆品皆其例也。"①

市场流通与消费领域里的一系列深刻变化，必然会在生产领域引发连锁反应，给城乡工农业生产带来新的发展契机。在农业和手工业生产方面，通商口岸对出口商品不断增长的需求，为农产品、畜产品和手工业品开辟了一个前所未有的广大市场，使之走出地方消费流通的狭小圈子，作为商品进入到远程贸易中。在贸易发展的不同时期，农业生产的豆类、花生、棉花、烟草、麻、果品、药材、畜产品及水产品，手工业生产的丝绸、草辫、粉丝、食用油、皮货、花边、发网等产品，成为重要的出口资源，出口量在整个出口贸易中占了极大比重。贸易作为具有极大潜能的变迁因素，也在不断改变着传统农业和手工业的面貌，在贸易需求的刺激下，棉花、烟草、花生等经济作物的种植不断扩大，"往昔种高粱及豆子之地亩，多改种花生、棉花、烟叶，此系为人所共见"。农业生产种植结构出现了前所未有的调整与变化，而"出口货之增多，未始不由于此"②。为了使经济作物获得更好的收成，新品种、新栽培方法开始引入推广于经济作物产区，在农业生产商品化发展的同时，农业改进一点一滴地渗入到农业生产之中。

口岸贸易带来了新的商品，同时也创造了新的需求，新需求在时机成熟之时，就会成为新式工业产生的诱因和刺激机制。因为维持新消费结构和新消费者需求只有两条途径：一是继续从国外或国内其他口岸输入商品；一是兴办新型工业企业，生产此类商品。实际上，市场需求和市场利润终会导致一部分商业资本及其他私人资本投身于产业。

另外，农副产品和手工业品的输出，以现金兑付的形式，给城乡生产者剩留下一部分收益，使生产者可以用其交换日用工业品和手工业原料，土洋货之间的交换尽管存在着不平等，但却培养了一定数量的有效市场需求，这种需求恰为国内民族工业的成长提供了市场基础。以近代最大的民族工业部门——棉纺织业为例，其创办的最初动机表面上是为了抵御外

---

① 青岛市档案馆编：《帝国主义与胶海关》，档案出版社 1986 年版，第 306 页。

② 同上。

货，挽回利权，但是其更深层次的原因却是城乡人口对棉纱、棉布、印花布的广泛需求，而这一需求形成的最初动因无疑是源自于贸易。由贸易引发培育起来的棉纱布市场，尽管受到舶来品的倾销竞争，但终归是民族棉纺织业存在的条件和基础——没有市场，产业便失去了存在的根据。贸易所带来的新市场机制，最终将会促使产业经济发生变迁，为近代工业和商品性农业的产生与发展提供条件。

第二章　新旧商路网的兴衰与演变

一　陆运商路

商路是商品流通的载体和渠道，而陆运商路又是其主要载体和主要渠道。传统商路分布格局是长期历史发展的产物，到清末民初，商路因受近代经济条件的影响而发生了深刻的变化。导致商路变化的因素主要有两点：一是烟台、青岛开埠后，随着港口与内地商品流通的增长，沿海城市与内地城镇之间形成了新的货运路线；二是胶济铁路和津浦铁路的兴建，改变了传统商路的货运方式，新式运载工具崭露头角，在货运距离、货运量、货运周期、费用等方面显示出极大的优越性。清末民初，山东陆运商路的兴替演变与商运情形大致如下：

1. 烟潍商路

烟台开埠后，随着黄县、掖县、潍县商人资本与烟台贸易往来的增强，沿烟台与潍县之间的大道形成了一条贸易线。从19世纪末到20世纪初，烟潍大道一直是沟通山东东部地区与中部地区商品流通的一条最重要的商路，内地货物须经此路运往烟台出口，进口货物同样也须由此路输往内地。胶济铁路通车后，烟潍商路的货运受到严重影响，许多原先运烟台出口的土货改由铁路运往青岛。但是，由于烟台对外贸易仍具有相当的规模和辐射力，因而每年在烟台集散的价值数千万海关两的货物，约有三分之二仍要通过烟潍商路转运。实际上，胶济铁路虽然削弱了烟潍路的商运，但却不可能取代这条商路，相反，随着运输条件的改善，商路在1920年代后仍有新的发展。

烟潍商路长约600华里，向西延伸与周村、济南等市场相连，向北岔出支路与羊角沟、龙口相接，商路的外延性增大了烟台对腹地经济的影响，使沿途地区的商品流通纳入到烟台市场的集散范围之内。烟潍商路的货运路线大致为：烟台—福山—黄县—掖县—沙河镇—昌邑—潍县。烟台至福山约30华里，道路比较平坦；福山至黄县约160华里，道路崎岖，运输主要靠牲畜驮运；从黄县起，烟潍路岔出一条通往龙口的支路，使龙口一部分进出口货物的流通并入烟潍商路；黄县至掖县约170华里，道路平坦，路宽20至40英尺，可以通行大车；掖县至沙河镇50华里，来往货运较为频繁；沙河镇至潍县约190华里，中经昌邑，路势平坦，运载工具多使用马车，是整个贸易线货运最繁忙的路段①。

烟潍商路对于促进烟台与内地的商业联系，有着极其重要的意义。首先，它促进了烟台与胶东半岛地区的区间贸易。商路所经过的黄县、掖县、昌邑等地，都是商品性农业和手工业较发达的地区，盛产土布、茧绸、草辫和盐，商品流通较为活跃。例如掖县所属沙河镇，即是潍县以东地区最大的草辫集散市场，19世纪最后20年，昌邑、平度、寿光等地出产的草辫“悉集于沙河”，由沙河镇辫庄分选加工后，运烟台出口。昌邑则是近代山东最大的茧绸产地，第一次世界大战前，有茧绸工场40余家，战后（1919年）增至67家，年产绸64万匹，价值1000万银两。昌邑出产的茧绸有大宗经烟潍商路运往烟台，“远销外洋”②。依靠区间贸易，烟台扩大了与胶东货源地的商品流通，使福山水果、黄掖草辫（每年4万包）、潍县猪鬃（每年4000担）、昌邑茧绸（每年35万匹，价值200万银两），能够源源不断地输往烟台；同时由烟台进口的棉纱、棉布、砂糖、煤油及各种杂货，也大量运至黄县、掖县等地销售③。

其次，商路扩大了烟台与广大腹地间的商品流通。烟台进口货物不仅运销黄县、掖县等地，而且还销往周村、济南，并由集散市场将货物进一步分销到偏远的市镇乡村。同时，内地土货如周村黄丝、鲁西皮货、鲁中出产的花生以及河南、山西的草辫、豆货，也经过中转，沿烟潍商路输往

---

① Alex Armstrong，Shantung. Shanghai，1898，p. 76.

② 安源美佐雄：《支那の工業と原料》第1卷下册，1919年版，第91頁；田原天南：《膠州灣》，1914年版，第397頁。

③〔日〕東亞同文會：《支那省别全志》第4卷，《山東省》，1917年版，第736頁；長谷川櫻峰：《支那貿易案内》，1914年版，第368頁。

烟台。19世纪后半叶，烟潍路成为山东最繁忙的商路之一。据一位外国商人1874年的统计，每天至少有2000头驮运牲畜进出烟台，约有200吨货物从烟台起运上路①。到19世纪八九十年代，每天进出烟台的驮运牲畜达3000头，数以百计的驮货商队，大都沿这条商路往来运货②。在当时，一支往来烟台的运货商队一般有驮货牲畜200头，每头约可载货150—200斤，商队单程运货量约3万—4万斤③。通过烟潍商路，烟台市场的影响力不仅达于登、莱、青地区，而且还扩展到河南、山西等黄河中游地区。

2. 胶济铁路

胶济铁路于1899年动工兴建，1901年4月青岛至胶州段铁路修通，1902年8月潍县通车，1904年3月15日青岛至济南全线建成通车。铁路全长412公里，沿线共有大小车站55处，当中主要货运车站和行车里程（公里）如下：青岛—城阳（33）—蓝村（57）—胶州（81）—高密（114）—丈岭（139）—岞山（148）—黄旗堡（157）—蛤蟆屯（173）—潍县（196）—昌乐（220）—谭家坊子（235）—青州（255）—金岭镇（290）—张店（312）—周村（320）—王村（340）—明水（367）—龙山（384）—济南东站（406）—济南西站（412）。另外从张店到博山还有一条长43公里的铁路支线。

铁路运营初期（1906年前后），全路共有机车18台、客车88辆、15吨货车300节，列车运行时速客车为45公里，货车为40公里④。德占胶澳末期，胶济铁路每日运行客车4对、客货车4对、货车24列。1905年全线通车的第一年，共运送旅客80万人，货物31万吨。到1913年运送旅客达131.7万人，货物达94.6万吨，铁路运营收入413万元。1914年9月，日本借对德宣战之机，出兵占领胶济铁路，翌年设立山东铁道管理部，1917年又改为青岛守备军民政部铁道部。日本占据铁路初期，因铁

① China Imperial Maritime Customs: Reports on Trade at the Treaty Ports in China（简称Trade Reports），1879，chefoo，p. 12.

② Decennial Reports，1882—1891，Chefoo，p. 55.

③ 〔日〕日清貿易研究所：《清國通商綜覽》，1891年版，第233頁。

④ 〔日〕東亞同文會：《支那經濟全書》第5輯，1908年版，第581—582頁。

路运输营业兴旺，收入可观，曾投入大量资金，购置120吨重型机车和大吨位货车，以应付不断增长的客货运输需要。1918年，全路共有机车53台、客车92辆，货车1186辆①。到1922年中国收回胶济铁路时，铁路机车增至101台，客车增至196辆，货车达1647辆。此时全线运行客车增至6对，货车增至50列②。

以下是胶济铁路1901—1920年货运量增长情况的统计：

年份	货运吨数	年份	货运吨数
1901	5473	1911	717189
1902	13843	1912	850001
1903	449262	1913	946610
1904	129270	1914	……
1905	310482	1915	874896
1906	381649	1916	1074698
1907	409430	1917	1287902
1908	486981	1918	1511057
1909	696200	1919	1733373
1910	769192	1920	1904229

铁路开通后，"不仅在［胶澳］殖民地，同时还在其广大的腹地上产生了迅速增长的经济影响力"，因为有了铁路，"遂使早先仅能在产地附近消费的农产品有了一个销量广大的新市场。山东的各种水果及蔬菜以及胡桃、豆类、豆油、麻、烟草、毛皮、牲畜均以增长的数量经铁路运往青岛，再由该处经海上输出"。若以输入而论，不少地区则开始"经由铁路供应工业产品，例如棉纱及棉织品、布匹、机器、农机、纸张、火柴与颜料，更有石油、糖、建筑及矿坑木材及其他物资"③。许多重要的市场如

① 岡伊太郎、小西元藏：《山東經濟事情——濟南を主として》，1919年版，第437—438頁。

② 日本青島總領事館：《青島概觀》，1927年版，第77—79頁。

③ 单维廉著：《德领胶州湾（青岛）之地政资料》，周龙章译，台北，中国地政研究所，1980年版，第23页，37页。

济南、潍县、周村、青岛等城市，在商品流通上连为一体；而铁路以北的即墨、平度、昌邑、临淄、禹城，以西的聊城等地，以南的泰安等地，东南的诸城、日照等地，也随着铁路影响的不断扩大，被逐渐纳入到以济南、青岛为中心的市场影响范围之内。

广大的内地市场和繁荣的进出口市场，为铁路运输的发展提供了基础，而铁路货运量的增长反过来又促使进出口市场贸易量增长。1904 年铁路货运量为12.9 万吨，1910 年达到76 万吨，增长了4.8 倍，同期青岛港的贸易额也相应增长了 2.3 倍。1920 年铁路货运量达 190 万吨，比 10 年前增长 1.5 倍，同一时期青岛港贸易增长了 59%。

铁路货运的发展，给内地商业贸易带来两种性质不同的影响。一方面，在铁路货运的积极影响下，沿线许多车站成为大的货物集散地，“车站周围及其附近形成新的市集，商行分店、货栈、仓库、煤栈、客寓纷纷设立，年复一年扩大范围及营业”[①]。如潍县的坊子、二十里堡、南流、蛤蟆屯等市镇，“皆以接近铁路，顿成商业中心”[②]。传统的集散市场得到进一步发展，例如民国初期，周村每年自铁路运出羊毛约 135 万斤，占集散总量的 90%，运出牛皮 10 万斤、棉花 200 万斤[③]。同期，青州每年约有 5 万斤杏仁经铁路运青岛，然后由青岛转往南方各口和欧洲；另外当地年产核桃 130 万斤，其中有 65% 经铁路运胶州，15% 运青岛，5% 运济南；青州柿饼年输出量为 80 万斤，其中大部分经铁路运沧口，再由大小民船运往宁波、辽东、朝鲜等地[④]。一些车站所在的市镇，随着货物集散规模的扩大，发展成专业市场。如岞山镇就是胶济沿线最大的花生集散市场，金岭镇则是沿线最大的蛋品集散市场[⑤]。可以说，由于有了铁路，沿线各类市场的商品流通开始初步脱离传统封闭的旧模式，并随着流通规模和流通距离的不断扩大，逐步与国内外市场建立起商业联系。

但是，铁路货运也给一部分商路和市场带来冲击。铁路建成后，许多

---

① 单维廉著：《德领胶州湾（青岛）之地政资料》，周龙章译，台北，中国地政研究所，1980 年版，第 37 页。

② 胶济铁路管理委员会编：《胶济铁路经济调查报告汇编》，1934 年版，分编三，潍县。

③ 〔日〕青島守備軍鐵道部總務科：《周村事情》，1917 年版，第 26 頁。

④ 〔日〕青島守備軍鐵道部總務科：《周村事情》，1919 年版，第 21—26 頁。

⑤ 秀英舍：《山東鐵道會社二關スル調査報告》，1919 年版，第 137—138 頁。

农副产品、手工业产品的流通方向开始改变，部分商路的货流量也因之发生变化。沙河镇草辫过去全部运烟台出口，铁路通车后，“沙河到青岛比烟台近170公里，运费比烟台每包可省一元”，结果草辫大部改由铁路运青岛①。与此同时，原先由烟台出口的许多重要土货如花生、豆货、畜产品、煤炭等，也转由铁路运青岛出口。胶济铁路对传统商路的影响，在鲁南地区表现尤为突出。过去鲁南地区的土货大都经由运河运镇江输出，铁路建成后，愈来愈多的货物由南运改为北运。1909年镇江海关报称：“山东、河南两省来货逐年减少，向来该两省由运河抵本口之货物，显然已趋向青岛”；翌年又称：“山东以南之土货，以前均由河运来镇，现因运河一带关卡林立，大半改由火车运往胶州”②。传统商路货运量的减少，标志着这些商路在新商路兴起后，已开始趋于衰落，甚至逐渐为新商路所取代。

3. 津浦铁路（山东段）

1908年6月，津浦铁路在天津举行开工典礼。施工分南北两段进行，以峄县韩庄为分界点，北段由德国工程司承筑，南段由英国工程司承筑。1911年8月南段工竣，10月北段工竣，1912年12月铁路全线通车。铁路干线自天津至浦口全长1009公里。在山东境内有三条支线，即临枣支线，长31公里，1911年4月动工，同年12月完工，次年5月通车；兖济支线，自兖州至济宁，长31.5公里，1911年9月兴工，1912年6月完工，11月通车；洛黄支线，由洛口至黄台桥，长5.65公里，1913年兴工，6月完工，7月通车。

津浦铁路山东段自北而南沿线各主要货运站如下：桑园—德州—黄河涯—平原—张庄—禹城—晏城—桑梓店—洛口—黄台桥—济南—党家庄—崮山—张夏—万德—界首—泰安—大汶口—磁窑—吴村—曲阜—兖州—济宁—邹县—两下店—界河—滕县—南沙河—官桥—临城—山家林—邹坞—齐村—沙沟—韩庄。

津浦铁路由北而南，将山东境内的德州、平原、禹城、济南、泰

---

① 《光绪二十七年通商各关华洋贸易总册》，1902年版，胶州口，第12页。

② 《宣统元年通商各关华洋贸易总册》，1910年版，镇江口，第74页。

安、曲阜、兖州、济宁、邹县、滕县、峄县等地市场连接在一起，使上述地区的商品流通沿着这条运输线，北可与天津相通，南可与徐州、蚌埠、南京相连，并可通过沪宁线与上海相接。津浦路在济南与胶济路会接，货物运输由宁、津可直达青岛，这不仅加强了整个华北地区与青岛港的贸易联系，而且使苏北、皖北的部分地区也纳入到青岛市场的影响范围之内。

津浦路山东段共有三个大的集散市场，即德州、济南、兖州（包括济宁）。在民国初年至1920年代，三个市场经由津浦路的商货运输与商品流通状况大致如下：

德州是鲁北、冀南地区商业中心，与周邻地区有着频繁的商货贸易，市场影响范围东至陵县（70华里），西抵枣强（110华里）、南宫（180华里）、冀州（140华里）、武城（110华里），向北到景县（60华里），向南到黄河涯（30华里）。以上地区的农产品输出和日用品、洋货输入基本靠德州来维系，而天津、济南这一时期主要靠津浦铁路来影响德州的商品流通（过去天津主要靠运河贸易），并通过德州间接影响上述地区。

德州通过津浦铁路由天津、济南输入的货物，以煤、煤油、纸、烟草、棉纱、棉布、陶瓷器、杂货为大宗，输出的货物以棉花、皮货、花生、枣、干鲜果、羊毛、粮食、铁锅、藤编物为大宗。据1916年统计，德州每年自铁路输入煤2万余吨、煤油1000余吨、棉织品2000余吨、纸600余吨，每年自铁路输出各种杂货1300吨、皮货1300担、棉花500吨，花生、枣、干鲜果各300吨①。此时，津浦铁路对德州商业的意义已大大超过运河。1920年代初，德州一度是鲁西、冀南棉花的集散地，年棉花集散量达6万包，其中4万包运天津，2万包运济南。但是，棉花交易主要在产地花行与天津、济南的花行之间进行，德州一般只是起运输中转作用，而且从趋势上看，棉花集散已出现向济南市场转移的倾向。这一时期，铁路运输增长较快。经由铁路，德州每月要向天津发运皮货2000余担、水果400余担，每年向济南发运棉花1000吨、铁器1000吨、牛12000余头；同时每年自天津输入煤油10万箱，自济南输入盐1万包、

① 杉山五郎：《最近山鐵沿綫事情》，1917年版，第336—337頁。

棉布 2 万斤。通常，德州车站每周要接卸两节货车（每节 15 吨）的外国杂货，这一情况表明，当地外国商品的商贸流通已发展到相当规模①。

济南地滨黄河、小清河，附近有洛口、黄台桥两个中转市场，并与胶济、津浦两铁路相接。借助这些有利条件，济南成为津浦线上最主要的集散市场之一。济南经津浦线集散的货物，土货以花生、小麦、棉花、畜产品为主，洋货以棉纱、棉布、烟草、煤油、火柴为主。1917 年经津浦线运至济南的花生为 11000 吨，由济南运往南方的花生为 7200 吨；同年，经津浦线运至济南的小麦为 29593 吨，由济南运出的小麦为 2590 吨；1917 年度，济南经津浦线输往天津和关外的牛皮为 2 万张，经浦口输往上海的牛皮为 5 万张，两项合计约为济南牛皮集散量的 19%；同年度，济南牛油集散量为 7 万担，其中约 30% 经津浦线运往天津，10% 运往浦口。1918 年度，济南经津浦线输出入的货物种类已达近百种，输出入货物总量达 24 万吨②。以下是该年度主要货物输出入统计（单位吨）：

货品	输入	输出	货品	输入	输出
棉纱	175	4624	杂粮	4850	1640
烟草	1160	1980	棉布	2250	720
花生	1995	7440	茶	10140	500
土布	…	540	花生油	11081	3980
鸡蛋	1025	350	棉花	10985	4235
豆油	1670	1525	枣	7330	4985
米	45655	33156	牛油	1050	1200
纸	2080	1025	小麦	29593	5000
煤油	330	4350	洋货	4440	855
面粉	2590	1340	牛皮	2455	1140
杂货	3115	5370	高粱	21255	13635

① 〔日〕青島守備軍鐵道部：調查資料第 20 輯，《周村德州間及德州石家莊間并石家莊滄州間調查報告》，1921 年版，第 74 頁，85—89 頁。

② 岡伊太郎、小西元藏：《山東經濟事情——濟南を主として》，1919 年版，第 154 頁，171 頁，247—248 頁，252 頁。

续表

货品	输入	输出	货品	输入	输出
羊皮	55	45	陶器	910	1150
玉米	500	500	杂皮	375	…
铁货	1770	395	小米	2080	1495
羊毛	920	1460	磁器	595	…
柿饼	625	540	猪	1945	…
火柴	680	7225	梨	140	…
牛	2665	12380	碱	440	…
山楂	325	355	骡马	1220	580
铜货	485	36	木材	1210	3150
木材	550	180	绸缎	825	…

兖州是津浦线山东段第三大集散市场，集散范围不仅包括鲁南地区的许多产地市场，而且还包括像济宁、滕县这样的集散市场。兖州经津浦路输出的货物以花生、花生油、小麦、烟叶、豆饼、土布、香椿、畜产品为大宗，输出地偏重江南地区，民国初期，每年向北京、德州、济南等地输出烟叶2000吨、纸烟100吨，向上海输出香椿300吨、小麦2000吨、豆类700吨、豆油300吨、蛋制品300吨。输入货主要有砂糖、火柴、棉布、棉纱等。铁路开通初期，日用商品大部分从济南、天津输入，20年代初，改以上海为最大货源地。当时每年经铁路输入棉纱600吨、布3000匹、煤油450吨、火柴840吨、砂糖500吨、煤13200吨①。

除三大商货集散站之外，山东段铁路还有一重要的商货中转站——桑园。桑园位于山东段最北端，地处山东、河北两省间交通要道，镇上有许多经营贸易的行栈，从事与石家庄间的货运贸易。当地每天都有往来石家庄的运货马车，马车从桑园运货至石家庄五日可达。由铁路至桑园，再转由车马大道至石家庄、太原，是1920年代后山东内地商货进入河北、山

① ［日］青島守備軍鐵道部：調查資料第19輯，《兖州博山間鐵道沿綫調查報告》，1921年版，第112—115頁。

西的一条重要途径①。

同胶济铁路一样，津浦铁路对山东市场经济的影响也包括两个方面。一方面，一些传统的水陆商道受到新式铁路运输的冲击，货运量逐年减少，部分过去曾十分兴盛的商路，如运河商路、济镇商路、济铜商路，开始趋于衰落。受其影响，许多原先依赖于传统商路贸易繁荣起来的商业市镇，也变得一蹶不振，不复有昔日繁荣熙攘的景象。另一方面，铁路深入腹地，沟通了沿海城市与广大内地之间以及各个商路之间的联系。随着以铁路为主要纽带的新型商路网的形成，过去只能在产地消费或靠落后的交通工具近距离贩运的内地土货，如花生、烟叶、棉花、皮货、干鲜果品等，开始由县道、镇道运至铁路沿线各集散市场，然后再经铁路输往各通商口岸及消费市场；与此同时，天津、济南、上海等市场的进口货和其他日用工业品，如棉纱、棉布、煤油、火柴等，也开始沿着同一途径按照相反方向输入到沿线城镇和乡村。

4. 济南铜山商路

济铜商路是一条基本与运河平行的南北货运通道，路面平阔，为车马大道。在运河航运衰落时期，济铜商路起着沟通南北货运的作用。津浦铁路建成后，商路的货运路线恰与津浦铁路南段重合，沿路地区的远程货运遂改走铁路，商路也因之逐渐变为区间货运通道。

济铜商路的货运路线大致为：济南——长清——肥城——泰安——宁阳——兖州（滋阳）——曲阜——邹县——滕县——韩庄——利国——铜山。清末民初，商路沿线各地及各路段的货运情况如下：

长清、肥城　长清地处商路咽喉，凡经商路运入济南或由济南运出的货物，均须经由该地。津浦路通车后，周邻地区的货物改由铁路走泰安，出长清南运的货物大部分为零星散货。长清至肥城约 90 华里，肥城每年由商路输往长清的白酒价值约 2 万银两，输往济南的小麦和面粉约 50 万斤，猪鬃价值约 1 万银两，另外，“每届冬春”还有大量果蔬“以牛车肩挑”运往济南，货值约 1 万两；同时，肥城每年还从济南或经济南从潍

---

① 〔日〕青島守備軍民政部鐵道部：調查資料第 25 輯，《津浦鐵道調查報告書》，1922 年版，第 388—389 頁。

县、周村、青岛购入大宗洋布、煤油、煤、火柴、绸缎等货物，年运销额约5万银两①。

宁阳　宁阳由商路输出的土货以烟叶、酒为大宗，烟叶每年运济南转销河北，运量约120万斤；酒运泰安、兖州等地，运量约60万斤。宁阳经商路输入的货物以纺织品为主，每年自济南购入的绸缎价值2000银两，自滕县购入的棉纱价值1万银两，另外自周村转购洋布货值约2万银两②。

兖州　兖州是近代山东重要的烟叶、皮货、丝织品的集散市场。20世纪初，仅烟叶一项，经由商路运销济南的数量即达100万斤；运销河北大名、南宫等地也有100多万斤；此外，经商路转运至北京的烟末约50万—60万斤，烟末由北京的鼻烟作坊熏制加工后，再转销东北各地。兖州丝织品多为木机小缎，年产量约1万匹，其中外地商人就地买去约2000匹，沿商路运济南等地约1000匹，另外转运至汉口约6000匹。除小缎外，兖州每年还销往潍县、周村土绫4000匹。丝织业的兴旺，导致生丝需求量不断增大。清末民初，兖州当地所产之丝"不足给境内机户取用"，需每年从邹县、滕县等地购入生丝数万两，若加上从峄县、泗水、费县等地的购入量，总数约为6万两。铁路开通前，兖州输入的货物多来自济宁等运河城镇，沿商路购入的货物数量较少，主要为茌平、济阳所产土布（年运量约1万匹），另外还有少量自济南购入的绸缎、杂货。津浦路修通后，大宗货物特别是洋货转由济南、天津输入，旧商路的输入量更为减少③。

曲阜　兖州至曲阜30华里，曲阜至邹县50华里，道路平坦，可以通行二轮马车。当地消费的工业品，北由济南输入，南由上海输入。1910年代，每年由济南、上海输入的商品主要为：火柴2000箱、煤油4000罐、砂糖450包、棉纱1000件、棉布250件④。

邹县、滕县　邹县商品流通，在铁路开通前，部分靠运河转运，部分

---

① 光绪《肥城县乡土志》，1908年版，商务。

② 光绪《宁阳县乡土志》，1907年版，商务。

③ 光绪《滋阳县乡土志》，1906年抄本，商务。

④〔日〕青島守備軍民政部：調查資料第14輯，《南山東重要都市經濟事情》，1920年版，第307—308頁。

靠济铜商路转运。邹县经商路运出的货物有生丝、土药、花生等项，输入的货物多为进口纺织品。邹县至滕县约40余里，货运比较畅旺。滕县输出货物以草辫、花生、土药（鸦片）、酒等项为主，其中草辫每年转运烟台4万余斤，花生每年外运数百万斤，土药转运烟台、青岛，价值约70余万两；另外，滕县还经由商路向宁阳转销棉纱，年转销量约6000余件①。

从整个商路的货运情况看，商路由南向北输送的货物多以农副产品为主，由北向南输送的货物则多为手工业品和洋货；在货运量方面，北运货流量一般比南运货流量小；在货运距离方面，既有长距离贩运，又有短距离购销，清末以长距离贩运为主，民国后则以短距离购销为主。

5. 济南镇江商路

山东与南方省份间的商品流通，有海运、河运、陆运三种方式，其中陆运通道之一即为济南经沂蒙山区至镇江的商路。商路原为进京官道（对此，清代学者程穆衡曾在《燕程日记》中做过详细记述），清代初期，沿路只有零星过往商旅。及至咸丰、同治年间，因运河淤涸，货运不畅，一些商货改走陆路，商路的货流量开始逐渐增大，鲁中山区所产各种土货，除由沂河、运河接运或由日照、青口码头输出外，有相当部分要靠这条商路运往南北各地。商路由南而北的大致路线为：自镇江起，沿运河上行至宿迁，转行陆路至峒峿镇，再由该镇至红花埠进入山东；入山东后的路线为：郯城——沂州——费县——蒙阴——新泰——泰安——济南。沂州至泰安440华里，因道路崎岖，行走困难，只有部分路段可以通行二轮马车，货物运载大部分要靠独轮车和驴、骡、骆驼等牲畜驮载。小车载货一次约350斤左右，骆驼商队一般由五六十头骆驼组成，每次运货量约一万六七千斤②。

清末民初，商路沿途地区输出较多的货物为花生、干果和畜产品，而从商路南端镇江、北端济南输入的货物则多为洋货及日用杂货。综合有关

---

① 光绪《邹县乡土志》，1907年版，商务；光绪《滕县乡土志》，1907年版，商务。

② 〔日〕青島守備軍民政部：調查資料第14輯，《南山東重要都市經濟事情》，1920年版，第233—234頁。

资料记载，当时商路的货运情况大致如下：

县份	输出	输入
郯城	花生、花生油、栗子、核桃	煤油、火柴、棉纱、糖
沂州	花生、花生油、豆油	糖、纸张
费县	梨、山楂、金银花、花生	布、茶叶、海货、杂货
蒙阴	花生、金银花、烟叶、羊皮	棉纱、棉布、火柴、绸缎
新泰	花生、花生油、生丝、煤	茶叶、煤油、棉纱、火柴
泰安	花生、花生油、山楂、麻	纸、糖、铁器、洋布、杂货
济南	糖、纸、茶叶、呢绒、蜡烛	香料、黄花菜、草辫、麻

资料来源：〔日〕青岛守备军铁道部庶务课：《沂州事情》，1917；光绪《费县乡土志》，商务；光绪《新泰县乡土志》，商务；光绪《费县志》，1896年，卷1，物产；〔日〕东亚同文会：《支那省别全志》第4卷，《山东省》，1917年；〔日〕青岛守备军民政部：《南部山东重要都市经济事情》，1920年。

6. **济南天津商路**

清末民初，鲁北平原地区的商业主要受济南、天津及沿海民船贸易的影响，商品流通除部分靠运河、黄河及沿海民船输送外，主要靠济津商路输送。济津商路的货运路线大致为：济南——济阳——商河（或经孙耿镇至临邑）——惠民——阳信——庆云——盐山——沧州——天津。

由济南至商河的道路有两条，一条是从洛口顺黄河而下至济阳，再从济阳经陆路至商河；一条是从洛口渡黄河北行，经孙耿镇、夏口、新市镇至商河。商河南路与济南、北路与天津，均有着密切商业往来，北路每年运销天津粉丝数万斤、牛羊油数万斤，运往连镇、桑园麦子和黑豆各约100余万石、芝麻1000余石；南路每年运销济南、潍县、周村、益都等地土布数万块（每块约合5—8丈）、棉花数百万斤、丝数百万斤。在货物输入方面，商河每年经商路自济南、天津等地购进棉纱数万斤、洋布100余万匹，煤数千吨、火柴数万箱、染料数千斤①。

商河境内有两条通惠民的县道，一条为商——惠县道，一条为德

① 光绪《商河县乡土志》，清末抄本，商务。

（平）——惠县道，两条县道均与济津商路相连。德平经商路运出的货物以土布、花生为大宗，土布运销河北蓟州、三河及朝阳等地，每年约数万捆（每捆30匹）；花生运天津，年销额约数万银两。德平自天津、济南购入之货以煤油、洋布、火柴为大宗，其次为糖、纸张、瓷器、皮货等。惠民除通过商路转运商河、德平两地的货物外，还向天津、芦台、平谷等地运销当地所产花生油、土布等农产品和手工业品①。

济津商路由山东入河北的主要途径有二，一是出惠民西北行，经阳信信家坊、流波务，然后入庆云，经盐山至天津；一是出惠民北关东北行，至阳信县城，再由阳信西北行入庆云与西路相会合。位于该商路枢纽之地的阳信，是鲁北和冀南地区草辫贸易的集散地，在第一次世界大战以前，当地有辫庄20余家，其中天津和沙河辫商在城内开设的辫庄就有9家。1908—1913年，阳信平均每年集散草辫4000包（每包为23斤），当中有70%经由济津商路运济南，然后改装火车运青岛出口，另有30%运天津②。

济津商路对于近代华北的市场经济具有十分重要的意义。商路从济南到天津，将整个冀南、鲁北平原贯穿在一起，使济阳、商河、惠民、阳信、庆云、盐山、沧州等地形成一个区间贸易系统，也就是说，在商品流通方面使冀南、鲁北成为一个统一的经济区域——区域内流通的商品种类结构大致相同，中短距离贩运也大致在区域内进行。不仅如此，由于济津商路在济南与济铜商路、济镇商路相衔接，因而也就使得鲁北地区的商品流通与鲁南地区的商品流通连为一体，从而形成一个沟通南北商品流通的商路网络。

7. 青岛烟台商路

青烟商路是连接近代山东两个通商口岸唯一的陆路货运通道。商路的货运路线大致为：由青岛东北行至即墨，然后自即墨分成南北两路，南路为即墨——海阳（崮头）——烟台；北路为即墨——平度——掖县——

---

① 光绪《德平县乡土志》，光绪末抄本，商务；光绪《惠民县乡土志》，1906年版，商务。

② 〔日〕青島軍政署：《山東之物産》第2编，1917年版，第22頁，26—27頁；光緒《陽信縣鄉土志》，光緒末抄本，商務。

烟台。商路南路道路狭窄，崎岖难行，其中海阳至烟台路段，须横越昆嵛山脉，车辆难以通行，货物要靠牲畜驮载。北路即墨至平度路段，商旅稀少，货流量也不大。平度至掖县共有两条途径：一条绕行沙河，然后由掖西大道至掖县，一条则是直通掖县，前者路程约 130 华里，后者仅 90 华里。两路货运一般为车、驮兼用，以驮运为主。平、掖路段因周邻商业市镇和手工业市镇较多，货运量明显增大，因而为“沙河、方、掖、平、昌、潍、胶州商贾辐辏之地”。通过商路，平度每年输出豆油近万篓（1 篓约 170—180 斤），往烟台运销葡萄 2000 余担，向掖县（沙河镇）辫庄输送草辫 2000 包左右；同时，平度每年还经即墨从青岛转购棉纱 1 万余件，以及大宗火柴、南纸、糖、煤油等商品①。掖县地处烟潍贸易商路和青烟商路的交汇点，为周邻地区商品汇聚集散的中心，而青烟商路则是掖县商品流通的重要通道之一。货物输入主要是经沙河从青岛输入棉纱、棉布，自烟台输入砂糖、海产品和其他杂货；输出货物则以草辫、牛皮、猪鬃为主，牛皮收购范围包括平度、高密等地，草辫收购范围则远及朝城、观城等地②。

青烟商路横跨鲁东地区，对于促进青岛、烟台之间货物的南北分流，活跃鲁东地区的商品经济，起着十分积极的作用。

8. 青岛沂州商路

青沂商路在传统胶沂商路的基础上形成，随着青岛港与腹地贸易的发展，青沂商路货运日臻繁盛，成为沂蒙山区各类土货输往通商口岸，通商口岸洋货进入山区腹地的重要货运渠道。商路的货运路线大致为：青岛（胶州）——高密——诸城——莒州——沂州。

从青岛至高密，有铁路、车马大道两条途径，通常在胶州集散转赴内地的货物多走车马道。高密商业原很落后，所出各种土货基本局限在产地市场附近消费，很少能进入远程贸易。胶济铁路修通后，高密一变成为周邻地区商品贸易的集散地，“所有诸城、莒县及安邱一带之货物，率多取给于此”。对于青岛和胶州民船港来说，高密是土货出口的货源地之一，

---

① 光绪《平度县乡土志》，1908 年版，商务。

② 吉田豊次郎：《山東視察報告文集》，1913 年版，第 162—163 頁。

每年在高密集中、然后运往两地的货物为：瓜子700—800石、豆油10余万石、豆饼1万余斤、花生油5万斤，这些货物有70%运青岛，30%运胶州，此外，运销两地的还有牛骨、花生、草辫等货物。20世纪初，高密自青岛输入的棉纱、煤油“骤见增长”，每年输入棉纱5000包、煤油1万余箱，另外“呢绒、杂布、一切零星洋货，方且源源而来”，供应着周邻地区的日常需要①。

高密至诸城约120华里，是整个商路货流量最大的路段，1910年代诸城每年经高密从青岛输入棉纱约2000余件、煤油9万余箱，此外，还从胶州运入茶叶、洋布、洋杂货、红白糖、纸张等大宗货物，价值约40余万银两。诸城土货虽然大部分靠日照沿海须口、涛雒、石臼港等港口输往上海等地，但仍有不少货物要靠青沂商路运往青岛、潍县等地，其中运量较多的货物为花生油、茧绸和酒②。

诸城西南行180华里至莒州。莒州输出入货物的商路主要有三条，一条向南通石臼港、涛雒；一条经安丘至潍县（坊子）；一条为青沂商路——由诸城而来直通沂州府城。通过这三条商路，民国初年莒州每年输出花生约8万斤、蚕丝约1万斤，输入棉纱约600件、布约2000匹、火柴3000箱、煤油4000箱③。

莒州西南行180华里至沂州。沂州是商路的起讫点，也是其他水陆商道的交汇点，因此沂州对于沂蒙山区的商品集散起着十分重要的作用。据1920年代中期调查统计，沂州主要土货集散状况为：花生500万斤、花生油1200万斤、豆油500万斤、豆饼100万个、兽皮15000张、羊皮2万斤④。沂州货物虽然大部分以江苏青口为吞吐口，但仍有相当一部分货物要靠青沂商路转运。例如，沂州每年输入棉纱2000件、棉布3400件，两项货物约有一半要由青沂商路运入⑤。

从整个商路的货运情况看，青岛至莒州路段的货运量远大于莒州至沂州路段，其中原因一是因沂州与青口间的货运较为密切，输出入货物多走

---

① 光绪《高密县乡土志》，1908年版，物产，商务。

② 光绪《诸城县乡土志》，1920年刊，商务。

③ 林修竹：《山东各县乡土调查录》，1920年版，莒县。

④ ［日］濟南總領使館：《山東概觀（未定稿）》，1926年版，第81頁。

⑤ ［日］青島守備軍鐵道部：《沂州事情》，1917年版，第6—7頁。

青口；一是因山路运输不便，费用过高。尽管如此，整个青沂商路的货运还是随着运输条件的改善，在二三十年代有所发展。

9. 余论

综合清末民初山东陆运商路的基本情况，似可得出以下结论：

第一，陆运商路基本以内地城市和沿海城市为起点或终点，就全省而言，商路货运基本围绕着济南、青岛、烟台三个城市的商品流通来进行；开埠城市到内地走向的货运以洋货和工业品为主，反之，内地到开埠城市走向的货运则以土货为主。

第二，主要商路与县道、镇道相连，形成了以主要商路为骨架的商路网络。在商路网络的覆盖下，农村产地市场、城镇专业市场、城市集散市场以及进出口市场、中心市场联系在一起，从而使各市场之间形成农副产品与洋货及工业产品的双向流通。在商路网络中，短距离运输从属于长距离运输，乡村从属于城市，而网络的密度越高，商品流通也就越活跃。

第三，以内地城镇为货运中心的传统商路和以沿海城市为货运中心的新商路，代表着新旧不同的两个商路体系。传统商路基本是一个封闭的系统，货运以满足内地不同城镇的商品购销为目的；新商路则是一个开放的系统，货运服务于沿海城市的进出口需要。近代山东通商口岸与内地间的土洋货流通，实际上大部分要靠新商路传输运送，因此，在进出口贸易逐年增长的情况下，新商路的货流量也获得相应增长。根据口岸市场商品总量估计，1910 年，受青岛港贸易发展的影响，新商路与口岸贸易直接相关的货流量当在 8000 万海关两之上，1919 年后，龙口、威海贸易兴起，货流量又增至 1 亿多海关两。随着口岸贸易量的增长，新商路的货运量和通运里程超过了传统商路，在商路网中成为起主导作用的商路；而传统商路则由于各种原因，有的通运里程和货流量逐年缩减，趋于衰落，有的降为次要的辅助性商路（如济铜商路），有的则基本为新商路所取代（如胶潍商路）。

第四，在新商路各项货运指标不断增长以及传统商路趋于衰落的情况下，20 世纪初，鲁东和鲁中地区的商路密度、通运里程和货流量超过了运河地区。这一变化，不仅从根本上改变了山东“南重北轻”的商品流通格局，而且对鲁东地区的商品经济超越运河地区也产生了深远的影响。

二　河运商路

近代山东，河运商道主要为黄河、运河、小清河三条河流。经由这三条河运通道，内地的农副产品源源不断地流向各个市场和通商口岸，为商品生产和流通提供了可靠的货源。同时，通商口岸聚散的洋货也借这些河运通道输往内地，对内地市场经济产生影响。

1. 黄河

黄河贯通鲁北平原东西两端，是山东与河南、山西、陕西诸省贸易的水运通道。据统计，清末民初，山东境内从事贸易运输的黄河民船约1600只。按当时航运形势，民船运输一般以洛口为中心，分成上下两段。从洛口至河口长约500余里，黄河改道初期，此段河道的民船贸易较兴盛，后河道淤阻，浅滩丛生，航运受阻，致使贸易运输逐渐衰退。从洛口上溯，经河南仪封、开封至郑州北的黄河大铁桥，河道长约1800余里，水路开阔，水势平缓，民船航行较为便利。河南开封府与怀庆府、山西泽州府与潞安府、河北大名府等地运往山东的货物，包括运抵通商口岸的草辫、茧丝、花生等出口土货，大都由这条水路运至洛口，然后再从洛口转往各需求市场，或者从黄台桥转装小清河民船，由小清河运抵羊角沟，海运出境。民国初年，从大铁桥至洛口往来的民船总数约3000只①。

黄河每年农历十一月至翌年一月为冰冻期，四月至六月为枯水期，这些月份是航运淡季，九月至十月河道水量充沛，为航运旺季。运货民船按构造及大小分成三种——汴梁船、盐花子船、扬码头船。船只最大的约可载重10万斤，普通船只一般载重1万—5万斤。在夏季涨水期，河南货物常用木筏或竹筏运送。通过黄河由山东东部、中部地区运往河南的货物

---

①　岡伊太郎、小西元藏：《山東經濟事情——濟南を主として》，1919年版，第419—424頁。

主要为盐、砂糖、煤油、火柴、棉纱、布、纸类、海产品及各类杂货。这些货物以济南为集散地，一部分由小清河运来，一部分由烟潍商路或胶济铁路运来。由山西、河南、鲁西运往山东内地或沿海城镇的货物主要有铁货、茶叶、木材、煤、瓷器等。1909 年，仅河南运洛口转往坊子、蛤蟆屯榨油的豆子就达 1 万吨，1911 年运量又增至 4 万吨。河南、山西还是青岛草辫出口的重要货源地，1907 年经洛口转运青岛的河南草辫为 66399 担，1908 年为 35712 担，1919 年为 54842 担。此外，河南每年还有大宗茧绸运至洛口，然后再转运烟台出口。

黄河自曹州府（菏泽）贾庄码头起流经濮州、郓城、范县、寿张、东阿、平阴、长清、齐河、济阳、齐东、青城、惠民、蒲台、滨州、利津等十几个县，自贾庄至河口长约千余华里，沿河主要货运码头及里程为[①]：贾庄——临濮（15）——吴集（65）——卢家楼（95）——十里铺（150）——陶城埠（220）——姜家沟（240）——滑口（280）——齐河码头（440）——洛口（490）——济阳码头（560）——齐东码头（655）——清河镇（705）——蒲台（770）——利津（830）——盐窝（870）——河口（1050）。清末民初，沿黄各县水路贸易的情况大致如下：

菏泽　境内有贾庄、临濮等码头，每年贾庄自洛口运入的盐约 200 百余万斤，菏泽由各码头输往沿黄各地的土产主要为牛羊皮、棉花、胡麻、定陶布、药材等货物[②]。

郓城　境内黄河沿岸码头设有粮栈，运粮“客商颇称发达”，每年都有大批粮食装船发运济南。此外河运输出的还有草辫、蚕丝、花生油、药材等货，输入货则以棉纱、煤油为主[③]。

观城、范县、寿张　自清光绪末年起，观城便以草辫为大宗输出商品，“登莱商贾在城内设局者四五家，每岁约收买二十余万斤”。所收草辫，春秋由陆路运往济南，夏季“则由黄河舟运至洛口”，然后由铁路运

---

① 黄昌寿译：《山东之水运》，《地学杂志》第 9 卷，1918 年 10 月第 9、10 期合刊。

② 光绪《菏泽县乡土志》，1907 年版，商务；〔日〕東亞同文會：《支那省别全志》第 4 卷，《山東省》，1917 年版，第 331 頁。

③ 光绪《郓城县乡志》，清末抄本，商务；林修竹：《山东各县乡土调查录》卷 2，1920 年版，郓城县。

青岛出口。范县亦为草辫出产地之一，草辫年产量约10万斤，其中大部分由黄河民船运出。此外，范县经黄河运至洛口、蒲台等地的粮食每年20余万石（内中包括运临清一部分）。寿张经黄河输入的货物以盐为大宗，而其他货物则大都由陆路运输，20世纪初，寿张每年从济南、周村等地输入的洋布、洋纱、洋缎，价值约4万银两①。

东阿　境内有鱼山、陶城埠等黄河码头，船运业比较兴盛，“两岸船户载粮、杂货往来洛口、张秋间，获利颇丰，间有因以起家者”。船商还经常购买当地乌枣、阿胶、鸡蛋等货，“赴洛口售卖”，并从洛口回购各种日用杂货②。

平阴　平阴经黄河输出的主要有粮食、胶枣、羊皮、玫瑰、烟叶等货，其中胶枣一项，每年运至利津及上海约10万斤，羊皮由黄河水陆接运天津每年约五六千张，另外，经黄河外运的烟叶每年约数十万斤。输入方面，由民船自河南、山西购入杂货、铁器以及自洛口购入棉布、洋杂货，每年货值共约四五万银两③。

长清、齐河　长清至平阴水程约65华里，至齐河码头约70华里，长清经黄河运出的货物有小麦、谷子、绿豆、木炭等，自洛口运入的货物则以火柴、棉纱为大宗。齐河码头是洛口以西较大的一处水运码头，民船贸易颇为兴盛，每年经利津转运烟台出口的熏枣、干枣和梨，价值约6000余两；同时每年自利津运入糖、纸及各类杂货（多为青岛、羊角沟货物），价值约8000两；自下游地区购入各种粮食，价值约1万两④。

济阳、齐东　从洛口至济阳水程约70华里，下航民船数约30只。下航民船自济阳回载洛口的货物，主要为牛、牛皮、牛油、猪及各种杂粮。济阳下航齐东水程约80华里，往来民船约50只。齐东县城过去曾是“帆樯云集，商务颇为兴盛”的民船码头，有很多盐商、粮商在当地贸易。1893年后，因河决城淹，市街店铺被水冲毁，买卖汇兑诸业务从此一蹶

① 光绪《观城县乡土志》，清末抄本，商务；光绪《范县乡土志》，1908年版，商务；光绪《寿张县乡土志》，1907年抄本，商务。

② 民国《东阿县志》卷6，1934年版，政教2。

③ 光绪《平阴县乡土志》，1907年版，商务。

④ 光绪《齐河县乡土志》，光绪末刊，商务。

不振，直到民国初年才有所恢复。齐东外销之货以土布、花生为大宗，早在清初就有不少“远方大贾携重资购布于此”，至20世纪初，土布通过河、海接运，运销至京津地区。齐东所产花生大都由民船运至洛口，输往济南市场，其输出量与小清河载运量合计，约占济南市场花生集散量的三成①。

惠民　境内黄河码头清河镇是黄河“民船之中继地，货物之集散颇盛”，无论上航民船还是下航民船，一般都要在此泊靠起卸，因此清河镇的货物集散规模通常较其他码头为大。由该码头集散的货物主要为棉花、土布、花生及日用百货②。

蒲台　蒲台上溯清河镇水程约80华里，往来运货民船约120只，蒲台码头位于黄河北岸，可寄泊船40只。蒲台由黄河外销土布每年约10万匹，羊皮二三千张，豆油出黄河海运天津，每年约值银一二万两。此外，蒲台沿河上溯运洛口的货物还有羊毛、棉花、花生等③。

滨州　滨州是黄河流域产棉区之一，家庭织布业很兴盛，外销货物主要以土布为大宗。在输入方面，滨州因粮食短缺，每年经黄河从阳谷、寿张购入杂粮约10万石，另外还自海口购入浙江绍酒、纸张及各种杂货④。

利津　利津黄河码头原在铁门关，南北商船均由渤海驶入河口，在铁门关卸货，然后再由黄河民船转运上游各地。1886年，铁门关被黄河淹没，码头也迁至县城东关，新码头因大船不能驶入，“仅河内较小帆船往来拨运”，使航运贸易受到很大影响。利津至蒲台水程60华里，往来帆船60余只，至河口130华里，往来船只多为无帆小船。利津输出的当地土货以牛、牛皮、蒲席为主，但当地货在整个输出额中占的比重并不很大，作为河海民船接运的中继码头，利津主要是对沿海输入货物及内地输

---

① 〔日〕東亞同文會：《支那省别全志》第4卷，《山東省》，1917年版，第481—488頁；光绪《齐东县乡土志》，1910年版，商务；民国《齐东县志》卷4，1935年版，政治志。

② 黄昌寿译：《山东之水运》，《地学杂志》第9卷，1918年10月第9、10期（总第99、100期）合刊；光绪《惠民县乡土志》，1906年版，商务。

③ 〔日〕東亞同文會：《支那省别全志》第4卷，《山東省》，1917年版，第488—489頁；光緒《蒲臺縣鄉土志》，清末抄本，商務。

④ 宣统《滨州乡土志》，宣统抄本，商务。

出货物进行中转[①]。利津设有常关分卡，每年税银约在 3 万两上下，据此推论，利津每年货物输出入总额约 60 万两左右[②]。

2. **运河**

运河纵贯山东西部，山东境内的运河适当运河中段，自台儿庄向北流至德州，长约 1040 华里。清中叶时，不仅每年有数百万担漕粮要经运河转运，而且南北商货往来大都取道于此河。1855 年后，因黄河北徙截断运河，黄水灌入运河，致使河道淤塞，航运受阻，漕运也由此改为海运。同治年间，山东段运河虽曾数次疏浚，但由于不断淤垫，治理不及时，船运仍是时通时阻。受此影响，江北过运漕粮每年不过十几万担，只及过去全漕起运的十四分之一。1901 年，清政府被迫停止漕运，此后，山东段运河淤塞更加严重，黄河以北至聊城段河道几乎全部淤成平地，聊城以北至临清段河道只能通行小船。民国以后，运河“岁久失修，淤垫日甚”，后来随着津浦铁路通车，沿河各地出入货物改由铁路运送，运河昔日在商业贸易中的地位便逐渐被铁路所取代。

按照运河航运的特点以及沿河商业贸易的大致区划，山东段运河基本以临清为中心，分成南北两段。临清以南段运河为当时习惯所称的鲁运河，以北段运河为卫运河。

鲁运河

鲁运河以黄河为分界，也可分成南北两段。黄河以北自陶城埠至聊城约 90 华里，在 1898 年后全部淤塞，无法通航；从聊城至临清约 110 华里，该段河道受卫河南来水的补充，淤垫较轻，除个别地方无法通航外，帆船或小船尚可行驶。鲁运河商业贸易，主要是以黄河以南段运河为主。南段运河往来民船数，据济宁船捐局民国初年统计，一年约 6000 只[③]。在货物集散方面，南段运河以济宁为中心，以镇江为对外输出口岸，凡是鲁南输出的土货一般先在济宁集中，然后运往镇江，而鲁南所需各种洋广杂货，也都是由镇江运来。这种情况在津浦路开通以前

---

① 民国《利津县续志》卷 2，1935 年版，法制，商业。

② 〔日〕東亞同文會：《支那省别全志》第 4 卷，《山東省》，1917 年版，第 491 頁。

③ 〔日〕青島軍政署：《山東研究資料》第 1 編，1917 年版，第 75 頁。

尤为突出，1892年镇江输往济宁的棉纱就达31.7万担，经济宁转运兖州的棉纱达3600担。19世纪末，镇江由运河运往山东的洋货约占镇江全部洋货输出量的20%[①]。但是，自1906年以后，镇江与山东的河运贸易开始“日见衰败”，特别是胶济、津浦两铁路开通后，货物输入更是逐年下降，1913年山东与镇江的商品贸易总值为651105海关两，1918年则下降为301688海关两。贸易衰退局面的形成除与铁路影响有关外，还有以下两个原因：一是运河水量不足，淤塞严重。1913年，因天旱河道淤浅，运河运输“全行截止”，由山东发往镇江的货船“满装货物，层层排列，胶滞于泥之中”，无法启行去镇江；二是“运河一带关卡林立”，商人因税重，多改由他途运货[②]。河运的衰落以及铁路运输的发展，使运河地区商品流通的方向也发生了很大变化，越来越多的货物开始流向济南、青岛，各项传统贸易也逐渐被纳入济南、青岛的市场范围之内。

在不同时期，鲁运河航运对沿河地区商业影响的范围和程度有所不同，就一般情况而言，商品流通贸易受运河航运影响的地区，由北向南有清平、博平、堂邑、茌平、聊城、阳谷、东平、汶上、济宁、邹县、金乡、鱼台、滕县、峄县等州县。

清平　清平境内有魏家湾、戴家湾等码头，河运通达时，“粮艘通行魏家湾，商业畅茂”。1901年后因河道淤塞，商运一度停止。1907年经疏浚后航运又获恢复。靠运河水陆接运，清平每年销往江南的乌枣达二三十万斤，自江南购进的南货则以竹子为大宗[③]。

博平　博平境内水程约35华里，涨水期可行大船。博平每年经运河北往天津、南往镇江、上海，以及由运河转黄河输往烟台的货物有瓜子、花生、乌枣等。据1919年统计，乌枣每年运往江苏、宁波、天津约13.9万担。输入货物主要来自临清、济南，从临清经运河输入的货物有洋纱、洋布、绸缎、夏布、糖、纸张。同期，博平每年从外地运入煤油8600箱、洋布5000匹、糖220包、火柴1600箱，这些输入货中有相当一部分是经

---

① 《光绪十八年华洋贸易总册》下卷，1893年版，镇江口，第42页。

② Report and Returns of Trade, 1913, p. 733, p. 750; Report and Returns of Trade, 1918, p. 206, p. 398, p. 768.

③ 光绪《清平县乡土志》，光绪末抄本，商务。

由运河水陆接运输入①。

堂邑　堂邑县内设有许多粮店，从大名、曹、兖等地收买粮食，所收粮食除少部分在本县销售外，其余陆运临清，然后装船外运，每年约数十万石。河运通时，境内所出红枣、乌枣由商人在市镇中零星收买，然后从梁家浅码头装船发运镇江、上海等地。河道淤废，该项输出改由胶济路运青岛，再经海道转运上海，每年价值约 8000 银两。此外当地所需其他各项洋广杂货，也多改经陆路从天津、济南、潍县、临清等地购入②。

茌平　1910 年代，茌平经运河输往宁波、天津的乌枣每年约 10 万担，输入煤油年约 1 万箱、洋布约 5000 匹、白糖约 200 包、火柴约 1000 箱③。

聊城　聊城在漕运通达时，是周邻地区农副产品输出的集散码头，不仅有大批粮食自南而北经此地转运，而且还有许多天津、济宁客商汇集于此，在东关菜市设总栈，收买当地和茌平、博平出产的胶枣及平阴、泰安等地的玫瑰，然后装船运往天津、镇江等地。仅胶枣一项，“每年销售不下数十万”。此外，“他若瓜子、槐花、槐豆、杏仁、炭灰、萝卜干、兔丝子，亦各装大包，一同南返”。聊城自天津、上海输入的货物主要为煤油、火柴、红白糖、糯米、纸张等洋广杂货，南来货物在河道淤塞后，多采取水陆接运的方式运入④。

东平　清末，东平经由运河运往河北省的货物以烟叶为主，每年约十几万斤；输入方面，每年自高唐、临清、堂邑购入棉花十数万斤，自镇江、清江、上海购入煤油、火柴、棉纱、竹器、糖、纸张及各项杂货，价值约数万两，另外自杨家闸、韩庄、济宁等地运入煤炭约数十万斤⑤。

汶上　汶河自东向西流经汶上，在龙王庙与运河相汇，沿汶河上行至龙王庙，通航河段约 60 华里。靠汶、运接运，汶上县向外输出的大宗货

① 光绪《博平县乡土志》，1906 年抄本，商务；林修竹：《山东各县乡土调查录》卷 3，1920 年版，博平县。

② 光绪《堂邑县乡土志》，光绪末抄本，商务。

③ 林修竹：《山东各县乡土调查录》卷 3，1920 年版，茌平县。

④ 宣统《聊城县志》卷 1，1910 年版，方域志，风俗；光绪《聊城乡土志》，1908 年版，商务。

⑤ 光绪《东平州乡土志》，1907 年版，商务。

物有粮食、烟叶、花生、土布、牛羊皮、猪鬃等；购入货物有煤油、洋布及各类杂货①。

邹县　清末民初，邹县盛产烟叶，每逢烟叶上市，便有很多河北商人前来购买，经运河水陆接运销往河北的烟叶一年约数十万斤。南运货物为白菜、枣、山楂、花生、药材等，其中白菜运济宁，由“南船载去，销数甚巨”。输入方面，盐自王家冈盐场运羊角沟，再“经小清河下运河，至济宁州安居”，陆运入境；其他如绸缎及京洋川广货物多是由镇江水运济宁后，由商人从济宁购入，零销于各市镇。津浦铁路开通后，铁路纵贯邹县南北，流通商品改走铁路。此时不少“富室”移居城中，“变其农业思想，集合资本，经营商业”，到1916年前后，商业资本总额已达300万元，商业贸易也出现了“日有进步”的局面②。

金乡、鱼台　金乡、鱼台二县输出的货物，除沿河市镇可直接从运河运出外，其他市镇在很大程度上要靠柳林河转运。柳林河发源于定陶，向东流经金乡、鱼台二县，在南阳镇汇入运河。南阳镇是金乡、鱼台二县货物集散的重要码头，由此上溯金乡，通航河道长约60余华里，二县货物从柳林河码头装船后可直接下航运河。金乡经运河输出的货物以羊皮、土布为大宗，其中绵羊皮靠水陆接运贩销临清及河北顺德，每年约2万余张。输入货中，洋布自上海、镇江、芜湖来者居多，红白糖、纸张则多来自镇江，其他如楠木、苏杭丝绸、山西铁货、河南竹子、江南杂货，或者由“江南船艘自运河帮带入场销卖”，或者由当地民船自济宁等地购入。鱼台地滨独山湖、昭阳湖，“运河贯注县境，货船络绎不绝”，航运比较便利。输出品多为粮食和牛羊皮；据1919年统计，这年运入当地销售的洋货计有棉纱40箱、煤油400箱、火柴200箱、洋布400匹③。

滕县　滕县在鲁南是仅次于济宁、兖州的第三大货物集散地，早先贸易主要靠运河转运。运河由峄县吴家桥流入县境，至刘昌庄入江苏沛

---

①〔日〕青島軍政署：《山東研究資料》第1编，1917年版，第84頁；林修竹：《山东各县乡土调查录》卷2，1920年版，汶上县。

② 光绪《邹县乡土志》，1907年版，商务；张丕矩：《增订山东邹县地理志》，1917年版，第11—12页。

③ 光绪《金乡县乡土志》，1908年版，商务；〔日〕青島軍政署：《山東研究資料》第1编，1917年版，第83頁；林修竹：《山东各县乡土调查录》卷2，1920年版，鱼台县。

县（按清末界域划分），水程约 50 华里。通过运河，滕县每年有大宗枣、梨等土产运往江南销售，并有大宗畜产品、生丝、花生、草辫等土货运镇江出口。民国以后，滕县“交通惟恃津浦路线”，运河商运逐渐停顿①。

峄县　峄县外运之货以煤为大宗，枣庄煤矿产额丰富，“为江南销煤之总汇”。20 世纪初，经营枣庄煤矿的中兴煤矿公司日出煤约 2000 吨。公司为了向江南运煤，特在枣庄与运河码头台儿庄之间修筑台枣运煤专用铁路，凡发运江南的煤均在台儿庄装船启运。运煤船载重 50—120 吨。运销市场基本以长江下游地区为主，但同时也包括淮河流域，据民国初年调查，当时淮河上不时有悬挂着公司红色印旗的运煤船往来运煤。除煤炭输出外，峄县由运河运往南方各地，或水陆接运销往济南等地的小麦、芝麻、绿豆每年达 2000 万斤，并从上述地区输入洋纱约 1000 余件，价值银约八九万两，输入杂货价值十余万两②。

卫运河

卫运河是由卫河与运河汇流而成，卫河源于山西泽州府高平县，先后流经河南新乡、汲县、道口镇、浚县、内黄以及河北大名府等地，然后入山东冠县，在临清漳神庙与运河汇流。汇流后的卫运河向北流经油坊、武城、郑家口、德州，行程 240 华里，然后入河北境，经东光、南皮、沧州、静海，最后到达天津。从道口镇至天津，大船通航河道长约 1600 华里，整个河道水流平缓，除四、五月份枯水期重船无法航行外，其他时节商船均能通行，特别是八月丰水期，重载商船及小汽船也能通行无阻。卫运河航运以临清为中心，自临清上溯道口水程约 680 华里，下至天津水程约 960 华里，从道口下航天津，一般需 14—20 天，从天津上航道口则需 20—30 天。清末，由河南上航天津的货船每年约 5000 只，由天津回航船数大体也不少于此数。另据民国初年临清常关统计，临清与天津间往来民船每年约 4500 只③。

---

① 宣统《滕县续志稿》卷 2，民国初年刊，建置，交通。

② 光绪《峄县乡土志》，1904 年版，商务；〔日〕東亞同文會：《支那省别全志》第 12 卷，《安徽省》，1917 年版，第 215 頁。

③ 岡伊太郎、小西元藏：《山東經濟事情——濟南を主として》，1919 年版，第 427 頁；〔日〕青島軍政署：《山東研究資料》第 1 編，1917 年版，第 85 頁。

卫运河客货运船种类

种类	载重量（担）	吃水	说明
差船	800—1000	3 尺	又称槩子船，大型客船
艕子船	150—600	2 尺	船有篷盖，运送棉纱、布匹、杂货
煤船	600—1300	3 尺	从道口向天津、德州等地运煤
粮划子	500—1000	2 尺	运粮船
改造子	600—1000	3 尺	
槽子船	100—500	2 尺	又称对槽船，由两个船体对接而成
乍拉船	1500	3 尺	客船
莽牛船	700	2 尺	货船
大平船	150—800	1.5 尺	浅吃水客船

卫运河区间贸易的影响范围，包括山西潞安、泽州，河南卫辉、彰德，山东东昌、临清、济南，河北大名、广平、冀州、河间、天津等州府。由船运从上述地区输往天津、德州的货物主要有粮食、棉花、花生、食油、酒、草辫、禽畜、牛羊皮、果品、焦作煤、卫辉及滑县硝石、山西铁及药材；从天津运往内地的货物则有布匹、棉纱、火柴、煤油、糖、纸张、卷烟、染料、肥皂及其他杂货。清末民初，卫运河对山东商品流通与航运贸易的影响，由沿河州县的水路货运可略见一斑。

冠县　冠县为鲁西重要农业产区，商品性农作物的种植较为普及。清末全县花生年产1000万斤、棉花400万斤、高粱11万石、小麦12万石，花生、棉花、小麦、高粱四项农产品“由运河赴天津行销者”，占总产量的一成至二成。从天津由水路运入冠县的煤油、布匹，“每岁均以数千计”，此外由上游入境销售的河南煤，一年约数十万斤①。

馆陶　馆陶“食盐来自洛口，水运通卫河两岸，分卖市镇”，其他日用杂货则多依靠临清供给，如布匹、棉纱、茶叶、灯罩等货，就是当地商人自临清购入。如遇丰年，境内剩余粮食大都运往天津销售，一同运天津的还有梨、枣等货，自天津购入的货物主要以煤油为大宗②。

---

① 光绪《冠县乡土志》，清末抄本，商务。

② 光绪《馆陶县乡土志》，1908年版，商务。

武城　武城境内商业比较繁荣的市镇码头为郑口和甲马营。郑口“南通汴省、北达天津，为直省由卫河入境第一码头，商贾云集，行旅络绎”，货物运输十分兴盛。通过卫运河，武城棉花总产量的七成（包括运往济南的少部分）、花生的六成、西瓜的八成、棉布的三成要运往天津销售；同时武城每年也要从天津购入大批货物，其中棉布约数千匹、纸张数万领、红白糖数千斤。另外武城每年还经卫运河自河南购入煤约数百万斤①。

临清　临清地当卫运河与鲁运河交界处，清咸丰朝之前，“每届漕运时期，帆樯如林，百货山积”，“北至塔湾，南至头闸，绵亘数十里，市肆栉比，有肩摩毂击之势”。清咸、同年间，临清因战乱频仍、河道淤塞，商业遭到很大破坏。但是，由于临清仍保持着与天津、道口镇之间的南北航运贸易，当时在鲁西北仍不失为重要的货物集散市场，特别是在棉花、皮货输出方面，临清更是起着举足轻重的作用。民国初年，临清棉花年输出额即已达 400 万斤，1920 年代初，棉花年输出量达二三万吨。这一时期，其他货物的年输出量为棉籽 6000 吨、花生 2500 吨、牛皮 500 吨、牛油 300 吨、牛骨 600 吨。经运河运入临清的商品有山西铁、河南煤、天津进口的煤油、洋布及洋杂货，其中洋布及洋杂货在民初的年购销额约为三四万元②。

恩县、陵县　恩县商业运输有水、陆两途。陆路经平原、禹城至济南，再由胶济线达周村、潍县。恩县由陆路自济、周、潍三市场输入棉纱、布匹等洋货，输出牛皮、棉花等农产品，每年运往周村、潍县销售的棉花约 80 万斤。自县城至卫运河约 70 华里，全县每年由卫运河水路运销天津小麦 1000 余石、花生和枣各数百万斤。陵县在商业上与运河航运贸易有着密切联系，通过邻县码头，有不少天津客商到陵县乡间收买土特产品，然后用大车送往码头装船运回。靠水陆接运，每年从陵县运往天津的羊毛、羊皮、猪鬃等畜产品约三四万斤，花生约十五六万斤③。

德州　由临清溯河上行至德州，水程 360 华里，两地间有几处大的水

---

① 光绪《武城县乡土志》，1908 年版，商务。

② 民国《临清县志》，1935 年版，经济志，商业；日本濟南總領事館：《山東概觀（未定稿）》，1926 年版，第 82 頁。

③ 光绪《恩县乡土志》，1908 年版，商务；光绪《陵县乡土志》，1907 年版，商务。

运码头，自临清由南而北依次为油坊（60华里）——武城（90华里）——郑家口（70华里）——故城（70华里）——德州（70华里）。各码头间的距离大致均为一天的航程。

德州地当水陆交通要冲，在津浦路修通之前，从天津运济南的货物要在德州卸船装车转运，而从济南运天津的货物也要在德州装船。德州至天津水程约580华里，顺风行驶5天可到，逆风行驶则需8天。德州、天津间有七处大的水运码头，由北而南依次为：桑园——连镇——泊头镇——沧州——兴济镇——唐官屯——独流镇。两地间水路运输非常频繁，仅德州城外码头停泊的船只每天就有七八十只之多。便捷的水运条件使德州成为冀东南、鲁西北一带重要的货物集散地，在德州南门外设有许多粮栈、花行、杂货店，专门从故城、枣强、南宫等地收买粮食、棉花；此外，德州自天津输入的货物，除在当地消费外，其余部分则要分销于平原、禹城、齐河、陵县、临邑、高唐、德平等县。从德州、天津间商品贸易的种类来看，德州输往天津的货物以棉、粮等农产品为主，而自天津输入的货物则以工业品为主。以下是德州、天津间主要商品的贸易情况①：

德州——→天津		天津——→德州	
杂粮	14万石	煤	1300吨，转销邻县500吨
花生	13万石	煤油	16万箱，转销内地15万箱
山薯	20万石	洋布	900匹，转销邻县500匹
西瓜	18万石	棉纱	1200件，转销内地900件
草帽	21000顶	杂货	货值5800银两
食油	70万斤	洋纸	货值500银两

津浦铁路通车后，过去经运河或陆路在德州集散的商品改在济南集散，许多过去在德州中转的货物也无须再由德州转运，这种变化导致德州传统民船贸易出现严重的衰退迹象，靠泊民船与货运量大为减少，铁路运输逐渐代替了船运。1920年代，德州与天津、临清、道口间的水运货物，改以盐、粮食、煤、铁器等粗杂货为主，另外还有少部分纸、糖、杂货等

① 光绪《德州乡土志》，光绪末抄本，商务。

经由天津水运而来，并经德州转运临清、道口等地[1]。

3. 小清河

小清河西起黄台桥东至羊角沟，水程长480华里，是一条内通山东腹地，外连渤海诸港及东南沿海地区的重要水运商路。小清河商业航运肇始于清咸丰、同治年间，光绪以后开始逐渐兴盛。1892年清政府根据盛宣怀的提议，由省城济南至羊角沟，开挖疏浚河道，修筑石门水闸，以调节水量，便利航运。经过三年兴修，小清河全线浚通，成为渤海湾北部诸港通往济南的最短货运商路，民船航运日趋兴盛。小清河“水道径直，河幅宽大”，河宽30—50米，羊角沟入海处河道更是宽至100—300米，水深2—6米，“故有舟运之便”。黄台桥至羊角沟，下航顺风2日可达，无风需4日；上航顺风3日可达，无风需7日。航运贸易以羊角沟为中心，羊角沟下至海口，载货民船主要来自四个方面：（1）烟台、龙口、虎头崖，（2）大连、营口、皮子窝，（3）天津，（4）上海、宁波。自羊角沟上溯黄台桥，载货民船主要分属沿河各码头，专事内河运输。民船按不同船型分为四种：（1）汴船：船底扁平，吃水1.5尺，长10尺，载重5000斤；（2）对槽船：船体由两个船槽对接组成，河道狭窄处可分开单行，载重3万斤，航速较快；（3）盐花子：运盐船，载重约6万—7万斤，是小清河上最大的货船，但航速较慢；（4）黄舫子：小型客船。民国初年，在小清河从事航运的上述四类船约3000只[2]。

小清河内河航运与沿海航运相互联系的特点，使其航运贸易形成了两个不同的系统，一是对外输出入系统，一是区间商品贸易系统。在对外输出上，盐是经小清河运出最多的货物，年输出18万担[3]，输出方向一是从海路运江苏，一是从黄台桥运黄河码头——洛口，再转由黄河民船运河南。居货运第二位的是粮食。输出粮食中有产自鲁西的小麦、产自河南的豆类及杂粮，输出地为烟台及胶东沿海地区。除盐和粮食外，经小清河航

---

① 〔日〕青島守備軍鐵道部：調查資料第20輯，《周村德州間及德州石家莊間并石家莊滄州間調查報告》，1921年版，第71—73頁。

② 杉山五郎：《最近山鐵沿綫事情》，1917年版，第320頁。

③ 黄昌寿译：《山东之水运》，《地学杂志》第9卷，1918年10月第9、10期（总第99、100期）合刊。

运输出的货物还有草辫、棉花、土布、苇席、花生、博山陶瓷等。在商品输入方面，从烟台、龙口输入的货物大部分为洋杂货和废铁；从上海输入的货物以各种南货为主，输入最多的为南纸；从大连、营口及朝鲜输入的主要是杂粮、木材和海产品。区间贸易是小清河沿岸市镇码头与周邻地区间的地方性贸易，靠这种贸易，沿河各县可以相互调剂各自所需的农副产品及日用百货。在小清河沿河地区，区间贸易与对外输出入贸易往往兼而有之，伴随这两种贸易的发展，过去各地商业上互无联系的闭锁状态逐渐打破，以水路航运为纽带的新型商业网逐步建立起来。

在近代，小清河航运贸易对沿岸地区的经济生活有着广泛的影响。上游地区航运贸易的影响范围包括历城、章丘、齐东、青城、邹平在内的广大地区，另外惠民、济阳与小清河水运也有着密切的联系。按 1910 年调查统计，上游地区航运贸易覆盖的地域人口为 100 万。上游河道的重要码头为鸭旺口、张家林、归苏镇、位家桥和孙家镇。小清河中游沿岸地区为青州府人口最稠密的地区，人口 264 万，其中桓台（新城）、博兴、高苑、广饶（乐安）沿岸人口约 100 万。中游河段的货运码头有陶唐口、岔河、石村、尚家道口、王家道口和高而港。小清河下游流经寿光县，沿岸人口约 100 万，最重要的码头为下游终点码头羊角沟①。清末民初，小清河沿岸地区航运贸易的情况如下：

黄台桥　黄台桥距济南城约 6 华里，距洛口 12 华里，是小清河上游最大的货运码头。黄台桥人口虽然只有 300 户左右，但其中大都为经营船行、货栈、运输业的商号。在码头沿岸，商号开设的栈房、货仓鳞次栉比，货物进出十分繁忙，每天靠泊装卸货物的船只平均约 200 只②。如同洛口是黄河航运贸易的中转市场一样，黄台桥则是小清河航运贸易的中转市场，凡由济南经小清河出入的货物，都要在黄台桥码头装卸起运。清末民初，经黄台桥集散的商品与济南羊角沟两地市场关系最为密切，输入商品主要有盐、木材、杂粮、草辫、花生、干果、茶、陶瓷、海货等；输出商品主要有棉纱、煤油、火柴、洋杂货等。据 1916—1918 年有关统计，

---

① 〔日〕青島守備軍民政部：調查資料第 21 輯，《小清河ノ水運ト羊角溝》，1921 年版，第 284 頁。

② 〔日〕東亞同文會：《支那省别全志》第 4 卷，《山東省》，1917 年版，第 221 頁。

自辽东半岛、朝鲜运至黄台桥的木材、海货每年约400吨，同时每年由黄台桥转运济南的花生约1000吨、花生油约200吨、陶瓷器约1200吨、小麦约3000吨①。

章丘　小清河蜿蜒东流，经鸭旺口，至章丘小清河码头张家林。张家林位于秀江与小清河汇合处，距黄台桥约100华里。章丘、邹平所产的蒲草、皮硝、花生大都先在张家林集中，然后由民船运往黄台桥等地。

齐东　小清河出章丘东入齐东，下行25华里至齐东码头归苏镇。齐东县不仅以黄河为货运渠道，而且因小清河自境内流过，商业上与小清河航运也有着密切的联系，每年由归苏镇运往济南的花生，与经黄河运出数合计，约占济南花生集散额的三成。此外齐东县由小清河"往来运售"的还有粮食、土布等货，而当地所需棉纱、煤油、火柴及洋杂货则基本从羊角沟购进②。

邹平　邹平小清河码头孙家镇，距上游归苏镇50华里，距县城约60华里，是邹平土货输出的集散地。邹平因距周村较近，所需杂货多从周村购进，与小清河航运的联系主要表现在货物输出上，经小清河输出的货物以枣、柿、莲子、山楂等果品为主③。

新城　从孙家镇下航，经青城县码头陶唐口，水程约50华里，即可至新城县码头岔河。岔河地当小清河中段，上至黄台桥、下至羊角沟，均各240华里，镇上设有厘金局，向过往货船征税，亦有不少船行、栈庄，从事船运贸易。岔河距周村60华里，是周村货物经小清河输出的咽喉，同时因交通便利，又是长山、新城、高宛三县水路贸易的集散码头。单是新城一地，每年由岔河及索镇水运羊角沟小麦约3000石、苇席数万捆，运济南大米约2000石；同时，每年由羊角沟运入煤油数千箱、火柴数千箱、洋布数千匹、棉纱数百件、铁数万斤、糖数千斤，然后分销于周邻各县④。

---

① 杉山五郎：《最近山鐵沿綫事情》，1917年版，第322—324頁；岡伊太郎、小西元藏：《山東經濟事情——濟南を主として》，1919年版，第155頁，314頁。

② 光绪《齐东县乡土志》，1910年版，商务；岡伊太郎、小西元藏：《山東經濟事情——濟南を主として》，1919年版，第155頁。

③ 杉山五郎：《最近山鐵沿綫事情》，1917年版，第326頁。

④ 光绪《新城县乡土志》，清末抄本，商务。

乐安（广饶）、临淄　小清河出岔河东行12华里至五道口，再东行28华里至湾头，湾头距博兴县城仅5华里，过往船只多为运粮船。从湾头到乐安县码头石村镇约60华里。石村距上游岔河100华里，距县城80华里，镇上有厘金局，是下游地区较大的水运码头。石村集散的货物主要来自两个方面，一是由利津、蒲台、沾化运往潍县、天津的棉花要在该地转运；二是由乐安、临淄运来的米、麦要在该地装船运往羊角沟。胶济路通车以前，石村镇输入的货物大都运至临淄西关，再由西关转销邻近各县，当时“西南各邑如益都、博山、淄川等处，日用所需，仰给于此”，临淄因石村而成为区域市场的中心①。

20世纪初，小清河贸易因自身及外界条件的影响开始趋于衰落。就自身来讲，小清河入海处海水浅，吃水5尺以上的船舶要在海口20华里外的地方（即距羊角沟50华里处）停泊，所载货物须驳卸到吃水浅的民船，然后才能运羊角沟及上游各地，这样一来，不但拖延了运货的时间，而且增加了运输手续和费用，给商品运输造成诸多不便。此外，小清河民船贸易的消长在相当程度上受烟台贸易市场盛衰的影响，烟台港贸易繁盛之时，小清河贸易相对就有较充足的货源。自青岛开埠后，烟台港受青岛港贸易的影响，贸易趋于下降，小清河贸易也随之陷入长期不振的境地。胶济铁路通车以后，大量原先经水路运输的货物改由铁路输送，使水路航运受到新的冲击。例如小清河沿岸著名商业市镇索镇，过去所需货物多经岔河自羊角沟输入，铁路通车后，大宗货物便不再以小清河为流通渠道，而是改经潍县从青岛输入，索镇商业自此转入萧条。从这一点看，胶济铁路在货运业上的竞争，也是导致小清河航运衰减的一个重要因素。

三　沿海民船贸易航路

近代山东沿海贸易航路，分本省沿海货运航路和通往外省沿海港口的商运航路两部分。

---

① 杉山五郎：《最近山鐵沿綫事情》，1917年版，第326頁；光绪《临淄县乡土志》，清末抄本，商务；民国《临淄县志》卷13，1920年版，实业志。

山东沿海航路由若干连接本省沿海港口的短程航路构成，主要民船港由北而南依次为海丰埕子口、沾化陈家庙口、利津铁门关、昌邑下营口、掖县海庙口、黄县龙口、蓬莱口、福山烟台口、宁海养马岛、文登威海与张家埠口、荣成石岛与俚岛、海阳、乳山、胶州塔埠头与女姑口、诸城陈家官庄、日照石臼所、夹仓、涛雒口、安东卫。在这些港口之间有着广泛的航运贸易联系，并形成了比较固定的商货运输格局。紧贴本省沿海港湾航行的山东民船，尽管航路短、船型和载货量小，但进出港船只数却最多，航运业也最繁忙。

山东通往省外沿海港口的商运航路主要有三条，其一为通往渤海湾诸港的航路，航路连接天津、山海关、大连、营口、安东等港口；其二为通往江浙各海口的航路，航路连接海州、青口、阜宁、浒浦、潮河、盐城等地港口；其三为通往宁波、福建、广东的沿海远程航路。民国初期（1913—1918 年），山东沿海民船港每年往来牛庄（山海关）的民船总数约 1300 只，占牛庄进出港民船总数的 40%。当地商号分山东帮、关里帮、南帮三帮，“就中以山东帮范围为最大，所出银码，几占炉银全数三分之二”。这一时期，山东与大连间的民船航运贸易发展最快，1918 年，山东沿海各港驶往大连卸货的民船由 1913 年时的 1164 只增至 5326 只。据上海江海关统计，同期由山东沿海驶抵的货船每年约 1300 余只，而由海州、青口、阜宁、浒浦、潮河、盐城等港驶往山东各港口运货的民船则数倍于此。闽广航路是山东商运货船所能行驶的最远航路，受远海航运对船只要求条件的制约，从事该航路货运的商船为数甚少，1918 年由山东各港驶抵福州闽海关和三都澳的商船总共 58 只，而福建驶往山东各港的商船数大致也与此数相当①。

清道光、咸丰年间，山东沿海商船和商货最集中的港口分别为蓬莱港、养马岛、金家口、塔埠头四口。蓬莱港在清中叶曾是胶东通达辽东航路的主要民船港，每年有大量辽东运送粮食、木材的商船往返于港口，贸易相当兴盛。养马岛地理位置处于江南至渤海湾航线要津，系南北过往船只必经之地，岛的西端一次可靠泊大型帆船五六十只，每当春夏航运旺

① Report and Returns of Trade, 1913, p. 165, p. 222, p. 384, p. 1067; Report and Returns of Trade, 1918, p. 206, p. 398, p. 1013, p. 1047.

季，有大批商船抵岛卸载货物①。当时，归属养马岛的运货帆船有数百只，当地船商“多以航业起家，所营各船质坚而大，南通沪粤，北逮津关，其营业范围并不在乎本境”②。同一时期，金家口民船航运业也达到相当规模，航路通达文登、胶州、庄河、沙河、复州、绵州、牛庄、盖州、青口、夹仓、两城等地，民船航运“以三四五月为旺月，六七两月为闲月，八九月较佳，十月乃极盛”；港口码头“驳船数十百号，鳞次布列”，通码头道路上“小车运载豆饼、花生上船，以数百辆计，填塞行道”③。当时金家口号称“莱阳码头”，“凡平、掖、栖、招之土产，江、浙、闽、广之舶品，胥以此为集散地”，“土产若油饼、猪、盐、沙参之属，南方棉、纸、竹木、蔗糖之类，山西之铁锅，周村之铜货，淄川之煤炭、瓷器，于焉转输”④。在烟台未开埠之前，金家口可以说是南北航运贸易的枢纽。塔埠头原为胶州外港，胶州内港航道淤塞后，南来商船货物便不再沿河上溯胶州内港，而是“完全改由海道由塔埠头卸载，货物转移于东、西、北各地”，成为胶州湾地区货物集散中心⑤。光绪年间，塔埠头与省内外二十几处港口有常年商货航运联系，进出塔埠头的外省商船主要有宁波船、福州船和江苏船。从航运贸易的货物看，由南方运入的货物主要是城乡生活所需的南纸、砂糖、竹子和陶瓷器，输出的货物则为胶州地区出产的豆货、白菜、腌猪，此外棉花、粉丝、果品亦为大宗。通过胶州到潍县的商路，塔埠头航运贸易的影响可以辐射到潍县以东的广大地区。

从19世纪中叶到20世纪初，山东沿海民船航运业虽然基本仍保持着以往的航线格局，但是只有山东本省沿海航线、渤海湾航线在原来的基础上有所发展，江浙航线、闽粤航线因埠际轮船航运业的竞争，出现了衰退的趋势。同时随着烟台、青岛、龙口等通商口岸的次第开埠，传统的民船港也逐渐衰落，航运中心开始向新兴口岸转移。例如在烟台开埠后，胶东

① 〔日〕青島守備軍民政部：調查資料第17輯，《東北山東踏查報告》，1920年版，第359—360頁。

② 民国《牟平县志》卷5，1936年版，政治志，航业。

③ 郭嵩焘：《郭嵩焘日记》第1卷，湖南人民出版社1981年版，第266页。

④ 民国《莱阳县志》卷2，1935年版，实业，商业。

⑤ 民国《增修胶志》卷52，1931年版，民社志。

沿海民船航运贸易陆续转移至烟台港，出入登州府城蓬莱的商船日趋减少，到民国初年，年出入港船只减至300余只，外省货船只有少量天津运煤船和大连、营口运粮船，整个航运业已无法与昔日的繁盛相比①。金家口也同样受到烟台港的竞争，及至青岛港、龙口港对外开放，金家口更是“骎骎萧索，有不能立足之势矣”，当地“行商坐贾于彼以贩卖为业者，渐次消歇”②。塔埠头沿海航运业先是受金家口、烟台的影响，货运“一分于金家口，再分于烟台”③。青岛小港建成后，塔埠头几乎丧失了独立性，变为青岛港的民船货运辅助港。1916年出入塔埠头的民船总共7000只，其中单是往来青岛小港间的民船就占了5000只④。

商船与商货集散地转移至烟台、青岛之后，形成了近代沿海航运贸易的两大中心。围绕这两大中心，民船航运贸易结构也发生了巨大变化，原先一些具有独立航运业务的民船港，成为航运中心的辅助港，货运基本是围绕着中心港口的商品集散需要来进行。

鸦片战争之前，烟台民船航运贸易的规模并不大，沿海货运“入口不过粮石，出口不过盐鱼”。鸦片战争之后，南方五口开埠通商，越来越多的南方商船携带南货和洋货驶抵烟台，大宗贸易除粮、鱼、盐等传统土货外，还出现了棉布、糖、竹、南纸、粉丝、花生、豆货等多种货类。随着商品货源的扩大，一些原先只从事漕粮运输的沙船从海漕运输中脱离出来，成为专事沿海航运贸易的商船。咸丰年间，驶抵烟台港的商船数逐年增加，出现了按地域和航运范围划分的商船船帮，当时“帆船有广帮、潮帮、建帮、宁波帮、关里帮、锦帮之目”⑤，这些船帮活跃于北洋各航线，烟台通往省外各港口的海运航路基本为其所控制。

19世纪80年代，以烟台为中心的商船货运航线主要有山东沿海航线、辽东航线、天津航线、江浙航线、闽广航线，而出入烟台港的货船既

---

① 〔日〕青島守備軍民政部：調查資料第17輯，《東北山東踏查報告》，1920年版，第323頁。

② 民国《莱阳县志》卷2，1935年版，实业，商业。

③ 郭嵩焘：《郭嵩焘日记》第1卷，湖南人民出版社1981年版，第267页。

④ 杉山五郎：《最近山鐵沿綫事情》，1917年版，第87頁。

⑤ 民国《福山县志》卷5，1920年版，商埠志，缘起。

有山东沿海港口的船只，也有牛庄、天津、江苏、宁波、福州、汕头、广东等外省船只，其中山东本省货船的为数最多。

山东船分利津改巧、大山改巧、瓜篓、丁油、胶州麂子等数种船式，载重600—3500担，船工10—19人。山东沿海民船总数约18000只，其中约50只行驶于江南航线，2200只往来于江北各口，3000只往来于辽东航线，其余船只往来于本省沿海航线。

牛庄船有红头、丁油、瓜篓、燕飞等船式，船长80—90尺，宽18—19尺，载重200—5000担，往来行驶于辽东半岛和山东半岛各港之间，以运送土货为主。

天津船分天津改巧、关里改巧、关里丁油等船式，载重700—4200担，船工9—21人，天津改巧大多由烟台装运豆油往南方，然后从南方装运稻米回天津，其他船只通常往来于烟台、天津及胶东诸港之间，装运土洋货物。

江苏船分号船、乡船两种，载重1050—5200担，船工8—12人，19世纪80年代，每年驶往烟台的江苏船为100—150只，载运货物多为江南土特产品。

宁波船有大甲、蛋船两种船型，载重2800—3500担，船工23人，烟台为宁波船行驶天津的中继港，船运货物约有六成运天津，四成运烟台。宁波船每年有三次驶抵烟台，但1891年入港船数已由10年前的50只减少至30只。

福州船又称雕船或鸟船，载重2800—7000担，船工35—40人，烟台为福州船往来天津和牛庄的中继港，福州船在烟台的货物装卸量约占其航运量的三成。19世纪80年代后，驶抵烟台的福州商船呈逐年减少之势，年入港船由早先的30只减少至20只。

广东船亦称广艇、广船，载重7000—10500担，船工50—70人，每年定期航行于广东——烟台航路的商货船约十余只。

19世纪最后10年，属于烟台本地商人所有的沿海货运帆船约有200只，船的载重量为150—300担，另外约有2500只沿海帆船往来于山东与辽东各民船港之间，从事土货航运贸易。当时烟台近海航线囊括了山东沿海主要民船港，如夹仓、涛雒、胶州、金口、威海卫、石岛、俚岛、养马岛、长山岛、桑岛、埕子口、铁门关、虎头崖，均与烟台有着密切的航运关系①。通过向周边沿海辐射的近海航线，不仅扩大了烟台土货出口资源，而且扩大了进口货的运销渠道和范围。1908 年烟台东口设民船到口“挂号之卡”，自此“可得民船数目并载重之实在详情”。1909 年进港民船总数 8355 只，载重 142.8 万担，约合 35.7 万吨，超过了常关轮船进港吨位（32.9 万吨），民船载货总值 1400 万银两②。

青岛开埠后，受青岛港贸易竞争和胶济铁路通车的影响，烟台与胶州湾以南港口的贸易有所减少，但是与羊角沟、虎头崖、龙口等港口的航运贸易仍保持了原有的水平，而与辽东半岛各港间的航运贸易则有较大发展。辽东航线贸易的活跃明显与胶东手工榨油业、粉丝业和缫丝业的发展有关，同时也与大量山东人口迁徙东北，从事农业开发有一定关联。在新的商品需求背景下，豆类、粮食、蚕茧、木材、腌鱼成为大宗输入货，而布匹、煤油、衣服、鞋帽等生活日用品则成为大宗输出货。20 世纪前 20 年，同南方沿海各港的民船航运贸易，与 19 世纪下半叶相比，结构上并无太大变化。南来货船中海州船装运面粉、五谷，上海船装运瓷器，宁波船、福建船装运纸张、竹货、木材，汕头船装运粗瓷，大部分南方船回程都以装运豆货、粉丝等胶东土产为主③。

1905 年，由各航路进出烟台港的民船总数为 11445 只，此后逐年增长，1911 年进出港民船数和货运量达到顶峰，这一年民船数达 16448 只，货运量达 279 万担，后来民船航运业一直未能超过这一水平。1909—1919 年，烟台常关进出港民船平均每年为 15381 只，货运总量为 228 万担。这一时期，进出港最多的船只为山东本省沿海各港货船，年平均 8868 只，其次为东北船，年平均 3535 只，此外直隶船年平均 779 只，江苏船 303 只，福州船 118 只，浙江船 51 只。1920—1930 年，烟台港民船航运业基本处于停滞状态，年平均进出港民船数基本维持在 15000 只左右，货运量

---

① Decennial Reports, 1892—1901, Chefoo, Vol. I, p. 70; I. A. Donnelly, Chinese Junks and other Native Craft, 1924, pp. 37—48.

② 《宣统元年通商各关华洋贸易总册》下卷，1910 年版，烟台口，第 24 页。

③ 〔日〕青島守備軍民政部：調查資料第 17 輯，《東北山東踏查報告》，1920 年版，第 360 頁；《宣统元年通商各关华洋贸易总册》下卷，1910 年版，烟台口，第 24 页。

则停留在200万担的水平上①。

青岛开埠通商之前，胶州湾内诸民船港，如塔埠头、沧口、女姑口、金口等，就与省内外沿海港口有着广泛的航运贸易联系，外省“民船装运，进口均南省土货，出口均本处土货，进出口各货估值可值三百万”②。开埠后，尤其是1902年青岛小港建成之后，胶州湾民船航运业转以青岛为中心，沿海航路北抵辽东半岛诸港，南达江苏、浙江、福建沿海港口，与青岛港有固定航路相通的民船港，包括胶东半岛的金家口、海阳、乳山口、石岛等港口，鲁西南诸城、日照所属各港，江苏沿海的青口、海州、盐城、阜宁、浒浦、上海和宽港，浙闽沿海的宁波和福州，渤海湾的烟台、牛庄、大连以及安东等港。

往来于青岛各沿海航路上的商货船大致有七类，即内口舢板、外口舢板、石岛船、瓜篓船、沙船、宁波船、雕船。

内口舢板通常只在胶州湾内从事航运，船只载重从四五千斤到二三万斤不等，造价200—500元。

外口舢板籍属胶州湾外地区，专事湾内外港口间的航运，船型大致与内口舢板相似，但航运能力和载重量大于内口船，造价约2000元。

石岛船籍属于石岛、乳山等地，船底平坦，船舱浅阔，通常载重1万—5万斤，造价2000元。

瓜篓船多数驶行于辽东航线，船体宽阔，无舷樯，载重5万—30万斤，主要从事粮食、木材等货物的运输③。

沙船来自于江苏沿海各港口，船体细长，有舷樯，船型分大中小三种。最大的沙船为上海船，载重2600担，船工20人，造价约1万银两，装运至青岛的货物主要为棉花；中型沙船载重1500担，船工15人，大部分籍属盐城、海州、潮河、阜宁等地，通常装运至青岛的货物为棉花、黄麻、大蒜等，回载货物为水果、蔬菜、腌猪等；小型沙船载重600担，船工7人，这类船一般只从事青岛与海州、青口间较近距离的散货运输。

宁波船与福建船（又称雕船、刁船）外形大小及构造基本相同，系

---

① 烟台港务管理局编：《近代山东沿海通商口岸贸易统计资料》，1986年版，第70—71页，第84—85页。

② 《光绪二十五年通商各关华洋贸易总册》，1900年版，胶州口，第11页。

③ 〔日〕青島日本商業會議所：《青島に於ける民船貿易》，1926年版，第3—5頁。

三桅帆船，载重3000—6000担，造价约3万银圆。宁波和福建船装运入港的货物主要为南纸、陶瓷器、毛竹、糖、苇席等南货，装运出港的货物主要为豆货、花生及花生油、粉条、药材和干果。1892—1901年，平均每年驶抵青岛的宁波货船为47只，福建货船为46只[①]。

轮船固定航线和轮船航运业尽管对民船航运形成一定竞争，但并未给青岛的民船航运业造成太大影响，在青岛小港民船码头建成后，随着周邻辅助港对青岛货运量的增长和江苏航线的逐渐兴旺，沿海民船航运贸易仍呈稳步增长之势。1900年青岛港进出港民船4704只，其中江苏船1626只、山东船516只、上海船269只、辽东船57只、宁波船26只、福州船20只[②]。1905年进出港民船增至8925只，增长了近1倍。1920年，青岛进出港民船数和货运量达到了前所未有的水平，这一年进出港民船达20404只，货运量达640万担，货物贸易值741万海关两。但是从第二年后，民船航运业却出现连续下降之势，沿海各地来港民船锐减，许多货物改走它口，1925年进出港船数已降下至15467只，货运量降至399万担，但是贸易货值仍有所增长，达858.7万海关两。比较而言，最繁忙的商运航路当属近海航路，货运商船以海州船为最多，其次为涛雒口、金家口、石岛等地船只。1915—1924年10年间，各主要航路平均每年进出青岛港的民船数为：海州4012只、涛雒口2384只、金家口1224只、石岛1035只，其他航路进出港口船只数分别为：乳山口813只、陈家官庄715只、宁波68只、福州17只[③]。

除了烟台、青岛两个民船航运中心外，在山东东北部和南部沿海还有两个重要的民船航运港口——羊角沟和涛雒港。这两个港口与烟台、青岛分别成犄角之势，沿海航路由这两个港口向北向南延伸，商品也经由这两个港口中转，实现内地与口岸之间商品的双向流通。

羊角沟地处小清河入海处，位于龙口、天津之间，与天津、营口、大连、烟台、龙口、虎头崖等渤海湾港口有着频繁的货运往来，另外福州和鸭绿江口的安东也不时有船入港卸载货物。民国初年，羊角沟年出入港民

① 青岛市档案馆编：《帝国主义与胶海关》，档案出版社1987年版，第81—85页。

② 《光绪二十六年通商各关华洋贸易总册》，1901年版，胶州口，第12页。

③ 〔日〕青島日本商業會議所：《青島に於ける民船貿易》，1926年版，第7—13頁，第1表。

船约3000余只，其中沿海货运民船占500—1000只①。

羊角沟沿海货运民船有两种类型，一类为河口和近海杂用船，如舢板、钓船、小瓜篓等小型帆船，载重16—200担，这类船的作用主要是在河口为大型帆船驳卸货物，或往来于利津、沾化、下营等沿海港湾装运货物；另一类为中型沿海帆船，有瓜篓、改巧、燕飞等船型，载重500—1000担，专门往来于龙口、烟台、大连等通商口岸。

沿海航线与小清河水运航路相连接，外埠货物由海船运抵羊角沟，然后由羊角沟沿小清河上溯，运往济南、周村等内地市场；而内地市场的货物则沿相同路线反向运抵烟台、龙口等港口，由口岸商人组织输出②。清末民初，济南周边地区以及鲁北地区同沿海口岸间的土洋货流通，有相当一部分通过陆运——河运——海运这一流通渠道来完成。羊角沟由沿海航路输入的洋货大都来自烟台和龙口，主要有火柴、煤油、棉布、棉纱、旧铁及日用杂货，输入的土货主要来自东北和南方地区，以粮食、木材、南纸、砂糖为大宗，输入货物很少在当地消费，而是经羊角沟中转，由小清河民船转运至内地市场。

胶济铁路开通后，大批原先由烟台输出的内地货物改运青岛，因此羊角沟沿海民船输出远不如输入发达，直接运销烟台、龙口的货物基本为杂粮、花生、棉花等农产品，由烟台转口的货物呈递减之势，主要为济南、周村等市场运来的生丝和草辫③。1916年羊角沟经由海路输入的杂货约210万斤、海产品100万斤、药材40万斤、面粉50万斤、煤油1万箱；输往烟台、龙口等处的货物为：麦子70万担、豆子8万担、棉花10万担、煤炭3500万斤、窑货200万斤、面粉80万斤、药材40万斤④。从羊角沟输出入货物结构上看，民船航运具有明显的中转性质。

如果说羊角沟是山东沿海东北端最重要的民船航运中心，那么涛雒港则是山东沿海南端具有同等意义的商船港与商货集散地，两港的差异在于羊角沟民船航运偏重于渤海湾诸港和烟台港，涛雒港则偏重于江浙、上海

① 〔日〕東亞同文會：《支那省别全志》第4卷，《山東省》，1917年版，第346頁；〔日〕青島守備軍民政部：調查資料第21輯，《小清河ノ水運卜羊角溝》，1921年版，第335頁。

② 〔日〕青島守備軍民政部：《東北山東踏查報告》，1920年版，第35—38頁。

③ 〔日〕東亞同文會：《支那省别全志》第4卷，《山東省》，1917年版，第349—350頁。

④ 〔日〕青島守備軍民政部：《小清河ノ水運卜羊角溝》，1921年版，第350—355頁。

和青岛。

涛雒港沿海航路通达上海、浒浦、盐城、海州、青岛及大连，民国初期，涛雒民船航运贸易上海占了近七成，青岛约占三成。涛雒港农产品输出以莒州、沂水、蒙阴为货源地，陆路运输使用小车、马车和骆驼，单是每月由莒州抵涛雒港的运货骆驼就有100余头。涛雒港民船输出的货物，大部分为上述货源地出产的花生、花生油、腌猪、牛皮、柿饼等农产品，由南方和青岛输入的货物，基本也是在包括货源地在内的沂州地区消费。据1917年统计，涛雒港每年由沿海民船输出的货物为：花生油2.3万篓（每篓180斤，最多时达7万篓）、花生2.5万包（每包2000斤，最多时达7万包）、腌猪2.5万头、牛皮3000张、柿饼3000包，输入货物为：煤油5000箱、火柴4万箱、糖2500包、土布2000件、洋布100包、洋纱1200件、棉花1000包、面粉10万包、南纸3万块、高粱1万包、玉米3000包①。长时期大宗商品的流进流出，必然会对当地经济的变化起到潜移默化的作用。

近代山东处于传统经济转型与变迁的时期。由于通商口岸的设立，沿海民船航路和航运格局发生了一系列的变化。通商口岸取代传统的民船贸易港，成为新的民船航运中心，航路由中心辐射到沿海大大小小的港湾港口，形成了大范围的沿海民船贸易。以口岸为中心的航路同样也改变了传统的商运结构，货物流通在传统的粮食、土特产品基础上，增加了洋货和国产工业品的转运分销，货源地土货产品的收运逐渐成为一般民船港的主要功能。民船航运业虽不像轮船航运业那样，有固定的航线、航班和航次，但是在商货航运方面毕竟形成了相对固定的区域和货运航路，船商承揽固定区域的货物运输，贸易内容也相对比较固定。随着口岸市场和沿海市镇贸易总量的增长，沿海民船航运业仍保持了相当的规模，尤其是在口岸城市与港口型市镇之间以及各中小港口之间，民船航路和航运仍是最主要的商品流通渠道和手段。

以往沿海民船航运贸易一直受两种因素影响，一是土特产品价格因素的影响，转运货物"以产地货价贵贱为转移，贵则来少，贱则来多"；二

---

① 〔日〕青島守備軍民政部：調查資料第10輯，《南山東及江蘇沿岸諸港調查報告書》，1919年版，第135頁，第140—141頁。

是沿海地区农业生产及粮食供求因素的影响，“五谷一项，因山东省沿海所产不敷民食，全赖外省接济，本省丰，进口者少，本省歉，进口者多”①。通商口岸开埠后，口岸市场贸易对民船航运业的影响日益凸显。在口岸进出口贸易畅旺时，口岸对沿海货源地的土货需求便随之扩大，受其拉动，民船航运量也会相应增长，尤其那些专供口岸输出的土货，在一些与口岸往来密切的民船港已成为民船装运的主要货物。

在经过一系列变化之后，沿海民船航路和民船航运业逐步并入到近代商路网络和市场贸易体系之中，商运功能及市场的作用变得愈来愈突出。首先，沿海航路将江浙、辽东、闽粤等几个与山东相隔甚远的经济区或者说区域市场联系在一起，实现了大宗商品的远距离流通，而在当时情况下，这种流通依靠陆运几乎是不可能的。沿海远距离商运，带动了沿海地区市场经济的发展，一种商品的运输贸易往往会促成其他多种商品生产和贸易的繁荣，例如豆货、粉丝的输出与蚕茧的输入，便为鲁东沿海地区榨油、制粉（丝）、缫丝及织绸等多种手工业的发展提供了条件。其次，民船航路和航运业对口岸贸易起了重要的辅助作用。口岸输入的货物一部分要由民船装运至沿海各港口市镇，再由这些港口市镇通过陆运或河运商道转运到内地；而内地的农副产品和手工业品，也有相当一部分通过民船航路集中至口岸，然后经口岸行栈商或输出商整理加工后，向国外或南方埠口输出。在这方面，民船航路和航运业作为口岸贸易的一个重要辅助环节，为出口贸易提供了相当一部分货源，而进口商品也以其为必不可少的分销渠道。另外，南北货物经由沿海航路源源不断地输入，也为内地城市和市镇提供了大量生活日用品。民国初年，济南及其西部地区消费的纸类（包括宣纸、红白喜事用纸、便笺纸、壁纸、杂用纸等），全部是靠上海船、宁波船运至胶州，然后再由陆路运入，年输入总量约 15 万担②。

近代民船航路和航运业，受当时港口淤废、轮船航运业竞争等多重影响，生存遇到多方面的压力。与竞争对手相比，因为没有货物保险制度，交货时间缺乏保障，许多运费高的远程货运便为轮船航运业夺去，民船航

① 中国第二历史档案馆馆藏档案，1038—2020，山东省福山县烟台东海关重要农产品及其制品对外调查表，1919 年 11 月。

② 杉山五郎：《最近山鐵沿綫事情》，1917 年版，第 90 頁。

运业大多局限于近海粗重低值货物的运输，经营也只能在夹缝中求生存。从事沿海民船航运业的商人资本，因资本薄弱，无力扩大改进既有的航运设施，航运技术只能承袭传统的船式、船型和航运方式，船只载重量小，航程短，没有力量开辟新的国内远海航线和南洋航线。民国以后，无论广东帮、福建帮、宁波帮船商抑或山东本帮商人，从事远海航运的船只数和货运量一直处于徘徊不前的状态，始终未能发展出一支有规模的远海商运力量。

四　公路修筑与商运

清末民初，随着新式筑路方式的传入，在通商口岸城市，道路修筑开始采用新方法和新标准，新式机动运输工具——汽车——亦开始在新修道路上行驶。运输工具和手段的逐步改进，运输经营的逐步商业化和大众化，遂使近代公路商业运输获得一定发展。

1920 年代后，大规模的公路修筑逐一展开，原先许多重要的商路相继修筑改造成近代化的公路。新修道路不仅能够通行机动车辆，而且也大大改善了传统车马货运的通行条件，成为商货运输的主要渠道。

山东公路建设发轫于 1920 年。是年，山东省长公署成立省道筹备处，借美国红十字会和华洋义赈会工赈机会，以工代赈修筑由南馆陶至惠民（经聊城）、惠民至埕子口、南馆陶至德县（经临清）三条公路，全长约 600 公里。第二年，借华洋义赈会工赈款，筑成周村至清河镇、济宁至曹州（菏泽）两条公路。当时公路运输没有官车，各路客货运输均靠招商承办，各路商车共计 100 余辆①。

禹城至惠民、临清至德县公路修成后，省议会议长宋徽五与鲍佛吾集资创办汽车公司，以汽车数辆行驶于禹武、德临等线。在宋、鲍创办公司之后不久，曹州镇守使徐鸿英在菏泽开办曹济长途汽车公司②。

1920 年华北诸省旱灾，北洋政府交通部开办路电邮附加赈款，以工代赈，修筑烟潍、沧石二铁路路基。同年 11 月，召集灾民开工筑路，翌

① 张鸿烈：《山东省公路运输》，《交通杂志》第 4 卷，1936 年 2 月第 1、2 期合刊。
② 周传铭：《济南快览》，1927 年版，第 79 页。

年 10 月因赈款停收停拨，原来的铁路修筑计划遂改为修筑汽车路。1921 年 8 月，公路路面大致修竣。烟潍公路全长 334 公里，路宽 6 米，路面“平坦宽阔，不亚于城市马路”，在当时该路不仅是山东最好的公路，而且在全国也是少有的几条标准路之一①。1922 年烟潍公路租于商人承办，1924 年又改由烟潍长途汽车公司租路行车。

1922 年，山东又修筑了以下几条公路：青岛至沙河公路、胶县至红石崖公路、德县至河北景县公路、德县至南宫公路。1923 年山东路政总局成立，利用原来官道修筑成济南至韩庄公路，全路长 310 公里，工程比较简易。

1926 年，山东路政总局利用黄河大堤作路基，平垫整理，修成利津至菏泽公路，路长 459 公里。公路竣工后，路政总局设立利菏汽车路局，负责公路的经营管理，这是官办公路运输之始。同年，路政总局还利用黄河大堤，修成济南至河南濮阳公路。第二年，济南至临清、济南至聊城的公路也相继竣工。

1920—1927 年，山东共修筑公路 17 条，总长 2181 公里，这些公路一部分是循旧有商道和官道平垫修整，增高加宽筑成，一部分系利用黄河大堤作路基筑成。新修道路虽然仍为土路面，但与传统车马道相比已有较大改善——路基宽度一致(一般为 6 米)，坡度较为平缓，利于车辆行驶。尽管在道路上行驶的汽车还很少，且多为客运车，但是畜力车和人力车可以在同一道路上与汽车分辙行驶，无疑大大方便了当时的商货运输。

20 年代末，符合近代标准的公路网已略具雏形，对商货流通的作用也逐渐显现。但是，由于已修竣的公路多系沿用旧车马道加宽整平修成，与畜力车分辙行驶，防范稍有疏忽，路面即易被车马轧坏。为防止公路损坏，30 年代后公路局开始修筑汽车专路。汽车专路系就原有旧汽车路平垫加固，同时在汽车路旁加修大车道，机动车与非机动车分道行驶。迄于 1936 年，全省共修筑汽车专路 9 条，全长 1877 公里。

---

① 国民党中央党部国民经济计划委员会编：《十年来之中国经济建设》第 5 章，1937 年版，公路，第 9 页。

汽车专路一览表

路线	起讫地点	经过县份	里程
益临	益都—临沂	临朐、沂水	170
滋临	滋阳—临沂	曲阜、泗水、费县	158
济聊	济南—聊城	齐河、长清、茌平、博平	96
潍道	潍县—道旭	寿光、广饶、博兴、蒲台	124
禹聊	禹城—聊城	博平、清平、高唐	112
台潍	台庄—潍县	昌乐、安丘、高密、诸城、莒县	445
		沂水、临沂、郯城、峄县	
青烟	青岛—烟台	即墨、莱阳、栖霞、福山	302
青威	青岛—威海	即墨、莱阳、海阳、牟平、文登	346
烟威	烟台—威海	牟平、文登	104

修筑规模最大的汽车专路为台潍路。台潍路西起台儿庄，东至潍县，全长445公里，由省库拨款83万元兴筑。工程1933年开工，1935年竣工。全路经过河流100道，沟渠212道，共修建桥梁126座，其中钢筋水泥桥28座。汽车路宽6米，路旁另修平行大车道，大车道宽3米，汽车与传统运输工具可同时行驶而又互不妨碍，从而方便了不同形式的商货运输。台潍路建成后，与胶济铁路、津浦铁路构成大三角，从东北到西南可通达若干条重要商路，并将这些商路与大运河以及陇海铁路连接在一起，沟通了鲁东、鲁中、鲁南及江苏的商货运输。鲁南商旅赴胶东地区可直接经由此路，而不必借铁路中转绕道前往，这对于鲁东与鲁西南地区的商品流通，无疑具有很大的改善作用。

1929年前，山东仅有利菏、德临、曹济三个官办公路局，加上收归官办的烟潍汽车路局，通车路线共3000华里。当时官办汽车路局为求增加本路运营收入，对于附近道路运输反不愿发展，商办汽车只愿行驶于经济较繁盛的地区，而偏僻地区则无车愿往。1929年后，山东建设厅对公路客货运输采取了一系列整顿措施，拟定了分区设局和招用商车办法，规定原无商车之区，仍由商车行驶，原为官办之区，亦尽量容纳商车，以免商车闲置，商车行驶道路，政府负养路之责，行车需由商人自理，收入则必须按成分配。1930 年末，烟潍、东临、兖曹、济武、胶莱、泰沂六处汽车路局相继成立，各路局通车总里程共 11531 华里。官有汽车因 1928—1929 年军阀混战，几乎丧失殆尽。1930 年各路局新购汽车 67 辆，加上烟潍、烟威旧有汽车，共 106 辆。官有车大部分为客运车，运货车只有 5 辆，各区登记注册的商车共 168 辆①。同期，青岛有运货汽车 127 辆，长途汽车 102 辆，而在 10 年前，青岛的运货车和长途车总共不过 9 辆②。

1934 年，六区路局取消，归并成立山东全省汽车路管理局。此时全省公路总长仍为 11000 余华里，从事运营的公有客车 292 辆，商有客车 124 辆，商有货车 112 辆。从当时的趋势看，“长途货车正在发展，各地农业工业出品亦逐渐改由汽车运输”③。

迄于 1936 年，全省共有通车公路 61 条，总长 6700 余公里，其中重要公路干线有烟潍路、青烟路、台潍路、青威路、济濮路（济南至濮县）、济冠路（济南至冠县）、济临路（济南至临清）、济沾路（济南至沾化）、济乐路（济南至乐陵）、历济路（济南至济宁）。同时各县之间还修筑县道 14557 公里，形成了相互贯通的道路网④。

公路的修筑和公路运输的兴起，公路交通网和县镇路网的形成，对于近代交通与商货运输有着广泛而深刻的影响。如果说通商口岸商品流通的需要，曾经改变了传统的商路分布格局，导致了近代新商路网的形成，那么公路的修筑与近代交通工具的采用，则使商路运输现代化的程度更为提高。公路不仅延长了商路运输里程，增加了商路网的密度，而且还进一步改变着商路分布格局，使之更为合理。尤其在台潍路、历济路、济濮路通车后，过去一向比较薄弱的鲁东与鲁西、鲁西南区域间的交通运输得到改善，商货流通的范围得以扩大，东西间的商品交流也随之增加。

公路网和汽车专用路，为汽车商货运输的发展提供了条件。迄于 1936 年，全省汽车路共有营运官、商车 573 辆，总载重量 883 吨，其中

① 《山东省建设月刊》第 2 卷，1932 年 2 月第 2 期（专号），乙编，汽车道路。

② 青岛市档案馆编：《帝国主义与胶海关》，档案出版社 1986 年版，第 221—223 页。

③ 张鸿烈：《山东之公路建设》，《交通月刊》第 4 卷，1936 年 2 月 1、2 期合刊。

④ 国民党中央党部国民经济计划委员会编：《十年来之中国经济建设》第 14 章，1937 年版，第 24—28 页。

商营货车 145 辆，载重总量 242 吨①。尽管公路上行驶的汽车多为客运，货运只占很小比例，但是商办货运在城市之间以及在商品流通发达地区还是有一定的发展。如 30 年代行驶于青即线的商车，“运输以杂货等为大宗”②。在胶东地区，“登州南部货运，则多以汽车运输”；平度商货运输，一部分“利用青沙长途汽车，直接由青岛装运”；烟台从事公路运输的汽车，“所载货物以绸缎、花边、发网、布匹、细杂货等类为大宗”③。临清运往济南的棉花，一部分也是靠汽车运输。汽车运输比之传统车马运输，效率无疑大大提高。临清运棉至济南，使用大车每车装棉 8—10 包，需三日才能到达，汽车每车装 25 包（37.5 担），一日即可抵达④。当然，汽车货运还仅仅只是发端，且发展缓慢，花生、棉花、烟叶等大宗土货除通过铁路运输外，大部分仍要靠传统运载工具运送。

从当时的实际情形看，公路运输的意义并不仅仅在于采用了新式机动运载工具，更重要的是，通过修筑公路大大改善了旧有商路的路面状况，提高了商路货运能力，传统畜力车和经过改进的胶轮大车，利用路况的改善，加入到公路运输的行列，且数量不断增加，运载重量和效率亦有所提高。

---

① 《山东建设半月刊》第 2 卷，1937 年 4 月第 7 期，《山东省汽车路现有官商车数及载重数量表》。

② 贾明元：《山东各区汽车路局视察报告》，《山东省建设月刊》第 1 卷，1931 年 4 月第 4 期。

③ 胶济铁路管理委员会编：《胶济铁路经济查报告汇编》，1934 年版，分编二，福山县；分编三，平度县。

④ 金城银行天津调查部：《山东棉业调查报告》，1936 年版。

第三章　市场结构变化与新市场体系的形成

近代市场结构和市场体系，与清代中叶以前相比有着很大不同。进出口贸易、工业化进程和农业改进，是动摇旧市场体系稳定与平衡的动力源。不断扩大的商品流通，不可避免地要改变传统市场体系的封闭性和地域局限性；城乡市场孕育形成的新的消费、流通、生产需求，必然会造就一个与之相适应的新市场体系。随着沿海和内地城市的相继开埠，传统的市场格局开始解体，市场类型、分布和结构都在程度不同地发生着变化，在大规模土洋货、农产品与工业品双向流通的基础之上，一个以沿海和内地开埠城市为核心、以近代商路网络为纽带的新型市场体系开始初步形成。

近代市场体系作为半传统半开放的市场系统，是一个内涵丰富、多层次结构的市场组合体，内中既有传统类型的市场，又有在口岸和内地商品流通基础上崛起的新型市场；在地域分布上，它既包括覆盖面极广的乡村市镇集市，也包括工商业城市和城镇。在整个结构体系中，新型市场是推动市场体系运行的助推器，它不仅带动着不同市场间的商品流通，同时也影响着传统类型的市场，使其或多或少、或迟或快地改变着旧有形貌。从另一角度看，传统类型市场也制约着新型市场的发展，若干旧的成分、旧的形式依然存在。新旧并存的格局，使市场体系带有浓厚的转型期特征和色彩。

一　传统市场结构的变化

在沿海城市开埠之前，传统的市场结构主要由定期市、运河城镇市场和沿海城镇市场构成，三类市场自成系统，各具特色。定期市具有产地市场性质，而城镇市场则具有集散市场性质。

定期市以村镇市、厢关市、庙会为基本成分，因为是商品流通的初级阶段，故又称初级市场。村镇市多设在乡间较大的村镇上，其基本特征为定期市，集期以五日一次者居多，但也有隔日或三日一次者。相邻集市距离在 15 华里以内者，集期大都相互错开，若今日甲地逢集，明日则乙地，后日则丙地。这就使得村镇周邻 15—20 华里范围内几乎每天都有一集市供当地居民交易。清代中叶，在棉产区、桑蚕产区和养畜业较发达的地区，已有专业性集市出现。如棉产区高唐，棉花集市有数十处，“每集贸易者多者至数十万斤”；在清平，“木棉市集向来新集最盛”，嘉庆年间，“王家庄、康家庄、仓上等处亦多买卖，四方贾客云集，每日交易以数千金计”。通常厢关市的规模总是大于村镇市，但是一些地区农业生产商品化和专业化的发展，使当地村镇市的规模开始超过厢关市。从嘉庆时期清平县斗行、花秤行、牛驴行的征税情况看，魏家湾、新集等市集的规模便已超过城集①。

厢关市亦称城厢市，市集多设在城厢四关或城内各街，集市一般采取四关设集，轮转开市的形式。如齐东县“四关厢并演武场集五处轮流”，每逢三、五、八、十日为集期；夏津“县市以二、四、六、八、十双日为期，旧在四关轮流”②。及至近代，集期由几天一轮，向着“集在关，月无虚日”的方向发展。光绪年间，寿张县厢关市“每日成集，四门轮市”③。厢关市有大集、小集之别，大集整日开市，小集多为早市，买卖仅为禽蔬粮果。大的厢关市常设有专业市，如惠民有牲畜市、棉花市、柴草市，武城有棉花市、棉线市、鸡鸭市。城厢集市长期固定交易的场所，后来随着市街商业和店铺经营的发展，逐渐形成以某种土产命名的市街，这种市街在各州县城厢十分普遍，如德州市街就有枣市街、柴市街、羊市

① 道光《高唐州志》卷 11，1836 年版，市廛志；嘉庆《清平县志》卷 3，1798 年版，户书二。

② 康熙《齐东县志》卷 1，1685 年版，镇集；乾隆《夏津县志》卷 2，1741 年版，建置志，街市。

③ 咸丰《金乡县志略》卷 1，1862 年版，建置；光绪《寿张县志》卷 1，1900 年版，方舆，市集。

街、线市街、马市街、米市街等①。

庙会亦称山会、货会、大会，规模较村镇市为大。“会之日，四方云集，平地张幕，画界成巷，炫采居奇，以相贸易”，届时“四方商民辐辏于此，视集物陈肆又倍蓰”，“商人陈列百货交易，交易之盛如同赛会”，但是会上交易的商品实际与集市并无太大差别，“亦惟日用农具、马、牛、豕之属为多”②。庙会一般集中于春秋二季，道光年间，平度有货会18处，三、四、九、十月间的货会就占了13处；昌乐每年两届的山会有14处，以三、九月为会期的6处，以四、九月为会期的3处，以四、十月为会期的2处，以二、十月为会期的3处③。会期短者一天，长者十天左右，通常三五天的居多。庙会也有城厢会和市镇会之别，城厢会或设于四关，如郓城县“四关厢皆有货会”；或设于街里，武城、宁津等县即是如此。市镇会一般设在交通方便、商业活跃的市镇，会场规模不亚于城厢会，就覆盖的地域范围和影响而言，市镇会是庙会最主要的市场形式。

定期市是乡村、市镇商品交易的基本场所，“四关及各乡，非定期则不集，非集则不得贸易”。但是受传统落后的农业和手工业生产的限制，集市贸易的规模非常狭小，货物交易的种类也为数甚少，一般说来，交易种类大都为当地土产，包括米粮、蔬菜、禽畜、布匹、茶盐等生活用品和农具、木料、铁器等生产用品。在绝大部分地区，集市贸易“惟布、棉、柴、米、蒜、茄而已”，“且花、布、鸡、猪、粮、菜、果蔬之外，无他奇货”④。交换中存在着大量的物物交换，专业商人很少。市场商品流通同样局限在狭小的范围内，很少进入远距离贩运；产品消费限于产地附近，仅有极少量能够进入城市高层次消费。可以说，产地市场的交易性质基本上属于小农经济范畴内的余缺调剂。

19世纪中叶之前，由于运河畅通，以运河航运贸易为依托，运河沿

---

① 民国《德县志》卷3，1935年版，舆地志，疆域。

② 嘉庆《禹城县志》卷4，1808年版，建置志，市街；道光《续武城县志》卷2，1841年版，疆域；民国《高密县志》卷5，1935年版，民社志。

③ 道光《重修平度州志》卷9，1849年版，建置志；民国《昌乐县志》卷15，1934年版，民社志，山会。

④ 雍正《齐河县志》卷2，1737年版，街市；道光《城武县志》卷1，1830年版，舆地志，风俗。

岸的临清、聊城、德州、张秋、济宁等城镇，商品贸易十分活跃，是当时山东著名的集散市场。这些市场因属南北粮船货物过往转运之地，夏秋两季，周邻地区有大量土产在市场汇聚集散。如地处运河水运交通咽喉的临清，“每届漕运时期，帆樯如林，百货山积”，漳河民船载河南粮自西南来，鲁运河民船载南方粮自东南来，“北至塔湾，南至头闸，绵亘数十里，市肆栉比”。乾隆年间，临清有粮店90家、典当百余家、旅店数百家，城内有街市百余处，其中不少是专业市，“天桥以北为皮营业之区，南市、东营为粮商聚处之地，卫河西之街市强半以营销土产为业”，规模较大的绵绸市，日交易量达千余匹①。同期的聊城也是周邻乡镇农副产品的集散地，许多天津、济宁客商汇集当地，在东关设立行栈，收买茌平、博平、东平等地出产的乌枣、烟叶，运销天津、镇江等地。仅枣一项，每年“出入有数百万之多”②。运河沿岸另一重要市场济宁，明、清两代一直是鲁南与江南传统贸易的中心。鲁南所需之南货大部要经济宁转运，例如兖州购自江南的商品就有六七成系由济宁转入，1892年由济宁运入兖州的棉纱达3600担；同样，鲁南输出的土产一般也是先在济宁集中，然后才能运往南方镇江等地，如峄县民窑开采的煤炭就是先由民船运至济宁，然后再转运江南地区③。经由运河运入济宁的货物，有南方的竹材、木材以及江西的瓷器、湖北的桐油、浙江的砂糖等，运出的货物有棉花、烟叶、干鲜果品以及各种手工业品。

明清时期，山东沿海商业主要集中于几个沿海城镇，市场以传统的沿海民船运输为依托，商品贸易以登州、胶州、金口、塔埠头、女姑口为集散地。登州（蓬莱）地处山东半岛最顶端，三面环海，因“地狭人稠，境内所产不足自给，故民多逐利于四方”。民船贸易“南抵苏广，北赴辽沈”，由东南沿海来的为糖、纸等南货，自辽东来的有木材、粮食和海产

---

① 乾隆《临清州志》卷11，1785年版，市廛志；民国《临清县志》，1935年版，经济志，商业。

② 宣统《聊城县志》卷1，1910年版，方域志，风俗；光绪《聊城县乡土志》，1908年，商务。

③ 《光绪十八年通商各关华洋贸易总册》下卷，1893版年，镇江口；光绪《峄县志》卷7，1904年版，物产略。

品①。胶州在明清时期一直为重要商港，南来货物先是运抵胶州，然后通过胶潍大道运内地。后来南胶河和胶州港淤积严重，船只不能驶入，商船改由塔埠头卸货，“货物转移东、西、北各地，一时商贾辐辏，帆樯云集”。贸易市场在城内云溪河两岸，北岸有姜行街、鱼市街、山货市、草市、牛驴市、面市，南岸有钱市街、杂货街、估衣市、劈柴市、瓦罐市、铁器市、粮食市、菜市、糠市等②。金口贸易兴起于清初，清中叶时已与辽东和东南沿海港口建立了航运贸易联系。道光年间，港口在贸易旺季，有“驳船数十百号，鳞次布列”，“小车运载豆饼、花生上船，以数百辆计”，年货物进出口达 10 万担以上③。此外，涛雒、石臼所、女姑口等沿海城镇，当时贸易也很兴盛，每年都有相当数量的土产在这些城镇集散，转运南北各地。

鸦片战争前，运河城镇贸易与沿海城镇贸易作为传统经济的重要组成部分，在当时的商品流通中发挥着重要的作用，成为地区商品生产和商品贸易的中心。但是，在当时传统经济条件下，运河城镇的区间贸易与沿海城镇的区间贸易，几乎是两个相互封闭的系统，商品流通分别在两个几乎相互隔绝的地域中进行。而且由于缺乏坚实的商品生产作基础，各个市场系统存在着潜在的不稳定性，如运河航运畅通与否，直接制约着运河城镇市场的兴衰，而沿海城镇市场的兴衰则取决于民船航运业的变化。在流通层次上，只有市镇、城厢市、地区性集散市场等中、低层次的市场，缺少能够辐射省内各集散市场，并与省外区域市场联系密切的全省性中心市场，更没有能与国外市场直接联系的进出口市场。因此，整个市场流通的特点是层次低，流向单一，带有浓厚的封闭色彩。

从 19 世纪后半叶到 20 世纪初，山东旧的市场结构开始逐渐解体，以口岸城市和内地中心城市为核心的新市场结构开始形成。促成市场结构变化的因素极为复杂，归纳起来大致有以下几个方面：

（1）进出口贸易的增长，使烟台、青岛发展成为具有相当规模的进

---

① 光绪《增修登州府志》卷 6，1881 年版，风俗。

② 道光《胶州志》卷 1，1845 年版，关厢建置图。

③ 郭松焘：《郭松焘日记》第 1 卷，湖南人民出版社 1981 年版，第 266 页；《南北则例本》，1845 年抄本，转引自寿杨宾：《青岛海港史（近代部分）》，人民交通出版社 1986 年版，第 18 页。

出口市场。1882—1891 年，山东口岸城市进出口总额平均每年为 1251 万海关两，1882—1901 年增至 2283 万海关两，1902—1911 年又增至 6794 万海关两，1919 年达 11557 万海关两①。进出口商品总量的增大，意味着市场规模的同步扩大。进出口市场不仅有着发达的国际、埠际贸易，而且与内地市场也有着极为密切的联系。进出口贸易为近代市场体系的转型提供了原初动力，在其影响下，商品流通、商路网络、商人投资方向以至市场结构都在发生变化，有些地区出现了新型市场，有些地区的传统市场则增添了新内容和新机能。

（2）在进出口贸易的刺激下，部分地区的农副业生产和部分手工业生产部门出现了商品化的倾向。农业自清末民初引进推广经济作物新品种后，农产品商品化生产发生了历史性的变化，经济作物的种植向着一些地区集中，棉花、花生、烟草、果品等成为重要的商品性农产品，另外，蚕桑业、畜产业的商品化程度也有较大的提高。大量农产品进入市场，使市场可流通资源迅速扩大，为各类市场的发展铺垫了基础。手工业产业结构也发生了显著变化，草编、丝织、制粉、花边与发网制作等行业迅速兴起，超过了传统的金木陶土制作，成为手工业中起主导作用的行业，其产品不再只是供应自身和本地区需要，而是提供给遥远的市场。在此基础上，部分商品的产地市场开始出现集中化和专业化的现象，如棉花产地市场集中于高唐、夏津、恩县、冠县等地，花生产地市场集中于即墨、平度、安丘、诸城、沂水、泰安等地，粉丝产地市场集中于宁海、福山、招远、黄县等地，丝绸产地市场集中于昌邑、宁海、栖霞等地。产地市场集中化与专业化的现象进而又推动了商品流通的发展，产地商品向着非产地的流通，不同经济区之间的商品流通，初级市场通过中间市场与沿海埠际市场及国外市场间的商品流通，成为建构近代市场体系并制约其内在结构的新机制。

（3）以近代交通运载工具为特征的新商路网络，通过改变货物流向，在很大程度上改变了市场传统的分布格局。烟台、青岛开埠后，适应商品流通的需要，沿海与内地之间形成了不少新的商路，如烟潍贸易商路、青沂商路等。随着铁路的兴建和水运河道的疏浚通航，在全省范围内形成了

① 烟台港务管理局编：《近代山东沿海通商口岸贸易统计资料》，1986 年版，第 4—11 页。

以三河（黄河、小清河、卫运河）、二路（胶济铁路、津浦铁路）为框架的商路网。新商路一方面将以往隔绝的地区连接在一起，带动着商品由低层次市场向着高层次市场流通，潍县、周村、青州等市场的商品集散规模，即因受益于铁路运输而有相当程度的扩大；另一方面又使沿路许多市镇发展成为新的集散市场。胶济铁路开通后，“在车站周围及其附近形成新的市集，商行分店、货栈、仓库、煤栈、客寓纷纷设立，年复一年扩大范围及营业”①。坊子、二十里堡、南流、蛤蟆屯等市镇，“皆以接近铁路，顿成商业中心”②。随着黄河、小清河航运业的发展，围绕着口岸与中心市场的商品流通，在商品转运处形成了新型市场——中转市场；而烟潍贸易商路和津浦铁路的货运，则促使沿路农业手工业集中产区出现沙河镇、大汶口等专业市场。

（4）青岛、烟台、龙口近代港口设施的建成及轮船航运业的兴起，使传统的民船港与帆船贸易受到冲击，曾经兴盛一时的沿海城镇市场失去了往昔的繁荣。烟台开埠后，商人改赴烟台运货，洋商购销也以烟台为吞吐口，在此情况下，登州口遂废。据宣统末年旅者所见，港口“仅余断港绝滨，为贩夫佣妇洗菜浣衣之所”③。青岛开埠后，胶州商业“势力为青岛所夺，遂不能恢复旧况”，市场贸易不过是“附近农民携谷物、菜蔬、果品、土布来售，而交换市内商铺之陶器、杂货、铁器以去”，以往的商品集散功能大为减弱④。同时，受青岛、龙口影响，金口市场同样“有不能立足之势”，“行商坐贾，于彼以贩卖为业者，渐次消歇”⑤。另外，像塔埠头、涛雒口等沿海市镇也因口岸贸易的影响，而变成通商口岸货物集散的辅助港。

（5）运河淤阻，沿河城镇相继衰落，传统市场的商业集散功能也大为减弱。咸丰年间，黄河北徙截断运河，致使河道淤塞，航运受阻。1901年，漕运停止。此后“河身日渐浅涸，仅东昌、临清间有小舟来往，商

---

① 单维廉著：《德占胶州湾（青岛）之地政资料》，周龙章译，台北，1980年版，第37页。

② 胶济铁路管理委员会编：《胶济铁路经济调查报告汇编》，1934年版，分编三，潍县。

③ 张相文：《齐鲁旅行记》，《东方杂志》第7卷，1910年5月第3期。

④ 白眉初：《中华民国省区全志·山东省志》第4卷，1925年版，道县汇志，胶县。

⑤ 民国《莱阳县志》卷2，1935年版，实业，商业。

业大受影响”，一些本来位于航运冲要地带的沿河城市和市镇，随着河运的废弃，顿失昔日的熙攘与繁华。清末民初，临清市井萧条，曾经繁华一时的土城商业区，在历经几番战火劫掠后，已缩小至濒河的中州一带，粮行聚集的东市则“倒闭无余”，市场贸易较之昔日全盛时期已面目全非。与此同时，德州、聊城、张秋等市场也日见寥落。德州“自商埠开而京道改变，漕运停而南泊不来，水路商务因之大减”；山西商人密集的商业城市聊城，河运停后，“地面萧疏，西商俱各歇业”①。

随着津浦铁路的通车以及沿河地区货物改由铁路运送，运河昔日在南北贸易中的地位一落千丈，愈来愈多的货物流向济南、青岛，原先本省和河南由运河运抵镇江的货物“显然已趋向青岛”②，沿河城镇的商业正逐渐被纳入到济南、青岛等市场的影响圈内。

受以上几方面因素的作用和影响，传统市场结构与形态在近代的变化基本表现在三个层面：一是传统沿海和沿河城镇市场的衰落；二是传统市场内部机制和内容的变动与更新；三是新型市场的产生与发展。三个层面的变化尽管在时间、地域、过程及内涵上各不相同，但宏观效果却有着广泛的一致性，也就是说，这些变化从不同层面共同作用于传统市场体系，使之逐步解体，并在口岸市场的带动影响下，重新组合成新旧参半、日趋开放的市场体系。

在口岸市场形成之后，山东内地市场贸易体系逐步在新旧并存的格局下建构形成。全部市场可划分为五种类型或五个层次，即产地市场、专业市场、中转市场、集散市场和中心市场。前四类市场因地区经济发展不平衡，在不同地区的市场数量与规模有所不同，同时又因新旧成分的组合不同，市场形式与内容也各有差异，而且，每一市场类型依据自身的市场功能，对整个市场体系和其他市场类型具有不同的市场作用与联系机制。

二　旧基础融入新因素——产地市场的变化

与清中叶相比，近代产地市场无论规模还是专业化程度都有较大发

① 民国《临清县志》，1935年版，经济志，商业；光绪《德州乡土志》，光绪末抄本，商务；宣统《聊城县志》卷1，1910年版，方域志，风俗。

② Report and Returns of Trade，1918，p. 739.

展。首先，市集数量增加，分布密度增高，而且沿海地区的市集分布密度超过了运河地区。据宣统《山东通志》（1915 年刊）所载，全省市集共约 2045 个，相当于每 70 平方公里有一集。另据 1914 年统计，较大的镇市有 769 个，其中沿海地区 292 个，占总数的 38%，运河地区 127 个，仅占 16.5%[①]。到 1933 年，全省市镇总数已达 856 个。市镇分布以潍县最多，计有 23 个，此外有 26 个县的市镇在 10 个以上[②]。

其次，集市的规模明显扩大，贸易水平显著提高，尤其在一些专业化程度较高的产地市场，集市土产的交易规模已达到相当高的水平。1899 年，在胶州西南的王台镇，单是一个贸易季节就从胶州运入 9000 万铜圆[③]。在蚕丝出产区牟平，“秋茧上市，为各乡集最盛时期”，1926 年，该县崖子镇“某集期，上市茧数达十余万‘千’之多（茧以‘千’数为单位），价值四十余万元”，而且“此巨额之茧，未必概为本区所产，而本区所产，亦未必同日到市”[④]。30 年代初，在潍县土布业中心眉村，每到集期，“附近数十里内各村镇之机户携布往售，纱布云集，充塞市上，生意兴旺时期，每集有七十余万元之交易”[⑤]。

再次，集市贸易仍保持着相当的活力，集市商业与摊贩贸易相结合，即使在城镇市场也仍占有一席之地。如鲁中最大的集散市场周村，城镇中仍保留着传统的集市，集市有大集、小集、粮食市之分，每旬共六集，农历四、九日为大集，三、八日为小集，二、七日为粮食集。逢四、九大集，“附近各县之农工商民，咸集是镇卖买货物。工商农民设摊卖物，皆在围内各大街路旁及西门外空地、南门外街旁，而各种货物之陈列，乃有一定界限”。“由北门口至南北大街中段，为各种纸张及账簿、经折等之纸制品与乎本县牛皮胶之摊贩陈列处；西门大街、南门大街，为头绳、肥皂、腿带、针线及一切女子应用品之摊贩陈列处；西门外空地，每至集期，摊贩临时设立布蓬、布屋，互相连接一百余个，为布摊陈列之区；丝

---

① 田原天南：《膠州灣》附録，1914 年版，第 133—141 頁。

② 实业部国际贸易局：《中国实业志（山东省）》，1934 年版，（乙），第 125—128 页。

③ 青岛市档案馆编：《帝国主义与胶海关》，档案出版社 1986 年版，第 61 页。

④ 民国《牟平县志》卷 5，1936 年版，政治志，实业，蚕业。

⑤ 阙名：《调查潍县昌乐益都临淄周村织机数目及经济状况报告》，《山东实业公报》，1931 年 10 月第 4 期。

市街转角接下沟街之间，为大框丝陈列之地；而下小沟街之路旁，乃各种蔬果、菜类、肉食、豆制品之陈列处”。30年代初期，周村集市摊贩年营业额在六七十万元之间。在鲁东集散市场潍县，县城东关大集是当地一大市集，“上集者多前一日先事预备，运货入城，待次日出售”。开市之日，“商贩多以篷帐蔽日，设摊售货”①。即使一般县城的城关集市，规模也有所扩大。牟平城关集以农历五、十日为大集，三、八日为小集，逢大集“凡当地产品，如食粮、柴薪、果品、牲畜、鸡鸭、海鲜、杂器……虽在数十里外，莫不麇集，而虾皮（小虾米）、黄烟及日常用品之小贩，且有来自外县者，聚会恒达数万人”②。

与以往相比，近代产地市场不仅数量规模有所扩大，而且在传统形式下，融入了若干新因素和新机制。

首先，市场交易主体，除产品生产者本人外，出现了一些有着特殊身份的掮客、商贩、站庄甚至行栈。这些交易者的买卖服从于更高层次市场商品流通的需要，通过这些交易者的经营活动，带动激活了产地市场的土产贸易，为内地与口岸间土洋货的双向流通提供了条件，从而使低层次市场的土洋货购销得以实现。开埠通商后，这类身份特殊的交易者广泛出现于各类产地市场，不论沿海地区还是内地，都能看到他们活跃的身影。民国初期，胶州湾地区的红石崖、王台等市镇，就各有一二十家经营土洋货的栈庄，专事收买当地和铺集、诸城、莒州等地土产，转卖给青岛的洋行或发运上海，然后再从口岸输入棉纱、纸张、面粉、砂糖、煤油等洋货，在集市出售③。

以产地市场为开端，在农产品、手工业品、畜产品贸易中，形成了一条特殊而不间断的交易链，行栈、买办乃至洋行的购销活动正是顺着这条交易链渗透到产地市场。以近代一项重要的畜产品贸易——生牛出口为例，清末民初，外国洋行经营牛只出口，“必置有专属买办”，如世多洋行买办为汪存霄，滋美洋行买办为徐瑞亭，海茂洋行买办为张瑞亭，华顺洋行买办为王秀俭，开治洋行买办为张结深。通常洋商“欲将生牛买出

① 实业部国际贸易局：《中国实业志（山东省）》，1934年版，（丁），第121页，157页。

② 民国《牟平县志》卷2，1936年版，政治志，实业。

③ 〔日〕青島守備軍民政部鐵道部：調查資料第10輯，《南山東及江蘇沿岸諸港調查報告書》，1919年版，第5頁，35頁。

之时，则预为限定日期并其所需头数，命买办人搜集购买”。买办收买牛只则需依靠集市“仲买人”。买办之下“配置有多数之仲买人”，由买办给每一仲买人指定购买头数，同时预付一定现金作为收买资金。仲买人在与买办订定合同后，即领取现金到各地牛市进行收买。在“仲买人与牛之所有者间，另立一保证人，办理买卖诸事，凡金钱之授受，均由此保证人经手，此等办法，已成习惯，而为其保证人者，多系本地殷实商家”①。由集市牛只的收买过程不难看出，口岸市场洋商和买办的购销经营已经延伸到乡村集市，产地市场的商品流通已与口岸市场联系在一起。

其次，集市商品交易的种类增加。一方面，与城市消费和进出口有关的农副产品、手工业产品成为交易的重要项目，民国以后，烟台、青岛出口额最多的几项土货，如花生、草辫、茧绸、棉花、畜产品、果品、烟叶、豆货等，恰恰也是集市交易最畅旺的商品种类。这一情况表明，一些农副产品已不再局限于产地消费，而是随着流通范围的扩大，通过各种渠道依次进入专业市场、集散市场、中心市场以至进出口市场。另一方面，口岸市场进口的商品和城市近代工业生产的机制品，也以不断增长的数量进入产地市场，在集市交易中占的比重逐步提高。

民国初期，地处日照、诸城交界地的两城集，在二、七日集期，集市交易的商品不仅有属传统范畴的盐、鱼、肉、蔬菜、牲口等——每集牲口交易数为驴30头、猪30头（夏季为七八十头，最多时百余头）、牛三四头；而且受周边市场和当地新消费需求的影响，集市经常性交易的商品还有来自青岛的棉纱、煤炭，运自石臼港的南纸、面粉、杂货等，另外，还有产自上海的火柴、崇明布，来自于日本的大尺布、火柴以及博山的陶瓷器和玻璃制品②。

1930年代后，尽管传统的农产品交易仍在产地市场居主导地位，但是随着城市机器工业的发展，交通条件的改善，机制工业品已普遍进入集市，在集市交易中占有一席之地。根据30年代前期杨庆坤氏对邹平11处集市的调查，集市交易的商品包括农产品、手工业品、机制工业品三类，

① 阙名：《山东牛只贸易状况》，《农商公报》第2卷第5册，1915年12月第17期。

② 〔日〕青島守備軍民政部鐵道部：調查資料第10輯，《南山東及江蘇沿海諸港調查報告書》，1919年版，第87—89頁。

调查统计显示，不同来源范围的商品所占交易比例如下：

来自 50 里范围内的商品，农产品占 80%，手工业品占 20%；来自 51—100 里范围的商品，手工业品占 88%，机制工业品占 12%；来自 101—300 里范围的商品，农产品占 64%，机制工业品占 27%，手工业品占 9%；来自 300 里以外的商品，机制工业品占 45%，农产品占 37%，手工业品占 17%。

来自 50 里以内的货物，有粮食、蔬菜、面、猪肉、点心、挂面、禽蛋等食用品，铁壶、灯、木器、柳编器等日用品，土布、袜子、衣服等穿着用品，以及牲口、菜种、木料、铁器、大车用皮具等生产资料。

51—100 里范围来的货物，有来自章丘的苇席，周村的洋袜、带子、笔、墨、印刷品、镜子等。

101—300 里范围内来的货物有临淄陶器、沂水烟叶、沿海地区的咸鱼以及部分济南产的工业品。

来自 300 里以外的货物，既有来自青岛、上海的火柴、香烟、洋纱、文具、洋布，也有来自日本的棉纱、布匹、铁器和日用品，另外还有来自河南清化的竹器、安徽江浙的茶叶、江苏的锡箔、本省潍县的布匹等①。

从集市交易的商品种类和来源范围看，乡村市镇人口生活生产所需的物品，虽然大部分还是靠 50 里范围以内的商品交易来满足，但是已有一定数量的国内工业品和进口舶来品，通过远程运输和集散市场进入到产地市场，并越来越广泛地进入到乡镇日常生产生活当中。交换的需要，反过来又促使大量农副产品进入集市交易，1910 年代后，产地市场大量的棉花、粮食、生丝、花生、烟叶贸易，便是在这样的背景下产生。土洋货交易的发生，实际是本地经济与外部经济间的交流，由于商品已不再仅仅是本地产品，以往小范围内同质生产、消费的分工与交换，在新的市场结构下，部分地转变为更大范围不同质生产、消费的分工与交换。随着交换范围和规模的扩大，产地市场的贸易开始逐步走出传统的地域限制，市场功能也不再只是传统意义下的有无调剂，这一变化恰恰表明，传统的自然经济体系正在向近代市场经济过渡。

---

① 杨庆坤：《市集现象所表现的农村自给自足问题》，《大公报》，1934 年 7 月 19 日。

三　单一商品的集中交易地——专业市场

随着通商口岸土货出口贸易的增长，在某些专业化特征最成熟、贸易最活跃的产地中心，形成了专门进行某种土货交易，并以开埠城市为商品流向的专业市场。一般说来，专业市场是专门从事某种商品的集中交易，或以某种商品交易为主并对其交易额、价格等市场因素起重要作用的市场。每一专业市场都是周邻地区土产的汇集之地，市场有众多从事专业收买运销业务的商家，某一商品的专项贸易在市场上占头等重要的地位。近代山东，具备较大规模和影响力的专业市场有沙河镇草辫市场、大汶口花生市场、龙口粉丝市场、沙子口果品市场、青州生丝市场、昌邑茧绸市场、张店棉花市场、临清棉花市场、辛店烟叶市场等。不同类型的专业市场源自于不同的商品流通需要，市场的兴衰以不同时期土产流通的消长为转移。专业市场在早期以青州、昌邑、沙河镇为代表，后期以大汶口、张店、辛店为代表。

草辫专业市场——沙河镇

沙河镇位于烟潍大道旁，属掖县管辖，距烟台420华里。清末，镇上有人口1000户。市街东西长1000米，南北长1500米。市街中心行栈和钱庄的二层砖楼鳞次栉比，景况殷富。

沙河镇的兴起，源自于草辫贸易。19世纪80年代后，以麦秸为原料的草编业，盛行于莱州府属的昌邑、平度、寿光以及掖县以东各县，所产草辫“悉集于沙河”，然后运烟台出口。沙河镇集散的草辫，先是由大小商贩从集市收买。沙河镇本身和周邻市镇有专供草辫交易的“辫子市”，每集约有200多草辫收买商从事收买。无论大小商贩，通常都与辫庄订立合同，按辫庄要求从事收买，在收有一定成数后，送交辫庄进行加工整理。草辫贸易最盛时（1908—1913年），沙河镇有辫庄五六十家，年集散额15000担，占同期青岛草辫年输出量的14.3%，镇上张、杜、邱、徐四大商家即是靠经营辫庄起家①。1898年后，沙河辫庄开始向青岛发展，在青岛开设辫行，代洋商从事草辫收运业务，发展成为颇具实力的行栈资

---

① 〔日〕青島守備軍民政部：《山東之物産》第1編，1920年版，第116—117頁，138頁。

本。第一次世界大战前，青岛沙河籍辫商共有 16 家，其中通聚福等 6 家大辫行年交易额达五六百万银两，占青岛草辫输出额的一半左右。

草辫贸易带动了其他商品的贸易，提高了沙河镇在周邻地区的市场地位。沙河镇市街有牲畜市、棉线布市、鱼菜市、杂货市、杞柳细工市、果品市、麻绳市和陶器市，市集以农历三、八日为集期，每逢大集，远近百里内到集市购买日用品的乡农络绎不绝。据 1916 年调查，沙河镇日用品的年交易额共 497240 两，其中棉布 35000 两、棉纱 12800 两、烟叶 3240 两、外国纸烟 50000 两、煤油 76000 两、火柴 35000 两、纸 12000 两、砂糖 12000 两、杂粮 52000 两、其他货物 49000 两①。

第一次世界大战期间，欧洲各国停止进口草辫，青岛草辫价格由每包 30 元降至 6 元，草辫大量积压，致使沙河辫商“倒闭者岁有所闻”，辫庄户数一度锐减至二十几家，全镇经济损失达 200 万元。到 1919 年，镇上共有辫庄 30 家②。20 年代后，国外市场大幅减少了草辫的进口，国内口岸市场对草辫的需求随之锐减，内地草辫的生产和贸易普遍出现萧条，受此影响，沙河镇市场的草辫贸易也从此走向衰落。

生丝专业市场——青州

清末民初，青州为周邻各县丝绸集散的中心。城东关外有丝市大街，“两旁尽丝行，临朐、尧沟之丝，咸荟于此”③。光绪末年，市场绸绢集散额不下 200 万匹，生丝买卖十六七万斤④。生丝交易全靠行栈经营，市场交易量大的行栈有裕厚堂、元亨义、裕祥福、裕亨永、裕丰德、公聚祥等。在青州交易集散的蚕丝，除部分产自当地外，有相当一部分来自临朐、潍县、安丘等地，如安丘“西乡制丝”，全部“运至青州发行”。生丝销售市场上海占四成，周村占三四成，其余分销于当地织绸业户，1913 年共输出丝一千五六百箱⑤。1917 年 3 月至 1918 年 4 月，青州经胶济铁

---

① 〔日〕青島守備軍民政部：《東北山東踏查報告》，1920 年版，第 155—156 頁。

② 彭泽益：《中国近代手工业史资料》第 2 卷，中华书局 1962 年版，第 699 页；〔日〕青島守備軍民政部：《東北山東踏查報告》，1920 年版，第 154 頁，162 頁。

③ 白眉初：《中华民国省区全志·山东省志》第 4 卷，1925 年版，道县汇志，益都。

④ 〔日〕東亞同文會：《支那經濟全書》第 5 輯，1908 年版，第 601 頁。

⑤ 山东展览会报告编辑处编：《山东第一次物品展览会审查报告书》第 2 编，1915 年版，第 140—141 页。

路共向青岛等地发运蚕茧594.2吨、生丝192.6吨、绢绸3.4吨。1919年度绢绸发运量增至13.7吨①。

花生专业市场——大汶口

专业市场一般位于专业化特征较成熟的产地中心，并以产地市场作为货源地。大汶口便是位于鲁中花生产地中心的著名花生专业市场。

大汶口地处泰安境内，为县内第一大市镇，津浦铁路火车站距市镇1华里。花生贸易兴起于津浦铁路开通之后，每届花生上市，周邻宁阳、泗水、曲阜、新泰、蒙阴、莱芜、平阴等地的农户和商贩，便源源不断地将花生运至大汶口，由当地行栈、号庄收买后，分选定级，向外发运。每年秋季至来年春，济南、青岛、镇江、上海、广东、烟台、威海等地数以百计的客商，也汇集于大汶口，从事收买。20年代初，大汶口共有经营花生收买业的行栈、收买庄80余家，比铁路刚开通时增加了3倍。大汶口市场的花生贸易基本为行栈所控制。行栈收买的方式有两种：一是预先同当地收买庄订立合同，委托其收买，收买庄按行栈提供的规格及价格从事收买，并负责运往口岸；二是在大汶口设立站庄，自行收买，如来自天津、青岛、上海的元泰、广汇长、悦来、汇通、同泰公、万利源、利兴、三和栈、温生栈、公和栈等行栈商，都在大汶口设有站庄，从事大宗收购业务。1919年，大汶口共向北方市场发运花生仁12000吨、花生油6200吨，向南方市场发运花生仁10500吨、花生油4100吨，整个市场的花生集散量，大体约相当于同期山东花生年产量的十分之一②。

1930年代，大汶口仍为山东最重要的花生专业市场，另外，专业特征较突出的市场还有泰安和齐东花生市场。当时大汶口、泰安两市场集散量在鲁中花生外销总量中分别占70%和30%。1933年，济南市场花生集散总量150万包（每包180斤），货源中有70%来自大汶口和泰安③。

棉花专业市场——张店

张店地处桓台县境内，“昔年为周村东行一宿站，当铁路初通，亦不

① 〔日〕青島守備軍民政部：《山東之物產》第4編，《家蠶》，1920年版，第62頁，85頁，105頁。

② 〔日〕青島守備軍民政部：《山東之物產》第1編，1920年版，第20—23頁；〔日〕青島守備軍民政部：《山東之物產》第1編，《落花生》，1922年版，第21頁，64—67頁。

③ 尹喆鼎：《山东之落花生》，1934年版，第74页。

过三等车站”①。张博支线开通后，过往商货增加，车站和市镇规模随之扩大。此时，市镇分张店镇及张店车站镇两镇，“张店镇距车站约二里许，为一小乡镇，素日甚冷清，二、七日有集市，届时百货云集，颇为繁盛，但较之车站镇则又瞠乎其后”。车站镇有居民750余户，人口3500余人，大小商号90余家，并有日商商店20余家。

张店棉花市场兴起于1920年后，兴盛于30年代。这一时期小清河流域产棉区及黄河北岸滨县、蒲台等产棉县，咸以张店为集散地。1920年代，张店棉花集散量在13万—15万担之间，30年代增至20余万担。市场交易的棉花有五成来自滨县、蒲台、利津，有三成来自高苑、博兴、广饶，有二成来自邹平、章丘和齐东。棉花交易以当年九月至来年一月为最旺时期。棉花上市时，各县贩花小贩在各乡镇直接收买，凑有成数后，用大车运至张店，交花栈代售。30年代初，张店有花栈25家，每家年收花在一万担上下。“花栈专代客买卖，因同行过多，利益甚微，大率均自兼花贩。每当棉花成熟之际，派人分赴各产地收买籽花，待善价而沽之”。棉花进到花栈后，“由花栈经纪人介绍卖与花行”，同时向花行和花贩收取佣金。花行专营棉花输出业，当时张店共有9家花行，日信、和顺泰、瑞丰、东棉四家为日商经营，其余五家由华商经营。由张店市场集散的棉花，几乎全部经花行之手运往青岛，售与当地纱厂②。

烟叶专业市场——辛店

民国初年，美种烟草引入山东，在胶济铁路沿线推广种植。1926年美烟种植面积已发展到近16万亩，1931年达24万亩，胶济铁路沿线地区由此成为美烟集中产区。在美烟种植专业化和商品化的基础上，烟叶收买交易向铁路沿线的辛店、谭家坊子、二十里堡、杨家庄、坊子等市镇集中，中外烟商相继在这些市镇设立永久性和临时性收买场，从事大规模收买。在这些市镇中，辛店的市场集散规模最大，专业化程度也最高。

辛店烟叶市场兴起于1920年代，1927年日本南信洋行最先在辛店设立临时性收买场，此后，英美烟草公司、美国大义烟公司分别于1930年和1931年在辛店设立永久性收买场，同期，日商山东烟草会社、米星烟

---

① 林传甲：《青岛游记》，《地学杂志》第9卷，1918年1月第1期（总第91期）。

② 金城银行天津调查部：《山东棉业调查报告》，1936年版，第156—158页。

草会社、英国花旗烟公司也相继设立临时性收买场，而华商则有中国山东、五昌、东鲁、坎拿大、胶东、南洋等公司在辛店设临时收买场。30年代初，辛店全镇有大小商号百余家，而居民仅260户。每年10月烟叶上市时，市面最活跃，外来烟商在镇上设立的临时收买庄有18家，当地炭栈、杂货商有余资者，也从事烟叶收买。收购季节，烟市交易额可达300余万元①。

1936年，胶济铁路沿线美烟产区各市场的收烟总量为53040吨，总收买额2577.4万元，其中辛店市场的收烟量达16080吨，收买额853.7万元，分别占总数的30%和33%②。

民国以后，在各主要农产品和手工业品流通领域，基本都有专业市场的存在。随着农业手工业专业化和商品化的发展，一部分产地市场与地处交通要道的市镇发展成为小型专业市场，如棉产区滨县的北镇、邹平县的孙家镇、高苑县的田镇、齐东县的吴庄，胶济沿线烟产区的谭家坊子、二十里堡、杨家庄，潍县土布生产中心的眉村、寒亭等，相继在20年代由传统市镇发展成为小型专业市场。生产的专业化与商品化是市场转型的基础，同时作为近代市场结构的重要组成部分，专业市场也为产区产品的大规模流通提供了条件。民国初年，高唐、夏津、临清三地的棉花产量达36万担，约为当时全省棉花产量的一半，大量棉花既不可能在当地消纳，也不可能由分散的产地市场直接输往集散市场，只能是先集中于城厢专业市场，然后再向外地输送③。从这种关系上看，没有市场的专业化，生产的专业化和商品化也是难以实现的。

在商品流通上，专业市场与高层次市场有着十分密切的联系。一方面，专业市场总是以中心市场、进出口市场为商品流通方向，集散量的消长常以这些市场的需求多寡为转移。据1916年统计，沧口、沙子口两果品专业市场年果品集散额共800万斤，其中大部分运青岛销售；同期昌邑、栖霞、宁海等茧绸专业市场，每年运往烟台的茧绸总数为35万匹，占三地总产量的36.8%；此外，草辫、棉花等项商品的专业市场也是以

---

① 胶济铁路管理委员会编：《胶济铁路经济调查报告汇编》，1934年版，分编四，临淄县。

② 李心田：《山东美种烟草调查报告》，《国际贸易情报》第2卷，1937年4月第10期。

③ 冈伊太郎、小西元藏：《山东经济事情——济南を主として》，1919年版，第184—185页。

青岛、烟台、济南、天津等市场为主要流通方向[①]。另一方面，专业市场对高层次市场也具有一定的制约作用，在某种程度上甚至决定着高层次市场部分商品的集散规模。民国初年，大汶口、齐东两市场输往济南的花生分别为济南花生集散总额的六成和三成；1919 年大汶口销往青岛的花生为 24 万担，约占青岛同期输出量的 23%；1908—1913 年，沙河镇等草辫市场的集散量约占青岛出口量的一半左右。可以说，专业市场集散的商品实际是口岸出口的重要项目，输出量与口岸出口量存在着“从属——制约”的双重关系。

四　市场间的桥梁——中转市场

中转市场多位于水陆商道的枢纽处，它的形成乃是近代商路运输和商品流通的产物。中转市场不以本身消费为主，只起一种转运商品、沟通口岸与内地商品流通的作用。近代山东的中转市场，以羊角沟、洛口、胶州、黄台桥、索镇、涛雒口最为著名。这些市场有的崛起于近代，有的则是在旧基础上转型演变而成。例如青岛开埠后，原属胶州的大宗贸易转移于青岛，胶州遂由原先控扼南北贸易的沿海集散市场，转变为青岛进出口贸易服务的辅助港，民国初年，胶州各码头民船年进出数为 6000 余只，其中有 5000 只往来于青岛、胶州两地，专为青岛转运货物。就市场的中转规模、作用和特点而言，中转市场以羊角沟、黄台桥、洛口最为典型。

羊角沟中转市场

羊角沟旧名塘头营，俗称羊口，地处寿光县境内。同治年间，羊角沟还只是一个商号“寥落数十家，谋微利营生”的小市镇，当时“海北帆船停泊于此，船商赴北单家、七里庄等处采买粮粒，装船贩运”。1892 年小清河全线疏浚，羊角沟市镇也南迁至河口处。此后，羊角沟“商务日兴而月盛”，逐渐发展成“百货交集，沿岸舟楫栉比林立，十余里不绝”的商品中转市场和食盐集散地[②]。

---

① 杉山五郎：《最近山鐵沿綫事情》，1916 年版，第 87 頁；安源美佐雄：《支那の工業と原料》第 1 卷下册，1919 年版，第 91—93 頁。

② 光绪《寿光县乡土志》，清末抄本，商务。

羊角沟距济南水程480华里，距龙口海路100海里，距烟台180海里，距虎头崖45海里，因地理位置可“东走烟台，西达济洛”，沿海港口的货物可经由羊角沟进入济南、周村等内地市场。烟台开埠后，因水运比陆运便宜，内地货物不少是先汇集于济南黄台桥，经由小清河运抵羊角沟，然后改装海船运烟台；同样，烟台大宗货物亦经由上述路线运往济南、周村等市场。贸易季节，“海船转运之杂货、木料咸集于此，道旁堆积如山，河下船只停泊者，长约三里，宽约半里。是时五方杂处，船商登陆，酒肆茶室，坐客常满，商人获利，动以数万计”①。19世纪末，烟台每年有大量的棉纱、布匹要经羊角沟转往内地各类市场，由羊角沟转运至烟台的内地土货，既有鲁西小麦、博山陶瓷、烟草等本省土产，也有河南豆货、山西草辫等沿黄省份的货物。另外天津、营口、大连、龙口、虎头崖等渤海湾诸港，也以羊角沟为货物中转地，来实现与内地间的商品交流。20世纪初，羊角沟每年的土洋货中转额约1000多万元，而其市场自身消费只占商品中转总量的5‰左右②。商品消费量与中转量比例的悬殊，从一个侧面反映了羊角沟市场的中转特性，这一特性是市场赖以存在和发展的基础。

民国初年，羊角沟各类居户共2200户，人口11000人。镇上大商号有上百家，最有实力的商家为行栈商，户数约40户。行栈商全部以经营贸易为主，同时兼营运送业，资本从数万元至10万元不等，最大的行栈益隆公有九家联号，资本达100余万元。与中转贸易相适应，行栈的经营范围极为广泛，包括杂货、粮食、木材、煤油、棉纱、布匹、盐、旧铁、砂糖、纸、火柴、草辫、花生等。另外镇上还有大小运局十六七家，鱼行数十家，经营马车、轿车和货车运输的车行十几家，绳行10家，以及为数众多的杂货店、旅店和饭店③。

羊角沟中转贸易以每年的四、五、六月份最盛，其次为九、十月份，一年中的贸易有四分之三在这五个月中进行。贸易旺季，码头每天靠泊船只300只以上，由海口来装卸货的沿海民船一年少则500只，多时达1000

---

① 王树枂：《羊角沟愳见录》，1936年版，第1—2页。

② 光绪《寿光县乡土志》，清末抄本，商务。

③〔日〕青島守備軍民政部：調查資料第21輯，《小清河ノ水運ト羊角溝》，1921年版，第320頁，324—327頁。

只。另外逢运盐旺季，在码头装盐外运的盐船（俗称“盐花子”）每天平均60只①。大批盐船由小清河上溯黄台桥，再转往洛口，由洛口水运沿黄各地。

胶济铁路通车后，小清河航运贸易遇到铁路运输的有力竞争，沿岸地区的许多货物改走铁路，羊角沟中转贸易因之遭受严重挫折，市场贸易额逐渐下降。20年代，市场中转的货物大部分为杂粮、木材、食盐等粗重货物。1931年“九一八”事变后，羊角沟与东北各港的贸易近乎停顿，这对市场中转贸易无疑是雪上加霜，此一时期，羊角沟年贸易额基本维持在300万元的水平②。

黄台桥中转市场

黄台桥俗称板桥，位于济南东北12华里处，距济南东关8华里，为小清河民船航运的上游终点码头，与洛口共同构成济南的水路货运门户。

黄台桥市街横跨小清河南北两岸，直到19世纪末，市街所在地还只是一片荒野。后来胶济路和津浦路敷设支线，在黄台桥修建车站，当地一下成了小清河、胶济路、津浦路三条运输通道的会合点，北岸有通津浦铁路洛口运盐铁道专线，南岸有通胶济铁路东关车站的铁路支线（长4华里），中转贸易随之兴起。民国初年，在贸易旺季，码头每天靠泊货船数百只，洛口、黄台桥之间每天有两列货车转运货物。沿河市街上依次排列着经营木材、盐、粮食、陶瓷以及杂货的商号，当中交易量大的商号有福裕恒、恒聚栈、济华栈、义合栈等行栈。由济南市场经黄台桥转运输出的货物，大部分为工业品和手工业品；由羊角沟及小清河下游地区而来的盐和各类杂货，一般先集中于黄台桥北岸，然后转运洛口，从洛口经由津浦铁路或黄河水道运鲁西、江苏、河南等地；而河南出产的杂粮、铁锅、铁货，山陕出产的水烟、药材，通常先由黄河民船运至洛口，再由洛口转往黄台桥，然后分运各地③。

二十世纪二三十年代，黄台桥为山东55县和江苏5县食盐集运地，

---

① 〔日〕青島守備軍民政部：調查資料第21輯，《小清河ノ水運ト羊角溝》，1921年版，第334—336頁。

② 胶济铁路管理委员会编：《胶济铁路经济调查报告汇编》，1934年版，分编四，寿光县。

③ 馬場鍬太郎：《支那經濟地理志》交通篇，1922年版，第442頁；〔日〕青島守備軍民政部：調查資料第19輯，《小清河ノ水運ト羊角溝》，1921年版，第267—268頁。

“停留船只（均对槽）恒在三十只以上，十分之九为盐船，来自羊角沟，在此改装火车，分运各处”。1932年，由小清河船只运入黄台桥的大宗货物价值821万元，当中有经黄台桥转运的食盐24万包（每包重500斤），货值720万元；而经小清河运出的货物价值约136万元①。

洛口中转市场

洛口位于济南城西北的黄河南岸，距济南15华里，距黄河口460华里。市街三面有城壁环绕，一面凭临黄河大堤，市街南北宽1里，东西长3里。20世纪初，全镇户数3000家，其中商户1000家，规模较大的有铁器铺、药材店、粮栈、西洋杂货店，另外还有不少行栈，专门代客商办理货物栈存、转运、批发等事宜。按民国初年统计，镇上有各类居户2000—2400户，人口10000—15000人，一半从事商业，一半从事运输业②。

清末民初，洛口“为山东、直隶、山西、陕西、河南等处河流贸易之要冲”，“上下游来往之民船均以此地为目标”，故当时有“黄河沿岸之第一码头”之称。除秋季河水泛滥不能航运外，自冬至夏，洛口上下游航运均可畅行无阻，“五六月之交尤盛”，往来船舶每日三四十只，码头靠泊船只200只以上。“由下流而来者，为利津、蒲台之盐，南方之纸、茶叶、烟草及其他之杂货；由上流而来者，为山西之铁，河南之桐油、药材、漆、水银等”③。通常黄河上游河南、山西等省运销山东或经由山东出口的货物，一般均从洛口转输济南。1906年，洛口至黄台桥铁路支线修通，使沿黄地区的货物可以经洛口中转，进入小清河流域和胶济铁路沿线地区。如河南的豆子经黄河水运洛口，然后在洛口转装火车，分运胶济沿线地区，供应当地榨油油坊。1909年，由洛口经胶济铁路发运蛤蟆屯的河南豆子就达1万吨④。1918年前后，洛口的货物年中转量达100万担，单是由洛口运出的货物就有棉纱5000担、棉布6000担、煤油3万

① 胶济铁路管理委员会编：《胶济铁路经济调查报告汇编》，1934年版，分编六，济南市。

② 〔日〕東亞同文會：《支那經濟全書》第5輯，1908年版，第617—618頁；白眉初：《中華民國省區全志·山東省志》第3卷，1925年版，第12頁。

③ 黄昌寿译：《山东之水运》，《地学杂志》第9卷，1918年10月第9、10期合刊；余逊斋：《山东产业调查记（续）》，《中华实业界》第2卷，1915年10月第10期。

④ 《宣统元年通商各关华洋贸易总册》，1910年版，胶州口，第30页。

担、火柴2500箱、砂糖12000担、煤1000吨、陶瓷300吨、杂货7万担、纸15000担①。

1920年代后，因不少行栈、商号陆续转往济南商埠或车站一带，洛口从事土产和转运业的商家逐年减少，但是市场的中转特征并未改变。中转贸易以煤油、粮食两业最盛，“黄河帆船所运之粮食土产由此卸船，转运济南或改装津浦车，煤油、煤炭、杂货、棉纱、布匹、济南面粉由此装船分销各处”。1932年，由黄河船运入洛口的大宗货物，货值近915万元；由该地装黄河船运出的煤油达19万箱、面粉15万袋，另外还有大宗烟、棉纱、布匹和杂货，货值共443万元②。

中转市场商品中转种类和中转量的大小，取决于开埠城市与内地商品流通的规模和需要，一般说，二者间的流通规模越大，中转量也越大。从另一角度看，中转市场对其他市场的发展也具有积极的作用。首先，它作为沟通腹地与口岸联系的纽带，促进了内地与沿海地区的贸易，使诸如山西草辫、河南豆子、桐油、药材以及粮食等货物得以进入口岸市场；其次，它促使各类市场的商品流通范围扩大，依靠洛口市场的中转贸易，济南市场流通范围扩及到山西、河南等省；依靠羊角沟市场的中转贸易，烟台市场流通范围扩展到小清河流域；而塔埠头、涛雒口与青岛的民船中转贸易，则使沿海地区的土货流通纳入到青岛进出口市场的影响范围内。

五　区域性商品聚散地——集散市场

集散市场是一定经济区域内商品贸易的中心，并与中心市场、进出口市场有着密切的联系，它既是所在地区商品消费的主要货源地，代表着该地区的消费水平，又是该地区农副产品的集散地，决定着农副产品的流通方向和流通范围。传统形式的集散市场多分布于运河地区和沿海地区，后因形势变化，两地区集散市场大部分趋于衰落或转型，虽然有个别市场保持住原有的市场地位，但商品集散内容已与以前大不相同，如济宁市场在

① 岡伊太郎、小西元藏：《山東經濟事情——濟南を主として》，1919年版，第373—376頁。

② 胶济铁路管理委员会编：《胶济铁路经济调查报告汇编》，1934年版，分编六，济南市。

运河淤阻和津浦铁路通车后，货物集散从以南方为主一度改为以北方为主。烟台、青岛开埠后，随着商品流通重心的东移，在原有商业城镇的基础上，鲁东和鲁中形成了潍县、周村两大土洋货集散市场，地处鲁南运河沿岸的济宁，借助于津浦铁路，商品集散贸易也有新的发展，三个市场成鼎足之势，共同在区域商品流通上发挥着重要作用。

济宁集散市场

济宁位于曹州、兖州之间，19 世纪中叶前，“当河漕要冲，江淮百货所走集”。运河曾是济宁最重要的货运通道，市场贸易对运河航运有着很强的依赖性，“每岁粮艘往来，携带糖、米、磁器、竹杉各种货物，届时卸置河浒，堆积如山，商家雇脚搬运各号，批发零售，计敷周岁之用”①。除了运河水路外，济宁还有着发达的陆运商路，由济宁沿济铜大道向东，可至邹、滕、峄各县及沂州、江苏清江、淮阳等地；向西经安居、嘉祥，可通郓城、巨野、曹县及直隶开县、东明等地；向南入鱼台，有通江苏丰、沛、徐及安徽的大道，向北由康庄驿入汶上，可通东平、东昌及京津，向东北入兖州（滋阳），然后叉出两路，一路至泰安、济南，一路达曲阜、泗水；向西南由卢家楼入金乡，有通曹、单、城武及河南归德的大道②。通过四通八达的水陆商路，清光绪年间，济宁“土货如枣、柿、花生、饼油、冬菜、布、粮、皮革之属，岁出不下数百万；贩运如棉纱、绸缎、杂货各品，岁入亦约数百万”。市场洋货和南货基本来自镇江或经镇江自上海输入，每年由镇江水运济宁的大宗货物为棉纱 100 余万斤、洋布七八万匹、火柴 1000 余箱、煤油四五千箱、糖三四十万斤、纸三四千捆、瓷器数十万斤、南酒二三千坛、铁货五六十万斤③。

19 世纪后半叶，运河因疏于修浚，河道逐渐淤浅，航运受到影响。1900 年后运河漕运被海运取代，沿河商运大为减弱。济宁“自漕运停而运输艰，资本家及劳动者交受影响，商业逐渐凋敝。虽有一二富商大贾，派伙前往苏、杭、沪上，购办大宗货品，然较曩时船舶运来，相去不啻霄壤”。1912 年津浦铁路兖济支线修竣后，商品流通增添了新的渠道，货运

① 道光《济宁直隶州志》卷 3，1859 年刊，风土，风俗；阙名：《济宁商业之最近观》，《农商公报》第 3 卷第 8 册，1917 年 3 月第 32 期。

② 民国《济宁县志》卷 1，1927 年版，疆域略。

③ 光绪《济宁直隶州乡土志》，1905 年版，道路，商务。

大部分改走铁路，从而大大改变了济宁的商品流通状况，使得市场“运输便利，消息灵通，不特商业渐复旧观，而且市面又辟新象”。20 年代初，济宁市场“出境货如小麦、面粉、牛羊皮、骨、豆油、豆饼、蛋粉等项，每年不下千余万元；入境货如棉纱、煤油、杂货等项，每年亦不下数百万元。区区一域，出入如此之巨，不可谓商务不繁盛”。此时的济宁再次成为“山东西南部商业之中心”，鲁西南商品的“供给需用，皆握权本市场之商店”①。据 1921 年调查，济宁由津浦线输出入的货物基本以浦口（上海）、济南、天津为吐纳市场，年货运总量达 30 万吨，其中输出占三分之二，输入占三分之一。当时济宁与上述三个市场的商品流通情况如下②：

市场	输出货物	输入货物	合计
浦口	20000 吨	40000 吨	60000 吨
济南	50000 吨	10000 吨	60000 吨
天津	100000 吨	2000 吨	102000 吨
黄台桥	20000 吨	—	20000 吨
蚌埠	5000 吨	—	5000 吨
枣庄	30000 吨	—	30000 吨

周村集散市场

周村地处山东腹地，南通沂蒙山区，北接黄河两岸，经索镇与小清河航运相通，因而在清代有“旱码头”之称。在陆运交通上，周村恰处济南府至青州府东西大道要冲，商货往来均由此经过，在胶济、津浦两铁路未通车时，西至省垣，东至烟台，俱属通衢，交通较其他地方便利。清末民初，凭借便利的水陆交通条件，周村成为鲁中山区和鲁北平原的商品流通枢纽。

周村市场的勃兴，与烟台、青岛有着很直接的关系。19 世纪后半期，

① 阙名：《济宁民国十年之商情》，《银行月刊》第 2 卷，1922 年 2 月第 2 期；白眉初：《中华民国省区全志·山东省志》第 4 卷，1925 年版，道县汇志，济宁县。

②〔日〕青島守備軍民政部：調查資料第 27 輯，《大運河及鹽運河都邑經濟事情》，1922 年版，第 87—88 頁。

周村是“山东北部来自国内外货物的最大集散中转的地点，集散中转的货物来自烟台（经小清河入海港口羊角沟），有布匹、棉布、棉纱、生铁、火柴、煤油等。由海路到羊角沟的货物卸船后，再装一种平底船，溯小清河而上约二百华里到达索镇后，再用牲口运到周村”①。1897 年，周村自烟台输入棉布约 20 万匹、棉纱 20400 包，这些货物除部分在当地消费外，大部分转销内地，分销范围包括蒲台、齐东、泰安、东平、宁阳等地，而上述地区的土货也要先在周村集中后，才能运往烟台。在周村集散的土货以丝、草辫为大宗，其中仅黄丝一项，价值就达 200 万银两。“黄丝的产地在遥远的地区，有蒙阴、沂水、泰安、沂州、滕县等处”，这些地区的黄丝在周村集中、整理、打包后，全部“由旱路运烟台”。到 19 世纪最后几年，周村市场的商品集散贸易额已达 1500 万银两②。

青岛开埠后，周村转以青岛为主要输出入市场，与烟台间的贸易趋于减少。1903 年，胶济铁路修至周村，并在当地设立车站。1905 年，周村自立商埠，商埠区预定在车站及东城门之间，南以铁道线路为界。此时周村市镇居户约四五千户，人口 25000 人。“商货向东往青岛、胶州、平度、安丘、潍县、昌乐、青州、寿光、临淄、博山、淄川，向西往济南、章丘及赴津浦路各县，无不经此”。借助胶济铁路运输，大宗进口货物由青岛输入，周村市场的集散功能由此得到加强。“河南、山西、直隶、辽东等处客商云集，各以其土物与山东之丝绸、土布、铜器、铁、锡、水银交易；外国贸易，如棉纱、棉布、杂货等额，约三百万两，丝绸、麦秆辫则由此以输出”③。1905 年，周村市场贸易额已增至 2500 万两，贸易范围不仅扩展到本省高唐、商河、寿张、德平、泗水、菏泽等地，而且远至河南开封、顺德、彰德④。第一次世界大战期间，周村每年向青岛输送棉花 2 万担、牛皮 10 万斤、羊毛 150 万斤、黄丝 3500 担，输送量在青岛相应出口项目中占很大比重，如棉花占 29%，黄丝占 72%⑤。

1916 年，吴大洲、薄子明率部占领周村，成立“护国军”政府，

---

① 青岛市档案馆编：《帝国主义与胶海关》，档案出版社 1986 年版，第 55—56 页。

② 《光绪二十五年通商各关华洋贸易总册》，胶州口，第 12 页。

③ 余逊斋：《山东产业调查记（续）》，《中华实业界》第 2 卷，1915 年 10 月第 10 期。

④ 〔日〕東亞同文會：《支那經濟全書》第 5 輯，1908 年版，第 602 頁。

⑤ 〔日〕青島守備軍鐵道部：《周村事情》，1917 年版，第 8 頁。

以“讨袁”为名对工商业户大肆勒索，使工商业损失约千余万元。此后殷实商户纷纷迁往济南、泰安等地，“洋货、洋布各庄移于省城者二百余家，丝、布分移泰安、青州、博山等处，不可复合”。与动乱前相比，市场贸易“约减十分之七”。“市面所赖以维持者，仅丝业和织业”，当时附近出产的丝绸等货仍在周村销售，业内商家尚有45家，机坊80余家①。

1920年代后，周村商业逐渐复苏，绸麻业布业丝业再度兴盛，当地工业和手工业重新获得发展。到30年代初，周村仍为鲁北地区的“商业中心”。当时全镇共有居民7000余户，人口37400余人，工厂作坊和商号店铺共计2200家，加入商会的工商业户约1700余户，市场全年贸易额约3000余万元，年交易额100万元以上的行业，有绸麻业、布业、麻丝业、绸缎业、丝索业、卷烟业、棉织业、广货业和粮业。输出货物以棉花、粮食、花生、瓜果、鸡蛋、布匹为大宗，多产自利津、滨州、蒲台、惠民等地，年输出12835吨；运入周村的货物，以煤油、面粉、糖、烟叶、木材、铁、纸烟、陶瓷、火柴、布匹、纸张、肥料、竹器、文具等为大宗，“采购于青岛者十之七，采购于济南者十之一”，年输入15435吨。上述货物，基本以高苑、博兴、桓台、广饶、邹平、齐东、青城、惠民、滨州、蒲台、利津为分销市场②。

潍县集散市场

潍县位于烟潍大道的终点处，距烟台596华里，明清时期就是山东著名的商业城市。清末，在烟潍商路的影响下，潍县市场贸易基本以烟台为主要对象，同时与烟潍商路沿线的昌邑、沙河、莱州、龙口及小清河河口羊角沟，也有着密切的商业关系。当时山东中部和东部的商货多以潍县为集散地，并由潍县向烟台、龙口输出；同时这些地区也以潍县为主要商品采购地，“昌乐、寿光、安丘、昌邑、青州一带商民，凡有需求，佥向斯地购买，一时交易总值甚大，不下五六百万元”③。胶济铁路开通后，潍县恰处济南、青岛两地中间，距青岛183公里，距济南207公里，作为胶

① 林传甲：《青岛游记》，《地学杂志》第9卷，1918年1月第1期（总第91期）。

② 胶济铁路管理委员会编：《胶济铁路经济调查报告汇编》，1934年版，分编五，长山县。

③ 同上书，分编三，潍县。

济线过往商货运输的必经之地，贸易也随之改以青岛、济南为输出入市场。

1905年潍县自开商埠后，商业日臻繁盛，因地理位置适当烟、青、济三大市场中心，依靠烟潍贸易商路和胶济铁路，与开埠城市的贸易获得长足发展。青州府、沂州府、泰安府部分地区的土货，如土布、茧绸、草辫、花生、烟草、畜产品等，往往要先集中于潍县，然后才能运往通商口岸；同样，通商口岸的进口商品也是先运抵潍县，然后才分销到区域内大小市场。据1906年统计，潍县从烟台、青岛输入的棉纱价值200万两，布匹价值150万银两，这些棉纱、布匹由15家洋布庄分销，行销范围达于沂州、莒州、泰安、临朐、蒲台、泗水等地①。

潍县及其周邻地区，也是山东近代手工业和农业的重要产区，物产主要有土布、草辫、刺绣、猪鬃、烟叶、花生、杂粮等。对于区域内土产品的流通，潍县具有很强的市场集散功能。民国初年，随着铁路货运比重的不断上升，越来越多的花生、烟草、猪鬃、绣货从潍县车站装运输出。这一时期，潍县每年向上海、香港、广东输出的绣货价值100余万两，集散输出的烟叶达150万斤，猪鬃4000箱②。

从1912年民国成立到30年代初，潍县手工织布业、猪鬃业、皮革业、绣货业发展较快，机器工业也有了一定程度的进步。以使用铁轮织布机为特征的家庭织布业，兴起于民国初年，20年代初遍及全县，到30年代初全县约有织布机5万台以上，年织布总数达1000万匹以上，产值7000余万元，销路几乎遍及国内各省。“布之行销与交易，由布庄主持之”。1932年全县共有布庄257家，每年由铁路运出布3600吨，由邮局运出十二三万件。潍县近代工业集中在铁工、铸造、面粉、火柴、染料、染织等行业，资本总额近百万元，年产值219万元，部分工业产品如铁轮织机、染料、色布等，行销于胶济、津浦、陇海三路沿线地区。手工业与新兴产业的发展为市场集散贸易提供了基础，据1932年潍县营业税局和县商会两方面报告，全县大小商号不下3000家，市场交易总值不下4000

---

① 日本外務省通商局：《清國事情》，1907年版，第287頁。

② 田原天南：《膠州灣》附録，1914年版，第118頁；高橋源太郎：《最近の青島》，1918年版，第212頁。

万元[①]。商品流通量逐年增长，1928—1931 年，潍县境内五处货运车站，平均每年自青岛输入货物 116729 吨，输出货物 77272 吨。同期，潍县自青岛输入棉纱 27000 件（价值 675 万元），自各口岸市场输入杂货 500 万元；向河南、安徽等省发送土布 400 万匹（价值 2800 万元），输出烟叶 1500 万斤（货值 300 万元），绣货 50 万件（价值 100 万元），猪鬃 50 万斤（价值 100 万元）[②]。

综上所述，三大集散市场的特点与功能主要有以下三个方面：

（1）市场为所在地区商品集散的中心，商品消纳范围往往扩及数十个县。如清末民初潍县依靠烟潍贸易商路和胶济铁路，一方面集中青州府、沂州府、泰安府等地的土产转运口岸出口，一方面又从口岸输入洋货分销上述地区。同样，周村市场借助铁路和小清河水运，20 世纪初，单是纺织品的集散额即达 200 万银两，分销范围不仅包括鲁中地区，而且还扩展到高唐、商河、寿张，德平等地。济宁地当曹、兖之间，与曹州的贸易占当地贸易总量的 70%，而兖州所需洋货、南货也系由“商人赴济宁兑买，运回行销”[③]。

（2）市场某些商品的集散具有专业特征，集散量在同类商品集散总量中占很高的比重。例如济宁既是地区性市场，又是全省最大的皮货市场，皮货来源包括曹、沂、青诸府以及邹、滕、峄山区，据 1911 年统计，年集散量为牛羊皮 190 万斤，其他皮货 206 万张；同期的周村，为全省最大的丝业市场，有丝商 200 余家，仅购入临朐黄丝一项，年值即达 200 万银两；第一次世界大战后，潍县随着地方产业的发展，成为最大的烟草、绣货、猪鬃专业市场[④]。而到 30 年代，“主要商品贸易以布业为大宗，东关为布匹集散场所”，布业商号共有 400 家，年交易总额达 1300 万元。“附带而起者，则为棉纱业，就南流及潍县两站观察，已有万吨棉纱之输

---

① 实业部国际贸易局：《中国实业志（山东省）》，1934 年版，（乙），第 195 页，（丁），第 87 页，102 页，107—112 页，114 页。

② 胶济铁路管理委员会编：《胶济铁路经济调查报告汇编》，1934 年版，分编三，潍县。

③ 日本外務省通商局：《清國事情》，1907 年版，第 285—288 頁；光緒《滋陽縣鄉土志》，1906 年抄本，商務；〔日〕東亞同文會：《支那省别全志》第 4 卷，《山東省》，1917 年版，第 331 頁。

④ 田原天南：《膠州灣》，1914 年版，第 428 頁。

入，总值不下一千万元"①。

(3) 各市场的土货集散，对口岸出口的稳定具有十分重要的意义，特别是某些专业性强的集散项目，集散水平直接影响着出口水平。民国初年，周村每年向青岛运送棉花2万担，黄丝3500担，输送量分别占出口量的29%和72%。同期潍县的猪鬃输出量为4000担，占青岛出口量的80%。另一方面，集散市场则依赖口岸市场和中心市场输入日用工业品。济宁以上海、济南为最大的采购市场，潍县、周村则以青岛、济南为最大采购市场。30年代初，潍县自两个市场输入16大类商品，输入额超过1200万元；周村自两大市场以及上海、天津输入25类商品，输入额超过1000万元②。

六　内地市场的枢纽——中心市场

中心市场是一省商品流通的中心，一般位于商路网络的交汇处，起着在一省乃至数省范围内集散商品的作用。同时，中心市场因人口密集，工业和手工业比较发达，因而又是一省生活和生产资料的主要消费市场。济南地滨黄河、小清河，附近有黄台桥、洛口两个中转市场，并有若干重要的商路以其为起讫点，胶济路、津浦路修通后，济南成为连接两大运输动脉的纽带，由胶济路东去青岛，由津浦路北往京、津，南往宁、沪，均一日可到。此外，济南还拥有众多的城市人口，金融业比较集中，工业、手工业发展程度也高于一般城市。在这些有利条件下，民国初年，济南发展成全省性商品贸易的中心市场。

本来，在19世纪中叶，济南还只是一个地区性的政治文化中心，市场基本为一消费性市场，城市商业集中在消费服务性行业。烟台开埠通商后，济南通过烟潍商路延长线，开辟了与烟台进出口市场间的商品流通，市场开始转型。19世纪80年代，济南每年从烟台输入价值200万银两的纺织品，并输出部分土货产品③。此后20年间，济南商业由东关和城里

---

① 胶济铁路管理委员会编：《胶济铁路经济调查报告汇编》，1934年版，分编三，潍县。

② 同上书，分编五，周村。

③ Decennial Reports, 1882—1891, Chefoo, p. 46.

向西关转移，与周邻市场的商品交流也逐渐趋于活跃，但此时市场贸易仍带有很强的地方性色彩。

1904 年胶济铁路全线通车，1906 年济南正式开辟商埠，1912 年津浦铁路全线通车，这三件事加快了济南市场的转型进程，并极大地改善了济南的市场地位，使之成为水路交通的枢纽。此时与济南联络的重要市场，省内首推青岛，其次为烟台、潍县、周村、济宁、德州，省外为天津、上海、开封、郑州、徐州，市场辐射范围北至德州，南抵徐州，东达博山、益都，西接黄河上游的河南、山西，省内市场包括济南以西 400 华里、以南 600 华里的广大地区。作为初具中心市场雏形的商业贸易中心，济南同省内外口岸市场的联系也愈来愈密切。1905 年，济南经青岛从上海方面输入的货物总值超过 200 万两，其中棉布 73 万余两、五金 48 万余两、棉纱 20 万两、火柴 11 万两，包括煤油、砂糖、染料在内的各类杂货 50 万两①。

商埠设立后，烟台、青岛的洋商纷纷到济南开设商行，经营与口岸贸易相关的土洋货输出入业务，民国初年商埠洋行已发展到 25 家。与此同时，经营土产贸易的行栈商人资本也开始在棉花、粮食、畜产等行业崭露头角，逐步形成城乡间新的商品购销网。这一时期，济南市场的年贸易集散额已达 1200 万两，其中输入占 700 万两，输出占 500 万两。输入货以日本货数额最大，其次为德国货和英国货②。民国初年，济南市场每年自青岛、烟台输入的主要洋货为：棉纱 300 万两、布匹 85 万两、糖 137 万两、火柴 120 万两、煤油 12 万箱，其中棉纱的输入额约占青岛进口额的三分之一；同期，济南作为通商口岸的货源地，主要土货的年交易量为：花生 70 万担（占山东花生出口量的 35%）、棉花 3 万担（占出口量的 43%）、草辫 6 万担（占出口量的 60%）、牛皮 200 万斤（占出口量的 50%）、牛油 5000 担、黑枣 8 万包、红枣 300 万斤③。从土洋货的市场流向看，同口岸市场的贸易无疑已在济南市场占有举足轻重的地位。

第一次世界大战后，与沿海城市贸易的增长，使济南市场的集散水平

---

① 日本外務省通商局：《清國事情》，1907 年版，第 285—286 頁。

② 记者：《济南之商工业》，《中华实业界》第 2 卷，1915 年 5 月第 5 期。

③ 吉田豐次郎：《山東視察報告文集》，1913 年版，第 240 頁；田原天南：《膠州灣》附録，1914 年版，第 101 頁。

大大超过了潍县和周村，贸易量跃居内地市场首位。随着商品流通范围的不断扩大，市场外层进一步延伸。“凡山东西部及山西、河南等省之土货，欲输往外洋者，先集中于济南，再运集于青岛，故济南为鲁、晋、豫三省出口土货最初集中市场，青岛乃为其出口之商埠”；进口洋货输入华北内地，则是“先集于青岛，而后集于济南，故济南为中部洋货散布之商埠”①。1918 年，济南市场的商品集散交易总额已达 1 亿元。集散规模的增长，反映了中心市场与进出口、集散、专业、中转等市场联系的加强。这一年，济南与口岸市场的贸易额达 6000 万元，其中自青岛、烟台、天津、上海输入的主要商品货值为：棉纱 1500 万元、棉布 700 万元、砂糖 600 万元、卷烟 590 万元、金属 400 万元，这些商品除部分在济南及其周邻地区消费外，大部分运往省内几大集散市场，然后再由集散市场分销到各地初级市场。土货集散的情况也体现了这种关系。同期，济南市场的花生集散量为 2 万余吨，其中 30% 来自齐东，60% 来自大汶口，10% 来自河南；集散的花生约有 55% 运青岛，35% 运浦口。济南市场牛皮集散总量为 40 万张，货源主要由济宁（15 万张）、潍县（7 万张）、徐州（7 万张）、临清和德州（8 万张）五个集散市场提供，而消纳地则为青岛、龙口、天津等口岸市场②。

济南市场同内地的贸易早期完全靠车船运输，贸易范围主要为本省的武定、东昌、泰安、沂州、济宁、临清等州府，以及河北省的顺德、永平、祁州、大名等府，河南省的怀庆、彰德、卫辉等府。各地贩往济南的货物主要为当地所产土货，济南输往各地的货物则多为来自口岸的洋货和南货。铁路运输兴起后，虽有大量货物改走铁路，但中短程货运仍以车船运输为主，据 1918 年统计，济南同内地的车、船商货运输额达 2000 万元③。

随着市场集散水平的提高，济南中心市场与其他各类市场的关系也在不断加强，这种关系至少表现在以下两个方面：其一，中心市场既是进出口市场最大的综合性土货货源地，又是其进口品最大的消纳市场。1918 年济南仅输入棉纱、棉布、砂糖、卷烟、金属五项，价值即达 3790 万元，

---

① 实业部国际贸易局：《中国实业志（山东省）》，1934 年版，（丁），第 38 页。

② 岡伊太郎、小西元藏：《山東經濟事情——濟南を主として》，1919 年版，第 247—248 頁，264—266 頁，274 頁，292 頁，302 頁。

③ 同上书，第 55—57 页。

这是省内任何一个市场都无法比拟的。其二，各类市场之间的商品流通，既靠彼此间的直接输送，同时又要靠中心市场的间接转运，例如济宁、潍县、徐州、临清、德州五个市场的皮货，大部分要由济南集散转运青岛、天津、龙口等进出口市场。可以说，在新的市场结构下，中心市场不同程度地参与着各类市场间的商品流通，并通过市场商品的吐纳制约着各类市场之间的关系。

第一次世界大战之后，济南市场的商业贸易有较大发展，各类商业户数增加，商品吞吐量逐年上升。这一方面是由于当时交通运输比较通畅，另一方面是由于工业化进程和农业商品化进程为市场提供了大量的商品资源，并对各类生产生活资料产生了不断增长的需求。从20年代起，以济南为中心，先后修筑了济武、济惠、历章、历泰、历济、济濮、济馆、济临等公路，使鲁北、鲁西、鲁西南地区的商货流通转以济南为集散地。棉花、花生、小麦、牛皮、鸡蛋及手工业品，先是汇集于济南，然后向青岛输送；同时，纺织品、木材、煤油、铜铁、棉纱、染料、钟表、火柴材料等外来商品，也是先运集济南，然后沿商路分销于内地城镇市场。

1918—1927年10年间，济南市场的商业金融中心转向商埠，占市场首要地位的已不再是传统的国药、杂货、绸布、鞋帽、银钱“五大行”，而是集中于商埠区的土货输出业和洋货批发业。该期末（1927年），济南各种商业业户共计8999户，其中城内4253户，商埠1534户，乡区3212户。发展较快的行业集中于粮行、花行、牛栈、蛋行等土产输出业，五金、颜料、煤油、棉纱等洋货业，以及与城市生活相关的木材、煤炭、茶、棉布、杂货等行业。1924年，济南市场商品输出入总额已达18618万元，其中输出额7731万元，输入超过输出，达10887万元。1927年，商品输出入额超过2亿元，达23087万元，商品输入额14290万元，输出额8797万元，输入仍大幅超过输出。输入商品中，口岸市场输入额占8130万元（其中输入棉纱3750万元、布匹800万元），外省市输入额为6160万元；输出商品中，向口岸市场的输出额占5955万元，向外省市的输出额为2842万元①。

---

① 孙宝生：《历城县乡土调查录》，1928年版，163—167页；周传铭：《济南快览》，1927年版，商业。

1928年4月底，国民党北伐军逼近济南，奉系军阀张宗昌弃城溃逃，支持奉系的日本军队借机侵占济南，并一手制造了血腥的“五三惨案”。“五三惨案”与日军侵占济南，给城市工商业和金融业造成严重破坏，津浦铁路济南段停运，南北货运受阻；银号钱庄纷纷歇业，几乎全部破灭；商业贸易萧条萎缩，杂货、土产等行业遭受重创。1929年，国民党政府与日本就所谓“济案”问题达成协议，国民党取得在山东的统治权。随着“济案”余波的平息，市场贸易方逐渐恢复。

1930年代前半期，由于社会秩序渐趋稳定，交通货运恢复正常，加之城市人口增长，工业手工业对原料的需求和所提供商品数量品种的增加，促使市场商品吞吐量恢复增长。1932—1936年，济南市场经由胶济、津浦两铁路平均每年输入商品108万吨，输出商品56.6万吨①。据1933年调查统计，济南商业当时共有粮食、棉花等47个行业，注册商号、商店1228家，年营业总额9135万元②。

从市场商贸关系和运行格局看，内地各类市场实际是一个以中心市场为核心的市场系统，尽管不同类型的市场内容和功能互不相同，但是彼此之间却有着极为密切的联系，同属于一个整体。在这个系统中，各类市场的发展具有某种相似的特点，就是说，都在由平衡态的封闭系统向着非平衡态的半开放系统转化，而推动这一转化，并使其运行不已的动力则来自于沿海城市进出口市场。

七　以沿海城市为核心的市场结构体系

沿海城市进出口市场系统由青岛、烟台、龙口等口岸市场组成。这一市场系统既与内地市场系统有着密切的联系，又与国内埠际市场和国外市

① 〔日〕濟南商工會議所：《濟南事情》，1941年版，第116—122頁。

② 实业部国际贸易局：《中国实业志（山东省）》，1934年版，（丁），第39页。按：商家的营业额并非市场全部商品的流通值，因为它不包含外商洋行的贸易额和外埠商家在济南的贸易额，也不包含济南城市工业和手工业的生产销售额（单是济南面粉工业当时年产值即1737万元，销售市场包括本省黄河、小清河流域和胶济、津浦沿线地区）。另外，商家营业额普遍存在以多报少的现象，所以商家的营业额并不能全面反映市场商品的集散状况，换句话说，市场的集散规模当远远大于已知的商家营业额。

场有着大宗贸易。随着与内地市场联系的加强和商品流通量的增大，进出口市场与内地市场之间形成新的贸易商路，新商路从口岸到内地，将各类市场连接在一起，沟通了低层次市场与高层次市场之间商品的双向流通，从而使口岸市场与内地市场构成一个统一的市场体系。通过口岸市场与国内埠际市场及国外市场的贸易联系，作为整体的全省市场，又纳入到国内市场乃至世界市场之中。市场系统按以上流通关系构成的市场结构，可由抽象图式表示如下：

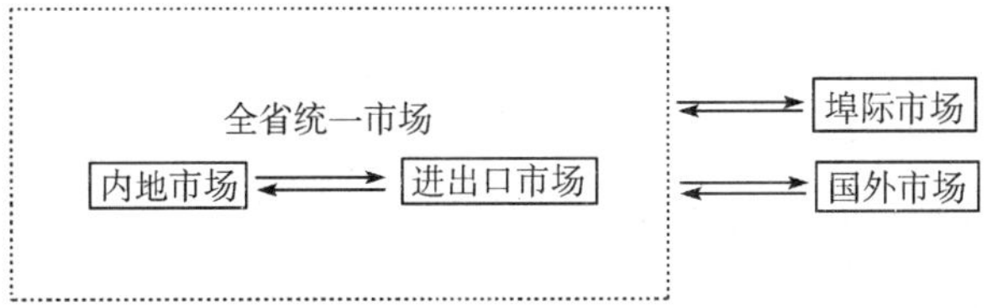

按图所示，内地市场与埠际市场及国际市场的联系，实际要靠进出口市场来沟通，但是，由于内地市场系统系由五类不同市场构成，因而进出口市场同内地市场的联系就具体为同五类市场的联系。联系内容由相互间的依存、中转、制约等不同层次的关系来体现，各种关系的组合，构成了一个以进出口市场为核心、多层次的市场结构。这一结构同样可以用抽象图式加以表示。

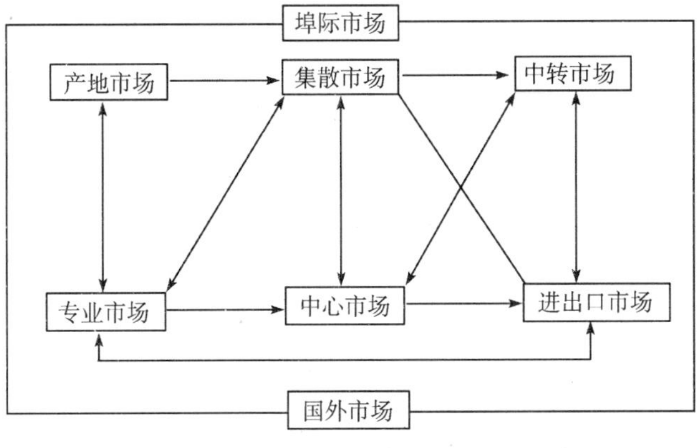

按照图式所示，不同层次市场之间的关系可以概括为以下几个方面：第一，各类市场间的联系既有直接的，又有间接的，间接联系须靠其他市场层次媒介传递。尽管部分市场间或亦能打破系统的局限，与通常只是间

接联系的市场发生直接联系，如中心市场、集散市场同周邻市镇初级市场的联系，但上升到整个市场系统来看，二者间的联系本质上仍是间接性的。第二，市场的不同层次，实际就是商品流通的不同阶段，而在民国前，市场联系的内容多半为土洋货的双向流通。就内地土货流通而言，有一个由低到高的市场递进层次，就洋货与外埠土货流通而言，则有一个由高到低、依次递进的市场系列。在整个结构中，产地市场尽管是初级层次，但与高层次的进出口市场却有着割不断的流通关系，产地市场的若干土货流通以进出口市场为省内终极市场，进出口市场的外货分销又以产地市场为终极市场，两个市场是省内土洋货双向流通的终极目的地。第三，内地市场的结构以中心市场为核心，而全省性市场的结构则以进出口市场为核心，由高到低的输入层次以其为起点，由低到高的输出层次又以其为终点，从长距离流通意义上看，各个层次的市场都程度不同地受进出口市场制约，这种关系说明，传统的封闭式的市场结构实际已开始解体，取而代之的是一个趋于开放的市场结构。

总之，多层次市场结构的形成，使大量原先仅能在产地消费的农副产品脱离自然经济的篱藩，成为重要的出口商品；与此同时，原先仅能在埠口都邑流通的洋货，也大量涌入内地以至穷乡僻壤。两种流通同时改变了商品流通的传统格局和内地市场的商品消费结构，使市场商品流通发生整体性的变迁。

第四章　商品流通结构的变迁及其意义

一　传统经济下的商品流通

在传统经济下，商品流通或者说市场交易分成两个层次或两种形式，一种是生产者与消费者之间的简单交换，物品由甲地的 A 与 B 直接交换，或甲地的 A 与乙地的 C 交换，作为商品的货物，其交换一般不进入第三地或者不经过第三者（运商、行商）之手，而直接进入消费需求者手中，这是交换流通的初级形式，属于低层次的流通，其功能只是自然经济形态下的余缺调剂，是一种封闭性经济自给体系运行时的必要补充；再一种就是少量商货的长距离运贩，往往要经过中间市场和中间环节（如中间贸易商），而达于最终消费地和消费者手中，这种运贩才是真正意义上的远程贸易和长距离商品流通。

两种形式或层次的流通，构成了传统商品流通的基本格局与结构。在传统的市镇集市，方圆一定范围内的农户、手工业者携自己生产的产品，交换自身所需的农产品和手工业品，交换的物品大抵限于地区内出产的物品；而在更大的范围内，则有专业粮商、棉商、布商、盐商和其他运商，经营粮、棉、布、丝、绸、盐以及其他土特产品，以地区产品的余缺为条件，从事长途运贩贸易。

农业种植结构与手工业生产结构，决定着商品流通的结构。传统经济能够提供给市场，供市场流通的商品种类和数量都极其有限，而且地区之间在商品种类上有着很大的趋同性。以下是 18 世纪中叶至 19 世纪中叶部分县份可供流通商品的基本种类：

潍县　货：盐、丝、油、蜜、绢、布、蜡、靛、椒、红花、棉花、石灰、桑皮纸

夏津　货之类：棉花、棉布、棉线、茧、丝、席、盐、硝、碱、酱

莒州　货用属：布、茧绸、绵绸、席、碱、烟、毡

清平　货之属：棉花、丝、绢、布、绸、麻、茧、蜜、蜡、木炭、黄酒、烧酒

禹城　其力作通财者，有棉线、布匹、砖瓦、瓦器、硝、碱、小盐、烧酒、黄酒、麻油、豆油、棉籽油

泰安　货之属：茧、绢、山绸、棉、靛、麻、蜜、蜡、油、铜器

城武　货之属：棉花、丝、布、绢、蜜、硝、席、麻、靛、烟

博平　货之属：丝、棉、胡棉、黄绢、乌帕、绉纱、棉布、单布、小盐、柴碱、土碱、烟、硝、蜂蜜、黄蜡、胶枣、黄花菜

平度　贩易惟麦、菽、麻、黍、布、绵、牛、驴、羊、豕之属，故末富亦稀

滨州　货之属：盐、硝、碱、布、棉花、丝、绢、麻、桑皮纸①

各地农产品和手工业品结构的雷同，造成可交易商品的趋同性和有限消费需求的单调，结果在诸多方面限制了商品的流通。具有中世纪色彩的传统经济，尚不能以新的方式生产出与传统类型迥异的新商品，而没有大批量的新型商品，便不可能有新的消费需求，因而也就不可能使市场产生活力。

上面列举的商品，尽管存在着一定程度和范围的贸易流通，但是真正能够进入长距离流通的商品种类并不多，一般集中在粮食、布匹、棉花、盐等几类商品及部分特产品和工艺品上，流通机制主要是城市生活消费需求和本地区农业的丰歉。

粮食运贩一直是传统经济下商品流通的主要内容，清代，胶东地区和部分内地县份由于人多地少，农业开发程度低下以及其他原因，本地生产的粮食不敷需用，往往要从外省（辽东、江苏）购进大宗粮食，而一部

---

① 乾隆：《潍县志》卷1，1760年版，舆地志，物产；乾隆《夏津县志》卷4，1741年版，食货志；嘉庆《莒州志》卷5，1796年版，物产；嘉庆《清平县志》，1798年版，户书二；嘉庆《禹城县志》卷5，1808年版，食货志，造作；道光《泰安县志》卷5，1829年版，物产附；道光《城武县志》卷1，1830年版，舆地志，物产；道光《博平县志》卷6，1831年版，物产；道光《重修平度州志》卷10上，1849年版，风俗；咸丰《滨州志》卷6，1860年版，风俗，物产。

分粮食略有余裕的地区，则有一定数量的粮食外运，同时作为交换，也输入部分异地土产和手工业品，这样便形成了经常性的粮食运贩贸易。粮食运贩途径，一是缺粮的胶东地区经由海路从辽东地区输入杂粮；一是运河沿岸地区经由运河向外输出豆麦，如"山东运河内，南阳、夏镇以及台庄等处，多有贩运豆麦之船，每只可装米数百担"。但是就规模和重要性而言，粮食输出贸易远不如输入贸易。19世纪初，"东省登、莱各属，向藉奉省高粱以资口食"，一旦停运，便会导致"登、莱市集粮价异常昂贵"。道光年间，山东登、莱二府依然是"赖奉天高粱、粟米、苞米三项粮石以为接济"，每年有大宗粮食由辽东复州、金州、盖州、牛庄各海口向山东利津、海丰等海口贩运①。这一时期，地处胶东半岛的蓬莱，"合境地少土薄，长年且不敷用，一遇凶歉，愈不能不仰食外省"，因而当地行商常年由海路从辽东运粮，"以补土田之不足"；同期的宁海，"民艰于食，常仰贩粟于关东"；荣成除粮食由东北贩入外，"其他财物种种，随时取给于江浙闽广舟楫之利"；而地处内地的章丘，"歉岁固需告赊于辽东，即丰年亦多取给于莱、沂"②。粮食输入贸易通常以无棣、蓬莱、胶州、日照为吞纳口，然后再由陆路转往缺粮各县。

土布长途运贩最具远程商品流通的色彩，并具有平衡粮食输入的意义。自清初到清中叶，鲁北地区是大宗棉布流通的货源地。以出产"大布"著称的齐东县，"远方大贾，往往携重资购布于此"；同期的陵县，"出产白粗布最多，当时滋博店、神头镇、凤凰店各街有布店七座，资本雄厚，购买白粗布运销辽沈，全县收入颇有可观"；利津"盐商、典商而外，诸业以棉花与布为其大端，权子母而懋迁于外者，亦多有之"；当时德平商业"以布商为巨，由本境运往直隶之蓟州、三河及朝阳等处，不下数万捆（每捆三十匹），零星商贩尚不在此数"；惠民县"商贾之业，以花、布为大宗"，土布陆运天津、芦台、平谷等处销售，"水运则由海

---

① 山东师范大学历史系编：《清实录山东史料选》中册，齐鲁书社1984年版，第798页，995页，1093页。

② 道光《重修蓬莱县志》1839年版，卷5，食货；同治《宁海州志》，1864年版，序；道光《荣成县志》卷1，1840年版，海运；道光《章丘县志》卷6，1833年版，风俗。

丰县埕子口即大沽河口装船渡海，赴东三省销行”①。向关外输出土布，是地区产业收入的重要来源。清中叶，“关东之布标一项，分设章丘、齐东及齐河、长清两界之季家寨等处，每年来银约计七八十万两”②。

清代，盐的运销分引盐、票盐两种。票盐行销于胶东地区，属短途运销性质；引盐运销于本省济南以东以西63个州县、河南商丘等9个州县、江苏铜山等5个州县以及安徽的宿州、涡阳等地。引盐一般由永阜、王家岗、官台等盐场起运，经由大清河，上行引盐集散地洛口，然后由洛口分运各地。1729年，山东额定盐引50万道（每道盐引重325—390斤不等），内中约有十几万引要经长途转运销往省外。在1890年前，每年单是由山东运往河南的引盐，货值即达300万两，可见当时盐的运销量是相当大的③。但是，盐的运销一直属于特许专卖性质，受到清政府的严格控制。盐商作为特许专卖商，具有浓厚的垄断性和保守性，一般只经营食盐、典当和地产，而很少参与同农业手工业生产密切相关的其他大宗商品的长距离运销。

粮、棉、布、绸、盐是传统远程商品流通的主流，除此之外，部分地区土特产品的长途运贩，在传统形式的商品流通中也占有一席之地。例如乐陵出产的枣，“以车贩鬻四方”；东昌出产的熏枣，经运河外运，每年“秋季堆河岸如岭，粮船回空，售以实舱”；济宁出产的烟叶，运销京津地区，“制卖者贩郡邑皆遍，富积巨万”；菏泽出产的牡丹，“土人捆载之，南浮闽粤，北走京师，至则厚值以归，故每岁辄一往，有常期”；胶州出产的毡帽，“岁以万数计，由海道舟运南省出售”④。

对于传统经济而言，尽管在局部地区，有粮、棉、盐、布、丝、绸以及土特产品的长途运贩和远距离流通，但是就多数地区和整体经济而言，长途运贩的动力并非来自商品生产。诚如吴承明先生所言，布虽然已有了

---

① 康熙《齐东县志》卷8，1685年版，救荒；民国《陵县志》卷3第18编，1936年版，工商业；光绪《利津县志》，1883年版，舆地图，第一；光绪《德平县乡土志》，光绪末抄本，商务；光绪《惠民县志》卷16，1886年版，风俗；光绪《惠民县乡土志》，1906年版，商务。

② 《鲁政辑要》，清末抄本，议请拨款以平银价禀。

③ Decennial Reports，1882—1891，Chefoo，p. 68.

④ 王培荀：《乡园忆旧录》，齐鲁书社点校本，1993年版，第455页；光绪《新修菏泽县志》卷1，1885年版，疆域；道光《重修胶州志》卷14，1845年版，物产。

集中产区，“但长距离的运销还是很有限的，布的市场还是狭隘的”，而“作为第一位商品的粮食，它的长距离运销，主要是由于若干地区严重缺粮所引起的，主要不是由于手工业和经济作物区扩大商品生产所推动的”[①]。土特产品的贸易，尽管表面上看琳琅满目，种类繁多，但是这类商品大多不是生活和生产必需品，销售对象一般限于城市和城镇中的官绅商阶层，交换并不发生在生产者之间，故贸易更多地表现为商品的单向流通。

传统经济下的商品流通，既受当时产业状况的制约，同时也受当时市场分布和商路格局的影响。明清时期，商品流通运贩基本以运河航路与沿海航路为主要途径，陆运商路因交通不便，运输成本高，远程贸易的货流量远不如河、海航路。

货流量最大的远程贸易，当为运河航运贸易。从台庄由南而北至桑园，沿运河分布着济宁、聊城、临清、德州等几个大的集散市场，以及台庄、张秋、魏家湾、郑家口等十几个商业市镇，南北间的商品流通有很大一部分正是沿着这条运河贸易通道来进行，并同时向东西两侧地区扩延。清代中叶，过往沿河城镇的漕运粮船，往往挟带私货沿途贸易，商船可捎载免税货物二成，各种船只附载南北土特产品，往来运贩，起着沟通南北货流的作用。嘉庆、道光年间，峄县出产的煤便是通过这种方式运销至南方地区。当时“粮艘过境，多挟南货以易邑煤，米津关不敢诘，故运费甚轻，而炭价极昂，业此者皆积资巨万”[②]。

清乾隆年间，海禁开放，由上海到天津的北洋航线开通，江、浙、闽、广商船往来北洋航线，中途必须要绕经山东半岛。沿海沙船运豆、麦、枣、梨等农产品到南方，运布、茶、糖、纸、瓷器等南货到北方，中途有许多货物要在山东沿海港口起卸，当时塔埠头、烟台、龙口、金口、养马岛、涛雒、石臼所等民船港，经常有南北商船靠泊卸载货物。这些港口市镇的商人自备一定数量的船舶，从事沿海航运贸易。清道光年间，胶州“商大者，曰装运，江南、关东及各海口皆有行商”[③]。当时在上海、

---

① 吴承明：《中国资本主义与国内市场》，中国社会科学出版社 1985 年版，第 263—264 页。

② 光绪《峄县志》卷 7，1904 年版，物产略。

③ 道光《重修胶州志》卷 15，1845 年版，风俗。

苏州等地市场，登莱商人与胶州商人甚至形成了颇具实力的胶东客帮和胶西客帮。

但是，无论运河航运贸易和沿海航运贸易，在当时都受到重重限制。首先，运河航运贸易和沿海航运贸易多属挟带性质，贸易开放的程度与范围十分有限，并非自由贸易，通常沿海只允许中小船只往来运贩；其次，商船在山东的航运贸易多属中继性质，专程来贸易的船只一般仅为闽广船，且数量很少；最后，航运贸易的商品种类很少，贸易内容与内地经济缺乏有机联系，贸易多是根据沿海地区有限的生产资源和生活需求来进行。

总之，在鸦片战争之前，传统农业和手工业尚不能给市场提供足够的可资远程流通的商品，传统陆运商道的交通状况也不足以胜任商品的远距离流通，多数地区的商业表现为坐商多、行商少，通常是“商多坐贾，懋迁不过数百里”，多数地方市场的商品只能在当地销售，沿海和内地间的商品流通联系甚少，贸易分别是在两个几乎相互隔绝的环境中进行。

二　流通条件与环境的改变

进出口贸易和产业改进，是驱动近代商品流通驶出传统藩篱的前后车轮，在不同的时期给予商品流通以发展动力。

口岸贸易无疑是改变传统商品流通及其结构的最初动力。传统经济下，影响商品流通量增减的因素主要是产地消费和区域集散两个流通层次。产地消费型流通，因属于自然经济范畴的余缺调剂，故流通范围十分狭小，流通商品也极其有限。以此为基础的区域性商品集散，自然也带有很大的局限性，流通范围和流向仅限于为数不多的城市及市镇，且只有少量的农产品和手工业品能够进入区间贸易。烟台、青岛开埠后，商品进出口的需要成为商品流通的条件，大量海外商品的进口，为商品市场和流通提供了传统经济所缺乏的资源。1882—1891 年，由烟台进口的洋货净额平均每年为 446 万海关两；1892—1901 年，由烟台、青岛进口的洋货年均为 1061 万海关两；1902—1911 年，每年洋货进口增至 2809 万海关两，同时由国内埠口输入的土货货值也达 1122 万海关两。到 1931 年，青岛、烟台、龙口、威海四口的洋货进口总额已达 8536 万海关两，土货进口总额达 6901 万海关两，两项进口合计超过 1.5 亿海关两①。

国内外商品的输入，给城乡消费需求带来前所未有的刺激，先是城市，继而市镇，最后乃至乡村，生产与生活消费的内容逐渐发生程度不同的变化，外来商品在日常经济生活中占的比重逐渐增长。新需求与新供给的确立与增长，促使商品不间断地由口岸向内地流动，而口岸贸易对土货产品的需求，反过来也促使各地土货以大宗商品的形式流注入口岸市场，这样便形成了高层次市场与低层次市场之间土洋货商品的双向流通。

当来自口岸（非传统社会生产）的商品不断增加之时，必然会导致传统经济下的产业发生变化和转型，激发其以新的方式生产新的产品，以适应逐渐变化的消费需求与交换需要。民国以后，农业的改进、机器工业的兴起、手工业的转型，进一步从生产方面给市场商品流通提供了新的资源，从而促使商品流通的种类、范围及规模不断扩大。

在农业生产领域，自清末民初部分地区引种推广经济作物新品种和推行农业改良之后，农业商品化生产逐渐发生结构性变化，花生、棉花、烟草成为重要的商品性农产品，产量与流通量同步增长。花生在 19 世纪中叶还只是零星生产，到 20 世纪初，年产量达到 400 余万担，30 年代中期达到 1200 余万担；棉花生产在清末年产量只有几十万担，到 1918 年增至 72 万担，30 年代初期平均在 300 万担左右；美种烟叶从 1910 年代开始引种推广，到 30 年代中期产量达到 80 万担，年产值 2500 万元。另外，蚕桑业、畜产业的商品化程度也均有较大提高。在农业改进过程中，农产品进入市场的数量逐步增加，市场的可流通资源与流通量也随之扩大。从 1910 年代起，农产品便开始作为工业原料，以不断增长的数量进入长途运贩领域，到 30 年代，农产品的商品流通量已在产量中占了相当比重。这一变化从 30 年代初部分农产品的产销统计上有所反映：

农畜产品产量与远程运销统计

产品	常年产量	远程运销	%	运销地
小麦	4899 万担	1446 万担	29	济南、青岛、天津、烟台
花生	1060 万担	587 万担	56	上海、广州、欧美、日本

① 烟台港务管理局编：《近代山东沿海通商口岸贸易统计资料》，1986 年版，第 4—14 页。

续表

产品	常年产量	远程运销	%	运销地
大豆	3518 万担	1097 万担	31	天津、上海、徐州
籽棉	600 万担	426 万担	70	济南、青岛、上海、天津
烟叶	128 万担	50 万担	39	上海、日本、天津
水果	2988 万担	840 万担	28	
鸡	2224 万只	266 万只	11	济南、天津、南京、上海
鸡蛋	19.4 亿个	7.8 亿个	40	
牛皮	35058 担	20255 担	58	
羊毛	36685 担	32045 担	87	
羊皮	25 万张	18 万张	72	

资料来源：实业部国际贸易局：《中国实业志（山东省）》，1934 年，（戊），第 3—9 页。

作为产业改进的先声和口岸贸易的伴生物，19 世纪末，新式手工业开始兴起。在新的生产交换机制作用下，手工业开始步出传统金木陶土及自给型家庭纺纱织布的旧格局，愈来愈多的农村和市镇人口卷入到草辫、丝绸、花边、发网、粉丝以及商品性榨油、织布业生产中来，手工业产品已不再只是供应生产者自身或本地需要，而是以新的形式提供给遥远的市场，满足远地市场的需求。

草辫贸易最能反映手工业转型后新兴手工业对商品流通的影响。草辫业的崛兴始于 19 世纪 80 年代，到 20 世纪初，在山东及冀鲁交界地区，形成了沙河、浮丘、宁阳、王台、马头、寿光、乐安、新城、阳信、兴济、辛庄、玉田、鹿邑、惠济桥等草辫专业市场，草辫集散总量达 13 万担，商品流通值 720 万—780 万两。集散草辫只有 5% 在国内消费，其余全部进入长途运贩，输往青岛、天津、上海等通商口岸，其中运往青岛的草辫在 10 万担以上①。

民国以后，近代机器工业在纺织、面粉、榨油、火柴、蛋粉、卷烟等行业开始崛起，并于 20 世纪二三十年代获得初步的发展，同期机器采矿

① 〔日〕青島守備軍民政部：《山東之物産》第 2 編，1917 年版，第 21—24 頁。

业（主要为煤矿）的规模也有所扩大。这些行业部门的生产，一方面对用作原料的农副产品产生了持久大量的需求；另一方面生产出的产品进入市场，汇入商品流通过程，形成新的流通资源。1931 年，青岛机器工业生产的工业品总值约 1 亿元，其中约有 15% 在本市消费，另外 85%——即价值 8500 万元的工业品——经由口岸和胶济铁路运销省内外。在当时青岛工业构成中，纺织、面粉、蛋粉、烟草、榨油等部门的产值约占工业总产值的 80%，农产品原料的采购额达几千万元。同一时期，在另一工商业城市济南，近代机器工业与手工业的发展对商品流通也同样具有不可低估的意义。当时济南机器工业和手工业的生产总值约为 3300 万元，产品经由胶济、津浦铁路和小清河、黄河进入各地市场，并运销至天津、徐州、开封等城市。济南面粉工业年产面粉 579 万担，产值近 1800 万元，生产所需小麦原料由本省麦产区和江苏、河南、安徽等省购进，总量约 3.83 亿斤，价值 1723 万元。纺纱企业年生产棉纱 4.1 万件，价值 763 万元，由省内外购运原棉 13.7 万担，价值 591 万元[①]。此外，近代机器工业不仅造就出一支人数可观的产业工人队伍，同时还衍生出一个规模更大的消费群体，这一群体与城市手工业者以及商业服务业人口一道，从生产、需求、供给、消费等方面影响着商品流通结构的变化，推动着近代商品流通的变迁进程。

如果说，口岸贸易和产业改进改变了商品流通的结构，形成了土洋货的双向流通，那么铁路的开通与快捷的商货运输，则促使商品流向发生变化，并为低值粗重货品的远程贸易提供了条件。胶济、津浦铁路通车后，“过去负担不了大车长途运输费用的内地土产品，现在亦能经由火车运到沿海港口，找到销售市场，并且它们的产量也逐年都有增长”[②]。胶济铁路通车第二年（1905 年），青岛经由铁路发运济南的商品货流量即达 132600 吨，由济南发运青岛的商品总量达 162480 吨。民国初期（1918—1920 年），胶济铁路的年平均货运量已达 170 万吨；同一时期，津浦铁路也几乎取代了传统的运河商路和济铜商路，货运量迅速增长，单是经由铁

---

① 实业部国际贸易局：《中国实业志（山东省）》，1934 年版，（丁），第 21 页。

② 青岛市档案馆编：《帝国主义与胶海关》，档案出版社 1986 年版，第 113 页。

路运往济南的粮食每年即达10万吨[1]。通过铁路实现的这种大规模长距离商品流通，若在过去传统商路运输状况下是难以想象的，货流量的大幅增长也是传统商业贸易难以达到的。

综上以观，经济环境和条件的变化，导致了近代商品流通的变迁，具体而言，变迁根源于开埠通商后贸易的巨大变化和产业改进的进程，在这两项历史性变迁因素的共同影响下，传统的商品流通虽然尚未完全退隐，但是新的背景已然推出，在新背景、新机制的作用下，新的流通格局逐渐在变化中形成，新结构逐步取代旧结构，并与当时多层次的市场结构及商人资本的经营活动有机地结合在一起，构成一幅新的近代商品流通图景。

三　替代结构的形成及其特点

口岸进出口贸易的发展，产业改进与转型，多层次市场结构的形成，新商路的开辟——这一切改变了商品流通原先赖以运行的基础和条件，在业已变化了的生产、市场与消费的基础之上，产生了近代新的商品流通体系。新体系与旧体系相比，不单流通规模有着天壤之别，而且流通结构和制约机制也明显不同，其基本内容与特点如下：

（1）土洋货商品的双向流通

清末民初，大部分地区的商品流通，开始由传统单一土货运贩向土洋货双向流通转变，从而形成商品流通新格局。各类市场的商品流通，与口岸市场的进出口贸易息息相关，尤其消费性商品的输入，更是改变了城乡市场商品流通的面貌。

19世纪后半叶，进口商品已逐步深入到内地，当时堂邑境内“销行之最多者”，为洋杂货、洋布、洋缎、洋油、火柴等；地处鲁北的德平县，“岁所畅销，以洋油、洋布、火柴为大宗，糖、纸次之”；邻近的恩县，除传统的五谷、农具、药材、牲畜外，行销商品数量增加最多的为洋线、洋布等洋货；地处鲁南交通要道的滕县，“外来货物其销售之多者，惟纸烟为最，洋线、洋油、茶叶次之，药材又次之，余物锁锁不足数

①　济南市档案馆馆藏档案：临77—4—2，济南商埠商会稿，1921年7月。

矣”；与此同时，当地过去从不外销的鸡蛋、牛羊皮、猪鬃、丝等农副产品，由“土人购之，转售外洋”，而花生则成为“出口货之大宗”；即使地处边缘地带的菏泽，亦在传统的盐典商之外，出现了洋布商，“所售有洋棉纱、羽绸、羽绫、洋货等物甚多”，而当地出产的牛羊皮，则“皆赴汉口，售于洋庄”①。

随着需求对象和流通环境的变化，若干对农村经济和城镇手工业有重要影响的农产品和手工业产品，逐步脱离传统经济下旧的流通轨道，由以内销为主转变为以外销为主。其中，近代茧绸贸易流通的变化即是这一转变趋势的突出表征和反映。以昌邑为中心的山东茧绸生产贸易，在19世纪中叶以前一直以北京、直隶、河南等地为主要运销地，19世纪下半叶茧绸开始由烟台出口，1898年出口量还只有2076担，但是到1913年，青岛、烟台二港的出口额已达14092担，此时茧绸流通贸易已由国内市场转向国外市场，并且对国外市场逐渐形成一定程度的依赖。

有些产品过去很少进入流通领域，即使产量很大，也只是作为手工业生产的一个中间产品，提供给下一道工序，而很少进入真正意义上的流通。如生丝，过去只是作为织绸原料，供制织作坊或织工使用，市场流通范围一般只限于产区附近，也就是说只是在产区内流通买卖，交易只是发生在手工业者之间。而开埠通商后，情形便完全不同。生丝产品从丝绸生产链中脱离出来，不再只是手工业的中间产品，而是作为商品直接进入口岸市场，并由此进入国外市场，成为大宗输出商品。19世纪80年代，胶东柞蚕丝开始经由烟台出口，不久后，蒙阴、沂水、滕县、邹县、新泰、莱芜、临朐等地出产的黄、白丝，也沿着相同渠道源源不断地向口岸汇流。20年代中后期，临朐“各商家经营之缫丝工厂，全县共有二百余家，大者每厂工人至数百名，年出厂丝多至三千余箱，悉发上海出售”，年销售总额约四五百万元②。

由于部分商品的流通完全是基于口岸进出口贸易的需要，基本与国内市场的终极消费无直接关系，于是在近代商品流通中出现了一奇特现

---

① 光绪《堂邑县乡土志》，光绪末抄本，商务；光绪《德平县乡土志》，光绪末抄本，商务；光绪《恩县乡土志》，1908年版，商务；宣统《滕县续志稿》卷1，民国初年刊，土地；光绪《菏泽县乡土志》，1907年版，物产，商务。

② 民国《临朐续志》卷8，1935年版，工厂。

象——许多土货商品的流通并不进入国内消费市场，或者说根本没有国内消费市场，而是经过几个不同层次的流通市场进入口岸市场。这类流通商品以草辫、发网、花边、桐木等最为典型。通常，这类商品从产地运出后，经行栈、号庄之手，由中转市场发运口岸市场。此类商品就使用价值而言，与城乡市场的消费需求并无直接关系，但是从交换的角度看，其运销对市场消费和流通却有着不可低估的意义。经由不同市场、不同商人资本的交易之后，一方面使生产者的消费需求变成一种有效需求与再生产的能力，也就是说，使其可以用所得在市场交换自己所需的等价物品；另一方面，在流通过程中，亦使各中间环节的商人资本获得可观的收益，为购运其他商品带来了现实可能。

（2）流通商品结构发生变化，进出口型商品成为结构中的主导商品

作为土洋货双向流通的结果，洋货必然要大量流入市场，从而改变传统的市场商品种类结构。1902—1909 年，山东平均每年由烟台、青岛、镇江、天津四港输入洋货 2860 万海关两，相当于全省每个县输入 27 万海关两。受此影响，清末民初洋货在流通商品中所占的比重逐年增长，尤其棉纱、棉布、煤油、火柴、染料、卷烟等类洋货，更是渗透到城乡市场的各个角落。据 1919 年不完全统计，在当时省内 105 个县中，输入棉纱的县有 73 个，输入棉布的县有 61 个，输入煤油的县有 85 个，输入火柴的县有 43 个①。1905 年山东进口棉纱 21 万担，1912 年增至 27.5 万担，按当时全省人口户数 538 万户计，进口棉纱若全部在本省消费，平均每户约合 5.1 斤；1901 年山东进口煤油 880 万加仑，1909 年增至 1400 万加仑，若全部在鲁、豫、晋三省消费，每户约合 1.15 加仑；1898 年山东进口火柴 144 万罗，1909 年增至 670 万罗，若全部在以上三省消费，每人约合 14.7 盒②。上述情况表明，随着洋货流通量的增加，洋货已成为市场流通商品的重要组成部分，而其中棉纺织品、煤油、火柴等洋货又是决定内地洋货流通水平的主要因素。

---

① 林修竹：《山东各县乡土调查录》第 1—4 卷，1920 年版。

② 鲁、豫、晋三省户口人口数为宣统末年调查统计，1912 年汇造，引自梁方仲：《中国历代户口、田地、田赋统计》，上海人民出版社 1980 年版，第 268 页。

与此同时，在出口贸易的刺激下，土货流通的种类也在不断增加，与出口有关的土货在土货流通结构中逐渐成为起主导作用的商品。土货结构由农产品、林果产品、畜产品、手工业品、矿产品五类构成。其中农产品中的花生、棉花、烟草，林果产品中的桐木、果品，畜产品中的牛皮、鸡蛋、猪鬃、牛肉，手工业品中的丝、茧绸、草辫、花边、发网，矿产品中的煤，既是内地市场货流量最大的商品，也是口岸出口最多的商品。19世纪末20世纪初，登、莱、青三府以及小清河沿岸地区流通量最大的远程贸易土货，即豆货、茧绸、草辫、粉丝、水产品、牛肉、花生、花边、果品十类商品，恰恰也是当时烟台口岸最主要的十项出口品，1896年以前在出口中所占比重达90%以上，1896年以后因出口项目增多，比重略减，但仍维持在80%左右。同样，在1920年代以前，青岛出口值100万海关两以上的十类土货，如草辫、茧绸、丝、花生、花生油、畜产品、小麦、煤、烟叶、鲜蛋及蛋制品等，也是内地远程贸易流通最为畅旺的土货商品。据1919年调查统计，在主要流通土货调查栏目下，输出花生的县有58个，输出豆货的县有29个，输出丝绸的县有26个，输出草辫的县有16个，输出牛皮、猪鬃、羊毛等畜产品的县有21个，输出烟叶的县有15个，输出干鲜果的县有41个，输出棉花的县有15个①。出口土货与内地主要流通土货种类的一致性，表明在开埠城市商品流通的影响下，出口型土货确已成为土货流通结构中的主导因素。上述状况，只是后来随着工业化的推进才有所改变。

（3）商品流通在多层次市场结构下运行

近代商品流通与近代市场结构是一个相互联系的有机整体。通常，输入商品先是由口岸集中流向内地城市集散市场，尔后进入次一级的地方市场乃至村镇市场；输出商品则按照相反的方向，由产地市场经中间市场（如专业、中转市场），流向口岸市场或中心市场。

就农产品流通而言，在流通中占重要地位的棉花，通常先是在产地市场汇集交易，然后进入地方小型集散市场（专业市场），再通过近代商路网汇流入济南、青岛、天津等棉纺织工业集中的城市，或经由集散市场转

---

① 林修竹：《山东各县乡土调查录》第1—4卷，1920年版。

输于上海及日本。例如30年代初，在鲁北最大的产棉县齐东，棉花先是在吴庄、长福镇、双堂镇、张虎镇、延安镇、石店镇、路家镇、曹庙头等产地市场汇聚交易。毗邻的棉花输出县蒲台，棉花也是先在本县赵庄等11处产地市场交易，尔后进入地方小型专业市场。当时鲁北棉区共有邹平孙家镇、滨县北镇、高苑田镇三处专业市场，其中北镇市场的年输出量约15万担。棉花从专业市场输出的途径有两条，一是经张店棉花集散市场运青岛；一是发运给济南的花行和花栈，由其作为贸易中介，运销上海、青岛。

鲁西棉区的棉花流通结构与鲁北相似，如临清地区出产的棉花，一般先是在尚店、仓上等8处集市交易，再由集市花店委托当地转运公司发运济南市场。这一时期，鲁西棉区每年进入长途运销的棉花总量约85万担，其中约有七成运济南，三成运天津。

济南作为近代商品流通的中心市场，也是省内最大的棉花流通集散地，棉花流通分东西两路，东路棉来自鲁北，年集散量40万担，西路棉来自鲁西与河北、河南部分产棉县。1924年，济南市场的棉花流通总量已在70万担以上。1930年，流通量增至100万担，当中除山东棉外，河北棉约占二成，河南棉约占一成。1934年，济南市场棉花交易总量已达160万担①。

铁路开通后，随着市场结构的变化，商品流通除以口岸市场为起讫点外，向中心城市和工商业城市集中的倾向日趋突出。越来越多的商品流向中心市场和集散市场，或从这些市场向外分流。中心市场和集散市场无疑既是商品流通的源头，又是商品转输的集散地，外来洋货和国内南北土货由这类市场启运，分销内地城乡市场，内地土货则汇聚这类市场，然后转往口岸市场输出。实际上，在19世纪末20世纪初，便已形成商货由集散市场向其他次一级市场分流的格局。如地处鲁西的寿张，当地消费的洋布由“周村客商贩来”，绸缎、洋线则由“济南客商贩来”；博平县“在城乡集镇销行”的洋布、洋绸、红白糖、纸张等商品，也是由济南陆路运入；鲁北的商河，来自“外洋”的煤油、洋线、洋布、纸张、洋靛等商品，基本从济南、周村及天津三地运入；地处鲁中的肥城，“洋布、洋

① 金城银行天津调查部：《山东棉业调查报告》，1936年版，第85—113页。

油、煤炭、火柴、洋绸及一切洋式器具，大抵皆由本境坐商贩自省垣、周村、潍县、青岛等商埠，零销本境”①。

集散市场集散功能的增强，扩大了市场对周邻地区商品流通的辐射能力，促使该地区的商品流通超越传统的集市交易，愈来愈直接地与集散市场发生联系。20 世纪 20 年代周村与邹平两地间的商品流通情形即是如此。两地间往返里程 70 华里，邹平县城和四乡的农户经常到周村贩卖和购买日用品。当时邹平年产蚕茧 110 万斤，当地蚕农年采茧少则二三十斤，多则七八十斤，所收蚕茧很少在当地集市出卖，而是直接运到周村卖给茧行，回程买回所需日用品。按当时每斤茧价平均 0.45 元计，蚕农卖茧所得少则 9—13.5 元，多则 31.5—34 元，蚕农用卖茧现金收入的一部分来购买外国杂货、煤油、铁器、铜器和煤炭②。

传统经济下的商品流通，大多发生在城市与周邻市镇之间，并由此形成一个个相对独立且极少交流的区间流通体系，而不同地区城市间的商贸交流，则因交通不便和商品趋同，处于相当稀疏的状态。自从沿海和内地城市开埠后，城市间的商品流通规模日益扩大，在 19 世纪末，通常每年有价值数百万两的商品从一个城市流向另一城市，到 20 世纪初，流通量已增至数千万两。19 世纪 80 年代末，从烟台流向济南的进口商品为数百万两，而到 1918 年前后，由口岸城市输往济南的土洋货总值已达 6000 万元。1906 年前后，由口岸城市运至潍县的洋杂货大致在 400 万海关两左右，到 1932 年，单是从青岛、济南流向潍县的棉纱、洋布、火柴、煤油、染料、纸烟、糖、西药八类洋货，价值即达 1178 万元。同一时期，集散市场周村“输入之大宗商品，采购于青岛者十之七，采购于济南者十之一”，每年从青岛、济南、上海、天津四城市购入人造丝、卷烟、糖、瓷器、肥皂、棉纱、面粉、火柴、煤油、染料，货值达 840 万元③。城市市场的商品交易总额、商品流通量、异地市场采购量等几项指标，往往是普

---

① 光绪《寿张县乡土志》，1908 年抄本，商务；光绪《博平县乡土志》，1906 年抄本，商务；光绪《商河县乡土志》，清末抄本，商务；光绪《肥城县乡土志》，1908 年版，商务。

② 〔日〕青島守備軍鐵道部：《周村德州間及德州石家莊間并石家莊滄州間調查報告》，1921 年版，第 23—24 頁。

③ 胶济铁路管理委员会编：《胶济铁路经济调查报告汇编》，1934 年版，分编三，潍县；分编五，周村。

通城镇市场的十几倍甚至几十倍。在新的条件下，城市间商品流通的意义日趋凸显，成为商品流通的主流。

（4）国内工业品与农产品间的贸易流通

如果说，在民国成立之前，进出口商品的贸易流通是整个商品流通的主流，那么，在民国成立后，随着工业化进程的加快，越来越多的国内、省内生产的工业品开始进入流通领域，加入到大宗商品的远程贸易行列。与之相关，以农业生产商品化和农业改进为条件，农畜产品也不再仅仅作为“土货”，流向口岸出口，而是作为机器工业的原料，由农村流入城市，满足城市工业的生产需要。

内容形式有别于传统的近代工农业产品交流，主要集中在机器纺织工业、农产品加工工业、化学工业等几个部门产品与原料的交换上。

第一次世界大战前，山东棉花的远程流通主要是输往省外和出口日本，20 年代后，国内纺织工业对原棉的需求成为内地棉花流通的主要动力，棉花也转以省内和上海、天津的机器纺纱厂为主要销售对象。棉纺工业每年要消耗掉大量原棉，1930 年山东中外纺织厂的原棉消耗量约 78 万担，1931 年突破 100 万担，1934 年达 114 万担。30 年代中期，单是青岛的中外纱厂每年就购进卫河棉 68. 5 万担、滨州棉 27. 8 万担、外省棉 23. 2 万担。同期，由济南市场运往上海的棉花达 39 万担，而输往天津的棉花数量也相当可观。与此同时，随着内地铁轮机织布业的兴起与发展，织布业对机制棉纱的需求不断增长。30 年代中期，以潍县、昌邑为中心的胶济铁路沿线地区有铁轮织布机约 10 万架，年需用棉纱约 10 万包；另一织布业中心济南及其周邻地区的年消耗量大致也是 10 万包左右。织布业所需棉纱，大部分靠青岛和济南的纱厂供应。1934 年，胶济铁路沿线消费的青岛棉纱为 216931 捆，另外济南鲁丰、仁丰、成通等纱厂生产的棉纱有三分之一在济南当地销售，其余三分之二分销于胶济、津浦铁路沿线以及胶东、冀南、苏皖北部各县①。

20 年代初，济南 6 家机器面粉厂每年需用小麦原料 4. 5 万吨。小麦购运来源以徐州为大宗，其次为临城、滕县、济宁以及泰安、禹城。1932

---

① 濱正雄：《山東紡織業概況》，1936 年版，第 40—53 頁。

年，济南面粉工业年产面粉已达800余万袋，总产值2760万元，本市销量仅占十分之一，其余全部销往外省，“销路达于平、津、苏、皖、豫等省”，胶济铁路、津浦铁路、黄河、小清河“皆其运输线路”，而面粉工业所需小麦原料，则大部分来自鲁南以及河南、安徽等省。原料与加工品的交流，使得济南与相关市场之间形成了由粮食产区经集散市场再到工业加工地的小麦远程流通渠道，以及方向相反的面粉销售渠道①。上述流通内容与形式的形成，代表着近代商品流通发展的一种新趋势。

四 流通变化的影响与意义

近代商品流通，从内容到形式均有别于传统，它产生于口岸贸易和近代工业、农业、手工业的历史性变迁。

口岸进出口贸易与产业的改进发展，制约决定着商品流通的结构和流向。近代商路网，尤其是作为其中主干的铁路，也在其中起着重要的作用。在以上三种因素的作用下，流通贸易的范围已不再局限于产地集市和区域性市场，以口岸城市、中心城市为核心的商品流通与东南沿海埠际市场以及世界市场的联系愈来愈密切，机器工业、新兴手工业、商品性农业对流通结构的影响日益凸显，近代城市，尤其是具有市场集散功能的大城市，已成为流通贸易名副其实的中心。

国外和国内埠口外来商品的大量流入，本省产品的大量流出，使商品流通资源骤然增加，商品流通量大幅增长，流通规模也随之相应扩大。无论个别商品的流通，还是整个商品总量，与开埠通商前的传统状态相比，都出现了前所未有的扩大和增长。一些过去从未进入远程贸易流通领域的产品，或流通量极少的商品，在口岸贸易和近代工业的刺激下，借助近代商路网的作用，大量进入市场。商品流通规模扩大表现在三个方面：其一，土货商品中的棉花、花生、烟叶、粮食、土布流通量增加，一些新的商品，如草辫、畜产品、花边、发网，加入新的流通行列。其二，口岸进

① 济南市档案馆馆藏档案：临77—4—2，济南商埠商会稿，复财政厅调查小麦出口实在情形，1921年7月23日；胶济铁路管理委员会编：《胶济铁路经济调查报告汇编》，1934年版，分编六，济南市。

口贸易规模扩大，由口岸到内地的商品货流量成倍增长，进口商品的种类不断增加；其三，省内及国内工业企业生产的工业品，为市场提供了新的商品资源，从而使商品流通的总量不断增大①。

在商品流通结构上，以沿海城市为起讫点，形成了土洋货商品的双向流通，这种双向流通，最初在19世纪末，基本以口岸进出口的需求为制约机制，及至20世纪二三十年代，工业化进程和手工业转型的影响逐渐显现出来。土洋货流通内容发生转变——国内工业品与农产品的双向流通成为主流，而这种流通反过来又从生活消费和生产消耗的角度促进着产业的改进和商品经济的变迁。

商品流通结构的变迁，也改变着与之相对应的商人资本结构，成为推动近代商人资本新旧嬗替的主要动力。首先，棉纱、棉布、煤油、火柴等洋货的流通交易，导致一般市镇商号店铺的经营结构发生变化，在过去传统的油房、药铺、酒店之外，衍生出经营各类洋广杂货的近代商业，即经营棉纱、砂糖、火柴、煤油、海产品等商品的洋广杂货铺。清末民初，此类商铺已遍及各地村镇。其次，随着大宗商品远程贸易流通的发展，传统的商人资本已难以适应新的形势，于是，在交易过程中产生了近代最具活力的商人资本——行栈商人资本。清末民初，行栈业与行栈资本在各个流通领域崭露头角，大宗商品集中于行栈已成为普遍现象。行栈商人资本通过经营远程贸易和批发代理业，积累了大量的资本，民国以后，这些资本开始逐步转向工业投资，对近代工业化的发展进程起到了积极的作用。从这一意义上说，近代商品流通的变迁为产业改进提供了条件和基础。

---

① 商品流通量的增长，在各类市场均有反映。如民国初年，临清棉花输出量每年约为400余万斤，后来随着美棉种植的推广，在30年初期，年输出量已达6000余万斤，流通值800万元，比过去增长了15倍。与之相对应，当地的洋货和各种机制品的流通量也同步增长，例如机制洋布的年销量由民初时的2万元增至六七十万元，卷烟由民初时的一百数十箱增至4000箱，洋杂货商由民初时的1家，年销量不及万元，增加到40家，每家销货平均在万元以上（民国《临清县志》，1935年版，经济志，商业）。

第五章　外国资本的商贸金融经营

一　洋行的阑入及其商贸经营

第二次鸦片战争以前，外国商人就曾以上海、香港为基地，载货北上，驶至烟台进行走私贸易。当时外国商船不仅在烟台“停泊贸易”，而且还曾联络华商“买地造屋”，试图建立永久性的商业机构。

烟台港开放后，进口洋货猛增，但是初期进口的洋货往往带有较大的盲目性。为此，当时的驻烟英国领事曾建议“有头脑的聪明的商人”组成商团，到烟台“推销外国商品和新发明的东西”，以使英国商人了解当地市场的需求，为进口商品打开销路①。但是当时盘踞在南方各港的洋商，多是通过熟悉北洋水路和北方市场的华商进行对烟贸易，因此沿海贸易基本掌握在华商手中。这种状况外商当然不可能长期坐视。1860 年，美国商人花马太（M. G. Holmes）与华籍商人共同组织清美洋行，购置“飞龙号”轮船，航行上海—芝罘—天津一线，与华商争夺沿海航运贸易业务。1861 年，英国商人福开森（H · H · Fergusson）在烟台开办福开森公司。1867 年 9 月该公司开辟了英国至烟台的直接航运贸易②。大约同年，英国人法格圣（T. T. Fergusson）在烟台开设滋大洋行，经营贸易业③。嗣后，英国太古洋行、怡行洋行也在烟台设立代理处，经营沿海航运贸易。

随着贸易的发展，早先在烟台从事零星贸易的外商逐渐为资本雄厚的

① 丁抒明等：《烟台港史（古、近代部分）》，人民交通出版社 1988 年版，第 53 页。

② North China Herald，1882，3，1，p. 238；1882，3，15，p. 294.

③ 黄光域：《外国在华工商企业辞典》，四川人民出版社 1995 年版，第 669 页。

洋行或洋行分行、代理处所取代。一些总部设在香港、上海的大洋行相继在烟台设立了办事机构，一些过去独自经营的外商也干脆在原有经营业务的基础上，重新组合成专业性较强的洋行。据统计，1882 年，烟台已有 9 家洋行，分属英、美等国，经营航运、保险、贸易、金融代理等项业务①。1888 年前后，日本邮船会社、大阪商船会社开辟了通烟台的北洋航线，日商随之开始到烟台开设行号。1891 年烟台已有两家日本洋行，但是其中一家很快便停业，截至 1894 年甲午战争前，只有从事航运代理的高桥洋行维持营业②。

甲午战争后，外国在华投资权得到《马关条约》的承认，外国对华资本输出出现快速增长。在短短几年中，各国洋行蜂拥而至，竞相在烟台争夺地盘。1901 年，烟台洋行数已达 26 家，其中英国 7 家、德国 4 家、美国 3 家、法国 2 家、日本 10 家③。这一时期，日商凭借国内生产的廉价商品以及距离烟台较近、运输便利的条件，欲同英美等国洋行争夺烟台市场。1901—1902 年间，大批日商涌入烟台，极力扩张其贸易势力。在一年内，烟台洋行增加了 17 家，总数达 43 家，其中日商洋行增加了 16 家，总数达 26 家④。

外国商业资本势力的扩张，洋行对烟台市场的争夺，极大地刺激了当地的华商。辛亥革命前 10 年间，伴随民族商人资本的发展，山东绅商兴起了收回利权运动。1904 年，烟台商人在原有组织“烟台大会”的基础上，组建了商会，并通过抵制美货、日货等运动，与洋商展开竞争。此后由于政局动荡、经营不利，烟台有十几家洋行停业或撤离。1911 年，烟台洋行数减为 29 家，其中日本 13 家、英国 4 家、美国 4 家、德国 4 家、法国 2 家、俄国 2 家⑤。

19 世纪末 20 世纪初，烟台规模较大的欧美商行为太古、和记、盎斯、盛记、捷成、士美、哈利、美孚、春生、滋大、仁德等洋行，规模较大的日本商行为三井、岩城、泰田、泰信、山县、和华、白石、华信、大

① Decennial Reports，1882—1891，Chefoo，p. 55.

② 〔日〕航業聯合協會芝罘支部：《芝罘事情》，1939 年版，第 218 頁。

③ Decennial Reports，1892—1901，Chefoo，p. 57.

④ Decennial Reports，1902—1911，Vol. I，Chefoo，p. 226.

⑤ Ibid. .

森等洋行。欧美洋行以经营航运、贸易、保险、银行业为主，日本洋行的经营范围则涉及航运、贸易、煤炭、桐木、杂货等方面①。欧美籍洋行大都在香港、上海设有总行机构，并在沿海其他口岸设有分行代理机构，各分行之间有着广泛的信息传递、资金融通、汇兑保险等业务联系。这些洋行依仗雄厚的资本和通商税则特权，控制着烟台的远洋航运和保险业，在贸易、金融等领域占据着极大的市场份额，严重影响着华商资本在这些领域的正常发展。

在航运方面，自烟台开港伊始，港口航运便为英、德、美三国船商所垄断，其中英商势力最大，其次为德商，美商居第三位。1872 年以前烟台根本没有本国轮船，1873 年初，清政府在上海成立轮船招商局，同年该局“伊敦号”轮船首航烟台成功。此后，招商局开辟了北洋航线，在烟台揽载货物，打破了外商垄断航运的局面。

1876 年招商局船只进出烟台港的航运吨位达 18 万吨，比 1873 年增长了 9 倍。1877 年招商局又以高价买下美国旗昌洋行的全部船只，这一年该局进出烟台港的航次和吨位比上年翻了一番。招商局航运力量的增长，自然要削弱洋行对航运的垄断，这是他们所不能容忍的。为此，洋行千方百计采用各种手段倾轧和打击招商局。他们一面利用保险业限制招商局，对其船只不予承保，迫使招商局船只不得不以高价向国外投保；一面又采取降价等手段，在航运市场上排挤招商局。受怡和、太古等洋行连年降价的打击，招商局轮船一度只能靠装运官货、漕粮来维持。招商局买下旗昌洋行船只后，实力大增。在这种情况下，怡和、太古两洋行又改变手法，与招商局订立“齐价合同”，规定主要航线实行统一运价。对于合同，太古、怡和两洋行实际并无意履行。1879 年太古、怡和单方违背合同，自行削价，给招商局造成损失。这一年，招商局进出烟台港的轮船比 1877 年下降 11%，仅占全部进出口船只数的 30%，这种状况一直延续到 1884 年。

甲午战争之后，各国洋行迅速扩张在烟台的航运势力。战前，进出烟台港的外国船只每年约 1500 艘左右，到 1901 年达 5752 艘，而中国船只有 73 艘。辛亥革命前 10 年间，在烟台经营航运的华商轮船公司，只有招

① 日本外務省通商局：《清國事情》，1907 年版，第 223—225 頁。

商局、政记、顺义三家，其余均为外国洋行。当时英国洋行在烟台所占航运量最大，其次为日本和德国洋行。英国怡和洋行在津沪航线上驶靠烟台的船只共 8 艘，总吨位 9176 吨；德国捷成洋行往来于烟台的船只为 9 艘，总吨位近 1.1 万吨；日本邮船公司定期驶抵烟台的船只为 4 艘，总吨位 5686 吨。另外在烟台经营航运业的洋行还有太古洋行、士美洋行、盎司洋行、冈田洋行、大阪商船公司等①。这些洋行除经营航运业外，大都兼营保险业和进出口业，并拥有自己的仓库甚至专用码头，货物装卸与贮存发运都极便利，因而对一般商人具有很大的吸引力。而华商轮船公司因不具备这些条件，在航运市场上常常处于不利地位，运量也无法与洋行相抗衡。

进出口贸易是洋行的主要经营业务，也是其利润的主要来源和资本积累的主要手段。在洋货进口方面，英国洋行和日本洋行是烟台进口洋货的最大经销商。烟台开埠早期，棉纱、棉布的进口几乎完全由英国洋行垄断。甲午战争以后，日本将英国洋行挤出，成为烟台棉纱市场的最大批发商。同时日本洋行在烟台的火柴经销量也居各国洋行之首。美国洋行经销的进口货物主要是棉布、煤油和面粉，烟台市场流行的细布和斜纹布大部分由美商经营。甲午战争以前，美国美孚石油公司便是烟台最大的煤油经销商，1904 年美孚公司在烟台建造大型储油站后，更是确立了在煤油经营上的垄断地位。1892 年美国面粉开始输入烟台，此后美国洋行逐年增加面粉的销售量，1900 年进口量达 43 万余担，致使美国面粉充斥烟台市场，严重影响了烟台当地面粉加工企业的生存。1899 年，烟台华商设立的第一家机器磨面局，便因“运来美国面粉价值甚贱，殊难获利”，而被迫停业。

烟台的土货输出业，在很大程度上也为洋行势力所控制。清末民初，烟台有盎斯、仁德、捷成、和记、百多、敦和 6 家洋行经营茧绸输出业，年购入额达 230 万元，约合当地茧绸输出额的 55% 左右，各家洋行的采购额依次为：盎斯洋行 60 万元、仁德洋行 50 万元、捷成洋行 40 万元、和记洋行 30 万元、百多洋行 30 万元、敦和洋行 20 万元。当时德商盎斯洋行、捷成洋行与英商和记洋行虽然兼营航运业，为汉美轮船公司、怡和

① 〔日〕鐵道院鐵道調查所編：《芝罘》，1909 年版，附表。

洋行代办揽货业务，但是其收入主要靠经营茧绸出口而来。从19世纪70年代初，洋行开始在烟台试办草辫输出，后来包揽了草辫向国外的直接输出业务，烟台华商输出草辫或者要经烟台的洋行代为经理，或者要通过上海等口岸的洋商办理转口，运销量和市场价格在很大程度上受洋行制约。1900年烟台洋行草辫输出量为7529担，占港口输出总量的43.2%。1901年洋行草辫输出量增至8583包，占输出总量的47.5%。在20世纪初兴起的花边业、发网业中，外国洋行也占据着举足轻重的地位。1910年代，烟台共有仁德、敦和、永和、普西、益德、百多6家洋行经营发网输出业，仁德洋行最初经营发网业时，资本只有一二万元，两三年后获利达十数万元；同期经营花边输出业的仁德、敦和、汇昌、百多、永和、泰和、三井7家洋行，年输出经营额90万银两，约占输出总额的45%[①]。

由于缺乏资本、经验和信息，在外商竞争之下，烟台华商仅对沿海贸易和转口贸易有所经营，至于土货径运外洋、洋货输入烟台，则大部分操于洋行之手。

德国强占青岛后，采取鼓励外商到青岛投资的政策，各国洋行尤其是德国洋行纷至沓来，竞相开办工商、贸易、金融、航运等项业务。最先在青岛设立分行机构的是香港顺和洋行、烟台哈利洋行和上海辉记洋行[②]。不久，德国汉堡资本集团的禅臣洋行、礼和洋行以及瑞记、捷成、美最时等洋行也先后在青岛开业。到第一次世界大战前夕，青岛已有包括胶济铁路公司、德华银行在内的德国公司、洋行27家。在德商洋行中，禅臣洋行的规模和势力最大，该行在天津、汉口、上海、香港等地设有机构，在青岛以经营贸易为主；其次为瑞记、礼和、美最时三家洋行。继德商之后，英商和记洋行与怡和洋行、美商美孚石油公司以及俄商开治洋行也相继在青岛设立机构，开办航运、贸易业务。日本商行开业虽晚于欧美洋行，但其发展速度却异常迅猛。最先到青岛开业的日商是三井洋行，紧随其后的为汤浅、日信、大仓、岩城等洋行。到1911年，在青岛开业的日商洋行已有7家，日本商人34人[③]。青岛港良好的港口设施与自由港

① 〔日〕青島守備軍民政部：《山東之物產》第2編，1921年版，第52頁，83頁。

② 〔日〕東亞同文會調査編纂部：《山東及膠州灣》，1914年版，第92—93頁。

③ 田原天南：《膠州灣》，1914年版，第531—533頁，539—542頁。

（区）制，为洋行在青岛经营航运和贸易提供了便利条件。洋行利用德国殖民政府所给予的种种便利，极力控制和垄断青岛的航运业和进出口贸易，并通过买办的活动，将触角深入到腹地。

在航运领域，洋行不仅控制了青岛至欧洲及东亚的远洋轮船航线，而且还控制了部分国内沿海轮船航线。德占时期，在青岛经营航运业的外国公司主要有德商汉美轮船公司、禅臣洋行、美最时洋行、捷成洋行、瑞记洋行，英商怡和洋行和太古洋行。各国洋行投入营运的轮船总数为37艘，船舶总吨位10万吨以上。1911年外国轮船公司进出青岛港的轮船航运量为211万吨，占当年青岛航运总量的98.45%①。

在贸易领域，洋行控制了草辫、花生、生丝、丝织品、畜产品等项土货的出口和棉纱、棉布、煤油、火柴等项洋货的进口及经销。在德占时期，从事土货出口贸易的主要为德国、英国和美国洋行。1911年前后，在青岛经营草辫输出的洋行有捷成、礼和、哈利、瑞记、维德、盎斯、世昌、利康、禅臣、卫礼10家德国洋行，怡和、和记两家英国洋行，立兴、振兴两家法国洋行。上述洋行每年都经营办理大宗草辫输出业务，其中尤以捷成、振兴、和记3家洋行规模最大，年平均输出额约为500万银两。华商开办的辫行虽然也有个别经营输出业，但均不能直接向国外输出，而是须由洋行代办②。丝绸输出业的情形与草辫业相似，立兴、捷成、和记、振兴、瑞记、哈利、卫礼7家洋行控制着对国外的直接输出业，华商丝绸输出商行虽然也有六七家，但是其业务对外商有很大的依赖性。花生是近代山东重要的经济作物，也是对外出口的重要土货产品。1909年德国商人首次从青岛将花生装船运往欧洲，在这之后，德、日两国洋行便通过买办和行栈从内地购进大批花生，转运国外。"德商中经理此业者，首推禅臣、捷成、美最时、礼和、瑞记、锐记等洋行，每年经理输出之额，各达数万吨"。日商经营花生出口业的为三井、汤浅两家洋行，在德占时期，其输出额尚无法与德商抗衡③。

---

① 烟台港务管理局编：《近代山东沿海通商口岸贸易统计资料》，1986年版，第91页，第70—71页。

② 阙名：《山东麦秆草帽辫调查报告》，《农商公报》第4卷第1册，1917年8月第37期；〔日〕東亞同文會：《支那省别全志》第4卷，《山東省》，1917年版，第868頁。

③ 陈训昶：《山东之花生业》，《农商公报》第5卷第10册，1919年5月第58期。

在洋货进口方面，德、日、英、美等国洋行分别控制着机械、五金、电气设备、棉纺织品、火柴、煤油等项洋货的进口和经销。德国洋行依靠同本国殖民政府的特殊关系，包揽了政府各项工程设施所需材料和设备的进口，并且掌握着青岛市场上进口机电产品和化工产品的经销。随着青岛进口石油的增加，美国的美孚石油公司、英国的亚细亚石油公司在青岛设立了经理处，并于 1907 年建起了大型储油库。英国公司还计划在济南、周村、博山、青州、潍县、胶州各买地 1 亩，修建栈房，开挖储油量 50 吨的油池，以扩大内地煤油的销售。日本洋行起初以经营本国商品的输入业为主，推销本国生产的廉价棉纱、棉布和火柴。例如青岛市场最大的棉纺织品批发商三井洋行，年经销额就不下 800 万元①。后来，日商洋行不仅兜销日货，而且还“包揽华货之进出以贩给中外之用”，这种“巨细兼收，无孔不入”的做法，使日商势力急剧扩大。1904 年日商在青岛的贸易额为 211.7 万海关两，1912 年达到 766.5 万海关两，居各国之首。第一次世界大战后，日商成为青岛贸易市场上势力最强的外商，花生、棉花、畜产品的输出“大部分已操于日本人之手”。日商在青岛贸易市场的扩张，给华商经营活动造成严重后果，原先青岛华商曾在日本神户、横滨、长崎等地设有分号，从事土货转运业和日产棉纱、火柴及水产杂货的进口业，后来由于竞争不过日商，渐次歇业停闭②。

1904 年济南设立商埠后，外国洋行便陆续由沿海通商口岸到济南设立分支机构。到 1910 年代初，在济南设立总行、分行或代理处的欧美洋行已有 15 家，其中有德国的哈利、瑞记、礼和、禅臣、捷成、礼丰、万顺、义利等洋行，英国的和记、仁得、亚细亚等洋行，美国的美孚石油公司，俄商开办的开治洋行和永昌洋行，法商开办的华昌洋行。此外，日商也在济南设立了日华公司、东南公司书药局、东亚分公司、华和公司、三好堂等多家公司商号③。

济南市场是连接口岸与内地集散市场的纽带，又是全省水陆商路的交汇枢纽，因此各国洋行都把济南作为向内地市场扩张经营的立足地，投入

---

① 田原天南：《膠州灣》，1914 年版，第 542 頁。

② 民国《胶澳志》卷 5，1928 年版，食货志，商业。

③ 天城生：《濟南》，1915 年版，第 19—20 頁。

大量资本，在商埠区营建永久性楼房商场，争相扩大贸易购销业务。德国洋行在济主要经销机械、染料、日用工业品及经营保险业，英国洋行以经营各式车辆及收购农产品为主，美国洋行主要经销石油，俄国洋行以经营畜产品输出为主，法国洋行以收购手工业品为主。就资金和经营规模而言，德国礼和、哈利、瑞记等洋行实力最为雄厚。礼和洋行除从事一般商品贸易外，还参与军火走私买卖，代地方政府和军阀购置军火。而哈利、瑞记等洋行则通过推销进口机器设备，垄断着五金机械市场。

外商不仅在烟、青、济等开埠城市设立商行，而且还把经营活动扩展到其他内地和沿海城市。光绪末年，即有外国商行擅自违犯条约，在未开放的济宁设立商行。1898 年英国人康来（D. Clark）在威海刘公岛开办康来洋行，经营代理业和杂货贸易[①]。1900 年英商梅德斯等人在威海开设泰茂商行，代理太古轮船公司航运业务和汇丰银行、麦加利银行的金融保险业务。同年，总行设于烟台的和记洋行，在威海设立支行，代理银行、船舶运输业。清宣统年间，外商还在龙口设立商行代理机构，如英商太古与怡和洋行、美商旗昌洋行、日商三井洋行都在龙口有航运贸易业务。日本还曾派商人 30 余人，前往龙口调查，拟在龙口建立商品进出口基地[②]。

从 1860 年到 1911 年辛亥革命，外商在山东先后开设了上百家洋行及其代理机构，这些洋行利用所获取的沿海贸易权、内地通商权，雇佣买办，通过遍布于口岸和内地集散市场的行栈资本，建立了洋货推销网和土货收购网，大规模推销洋货和收购农产品与手工业品。19 世纪 80 年代，洋行在烟台经营进口的洋货即达 400 余万海关两，到 1911 年时，青岛、烟台两港进口的洋货已猛增至 3000 万海关两。

在进出口贸易方面，洋行利用不平等的税则规定和外国人手中掌握的海关管理权，享有种种特权。例如进出口货物报关，洋行各项手续均由外国人办理，报关极为简便，而一般华商则要费很大周折，延宕相当时日才能办完通关手续。为此，许多华商只得事先出资委托报关行代为办理各项手续。在纳税方面，洋行更是比华商占有便宜。烟台自开埠后，当地银两和海关两的比价就定为 104.4∶100，外商一直按这一比率纳税，海关也照

① 黄光域：《外国在华工商企业辞典》，四川人民出版社 1995 年版，第 633 页。

② 阙名：《山东龙口之现象》，《东方杂志》第 7 卷，1910 年 11 月第 10 期。

此标准收受；而华商完纳海关各种税费，则按当地银两 106.4∶100 海关两的比率缴给海关银号，也就是说要比外商多缴 2%①。子口税制度实行后，“洋商入内地，执半税之运照，连樯满载，卡闸悉予放行。而华商候关卡之稽查，倒箧翻箱，负累不堪言状”②。不少华商为了避免麻烦，只得依附于洋行，出资由洋行代为缴税，或借洋行之名从事货物的贸易转运。

洋行为了获取高额利润，一方面，利用手中的商品检验权，对经手商品随意抬价出售或压价收购；另一方面，利用国外供需、价格等方面的信息以及外国银行的资金支持，在很大程度上控制着贸易市场的行情。1910年春，烟台缫丝业出现较大发展，生丝栈存量激增，这时烟台“外商皆知丝坊无大资本”，便利用华商资金不足之机，“大结团体，五月以内不购槲丝，而丝业遂一落千丈矣”③，最后华商不得不忍痛降价出售，而洋商则达到压价收购的目的。正是依靠各种有利条件和手段，洋行赚取了丰厚的利润，一些外商成了暴发户，一些名不见经传的小洋行，如烟台仁德洋行，甚至发展成为拥有数百万元资本的大洋行。

二　民国时期外资商业的扩张

1914 年，日本借对德宣战之机，出兵占领青岛和胶济铁路，此后开始了对青岛长达八年之久的占领统治。

日本占据青岛后，德国洋行全部停闭，英、美洋行也受到影响和损失，营业状况不如战前。而在日本占领军当局的庇护支持下，大批日本商人涌入青岛，并由青岛沿胶济铁路向内地渗透。1915 年 2 月侨居青岛日本人口只有 316 人，而到 1917 年，其人口总数已增至 18651 人，1920 年末达 24536 人。日本工商资本以其政府为奥援，在青岛和胶济铁路沿线城镇开设了大批工业企业和商行、商店及各类商业金融机构。1916 年，青岛共有欧美洋行 13 家，日本洋行 36 家，而到第一次世界大战后的 1919

① Treade Reports, 1875, Chefoo, p. 79.

② 郑观应：《盛世危言》卷 3，商务。

③ 李文治编：《中国近代农业史资料》第 1 辑，生活·读书·新知三联书店 1957 年版，第 556 页。

年，资本5万元以上的欧美洋行为16家，资本10万元以上的日本洋行则增加到116家，第二年又增至147家[①]。当时在青岛的日本杂货贸易商有三重洋行、三信洋行、日信洋行、协丰洋行、柽村洋行、正昌洋行、小林洋行、山田洋行、峰村洋行、尾野洋行、清喜洋行、穗积洋行、吉泽洋行、三共洋行、三原洋行、三井洋行、铃木商店、东和公司、江商合资会社、伊关商店等[②]。同期能够维持经营的欧美商业金融机构，多为资本雄厚的银行、公司和老牌洋行，如汇丰银行、美孚公司、亚细亚石油公司、英美烟公司以及和记、怡和、太古、开治等洋行[③]。

同一时期，济南商埠的外国侨居人口及其商业服务业经营亦呈迅速增长之势。据1918年6月的一项调查，济南欧美籍侨民共120户，当中有进出口贸易商18户、杂货商16户、餐饮旅馆业5户。增加最快的为日本侨居人口和经商业户，当时济南的日侨人口已由1913年时的79人猛增至2770人。在执业人口中，经商业户占了很大比例，其中贸易商536户、代理商12户、医药商23户、纺织品商6户、豆腐商6户、肉类商3户、酱油商3户、果品商11户、古董商8户、典当商8户、钟表商2户、运送业25户、煤炭商5户、照相业5户、杂货商32户、旅馆业6户、木材商1户、洋服业6户、印刷业3户、饮食业14户、玻璃业1户[④]。

第一次世界大战后，烟台的外国洋行在经过析并改组等变动之后，规模也有一定程度的扩大。1911年烟台共有外国洋行29家，其中日商洋行占13家。到1921年，洋行总数增加到40家，其中英国洋行13家，美国洋行8家，法国、俄国洋行各2家，德国、丹麦洋行各1家，日本洋行仍为13家[⑤]。另据1919年的一项实地调查，烟台日商洋行、商店及其经营范围如下[⑥]：

---

① 日本青島總領事館：《青島概觀》，1927年版，第15—16頁。

② 林传甲：《青岛游记（续）》，《地学杂志》第9卷，1918年6月第6期（总第96期）。

③〔日〕青島守備軍民政部：《青島之商工業》，1918年版，第67頁。

④〔日〕青島守備軍民政部：《山東鐵道沿綫重要都市經濟事情》下册，1919年版，第16—18頁。

⑤ Decennial Reports，1912—1921，Vol. I，Chefoo，p. 194.

⑥〔日〕青島守備軍民政部：《東北山東踏查報告》，1921年版，第333—334頁。

三井洋行	棉纱、棉布、煤炭、贸易、保险
岩城商会	航运业、进出口贸易
正隆银行	金融存贷、汇兑
大连大信洋行	五金、输出业
明大公司	土产收买输出及其他
白石洋行	日本杂货、铁工业
胜田洋行	日本杂货、日用品
川上洋行	日本杂货、日用品
中山洋行	日本杂货、照相业
齐藤商店	日本杂货、玩具
复信洋行	桐木输出
稻原洋行	桐木输出
大信洋行	桐木输出
上野商店	金银细工、典当业
大连洋行支店	药品销售、典当业
陞恒洋行	药品销售
菊水亭	饭店兼旅馆
东旅馆	旅店业

1923年中国政府恢复在青岛的主权后，青岛的日侨人口和商行数开始明显减少，当年日本商行减至101户，而欧美商行则相应增长，于当年增至38家。1926年，欧美商行总数达64家，而日本商行则减少至96家。当时年商品交易额在100万元以上的日商企业，有东洋拓殖、铃木商店、三菱商事、三井物产、江商、日本棉花、东洋棉花、伊藤忠商事等株式会社，年交易额在50万元以上商行，有大桥畜产商会、吉泽、大杉、有长、峰村等洋行①。同一时期，济南的日、英、德、法、美、比、荷侨民为3439人，洋行总数共210家②。

1930年代，山东外商人数、商行数以及经营规模仍以日本居首位。

① 日本青島總領事館：《青島概觀》，1927年版，第15—16頁。

② 孙宝生：《历城县乡土调查录》，1928年版，第90页。

1931 年末，在山东各地的日本人总数约 18500 人，聚集人数最多的城市为青岛，约 15000 人，其次为济南，约 1900 人，另外烟台 340 人，博山 600 人，张店 456 人，坊子 250 人。如按职业划分，在青岛日资银行、会社任职的有 1060 人，从事航运业、贸易业、零售业的均在百人以上。在济南，有进出口贸易商 57 人，商品零售业 130 人，银行、会社 67 人。另外，在胶济铁路沿线各地，从事日货批发、零售和土产收买业的日本业商约 1700 人。1930 年，在青岛登记注册的日本工商企业注册资本总额 14059 万元，其中株式会社（股份公司）30 家，资本 3300 万元；合名合资会社（合伙公司）50 家，资本 200 万元；商行支店 29 家，资本 500 万元；个人独资商店、行号及其他营业，资本 1000 万元。与资本及商贸经营规模相对应，外商在金融汇兑业中也占绝对优势。30 年代初青岛汇兑交易额为 25000 万元，当中日商资本约占 13000 万元，欧美商行约占 7000 万元，而华商只占 5000 万元①。

讫于抗日战争全面爆发前，青岛的外资商业、服务业共约 1000 余户，当中以日资企业为数最多，约占 900 余家。这些日资商业“巨细兼收，无微不至，尤以垄断土产业为最力，饮食、服用两业次之”。当时华商业户共约 4000 余家，中外商业、服务业商家之比为 4∶1。华商商业资本约六七千万元，外资商业资本虽无单独统计，但显然要大于华商②。

抗日战争前，济南日本商业资本的规模和商贸经营也发展到相当规模。20 世纪 30 年代初，济南日商资产总额共计 700 万元，其中现金存款 100 万元，房地产等不动产 500 万元，商品存货等流动资产 100 万元。资产结构中大部分为不动产，流动资产比例不高，经营资金主要靠日资银行贷款。日本商行、商社是济南市场主要的贸易商之一，经营业务占据了较大的市场份额。1930 年，日商经由胶济铁路济南站输出的货物约占该站货物输出总量（228673 吨）的 22%，输入货物约占输入总量（313240 吨）的 8%。一般说来，日商在花生、棉花输出业中的输出额约占二成左

① 〔日〕山東每日新聞社：《山東に於ける邦人の經濟發展并に日華親和策》，1934 年版，第 174 頁，193 頁，310 頁。

② 易天爵：《青岛工商业之概况》，《都市与乡村》，1935 年 6 月第 5、6 期合刊；李尔康：《青岛工商调查记》，《工业中心》第 3 卷，1934 年 8 月第 8 期。

右，在棉纱输入业中的输入额约占三成左右①。

1930 年胶济铁路济南站日商输出入货物统计　　（单位：吨）

输出货物	输出总量	日商输出量	%	输入货物	输入总量	日商输入量	%
棉花	28823	5710	20.4	棉纱	14296	4282	30
花生	78007	15601	19.2	砂糖	26070	—	—
鸡蛋	8320	3282	39.4	纸类	4567	455	10
麸皮	23477	18770	80.2	碱	1305	258	20
生油	5757	5188	90	火柴原料	3566	—	—
牛油	15	14	100	火柴	15283	1057	6.9
骨粉	1050	1050	100	煤炭	149080	14883	9.3
牛皮	17	17	100	旧衣	435	435	100
牛骨	895	895	100	白米	2610	546	21
麻油	803	803	100	木材	6480	1944	30
麻子	225	225	100	麻袋	1822	182	10
合计	147459	51548	35	合计	214681	24159	11

资料来源：山东每日新闻社：《山东に於ける邦人の经济发展并に日华亲和策》，1934 年版，第 316—317 页。

外国商业资本的扩张及其商贸经营，对民国时期口岸与内地的市场贸易具有突出的影响。外商凭借雄厚的资金实力，以外资金融机构为奥援，不仅大规模地从事口岸市场土洋货的进出口贸易，而且深入内地市场参与内地土货资源的收买，在相当程度上控制垄断了出口业。例如在青岛口岸市场，“土货出口多籍外力发展，其中生货大宗，如花生、棉花、牛肉、鸡蛋、煤、盐之类，恒假手于外人，始得贩运国外”。“本国商人仅对本国沿岸贸易稍有经营，至于土货之运往外洋，洋货之运入本口，则罕有问津者。盖运输机关、金融机关以及一切设备，均不能互相应照，以致太阿倒持”。1916—1920 年，胶海关关税十分之八属于日商交纳。20 年代，日商进出口关税缴纳比例降至 54%，英商则上升至 34%，而华商所占比重

① 〔日〕山東每日新聞社：《山東に於ける邦人の經濟發展并に日華親和策》，1934 年版，第 316—318 頁。

不足10%。当时日商三井洋行“经贩花生米、油及煤，其代价年可二千万元”，即使稍次的大杉、铃木等洋行，每年营业额亦达四五百万元①。

从20世纪20年代起，经营棉花收买及输出业的外国商业资本，几乎全部为日商洋行，其贸易经营基本集中在济南、青岛、张店三地。

济南市场的棉花，除部分供应当地华商纱厂及部分销往上海外，其余大部分由济南、青岛的日商收买。“青岛之日商纱厂及洋行为济南棉花之大主顾”，在济南从事棉花收买业的日本商行有日本棉花栈、东棉洋行、瀛华洋行、东裕洋行、义昌洋行、瑞丰洋行、米仓洋行、吉诚公司、永荣洋行及大同洋行，此外铃木、土桥、江商、日信、义昌、集成、立元、仪腾等洋行以及张店的永丰等洋行，也在济南设有临时收买机构。这些洋行从华商花行处购进棉花，发运给青岛的日商纱厂或日商洋行。在青岛经营棉花贸易的日商有东裕洋行、中村洋行、东洋棉花、高桥商会、大冢洋行、公记洋行等。另外在张店棉花市场也有和顺泰等8家日资洋行，洋行年棉花交易量14万担，成交后全部发运青岛。三处棉花市场的洋行主要服务于青岛日资纱厂。日资纱厂“购棉多经洋行之手，而不直接与花行往来，故棉花交易以洋行为中心”，纱厂所需原棉均由洋行代为采购。洋行与华商花行间的交易大致如下：“当纱厂需用棉花时，通知洋行在某种价格之下需用棉花若干，洋行再转询各花行‘有事’‘无事’（即有无成交之意），有事者派人至洋行商议，洋行复与事先预定各种棉花之价格及需要数量，各花行代表互相商议认销数量（实际各花行每日均派人至洋行，询问交易及行情，因济南棉花行市决之于青岛之纱厂，而由洋行转达）。商妥后，即在洋行内定立‘批单’，然后洋行再派人至花行看样子，三日内过秤缴款”②。

洋行与花行间的交易，实际是棉花由中心市场、集散市场向口岸市场流通的过程。1929—1933年，平均每年由胶济铁路济南站发运青岛的棉花达57万担。日资纱厂的生产和洋行的利润完全依赖于这一过程。

大规模的花生出口贸易，始于德占胶澳时期，当时德国洋行是花生市场最大的输出商。日本占据青岛后，“日商即取德国而代之”，除三井、

① 民国《胶澳志》卷5，1928年版，食货志，商业。

② 金城银行天津调查部：《山东棉业调查报告》，1936年版，第151页，160页。

汤浅外，峰村、东和、铃木、岩城、泰利、新利、柴仁、山田、糜原、吉泽等洋行“无不争先恐后，群起经营，或派员于产地，或用买办，努力收买”，不久便超过了德商以往的经营规模①。20世纪20年代后，青岛是山东花生流通贸易的终极市场，全省花生产量的60%最后要在青岛市场集散输出，因而青岛也是外国花生输出商的麇集之地。这一时期，德国洋行逐步恢复了花生输出业务，而宝隆洋行则超过日商，成为最大的花生输出商。当时经营花生出口业的欧洲洋行有瑞典的宝隆洋行、德国的大成洋行、礼和洋行、禅臣洋行、美最时洋行，英国的绍和洋行、峰村洋行（原为日资，后因资不抵债由汇丰银行接管经营），日资商行则有大杉洋行、吉泽洋行、三井物产、三菱商事、东和公司、小林洋行、大青洋行等。

清末，洋行的商贸经营大部分要通过华商，当时“外人势力限于通商口岸而止，洋货由通商口岸以入内地，土货由内地以运至通商口岸，必经华商之手，故进出口之贸易权虽操诸外人，然洋行终须用华人为买办，以与内地之行栈、商贩相互交易。例如土产之花生、棉花、草帽辫等项，由乡人售于小贩，小贩售于庄客，庄客售于号庄，号庄售于洋行，始得出口”。民国后，外国商业资本由口岸逐步深入内地市场，借“持有三联单之利器与领事之护符，在内地市场采办土货，又或自向内地推销洋货及在通商口岸出厂之货”②。外国烟草公司在胶济铁路沿线美烟产区的收烟业，便是外国商业资本不通过华商而直接进入产地收运农产品的典型。

1917年英美烟公司最先在二十里堡设立永久性的收买场，1919年日本南信洋行、合同烟草会社相继在潍县设立永久性收买场，1920年日本米星烟草会社在蛤蟆屯设立永久性收买场，1925年日商山东烟草会社、南信洋行又在谭家坊子设立临时收烟场。20年代中期，英美烟公司和日资烟草公司在上述市场形成了相对固定的势力范围，各自在势力范围内收烟，并对收烟地区的烟叶行情有相当的影响力。当时“英美烟公司势力最大，收买之数，恒居大半”；日本公司“收买之后，或送至工厂制造，或加以整理，转售诸日本专卖局及其他公司”。20年代前期，日本烟草专

① 陈训昶：《山东之落花生》，《农商公报》第5卷第10册，1919年5月第58期。

② 民国《胶澳志》卷5，1928年版，食货志，商业。

卖局每年委托日商烟公司收买 22.5 万—26.3 万公斤烟叶①。

1930 年后，随着美烟种植区域的扩大以及国内外卷烟工业对美烟需求量的增长，中外商家纷纷进入烟产区，在各烟叶专业市场从事收买，尤其华商公司一下子增加至 35 家之多。在新的形势下，原先的市场划分格局发生了很大变化，但是外国烟草公司垄断的局面并未打破，英美公司仍是烟产区最大的买家，收买总量约占市场交易总量的 60%—80%，日商的收买量约占 14.4%，而华商虽然有 35 家收买公司，但因规模过小，在竞争夹缝中收买业务倍受倾轧，收买量只占 5.6%②。1936 年英国颐中烟公司（原英美烟公司）收烟 30585 吨，占当年市场收烟总量（53040 吨）的 57%；美国联华公司收烟 5970 吨，占 11%；日商山东烟草、米星、南信三家公司收烟 6660 吨，占 12%③。

三　外国银行的金融业经营

商品进出口和航运业需要有金融业与之配合。第二次鸦片战争后，外国金融资本陆续在通商口岸建立起一批银行和金融代理机构。1863 年英国汇丰银行成立，不久便成为外国在华最大的金融机构。1889 年德华银行在上海成立，该银行由 13 家德国大银行联合组成，专门从事对华经济扩张。后起的资本主义国家日本，为了争夺市场，也加速向中国金融市场渗透。1893 年日本横滨正金银行在上海设立分行，正式开办在华业务。同一时期，美、法、俄等国银行也相继在中国设立了银行机构。

随着外国银行在华业务的扩张，外国金融资本的触角也伸进山东，英、美、德、日等国金融资本相继在烟台、青岛、济南等城市设立银行分支机构或代理机构，开办各项金融业务。

烟台开埠初期，对外贸易多以现金（白银或银元）作为结算手段。后来贸易量和贸易额逐年增大，贸易成交笔数增加，现金结算的形式渐渐不能适应贸易的发展。外国商行为了加快进出口货物的结算，开始通过上

---

① 阙名：《山东之烟叶》，《中外经济周刊》，1925 年 1 月 31 日第 97 期。

② 满鐵經濟調查會：《山東商業經濟の發展とその破局的機構》，1935 年版，第 53—55 頁，103 頁。

③ 李心田：《山东美种烟草调查报告》，《国际贸易情报》第 2 卷，1937 年 3 月第 9 期。

海、香港等地的银行，办理烟台与国内沿海各口岸以至国外的汇兑清算业务。而一些大的洋行则借助其散布各口岸的分行、代理处之间的联系，自行开办金融汇兑业务，将其作为进出口贸易的一个部门来经营。20 世纪初，在烟台经营航运和砂糖等洋货输入的太古洋行，经营航运和草辫、丝绸输出的和记洋行，经营航运的捷成、士美等洋行，都兼营银行业和保险业，并与各口岸的洋行之间有着广泛的汇票交易与结算业务。

19 世纪 70 年代以后，随着外国对华贸易的增长和贸易网的扩大，外国在华银行的金融活动也跟着相应扩大。1876 年，英国汇丰银行第一个在烟台建立起代理处，其业务由太古洋行代理，主要从事对外贸易方面的汇票交易。到 19 世纪末，在烟台开设代理处的已有汇丰银行、麦加利银行、有利银行、法兰西银行、横滨正金银行、彼得堡国际银行、俄华道胜银行等 7 家银行。但是除了道胜银行办理定期存款、开设往来账户、发放有息贷款等正常银行业务外，其他银行代理处多寄附在某个洋行内，业务仅限于汇兑交易①。

1909 年，日本横滨正金银行从烟台撤出，而俄华道胜银行代理处则升格为支行，直属上海总行管理，并逐步发展成为烟台最大的一家外国银行。清末民初，道胜银行凭借资金雄厚、信用高，博得烟台外商的青睐，洋行和部分华商行栈经手的大宗商品交易，大都通过该行办理汇兑。民国初年，道胜银行的年汇兑额高达 500 万两。以低息吸收社会各种存款，转而高利贷出，是烟台道胜银行积累资本、扩大业务规模的重要手段。道胜银行的活期存款仅限于 50—20000 两的存款额，定期存款年息 4 分，而该行的贷款利息则为 7—9 分，而且须以货物作抵押担保，贷款的折扣率为 70%—90%。由于外国银行对存款人身份和存款额严格保密，信用高且风险小，故常能吸收到当地官、商存款②。

道胜银行除办理流动资金贷款外，还开办过多次大额不动产贷款。1913 年烟台海坝工程会筹建东西防波堤，初期的规划勘测工作因经费缺乏，“所需款项不得不仰给于该银行之斡旋筹拨”。后来，该会又向道胜银行贷款 50 万两，“海坝始获动工”。此后，道胜和汇丰两家银行又都表

---

① Decennial Reports, 1892—1901, Chefoo, Vol. I, p. 71.

② 日本外務省：《在芝罘日本領事館管内狀況》，1921 年版，第 49 頁。

示愿意继续贷款，而海坝工程会迫于经费支绌，也不得不继续依赖这些银行。

19 世纪 70 年代以前，外国钞票在中国通商口岸还不能通行无阻。商业交易中通行银两的传统习惯，使得一般中国商人在很长时期内对外国银行钞票采取拒斥态度。在 80 年代前期，外钞仍没有取得华商的信任。80 年代末，随着口岸进出口贸易规模的扩大和外商购销经营的增加，外币和汇丰银行发行的纸币开始进入烟台，成为市场所接受的流通和支付手段。20 世纪初，道胜和汇丰两家银行正式在烟台发行纸币，道胜银行的发行额为 2 万元（以墨西哥鹰洋为本位），汇丰银行的发行额为 3 万元（同样以鹰洋为本位）。此外，这一时期从日本和俄国涌入的大量外币，也在烟台市场上广为流通。俄国纸币在烟台的流通额为 300 万卢布，日本纸币（又称金票、老头票）的流通额约为 35 万元。日币的发行银行为日本银行和横滨正金银行，其中日本银行占发行额的 80%，正金银行占 20%①。日本银行在烟台虽无分支机构，但因有日本邮局及中国邮局为其承兑，日币在市面上仍有一定的信用②。

外币在烟台的发行与流通，曾经对当地及周邻地区的金融业产生相当影响，民国初年龙口华商银行发行的纸币，在市面上均不能通行，唯俄币和日币最受欢迎。俄国十月革命前后，由于俄国卢布突然跌价，烟台“当地商人自营之商业银行，因而倒闭，经济上皆大受亏损”。其后不久，“日币又俄然暴落，所受损失虽不如俄币之甚，然一时钱庄达破产之域者亦为不少”③。在这一时期，外国银行所发货币的起伏变化，始终是影响金融市场行情的一个重要因素。

青岛开埠后，很快便成为继烟台之后外国银行理想的立足地。1898 年德华银行在青岛设立支行，并长期垄断着租借地的金融业务。继德华银行之后，1912 年汇丰银行、麦加利银行、俄华道胜银行也相继在青岛设立支行或代理处。1913 年日本横滨正金银行也在青岛设立了分行。

德华银行是在青岛设立的第一家外国银行。早在 1890 年该行在上海

---

① 日本外務省：《在芝罘日本领事館管内狀況》，1921 年版，第 60 頁。

② 匡裕祥：《烟台笔记》，《新游记汇刊续编》卷 7，第 27—28 页。

③ 郑重：《烟台要览》，1924 年版，金融。

开张时，德国首相俾斯麦就曾告德国驻北京公使：德华银行足以成为德国同东亚商业和贸易关系的一个重要因素，因此“必须用每一分钟可能的方式来帮助这家银行向这个目标推进”①。德华银行同本国政府的这种关系，使它除了一般的银行业务外，更着重于向清政府承揽大笔贷款业务，在中国投资设立铁路公司和矿山公司。1890 年 4 月，该银行就曾向山东巡抚张曜贷款 40 万两，作为山东河工用款，从德国购买挖泥船。德国占据胶州湾地区后，德华银行便成为德国在山东扩张经济势力、支持德商工商贸易经营的重要工具。作为租借地总督府的中央金库和胶海关的专门金库，德华银行掌握着发行纸币及辅助货币的特权，同时它又是山东铁路公司和山东矿务公司最大的股东。在铁路公司全部资本 5400 万马克（54000 股）中，该行拥有 4999000 马克（4999 股）；在矿山公司 1200 万马克（6 万股）中，它拥有 160 万马克（8000 股）②。因此，银行实际在两个公司中处于大股东的地位。

德华银行在租借地营业范围非常广泛。它不仅拥有发行纸币、债券的特权，而且还有权办理土地抵押、证券交易业务。1906 年，根据德国首相发布的特许状，德华银行获得在租借地发行钞票的特权，期限长达 15 年。从 1907 年 6 月起，该行开始在青岛发行 1 元、5 元、10 元、25 元、50 元五种面值的钞票，同年 11 月又在天津、汉口两地发行以银两计值的银行券，当年三地发行总额相当于 44.7 万银两，此后发行额逐年增加，1911 年达 146.4 万银两。到 1912 年，德华银行青岛支行在胶澳地区的钞票发行额已达 1571020 元。1913 年，该银行又增发 100 元、200 元、500 元三种大面值的纸币，当年在胶澳地区的钞票发行额增至 2071025 元③。1909 年 10 月，德国殖民当局为了消解清政府新铸铜元对租借地金融的影响，又通过德华银行采取相应措施，发行 5 分和 10 分的镍币，强行在租借地流通。后来这两种辅助币不仅在青岛市区流通，而且还在胶济铁路沿线使用，用作客运票价的支付手段。随着银行辅助币的强行推行，在不长

---

① 施丢克尔著，乔松译：《十九世纪的德国与中国》，生活·读书·新知三联书店 1963 年版，第 254 页。

② 田原天南：《膠州灣》，1914 年版，第 339 頁，第 342 頁。

③ 同上書，第 339—341 頁。

时期内，原先在青岛广为流通的各种小银币几乎全部被排挤出市面[①]。

1911 年，德华银行适应国外资本到青岛投资建厂、经营商业贸易的需要，在青岛开办了以土地等不动产为抵押的贷款业务。按银行规定，用于购置房地产方面的贷款，外国人的贷款利率为 8‰—10‰，而中国人则为 10‰—12‰，就是说中国人的贷款利率要比外国人高 20%。截至 1911 年，德华银行在青岛共发放贷款 900 万马克，其中 50%—60% 为不动产抵押贷款，且多数贷款提供给了外商[②]。

德华银行自在青岛设立机构之日起，便力图控制青岛的金融市场。当时青岛只有 1910 年 7 月成立的大清银行因税收之需，孤立境内，此外黄县、掖县、即墨、日照等地商人设立的十几家钱庄，资金单薄，钱庄本票仅能在当地市场串换，信用也只限于当地市场。德华银行凭借自身雄厚的资金和遍布各通商口岸的业务网，垄断了青岛市场的国际汇兑业务。洋行进出口贸易的国外结算，全部由德华银行和其他外国银行办理。银行通过汇兑来支持外商推销商品，收购农产品，而华商办理与贸易有关的国际汇兑，需钱庄求助德华银行融通，由其代为结算。德华银行通过收取钱庄本票的方式，在一定程度上影响控制着钱庄的汇划收解。

日本占据青岛期间，德华银行、渣打银行、俄华道胜银行相继停闭，日本横滨正金银行、朝鲜银行、正隆银行、龙口银行取而代之。横滨正金银行为“日本在青岛商业之根本”，“日本政府委以发行纸币之全权”。正金银行“因有强固之政府为后援、为监督，是以操纵市面有指挥如意之妙”[③]。1916 年，青岛横滨银行的存款额为 333 万日元、3551 万银元、1703 万银两，贷款发生额为 9.6 万日元、1170 万银元、40 万银两，汇兑业务汇入 2855 万元、汇出 3056 万元；龙口银行青岛支行存款额为 43 万日元、93 万银元、136 万银两，贷款发生额为 23 万日元、86 万银元、109 万银两[④]。当时青岛地区主要流通货币，是横滨正金银行发行的银元纸币和日本银行及朝鲜银行发行的日本金元纸币，“银元纸币均在铁路沿线内地城镇、农村及济南等处广泛流通”。1921 年银元纸币在青岛地区的

---

① 青岛市档案馆编：《帝国主义与胶海关》，档案出版社 1986 年版，第 116—117 页。

② 田原天南：《膠州灣》，1914 年版，第 341—342 頁。

③ 林传甲：《青岛游记》，《地学杂志》第 9 卷，1918 年 6 月第 6 期（总第 96 期）。

④ 〔日〕青島軍政署編：《青島要覽》，1918 年版，第 89—91 頁。

流通量为420万元。当时济南等地虽然也有数家按近代银行制度组织营业的华商银行，并曾发行1元、5元、10元、50元、100元的纸币，但是这些纸币在内地的流通量很少。讫1922年底，日本横滨银行发行的银元纸币在青岛及胶济铁路的流通额已达1000万日元①。1923年中国政府收回青岛后，日本银元纸币方由横滨银行收回。在摆脱外币压力的情况下，中国银行、交通银行发行的纸币才开始逐步在市场得以流通。

综观外国金融资本在山东的活动，甲午战争以前，其业务主要是承揽洋行的国际汇兑，为洋行进出口贸易服务；甲午战争之后，外国银行在将汇兑业务扩大到华商贸易领域的同时，又进一步与国外工业资本结合，参与工矿业投资，经营铁路、矿山和航运，发行货币，吸收存款，发放贷款，活动触角伸到越来越多的经济领域，成为影响商品市场和金融市场的重要因素。

---

① 青岛市档案馆编：《帝国主义与胶海关》，档案出版社1986年版，第162页，202页。

第六章　盐典钱传统商人的衰落与蜕变

近代商人资本的发展是一个新旧嬗替、由旧形态向新形态转变的过程。至少从19世纪中叶开始，传统的盐、典、钱旧式商人资本，在各种社会经济因素的交互作用影响下，渐趋衰落委顿，失去了原先显赫的声势与地位，而新兴商人资本则由原先寂寥冷清的边缘位置迅速崛起，一步步取代了旧式商人资本。商人资本的嬗替，首先是从传统占主导地位商人资本的衰落开始的。

近代学者徐珂在《清稗类抄》中曾说：盐商、当商、木商，“此三者之在闭关时代，皆为大商。”① 按诸史实，此说大致不谬。但地区经济条件不同，传统商人资本的构成也会因地而异。在开埠通商前，山东地域分布最广、最有势力、最具影响力的商人资本当属盐、典、钱三业。如清中叶著名的商业城镇胶州，除民船装运业外，“商大者，曰典当、曰银钱”②。而以“商贾辐凑，营机利，多驵脍”著称的章丘，“城乡盐、当而外，无多大商”③，甚至到19世纪末，山东巡抚李秉衡在给清廷的奏报中，还一再言称，巨商大贾“其在东省贸易者，以盐、当、票号为最大”④。可以说，在此之前，盐、典、钱三业商人一直凌驾于众商之上，成为财富的象征。但是，从清末到民国初年，情况发生了很大变化，盐、典业商人资本逐渐由盛而衰，在商人资本中举足轻重的地位随之丧失；钱商资本在经历了数次冲击波折之后，内部也出现分化，一部分不能适应新形势的钱商委顿破败；另一部分钱商则因应新的环境而发生蜕变。作为传

---

① 徐珂：《清稗类钞》第5册，中华书局点校本，1984年版，第2288页。

② 民国《增修胶志》卷10，1931年版，风俗。

③ 白眉初：《中华民国省区全志·山东省志》，1925年版，第14页。

④ 李秉衡：《李忠节公奏议》卷5，第6页。

统商人资本衰落蜕变的历史缩影，东平县商人资本的兴替便是一颇具代表性的事例。清光绪朝以前，东平“城内大商素以当铺、盐店为称首，银钱号次之，此等较大营业，多系晋商及章丘、济南商人所经营”，但是民国后，“以种种关系，当铺既已歇业，盐店亦分作数家，营业渐渐式微，银钱业复相继倒闭，所谓外籍大商已消灭殆尽”，而当地以农副产品贸易为业的商人资本则取而代之，活跃于商品流通领域。商业与城乡民众生活的关系益加密切，“新营业大半为洋广京杂各货，图书文具、中西医药、煤油、菜馆等”[①]。这一历史性变化，反映了近代山东商人资本兴衰嬗变的轨迹与发展趋势。

一　旧式盐商的衰落

清代，山东盐的运销分引盐和票盐两种，而票盐又有商运、民运之别。引盐主要销于济南以西以南地区以及豫、皖、苏三省与山东毗邻的部分州县，商运引盐共65个州县；票盐则行销于济南以东以北地区，商运票盐共39个州县；此外，胶东还有18个沿海州县为民运票盐，民运票盐不属盐商专卖。经营运销引盐的专卖商人称为引商，“引商半属客籍”，“俱各省侨寓，间入运籍，其资巨万”[②]；经营票盐的则称为票商，“票商则皆土著”，即山东本地商人。“凡行票之地，引商不得掺越”，运销经营，“客商不得干预”。当时“内商用票，外商用引”的说法即由此而来[③]。

清初，山东盐商资本在经历了战乱和社会动荡之后，元气尚未恢复，处于“引碎商散，或数百引，或数十引即为一商，散而难纪”的状态[④]。清中叶，山西籍盐商凭借其雄厚资本，并吞中小盐商，逐渐成为拥有大量盐引的盐业巨贾。同期，清政府也采取了保护大盐商、裁并小盐商的措施，规定凡拥有盐引不足800引的盐商，“不准自立商名”。经过裁并，1789年（乾隆五十四年）山东各地引商归并为集义、祥仁、通裕、恒德、

① 民国《东平县志》卷8，1936年版，实业，商业。
② 嘉庆《新修山东盐法志》卷20，1809年版，艺文。
③ 光绪《掖县全志》卷2，1893年版，赋役，盐务。
④ 张寿镛等纂：《皇朝掌故汇编》内编卷13，述山东盐法。

永庆、同仁六纲，六纲中准定商名的盐商共101家[①]。“引商分隶六纲，为纲首者，经理一切领引纳课之事”，此后引商“运销数目盈缩，权在总商纲头，纲头总理盐纲，多属豪家巨商充之”，而这些“豪家巨商”又多为山西籍商人[②]。与此同时，票商在经过相似的裁并后也划为六纲，即兴孝、笃姻、则友、亲睦、信任、周恒六纲，六纲共有票商43户，其中史泩注、茅敬轩等均系拥有票额上万张、资本数十万两的大盐商[③]。尽管山东各地引盐、票盐“皆有豪家居为永业”，但是大的引商和票商“往往不自经营”，而是将引票“租与他商而食其息，商有亏则易之，又亏则又易之”[④]，这种靠世袭引票权、出租引票以维持生存的特性，表明盐商资本具有很强的垄断性和寄生性。

清代中叶，是山东盐商经营规模不断扩大，势力达于鼎盛的时期。这一时期，随着城乡社会经济的复苏，山东盐商年销引盐、票盐数额屡屡加增，如1667年（康熙六年）加引8万道，1679年增引51000道，1696年“东盐销场商人呈请加引五万道”，1718年，“商人又请加五万道”。到1729年（雍正七年），引商盐引销数已由最初的二十几万道增至500500道，票盐销数也达到171000张，大大超过了清初时的额定数。此后从1740年到1765年，因山东“连年丰收，每年额余票不敷，又加余票三万张”[⑤]。盐商拥有引票数额的增加，意味着盐商经营资本规模的扩大，通过垄断盐的运销经营，盐商获得了丰厚的垄断利润，单就票商而言，每票盐可获利白银九钱，每年获利约在15万两以上[⑥]。这就使得盐商成为当时最具资本实力的商人群体。

大量金钱的积累，使盐商穷奢极欲，大肆挥霍。因“金钱易得，相与饮博狎娼，鲜衣怒马，又结纳有费，词讼有费，滥用银钱如泥沙”[⑦]。清代山东籍学者王培荀在《乡园忆旧录》中曾记载，乾隆年间，“蒲台盐

① 嘉庆《新修山东盐法志》卷9，1809年版，转运上，充商。

② 山东咨议局：《上盐政大臣改良盐务意见书》，《山东杂志》，1910年第63期。

③ 嘉庆《新修山东盐法志》卷9，1809年版，转运上，充商。

④ 《山东杂志》，1909年第48期，杂录，都察院代奏山东京官条陈盐务利弊呈。

⑤ 张寿镛等纂：《皇朝掌故汇编》内编卷13，述山东盐法。

⑥ 民国《济阳县志》卷4，1934年版，赋税制，盐政。

⑦ 嘉庆《新修山东盐法志》卷20，1809年版，艺文志。

商某，客厅陈设华丽，花毯铺地。每咳，屏后转出美婢，以口承唾”①。这种奢靡的生活方式，致使不少盐商外腴中空，资财耗竭，乾隆中期后，“银价日昂，陋规日盛，各商又复奢侈无度，任意挥霍”，结果是“消费愈多则获利愈微，获利愈微则加价愈重”②，加价愈重私盐愈加泛滥，盐商经营愈加困难，形成恶性循环。此时，盐商资本实际已显露出盛极而衰的迹象。

清中叶，随着盐商资本的膨胀，清政府对盐业的正杂课税也日益加重，尤其是在赈济、助饷、捐输、报效等名义下的摊派取索，可谓层出不穷。嘉庆年间，由于“帑利与河工递增”，盐商负担的河工、帑利银等项已由原来的 19 万两递增至 199 万两，盐商每年应交帑本息银 21 万余两，“较正课多增一倍”③。到道光元年，山东盐商积欠帑利共 20 项，每年应缴帑本息银增至 25.7 万两，在这种情况下，“奏销屡形短绌，商力渐至疲乏”。乾隆年间，盐商缴纳的正、余引票额票银为 175900 两，加上公杂款项经费共 264000 两，但是到 1817 年时，盐商应完纳的帑利、捐款以及历年分限带征银已达 105 万两，为以前正课的 4.3 倍。此时“商力愈不能支”，积欠课款逐年增多，到 1828 年，盐商积欠已达 532 万两。莒州、日照、沂水、蒙阴、临朐、临淄等处的盐商，终因“积乏已深，店业消歇”，相继倒闭停业④。

清中叶后，山东各地农民起义也给所在地的盐商以沉重打击。1774 年，王伦清水教反清起义，定陶、城武两县盐商的“一切账目、银钱、骡马、房屋、家什俱遭焚掠，荡然罄尽”，共损失银三万数千两，曹县盐商损失银 4 万余两。同期，菏泽、巨野、金乡三县盐商损失各在 1 万两左右，濮州、单县、郓城三县盐商损失也极为沉重，鲁南盐商经受此次打击之后，“赀本荡然”，一蹶不振⑤。

道光年间，清政府鉴于山东盐商“几于全纲倾败，不得不设法调剂”，先后采取了两次加价、二成减引、三厘减息等措施，但收效甚微，

① 王培荀：《乡园忆旧录》，齐鲁书社点校本，1993 年版，第 416 页。
② 洵天：《论山东盐务》，《山东杂志》，1909 年第 51 期。
③ 张寿镛纂：《皇朝掌故汇编》内编卷 13，述山东盐法。
④ 恩锡等编：《山东盐法志续增备考》卷 1，1864 年版，捐输；卷 2，优恤下。
⑤ 恩锡等编：《山东盐法志续增备考》卷 2，1864 年版，优恤上。

"终莫能救其疲敝"，不但销盐仍无起色，而且"引票各岸倒悬者至二十余处"。各地引商积欠的正杂款、运本生息等项，"不能依限清缴，积之又久，旧欠新亏，多至九百余万"①，就整体而言，盐商实际已是资不抵债。在这种形势下，清政府不得不于1848年对山东盐务实行全面整顿。整顿的基本方针为"商乏之处，改为官办"。依此方针，清政府于翌年将因破产等原因已无盐商的德州、冠县、莘县、临清、聊城、金乡、城武、滕县、寿张、朝城、德州卫、观城、范县、菏泽等14处引地，以及票商困乏停业的日照、莒州、沂水、利津、潍县、昌乐等6处票地改归官办。由商办改为官办，这是盐商命运的一个重要转折，从此盐商渐渐失势，直至最终败落。

咸丰、同治年间，太平军和捻军在山东的反清活动，对山东区域社会经济产生了极大影响。多年的社会动荡，使大片"引地被扰"，许多县份的引商因积欠太多以及引地私盐充斥，相继破产逃逸，销盐引地名存实亡。到1864年，历年未运积引已达130余万道，相当于正常年份额销盐引数的3倍，战乱地区私盐贩运已替代了引盐，盐商经营陷于瘫痪，尤其是鲁南、鲁西地区，几乎到了"全岸倒败，不可收拾"的地步。迫于"岸纲大衰，商逃课悬"的压力，清政府不得已再次将若干地区的盐业收归官办。1867年，清政府将原先由山东盐商拥有的河南、江苏、安徽15个县的78100道盐引收归官办，"筹拨官本改归南运局"②。不久又将"商人数次亏逃"的鲁北多处引地改归官办。上述措施导致了山东盐业商运日减，"官运日多"，从而加速了盐商势力的衰落。

清末，山东盐商势力的衰落主要反映在以下几个方面：首先，盐商经营运销范围逐渐缩小，讫于宣统年间，引商经营运销范围已由清中叶时的63个州县缩小至30个州县，票商的经营运销范围由原先的39个州县缩小至20个州县。这就是说，清末山东引商和票商的经营地盘仅相当于清中叶时的一半左右。其次，反映盐商资本规模的引票拥有行销数大幅度减少。山东盐商资本鼎盛时期，引票数一直是实领实销，每年领销盐引额为

---

① 张寿镛等纂：《皇朝掌故汇编》内编卷13，述山东盐法；洵天：《论山东盐务》，《山东杂志》，1909年第51期。

② 丁宝桢：《丁文诚公遗集》卷2，奏稿。

50 万道。咸丰朝以后，随着众多引商的歇业破产，引盐销数大幅度减少，盐商“每年多或领至二十八九万引，少仅领二十五六万引”。1895 年，清政府被迫将山东额引减免 10 万道，定为每年 40 万道，以改善盐商积欠状况。但是此时盐商颓势已成，私盐运销遍及各地，盐商经营难以振作，“官、商岁额仍不过二十七八万道”①，如果将其中官办官销部分剔除，盐商经办的盐引实际只有 10 余万道。宣统年间，山东引商经营的盐引只有 180477 道，仅相当于清中叶时的 36%；同期票商经营的票盐额数只有 80076 张，仅相当于清中叶时的 44%②。最后，随着引票权的不断转移析分，盐商资本出现细分化的倾向。由于不事经营，坐吃山空，一些大的盐商世家（如历城茅、关、张等盐商），随着引票权的抵押典当和出卖转让，家业逐渐式微败落；另外一些大盐商则因遗产分割继承而分散了多年积累起来的资本。清中叶时，章丘票商史泩注拥有票盐 1 万余道，清末分成史一举、史复顺、史复兴、史恒升、史长正、史芝岩等六家，前三家每家只有盐票 855 道，后三家每家有盐票 2564 道，大盐商被析分成小盐商。清中叶时，山东有引商 102 家，清末增至 200 余户，民国初年增至 400 余户，在盐商行销盐引数不断减少的情况下，这种变化意味着每户盐商拥有的引票数大幅度减少，清中叶每户盐商平均拥有盐引 4955 引，而到清末宣统年间，每户平均只有 812 引③。显而易见，盐商资本的规模比之以往大大缩小，大的盐商逐渐消亡，中小盐商成为盐商资本的主流。

1914 年，山东盐务实行改革，划一税率，废止引票制，改行一条鞭制，商人只要从盐运司领得运照，即可在境内自由经营盐业运销。自此，原已衰颓不堪的旧式盐业特许商——引商和票商，便从商业流通领域退隐消亡。

二　典当业商人的衰落

典当业商人资本的兴衰轨迹与盐商资本有着许多相似之处。前者的命

① 周馥：《周悫慎公全集》卷 2，奏稿。

② 张茂炯：《清盐法志》卷 55，1920 年版，山东六，运销门。

③ 同上。

运几乎是后者的翻版，在某个时期，二者几乎成了难兄难弟。典当商属于一种以物资作抵押、施放高利贷的商人资本，一般不直接经营商品，但与商业资金的拆借周转也有一定关系。在商品流通不发达的传统经济条件下，因利润高、风险小，相当一部分社会剩余资本被吸引入典当业，而不是流向与商品生产和流通直接相关的领域。

清代中叶，是山东典当资本发展的极盛时期。雍正年间，全省有典当商 585 家，到乾隆朝时，全省典当商号多达 1351 家①。典当商分布极广，每县少则十数家，多则数十家。典当商主要集中在运河沿岸地区的临清、济宁、聊城、高唐等城镇以及沿海地区的胶州、潍县、黄县等地，此外，济南、章丘、泰安等地的典当业也相当兴盛。当时潍县一地有典当商 72 家，临清有山西商人开设的典当十六七家②，济南的典当商则创设了行业性会馆——集云会馆。普通当商经营资本一般在三五万银两之间，资本雄厚的当商，所设联号往往分布数县，资本额高达数十万两，如高唐尹集村郝姓当商所设文晟当，在聊城、长清、汶上、东平、宁阳甚至河北永年等县都设有联号当铺。总的说来，清中叶以前，典当业作为商人资本经营的一种重要形式，其资本势力和影响几乎可与盐商相颉颃。但是，自咸丰朝以后，在政治和社会经济两个方面接连不断的打击下，典当业商人资本却江河日下，由盛而衰。典当业商人资本的衰落大体经历了清末、民初两个阶段。

19 世纪 50 年代后，在战乱和伴随而来的社会动荡影响下，典当业屡受重创，典当商人资本也元气大伤。战乱时期，聚集大量财物的典当商号，一向是起义军攻取和清军掠取的对象。咸、同年间，临清、聊城、高唐、堂邑、胶州等城镇的典当商号，都曾在交战方的反复攻夺中遭受再三洗劫，典当商因之破败凋零。1855 年，随着太平军、捻军在鲁南地区活动的加强，山西籍典当商聚集地曹县，先是“集市之当店全撤”，1858 年“城陷后，房舍半成灰烬，连年兵灾，城关之当典亦撤城内”，“较之往昔不及十分之一”，到后来只剩源益永一家③。胶东黄县，“曩者富户多质

① 雍正《山东通志》卷 12，1736 年版，田赋三，杂税；乾隆《大清会典则例》，奏销册。

② 林传甲：《大中华山东省地理志》，1920 年版，第 294 页；乾隆《临清州志》卷 11，1785 年版，市廛志。

③ 光绪《曹县乡土志》，1906 年抄本，商务。

库，不暇经营，坐拥自然之利，自捻匪扰乱以来，质库巨资付之一炬”，户数骤减[①]。莱芜清初有典当5家，同治年间因兵灾均告歇业。清平在嘉庆年间有当店7家，到咸丰朝时仅剩2家，后来仅有的这两家也在宣统年间歇业。嘉、道年间潍县有典当72家之多，经过咸、同时期的战乱，到宣统时只剩4家[②]。长期持续的战乱和社会动荡，使典当业经营规模和当商势力大大削弱，光绪朝中叶，山东典当业只剩200余家[③]，到1908年，典当商又进一步减少至160家[④]。

民国成立后的10年间，典当业与典当商更加委顿萧条。受辛亥革命、护国军“倒袁”等社会政治运动的冲击，黄县、周村等典当业较集中的城镇，典当商大批歇业，著名的黄县丁氏典当资本，原有“质库二三十处，资本丰厚，自辛亥革命民军入城，勒索至四五百万元，精华殆尽，各处质库大半歇业，所存者一二处”[⑤]。费县清中叶时“商务惟典当最盛”，“当极盛时母钱四十万”，后逐渐减少，清光绪时只剩2家，民国初年则全部倒闭[⑥]。在省城济南，一直为典当商聚集议事场所的集云会馆，此时也因城内典当业凋零而关闭。同一时期，原先声势煊赫的高唐郝姓典当商势力也大为衰落，散布于周邻各县的典当分号和联号相继歇业。据统计，1912年山东典当商户数已减少至111家，资本总额323.6万元，各户存款总额255.3万元，当出金额总数447.2万元，赎出金额总数444.2万元[⑦]。此后，典当业“以当税重，倒闭者甚多”，到1913年仅存103家，原先典当业较集中的馆陶、费县、东平、高唐等地典当商相继绝迹。一些地区的典当商即使勉强维持支撑下来，其资本规模与地位也今非昔比，已降为二流商人，无法与当地从事农产品和其他商品流通的大商人相比。

清末民初，山东典当资本的衰落，除了长期社会动荡与战乱破坏的原

① 同治《黄县志》卷3，1871年版，食货志。

② 民国《莱芜县志》卷8，1922年版，政教志，杂税；宣统《增辑清平县志》卷5，1911年版，食货，杂课；光绪《潍县乡土志》，1907年版，商务。

③ 实业部国际贸易局：《中国实业志（山东省）》，1934年版，（癸），第103页。

④ 山东清理财政局：《山东清理财政局编订全省财政说明书》第5册，1910年版，岁入部，杂税，当税。

⑤ 陈恒庆：《谏书稀庵笔记》，“大户”条。

⑥ 光绪《费县乡土志》，光绪末年抄本，商务。

⑦ 阙名：《民国元年全国工商业状况》，《农商公报》第2卷第2册，1915年9月第14期。

因外，还有若干外部与自身经营上的原因。

首先，随着近代农副业商品生产的发展，农副产品和手工业产品商品化程度的提高，典当商身处其中的地区经济发生了显著变化。在花生产区泰安，“清末大花生盛行山中，石田变为膏壤，山农饶足，典当者渐少，而本地富室亦权子母与商人竞争，加以币制改革，布帛棉花丝缕无不飞涨，所当之值不及原价五分之一，乡民遂甘于称贷，不肯典当”，民国后，仅存的一家典当商文晟号“亦不能久支持矣”①。在沿海商品经济发展程度较高的地区，众多农民入城作工或从事手工业与运输业，谋生手段增多。如原先多典当商的胶州，“近因贫民易于营生，典衣物者少，当店徒有其名”②。经营环境的变化，也减少了高利贷商对典当业投资的兴趣，使不少沿海典当商转移资金，转向其他行业谋求发展，蓬、黄、掖典当资本就有不少转向辽东地区，从事贸易和汇兑经营。

其次，有清一代，典当资本与地方官府关系密切，官府、军营的待用款项多存入典当生息。1821 年，山东巡抚衙门就曾一次从藩库中提银 10 万两，“发交济、东、泰三府典当商，按月份生息”③。另外地方教育中的书院、义学、学田以及赈济机构中的养济堂、同善堂等经费款项也大都存入典当生息。官款“存典生息”构成典当商经营周转资金的重要来源。但是义和团运动后，由于地方财政困难，地方官府陆续将存于典当业中的生息资金抽回，以应付不断增加的开支需要。1904 年，山东巡抚衙门为筹集鼓铸铜元经费，就曾通饬各县“专提发商生息原本”，“传集当商，饬令量力呈缴，由各该县汇齐解省，交官银号点收”④。这一举措对于资金本已捉襟见肘的当商经营无疑是釜底抽薪，许多典当商为此而歇业。民国成立后，省县财政改制，行政款项绝大部分转入财政部门管理或存入银行及其他信用机构，这就使的得典当资本失去了一项可资长期周转使用的资金来源，经营也难以维持以前的规模。

最后，典当业税捐的加重，也是典当资本经营陷入危机的一个重要原

① 民国《重修泰安县志》卷 3，1929 年版，政教志，财赋。

② 民国《增修胶志》卷 10，1931 年版，风俗。

③ 山东清理财政局：《山东清理财政局编订全省财政说明书》第 7 册，1910 年版，岁入部，杂款。

④ 《东方杂志》第 1 卷，1904 年 10 月 4 日第 8 期，财政。

因。清雍正年间，典当业规定每家典当年纳税银5两，规银4两。光绪朝后，清政府因财政困难，时常要典当商"报效"，典当业税捐也屡屡加增。1885年加增铺捐50两，不久规银也增至11两。1887年，黄河决口，河工需款甚巨，清政府再次令各省每家当铺一次性缴银100两，作为预交20年的当税。1897年户部改定税则，每家典当年纳税银增至50两。1901年因开办筹款局，每家典当又加征捐银400两。1904年铺捐银改征350两，征收额比20年前增加了6倍，规银改征20两，也增加了近1倍。税捐大幅增加和不时的重重苛索，导致中小典当商因积欠过重而停业。如清末博兴县全部4家当铺，均是因"税率加重，相继歇闭"[①]。在资本稍厚、尚能维持经营的典当商中，也发生了严重的积欠现象，1908年因经营困难而欠税的典当商就有38家，占业商总数的24%[②]。

20世纪20年代后，典当业资本因受周围环境的影响，处境更加窘迫，一些硕果仅存的大典当商终因难以支撑而相继歇闭。1926年前，济南原有9家大典当商，"自省钞惨跌，各当收回赎金全为省钞，大受损失，复以济南惨案发生，地方扰乱"，以致全部停歇；烟台原有通惠当一家，设分当十余处，1929年军阀刘珍年与褚玉璞在福山交战，通惠总当被焚，当业遂停闭；民国初期潍县城内尚存两家典当，其中一家1916年于东北军围城时闭歇，仅存的一家义丰当勉强维持，"时有闭歇之虞"；胶县民初尚有典当4家，"后因营业萧条，兼受军事影响，相继倒闭"。到1928年，山东各县典当仅存21家。据当时当业公会称，典当业纷纷歇业的原因有三："一受各种纸币之亏折，如省钞、军用票、地方流通券是也；一受捐税、地方摊派之重复，如当捐、当税、营业牌照税、地方借款、御匪供给是也；一受资本日耗、金融日滞之困难，如限期二十四个月，周转不灵，重息借贷是也"。到1933年，山东全省典当商减少至18家，反映这18家典当经营状况的典当架本总共不足100万元[③]，可以说，此时的典当业和典当商已走到山穷水尽的境地。

---

① 民国《博兴县志》卷6，1936年版，赋税。

② 山东清理财政局：《山东清理财政局编订全省财政说明书》第5册，1910年版，岁入部，杂税。

③ 实业部国际贸易局：《中国实业志（山东省）》，1934年版，（癸），第103—104页。

三　传统钱业商人的蜕变

传统钱商资本系指以钱庄、汇兑庄为主，包括钱铺、兑换银摊以及金店、银炉在内的与金融经营有关的商人资本，钱业商人通过钱钞拆换、发放钱票以及后来开展的存放款、汇兑等项业务来维系资本运营。从时间上看，钱业资本的兴衰要晚于盐典业资本。山东钱商资本兴起于清中叶，最初只是以银钱拆换为业，资本微弱。乾隆后期，体现借贷活动的拆放款开始成为钱庄业务的一个组成部分。道光年间，钱庄开始发行钱票。这一时期，山东钱业资本主要集中于临清、济宁、聊城等运河沿岸城镇和济南、章丘、胶州、青州等传统商业城镇。光绪年间，临清单是兑换元宝、碎银、放款出贴（银票）的银钱号和钱铺就有七八十家；济南有钱庄（铺）100余家，并设立了银钱同业组织，钱业商人每晨聚集福德会馆，议定存放款息率（当时称“上关”）①。同期，因山东农业人口大量向东北地区迁徙，以及随之而来的胶东地区与东北地区贸易往来的频繁，务农经商的山东人每年有相当数量的钱钞要汇回家乡，两地汇兑的增加，为蓬、黄、掖等地钱业资本的兴起提供了条件，其中单是黄县一地，钱庄就发展到150余家②。

清末，银钱业资本尽管已遍布于省内多数地区，但是一般钱庄的资金并不充裕，通常大的钱庄资本不过七八千吊钱，小的仅二三千吊钱。当时资本势力最大，在流通领域融通投放资金最多的是山西帮商人开设的票号（汇兑庄）。19世纪80年代，济南共有5家山西商人开设的票号分号，这五家票号分别为平遥商人开设的天成亨、新泰厚，祁县商人开设的协成乾、大德通、大德恒③。五家票号专做山东与北京、西北地区的汇兑、贷款生意，在商界颇有影响力。此外，周村也有三家山西商人开设的票号，而烟台除有一家山西票号外，还有三家总号设在北京的信贷庄，信贷庄是

---

① 李文治：《中国近代农业史资料》第1辑，生活·读书·新知三联书店1957年版，第191页；《济南汇报》（百衲本），1904年版，海岱丛谈，第23页。

② 吉田豊次郎：《山東視察報告文集》，1913年版，第212—213頁。

③ 叶春墀：《济南指南》，1914年版，第111—112页。

当地唯一的货币贷放商，每笔业务通常在2000—3000两之间[①]。可以说，在清末钱业发展的兴盛时期，以票号和大钱庄为中坚的旧式钱业商人资本的势力几可与盐典商人相埒，三类商人在整个商界成三足鼎立之势。

民国初年，旧式银钱业遭到了与盐、典业几乎相同的命运——在市场经济变迁、新式银行业竞争、社会动乱因素的影响冲击下，生意清淡萧条，户数逐年减少。1912年时，山东尚有钱庄977家，资本总额430万元，但是到1918年，钱庄已骤减至398家，资本额也减少到128万元[②]。最先遭受打击并一蹶不振的是山西帮钱商。辛亥革命后，天成亨、新泰厚等几家票号因设在山西的总号外贷之款无法收回，数年之间便先后被迫歇闭清理。尽管大德通、大德恒等几家票号尚能一时勉力支撑，但是作为一种行业，票号显然已缺乏竞争能力来应付不断变化的形势，只能在苟延中惨淡经营，并最终在20年代全部闭歇停业。

旧式钱业商人资本的衰落，首先源自于新式银行业发展所带来的冲击。辛亥革命后10年间，新式银行业的崛起与传统钱庄业的萧条衰落形成鲜明对比。1913年，原大清银行改组为中国银行，在济南设立分行，代理国库业务。同年，交通银行在济南设立分行，原官银号改组为山东银行并代理省库业务。1915年商办通惠银行开业，实收资本40万元。继之而起的商办银行还有实业银行（1916年）、齐鲁银行（1916年）、东莱银行（1918年）、当业银行（1918年）、周村商业银行、大陆银行、上海银行（1919年）、丰大商业储蓄银行、泰东银行、企业银行等。商业银行规模以于耀西经营的东莱银行为最大，资本金达200万元。到1918年，济南、周村、黄县、章丘、泰安、惠民、济宁、滕县、峄县等地已有银行总行和分行机构17家，实缴资本总额369万元，相当于钱庄资本的3倍；存款额达742万元，相当于钱庄存款额的19倍[③]。此时，银行业务范围也相应扩展到商业贷款、发行纸币、票据结算和汇兑等领域。银行资本的增加和业务扩展，反映了越来越多的商业资本和民间资金从旧式钱庄中抽离，转而投注于新式银行，这种转移趋势，对旧式钱庄业无疑起了釜底抽

---

① Decennial Reports，1882—1891，Chefoo，p. 72.

② 农商部总务厅统计科：《中华民国七年第七次农商统计表》，1922年版，第498页。

③ 同上书，第488页，498页。

薪的作用。

除了近代银行业和银行资本崛起竞争的影响外，还有三种因素对民国初年旧式钱业资本的衰落起了不可忽视的作用。一是商品生产的变化和发展，使得部分地区的钱业商人放弃旧业，将资本转入资金周转快且利润高的行业。如地处煤矿区的博山县，“清时钱业尚占优势”，到了民国初年，煤炭业日趋兴旺，钱商资本渐次转向煤栈、炭行，从事煤炭开采运销，加之“中国银行在博山成立办事处，大宗存放及汇兑各款悉被吸收”，于是出现了“钱业视煤业为转移”，“钱业日见凋敝”的局面①。二是清末民初钱业投机之风盛行，滥发钱票和纸币，结果在金融风潮的冲击下，大批钱庄破产倒闭。宣统年间，济南钱业发生危机，而“钱店歇业，皆由出钱帖太多，若取钱者纷至，一时难于周旋，立即倒闭”②。民国初年，钱业投机风气愈加炽烈，旧式钱庄“往往有发行之纸币逾于资本，一遇兑现风潮，辄行停顿”③。甚至在经济较闭塞的肥城，当地钱商也热衷于投机，“往往出纸币数万，而资本不过数千，偶一折阅，即行倒闭”④。投机之风最盛的鲁南地区，清末“各商号发行钱票，漫无限制，其发行额有超过资本金三倍至十倍以上者”，此类旧式钱商“均含有投机性质”，因而辛亥革命后市面银根一紧，便在挤兑风潮下“次第倒闭”。1921 年山东地方政府取缔钱庄发行钱币和钱帖，一大批过去靠投机为业的中小钱庄纷纷歇闭，钱庄业与钱商资本也因之遭受重创。东平县钱商“因币制之改革、钱票之取缔，营业上损失甚巨，歇业或倒闭者城乡不下数十家”，仅存者“只贷款小账局数家而已”⑤。三是战乱和兵灾匪祸的破坏，致使大批钱庄财产受损，破产倒闭者层见迭出。清末，黄县曾是山东银钱汇兑业最集中且最发达的城镇之一，1909 年城内钱庄多达 136 家，每年经手办理大量山东与东北地区的汇兑业务。辛亥革命时期，当地和周邻地区兵连祸接，社会不靖，钱庄业损失达 200 万银两，停业倒闭达 86 家，迄于

---

① 民国《续修博山县志》卷 7，1937 年版，商业。

② 《济南汇报》(百衲本)，1904 年版，海岱丛谈，第 14 页。

③ 济南市档案馆馆藏档案，临 77—4—13，济南总商会稿，1921 年 5 月。

④ 光绪《肥城乡土志》卷 9，1908 年版，商务。

⑤ 民国《东平县志》卷 8，1936 年版，实业，商业。

1913 年，能维持经营的钱庄只剩 50 家[①]。

第一次世界大战结束后的 10 年间（1918—1927 年），山东工商业基本处于一个上升时期，市场商品流通规模逐年扩大，社会秩序也暂时处于相对平稳的状态。这一时期，钱庄业因转变经营，涉足工商业资金融通，业商户数比之战前有所增加，钱商资本的势力也有所恢复。1926 年全省银钱业商增至千家左右，其中 21 个商品经济发达县的钱庄银号已达 596 家[②]。可是好景不长，1926 年后，统治山东的奉系军阀张宗昌对工商界横征暴敛，滥发“三票”（奉票、军用票、公债券）数额高达 3000 万元，从而引发金融危机。紧接而来的“五三惨案”，对钱业经营更是雪上加霜，一大批银钱号遭受冲击，损失惨重，纷纷歇闭。钱商资本再次厄运临头。

到 20 世纪 30 年代初，在商品经济变迁的大背景下，货币、信用及金融机构的变化，使钱庄原先赖以生存的一些最基本最直接的条件逐一丧失，旧式钱业商人资本衰落与蜕变的趋势更为明显。1932 年，山东全省共有银号、钱庄、汇兑庄、放账铺、钱铺、兑换店及商号兼营钱庄 686 家，比 1927 年前减少了约三分之一，业内 1912 年前开设的钱庄仅剩 33 家，只占总家数的 4.8%，1926 年前开业尚能维持经营的钱庄只剩 318 家，而有一半以上的业商为 1927 年以后新开的小业户。这一状况表明，旧的有传统渊源的钱业商人已大部被淘汰。从钱商资本在各地的分布状况看，除原本没有钱商的 13 个县不计外，有 42 个县的钱业商人业已全部歇业转行，另有 31 个县的钱业商人由多变少，处境艰难，只有 18 个县的钱业商人有程度不同的增加[③]。

在钱业资本衰落蜕变的过程中，资本细小，经营方式原始的钱商最先遭到淘汰。潍县 1914 年曾有钱庄 34 家，多数以发行京钱票为业，靠“博取拆息”来维持，1916 年后受地方社会经济变迁的影响，这类钱庄“营业即渐形消灭”。运河商业城市济宁，在清末民初时“钱业最为发达”，1908 年有钱庄 23 家，民国初年为 28 家，但到 20 年代后，“钱业乃失其

① 吉田豊次郎：《山東視察報告文集》，1913 年版，第 209—211 頁。

② 实业部国际贸易局：《中国实业志（山东省）》，1934 年版，（癸），第 25 页。

③ 同上书，第 25—26 页。

向日之势力"，1928 年只剩 3 家钱庄勉强维持，营业仅限于汇兑业务。在挤兑风潮的波及影响下，附近曲阜的 100 多家钱庄接踵歇业，周边泗水、金乡、汶上等县的钱庄也悉行倒闭。

尽管在总体趋势上，传统钱业商人资本面临着与盐典商人资本近乎相似的命运，但是在近代市场经济条件下，钱庄经营与工商各业仍有密切的联系，并在商品流通中发挥着重要的作用，同时钱庄业在适应近代市场经济的蜕变过程中，自身也发生着明显的分化。这一情况就使得钱业商人资本的发展趋势有了两个明显不同于盐典商的特点。其一，钱业商人资本在经历了几次大的冲击波折之后，在衰落的境地中仍保持着一定的再生能力，在旧钱庄闭歇的同时，不断有新的钱庄出现。通常在具备一定规模的商业城镇，商贸活动的复苏与发展，总是伴随着钱庄业的重整旗鼓和钱业商人重新活跃。其二，在旧式银钱业衰落过程中，出现了某种蜕变的趋势。一部分有资金和经营实力的钱业商人迫于经营环境的变化，因应变局，适时转变以往旧的经营方式，吸收新式银行业的某些经营特点，使自身脱胎换骨，来适应商品流通和新式银行业的竞争。钱业商人资本在经过这种蜕变之后，以新的形式和新的面孔重新在商业领域立稳了脚跟。

钱业商人资本蜕变最突出的表征就是"银号"的产生。银号出现于民国初年，1919 年时全省已有 43 家。银号的产生显然同民初银行业的迅速崛起与竞争有关，"盖此时银行业在山东已有相当发展，钱业为维持其金融势力计，不得不成立较钱庄为大之银号，以与之抗衡"。这种意义上的资本蜕变实际演化为一种资本的重组。当时济南"有由小钱庄扩大而为银号者"，甚至"有由银号集股而为银行者"。1920 年，济南商埠已有银号 12 家，到 30 年代初，原先的百余家"资本微弱之庄号，则淘汰殆尽"，"存在者悉为银号"，开业的 27 家银号分属章丘、潍县、周村、宁津、山西五帮商人①。青岛在 20 年代约有大小钱庄一百数十家，到 30 年代，因同业竞争、币制改革，钱庄经营环境越来越窘迫，大批钱庄停业、转业，最后能维持经营的只有 11 家银号和银号性质的钱庄②。

一般说来，银号集中于开埠城市，它与旧式钱庄有两点显著不同之

① 阙名：《山东之钱庄业》，《工商半月刊》第 7 卷，1935 年 3 月第 6 期。
② 〔日〕朝鮮銀行調查課：《青島の錢莊業に就て》，1940 年版，第 3—5 頁。

处，一是银号资本规模大，资金雄厚，通常在数万元至十数万元之间，而传统旧式钱庄资本多数只有几千元，上万元的为数极少；二是在经营方式上，银号从民间吸收大量存款，从事工商借贷和外埠汇兑业，业务范围与银行相类似，而旧式钱庄多数只单纯经营银钱串换，后来虽逐渐转做拆放款、发行钱帖银票，从中赚取拆息，但只有极少数钱庄兼做存放款业务和汇兑业务。30 年代初，银号资本虽然只有 172.5 万元，占省内钱业资本总额 547 万元的 31%，但是银号的作用和影响却远远超过了其他形式的钱业资本，经营业务占了整个钱业半壁江山，在某些方面甚至控制了绝大部分的经营份额。以汇兑业为例，银号年办汇总额为 18696 万元，约占钱业办汇兑额的 97%；在存款业务方面，钱业中只有 480 家庄号有存款业务，存款总额 1749 万元，其中济南的银号就占 560 万元，青岛的银号占 305 万元，龙口和威海等地银号约占 70 万元，银号存款额约占整个钱业存款业务的 53%；在放款业务方面，钱业放款总额为 2185 万元，其中济南和青岛的银号放款额各占 830 万元和 362 万元，龙口和威海银号放款额占 60 万元，四城市银号放款业务量占整个钱业放款的 57%①。

传统的盐、典、钱商人资本曾经是旧式商人资本结构赖以维系的基石，他们的生存与当时幼稚的商品经济状况相联系，特许专卖、抵押高利贷、投机拆息等经营方式，带有明显的垄断性和落后性。他们是传统旧式大商人资本的代表和化身，其他店铺经营、商帮运贩只是旧商人资本结构和经营形态的附庸，中小贸易商的经营在当时尚无机缘和条件来逾越障碍，脱颖而出。

传统盐、典、钱商人资本在近代的衰落与蜕变，既有外部环境因素的作用，如各地农民起义以及随之而来的社会震荡、王朝统治和旧制度的崩坏、商路变迁，等等，更有其自身经营与生存方式上的原因。从本质上说，盐、典商人资本的经营活动，并不能真正促进商品生产和商品流通的发展，其经营方式与特点是封闭的而非面向市场，造成大量社会资本长期滞留于高利贷等非流通领域，而纯旧式的钱商资本，也难以适应近代不断扩大的商品流通对信贷资金和信贷运作的要求。

当着商品生产和流通受到开埠城市贸易经济的刺激拉动并达到一定规

---

① 实业部国际贸易局：《中国实业志（山东省）》，1934 年版，（癸），第 42—57 页。

模之时，市场自然会对流通环节的商人资本提出新的要求，并为之提供条件，促使其崛起。很显然，开埠通商后商品经济所发生的一系列变化，使得商人资本在流通领域有了更为广泛的投资经营渠道，而旧行业与旧式商人的困顿衰落，又打消了新资本向旧领域投注的兴趣。新的经济需求背景，暴露出旧式商人资本生存经营方式上的落后与不适应，随后而来的旧势力的衰落与蜕变，在客观上为新兴商人资本的发展廓清了道路。正如法国年鉴派史家布罗代尔所言："凡是占统治地位的商人逐渐退缩的地方，必定出现替代的结构。"① 在近代商品生产和消费的基础上，市场体系和商品流通的变迁造就出了新一代商人资本群体，他们借助新型商品贸易，显示出极强的竞争能力，逐步动摇乃至取代了旧式商人在商界中的地位，并最终形成由新成分构成的新格局。

① 费尔南·布罗代尔：《15至18世纪的物质文明、经济和资本主义》第2卷，生活·读书·新知三联书店1993年版，第158页。

第七章　买办之后:新兴行栈商人资本的发展

在第一次鸦片战争后，通商口岸及内地普通华商直接与洋商打交道的事较为罕见，绝大多数交易都须由买办从中居间介绍，牵线代理。美籍学者郝延平曾形象地将买办比作19世纪中西间贸易的桥梁①。事实上，与买办打交道的华商并非一般意义上的行商、号庄或散商，而是具备特殊商业功能的行栈商人资本。第二次鸦片战争后，随着中外商人贸易接触的增多，一部分行栈商成为外商土洋货贸易的间接和直接代理商。20世纪后，行栈商在许多领域逐步取代了买办，中西间的贸易变得愈来愈直接，继买办之后，行栈商与行栈业成为中外贸易新的桥梁。与此同时，行栈商也同样活跃于国内贸易领域，起着连接不同地区大宗商品远程贸易的纽带作用，并在工业化进程中扮演着重要的角色。

一　主要市场的行栈商人资本

行栈业与行栈商人资本的兴起发展，是近代商品生产与流通规模扩大以及市场结构变化的产物。一方面，山东烟台、青岛、龙口等通商口岸，济南、潍县、周村等内地开埠城市以及上海、天津、大连、镇江等周边口岸商品贸易的发展，改变了山东旧有的商品流通格局，土货产品由广大内地市场向口岸市场汇聚，进口洋货从口岸向内地市场分流，都要经过若干商人贸易环节，不同地区、不同行业、不同类型的商人需要某种商人资本

---

① 郝延平：《十九世纪的中国买办——东西间桥梁》，上海社会科学院出版社1988年版，序言。

作联系纽带，来实现大宗商品的买与卖，从而完成大宗商品的异地流通；另一方面，纺织、粮油加工等机器工业的兴起，缫丝、织绸、草辫、粉丝等近代手工业生产规模的扩大，既对各类农产品原料产生了大量需求，又对大批制成品的市场销售提出了新的要求。显而易见，将大量棉花、花生、粮食等农产品以及丝绸、草辫、粉丝等手工业产品从内地初级市场转输至口岸市场，或者将大宗进口棉纱、布匹、火柴、煤油等洋货由口岸转运至内地市场，这对于按传统方式从事经营的店铺来说是无力胜任的；而集中于沿海城市中的买办商人因资本单薄、人数有限（1892 年时烟台大小买办总共只有 43 人），也难以独当此任。于是一种新式近代商人资本——行栈资本——便应运而生。由于能够适应沿海口岸市场与内地各类市场商品流通的需要，借助贸易所提供的契机，行栈资本首先在烟台、青岛等口岸城市获得较快的发展。

烟台作为山东最早对外开放的通商口岸，开埠前，“向无行户，闽广船到，必投所相知者”，与闽广客商“相知”的当地商户，“乃揽以为客，为之代觅售主，买卖两边，各得行用（佣）二分”。对于这种商户，当时清政府官员称其为“私充行户”，以区别于由官府颁发牙帖的牙户、牙行①。其实这种“代觅售主”收取行佣的“私充行户”，正是烟台早期行栈的雏形，也是后来行栈资本形成的基础。

1862 年烟台开埠通商后，随着土洋货进出口贸易的扩大，“各路巨商云集，顿添行铺数百家”。此时，经营范围广、收益稳定的行栈业便成为各帮大商人竞相涉足经营的领域。当时烟台商埠内“商家则以行栈为最巨，代客船卖买货物而扣其用，业此者盖不下数十家”。19 世纪 80 年代后，除摊贩零售业外，凡是大宗商品交易大都要经行栈之手来进行②。

行栈商在烟台通称外庄家，又称行店或大店，当地俗称“大屋子”。行栈之所以有“大屋子”这一俗称，是因为行栈通常都有供客商洽谈贸易的宽敞铺面和存放货物的仓栈，并能为前来交易的外地客商提供食宿。行栈（外庄家）的经营业务以接纳客商、媒介交易、代办购销为主，同时也自营某一类土洋货批购批售业务。正如当时有关资料所载：外庄家虽

---

① 郭松焘：《郭松焘日记》第 1 卷，湖南人民出版社 1981 年版，第 254 页。

② 民国《福山县志稿》卷 5，1931 年版，商埠志，商业。

以中介为业，但并非仅限于此，而是各有其自营本业，并赖此本业以确保中介业之地位。资本雄厚之外庄家多于上海、天津、香港、青岛、威海、仁川、安东等地设分号，且卓有信誉。到20世纪初，除油房及柞蚕丝业主外，烟台当地“最有势力的商人是各种行栈”，“商品交易通常总要经中介商之手，直接进行买卖的情况甚少”，当时“凡欲买进或卖出货物的内地客商悉寄寓于外庄家，并通过外庄家进行交易。客商运来货物后，外庄家便为其访寻中外商人，觅揽买客。对意欲采购货物的客商，外庄家则为其找寻合适的货品”①。烟台资本实力最雄厚的行栈多集中在粮食、水产、棉纱、砂糖、木材、茧绸、杂货、药材、豆油等行业。各帮之中以山东帮行栈资本势力最大，资本额5万银两以上的行栈就有26家，资本总额达600余万银两，其中资本额10万两以上的行栈有水产商大成栈（100万两）、西公顺（20万两），杂货商双顺泰（20万两）、瑞盛（15万两），谷物商万顺永（50万两），油商双盛泰（100万两）、万顺恒（100万两），棉纱商万盛栈（10万两）、怡美（13万两）、万盛和（10万两），砂糖商晋盛（30万两）。这些商号在日本、朝鲜、海参崴设有分店，购销进止对市场行情有相当的影响。另外，广东帮、宁波帮两帮也分别有大行栈20余家②。

20世纪初，虽然“开埠之地多，而买卖之途广”，“行栈之利亦微”③，但是，在一些以烟台当地产业为基础的行业，如丝绸业、粉丝业，行栈商人仍不失为商业巨擘，其他如花生、水果、水产等行业的行栈资本，也保持了发展的势头。1912年前后，烟台12家粉行商人发起成立粉干公所，会员商共46户；1914年，烟台花生行商人成立花生公所，会员有花生行90户，其中大的行栈16户。根据1919年前后的调查约略统计，当时烟台行栈商约在300家以上，占当时商号总数的十分之一左右，分布于杂货、丝绸、棉纱布、粉丝、花生、谷物、花边、发网、铁器、水果、水产、蔬菜、木材、茶叶、酱油、药材、漆、豆货、陶器、西洋杂货等众多行业，同一调查就上述行业所登列的近200家行栈商，在烟台当地的商

---

① 〔日〕東亞同文會：《支那省别全志》第4卷，《山東省》，1917年版，第954頁，956頁。

② 〔日〕東亞同文會：《支那經濟全書》第7輯，1908年版，190—192頁。

③ 民国《福山县志稿》卷5，1931年版，商埠志，商业。

业贸易中占有举足轻重的地位[①]。

青岛行栈资本的兴起略晚于烟台，但是随着后来进出口贸易的扩大，其发展速度与规模却超过了烟台。

在德占胶澳之前，胶州湾内的塔埠头、女姑口等港口就已有当地商人设立行栈，经营南方沿海船商的贸易代理业务。当时宁波船商所载货物“多属塔埠头、女姑口等处土产商委托贩卖”，“这些代理商行料理财务方面的事务，负责以后市价有利时，出售货物”。在当时条件下，代理贸易业务的行栈商给客商提供了很大便利，使客商无须为等候合适的买主或行情而滞留港地，也无须待货物出清收回货款后，才去采购所需货物；而与行栈没有业务关系的客商，则往往要在市场延搁多时，有时甚至是一二个月，而且要“等到全部货物卖出后，船主才能有足够的资金购买出口货物”[②]。很显然，行栈业在贸易方式上的优越性，为开埠后青岛行栈资本的发展提供了条件。

青岛开埠初期，“外人不得轻入内地”，“故其外人势力限于通商口岸而止，洋货由通商口岸以入内地，土货由内地以运至通商口岸，必经华商之手”。由于开埠时间短，以往同海外市场及洋商的接触甚少，买办商人人数有限，且缺乏根基，因此洋行购销土洋货所依靠的华商主要是行栈商。1901年，五家沙河籍草辫商在青设立行栈，经营草辫贸易业务。此后章丘帮的瑞蚨祥和谦祥益、烟台帮的泰生东和双盛泰、黄县帮的祥泰号、即墨帮的恒祥栈与恒祥和等行栈商相继进入青岛，成为当地丝绸、花生、草辫、棉花等行业著名大商号，掌握着这些行业从内地到口岸的商品收运业务。与此同时，广东帮、三江帮的行栈商也先后在青岛开办土产贸易代理与批发业务，其中景昌隆、广有隆等8家广东帮行栈的年营业额各约100万—150万元[③]。德占胶澳后期，行栈资本的发展进入鼎盛时期，当时“巨商大贾莫不扩张其贸易，而获利则丰厚焉”[④]。迄于1914年，在加入青岛商务总会的

---

① 〔日〕青島守備軍民政部：《東北山東踏查報告》，1920年版，第375—384頁。

② 民国《胶澳志》，1928年版，交通志，航运；青岛市档案馆编：《帝国主义与胶海关》，档案出版社1986年版，第84页。

③ 民国《胶澳志》卷5，1928年版，食货志，商业。

④ 《宣统元年通商各关华洋贸易总册》，1910年版，胶州口，第26页。

160 家商号中，除个别银行、钱庄外，绝大部分为行栈商①。

日占青岛时期，行栈资本获得进一步发展。日本商人和商行因为比较熟悉中国的商业贸易制度及语言文字，一般很少使用买办作贸易中介，大多是直接与行栈商进行委托代理贸易；这时欧美洋行在条件许可的情况下，也乐得放弃买办制度这种方式迂回、开销不菲的贸易形式，更直接地与行栈商打交道。20 年代初，青岛行栈总数估计约在 200 家以上，行栈的购销活运范围也从胶济铁路沿线达于鲁西、河南、山西等省区。1926 年，各业行栈商指定在上海如期照付的汇票（申票）总额约 1000 万银两，经由银行电汇的款项尚不在内，而同期由上海运入青岛的土洋货共约 3000 万两，可见行栈经营在商品贸易中已占了相当大比重②。

表 1　　　　**青岛著名行栈商一览表**

行栈	商帮	行业	行栈商	行栈	商帮	行业	行栈商
悦来公司		运输	丁敬臣	德源永	即墨	杂货	邵舫艇
洪泰号		木材	李连溪	通聚福	沙河	草辫	宋雨亭
复诚号	即墨	杂货	陈次冶	镇昌利		铁货	于仙舟
大有恒	即墨	杂货	高子安	万利源	黄县	杂货	姜晓岩
裕昌号		杂货	梁勉齐	成通号		木材煤炭	朱子兴
泰生东	烟台	杂货	张颜山	恒升和	沙河	草辫	徐秩卿
双盛泰	烟台	杂货	徐锡三	义源永	沙河	草辫	王逊卿
天诚号	烟台	杂货	于选甫	周锐记	三江	木材	周宝山
恒祥号	沙河	草辫	谭辑五	大成栈	广东	杂货	古成章
协聚祥		杂货	张鸣銮	立诚号	即墨	杂货	苏勖臣
福和永	沙河	草辫	刘子山	祥泰号	黄县	杂货	傅炳照
天祥永	沙河	草辫	朱式文	义德栈	潍县	杂货	张俊卿
瑞泰协	平度	杂货	胡规臣	福聚栈	沙河	草辫	杨少衡
通聚成	沙河	草辫	任约卿	恒祥和	沙河	煤炭木材	顾少山

资料来源：〔日〕青岛军政署：《青岛要览》，1918 年第 4 版，第 47—50 页。

① 田原天南：《膠州灣》，1914 年版，第 536 頁。

② 民国《胶澳志》卷 3，1928 年版，民社志，结社；卷 5，食货志，商业。

清末民初，行栈资本不仅在沿海通商口岸获得较快发展，成为沿海地区最具实力、最富朝气的商人资本，而且随着运输状况的改善以及口岸与内地之间商品流通规模的扩大，在内地开埠城市也开始崭露头角。1908年，济南始设棉花行、杂皮行、绸缎梭布行①。民国成立后，粮栈商也开始由洛口、羊角沟迁入济南商埠，到1915年前后，济南的行栈已发展到122家，其中绸布行11家，棉花行13家，杂货行5家、茶叶行5家、南纸行3家、京货行3家、洋广行3家、酒行3家、油行3家、铁器行3家、丝行3家、山果行2家、炭行14家、皮货行2家、粮行34家、土药行3家、生皮行3家、药行6家、烛行3家②。1914—1919年第一次世界大战期间，是济南行栈商人资本发展最快的时期，在大宗土产和洋货输出入贸易以及城市工业、手工业勃兴的刺激之下，行栈商经营迅速拓展到与输出入贸易关联度高的各个行业。据1919年有关调查统计，在牛皮、油、棉花、牛油、粮食、砂糖、海产、纸、玻璃、烟、土药、鬃毛、火柴、木材、煤炭、杂货、洋杂货、水烟、陶瓷、棉纱等20个行业中，行栈商户数约在300家左右，其中发展最快的粮行（68家）、炭行（56家）、火柴行（28家）、木材行（29家）以及海产行、洋杂货行和砂糖行，户数均比数年前有大幅度增加③。到1920年代初，济南西关商埠一带商业已发展到“行栈林立”的程度④，行栈商人资本的经营活动遍及主要土洋货贸易行业，并牢牢控制着这些行业的大宗商品流通。

通商口岸与内地开埠城市行栈业的发展，对中转市场及专业市场的商人资本及其发展方向也产生了深远影响。适应沿海市场与内地市场商品中转集散的需要，当地商人资本选择与大宗贸易相关的行业，陆续开设了众多的行栈和具有行栈性质的号庄。

清末民初，在山东最大的中转市场羊角沟，“行栈是掌握港口命脉的重要商贾，户数有四十家，均以代理输出入贸易为业，其中亦有兼营运送业者，资本则多在数万元至十万元之间”⑤，有的行栈资本额达数十万元，

---

① 《山东全省实业表》，1908年写本，历城县。

② 〔日〕東亞同文會：《支那省别全志》第4卷，《山東省》，1917年版，第902—906頁。

③ 岡伊太郎、小西元藏：《山東經濟事情——濟南を主として》，1919年版，第9—31頁。

④ 济南市档案馆馆藏档案：临77—4—14，海味杂货行请议书，1921年版。

⑤ 〔日〕青島守備軍民政部：《東北山東踏查報告》，1920年版，第18—19頁。

而由寿光巨商孙元高开设的益隆公栈，在当地设有益隆西、益隆东、益隆兴、益隆福、益隆吉、义和公、义和源、吉成栈、公和庆等九家联号行栈，资本总额达 100 余万元①。羊角沟的大宗中转贸易正是通过行栈与外地客商间的委托买卖来进行。在入春后的贸易旺季，各个行栈便会挤满来自济南、周村、潍县、烟台、龙口、安东、营口、大连等地的客商。中转贸易量最大的粮食业，有 32 家专营或兼营行栈。各地客商汇集行栈内，根据行栈提供的货样和货源情况进行交易，行栈除居中撮合、代办买卖外，还要负责货物的栈存、运送等事宜，并代客商办理交纳各项税捐。到羊角沟的客商，大都有自己较为固定的业务往来行栈。以羊角沟与安东间的木材中转贸易为例，安东大木材商恒成春号通常以益隆西为固定代理商，在该行内发卖木材，并按货值的 1%（即所谓九九扣）支付益隆西行佣，若是委托益隆西代为发卖，则按惯例支付 2% 的行佣②。20 世纪初，羊角沟年贸易额约 1000 万元③，其中大部分中转贸易系靠行栈的中介批发来完成。

在新兴的农副产品专业市场，行栈资本的势力与影响也是随处可见。行栈资本或者通过设立收买庄（坐庄、站庄），直接参与土货收买，或者委托当地号庄收买，并接受号庄委托代为输出，行栈的交易状况左右着专业市场行情的涨落与土货集散流通量。

以果品专业市场沧口、沙子口为例，1916 年，沧口有果行 13 家，沙子口有果行 12 家，两市场果品的年交易量达 800 万斤④。果行作为果农、收买商及零售商之间的中间商，除为买卖双方居中撮合，抽取佣金外，还自行收买果品，批发给外地客商或来自青岛的零售商。在清末民初，产地果农与果行的交易方式有两种：一种是与果行预先议定果品的卖价、数量及交货期，到期交货；另一种是在果品上市期自行把果品运到市场，按当时行情卖给果行。果行批售的方式也有两种：一种是在果熟前果行自行往各消费市场，与当地果店、零售商议订批销合同，俟果品上市后，果行按

① 〔日〕青島守備軍民政部：調查資料第 21 輯，《小清河ノ水運ト羊角溝》，1921 年版，第 320 頁，325 頁。

② 〔日〕青島守備軍民政部：《東北山東踏查報告》，1920 年版，第 21—22 頁。

③ 光绪《寿光县乡土志》，清末抄本，商务。

④ 〔日〕青島軍政署：《山東之物産》第 2 編，1917 年版，第 115 頁，118 頁。

合同交货；另一种是在果品上市期，果店或零售商直接至果行，按市价从果行批购果品。民国初年，沙子口、沧口的果行多在果熟前将丰歉估测和行情预测通知消费市场的果店及零售商，由果店、零售商根据果行提供的信息发出预订单，委托果行代买。果行根据各地预购汇总，转与产地果农议订采买数和价格。果店或采购商到行栈提货时，往往随车船装载本地土货（如小麦、高粱、棉花、豆油、豆饼等）交付果行代卖，用以抵付货款，或者由果行暂时垫付①。这样在产地市场、专业市场和消费市场之间，在果农、果行、果店及消费者之间，形成了以专业市场果行为中心的贸易流通模式。

这一流通交易模式，在当时也同样见于其他专业市场。例如作为周邻十几个县花生集散地的大汶口花生市场，当地有名号的花生行栈就有40家，此外还有天津、青岛、上海等城市代理行栈设立的十几家收买庄。第一次世界大战后，花生贸易普遍由现货买卖、现金交易改为合同购销，花生的供需双方或在花生上市前预先与行栈订立合同，委托行栈办理购销，或在花生上市期，通过电报、书信委托花生行栈代为收购发运②。大宗花生交易离不开行栈，外地商人一年花生收运量的多少，关键要看委托行栈经营的好坏。

总之，随着行栈业在各地市场的扩展延伸，从口岸城市到内地城市及部分城镇，从集散市场到各类专业市场和中转市场，行栈商人资本的经营已经覆盖了广大的地域。与此同时，行栈经营还从纵的方面逐步深入到各主要商品的流通领域，并在这些领域占据了主导地位。

二　流通领域里的行栈经营

就行业分布而言，不论洋货转输分销抑或各地土货的集散输出，行栈资本的活动几乎已遍及与贸易关系密切的所有商品流通领域，尤其是在那些流通范围广、商品集散量大的行业，如草辫、花生、丝绸、棉花、粮

① 杉山五郎：《最近山鐵沿綫事情》，1916年版，第57—58頁；〔日〕青島軍政署：《山東之物産》第2編，1917年版，第117頁。

② 〔日〕青島守備軍民政部：《山東之物産》第1編，1920年版，第20—23頁。

食、果品、畜产品、花边、发网等行业，行栈资本的经营与影响更是随处可见，可以说，商品的流通范围、规模和消长，在相当程度上视行栈资本的经营状况为转移。

草辫贸易

19 世纪 70 年代后，草辫逐渐成为山东通商口岸输出的重要土货产品，出产地遍及莱州、青州、济南、武定、兖州等地，从事草辫加工的农户达数百万户。草辫从产地市场经集散市场再到口岸输出市场，要经过商贩、辫庄、辫行、输出商四个流通环节，其中具有行栈性质的辫行是连接各集散市场与输出市场、内地商人与外国洋行的关键纽带。

草辫从生产进入流通，通常先是由商贩在产地市场买集。在产地市场的大小市镇，每逢集期，商贩便到市上收买，或者干脆“直接至农家各户收买”，“收买人有因辫庄之定货而收买者，有任意收买者”。辫庄“系在集散市场为草帽辫之买卖业者”。辫庄从小贩处收买草辫，然后将草辫分类包装，发运设于烟台、青岛等通商口岸的辫行。1914 年前，山东各草辫集散市场的辫庄共有 100 余家，其中沙河 40 家、浮丘 15 家、宁阳 12 家、马头 15 家、寿光 12 家、乐安 4 家。各地市场的辫庄“为沙河商人所经营者多，因之与沙河市场之辫庄，常联络一气”。辫庄运销输出草辫依赖辫行经营。辫行介于口岸输出商（洋行）和辫庄之间，“以介绍买卖为业”，一部分辫行亦兼作输出商。辫行资本大的二十万两内外，小的二三万两，普通五万两左右。辫庄与辫行的关系有两种：(1)“交多少酬劳金于辫行，委托向输出商售出制品”；(2)“受辫行之定货，由其中人将制品向输出商贩卖。”辫行最先兴起于烟台，后逐渐转移至青岛。自 1899 年第一家草辫行——福聚成开办，到 1911 年前后，青岛辫行发展到 16 家之多。烟台、青岛的辫行悉为掖县沙河镇商人所开，在第一次世界大战前，辫行每年草辫经营额可达五六百万海关两，最大的辫行一家经营额即达上百万两，小的辫行经营额也在 20 万两以上①。

草辫出口一向为外商所把持。1914 年前，在青岛从事草辫输出的外商共 14 家，即德国的捷成、礼和、哈利、瑞记、维德、盎斯、世昌、利

---

① 阙名：《山东麦秆草帽辫之调查》，《农商公报》第 4 卷第 1 册，1917 年 8 月第 37 期。

康、禅臣、卫礼等洋行，英国的怡和、和记洋行，法国的立兴、振兴洋行，其中捷成、振兴、和记三家洋行经营规模最大，平均年输出总额达500万海关两。但是外商与草辫货源地并无直接联系，输出完全依靠辫行提供货源。当外商接到欧美市场输入商定货后，“则使买办从事买入，此际外商指示买办之条款，为期限、种类、数量、价格等。买办承外商之意，即与辫行交涉，辫行更通知辫庄，使取齐品物；辫庄就制品已成数量，渐次送交辫行”，由辫行交付外商，买卖成交后，辫行佣金及买办回扣由辫庄支付，各为货款的2%①。按照上述流通过程，草辫商交易系统大致如下：

农户（草辫生产者）——小贩——→辫庄——→辫行——买办——→洋行（输出商）

在整个交易系统中，作为联系华商与外商、沟通产地与口岸的纽带和桥梁，辫行是最为关键的环节。它“一面与输出商往来，外国若有以书信或电信定货，则承办之”；另一方面又与内地辫庄有着采买加工、代理销售的关系，一俟接到订货，辫行“即将样式送至辫庄，通知其数量、价格、期限”，委托辫庄收买或组织加工。总之，无论洋行还是辫庄，购销经营最终都要靠辫行的参与才能完成。

辫行的生存发展与口岸洋行的出口消长息息相关。一战时期，草辫业出口近乎停顿，德国洋行也全部关闭，青岛辫行经营业务顿时陷入困境，多数草辫商被迫停业。到战后，原来的16家辫行已有11家停闭，所剩的5家也只有少量贸易业务。

花生贸易

花生是近代山东最重要的出口商品之一，到第一次世界大战前的1913年，青岛港花生出口量超过100万担，价值511万海关两。当时花生出口业主要由德商经营，德商禅臣、捷成、美最时、礼和、瑞记、锐记等洋行，每年经营输出量各达数万吨。战前经营花生贸易的日商只有三井、汤浅两家，战后“日商即取德国而代之”，峰村、东和、铃木、岩城、泰利、新利、柴仁、山田、吉泽等洋行“无不争先恐后，群起经营，

---

①　阙名：《山东麦秆草帽辫之调查》，《农商公报》第4卷第1册，1917年8月第37期。

或派员于产地，或用买办，努力收买”，经营规模远远超过了德商[①]。

洋行从事花生出口业，货源主要依靠行栈入内地收买。每当“花生米及花生油出货之时，地方农民各将自己生产之货，运至小市而卖，近于市场者，则运至市场；集散地有花生栈从事收买，花生栈之资本雄厚者，则派人到各地收买”。如大汶口、泰安等地，“俱有青岛花生栈之分栈，派人收买”[②]。1918 年，“青岛花生行对日交易者共有二十四家，其中以复诚、立诚、大有恒三家为巨擘”，每年经营“获利颇巨”。1921 年，青岛花生行增至 58 家，济南经营花生业的行栈也达 36 家，这些行栈掌握着绝大部分内地花生输往口岸的业务[③]。这一时期，花生贸易基本不再以买办为中介，而是“由买办制度进营定期交易，再进而为样本买卖，预定期货契约”。期货交易、样本买卖系行栈商与外商间的直接代理贸易，且多数交易在商品交易所中进行。随着期货代理生意的增加，不少行栈商转而大做买空卖空投机生意，“有暴富至十数万者，亦有倾家荡产以终者”。同一时期，一部分日商开始自往集散地，“住宿于仲人花生栈、运送公司内，从事收买”[④]。但是外商自行入内地收买，费用要远比华商大，而且自原产地采买，装运难免发生漏损，货中更时时掺入杂物，因此外商收买花生大部分仍要依靠行栈商人。

20 世纪 20 年代后，行栈商人资本仍在花生贸易业中占据着举足轻重的地位。出口花生“大抵由洋行经屯商之手向产地收买”，除部分日商外，“出口洋商直接收买者甚少，盖各地量器评价及其他习惯上各有不同，非有相当经验者，不易交易”[⑤]。作为“屯商”的行栈，大部分集中于济南、青岛两大集散市场，随着同业间竞争的加剧，这两大市场的行栈经营出现了集中化的趋势。30 年代中期，济南市场的花生贸易基本集中于 11 家花生粮栈之手，其花生收买量达 87 万包，约占该市场集散总量的 87%，而日商东和、中和、瑞昌 3 家公司的收买量约占 13%。同期，青

---

① 陈训昶：《山东之花生业》，《农商公报》第 5 卷第 10 册，1919 年 5 月第 58 期。

② 陈训昶：《山东之花生业（续）》，《农商公报》第 5 卷第 12 册，1919 年 7 月第 60 期。

③ 〔日〕青島守備軍民政部：《山東之物産》第 1 編，1920 年版，第 24 頁；〔日〕青島守備軍民政部：《山東之物産》第 1 編，《落花生》，1922 年版，第 181—183 頁。

④ 彭望恕：《青岛之落花生及其油业》，《农商公报》第 7 卷第 12 册，1921 年 7 月第 84 期。

⑤ 延仲：《山东重要物产之生产及销场》《国际贸易导报》第 4 卷，1933 年 1 月第 8 期。

岛市场华商花生贸易则集中由28家行栈经营，这28家行栈的资本总额近260万元①。青岛的花生行栈一方面委托地方市场的粮栈和收买商为其收购发运花生；一方面在地方市场设立分栈、站庄，就地收买。在青岛经营花生出口业的宝隆、大成、礼和、禅臣、蜂村、绍和、美最时等7家洋行，花生货源主要依靠广东帮行栈提供。这样，在青岛与各地方市场之间，便形成了一个以行栈商为核心的庞大购销网，通过这一购销网，青岛市场的花生集散量占到山东花生总产量的60%左右，并成为全国最大的花生集散市场。

表2　　青岛主要花生贸易行栈一览表

行栈	资本（万元）	经理	籍贯	商帮	行栈	资本（万元）	经理	籍贯	商帮
东盛昌	10	李树堂	掖县	西南口	德胜裕	5	方晓峰	高密	高密
兴茂德	10	王李融	掖县	西南口	德胜福	10	岳显圣	蓬莱	高密
德诚东	10	王清齐	掖县	西南口	怡泰德	5	王仁轩	胶州	胶州
义泰祥	10	张咨全	即墨	西南口	同聚社	3	周子玉	胶州	胶州
会昶祥	10	柳文庭	即墨	西南口	源兴恒	5	刘维灿	潍县	胶州
永源盛	10	张焕臣	石岛	威海	合和栈	10	战寿吉	掖县	即墨
德聚福	8	王子久	石岛	威海	宜今兴	20	陈明初	广东	广东
汇丰和	5	毛席珍	石岛	东口	广生泰	10	邓芹轩	广东	广东
东　泰	10	宋文彬	昌邑	火车	广合兴	10	欧阳权石	广东	广东
义聚东	5	史景云	黄县	火车	裕和祥	20	黄汉樨	广东	广东
义成永	5	王约三	黄县	火车	广丰和	10	胡昆玉	广东	广东
同丰益	10	綦得臣	平度	平度	永丰兴	10	周兰生	广东	广东
义原公	10	尚景六	平度	平度	宏成发	10	周尧庭	潮州	潮州
德聚祥	10	王旭亭	平度	高密	恒　新	10	咸怀锦		宁波

资料来源：满铁经济调查会：《山东商业经济の发展とその破局的机构》，1935年。

① 満鐵經濟調查會：《山東商業經濟の發展とその破局的機構》，1935年版，第16—21頁。

表 3　　**济南主要花生贸易行栈一览表**

行栈	资本（元）	资本组织	资东或经理	籍贯	年交易额（包）	代理商帮采买
恒聚成	20000	独资	苗杏村	桓台	250000	广东
兴顺福	30000	独资	张采丞	寿光	220000	广东
广同兴	10000	合资	凌幼樵	广东	120000	广东
福成永	20000	合资	孔绅庭	济宁	30000	青岛
信成东	20000	合资	李协五	蓬莱	70000	青岛
义启祥	5000	合资	高作臣	济南	20000	本地
同启长	20000	合资	王冠东	桓台	30000	本地
信　康	10000	合资	王烈庭	齐东	30000	本地
晋泰公司	20000	合资	姜瀛州	昌邑	30000	本地
启泰栈	10000	独资	李锡山	潍县	40000	本地
德兴和	15000	独资	穆仲礼	桓台	30000	本地

资料来源：满铁经济调查会：《山东商业经济の发展とその破局的机构》，1935 年。

丝绸贸易

山东丝业生产根据原料不同，分家蚕丝生产和柞蚕丝生产两大类。清末民初，周村为山东家蚕丝生产中心和最大的家蚕丝绸市场。山东“各县所出之丝，多向周村发卖，丝价亦视周村为准”①。据日本东亚同文会 1904 年、1914 年两次调查，清末民初，周村经营绢丝买卖的商号多达 200 余家，商号分丝店和丝局两种，丝店“为各地丝商来周交易之所”，系代客买卖的行栈，丝局系自营性质，当时周村共有 16 家大丝局（店）②。1920 年，周村计有丝店 10 家，其中较大的丝店有同兴、永和、福元数家③。每逢二七

① 《济南汇报》（百衲本），1904 年版，海岱丛谈，第 19 页。

② 〔日〕東亞同文會：《支那省别全志》第 4 卷，《山東省》，1917 年版，第 835—836 頁。

③ 山东省工业试验所：《山东工业试验所第一次报告书》，1921 年版，第 211 页。

日丝市，各地卖丝的农户和丝贩便汇集丝店贩售丝货，而采办生丝的机坊、织户也到丝店自行看货，亲与卖主洽价，价合者即请丝店过秤，成交后丝店从买方抽取佣金，每斤佣金为制钱100百文①。

在另一丝产地青州，生丝交易也是全赖具有行栈性质的丝栈经营，1916年当地共有丝栈11家。丝栈全部集中于东关，每逢集市日，卖丝农户和丝贩便到丝栈与前来买丝的客商进行交易，买卖成交后，丝栈从每百斤丝中抽取两块铜元的佣金②。丝栈除从事生丝中介交易外，还投资经营缫丝工场，从事生丝自营销售业务。在其他生丝产地，生丝销售也基本为行栈所掌握。民国初年，宁海（牟平）“所产山茧之丝，缫制成后，半系赴烟台恒兴德、华丰等行栈销售”，然后由行栈运销上海；招远“凡未制之丝，均向黄县天兴、元增等栈发卖，转运奉天销售”；临朐生丝“收买行栈为数甚多，查纳丝捐者有二百余家”，当地年产生丝3000—4000箱，多数由行栈运销周村、烟台、上海等地③。

与生丝贸易相联系的茧绸输出贸易兴起于19世纪80年代，烟台为国内最大的茧绸集散输出市场，出口量约占全国出口量的85%。烟台经营茧绸大宗贸易的商号为绸栈和绸庄，一般说，绸栈单从事茧绸交易的买卖中介，绸庄则兼营行栈业与机房织造，但是二者的区别并不严格。绸栈商人除经营茧绸代理中介业务外，也经常根据市况行情，自行购进茧绸，从事转手批发。1907年前后烟台绸栈、绸庄总共约有30余家，著名绸栈有和成泰、万顺恒、裕普德、恒兴裕、裕顺公、东顺利、春生栈7家，其中和成泰、万顺恒规模最大，两家绸栈茧绸年交易额约10万匹，而其余绸栈、绸庄的交易额大致也为10万匹左右④。

民国初年，烟台茧绸商依南北客商交易上的区别，分为南客栈房和北客栈房，“茧绸贸易均由栈房介绍，售于烟台、青岛之洋商”。20年代初，

---

① 〔日〕青島守備軍鐵道部：《周村事情》，油印本，1917年版，第20頁；实业部国际贸易局：《中国实业志（山东省）》，1934年版，（辛），第75页。

② 〔日〕青島守備軍鐵道部：《青州事情》，油印本，1917年版，第30頁。

③ 山东展览会报告编辑处编：《山东第一次物品展览会审查报告书》第2编，1915年版，第140—143页。

④ 〔日〕東亞同文會：《支那經濟全書》第12輯，1910年版，第335頁；〔日〕東亞同文會：《支那省别全志》第4卷，《山東省》，1917年版，第831頁。

烟台有栈房（绸栈）20余家，这些栈房与三井、和记、仁德、百多、敦和、捷成等10家洋行有着代理业务，并代理着昌邑、牟平、栖霞三地181家织绸工场的卖绸业务（1919年前后，三地织绸工场共有织机6360台）；另外青岛当时也有绸栈7家，代理着立兴、捷成、和记、振兴、瑞记、哈利、卫礼等7家洋行的茧绸揽购业务①。绸栈商除经营茧绸中介代理业务外，通常还根据市面行情自行购进茧绸，转手批售给外商，有的绸栈（如烟台同德恒绸栈）甚至还自营出口业务②。

20世纪20年代后，行栈商人资本在丝绸生产和贸易中的作用益加突出。丝店和绸栈（绸庄）通过原料丝与成品绸的供销，在丝绸生产中形成了以行栈资本为纽带的购销链。1933年，周村共有413家织绸商户，加上周邻乡村的家庭机户、机房，织机总数约3500架，全年生丝用量约65.6万斤（另人造丝用量约5250箱），所用生丝大部分从当地丝店购取。当时周村共有7家丝店，年生丝交易量约68000块（每块重10市斤），大致与各处织绸生产的生丝用量相当③。成品绸的销售同样离不开行栈商（绸庄）的参与，30年代中期，周村庆和永等6家绸庄（当地称“麻葛庄”）资本总额19.5万元，年经手购销的成品绸约25万匹，在当地成品绸的交易量中也占相当比重④。

棉花贸易

清末民初，凡大宗“棉花交易，率由花店、花行或经纪人从中介绍”⑤。以收花为业的花店多集中于棉花产地市场，“各地花店，大概兼营轧棉之业，收买棉花之外，兼代客买卖。货主将棉花卖于花店，或托其出卖”。“花店又兼营客栈之业，专备货主居住，为买卖之仲人，而取其佣钱”⑥。从经营性质上看，产地市场的花店实际上属于一种小型行栈，所以到20年代后，市场已普遍将这类花店称之为产地花行。民国初年，在

---

① 曾同春：《中国丝业》，1923年版，第157—158页。

② 日本外務省：《在芝罘日本領事館管内狀況》，1921年版，第181—186頁。

③ 吴英若：《周村一带丝织业调查报告》，《山东省建设月刊》第4卷，1934年1月第1期。

④ 滿鐵經濟調查會：《山東商業經濟の發展とその破局的機構》，1935年版，第48頁。

⑤ 刘家璠：《山东棉业》，《农商公报》第8卷第4册，1921年11月第88期。

⑥ 陈训昶：《山东之棉业》，《农商公报》第6卷第4册，1919年11月第64期。

主要棉产区，“花店之大者”，临清计有裕通等22家，夏津有文裕成等6家，高唐有晋兴等11家。花店在棉花收有一定成数之后，通常自备车、船，将棉花运至济南，委托那里的花行代销或寻揽买客。

花行集中于济南、张店、青岛等棉花集散市场。1909年，堂邑棉商王协三在济南设立第一家花行——阜成信花行，为外地客商提供购销中介服务。此后花行接踵成立。1913年济南已有阜成信、广济号、广成栈、恒祥、玉成、恒裕公、恒升、瑞兴益、同盛等9家花行，1915年花行增至13家①。各家花行分别代理着临清、高唐、夏津以及河北南宫、吴桥、赵州等地花店的卖花业务。凡运至济南的棉花，必须“经花行之手，始贩卖于内外商人”②。在整个棉花流通过程中，花行处于主导地位，影响着集散市场的购销规模。

在济南等棉花集散市场，“各花行均设有广大仓库，凡他方来之客商均住宿于行内”，交易盛时，各花行堆积的货物达数千袋至上万袋。客商棉花入栈后，在住宿、货物保管、预支货款等方面都由行栈负责。通常“花行并无直接买卖，系介于两者之间，而为买卖之介绍，交纳货物，受取货价，而取其行佣，各征交易价格百分之二”③。但有时作为卖花一方的花店，无暇待价而沽，便与花行按行情议定售价，委托花行代售。花行则按扣除“辛力”（佣金）后的货款余额，预付花店货款，自行售花④，此时花行的性质便成为经营代理购销的代理商行。部分有自营能力的花行，有时亦在产棉区或集散地设庄收购，或派人在车站附近截购（即所谓“站交”）。

1913—1918年，济南市场经花行之手集散的棉花约在20万—30万担之间，当中只有一成在济南消费，二成至三成在胶济铁路沿线消费，五成至六成运青岛出口，出口地主要为日本，所以当时“济南重要之花行，有每日打电大阪，询问行情者”⑤。20年代后，机器纺纱工业的发展使市场销售

---

① 叶春墀：《济南指南》，1914年版，第74页；〔日〕東亞同文會：《支那省别全志》第4卷，《山東省》，1917年版，第903頁。

② 阙名：《山东棉花生产及输出状况》，《农商公报》第2卷第6册，1916年1月第18期。

③ 陈训昶：《山东之棉业》，《农商公报》第6卷第4册，1919年11月第64期。

④ 〔日〕東亞同文會：《支那省别全志》第4卷，《山東省》，1917年版，第908—909頁。

⑤ 阙名：《山东棉花生产及输出状况》，《农商公报》第2卷第6册，1916年1月第18期。

对象发生了变化，济南市场的棉花除部分运上海、天津外，大部分销售于青岛日商和华商纱厂。通常“花到花行后，花行即向纱厂求售，货出售后，花行即照原价抽取百分之二的佣金，花客则居于间接地位”①。这时花行与棉花生产、流通、消费诸环节之间，已形成相当稳定的交易模式，即：

经纪
花农——→花店（产地花行）——→花行（栈）——→纱厂输出商
小贩

30年代，花行在棉花流通中的作用益加重要。新花上市后，产地花行、花店和商贩（统称“花客”）纷赴产棉县收买，然后再装运至济南、张店两大集散市场。1933年，夏津13家花行的收运额为982万元，清平21家花行的收运额为390万元，恩县11家花行的收运额为107万元，高唐7家花行的收运额为68.4万元②。产地花行、花店的收运业务与济南、张店市场的行栈经营紧密相连。济南、张店“棉花市场之交易中心为花行”，“花行即内地花客及各处购花代理人丛集之处”。1934年济南共有华商花行18家，张店有华商花行（栈）30家，每年由各地到济的花客约500余户，均住于花行内。济南、青岛、上海等地纱厂和出口商的购花业务均要由花行代理，其中青岛的日资纱厂和日商洋行为花行最大的主顾。30年代中期，济南市场花行的年交易量已达120万担，交易额达4152万元，张店市场花行（栈）的年交易量也达20余万担③。

粮食贸易

清末民初，城市人口的增长和工商业的发展，使城市的粮食消费需求骤增，而小清河航运贸易与胶济、津浦铁路的开通运营，则为粮食这一低值商品的大规模运销提供了条件。这一时期济南、烟台是山东近代两大粮食集散市场，羊角沟则是最大的粮食中转市场。1906年，烟台有粮行20家，1915年增至上百家，同年，济南有粮行34家④。第一次世界大战后，

---

① 延仲：《山东重要物产之生产及销场》，《国际贸易导报》第4卷，1933年1月第8期。

② 实业部国际贸易局：《中国实业志（山东省）》，1934年版，（壬）第60页。

③ 金城银行天津调查部：《山东棉业调查报告》，1936年版，第119—121页，148—149页。

④ 日本外務省通商局：《清國事情》，1907年版，第218頁；〔日〕東亞同文會：《支那省别全志》第4卷，《山東省》，1917年版，第960—969頁。

济南机器面粉工业崛起，小麦运销交易空前兴旺，促使粮行竞相开设，1919年济南粮行增至68家，比数年前增加了1倍[①]。同一时期，羊角沟有粮栈32家，年交易杂粮200万担，单是1916年由粮栈经手运往烟台的小麦即达70万担。

由于市场供需条件和对象不同，各地粮行商人的贸易经营也存在相当差异。烟台粮行主要从东北地区和羊角沟输入粮食，供应对象为城市粮店、杂货铺和本地油坊、粉坊，另有部分转销于胶东各缺粮县。粮行经营采取分帮分业方式。如从事大豆贸易的30多家粮行分成14帮，分别与来自14个产粮地的粮船进行交易，从事谷物交易的粮行按货源地不同分成7帮，有的粮行则专门经营小麦、玉米、绿豆、大米等粮食交易。济南的粮行则控制着沿黄地区、小清河流域及鲁南地区的粮食贸易。通常上述地区的粮商用车、船将粮食运至济南，栈存于粮行内，委托粮行代售。粮行随时派店伙或委托经纪、掮客寻揽买客，或等候买客入行看货定购。一俟有买卖成交，粮行要逐项开列销货及收款清单，在转付客商时从中提取1%的行佣（“辛力钱”）以及过磅卸载费[②]。1917年，济南51家粮行共同订立粮行章程，对粮行交易加以规范，其主要内容如下：

贩运粮食客商到济投主，随客自便，不得强行邀揽；

如本行经售不便，须客人外卖。

经理买客，辛力二分……经理卖客，辛力二分。

凡开粮行之家，必有殷商三家作保，藉防同行写账发生亏累情事，并先纳底规银壹百两，辅助行中杂费，共同认可，方可入行开市。

未入粮行之家，不许代客买卖粮食，若与粮行交易，照章抽收辛力，如违共同议罚。

代客经理买卖，无论亲友等，均须照章抽收辛力。

凡住栈客商，一人每日出房饭钱六百文[③]。

---

① 岡伊太郎、小西元藏：《山東經濟事情——濟南を主として》，1919年版，第12—14頁。

② 〔日〕東亜同文會：《支那省别全志》第4卷，《山東省》，1917年版，第905—906頁。

③ 济南市档案馆馆藏档案：临77—4—1，1921年版，济南商埠粮行章程。

1918年，济南和羊角沟最具声望的粮行商人穆伯仁、苗杏村、孙润生、孙瑞符、张采丞、王冠东、崔少连等15人，共同在济南发起成立粮业公所，此后，粮食交易大部分转在公所内进行。“每天从上午8点到下午3点，粮行派店员到粮行公所与来济客商进行交易。客商把粮食栈存于公所（胶济铁路济南站内）或行栈自设的仓库内，俟买卖成交后，支付给粮行一定手续费。客商若需采购其他货物，通常亦由粮行代购办理”①。公所“又每日刷印报告，俾人人知所取与”。从交易运作形式上看，公所已略具商品交易所雏形。20年代初，加入粮行公所的粮商已达100余家，年经营粮食交易量约在10万吨左右，成为当时机器面粉加工业发展的重要基础②。

综上以观，20世纪前20年，可谓行栈资本发展的鼎盛时期。这一时期，在各主要商品流通领域，行栈经营的作用变得愈来愈突出，大宗商品的远程贸易离不开行栈的参与，流通过程中基本形成了以行栈商人资本为核心的商品购销链或购销网。从行栈与市场关系的变化看，晚清时期，行栈商人资本发展的最初动力主要是来自口岸贸易，行栈与外商的贸易多半要靠买办中介联系，由买办作为中间桥梁；而到民国时期，行栈资本与外商间的贸易变得越来越直接，在大宗土洋货贸易中，真正同外国商人、商行发生直接交易关系的既不是买办，也不是普通的城镇商号店铺，而是集中介、代理与批发功能于一身的行栈或行栈商。在行栈同外商直接委托代理贸易扩大的同时，行栈经营的触角也不断向内地城镇市场延伸，更多地参与内地市场间的商品流通，开埠城市市场与其他市场间的商品流通，很大程度上要靠行栈商与异地市场批发号庄间的贸易来完成。与之对应，行栈的市场功能和担当的角色也因此具有了更新的意义。

1920年代中期后，青岛、济南等城市的行栈商因受金融风潮、期货投机等因素的影响，经营蒙受损失，实力受到削弱。1922年，青岛行栈商因参与青岛物品取引所股票投机，招致失败，以刘子山、隋熙麟为代表的一批行栈商“直接间接损失八九百万”③。这一时期，济南花行也“多

---

① 岡伊太郎、小西元藏：《山東經濟事情——濟南を主として》，1919年版，第12—14頁。

② 济南市档案馆馆藏档案：临77—4—1，粮业公会立案呈，1921年版；临77—4—2，济南商埠商会稿，复财政厅调查小麦出口实在情形，1921年版。

③ 民国《胶澳志》，1928年版，食货志，商业。

染买空卖空之习尚”。1923年期货风潮最为突出，“花行之卖空者，十居八九”，结果在投机失败后，不少花行因“无力赔偿”而歇业倒闭。30年代初，资本主义世界经济危机的影响波及国内市场，牛栈、蛋行、发网庄、药栈等行业日趋凋敝，业内行栈不得不缩小经营；在进口货和日用工业品贸易领域，受专业贸易公司竞争和厂家自销的影响，产供销关系发生变化，一些过去多半靠行栈提供货源的厂家和商家，逐步摆脱对行栈的依赖，自主进货营销。与此同时，由于外商大肆从事沿海商品走私，并不断扩大在内地的直接购销范围，相关行业的行栈经营规模也被迫缩减。1933年在“麦棉借款”的冲击下，棉花、花生、小麦等农产品销路大减，土产业行栈再次遭受打击。济南“花行日渐萧条而无起色”，粮行“皆有存货愈多而受损失愈大之慨，因而歇业者屡见不鲜”①。

尽管因种种不利因素的影响，抗日战争前，行栈经营在若干行业领域已显露出由盛转衰的迹象，但是就整体而言，行栈业与行栈资本在商贸领域仍保持了相当的规模。30年代前期（1933年），烟台尚有行栈业473家，年营业额3878万元；青岛39家兼有堆栈的土产杂货行栈，资本总额达1527万元，当地17家杂粮行的年营业额为240万元，33家油行的营业额为439万元；济南23家棉花行的营业额达4512万元；潍县有布行287家，年营业额447万元。这一时期，行栈的贸易经营集中在农产品、手工业品和部分日用工业品领域，且营业额在业内仍占很大比重。如全省棉花行的营业额为6385万元，粮行为4544万元，布行为1578万元，杂货行为1451万元，花边发网庄为1191万元②。实际上，只是到日本发动全面侵华战争后，随着经营环境的严重恶化，行栈业与行栈资本才真正陷入全面危机。

三　行栈的市场功能与商贸角色

清末民初，商品集中于行栈已成为普遍现象。行栈能够在近代商品经

---

① 艾学川：《济南市几种商业之鸟瞰》，《农工商周刊》第1卷，1933年10月第8期。

② 实业部国际贸易局：《中国实业志（山东省）》，1934年版，（壬），第17—19页，60—62页。

济条件下立足发展，在开埠城市、集散市场和主要贸易流通领域占据主导地位，与其经营方式上的特点和自身所具备的商业功能有着密切关系。

就整体而言，行栈商人资本具有三项基本的商业功能，即贸易中介功能、信托代理功能、商品批发功能。具体到不同的市场和行业，行栈的功能则有着不同的侧重，行栈本身也因此分成不同的类型。如羊角沟中转市场的行栈经营便基本分成两类，一为买卖中介，其佣金收入为1%；一为代理购销，其佣金收入为2%①。青岛的辫行和土产行、烟台的绸栈、周村的丝店，通常属于中介代理性质。而济南的粮食、棉花等行业，行栈多属代理兼批发性质；绸布、煤炭、杂货等行业，行栈则为批发性质。

在洋货进口和土货出口行业，行栈在中外商人之间起着中介代理的作用。20世纪初，洋行同华商的生意更多地是由行栈商从事中介代理，即便是由买办居间介绍，生意最终也是洋行与行栈间的交易。此时在同外国商行的中介代理业务上，行栈往往担当着某种买办的职能与角色。例如在草辫、生丝、茧绸、花生等土产的出口业中，行栈接受外国商行的委托，按照其要求，介绍住栈客商发运货物，或代理两方的买卖委托。行栈商业功能和竞争力的增强，使行栈商与买办二者在贸易领域出现了此长彼消的局面，买办在贸易中的作用和影响逐渐减弱，商业地位下降，而行栈商在国内和中外贸易中的角色意义超过了买办。从行栈与买办势力的消长以及二者发展的时序上看，“买办之后”有二重含义：一是在开埠初期，行栈尚要通过买办的中介居间，在买办之后代理中外商人的买卖交易，起到联系商品供需双方贸易活动的作用；二是在20世纪初叶，行栈贸易经营逐渐摆脱或超越买办，与外商的交易变得越来越直接，以致在许多领域取代了买办，后来居上，成为中外贸易新的而且是主要的居间人和中介。

在行栈资本最活跃的贸易流通领域，行栈购销网逐步取代了早期的买办购销网。但是，在这一过程中，行栈商的商业运作与买办有着两点显著的不同之处：其一，买办是受雇于洋行，身为在华外国行号的华人经理或代办人，收入来自洋行的酬金，而行栈则在交易中具有独立性，它以独立商人或商业企业的身份与洋行打交道，在代理业务中赚取的是商业佣金；在贸易经营中，行栈虽然也在外商与华商之间充当中介人，服务于洋行的

---

①〔日〕青島守備軍民政部：《東北山東踏查報告》，1920年版，第21頁。

购销活动，有着与买办相似的“买办性”（仅就这个词的商业涵义而言），但其同时又具有商业上的独立性，购销行止始终以自身的商业利润为前提，并在经营中与外商有一定的竞争；其二，买办没有属于自己的货源，它只是起中介和联系货源的作用，而行栈则拥有自己的仓栈，依靠本栈的分栈、联号以及派往外地的坐庄、站庄，同各地的号庄、收买商（如产地花行、辫庄、线庄）有着贸易联系，他们拥有自身稳定的货源和商品分销网。

购销代理是行栈商最基本的商业功能。开埠通商后，农产品、手工业产品大量进入市场，但是作为生产者和普通收买商，其本身往往无法与异地需求市场或需求商建立直接的联系，中间需要有一个中转环节；同样，作为需求一方的买主，因不便进入产地零星收买，也需要有一个能为其提供大宗货源的代理中间商，于是市场的需要便为行栈代理业提供了施展身手的机会。在草辫、生丝、茧绸、花生、棉花、粮食等与进出口贸易或远程贸易有关的商品流通领域，行栈商与外商或外埠客商间形成了固定的买卖代理关系。行栈实际类似于委托代理商行，经营利润主要来自代理佣金。例如在口岸城市烟台，“内地货主委托行栈负责为其销售货物，行栈在得到货主委托后，会立即为其货物寻揽客商，在货物卖出成交后，行栈要从货款中扣除佣金、栈存费及其他杂费”。“内地商人从口岸进货以及本地小商人进货，通常亦是依赖行栈，委托行栈代为采办。接受委托的行栈，按照订货要求购入货物，然后发运内地；内地商家收到货物后，即将货款、运费、杂费、利息以及佣金支付行栈”①。

在内地城市济南，行栈业中颇具影响力的花行，多数情况亦属“纯代理性，行佣二分，按货值核计，为行佣中之最重者”。集散市场的棉花交易，“率在花行中为之”，花行“一方代客买卖，取得佣金，一方自兼营业，收买皮棉，转售于购花代理人、纱厂及洋行等，以谋利润”，“其收入多为代客买卖之佣金、棉花市价涨落之获利、代保火险之回扣、代要火车之余润及毛花之积蓄等”。花行在当时棉花流通市场上的作用主要表现在三个方面：其一，“代办内地棉花运济之一切手续，如向铁路当局要车、代保火险，棉花存栈，洽理检验等”；其二，融通资金，“如棉花入

① 日本外務省通商局：《清國事情》，1907年版，第216—217頁。

栈，一时未能售出，花客需款孔亟，则可托花行向银行抵押借款”，“有时花客用款数目并不过巨，花行亦可自身垫出，不取利息”，花客用抵押借款从事下一批货物的贩运，加速了商品的周转；其三，买卖代理，尤其是“代客销花，为花行之重要业务”①。同样以代理为主业的粮行，除为客商代理粮食购销外，还“率多兼营代客买卖土产生意”，靠代理业稳定而可观的利润，粮行成为当时“最可靠且有把握之营业”②。

不同行业的行栈商不约而同地在为其他商人充当着代理商，同时行栈自身也有大量贸易业务需要别的行栈代理，例如，“青岛土产行自行买卖者，须派人至胶济及津浦一带采买，投当地行家收买”，“货物收买后，则托当地行家代运”③。20世纪初，烟台、青岛及登、莱等地的行栈商向上海发运豆货、丝绸、草辫、粉丝等土货产品，由该地采购外国货物，一般都是委托设于上海南市的升吉、聚安、诚记以及设于英租界的厚记、同诚公、裕长厚、法租界的蔚泰厚等行栈代办④。这一状况导致灵活简便、开销省、效率高的代理商制日趋普及，在一些地区和行业，行栈实际已成了信托代理业或代理商的代名词。

通过行栈业特有的交易方式，行栈商可以用相对较少的资本来经营数额较大的商品贸易，这对于当时面对骤然扩大的市场而本身资金积累又不足的国内商人而言，不啻提供了强有力的经营运作与资本积累杠杆。货物进入行栈后，货主即可按惯例获得由行栈提供或由行栈介绍的信贷资金，使货主既可以等待较有利的出售机会，同时又能利用行栈的贷款从事新的购运活动。如青岛经营规模最大的行栈商——土产行，“营业系代客买卖性质，间有自营买卖者”，“客货来青，即堆入本栈仓库，按市价八折垫款”，货物由行栈代售，“俟成交后，偿还垫款，扣取佣金”。行栈代理业的运转得到银行和银号的支持，30年代，“济南银行放贷，以花行、粮行等土产业为最多数”，其中花行每年的贷款额即达800余万元⑤。这样，

---

① 金城银行天津调查部：《山东棉业调查报告》，1936年版，第148—149页。

② 艾学川：《济南市几种商业之鸟瞰》，《农工商周刊》，第1卷，1933年10月第8期。

③ 实业部国际贸易局：《中国实业志（山东省）》，1934年版，（壬），第46页。

④ ［日］東亞同文會：《支那經濟全書》第2輯，1908年版，第85—88頁。

⑤ 实业部国际贸易局：《中国实业志（山东省）》，1934年版，（壬），第46页；（癸），第15页。

在信贷配合下的委托代理贸易便具有了极大的吸引力，吸引大批商货拥向行栈和行栈汇聚的集散市场，促使商品沿着行栈经营的方向流动。

以批发为主的自营买卖，是行栈经营的另一重要方式。近代城市人口的汇聚，工业、手工业及服务业人口的增长，为大批城市店铺及商贩经营提供了条件，这些店铺、商贩需要有一个货源稳定且有一定批零价差的商品批发渠道，但是当时专业批发市场和批发商尚未从流通领域发育成熟，于是行栈便担当起了近代意义上的批发商的角色。在小本经营的店铺、商贩之上是经营商品批发的行栈，行栈利润主要来自批零差价。作为零售商的店铺，通常按门市需要从行栈批入货物，而很少同所销商品的生产者或运商发生直接关系。例如20世纪初的济南绸布业，绸布生产者只将产品卖给行栈——绸布行，或委托绸布行代售，绸布行再将货物批售给零售商，按当时惯例，批发以一匹为起点。煤炭业情形也如此，济南炭行从博山、淄川等煤矿购进煤后，再批售给城区内的小煤店或工业用户，炭行一般只做批发业务①。20年代后，行栈商自营批发业务在经营中的比重呈上升之势，这一趋势在粮栈、杂货等行业表现尤为突出。1936年，济南著名粮栈恒聚成自营买卖粮食的比重已占整个经营总量的81%，而委托代理业只占19%；同期裕丰成粮栈自营买卖粮食28万余包，代理买卖粮食4万余包，自营批发业务大大超过委托代理业务②。事实上，行栈自营批发业务的拓展，已使行栈业集代理与批发经营于一身，对本地中小商户，行栈是批发商，起着分疏商品的作用；对异地商人或外国商行，它又是中间代理商，为大宗商品的远程贸易提供服务。

行栈商在商业中的多重角色和作用，有助于将商品流通中的信托代理与批发衔接在一起，使两种交易形式有机地连接到商品购销链中。棉纱流通贸易的情形即是如此。20世纪20年代末30年代初，是潍县铁轮机织布业最盛时期，当地每年由青岛输入棉纱5万—7万件，棉纱发运依靠青岛行栈与潍县线庄间的交易来完成。当时青岛3家潍县帮行栈代理着潍县二十几家线庄的购纱业务，其中义德栈约占经销总量的六七成，源兴德约

---

① 〔日〕東亞同文會：《支那省别全志》第4卷，《山東省》，1917年版，第908頁，914頁。

② 中村正三：《濟南に於ける糧棧》，1943年版，第21—23頁。

占二三成，德升裕约占一成。行栈在早期主要代理经销洋行进口的棉纱，后来随着青岛华商与日商纱厂的开工投产，代理经销对象扩大到中外纱厂。线庄自行栈批购进棉纱后（通常由行栈给予一定资金支持），或转手批发给当地大线贩、布庄及染织工厂，或派人到集市批销给小线贩。通常线庄以件为单位批发，线贩则拆包按“把”零销给织户，而布庄则以放纱收布的形式将棉纱贷放给无资金的织户①。在这种商品购销链中，行栈相当于市场的一级批发环节，线庄相当于向下延伸的二级批发环节。棉纱由纱厂、进口商经行栈、线庄再到织户，形成了一个代理与批发上下衔接的统一整体。

行栈商交易形式与经营方式并非在开埠通商后凭空产生，而是有着传统的渊源。事实上，行栈与历史上早已存在的牙行牙纪有着若干相似甚至相同之处，国内商人很早就熟悉这种交易方式，加之交易费用和费率具有相当的公开性和固定性，所以很容易为各地商人所接受。尽管行栈业与传统经纪业有着某种渊源关系，甚至部分经营方式也有相似与相同之处，但是，近代行栈资本与传统旧式牙纪牙行毕竟有着本质的不同。传统牙纪、牙行无固定资本，亦无固定店址，业者只需向政府备案领帖，缴纳定额税即可开业，其名称往往用本人姓名，并不另立字号，营业基本为居中撮合交易性质，后来也兼营少量代客买卖。行栈则不然，除了必须具备一定的资金规模外，还须备有宽敞的仓库、货场及供外地客商食宿的栈房；行栈“除代客买卖外，有时并为货主垫款，或自行收买货物出售，故其营业额较大”，“其所纳之税非为牙税，而为营业税”②。正是具备了上述条件，大宗商品才会集中于行栈，由行栈转输于各地市场。另外，传统旧式牙纪牙行，营业地点基本限于乡镇市集，营业种类以粮食、牲畜为主，并涉及柴炭、棉花、土产等交易。凡是货主在集市出售货物，须经牙纪、牙行之手，由其评定价格，居中撮合，买卖始能成交，牙纪、牙行介入交易带有一定的强制性。行栈商则集中于通商口岸、内地开埠城市和新兴集散、中转、专业市场，在产地市场虽然也有行栈经营，但多数是派人设栈收买，其本身并不参与集市中介撮合交易。行栈与客商间的关系是一种“任客

① 滿鐵北支經濟調查所：《濰縣に於ける綫莊業》，1943 年版，第 34—35 頁。

② 实业部国际贸易局：《中国实业志（山东省）》，1934 年版，（壬），第 38 页。

投主，买卖自由”的关系，这种关系使贸易商有更多选择的余地，因而有利于近代自由贸易的发展。

在新的商品流通体系中，行栈资本始终处于中心位置，而在贸易业务和商品汇聚的中心，自然会形成利润与资本集中的趋势。清末民初，行栈资本依靠经营利差大的大宗商品贸易，积累起了丰厚利润，资本实力与日俱增。同当年盐商、典商富甲一方的情形相似，许多行栈商人成为商界的巨商首富，在烟台、青岛、济南、潍县等城市都出现了资本数十万乃至上百万的大行栈商人资本。如烟台油商双盛泰、和顺恒、棉纱商万盛和、水产商大成栈，资本都在 100 万两以上。掖县沙河镇杜家开设的恒祥号行栈，在烟台有恒祥和、在青岛有恒祥茂、恒祥栈、恒源公等联号，资本总额达 200 万元[①]。而寿光巨商孙元高开设的益隆公栈，在羊角沟、济南等地设有益隆西等 9 家联号行栈，资本总额达 100 余万元。资本实力与影响力的增长，确立了行栈商人在商界中的领导地位。民国初年，羊角沟商会商会总董和分董分别由益隆西等 10 家行栈担任[②] 1906 年青岛三江会馆和广东会馆成立时，洋行买办杨浩然、朱润身、何永生、莫季樵等人曾分任董事，但是到 1909 年两家会馆与齐燕会馆组建青岛商会时，买办中只有何永生一人以何生记经理的身份入选商会董事，而其余 31 位会董中除 3 家银行外，全部为行栈商[③]。20 年代中期，烟台总商会正副会长由恒祥和、洪泰号两家行栈经理分任，另外 43 家会董中有近二十家为行栈商[④]。很显然，从主导商品流通，到跃居上层、执城市商界之牛耳，体现了行栈资本地位不断上升的历史进程，而这一进程无疑是近代商人资本结构嬗变的一项重要内容。

资本总是要按实力的大小进行排序。经过新旧嬗替，在商人资本中形成了一个新的金字塔式结构。结构的下层变化不大，仍旧是市镇与城市市场种类繁多的下层商人或普通商贩，中间是各集散市场、专业市场及中转市场的号庄、中转商、小行栈和店铺，顶层的位置以前由盐、典、钱旧式

① 滿鐵經濟調查會：《山東に於ける工業の發展》，1935 年版，第 89 頁。

② 〔日〕青島守備軍民政部：調查資料第 21 輯，《小清河ノ水運ト羊角溝》，1921 年版，第 319—325 頁。

③ 〔日〕青島軍政署：《青島要覽》，1918 年版，第 47—50 頁。

④ 烟台总商会：《烟台总商会民国十六年份并十七年份报告书》，1921 年版，第 1—4 页。

商人资本占据，现在则是开埠城市有实力的行栈以及大批发庄、银号等称雄。尽管居于顶端的这类城市商人为数不多，但是他们却掌握着主要市场上主要商品的交易，他们的经营活动通常发生在商品流通的最顶端，而具有近代资本主义商业特征的信托代理、合同购销、信贷、期货、票据承兑等，恰恰正是从这一顶端的活动中衍生出来。

四　行栈资本对近代市场经济的影响

从19世纪末到20世纪二三十年代，作为具有多种商业功能的新兴商人群体，行栈资本通过自身不断扩大的商贸经营与投资活动，对近代市场经济条件下的流通、生产与消费产生了广泛的影响。

在市场流通领域，铁路开通及沿海轮船航运业的发展，为大宗工业品与低值土产粗货的远程运销提供了条件。但是，集散市场有无能力承接大宗商品，大宗商品能否均衡顺利地在市场上“出清”，则取决于有无新的商人资本去围绕市场需求，采用新的交易形式与方式参与并组织土洋货贸易。行栈资本在贸易中的多重职能，使大宗商品可以通过信托代理、代购经销、批发贸易、期货交易等方式，在集散市场上畅行无阻。大宗商品的汇集分流、买集分销，建立在行栈与外国商行、国内商号、工业企业、手工工场及农户相互关系的基础上，以这种关系为核心，形成了从城市到乡村广大的商品购销网。可以说，如果没有行栈商人资本的参与经营，便不可能有近代意义上大范围的商品流通。对于近代商品流通的变迁，行栈资本的影响主要表现在三个方面：

其一，行栈业贸易范围的扩大，使得一些过去从未进入远程流通领域的产品，或流通量极少的商品，大量进入市场。在行栈的经营参与下，若干农产品和手工业产品，逐步脱离传统经济下旧的流通轨道，由以内销为主转变为以外销为主。例如，以昌邑为中心的茧绸生产贸易，在19世纪中叶以前一直由普通绸商经营，运销地为北京、直隶、河南等内地市场。19世纪下半叶行栈商开始介入茧绸贸易，到1913年青岛、烟台两港的茧绸出口额已达14092担，此时茧绸流通贸易已由国内市场转向国外市场，并且对国外市场逐渐形成一定程度的依赖性。过去有些产品只是作为手工业生产的中间产品，提供给下一道工序，而很少进入真正意义上的流通。

如生丝，开埠前只是作为织绸原料，供制织作坊或织工使用，市场流通范围一般只限于产区附近，而行栈资本参与流通后，情况便完全改变。生丝产品从丝绸生产链中脱离出来，不再只是手工业的中间产品，而是作为商品直接进入口岸市场，成为大宗输出商品。这种流通内容与形式的变化，代表着近代商品流通发展的一种新趋势。

其二，由于行栈资本在各类市场拥有不同类型和规模的贸易经营，经营范围包括了土货和洋货，因此便为近代多层次市场结构下的土洋货双向流通提供了条件。行栈类似于商品流通的十字路口、交易的集散中转站，内地商人须借助行栈代理土洋货购销、疏通商品行销渠道，海外商人也须借助行栈为其提供土货货源，扩大洋货内销市场。各类日用工业品经由棉纱行、布行、火柴行、洋油行、洋杂货行等行栈环节，散布到各地城乡市场，形成新的商品物流，传统的商品流通结构由此开始发生质的变化。

民国成立后，工业化进程和手工业转型的影响逐渐显现，土洋货流通转变成新的形式——工业品与农产品的流通。内容形式有别于传统的近代工农业产品交流，主要集中在有行栈参与经营的领域，在这些领域，行栈的购销经营与企业的原料供应及产品销售息息相关。在原料供应方面，由于依靠行栈可以集中方便地购到大宗原料，一些农产品加工企业往往要借助行栈来从事原料采购。如济、青两地的机器面粉厂，“若购本国之土麦，则各厂或遣专人分赴主要市场采购，或向行号之经售此项农产者购买”。30 年代，山东面粉工业年消耗小麦原料约 1000 万担，其中相当一部分要靠行栈供应；同期青、济两市的机器纱厂年消耗原棉 106.6 万担，其中占总消耗量 85.9% 的本地棉（约 91.6 万担），基本由行栈供应[①]。在部分工业品销售领域，行栈亦起着举足轻重的作用，陶瓷、生丝、生油几乎全部要靠行栈代理销售，棉纱、煤炭、火柴等工业品则部分由行栈代理经销。在陶瓷工业中心博山，陶瓷全部由工场主“以现金制尽数销售于经纪商”。当地 40 家经纪商（行栈）“均有相当资本”，外地商人（顾客）批购陶瓷，“由炭栈介绍或径向经纪商购买”，运回目的地后，“再由各顾

① 张伟贤：《山东面粉事业之调查》，《商业月报》第 15 卷，1935 年 6 月第 6 期；郑肇：《山东之棉纺工业》，《青岛工商季刊》第 3 卷，1935 年 6 月第 2 期。

客售卖于小卖商或消费者、或又一种经纪商”[①]。周村等地机器缫丝厂生产的黄、白厂丝同样由行栈经销，厂丝运至上海后，“交与丝栈，请丝栈代售”。上海的恒升公、益丰长等7家山东帮行栈年代理经销厂丝3000—4000箱，经销对象为怡和、连纳等6家洋行及上海织绸工厂[②]。

在新的商品流通结构下，行栈商经营一方面将外商洋行的购销与华商资本的经营联系在一起，为市场上土洋货的双向流通提供了条件；另一方面又将工业企业的产销与商业资本的购销联系在一起，从而实现了近代意义上的工农业产品的交流。

其三，就商业交易形式而言，行栈经营的扩张实际意味着委托代理贸易与批发贸易的发展。行栈业中发生的大量专业性批发贸易和购销代理，促使批发业从零售业中、信托贸易从一般贸易中逐步分离出来，并联带使商业性汇兑从普通汇兑中分离出来，因为“委托买卖的积极的先行条件，为该委托贩卖地有正规汇兑行市，要不然，则委托贩卖之危险将大至不能忍受”[③]。为了确保大宗商品委托交易安全可靠，契约买卖、合同制交易等商业形式在行栈业中日益普及，与行栈经营相伴而生的期货交易也有了广泛的发展。第一次世界大战后，花生贸易普遍由现货买卖、现金交易改为合同购销，花生的供需双方或在花生上市前预先与行栈订立合同，委托行栈办理购销，或在花生上市期，通过电报、书信委托花生行栈代为收购发运[④]。同期，行栈经营茧绸贸易的方式也开始由现货交易转向期货交易。现货交易一般是在茧绸入栈后，行栈按住栈客商的要求，代理茧绸经销，为其寻找合适的买家（通常为洋行），负责及时出清货物。期货交易则是绸栈接受洋行的委托，按洋行提供的绸样和交货期限，组织货源。通常委托和受托双方要订立期货合同，在合同中载明价格、规格及交货期限，并由委托方预付行栈定金[⑤]。期货交易作为一种近代商业交易形式，由于能够提高市场效率，通过行栈这一环节，在中外贸易中得到越来越多地采用。交易形式的这种演进，标志着近代商业贸易已初步具备了某些资

① 山东工业试验所：《山东工业试验所第二次报告书》，1922年版，（七），第40页。

② 实业部国际贸易局：《中国实业志（山东省）》，1934年版，（辛），第70页。

③ 韦伯：《社会经济史》，万有文库本，1936年版，第309页。

④ 〔日〕青島守備軍民政部：《山東之物産》第1編，1920年版，第20—23頁。

⑤ 日本外務省：《在芝罘日本領事館管内狀況》，1921年版，第181—186頁。

本主义的特征。

行栈业与行栈商的发展，不仅改变着传统的商业贸易模式，而且促进了近代商品交易市场组织的发育，为商品交易所的产生奠定了基础。集代理、中介、批发功能于一身的行栈商，是近代商品交易所及公所交易形式的基础。一方面，行栈商往往是商品交易所、公所的创建组织者和积极的参与者。例如创办于1920年的山东第一家商品交易所——青岛物品取引所，就有55家行栈作为代理商（交易经纪人）参与发起成立，当时青岛几乎所有有名的行栈都参加了交易所的交易①。1931年，通聚福行栈经理宋雨亭又联合十几家行栈发起成立青岛物品证券交易所，与日资控制的取引所抗衡，30年代中期交易所取代取引所，成为青岛最大的商品交易市场。另一方面，行栈商经席位注册后，身份变为交易所代理商，场内交易必须通过代理商（行栈）来进行。交易所商品交易除少量现货交易外，主要是花生、花生油、豆油等土产和棉纱等工业品的期货交易，场外客商的大宗买卖要通过委托场内代理商（行栈）进行交易，从这一点看，交易所实际是行栈商代理中介功能在特殊市场交易形式下的延伸。

交易所交易及公所交易，是代理制批发贸易发展的必然结果，场内交易是专业商人间的交易，它代替了店头交易和行栈内的样品交易，商人间进行的不再是规格、质量驳杂不齐的旧式现货交易，而是按照统一制定的商品规格标准进行的类型交易，如花生交易统一按F. A. Q标准，棉花交易按商品检验局制定的标准。交易所交易扩大了行栈商的商品与信息资源，并大大提高了市场的效率，促使市场交易形式走向近代化。

口岸贸易和各类新商品的输入造就出了新的需求和新的消费，作为消费资源的新商品在很大程度上正是依靠行栈贸易进入消费市场，随着棉纱、机织布、火柴、煤油、卷烟、烛皂、五金、纸张等类商品大量流入市场，与之相关的消费也逐步渗透到城乡物质生活之中。从这一角度看，行栈贸易经营对消费变迁亦有着不可低估的意义。

外来商品和国内工业品能否在市场上“出清”，既取决于商人资本的交易活动，也取决于市场有效需求的规模。大规模的农产品、手工业品及林果产品输出贸易，一方面使行栈资本获得可观的利润，为其资本积累提

① 叶春墀：《青岛概要》，1922年版，第45—47页。

供了条件；另一方面也以现金兑付的形式给城乡生产者剩留下一部分收益，使生产者可以用其交换日用工业品和手工业原料，也就是说，使生产者的消费需求变成一种有效需求与再生产的能力。从19世纪末起，行栈经营的棉花、花生、果品、畜产品以及草辫、丝绸、食用油、粉丝、花边、发网等手工业品，便成为地方经济和农家收益增加的主要来源。20年代初，昌邑草辫收益每月约2万元（最盛时每月曾达12万元）；同期寿光全县发网业年收入170万元（最盛时每月收益曾在30万元以上）。1934年，胶东地区共有花边庄188家，从事花边生产的人数超过15万人，妇女加工花边日收益约3—5角，行业年收益约85.3万元[①]。

清末民初，在部分传统手工业衰落的同时，草辫、花边、发网、猪鬃等新兴手工业迅速发展起来，而若干原先主要以国内南方地区为市场的手工行业，如粉丝业、榨油业等，也因国外市场需要量骤增，逐步转变成以国外市场为主的出口型手工业。在手工业转型过程中，行栈资本通过投资参与经营、组织生产购销、控制原料与产品供销等方式，直接或间接地影响着手工业的转型。

与传统手工业不同，草辫、花边、发网加工业并非自发地进行，而是由中间代理商——辫庄、辫行、花边庄、发网庄——来组织。如发网庄介于输出商与加工农户之间，在有担保人担保的条件下，输出商将原料贷给发网庄，与发网庄订立合同，约定交货规格、数量、期限和收购价格，合同交货期通常为两个月。发网庄在订立合同后，分别将原料转发给编织农户，由农户按要求加工，按件计酬。有时发网庄也以自有资本购进原料，分发农户加工，收集回发网后，随行就市，转卖给输出商[②]。在花边业，“花边商与制造者之关系，系由花边商将制造原料，如车线、麻、布等，分区散给工作人，到期将成品收回，按工给资，并视花样之繁简，制品之成色，以定给资之高下”[③]。这样，手工业者的生产过程和产品销售便基本为行栈资本所控制。

---

① 山东实业厅：《山东第三次全省劝业会议录》，1922年版，第267页，269页；満鐵經濟調查會：《山東に於ける工業の發展》，1935年版，第84頁。

② 日本外務省：《在芝罘日本領事館管内狀況》，1921年版，第157頁。

③ 山东省国货推销委员会编：《山东省各种特产调查报告》第2册，1935年版，花边业调查报告，第6页。

粉丝加工业是行栈资本通过控制原料供应、产品收运输出，间接影响手工业生产的典型。开埠通商后，粉丝加工业商品化生产达到了相当高的程度，生产购销形式也发生了相应变化。粉丝生产所需豆类原料大部分系由行栈商自大连、营口、锦州、羊角沟等地购入，粉坊加工的粉丝由具行栈性质的收粉庄收买，经整理包装后输往南方和国外。民国初年，烟台共有收粉庄 30 家，龙口有收粉庄 16 家，分别由烟台帮、潮帮、福建帮商人经营①。经营收运粉丝的粉庄、从事生产的粉坊（又称“推粉家”）、提供原料的粮行，三者之间有着稳定的产供销关系。粉坊生产粉丝运给烟台、龙口的粉庄，换取现金和“粉票”，粉票可以在龙口市场流通，粉坊持粉票到粮行购进绿豆原料。这样，在粉丝业生产中形成了一种典型的“行栈制”。

在新的生产、交换、运销机制下，手工业产品已不再只是供应生产者自身或本地需要，而是以新的形式提供给远地市场。此时手工劳动者的生产虽然大部分仍为分散的家庭劳作，但是生产何种规格的成品、生产多少却要受市场需求的制约。实际上，通过与城乡掮客、号庄、行栈的直接或间接的买卖关系，他们已成为受资本主义市场关系支配的商品生产者。到 20 世纪初，行栈资本介入较深的丝绸、草辫、粉丝、食用油、皮货、花边、发网等行业，其产品已成为重要的市场流通资源，这些行业不论从业人数、产值抑或对整个农村经济的意义，都已超过“金土陶木”等传统行业，在整个农村手工业行业结构中处于主导地位。

口岸贸易带来了新的商品，同时也创造了新的需求，新需求在时机成熟之时，就会成为新式工业产生的诱因和刺激机制——因为维持新消费需求和新消费结构只有两条途径：一是继续从国外输入商品；一是兴办新式工业，生产此类商品。实际上，市场需求和资源配置功能最终会导致一部分商业资本投身于近代工业。

就整体而言，行栈商人资本与传统商人不同，在新兴贸易领域兴业生财、积累起可观的资本后，他们并未逡巡于旧领域，像传统盐、典、钱旧式商人资本那样将积累起来的资本退向土地田宅，而是热衷于将经营范围

---

① 〔日〕東亞同文會編：《支那省别全志》第 4 卷，《山東省》，1917 年版，第 736 頁，第 744—747 頁，754 頁。

向工业领域拓展，兴办新式工业企业。

民国之后，行栈资本对投资近代工矿业表现出了极高的热情，出现了相当数量由行栈商人兴办的工矿企业。济南最早的机器榨油厂和面粉厂即是由兴顺福粮栈经理张采丞创办，1925 年前济南 9 家华商机器面粉厂中有 4 家（惠丰、华庆、成丰、正利厚）系由行栈商人所开。另外，烟台最早的机器卷烟厂之一——中安烟厂、山东最早的机器染厂双盛潍染厂、周村最早的机器缫丝厂——裕厚堂丝厂以及后来的恒兴德机器缫丝厂，都是由行栈商人资本创办。一些行栈资本因不断投资工业，逐步发展成为综合性的工商企业集团。曾任济南洛口商会会长的穆伯仁，靠同聚和粮栈起家，1911 年又在商埠开设德兴和粮栈，1917 年投资 60 万元开办通惠银行，1918 年投资开办惠丰面粉厂，到 30 年代初名下已有工商企业 10 余个，资本总额达 200 余万元。桓台帮苗氏资本集团，最早也是靠行栈业进行资本的原始积累。清末民初，苗氏兄弟苗杏村、苗星垣通过经营恭聚和、恒聚和、公聚和、恒聚成、同聚长等五家粮栈，积累起相当资本。20 年代后苗氏资本开始投资机器工业，先后创办了成丰面粉厂、仁丰纺纱厂、成通纱厂、成丰铁工厂等大型企业。到 30 年代中期，苗氏资本已发展成为控股参股十几家工商企业的企业集团，资本总额 120 万—180 万元，其中工业投资占 85%①。种种迹象表明，行栈资本从商业领域为近代工业提供所需的资金和经营人才，已成为近代工业化进程中重要的资本来源之一。以下是部分行栈商兴办工业的简况：

表 4　　　　行栈商兴办工业企业简表

行栈商	行栈	行栈兴办的企业
唐世鸿	烟台同泰和杂货栈	烟台中安烟草公司
孙子山	烟台恒兴德丝行	周村恒兴德丝厂
李敬义	青州裕厚堂丝栈	周村裕厚堂丝厂
张采丞	济南兴顺福粮栈	济南兴顺福榨油厂、华庆面粉厂
苗杏村	济南公聚合粮栈、恒聚成粮栈	济南成丰面粉厂、成记面粉厂
王冠东	济南泰华粮栈、同聚长粮栈	济南成丰面粉厂、成通纱厂

① 陈真、姚洛合编：《中国近代工业史资料》第 1 辑，生活·读书·新知三联书店 1957 年版，第 307 页。

续表

行栈商	行栈	行栈兴办的企业
穆伯仁	济南同聚和粮栈、德兴和粮栈	济南惠丰面粉厂、太原晋丰面粉厂
苗星垣	济南同聚长粮栈济	南成丰面粉厂、成通纱厂
邹升三	青岛裕东泰杂货行	济南裕兴染料厂
贾仁斋	青岛恒祥茂杂货栈	济南裕兴染料厂
董希尧	烟台双盛泰行栈	青岛双盛潍机器染厂
张俊卿	青岛义德栈	青岛双蚨面粉厂、华鲁火柴厂、敬业火柴厂
于选甫	青岛天成号行栈	胶东增益火柴厂
牟君山	烟台义昌信铁行	烟台昌兴火柴厂、永康造钟厂
王星垣	青岛义昌仁铁行	青岛义昌仁铁工厂
李连溪	青岛洪泰号行栈	青岛洪泰火柴厂
刘子山	青岛福和永行栈	青岛福和永机器炼瓦厂

行栈资本不仅为近代工业提供了创业资金，而且在企业经营上，可以充分利用自身的商业购销渠道，来降低生产经营成本，提高企业竞争力。一些行栈商在工业领域的成功经营，可以说与此不无关系。1927—1930年，桓台帮行栈资本苗星垣开办的成丰面粉厂、穆伯仁开办的惠丰面粉厂，在同业中经营业绩最佳，成丰厂累计获利42万元，其中原因，很大程度上在于“济南粮行、炭行，桓台人占大多数”，两家企业“因乡谊关系，无形中各得援助，消息灵通，别家不能敌”①。从产供销相互依存的角度看，行栈资本的经营在一定程度上为当时工业化进程提供了所需的商业条件。

综上以观，行栈商的兴起与发展，对于近代市场流通主体无疑是一个转变。行栈商不单是市场变化的产物与新贸易趋势的受益者，而且也是其推动者。在中外贸易、大宗商品远程贸易、国内工业品与农产品的交换领域，行栈商发挥着重要的功能，扮演着多重角色。他们的经营与近代市场结构、商品流通格局的变迁相融合，给商业贸易形式以及交易方式带来一

① 山东省政府实业厅编：《山东工商报告》，1931年版，第8页。

系列变化，这些变化一一体现在行栈的日常经营活动中，标志着行栈商已成长为具有某种近代化特征的商人资本。利润的逐年积累，势必导致资本扩张与转移，清末，行栈商的活动已超越纯商业的范围，开始渗透到手工业领域，民国后又向着新兴工业领域扩展。法国历史学家布罗代尔曾说："大而化之，资本主义就是通常为着利己的目的把资本投入到生产过程中的方式。"[①] 若将此话加以引申，可以说，行栈商由商业积累资本，再投入近代工业的活动，实际也是近代商人"资本主义化"的过程。

---

① 费尔南·布罗代尔：《资本主义论丛》，中央编译出版社1997年版，第86页。

第八章　商人资本地域分布及商帮构成的变动

一　传统商人资本的地域分布格局

一个时期商人资本的地域分布结构，首先是以当时的市场结构、商路网络及商品流通为基本条件，它的变化既是市场经济体系变迁的组成部分，又是新形势下商人资本地域流动的结果与集中趋势的表征。从19世纪中叶到20世纪前期，伴随商品市场变迁和商人资本嬗替演变进程的不断深化，旧的商人地域分布结构、商帮构成以及商业内部分工也发生了一系列相应变化，与开埠通商前相比，许多方面已近乎面目全非。一系列局部结构的变动，导致商人资本整体结构赖以稳定赓续的内部关系解体，旧的商人资本体系也随之终结。

从清初到19世纪中叶，山东商人资本聚集程度较高、分布较集中的地区分别为运河沿岸城镇、胶东登莱地区、胶州及其周边港口城镇。商人资本在上述三个地区的汇聚与集中，构成了商人资本传统的地域分布格局，而三地商人资本赖以生存繁衍的不同背景，又决定了各自不同的发展特点。

运河沿岸商人资本密集的城镇自北而南计有德州、郑家口、甲马营、王家浅、临清、魏家湾、聊城、阿城镇、张秋镇、安山镇、济宁、台庄镇等大小十数个，这些以运河为纽带、分布于长条形地带中的城镇，依靠沟通南北货物流通的运河航运贸易，成为商人资本汇聚的中心。例如临清在乾隆年间除街市贸易外，已经有相当数量的店铺经营，城内有杂粮行店90余家、典当百余家、旅店客栈数百家，另外还有布店、绸布店、盐店、茶叶店、纸店、瓷器店、绒货店等[1]。清康熙年间，济宁商人中“本大货多”的行业有“十八行”，到清中叶，城市汇聚了众多的外地商人，商业经营集中在烟草、皮货、粮食、绸布、竹木、杂货、布匹、铁货、药材、茶叶、钱业等十几个行业，烟草、皮货、粮食等业已有大商人资本出现[2]。即使一些规模稍小的商业城镇，商人经营也相当发达。如甲马营“商贾往来，生意甚畅”，郑口镇“商贾云集，行旅络绎，地方亦极繁富，诚为一大市镇”，魏家湾“商业畅茂，民户殷富，最为繁盛之区”[3]。鸦片战争前，运河沿岸地区是山东商业最发达的地区，与这一点相一致，城镇商人资本的密集和集中程度也是全省最高的。运河商业城镇商人资本的特点为：晋帮商人占较大比例，商业经营以南北货物的水陆中转为主，商人资本的活动过分依赖于运河中转贸易和传统的盐典业，与鲁东沿海地区缺乏经常性的商业联系。

胶东商人资本密集的地区系指登州府和莱州府属的蓬莱、黄县、掖县、文登、栖霞等地。商人资本在登莱地区的滋生繁衍与当地特殊的经济地理条件有着密切关系。登州府三面环海，莱州府北临莱州湾，海运交通较为方便。清中叶前，登莱地区农业开发程度较低，“地狭人稠，境内所产，不足以自给，故民多逐利四方。或远适京师，或险涉重洋，奉天、吉林，绝塞万里，皆有登人。富或为当商，或挟重资，南抵苏广，北赴辽沈，舟航之利，捷于他郡”[4]。胶东商人中以黄县商人最为著名。清康熙年间，“黄地狭人稠，有田者不数家，家不数亩，养生者以贸易为计”[5]。黄县商人主要从事与辽东地区间的贸易，凭借“风帆便利，数日可至。倏往倏来，如履平地，常获厚利。大贾自造舟贩鬻，获利尤厚。于是人相艳视，趋骛日众矣”。咸丰、同治年间，黄县城内“居肆而贾者，东街有衣肆，南门有粮肆，西关则列肆数百，银钱之肆多至数十，闽广苏杭西洋巧丽之物，靡不毕有，俨然一小都会矣”。据当时粗略估计，黄县商人数

① 乾隆《临清直隶州志》卷11，1785年版，市廛志。

② 乾隆《济宁直隶州志》卷6，1785年版，地域五，《杂税论》。

③ 光绪《武城县乡土志略》，清末抄本，商务；光绪《清平县乡土志》，光绪抄本，商务。

④ 光绪《增修登州府志》卷6，1881年版，风俗。

⑤ 康熙《黄县志》，1673年版，李蕃序。

约占成年实业人口的五成[①]。与黄县齐名的商人聚集地莱州府城掖县，“凭负山海，民殖鱼盐以自利”。道光年间，掖县盐商“拥滩者富与千户侯等，或赁于贫民收其息”[②]。除盐商外，还有经营屯积粮食的大商人，“殷室富商，主客一辙，咸思囤粮规利，即非贩运出境，而累百盈千，坐待翔腾”[③]。乾隆初年，石岛海口开放，周邻地区的商贸随之兴起。文登“南货云集，逐末者众”，县境内“典肆不下二百家”，至乾隆中后期，“海运通利，商贾越海贸易，获息即多，乃于各市开设大当，本各四五千钱不等”。咸、同年间，因当地“人多地少”，“耕植之氓，多挥锄而负贩，悬犁而持筹”[④]。可以说，人多地少和沿海民船航运贸易，成为促进胶东商人资本发展的刺激因素。

19世纪中叶前，胶州及其相邻的即墨金口等地亦为传统商人高度聚集之地。当时胶州曾为鲁东地区重要的商品集散市场，商业繁盛。通过由运河相连的民船港塔埠头，胶州货物“转移于东、西、北各地，一时商贾辐凑，帆樯云集，故有‘金胶州、银潍县’之谚”[⑤]。当地不仅有胶州、莱州、潍县、即墨等商帮从事商贸经营，而且在“江南、关东及各海口皆有行商”，福州、宁波等地船商每年都有上百只商船到此贸易，并设立会馆，接纳船商和货物。在生意占胶州“十分之六”的塔埠头，福建、浙江商号“均极殷实，本号自有大船，南北装运，栈房内存货不绝”[⑥]。同一时期，地处莱阳与即墨交界河处的金家口（金口），与胶州往来频繁，也为商人聚集之地。“凡平、掖、栖、招之土产，江、浙、闽、广之舶品，胥以此为集散地”，“南方棉、纸、竹木、蔗糖之类，山西之铁锅，周村之铜货，博山、淄川之煤炭、瓷器，于焉转输”。在当地经营贸易的商家除即墨帮、胶州帮、平度帮商人外，还有不少来自宁波、汕头等地的客商[⑦]。胶州、即墨、平度相互毗邻，商人间往来频繁，商业经营的根基

① 同治《黄县志》，1871年版，龚易图序；卷1，风俗；卷3，食货。

② 王培荀：《乡园忆旧录》，齐鲁书社点校本，1993年版，第444页。

③ 乾隆《掖县志》1758年版，卷1，风俗；卷6，物产。

④ 光绪《文登县志》，1922年版，卷2下，风俗；卷3下，赋役。

⑤ 民国《增修胶志》卷52，1931年版，民社志，商业。

⑥ 《光绪二十五年通商各关华洋贸易总册》下卷，胶州口，1900年版，第12页。

⑦ 民国《莱阳县志》卷2，1935年版，实业，商业。

同为沿海传统民船贸易，因而在跨地区贸易中，与胶东商人相对应，形成为胶西帮商人群体。

聚集于沿海城镇及民船港的胶东和胶西商人，同东南沿海有着长期密切的商贸联系，在鸦片战争前，上海、宁波、苏州等地已有为数不少的胶帮、登帮、文莱帮商人从事商贸活动。长期从事沿海航运贸易，使两地商人形成了易于流动和勇于开拓的精神，这一特性，为以后两地商人适应新的环境向口岸城市转移奠定了基础。

从19世纪末到20世纪初，以贸易格局变化和新旧商路兴替为背景，山东商人资本的地域分布结构发生了深刻的变化。昔日商人密集的运河沿岸城镇，在经历了多次战乱和社会动荡之后，传统商业贸易遭受严重冲击，往日的兴盛不复存在，商人资本的实力和密集程度也大不如前。而原先分布于胶东蓬、黄、掖地区的登帮商人和文莱帮商人，以及分布于胶州、即墨的胶西帮商人，则受通商口岸的吸引，开始向口岸城市流动转移，到新的市场谋求发展。

运河商业城镇商人资本的消长与运河航运的兴衰息息相关。1855年，黄河北徙截断运河，致使航运受阻。1901年清政府被迫停罢漕运。此后山东段运河淤塞日甚一日，黄河以北聊城段运河几乎全部淤为平地，聊城以北至临清段运河也只能通小船。运河航运的衰落，大大削弱了沿河商业城镇的贸易功能，使这些城镇渐渐失去了对商人资本的吸引力；而从咸丰年间太平军北进之后，整个鲁南地区战乱和社会动荡连绵不绝，栖聚于此的商人资本一再遭受打击，以致元气大伤。到20世纪初，运河沿岸城镇商贸均出现了程度不同的萧条景象。原先商人资本最集中最活跃的临清，“经王伦之劫，而商业一衰，继经咸丰甲寅之变，而商业再衰，运河淤涸，而商业终衰”①。德州则是“商埠开而京道改变，漕运停而南泊不来，水陆商务因之大减”②。山西商人密集的商业重镇聊城，不但“西商俱各歇业”，本地商人的发展也失去了根基③。民国成立后，虽然济宁等少数城镇利用津浦铁路运输，商业贸易有所恢复和发展，但是多数城镇因商运

① 民国《临清县志》，1935年版，经济志，商业。

② 光绪《德州乡土志》，光绪末抄本，商务。

③ 宣统《聊城县志》卷1，1910年版，方域志，风俗。

条件没有改善，未能恢复旧观。如临清仍是“商业寥落，人烟萧条”；聊城“商业不及往昔”，早年的大商号已不复存在①。

自然条件和经济环境的改变，尤其是烟台、青岛的开埠通商，同样也改变了胶莱和胶东沿海地区商人资本的命运，使他们不能再像以往那样继续在原有地盘聚集生存。咸丰、同治年间，胶州贸易“一分于金口，再分于烟台”，商人资本的经营空间大为缩小②。到19世纪末，胶州运河和港口淤塞，而后青岛又对外开放，结果迫使当地商人资本向外发展，将贸易经营转移至青岛和内地城市。青岛的开港及后来龙口的开埠，同样使金口“有不能立足之势”，并最终导致“行商坐贾于彼以贩卖为业者，渐次消歇”③。环境条件的改变，使这些城镇失去了昔日的吸引力，众多的贸易商被迫重新择地而居，转往新的城市、新的市场以谋求生存和发展。

二　商人资本向开埠城市的移动和集中

从19世纪末起，随着烟台、青岛的开埠通商，山东商人资本即出现了向沿海城市移动和集中的倾向。后来随着沿海和内地开埠城市商业贸易机会的增加，交通通信与生活居住条件的改善，商人资本向城市汇聚集中的规模和程度均有所扩大，而长时期连绵不断的兵灾匪患与社会政治动荡，又在一定程度上强化了商人资本的这一流动集中趋势。

从清末到民初，山东商人资本共有三次大的向开埠城市的移动和集中。一次是19世纪60年代后，胶东蓬、黄、掖等地商人资本离开栖息地，向烟台的移动，结果使烟台城市商人资本的规模迅速扩大；第二次是20世纪初，因青岛自由港（地区）贸易制度的吸引和胶济铁路便捷的运输条件，即墨、日照、胶州等地商人资本以及烟台商人资本向青岛的转移；第三次是辛亥革命前后，因济南开设商埠、津浦与胶济铁路在济南连通以及“倒袁”民军在周村等城镇的滋扰，促使章丘、桓台、寿光、周村等地商人资本向济南移动与集中。这三次大的地域流动，构成了商人资

① 白眉初：《中华民国省区全志·山东省志》第4卷，1925年版，道县汇志。

② 郭嵩焘：《郭嵩焘日记》第1卷，湖南人民出版社1981年版，第267页。

③ 民国《莱阳县志》卷2，1935年版，实业，商业。

本向东部城市发展的一个几乎不间断的过程，在这一过程中，商人资本起先是向通商口岸移动集中，后来又在内地开埠城市汇聚，结果导致城市商人资本获得空前的发展，不论规模、聚集程度还是商业功能及影响，都大大超过了传统商业城镇旧商人资本往日的发展水平。

近代商人资本向开埠城市的移动集中，始于烟台开埠通商。19 世纪下半叶烟台贸易的勃兴，刺激吸引着沿海地区商人资本向烟台汇聚，靠与辽东地区贸易及汇兑发展起来的蓬、黄、掖等地商人资本，纷纷将资金从传统钱典业中抽出，转向烟台谋求新的发展机会；与此同时，“业已有所发展的潍县商人资本，也离开潍县与胶县连接线上的活动地盘，向烟台移动，并与黄县、掖县的民族资本汇流”①。另外，以瑞蚨祥为代表的章丘帮商人资本，此时也拓展经营活动范围，到烟台设庄从事洋布、茧绸内销贸易。在这种背景下，烟台“人口亦因之顿繁，五方杂处，转移频仍”②。1882 年，烟台人口总数仅 3500 人左右，而 10 年后的 1892 年，人口总数增至 32500 人，其中商人总数为 9620 人，经营着包括杂货行、油房在内的 1660 家商号店铺，此外还有客栈 50 家，从业人数 260 人，小商贩 5500 人，包括买办在内的洋行雇员 230 人③。

甲午战争后的 10 年间（1895—1904 年），烟台经济呈现快速增长势头，进出口贸易达到 4000 多万海关两，缫丝、织绸、榨油、粉丝等手工业规模迅速扩大，花边、发网等手工业开始崭露头角，当地商人资本也发展到一个新的水平。1901 年，烟台人口总数增至 57120 人，商号店铺增至 1780 家，业商人数达 13000 人，客栈发展到 310 家，从业人数 1100 人④。辛亥革命后，因“乡间不靖，绅富来烟避难者不绝”⑤，大批富有的乡绅迁居烟台后，将闲置资金投于工商业，从而壮大了烟台商人资本的阵容。

1919 年烟台城市人口已达 15 万人，大小商号店铺发展到 3000 余

---

① 满鐵經濟調查會：《山東商業經濟の發展とその破局的機構》，1935 年版，第 2 頁。

② 实业部国际贸易局：《中国实业志（山东省）》，1934 年版，（丁），第 65 页。

③ Decnnial Reports，1882—1891，Chefoo，p. 54.

④ Ibid，p. 56.

⑤ 民国《福山县志稿》卷 5，1931 年版，商埠志，缘起。

家[①]。随着城市商人聚集程度的提高，商人组织也获得了同步发展。1915年烟台总商会注册入会商号为650家[②]。20年代末，入会商号增至2186家，其中缴纳会费1—2元的店铺商1437家，缴纳会费4元的中等店铺514家，缴纳会费8元、有一定资本实力的商号120家，缴纳12—24元的大商号115家[③]。各地商人向口岸城市聚集的趋势，使烟台成为近代山东商人资本最为密集的城市之一。这种聚集与集中的趋势，不仅扩大了口岸市场的规模和辐射力，而且为城市工业和手工业的发展提供了资本资源。

烟台开埠通商开启了近代商人资本向沿海城市汇聚集中的进程，时隔40年后，以山东第二个对外开放的沿海城市青岛为中心，出现了商人资本第二次大规模的转移、汇聚与集中。

1898年9月，青岛作为自由港对外开放。德国胶澳殖民当局原以为实行自由港制后，会大大促进租借地内商贸的发展，然而事与愿违，由于自由港范围过大，人员货物进入要受到种种烦琐的限制和稽查，华商多半不愿到租借地做生意。迟至1901年，“始有山东著名华商来青开设店铺。”[④] 到1902年，青岛租借地内只有“德商约十数家，华商小本营生约一百余家，买卖俱不畅旺”[⑤]。多数山东商人和南方商人只在青岛市区外的大鲍岛、台东镇和台西镇一带开设商店和批发商行，经营与南方港口的洋广杂货贸易[⑥]。

1905年，青岛实行新的海关制度，改自由港制为自由地区制，简化了税关管理和稽查手续，此后，以往聚集于海关附近经营的华商陆续迁入租界内，“许多过去一直和芝罘进行贸易而从未到过青岛来做生意的富裕商号及手工业者也都被吸引过来”[⑦]。这一年山东帮、天津帮商人在青岛成立了齐燕公所，广东帮商人设立了广东会馆。1906年，浙江、江苏、江西、安徽四省籍商人设立了三江会馆。同期，黄县、掖县、即墨、日照

---

① 林修竹：《山东各县乡土调查录》卷4，1920年版，烟台。

② 〔日〕青島守備軍民政部：《東北山東踏查報告》，1920年版，第375頁。

③ 烟台总商会：《山东烟台总商会民国十六年并十七年份报告书》，1929年版。

④ 白眉初：《中华民国省区全志·山东省志》，1925年版，第24页。

⑤ 周馥：《周悫慎公全集》卷1，奏稿。

⑥ 青岛市档案馆编：《帝国主义与胶海关》，1986年版，第62页。

⑦ Trade Reports，1906，Kiaochow.

等地商人纷纷到青岛开办行栈业和钱庄业，钱铺一度曾达数十家，其中资本5万银两左右的大钱铺有6家①。1910年，齐燕、三江、广东三会馆联合组成青岛商务总会，入会商号约160家，稍后增至200余家②。

1914年第一次世界大战爆发，日德两国军队在青岛发生激战，“青岛华商因受日德战事影响，损失二千余万”。大战期间，草辫、花生等土货出口锐减，从事土产代理业的即墨、黄县、沙河等帮商人蒙受严重损失，歇业土产商号达五六十家。战后华商经营逐渐恢复，山东沿海各地商人重新向青岛汇聚，从事花生、棉花、粮食、丝、猪鬃等土产贸易。在经营花生贸易的行栈商号中，就有即墨帮13家、胶州帮6家、黄县帮8家、平度帮8家、蓬莱帮4家、沙河帮8家、昌邑帮4家、潍县帮2家。据青岛总商会调查，1926年青岛市内共有华商1186家，除去成衣局、小饭铺、理发铺、杂货铺等服务业和零售店铺外，其余855家商号，分布于66个商业贸易行业。另外，市郊台东镇有商家264家，内中较大的商号51家③。

如果说山东商人资本前两次大的转移与集中，是以沿海地区商人资本向口岸城市集中为特征，与沿海城市进出口贸易及土洋货双向流通的发展相一致；那么，各地商人资本向内地开埠城市的汇聚与集中，则与这些城市商品集散市场地位的确立相一致，反映了近代商品贸易向内地扩展的趋势。以铁路为主干的新商路网的形成，内地开埠城市商品流转规模的扩大，给内地城市商业资本的积累和集聚带来了前所未有的契机。20世纪初，正是在商品流通与交通两大变迁因素的作用下，济南、潍县、周村商人资本的规模才有了空前的扩大与发展。

清代中叶，潍县商业与商人资本的经营活动范围主要集中于胶州——潍县一线，商贸活动主要是中转、集散胶州与内地之间流转的货物，市场地位与商人资本的规模远不如临清、济宁等运河商业城市。商人资本的构成主要是传统的盐、典、钱商人和粮商、丝商等。烟台开港后，纵穿半岛形成一条新的商路——烟潍商路，潍县成为大部分烟台入口洋货的中转

---

① 〔日〕朝鮮銀行調查課：《青島の錢莊業に就て》，1940年版，第2頁。

② 田原天南：《膠州灣》，1914年版，第536頁；〔日〕青島軍政署：《青島要覽》，1918年第4版，第47頁。

③ 《胶澳志》卷3，1928年版，沿革志，日本占据始末；卷5，食货志，商业。

地，与此同时，草辫、猪鬃、绣货等手工业也开始兴起，从而加快了当地商人资本的原始积累。1902 年 4 月胶济铁路修至潍县，到年底仅 7 个月的时间，从青岛运至潍县的货物价值即达 219 万两①。随着商品流通重心的东移，潍县成为胶济沿线重要的土洋货集散市场和商人资本聚集地。

1906 年，潍县城内人口约二三千户，内中商家约七八百户，城外东关户数约七八千户，其中商家约二三千户。在城内商户中，大的杂货商有十四五家，经营进口棉纱布匹的纱布庄有 15 家，年交易额约 200 万银两。城内外合计，资本额在 2 万两以上的商家计有 40 家，其中资本额 10 万两以上的有 10 家，资本额四五万两的有十几家②。除当地商人外，长期在潍县从事贸易的客籍商人有登州和胶州的烟商，济南、奉天的绸商，另外还有专门经销洋纱、洋布的黄县商人，经销洋广杂货及煤油、火柴的青岛商人（仅煤油一项，年销量即达 5 万箱），以及山西铁商和冀州绸商等③。

民国成立后的 10 年间，潍县地方产业结构发生了显著变化，烟草种植业、手工织布业及采煤业迅速兴起，不少城乡绅富将资本投入这三个行业，从而使商人资本的实力进一步壮大。到 1913 年，潍县资本额 10 万银两以上的商号，已由铁路刚修通时的 10 家增加到 30 家，中小规模的商家数也有较大的增长④。1919 年，潍县城内商号已发展到 910 家⑤。资本积累的结果必然导致资本的扩张，随着资本实力的壮大，潍县商人逐步向外拓展，将部分资本和业务转移至青岛和济南，在当地形成颇具影响力的潍县帮商人群体。

从经济角度看，直至 19 世纪中叶济南还只是一个消费城市，市场性质属消费性市场。城市商业集中于消费服务性行业，如饮食行业的糕点铺、酱菜店、茶庄、山果行，服务行业的饭庄、澡堂、客栈、书肆等，以及与城市普通居民、手工业者生活紧密相关的日用杂货业、铁货业、京货业、漆业和洋广杂货业。在这样的行业结构下，商人资本更多地表现为中小商人的沿街店铺经营，许多行业店铺的功能主要体现为服务于城居官僚

---

① 《光绪二十八年通商各关华洋贸易总册》下卷，胶州口，1903 年版，第 15 页。

② 〔日〕東亞同文會：《支那經濟全書》第 5 輯，1908 年版，第 601 頁。

③ 光绪《潍县乡土志》，光绪末年刊，商务。

④ 田原天南：《膠州灣》附録，1914 年版，第 118 頁。

⑤ 林修竹：《山东各县乡土调查录》，1920 年版，潍县。

士绅。城内多数行商只做短途贩运，相形之下，以城市为起讫点的区域集散贸易尚不发达。道光年间，以济南为集散地的“重本客商，惟绸缎、南货、茶叶、皮毡各货等庄为大”，每年“贩运货物”，价值约一百七八十万两①，除此之外，很少再有大宗商品的集散。

烟台开埠后，烟潍贸易商路形成，而济南恰处于烟潍商路延长线的最西端，商路的外延性增强了济南与烟台口岸间的商品流通，为商人参与土洋货长距离贸易提供了条件。19 世纪 80 年代，济南商人每年从烟台输入价值约 200 万两的纺织品，并输出少量土货产品②。此后 20 年间，济南商业由东关和城里渐次向西关转移，西关成为新的商业活动中心。到光绪末年，在西关商业中形成药材、杂货、绸布、鞋帽、钱业“五大行”，而山陕商人和章丘帮商人在这行业中占据着举足轻重的地位。

1904 年胶济铁路全线开通、1906 年济南正式设立商埠以及 1912 年津浦铁路全线修通，这三件事极大地改善了济南的市场地位和功能，使之成为连接省内主要水陆商路的重要枢纽。城市面貌大为改观，市区“人烟凑集，非常之多，即闲街僻巷，亦如闹市，西关外之十王店，本系荒野，今已修成马路，列肆而居，有多年离东省者见之，无不惊讶，大有沧桑之感”③。迄于 1914 年，济南市场的年贸易额已发展到 1200 万银两④。与市场转型过程同时，各地商人资本纷纷汇聚济南，竞相在这一颇具潜力的市场开拓贸易业务。自商埠设立后，省内桓台帮、章丘帮、寿光帮、即墨帮、沙河帮、潍县帮商人资本陆续在济南设立行号，经营粮食、花生、棉花、草辫、皮货、土洋布、洋广杂货等商品贸易。1913 年，济南商会（当时称“山东总商会”）入会商号总数已达 1800 余家。与输出贸易的增长相对应，商埠内粮食、棉花、草辫、畜产及运输等新兴行业的商人资本，在整个商界中的地位和影响力迅速上升⑤。

从民国成立到 20 年代，济南商人资本的贸易规模、集中程度、行业及商帮构成均有新发展。济南商人同口岸市场的贸易，最初以烟台为主，

---

① 《鲁政辑要》，清末抄本，议请拨款以平银价禀。

② Decennial Reports, 1882—1891, Chefoo, p. 46.

③ 《盛京时报》，1906 年 12 月 29 日，“今昔殊观”。

④ 记者：《济南之商工业》，《中华实业界》第 2 卷，1915 年 5 月第 5 期。

⑤ 叶春墀：《济南指南》，1914 年版，第 42 页，52—53 页。

胶济、津浦铁路在济南连通后，贸易逐渐转向青岛、上海、天津等口岸城市。1918 年济南市场商品集散总额达到 1 亿元，当中同各口岸市场的贸易额就占 6000 万元[①]。就行业而言，经营土产输出的土产商和经营洋货输入的号庄，在地位日益上升。在商帮构成上，不断有新的商帮迁入。1916 年，吴大洲以“讨袁”为名，率“护国军”占据周村，大肆勒派劫掠当地工商业户，迫使周村殷实商户纷纷迁入济南，从事棉布、杂粮、丝绸、碎货等项贸易，当时单是由周村迁入济南的洋货、洋布各庄就约 200 余家[②]。同一时期，广东帮、上海帮商人也到济经营花生、棉花购运业。据统计，1918 年济南登记在册的商家总数已达 2000 余家，其中杂货店 587 家、绸缎庄 127 家、布店 6 家、棉花行 9 家、皮货店 28 家、估衣店 24 家、碎货铺 16 家、茶叶铺 10 家、丝线铺 27 家、京货铺 22 家、铁器铺 17 家、酒店 49 家、丝线铺 27 家、书坊 13 家、中药铺 78 家、西药店 11 家、南纸铺 9 家、香货铺 9 家、笔铺 9 家、当铺 9 家、钟表铺 28 家、山果行 13 家、古玩铺 23 家、漆行 6 家、炭行 83 家、堆栈业 35 家、粮栈 50 余家、洋货铺 162 家，另有各种公司及其他营业 392 家。与第一次世界大战前（1913 年）相比，同出口关系密切的花边、发网、草辫、牛栈、地毯等行业，因出口减少，开始趋于衰落，业户逐渐减少；而依靠国内市场发展的行业则日见兴盛，商户数成倍增长，如杂货商增加了 502 家，绸布商增加了 53 家，洋广货商增加了 105 家，炭行增加了 82 家，另外，堆栈业和粮行业几乎全是这一时期发展起来的[③]。

到北洋军阀统治末期的 1927 年，作为省内商品流通的中心市场，济南的城市化水平与市场贸易规模有了进一步的发展，商品流通吞吐额达到 21295 万元，在大约 10 年的时间里增长了 1 倍，旧城和商埠两地大小商户发展到 6500 家[④]，比 10 年前增长了 2 倍。

各地商人通过三次大的转移向开埠城市的汇聚集中，极大地改变了商人资本旧日的地域分布结构，并最终形成了以沿海城市和内地开埠城市为中心的地域分布新格局。从 1920 年代起，青、济、烟、潍、周五个开埠

① 岡伊太郎、小西元藏：《山東經濟事情——濟南を主として》，1919 年版，第 1 頁。
② 林传甲：《青岛游记》，《地学杂志》第 9 卷，1918 年 1 月第 1 期（总第 91 期）。
③ 林修竹：《山东各县乡土调查录》，1920 年版，历城县。
④ 周传铭：《济南快览》，1927 年版，商业。

城市已成为山东商人资本最集中、最密集的城市。以这些城市的商人资本为核心，形成了辐射周边城镇的商人资本购销网，中小城镇和市镇商人的大宗商品购销，视开埠城市的需求为转移，贩运贸易无时不受开埠城市商人资本的制约。

三　地域分布结构变动的后果

传统旧商业城镇的萧条衰落，各地商人向开埠城市的转移、汇聚和集中，极大地改变了商人资本旧日的地域分布结构，并最终形成了以沿海城市和内地开埠城市为中心的地域分布新格局。商人资本地域结构的变化，与市场、商路、商品流通三项因素的变化互为表里，密切相关。开埠通商后所形成的以开埠城市为核心的市场体系，以城市为起讫点的商路网络，以城市与乡镇市集间土洋货双向流通为基本内容的流通结构，应当说，是商人资本向城市汇聚集中的主要动因。同时，就城市本身而言，它拥有人数众多、需求各异的消费群体，具有传统商业城镇无法比拟的市场涵容量—— 一方面，城市不断增长的日常生活需求，为诸如饮食、服饰、百货、文化用品及服务性商业行业提供了发展条件，从而使大批中小商人获得了一定的生存经营空间；另一方面，城市工业、手工业和进出口业也为本地区造就了可观的商品供求市场，这既适合大宗商品的集散吐纳，也有利于大资本、大资金的进出和运作。在这种情况下，各地商人没有理由不把自身发展的基点移至城市，率先归化城市，成为城市市场经济的活跃分子。

作为新旧嬗替的结果，开埠城市的商人资本占据了近代商业的中心舞台，从市场和商品流通的角度看，旧商业城镇的商人已被无情地冷落在一边——当着开埠城市的商人为着大宗商品的进出忙碌不已之时，旧商业城镇的传统商人却因生意了无生机而变得无所事事。商人资本向开埠城市的转移，增强了城市的商品集散功能。一方面，开埠城市对普通城镇和市镇商品流通的影响力与日俱增，如胶东各县“所有商品，泰半在烟台采购”，胶济铁路沿线城镇基本以青岛、济南为商品采购地；另一方面，城市间的商品流通规模日益扩大，19 世纪末，通常每年约有价值数百万两的商品从一个城市流向另一个城市，而到 20 世纪初，流通量已增至数千万两。30年代初，济南每年自青岛、上海输入的棉纱价值达1228万元，自两城市及天津输入的卷烟、煤油货值达5059万元；同期，潍县单是从青岛购入的棉纱、卷烟、煤油等商品，每年即达1000万元以上①。随着商人资本地域分布重心年复一年的东移，带有明清旧时代遗风的运河航运贸易、盐典经营被铁路轮船以及行栈贸易所取代，结果东部城市和沿海地区商人资本的密集程度越来越高，最终在实力和影响力方面超过了西部城镇的商人资本。

商人资本地域分布结构沧海桑田般的变化，展现了一幅商人资本受利益驱动，向城市集中的动态趋势图，这种集中趋势与城市自身商业的扩张相互推动，不仅确立了城市商人资本在市场的主导地位，而且还给市场经济带来以下新的变化：

（1）由于大批商人涌入汇聚于城市，加剧了资本经营上的竞争，生存竞争的需要促使商业内部的分工不断扩延，从中衍生出诸多新兴行业和门类，随着商业专业化程度的提高，具有近代（或资本主义）形式的广货、百货、西药、五金、钟表、染料等行业开始形成。1930年代初期，济南已有广货商412家（内有外商13家）、年营业额2757万元，卷烟销售商70家、年营业额716万元，五金业93家（内有外商7家）、营业额302万元，染料业26家（内有外商4家）、营业233万元，钟表眼镜业56家、营业额78万元；同期，青岛商家中化学品行业有271家，五金业有281家，机械业有133家②。

（2）商人资本的转徙、汇聚和集中，增大了开埠城市及周边地带商人资本的密度，在此基础上，形成了两大商人资本密集区——一个是以胶济线为轴心，包括青岛、济南、潍县、周村在内的胶济沿线密集区，四城市商号粗略统计约15000家，年营业总额约5.6亿元；另一个是以烟台为中心，包括龙口、威海、羊角沟在内的胶东沿海密集区，其中烟、龙、威三城市商号总数约4500家，年营业额约7000万元③。这两个密集区作为商品和资金的总汇之区，在贸易上改变了旧商业城镇货流规模小、交易分

① 胶济铁路管理委员会编：《胶济铁路经济调查报告汇编》，1934年版，分编三，六。

② 同上书，分编二，六。

③ 同上书，分编二、三、五、六。

散的地方性格局，随着越来越多的商人和资金的加盟，城市专业化贸易商的队伍逐渐扩大，从而使大流量长距离的商品流通获得长足发展。

(3) 商人资本的集中，带来了商业的兴旺和交易收入与利润的同步增长，为资本的生长积累提供了适宜的土壤，于是开埠城市——商人资本密集之地——便成为孕育近代大商人资本的摇篮。20 世纪初，烟台资本额 5 万两以上的山东帮行栈商就有 26 家，资本总额 600 余万银两，其中油商双盛泰、棉纱商万盛和水产商大成栈资本均在 100 万两以上[①]。

(4) 城市贸易商作为新商人资本结构的核心，无疑是市场重心转移和新贸易趋势的受益者，他们的经营遍及大宗商品流通的各个领域，并始终同城市的远程贸易息息相关。这类商人资本围绕着市场需求，按照新的形式组织参与土洋货贸易，形成了从城市到乡村广大的商品购销网，使得土货流通跳出了早先地方性狭小的圈子，从而促成了城乡间土洋货的双向流通。可以说，如果没有商人资本向城市的转移与集中，便不可能有近代意义上的大范围的商品流通。

四　商帮结构的变动

商帮是以地域为中心，乡谊为纽带的同籍商人群体。在不同历史时期，不同商帮的实力与影响有着很大差异，实力雄厚的商帮往往控制着某一地区或行业的商贸与金融。商帮间的消长及结构变动，源自于所处经济环境及市场贸易格局的变化。近代商品生产、消费及流通上的变迁，导致了新旧商人资本的嬗替，而传统商帮结构的变化正是其中的一个层面。变化的突出表征，概括说，就是山西帮商人资本的衰落和东南沿海商帮的崛起与影响的扩大。

清咸丰、同治年间之前，山东中西部地区城镇商业以山西（晋帮）商人占优势，尤其是在商业繁盛的运河沿岸城镇，山西商人更是执当地商业贸易之牛耳。例如在冠县，当地商号“外来者占十分之八，山西人多钱善贾，占大多数”[②]；东昌府城聊城，同样是“殷商大贾，晋省人为最

---

① 〔日〕東亞同文會:《支那經濟全書》第 7 輯，1908 年版，第 163—164 頁。

② 民国《冠县志》卷 2，1934 年版，建置志，商会。

多”，商贸“利益悉归外省，土著无与焉”①；而在临清，势力最大的也是晋商，典当、丝绸、钱庄等行业大都为晋商所把持；在卫运河商业重镇馆陶，据当地山西会馆碑文记载，乾、嘉年间，商务盛行，晋商经营“凡自盐、当以及铁货、布庄、杂行、钱店各生意，固城中一大观”②。除了运河商业城镇外，晋帮商人的足迹还远及沿海地区。地处胶东沿海的文登，“每年秋季茧熟，西商挟重资赁屋缫丝，席卷归去”，当地“昆嵛山产茶，土人不谙制法，西商购去装至江南制造”③。

晋帮商人的经营主要集中于盐、典、钱三个行业，各地文献记载的晋帮“殷商大贾”，其实也多是指这三业商人。如峄县盐、当二商“多山右人”，特别是盐商，“自道光以来，领运者多山右巨贾”④。清中叶，垄断茌平县盐业专卖权的是山西刘姓商人，直到清末，该县引票权仍为山西商人所控制⑤。道光年间，曹县城内“钱店及杂货多山西人”，境内魏湾、桃源、冉堌、青堌、大义、望鲁集、刘家口等市镇，“皆有山西贾人开设典当、钱店，均生意茂盛，一切贸易颇资其利”⑥。光绪年间，峄县“盐、当则多山右人”；而在曹州府城菏泽，钱商也是“多晋省人”，即使当地人开设的钱庄“亦皆用晋人察视银色”，此外，城内大典当义成典（资本京钱10万缗）也系山西太谷县温姓商人开设⑦。山东晋帮商人与盐、典、钱三业的内在联系，构成了其资本经营的一大特色。

为了给同帮商人联络乡谊、洽谈生意、行旅寄宿提供方便，乾、嘉时期，在运河沿岸城镇聊城、临清、东阿、张秋、馆陶、恩县、武城、东平、德州、冠县、阳谷等地，山西商人设立了大小十几处山西会馆，此外济南、长清、济阳、菏泽、临朐、诸城、费县等地也都有晋商设立的山西会馆。作为山西商人实力的象征，不少山西会馆的规模相当宏大。主要由晋帮商人于1743年出资兴建的聊城山陕会馆，即是一规模宏大的建筑群。

---

① 宣统《聊城县志》卷1，1910年版，风俗。

② 光绪《馆陶县乡土志》，1908年抄本，商务。

③ 光绪《文登县志》卷13，1922年版，土产。

④ 光绪《峄县乡土志》卷13，1904年版，杂税。

⑤ 民国《茌平县志》卷12，1935年版，实业。

⑥ 光绪《曹县乡土志》稿本，1907年版，商务。

⑦ 光绪《峄县志》卷7，1904年版，物产略；光绪《菏泽县乡土志》，1907年版，商务。

会馆由山门、戏楼、左右夹楼、鼓楼等楼台亭阁组成，住往商人，四时不绝。冠县山西会馆，“院宇宏厂”，每当“佳节丽晨，晋商云集”[①]。张秋镇的山西会馆，楼屋栉比，为全镇建筑之冠。遍布各处山西会馆的热闹景况，从侧面反映了当时山西商人资本的兴盛。

但是，晋帮商人资本在经历了一个多世纪之久的繁荣兴盛之后，从19世纪50年代起，其势力便开始衰落，在商界显赫独尊的地位也随之动摇。19世纪中叶，晋商聚居经商的地区，恰是太平军、捻军、幅军等各种民间反清组织活动频繁及清军反复清剿的地区，多数商业城镇都经历过农民军和清军反复多次的争夺，每次争夺都使当地商业遭受严重破坏，而晋商及其经营又首当其冲。1861年馆陶遭受兵灾战乱，晋商各项经营设施均被“付之一炬”，资本荡然无存[②]。同期，临清、聊城、高唐、阳谷、张秋、菏泽等商业城镇晋商经营的商号店铺亦被焚掠一空。城圮业败，生计萧条，使晋商失去了原先赖以生存的经济基础。此外，在咸丰年间以前，南北商货大都取道于运河，1855年后运河淤阻，致使运河航运与商贸也随之衰落。昔日晋商汇聚活跃的运河沿岸商业城镇相继败落，冠县于“光绪末叶，山西商号渐次衰减”，聊城等地则出现了“地面萧疏，西商俱各歇业”的局面[③]。与此同时，遍布各地的山西会馆也渐次零落破败，少人问津，到清末民初，大部分会馆已改作他用。在市场经济急遽变化的条件下，行业消长亦对晋商势力的衰落起了推波助澜的作用。以往晋商经营大都集中于传统的盐、典、钱三业以及粮食、土布、铁器等行业，这些行业在清末民初或者因自身性质而日趋衰落，或者因新兴行业的崛起及新式商人强有力的竞争，业商已不再具有以往显赫的地位。

烟台、青岛开埠通商后，商品流通与商品生产的变迁对传统的商帮结构起了推出新的作用——一方面晋帮商人资本继续沿着衰落的道路下滑；另一方面，随着对外贸易和国内埠际贸易的日益兴盛，福州、潮州、广州、宁波等地商人资本在山东沿海城市的经营势力迅速崛起，并在商业贸易中担当着愈来愈重要的角色。

---

① 民国《冠县志》卷2，1934年版，建置志，商会。

② 光绪《馆陶县乡土志》，1908年版，商务。

③ 民国《冠县志》卷2，1934年版，建置志，商会；宣统《聊城县志》卷1，1910年版，方域志，风俗。

早在清道光年间，往来烟台贸易的船商中就已“有广帮、潮帮、建帮、关里帮、锦帮之目”[①]。稍后，随着贸易规模的扩大，潮州、福建、宁波等地的商人先后在烟台创设潮州会馆、福建会馆和宁波会馆。据烟台东海关统计，19 世纪 80 年代，华商各商帮在烟台的年贸易经营额约在 2000 万海关两左右，其中山东帮商人为 1400 万海关两，潮州帮（以汕头商人为主）为 160 万海关两，福建帮为 80 万海关两，广东帮（以广州商人为主）约 60 万海关两，直隶帮 100 万海关两，其他外帮商人为 200 万海关两[②]。当时“烟台港最富有的商人是汕头（潮州）人，他们经营着颇具规模且十分活跃的贸易。这些拥有巨额资本的商人，开设商行，专营汕头与烟台间的往来贸易”。以福州商人为主的福建帮专营烟台与台湾两地间贸易。广东帮则以代理烟台、香港间的转口贸易为主。80 年代初，烟台广帮商行共有 22 家，后因山东本帮商人在香港设立了行栈分号，广帮代理业务受到一定影响，商行一度减至 8 家[③]。

甲午战争后，因日本侵占台湾，福建帮的蔗糖贸易经营受到很大限制，广帮商人也因山东帮商人的竞争而失去相当一部分代理业务，但是就总体而言，东南沿海商人资本在烟台仍保持着相当的规模和实力。20 世纪初，在贸易经营比例上，山东沿海商帮约占 70%，广东帮约占 15%，宁波帮约占 10%，其余则为福建帮和其他外帮商人。广东帮以砂糖、煤炭、杂货等商品贸易为经营范围，规模较大的行栈有 20 余家，其中最大的商行顺泰号有资本 70 余万两，专营煤炭生意，并在日本、海参崴、大连设有分号。宁波帮则以经营绸缎、米、杂货为主，大行栈也有 20 余家[④]。大杂货商合顺号即为“宁波豪商叶、王二氏所设”。在所有外帮商人中，广东商人的势力最大，据 20 世纪初游历烟台商埠人士所见，烟台“埠中商业，以粤班为最盛”，因广东商人聚居经商而形成的广东街是城市商业最繁华的地带[⑤]。

---

① 民国《福山县志》卷 5，1920 年版，商埠志，缘起。

② Decennial Reports on the Trade，1882—1891，Chefoo，p. 46.

③ Ibid，p. 52.

④ 〔日〕東亞同文會：《支那經濟全書》第 7 輯，1908 年版，第 191—195 頁；日本外務省通商局：《清國事情》，1907 年版，第 218 頁。

⑤ 张相文：《齐鲁旅行记》，《南园丛稿》卷 4。

清末民初，东南沿海商帮的贸易经营与胶东手工业生产有着密切的联系，输往南方的土产中生丝、粉丝、豆饼占了很大比例。例如福建帮、潮州帮商人在烟台、龙口均设有收粉庄，从事粉丝的大宗收买与输出。福建帮在烟台设有收粉庄 7 家，资本共计 10.3 万元，潮州帮则有代理行栈 3 家，另外潮州帮还在龙口设有收粉庄，对当地粉丝市场行情的涨落具有相当的影响力①。而上海帮商人则左右着烟台缫丝工场的资金融通，按海关报告所称，“烟台之缫丝局所用之资本，向由上海商人供给之处不少”，所以每当上海市场出现金融风波，烟台手工缫丝业便会受到连带影响②。

至少从清中叶起，南方沿海福建、宁波等地商人即常年保持着与胶州湾沿海诸民船港的商贸往来，但是商贸发展水平却一直处于“其年已久，其势甚平”的停滞状态③。青岛作为自由港对外开放后，东南沿海各省商人先是在大鲍岛开设商行，稍后又转至青岛租界内开设行栈，经营商户迅速增加。1905 年广东帮商人在青岛设立了广东公所，第二年苏、浙、皖、赣四省商人设立了三江会馆。广东帮与三江帮中有不少是从事行栈代理批发业的大商人，广东帮的大成栈、宜今兴、广有隆、景昌隆等行栈都是颇具实力的土产代理商，而三江帮的悦来公司则是山东最大的运输业代理商，资本 30 万元，同时兼营多种土洋货贸易。德占胶澳时期，粤、闽、浙三省商人还与山东本帮商人一道，“设号于神户、横滨、长崎，以运出土货，并运入日本之棉纱、火柴、洋糖、水产、杂货”，然后由青岛转销给内地客商④。另外，一些广东、江浙商人还与外商洋行有着密切关系，以买办的身份跻身于商帮组织，如广东公所帮董何永生、莫季樵分别为怡和洋行和太古洋行的买办，三江会馆正董杨浩然、朱润身分别为立康洋行和汇丰洋行的买办⑤。

第一次世界大战后，东南沿海各省商帮不断扩大山东土产品的购销规模，活跃于国内埠际贸易领域。广东帮、三江帮商人主要通过在青岛设立行栈号庄接受广州、佛山、宁波等地商人的委托，为之代购山东农副产品

① 〔日〕東亞同文會：《支那省别全志》第 4 卷，《山東省》，1917 年版，第 746—747 頁。
② 《宣统二年通商各关华洋贸易总册》下卷，烟台口，1911 年版，第 74 页。
③ 《光绪二十七年通商各关华洋贸易总册》，胶州口，1902 年版，第 11 页。
④ 民国《胶澳志》卷 5，1928 年版，食货志，商业。
⑤ 〔日〕青島軍政署：《山東研究資料》第 1 編，1917 年版，第 65—66 頁。

和手工业品，并代销洋广南货。20 年代，广东帮商人经手输往华南的花生数额约占青岛花生输出总量的一半左右，尤其是在 1925 年后，“花生营业几为粤商所独有”①。同一时期，上海帮（申帮）商人也在青岛埠际贸易中扮演着重要的角色。上海商人不仅是青岛棉布、纸烟等商品的最大供应商，而且还是山东烟叶、棉花、猪鬃等农副产品的重要输出商。上海帮商人一般以青岛为输出港，沿胶济铁路深入美烟、美棉产区，在内地市场组织收买。1927 年上海华成公司、中南公司先后在谭家坊子、潍县设立烟草收买场，1929 年后上海三兴公司、上海烟草公司又相继在杨家庄和潍县设立永久性收买场②。由于有上海帮商人的大量收运，山东美烟产区遂成为上海机制卷烟工业重要的原料市场。

商帮结构的变化，同样扩及影响到内地最大的商人聚集中心——济南。从清道光朝到光绪朝，客居济南的官绅商人就曾按籍隶先后在济建立山陕会馆（道光）、湖广会馆（同治）、浙闽会馆（同治）、中州会馆（光绪初）、安徽会馆（光绪）以及江南会馆和浙绍乡祠。这些会馆除山陕会馆以商人为主体外，其余大部分是以官绅为主。据 1911 年前后的一项粗略统计，当时在济经商的两湖籍商人不足 100 人，浙闽商人约 100 人左右，河南商人约 200 人，安徽商人约 100 人左右，山西晋商虽然人数不详，但从其经营势力和范围看，人数规模无疑要超过其他外帮商人③。辛亥革命后，铁路、商埠与新产业的影响逐渐显现，随着济南市场属性由消费型向商品集散型的转变以及商品流通结构的变化，当地传统的商帮结构也发生了根本性的变化。

民国以前，山西帮商人在济南商界中的声势地位曾经煊赫一时，无论在银钱业、典当业抑或铁货业、粮食业，都拥有很大的经营势力。但是民国后，铁货业、粮食业中的晋帮商人在新式五金业和桓台帮、关东帮粮栈的竞争之下，营业走向衰落；到 1920 年代中期，晋帮商人开设的谦裕、永吉、正立三家大典当行相继歇业；即使在自己过去最擅长且最具实力的银钱业，晋帮商人同样也是江河日下，几乎完全为山东帮商人所取代，

① 青岛市档案馆编：《帝国主义与胶海关》，档案出版社 1986 年版，第 346 页。

② 満鐵經濟調查會：《山東商業經濟の發展とその破局的機構》，1935 年版，第 54—55 頁。

③〔日〕東亞同文會：《支那省别全志》第 4 卷，《山東省》，1917 年版，第 919—923 頁；孙点：《历下志游》，《小方壶斋舆地丛抄》第六帙，台北，广文书局影印本，1962 年版。

1920年，济南商埠27家银号中，只有两家为晋帮商人所开，其余银号多为山东章丘帮商人所开①。至于另一传统商帮——河南帮商人，因缺乏向其他贸易领域进取的精神，基本只能固守于原先经营的药材业和茶栈业，维持原状。总之，在近代土洋货商品的大宗贸易领域，几乎已看不到传统商帮的身影，而以口岸城市为依托的东南沿海商帮，如广东帮、上海帮、宁波帮以及渤海湾的天津帮、关东帮（大连、营口）商人，则活跃于各主要商品贸易领域，他们利用铁路与海轮的接运，开辟了大宗土货的远程贸易。

自从商埠成立后，广东帮和上海帮便一直是济南土产市场（如花生和棉花市场）购买力最强的商帮。30年代中期，桓聚成、兴顺福、广同兴三家行栈每年为广东帮代理买入的花生总数近60万包，相当于当时济南年花生集散额的60%，购运量和市场交易额之大，超过了其他商帮的总和②。上海帮商人既是济南市场主要的棉花和烟叶采购商，同时又是机制卷烟和纺织品有实力的供应商，民国初年，上海协和贸易公司在济南设有烟草分销店和4家代理店，总部设在上海的南洋兄弟烟草公司和上海花旗烟草公司也在济设有多家代理店③。此外，上海帮商人还活跃于一些新兴的商业领域，如西药业中的五洲、中法、中西、屈臣氏等大药房，钟表业中的大西洋、亨得利等钟表店均为上海帮商人所开设。

商帮构成的变化，实际上是一个不同商人群体兴衰的过程，这种兴衰衍变时常与新旧商人资本的兴替、商人地域分布的变动相一致，表现为同一事物的不同方面，有时前者往往是后者的反映。通过西部运河城镇商人、盐典钱商人与山西帮商人三者间的内在联系，便可以勾勒出传统商人资本的大致形貌，而新兴行栈商人、开埠城市商人与东南沿海商帮及山东沿海本帮商人的组合，则构成了近代商人资本的躯干和血脉。作为整体结构的组成部分，商帮构成的变化与其他部分的变化是一致和统一的。

商帮构成的变化，归根结底源自于贸易形势的变化。与山西帮等传统商人形成鲜明对照，东南沿海商帮充分利用了自身在沿海贸易上的优势，

---

① 济南市档案馆馆藏档案：临77—3—1，济南商埠钱业各号经理人名册，1920年版。

② 満鐵經濟調查會：《山東商業經濟の發展とその破局的機構》，1935年版，第16—17頁。

③ 岡伊太郎、小西元藏：《山東經濟事情——濟南を主として》，1919年版，第293—297頁。

他们活跃于农副产品和手工业产品的远程贸易领域，在经营方式上与行栈业和行栈资本紧密结合；而山西帮商人则仍旧固守在盐典钱及少数几个传统行业，很少参与同远程贸易有关的商品交易，在贸易上转入劣势。这一对比差异注定了东南沿海商帮会在竞争中成长壮大，最终取代晋帮商人在外帮中的主导地位。同样，山东沿海地区的商人资本也是借助口岸城市与内地的众多贸易机会，依靠经营土洋货兴业致富，发展成为国内颇具影响力的商人资本。

东南沿海商帮及山东沿海城市商人，大都以经营土洋货输出入为主业，这种大批量、大范围的商品贸易，把遥远市场的需求和城乡商品生产联系在一起，在相当长的一段时期内确立了贸易的方向，沿海商帮经营的大宗商品，可以列出一个诸如花生、油料、棉花、烟叶、丝绸、粉丝、皮货等长长的系列，对这些商品年复一年的长期需求，无疑促进了近代商品生产和商品流通的发展。

传统商人资本的衰落，新式行栈商人资本的崛起与发展，各地商人资本向沿海和内地开埠城市的汇聚与集中，城市商人资本在商贸领域里中心地位的确立，商帮结构的变动，这一系列相互关联的深层次连锁变化，构成了近代商人资本嬗变的总图景和总趋势。变化从一开始就触及到传统的结构，使旧结构由内部发生嬗变更迭，在新的市场流通机制的催化下，逐步由传统形态向近代形态转变。随着新结构的建构生成，传统盐、典、钱商人资本让位于新式行栈商人；开埠城市取代运河商业城镇，成为商人资本汇聚的殿堂，于是传统城镇商人让位于开埠城市商人；商人资本的血脉也在悄然改变——稳健保守的晋、豫帮商人让位于富于进取精神的东南沿海商帮和山东沿海商人，结果，形形色色的特许商、高利贷商和食息商最终被真正意义上的贸易商所取代。不难看出，这是一种整体性的结构变迁，唯其如此，变迁无论对商人资本本身抑或对近代市场经济才有了不同寻常的意义。

第二编

产业改进与工业化进程

第一章　传统手工业结构的嬗变与商品化趋势

烟台、青岛开埠后，外国商品的涌入，土货产品输出的增长，国内市场与国外市场联系的加强，以及后来国内工业的兴起，这一切改变了传统手工业原先赖以存在的环境，使整个手工业不可避免地发生嬗变和改组。在新的经济环境影响下，手工业部门内出现了破产、衰落与发展、兴盛两种截然不同的发展趋势。这两种趋势的逐步推移，给山东城乡手工业的行业结构、商品化程度、生产组织形式及生产技术构成带来了巨大而深刻的变化。

一　洋货冲击下部分传统手工业的衰落

第二次鸦片战争后，越来越多的外国商品由烟台、天津、镇江等口岸涌入山东，尤其在甲午战争以后，外国商品对山东传统社会经济的冲击益加猛烈。大量外国机制产品如棉纱、棉布、五金、火柴、煤油、染料、纸烟的进口，严重冲击着山东传统的农村手工业和城镇手工业。先是在登、莱、青等沿海地区，继而在济宁、武定、泰安、东昌等内地州府，依次出现了洋布冲击土布、洋纱取代土纱、洋铁代替土铁、洋蜡取代土蜡、洋火（火柴）取代火镰、洋针代替土针、洋剪取代土剪、洋油代替豆油的趋向。外国机制产品以其价格低、使用方便等特点，在城乡各地逐一排挤着传统手工业生产的手工制品，一些手工业行业在外国商品的竞争下，面临着滞销、衰落、歇业的前景。

手工棉纺织业是山东最大的手工业部门，所受外国机制产品的竞争压力也最大，它的遭际和命运，代表着近代山东相当一部分手工业行业的遭际和命运。

烟台开埠后，外国机制棉纱和棉布开始以不断增长的数量由口岸进入内地，一步步占夺着土纱、土布市场。1867 年烟台进口棉布已近 55 万匹，1872 年棉布进口超过 100 万匹，这些棉布除部分在沿海地区销行外，其余悉数运入内地推销。19 世纪 70 年代初，烟台开始批量进口洋纱，当时年输入量仅 1000 余担，但是到 1879 年，进口已突破 1 万担。19 世纪 80 年代后，洋纱以更大的规模输入山东。1886 年烟台进口洋纱 56725 担，比 1882 年增加了 4 倍。1890 年烟台进口洋纱已达 10 万余担，洋布进口达 130 万匹[①]。这一时期，依靠烟台输送供应，济南、潍县、周村成为内地外国纺织品的集散中心。在 19 世纪 90 年代，济南府的商人每年大约要输入价值 200 万海关两的外国纺织品。大约同期济宁、兖州、沂州每年也要从镇江输入大量外国纺织品，例如 1892 年三地共从镇江输入棉布 15 万匹、棉纱 32. 2 万担[②]。

青岛开港后，外国纺织品进入山东又多了一条通道。1903 年青岛进口棉纱已达 13. 6 万担，进口棉布为 47. 6 万匹。1901—1910 年 10 年间，烟台、青岛两港平均每年输入棉纱达 26. 5 万担[③]，如果再加上天津、镇江等口岸的输入量，数额当远不止于此。

随着外国纺织品进口量的增大，及至 20 世纪初，山东大部分地区已被洋纱、洋布所泛滥。在沿海地区，土纱市场首先受到洋纱冲击，洋纱成为销行最广的洋货。当时，平度每年洋纱销量达 1 万余件，安丘每年洋纱销量约 2100 余件，高密洋纱年销量达 5000 包，潍县洋纱和洋布年销额价值银 10 余万两[④]。在运河地区，济宁州每年由上海水运入境的洋纱达 100 余万斤，洋布约七八万匹。峄县境内洋纱的年销量约 1000 件，价值约八九万银两。而滕县、宁阳等地洋纱的年销量则高达 6000 余件[⑤]。在鲁西

① 烟台港务管理局编：《近代山东沿海通商口岸贸易统计资料》，1986 年版，第 136 页。

② 彭泽益编：《中国近代手工业史资料》第 2 卷，中华书局 1962 年版，第 210 页。

③ 烟台港务管理局编：《近代山东沿海通商口岸贸易统计资料》，1986 年版，第 140 页，173 页。

④ 光绪《平度州乡土志》，1908 年抄本，商务；光绪《安丘县乡土志》，1908 年抄本，商务；光绪《高密县乡土志》，1909 年，商务；光绪《潍县乡土志》，光绪末石印本，商务。

⑤ 光绪《峄县乡土志》，1904 年抄本，出入货品；光绪《滕县乡土志》，1907 年版，商务；光绪《宁阳县乡土志》，1907 年抄本，商务。

北地区，外国纺织品最初是由烟台输入，后来改由天津、周村输入。据统计，该地区的商河当时每年输入洋纱数万斤，洋布 100 余万匹；寿张由周村购入洋布，由济南购入洋纱，每年约值 3 万余两；乐陵每年自天津、周村购入洋纱，价值约 7000 余两；禹城每年购进的洋纱价值约 1 万余两①。

胶济铁路通车后，外国纺织品运入内地的时间缩短，使洋纱、洋布在内地市场的销售范围和销量进一步扩大。1905 年由青岛经铁路运入胶州附近地区与内地的洋纱、洋布分别为 10.5 万担和 127.5 万匹，其中运入潍县及其附近地区棉布 40.6 万匹、棉纱 7.16 万担，运入周村及其附近地区棉 61.2 万匹、棉纱 2.25 万担，运入济南及附近地区棉布 25.2 万匹、棉纱 7670 担②。

大量外国纺织品的进口，势必在市场上排挤土纱、土布，这就不能不使山东传统的纺织业尤其是纺纱业遭受严重打击，并进而导致成千上万的手工纺织业者停纺、停织。

从 19 世纪 80 年代后期，外国纺织品的进口便开始对山东手工纺织业构成严重威胁。首先，"棉纱进口的增加严重影响了［山东］当地的纺纱业"，对此海关报告甚至断言："本省土纱纺织业几乎全部停歇"③。这种说法尽管夸大了当时洋纱倾销对传统纺纱业所造成的后果，但是洋纱对土纱的冲击却是显而易见的。到 19 世纪末 20 世纪初，停纺土纱、改用洋纱，在各地已成为极其普遍的现象。例如邹县"自洋纱畅销，而邹人之纺业顿失"④；滕县"织户全用洋纱，妇女之纺车久歇矣"⑤；莱阳农家妇女"往岁大半纺纱"，但在洋纱的冲击下，到民国初年，纺纱业已"久经停歇"⑥。随着手工纺纱业的停歇破产，大批手工织布者不得不放弃纺纱，转而购用洋纱织布。在临淄，织布一向为手工出产大宗，但织布原料

---

① 光绪《商河县乡土志》，清末抄本，商务；光绪《寿张县乡土志》，1907 年抄本，商务；宣统《乐陵县乡土志》卷 6，1909 年版，商务；光绪《禹城县乡土志》，1908 年版，商务。

② 烟台港务管理局编：《近代山东沿海通商口岸贸易统计资料》，1986 年版，第 143 页。

③ Trade Reports, 1886, Chefoo, p. 41; 1887, Chefoo, p. 43.

④ 光绪《邹县乡土志》，1907 年版，商务。

⑤ 宣统《滕县续志稿》卷 1，1909 年版，土地志，实业。

⑥ 民国《莱阳县志》卷 2，1935 年版，实业志，工业。

“用洋线者三之二”[①]；在安丘，“棉布为常产大宗，旧用土线，近年皆用洋纱”[②]；高宛“境内织工颇多，半用洋棉，其土棉亦甚属寥寥耳”[③]。即便是在一些土纱业尚能勉强得以维持的地区，由于受洋纱的竞争，土纱价格日跌，也呈现出难以为继的趋势。

手工织布业在一些地区也面临与手工纺纱业相同的命运，尤其在部分沿海地区，甚至出现了完全停织的现象。在宁海，织土布“原为家庭一种副业”，“海禁开后，洋布渐入，喧宾夺主，无法自存”，到19世纪末，“此种旧式之纺织，遂至逐渐消灭”；大约同期，莱阳、黄县的手工织布业也大都“消歇”[④]。福山因烟台口岸地处境内，所受洋货冲击较之其他地区尤为严重，该县“自洋线洋布入口”，手工业棉纺织业遂“大衰”[⑤]。在广大内地，手工纺织业的衰落给民众生活造成严重后果。在馆陶，“妇女纺织为业”，使用土法，“费功多而利少”，清朝末年“洋布洋线盛行东境，业此者几不足谋生”[⑥]；以盛产土布闻名的陵县，“清之中叶，出产白粗布最多，当时滋博店、神头镇、凤凰店各街有布店七座，资本雄厚，购买白粗布运销辽沈，全县收入颇为可观”，“女子均有工可作，家计不无小补”，“迄机器纺纱（俗称洋布）输入内地，白粗布销路顿形滞涩，渐至断绝，全县手工业无形破产，农民经济影响甚巨”[⑦]；鲁西北的桓台县“旧惟妇女纺线，织为粗布、小布，粗布销本地，小布销外境，自洋线洋布兴，此业逐归淘汰，民生益困”[⑧]。

总上以观，外国棉纺织品的大量进口，极大地破坏了山东传统的手工棉纺织业，首先是在全省范围内的广大地区摧毁了棉纺业；其次是在一部分地区摧毁了棉织业，这就在一定程度上瓦解了耕织结合的传统经济。但是也应看到，由于耕织结合的传统经济根深蒂固，对外国商品有着相当的抵抗力和适应性，所以到20世纪初，手工纺纱织布的现象在一些地区仍

---

① 光绪《临淄县乡土志》，清末抄本，物产。
② 光绪《安丘县乡土志》，1908年抄本，植物制造。
③ 光绪《高宛县乡土志》，1906年抄本，物产。
④ 民国《牟平县志》卷5，1936年版，政治志，实业。
⑤ 民国《福山县志稿》卷1，1920年版，物产。
⑥ 光绪《馆陶县乡土志》卷8，1908年抄本，商务。
⑦ 民国《陵县续志》卷3第18编，1936年版，工商志。
⑧ 民国《桓台志略》卷2，1933年版，法制略，工商业。

很普遍，尤其是织布业，因使用洋纱织布，劳动比较效率和效益提高，成品价格比洋布便宜，各地农村继续从事织布、运销的现象极为普遍，而在某些一向有织布传统的地区，伴随商品经济的日趋活跃与织布业本身的改进，手工织布业甚至出现了复兴和新的发展。

外国商品在占夺棉纺织品市场的同时，也在占夺着其他日用手工业品的市场。19 世纪末 20 世纪初，越来越多的进口机制产品在沿海和内地销行，这就使得棉纺织业以外的其他手工业行业，凡是生产品可以为洋货替代的，都相应受到不同程度的排挤。

外国钢铁进口后，因“洋铁成本比土铁低一半”①，工匠弃土铁而用洋铁，土铁销路逐渐萎缩，以致山东为数不多的冶铁场坊先后停闭。一些原先主要依靠山西供铁的地区，也因山西同样质量的铁在价格上无法与进口铁竞争，逐渐改用洋铁。烟台港开放后，因陆路运输的需要，锻铁业曾盛极一时，铁匠最多时达 5000 余人，铁匠锻打牲畜蹄铁以及锻造农具、豆饼模子，所用原料几乎都是清一色的进口废铁②。19 世纪 70 年代末，烟台港废旧铁进口已近 3 万担，到 1903 年进口量达 16.8 万担。这时，土铁在沿海地区几乎已被洋铁完全挤出了市场。铁器加工业同样也受到洋货的冲击。一向以盛产剪刀著称的泰安范家庄，原先剪行出产的剪刀行销各省，但是“自洋剪入，几无有过问者矣”③。其他洋货在日常生活领域里的渗透，给手工业生产也造成广泛影响。烟台手工蜡烛制造业，在清代中叶曾十分兴盛，“自煤油、洋烛入口，而此业日衰”。东昌府灯烛制作业，原先产品“运销各州县，自煤油、洋烛入口，而此业益衰”。胶东地区原先有许多制作火镰的手工作坊，“自洋火盛行，人乐其便，外货畅销，日甚一日”，火镰作坊和火镰遂为火柴所取代④。

总之，到 20 世纪初，凡是有外国商品大量进口的地方和手工业行业，手工业生产都程度不同地受到冲击，受到排挤的手工业行业只能步步退却，产品销路日形萎缩，市场相继被占夺。

---

① 彭泽益：《中国近代手工业史资料》第 2 卷，中华书局 1962 年版，第 175 页。

② Decennial Reports，1882—1891，Chfoo，p. 55.

③ 民国《重修泰安县志》卷 4，1929 年版，政教志，实业，工商。

④ 民国《福山县志稿》卷 1，1920 年版，物产。

二　手工织布业生产的商品化倾向

山东农村手工棉纺织业的产品，本来主要是为了自给自足，只有剩余的才拿到市场上出卖，而且这当中仅有少部分能够进入长途贩运，在远地市场销售。但是在经受外国纺织品尤其是外国棉纱的冲击后，传统耕、纺、织三者结合的经济结构开始逐步分离，在市场经济日趋活跃的形势下，棉纱与棉布生产的自给性质发生变化，整个行业从原料到成品越来越多地依赖于市场。这一历史性转变的结果，导致一些地区棉纺织业传统的自给性质逐渐减弱，蕴含其中的商品生产因素得到发展。

就棉纱而言，农户家庭手工生产的棉纱有很大部分被外国机制棉纱所取代，各地农户大批停纺，转而购用廉价的洋纱从事织布。农家织布最初只是用洋纱作经线，以后又加用洋纱作纬线，直到最后全部用洋纱代替土纱。到20世纪初，山东各地用洋纱织土布的现象已十分普遍，在乡镇市场上，农户成为最大的棉纱购买者。手工织布原料对市场的依赖，使手工织布业跨出自给体系的壁垒，向近代形式的商品化生产迈出了第一步。

传统手工织布业，因受机制棉布的竞争和冲击，曾在一些地区出现严重的衰落，但是其程度远比纺纱业轻得多。而且随着改用洋纱织布，手工织布业在一些有着长期商品生产传统、织布收入在农民生活中居重要地位的地区，甚至唤起了新的发展。在这样的地区，家庭手工业用洋纱织成的土布与市场的联系越来越密切，土布不再只是为了满足织布者自身的需要，也不再限于在集市上进行有无调剂，而是通过布店、布行运销到远地市场。20世纪初，在一些著名的土布产区，土布生产的商品化倾向已十分明显。

在鲁西北黄河平原产棉区，伴随土布生产的兴盛，越来越多的土布进入市场。如清初土布业即已十分兴盛的齐东县，清末土布商品化生产出现了较快的发展，用土纱织成的棉线布和洋线织成的洋线布，大量“远售京津诸处”①。与之毗邻的高宛，“境内织工颇多”，手工业以“织布为大宗”，该县用土纱织成的“大布”虽因“洋布日夥”，而“销路日形减

① 光绪《齐东县乡土志》，1910年版，商务。

色”，但是用洋线织成的“小布”，却“皆向周村贩运，由彼处漂房漂制白净，再贩他处”[①]。黄河北岸的惠民，“土布为大宗，陆运则由车发往泰安、潍县、穆陵关等处销行，亦赴天津、芦台、平谷等处销售；水运则由海丰县埕子口即大沽河口装船渡海，赴东三省销行”[②]。与惠民相邻的乐陵，布销往直隶，每年行销额四五千银两，小布、棉线带年行销额三四千银两[③]。地处黄河之滨的蒲台，“土布由各处商人至本境购买，每岁销行十万匹”[④]，作为土布生产中心之一的商河，所出土布销往省内许多大的集散市场。当地农民生产的白布，“或五六丈为一块，或七八丈为一块，由陆路运至济南府、青州府、潍县、兖州府、曹州府、沂州府等处，每岁销行数万余块”[⑤]。鲁北平原地区土布业被卷入市场，与本省和外省商人资本的活跃分不开的。例如齐河出产的大布，由“山西布庄客商陆运北口外，岁销约万金”[⑥]。阳信出产的土布，由“热河、平谷等处客商拨来银两，行店代为收买，陆运发至热河、平谷等处，交本行销售”[⑦]。活跃于土布产区的商人不但向织布农户收购土布，而且还经常向他们提供棉纱原料。农户在失去手纺业后，为了维持生活和获得原料，只得替商人织布而赚取工钱。此时，农户虽仍在自己家内用自己的工具来织布，但他们的购纱织布劳动和劳动产品已越来越深地依赖于市场。

在以运河为经济纽带的鲁西和鲁西南地区，农村家庭织布业中的商品化生产也有较大发展，生产依赖市场的情况同样十分突出。20 世纪初，恩县“妇女多以纺织为业”，出产的土布由“布客将买，运往奉天、山西二处出售”[⑧]。家庭织布业十分兴盛的冠县，年产土布多达 30 余万匹，其中外销约占五分之三；而武城出产的土布“由水路运销天津”，约占土布生产总额的五分之一[⑨]。盛产棉花的高唐，当地出产的粗布“运至济南、

① 光绪《高宛县乡土志》，1906 年抄本，物产。

② 光绪《惠民县乡土志》，1906 年版，商务。

③ 宣统《乐陵县乡土志》卷 6，1909 年版，商务。

④ 光绪《蒲台县乡土志》，清末抄本，实业。

⑤ 光绪《商河县乡土志》，清末抄本，商务。

⑥ 光绪《齐河县乡土志》，光绪末石印本，商务。

⑦ 光绪《阳信县乡土志》，光绪末抄本，商务。

⑧ 光绪《恩县乡土志》，1908 年，物产，商务。

⑨ 光绪《冠县乡土志》，清末抄本，商务；光绪《武城县乡土志略》，清末抄本，商务。

沂州、潍县等处销售，岁约七八千匹”[1]。同处运河地区的堂邑，农户生产的布匹由商人“运至山西及沂州等处销行”[2]。土布运销外省的同时，在产区市场上的交易也十分活跃。如博平出产的土布除部分运出境外销售外，“在本境城乡市集销售尤多”[3]。滋阳织布业多织本机布，“每岁约织万匹”，“皆机户向集市售卖”[4]。在这里，农户购纱织布出卖，直接依靠的市场是乡村集市，即初级市场。但是通过初级市场与集散市场日益紧密的联系，通过集市布贩与布商的联系，农户织成的土布已步出集市狭小的天地，进入更为广阔的商品流通领域。

即使在沿海地区，虽然手工织布业受破坏较严重，有大批手工织布者停织，但是在部分受洋布冲击较轻的地方，仍有不少农户为了生活而购纱织布，并将产品投入市场。如沿海地区的寿光，“男耕女织，故梭布出焉。昌邑、掖县巨商在上口镇收买，运至京师，每岁约销八万匹”[5]。

农户买进洋纱，织布售卖，在表面上是保存了与小农业相结合的家庭纺织业，但实际上却改变了它自给的性质，农户不仅在产品销售上与市场发生联系，而且原料的取得也须依赖于市场。一部分农户为了生活，不得不循环地买进棉纱、卖出棉布，从而也就把他们的生产变成了商品生产。这种变化并不是家庭纺织业发展的自然结果，而是在商品进口和工业化进程的强大压力下，在手工纺纱业逐步被消灭的形势下，农民家庭手工纺织业被迫进行的改组。由于织布所用棉纱要从通商口岸进口，织出的布要拿到市场上出售，因而这种改组的结果就使得手工织布业在原料购取和产品销售上依赖于市场，并在一定程度受市场制约和商人资本控制。

三　缫丝业与丝织业商品生产的发展

山东手工缫丝业和丝织业有着悠久的历史，从先秦到清代一直相沿未衰。手工缫制的蚕丝分柞蚕丝和桑蚕丝两种。柞蚕丝产地集中在胶东半岛

---

① 光绪《高唐州乡土志》，1906 年刻本，商务。

② 光绪《堂邑县乡土志》，光绪末抄本，商务。

③ 光绪《博平县乡土志》，1906 年抄本，商务。

④ 光绪《滋阳县乡土志》，1906 年抄本，商务。

⑤ 光绪《寿光县乡土志》，清末抄本，商务。

的宁海、文登、栖霞、海阳、莱阳、昌邑等县以及沂蒙山区的日照、沂水、诸城、莒州、蒙阴等县。桑蚕丝有黄丝、白丝两种，著名的生丝产地为青州、临朐、周村、莱芜、新泰、诸城、滕县、胶州等地。山东丝织业按所用原料的不同，丝织品也分为两类，使用柞蚕丝织成的绸，称为茧绸；使用桑蚕丝织成的绸，一般称为绵绸。清代中期后，宁海、昌邑、栖霞、博山、诸城等地逐渐发展成为茧绸生产的中心，而绵绸的产地则集中于青州、长山（周村）、淄川、临朐、临清、阳信、滋阳、莱芜等地。

清代中叶，丝和丝织品已是山东主要的外销手工业产品，每年有相当数量运销省外。据道光《青州府志》载，博山、临朐、安丘、诸城等地出产的茧绸，多“集益都，估者购至京师”，“货行远方”。当时丝织品主要运往河南、河北、北京等地销售。

19 世纪 60 年代，随着烟台港的对外开放，山东出产的丝和丝织品开始输往国外。但是在开埠初期丝货的出口量并不大，1866 年柞蚕丝的出口量仅 83 担，茧绸的出口量仅 648 担。1876 年德国商人在烟台设立了“缫丝局”，使用机器进行缫丝，产品全部用于出口，从而扩大了烟台柞蚕丝的输出量。另外，外国资本还在烟台设立洋行，从事手工丝产品的购集和输出。与此同时，山东出产的黄、白丝也引起了外商的注意，并开始由外商输往国外。到 19 世纪八九十年代，“丝和丝织品成为烟台最重要的输出品”①。从烟台口岸输出的丝货不仅有本省生产的，而且还有部分来自山西、河南等省。1882 年烟台出口的柞蚕丝、黄丝、白丝、茧绸、废丝等各类丝和丝织品已达 8085 担，丝和丝织品的大量出口直接刺激了缫丝业与织绸业的发展，促使缫丝业与织绸业按市场需要发展起来，并使这两个行业具备了愈来愈突出的近代商品生产特征。

在国内外市场需求不断增长的条件下，从 19 世纪 80 年代起，胶东地区的柞丝缫丝业和茧绸织绸业获得了较快发展，缫丝与织绸已成为城乡十分普遍的手工业行业。宁海、海阳、昌邑、莱阳等地缫丝、织绸之家处处可见。栖霞“农作外间治茧丝，织本色绢，又有茧绸”②；文登“邑中诸山……皆产茧，每年秋季茧熟，西商挟重资赁屋缫丝，席卷归去。所织细

---

① 姚贤镐：《中国近代对外贸易史资料》第 3 册，中华书局 1962 年版，第 1492 页。

② 光绪《栖霞县续志》卷 1 附，1879 年版，民业。

致而光润，名曰茧缎，南走姑苏，北达燕辽，通都大邑，四处贩卖”[①]。在胶东地区缫丝业朝着商品化方向转变的过程中，烟台逐渐发展成为该地区缫丝业的生产贸易中心，而昌邑、宁海、栖霞则发展成为该地区茧绸织造的中心。

烟台及周邻地区的缫丝业以前一直采用旧法，以家庭副业劳动形式为主，由缫丝者“在自宅设备数台或数十台之缫丝器，即从事制造”[②]。19世纪末，烟台开始零星出现拥有缫车上百架，使用数百缫工的手工缫丝工场。到20世纪初，山东各地兴起了举办实业，挽回利权的热潮，许多绅商把购置缫丝器械、设立缫丝工场作为投资实业的主要方向。在这种情势下，手工缫丝工场如雨后春笋，纷纷在烟台建立起来。

1903年，烟台已有手工缫丝工场16家（纩丝局）、机器缫丝工场3家，计有工人5500余人。按每个工人每年缫丝150斤计，全年约生产丝8250担[③]。翌年，烟台缫丝工场5又新增2家。1906年，手工缫丝工场发展到20家，共有缫丝工8500余人，年出丝约10546担，其中径运出口2258担，其余或用于织绸，或经上海转口输出[④]。1909年，烟台各“纩丝局因获利颇丰”，将“纩丝器大为增加”。当时烟台共计有手工纩丝局38家，机器纩丝局3家，缫工17000余人，各工场资本总额达500万两，义丰恒、成生利、正祥公三家缫丝工场的缫车数均在700台以上[⑤]。1911年，烟台缫丝工场发展到40家，缫丝工人约14000余人，年产柞丝14000担[⑥]。1912年，烟台手工缫丝工场达44家，缫车总数达14629台，年产量约为15700担。缫丝工场增加的同时，工场的规模也愈来愈大，44家缫丝工场平均每家有缫车355台，其中拥有缫车500—600台的工场为13家[⑦]。这一时期，烟台附近的文登、宁海、栖霞、海阳、莱阳等地也出现了一批缫丝工场，这些工场多半使用当地蚕茧缫制大框丝，供当地农户自

---

① 光绪《文登县志》卷13，1897年版，物产。

② 万葆元：《山东之柞蚕》，《农商公报》第4卷第3册，1917年10月第39期。

③ 《光绪二十九年通商各关华洋贸易总册》下卷，1904年版，烟台口，第13页。

④ 《光绪三十二年通商各关华洋贸易总册》下卷，1907年版，烟台口，第10页。

⑤ 《宣统元年通商各关华洋贸易总册》下卷，1910年版，烟台口，第23页。

⑥ Decennial Reports，1902—1911，Vol. I，Chefoo，p. 229.

⑦ 万葆元：《山东之柞蚕》，《农商公报》第4卷第3册，1917年10月第39期。

织茧绸。

1911年前后，烟台拥有500台缫车的缫丝工场一般需要投资约9万芝罘两，这其中购置土地、场房需1万两，购置缫车等设备需2500两，购买原料占用流动资金69120两，包括工钱在内的生产费用（一个半月）需8000两①。烟台手工缫丝工场的投资经营者多数是上海商人或昌邑、宁海、黄县等地富有的绅商。这些商人之所以热心于投资缫丝业，除了原料来源充足、产品易于外销、劳动力价格低廉等原因外，还有一个重要原因，就是开设缫丝工场的固定资产投资相对较小（只占全部投资的14%），且利润高，资本易于收回。据调查，民国前后烟台缫丝工场缫制100斤丝的各项成本费用为411.75两，营业收入450.69两，利润为38.94两。当时一个有200台缫车的缫丝工场日产量为100斤，按全年开工270天、缫车开工运转率为80%计算，年可获利8411两②。

手工缫丝工场所赚取的丰厚利润，与工场对缫丝工人的剥削分不开。烟台缫丝工场的工人多半雇自昌邑、潍县、宁海、栖霞等地。工人在正式受雇于工场前，要先经过5天的试用期，试用期间不给工钱。通过试用的工人还要再做一个月的见习工，见习期工人须每日缫制8盆丝（每盆丝115—120粒蚕茧），而所得工钱则比正式工少15%，试用期满合格者才能成为正式工。1911年，烟台缫丝工场一名正式缫工每日须缫丝8盆，每盆付工钱28文，后来降为24文，1913年又降至16文。缫丝工人的工作与生活条件十分恶劣，厂房阴暗狭小，闷热潮湿，工人每天只吃两顿饭，多数工场没有专门的宿舍，工人常常吃睡在缫车台旁③。

在胶东柞蚕丝缫丝业兴盛的同时，内地家蚕丝缫丝业的商品生产也获得较快发展，并逐渐形成了临朐、周村、青州三个缫丝生产与产品集散中心。清末，临朐一带年产丝20万斤，周村年产丝5万斤，周村丝的年集散量为30万斤。截至1911年，临朐先后有德太、天增义、恒裕、永源四家手工缫丝工场成立，其中德太拥有资本5万元，缫车40台，年产丝2000斤；天增义拥有资本10万元，缫车60台，年产丝3000斤；恒裕拥

---

① 安源美佐雄：《支那の工業と原料》第1卷上册，1919年版，第1258頁。

② 〔日〕東亞同文會：《支那省别全志》第4卷，《山東省》，1917年版，第808—814頁。

③ 〔日〕東亞同文會調查編纂部：《支那之工業》，1917年版，第428—432頁。

有资本8万元，缫车60台，年产丝2500斤；永源拥有资本3万元，缫车50台，年产丝2400斤。青州最早的缫丝工场裕祥福成立于1909年，拥有资本20万元。1910年又有义泰昌、利亨泰、聚丰泰三家工场成立，其中义泰昌资本1.5万元，有缫车30台，年产丝1400斤；利亨泰、聚丰泰各有资本2万元，缫车40台，年产丝均为2000斤①。同一时期，周村只有几家缫丝工场，缫丝生产几乎完全靠家庭手工业。

表5　　　　　　　　　　**桑蚕丝缫丝工场一览表**

地区	丝场	开办年份	资本（元）	丝锅数	年产量（斤）
临朐	德太	1911	50000	40	2000
临朐	厚记	1914	100000	60	2000
临朐	丰利	1914	100000	56	2500
临朐	天增义	1911	100000	60	2000
临朐	隆盛	1917	80000	30	1400
临朐	恒裕	1911	80000	60	2500
临朐	永源	1911	30000	50	2400
临朐	万顺太	1915	15000	38	1500
临朐	裕成	1914	20000	70	5000
临朐	恒顺德	1917	20000	30	1400
临朐	永祥	1917	13000	30	1400
临朐	裕盛和	1914	15000	30	1500
临朐	裕盛太	1915	15000	30	1400
临朐	恒丰泰	1917	15000	30	1400
益都	德昌福	1917	15000	30	1400
益都	工艺局	1917	15000	30	1400
益都	德祥	1917	15000	30	1400
益都	义泰昌	1910	15000	30	1400
益都	利亨泰	1910	20000	40	2000

① 〔日〕青島守備軍民政部：《山東之物產》第4卷，《家蠶》，1920年版，第75—77頁。

续表

地区	丝场	开办年份	资本（元）	丝锅数	年产量（斤）
益都	裕祥福	1909	20000	60	2500
益都	聚丰泰	1910	20000	40	2000
益都	裕丰德	1917	15000	60	1500
临都	益增泰	1914	10000	30	1200
周村	恒记	1917	20000	51	3000
周村	同丰公司	1917	75000	100	7000
周村	裕厚堂	1909	80000	150	10000
周村	纯厚堂	1917	5000	30	2000
周村	庆兴	1915	30000	60	3000
周村	存厚堂	1917	10000	30	2000

参考文献：〔日〕青岛守备军民政部：《山东之物产》第4编，《家蚕》，1920年版，第75—77页。

手工缫丝业商品生产的发展，一方面，促使缫丝业内部发生改组，一部分家庭手工业开始向手工工场过渡；另一方面，也加深了缫丝业对国内外市场的依赖。首先，在原料供应上，传统缫丝业因生产规模有限，原料尚可依靠省内供给，但是丝业商品生产发展起来后，本省出产的蚕茧便不再能满足工场缫丝的需要。从20世纪初起，烟台每年都要从东北输入大批蚕茧，以供沿海地区缫丝业之需。1908—1911年，烟台蚕茧输入量少则12万担，多则24万担，平均每年约20余万担。其次，在流通领域，无论柞蚕丝、黄丝和白丝，都已成为外贸市场重要的输出商品。沿海地区缫丝业生产的生丝，除部分供织绸外，“全赖销售于外洋”，尤其是烟台缫丝工场“所纩之丝，均为上海洋商定作之货”①。1911年烟台输出的柞蚕丝达12193担，生丝出口后大部运往法国、意大利、日本和美国。黄、白丝输出以往全靠烟台一口，胶济路通车后，各地生产的黄、白丝多改由青岛输出。1906年青岛黄丝出口已达16075担②。生丝出口的发展，改变

① 《光绪二十三年通商各关华洋贸易总册》下卷，1898年版，烟台口，第9页。
② 田原天南：《膠州灣》，1914年版，第400—401頁。

了缫丝业原先封闭的自然经济状态，同时也加深了缫丝业对市场、尤其是国外市场的依赖。

在生丝大量出口的同时，茧绸也开始大批销往欧美国家。“山东之茧绸，因价廉耐久，故其名甚高，且需要之增加，年盛一年”。茧绸织绸业，集中于烟台附近的栖霞、昌邑、宁海等地。据19世纪80年代初的调查，昌邑有织机500架、宁海有织机100架、栖霞有织机150架，另外在青州有织机10架①。昌、宁、栖织绸业之所以较为发达，是因为这一地区具有发展织绸业得天独厚的条件，如水源丰富，水质好，气候适宜，拥有众多技术熟练的织工，织工工薪低廉，原料可以靠附近地区和辽东地区长期供应，茧绸输送口岸的运费较低，等等。

清末，昌、宁、栖等地的织绸业已逐渐由家庭手工业过渡到工场手工业。织绸工场一般雇佣织工和辅助工十几人至数十人，拥有织机5—10架，较大的工场有织机数十架。按工艺需要，织绸分成浆丝、做穗、落檖、刷札、机织、整理等若干道工序，每道工序都有专人值守操作，各道工序之间分工细致，首尾相接。当时的手工工场已能织造数十种规格花色的茧绸，规格有单绸、双绸、粗绸、细绸、老洋绸等，花色则有长流水、枣花流水、白枣花、白花格等②。1911年，昌邑、宁海、栖霞三地的手工工场共有织机764台，三地年绸产量约15万匹③。

民国初期，胶东茧绸业保持了较快的发展势头。1913年前后，昌邑、栖霞、宁海（牟平）三地共有织绸工场97家，织机1507架，年织绸产量约20万匹，其中栖霞有工场60家、织机441架，昌邑有工场38家、织机884架（1914年后减少320台），宁海有工场14家、织机182架，此外，胶东“名地农家尚有利用闲散时期或自家用而制织者，约十万匹”④。1915年，烟台、青岛二港输往欧美和日本的茧绸达22262担，价值达803万海关两，占全国茧绸出口总值的87%⑤。第一次世界大战之后，胶东茧绸生产空前兴旺，据1919年公布的一项统计，胶东织绸工场

---

① 彭泽益：《中国近代手工业史资料》第2卷，中华书局1962年版，第95—96页。

② 万葆元：《山东之柞蚕》，《农商公报》第4卷第3册，1917年10月第39期。

③ 安源美佐雄，《支那の工業と原料》第1卷下册，1919年版，第91頁。

④ 万葆元：《山东之柞蚕》，《农商公报》第4卷第3册，1917年10月第39期。

⑤ 烟台港务管理局编：《近代山东沿海通商口岸贸易统计资料》，1986年版，第188页。

已达190家，织机总数6540架，产量达981000匹。织绸工场每织绸一匹，以输出最多的老宽洋绸计，各项原料、人工、利息等成本费用约为9.375两，按当时平均市价10两计算，约可获利0.625两。当时胶东几个主要茧绸生产地织绸工场的状况如下①：

茧绸产地	工场数	织机数（架）	产量（匹）
昌邑	65	4290	643500
栖霞	51	900	135000
宁海	65	1170	175500
烟台	9	180	27000
合计	190	6540	981000

茧绸织造业使用的原料和成品销售，与市场保持着密切的联系。茧绸最大的生产地昌邑，当地基本不生产柞蚕丝，所用原料全部由栖霞、宁海和辽东的安东、盖平等地输入，而宁海、栖霞的织绸业也需由外地输入部分原料丝。以上三地生产的茧绸则大部分运烟台、青岛出口，1910年代，单是每年运往烟台的茧绸，昌邑为20万匹，栖霞为10万匹，宁海为5万—6万匹。

在胶东地区茧绸生产发展的同时，绵绸织造业在一些地区也有较大的发展。清末，阳信所产绵绸“坚细匀净，四方争购之，名曰信绸”②。周村织绸业原为家庭手工业，织户自备织机一两架，工作全由家人担任。这时由于丝绸销路渐广，逐渐出现了雇工织造的手工工场，这类工场虽然规模尚小，但生产效益却已大大高出家庭劳动。在滋阳，绸缎业有机房一百数十家，所产缎子以制便帽为主，远销省外③。寿光野狐等庄机房所织绢绸行销青州、潍县等地，年销量约1万匹；所织细纱运销北京，年销量2万匹，另外还有部分细纱产品远销到俄国④。清中叶以前，作为商业城镇

① 安源美佐雄：《支那の工業と原料》第1卷下册，1919年版，第91頁，112—120頁；黄严等译：《中国柞蚕丝织物之制产及输出状况》，《农商公报》第5卷第10册，1919年5月第58期。

② 光绪《阳信县乡土志》，清末抄本，物产。

③ 实业部国际贸易局：《中国实业志（山东省）》，1934年版，（辛），第79页。

④ 光绪《寿光县乡土志》，1908年抄本，商务。

的临清，丝织业本不发达，迄于清末，当地织工制织丝哈达，运销西藏，为藏民所珍爱，哈达业遂迅速兴起。临清经营哈达的商号称粉绢行或哈达庄，制织哈达的机户称机房。当时临清共有机房700余家，织工达5000余人，另有浆坊七八家，收买庄十几家。根据织机大小和加工形式不同，机房所织产品分为净货和浆货两种，据统计，清末民初这两种丝织品的年销额约为100余万元①。

开埠通商后，生丝和茧绸成为重要的出口商品。丝和丝织品的大量出口，一方面刺激了缫丝业和织绸业的发展，促使行业内商品生产因素迅速生长；但另一方面也加重了缫丝业和织绸业对国外市场依赖的程度，受市场机制的作用，生产随国外需要的增长而发展，也随国外需要的减少而衰落。

四　传统结构的变动与新行业的兴起

1. 传统行业结构的变动

在部分传统手工业部门受到冲击、新兴手工业获得发展的背景下，手工业传统的行业结构也发生相应变化，形成了与旧不同的面貌，而变化的根源和变化本身又与进出口贸易有着密切的关系。

传统手工业以棉纺织、丝纺织两大部门为主，再加上“金、木、陶、土”四业，便构成了手工业内部基本的行业结构。所谓金工，系指制造铁器及铜、铅、锡、银等器具的手工业；木工则分为方木作、车轮作、圆木作三种，主要制作家具、大小车辆及日常生活用具；陶业以生产陶瓷器为主，在个别地区还兼有手工玻璃制作；土作业以修建房屋、烧制砖瓦、石灰为主。在长期历史发展过程中，这四个行业一直是传统手工业的重要组成部分，行业内手工业者的劳动生产是维系小农经济生存的必要辅助条件。此外传统手工业中还有榨油、酿造、条编、造纸、印刷、缝纫、制盐等行业，但是，这些行业无论分布区域，还是从业人数，都不如前四个行业，因此在手工业行业结构中的重要性也不如前四个行业。

“金、木、陶、土”四业的生产组织形式通常以手工作坊和手工业者

① 民国《临清县志》，1935年版，经济志，旧工艺。

家庭为主，劳动由工匠师傅带领，规模一般都很小。在高密，手工作坊称为“肆”，“肆或三四人，或二三人”；在金乡，工匠师傅称作“工役头”，每个工役头带领二三十人工作，全县工役头木工业有 30 人，土作业有 79 人，陶业有 15 人①。传统手工业生产技术简陋，长期因袭陈旧的制作工艺，只能加工制作一些简单的生产与生活用具，而且效率很低。如滕县，“金石土木诸工，皆粗率朴拙”；惠民传统手工业，“工尚质朴，故诸匠作及陶冶之类，不习淫巧”；受传统观念影响，利津的手工业者把技术改进视为“奇技淫巧”，“若夫奇技淫巧，故夫所不习尔”②。生产规模的狭小和生产技术的落后，限制了手工生产品的数量和销路，以至只有少量的手工产品能够进入商品流通领域。

通商开埠后，在机制工业品大量进口的冲击影响下，传统手工业遭到了严重破坏，许多行业濒临破产。“金、木、陶、土”四业也不例外，同样受到严重冲击。但是，与纺纱业大部分停歇的情形不同，在许多地方，尤其是在广大内地，这四业在经历外来冲击之后仍继续维持下来。例如光绪末年，滋阳县城尚有从事四业的手工业者 635 人，农村有 1814 人，分别占城乡手工业者（包括纺织、缝纫在内）人数的 50.8% 和 46.6% 。当时的高密，“日用之具，必唯工是赖”，全县尚有“木工之肆”85 处，“银工之肆”92 处，“铜工之肆”5 处，“铁工之肆”18 处，此外，“若陶人、圬人、染人之属所在多有”。曹县工匠也是“以木、泥为大宗”，四业中的手工业者在手工业中仍占多数③。金木陶土等传统手工业之所以能在经济变迁的环境下得以生存，主要是因为在这些部门中贸易和工业品的影响还不明显，外国商品还未渗透到这些领域，再加上这些传统手工业是在特殊的历史文化环境中生长起来，有的甚至带有特殊手工艺性质，尚能适应当时日常生活的需要，所以机器加工业和机制工业品对其一时尚无法加以取代。尽管如此，由于环境的变迁，这些传统手工业毕竟也在发生着变化，走着一条由盛转衰的道路。

---

① 光绪《高密县乡土志》，1909 年版，实业；光绪《金乡县乡土志》，清末抄本，实业。

② 宣统《滕县续志稿》卷 1，民国初年刊，土地志，实业；光绪《惠民县志》卷 16，1886 年版，风俗；光绪《利津县志》，1883 年版，舆地图，第一。

③ 光绪《滋阳县乡土志》，1906 年抄本，实业；光绪《高密县乡土志》，1909 年版，实业；光绪《曹县乡土志》，稿本，实业。

2. 草辫业、花边业及发网业的兴起

在市场需求和出口增加的刺激下，部分新兴手工业部门如草辫业、花边业、发网业迅速发展起来。而若干原先主要以国内南方地区为市场的手工行业，如粉丝业、榨油业等，也因国外市场需要量骤增，生产规模不断扩大，逐步转变成以国外市场为主的出口型手工业。这些手工业部门先是在沿海地区兴起，后来逐渐扩展到广大内地，在生产中吸收了大量的农村劳动力。此时手工劳动者的生产虽然仍是分散的家庭劳作，但是生产何种规格的成品、生产多少却要受市场需求的制约。实际上，通过与城乡掮客、号庄、行栈及买办的直接或间接的买卖关系，他们已成为受市场关系支配的商品生产者。到19世纪末20年代初，这些新兴行业不论从业人数、产值抑或对整个农村经济的意义，都已超过“金土陶木”等传统行业，在整个农村手工业行业结构中处于主导地位。这些行业的兴衰消长，已成为判断手工业生产发展水平、衡量手工业生产状况的重要因素。

草辫业兴起于19世纪60年代初，当时福建水师营编草为辫，用以制帽，草辫编结业遂由此开端。草辫编结起初仅传播于皖、浙地区，后来很快普及于华北地区。山东草辫业肇始于1862年左右，开始仅局限于烟台一地，到19世纪70年代，逐渐扩展到登、莱、青三府的广大乡村，并成为莱州府地区手工业的一大出产。与此同时，山东草辫因价廉物美，“洋行收购日增”，以致输出货值年有增加，刺激着该业生产运销规模不断扩大①。市场购销的增长，促使草辫业渐次推广，逐步遍及沿海和内地许多地区。“产出之地，若莱州、青州、济南、武定、兖州等处，无不有之”，东昌府、沂州府的草辫业也兴盛一时②。清末民初，草辫业已成为“山东省北部和中部大部分人民收入的主要来源之一”，登州、莱州“四乡农民，几无户不兼操斯业”，而莱州府属的潍县、沙河镇两地则成为山东最大的草辫生产中心，其产量约占全省产量的三分之一③。

山东各地草辫生产，普遍采用家庭劳动的形式。“草辫之原料由农民

---

① Trade Reports，1877，Chefoo，p. 254.

② 叶春墀：《山东草辫业》，1911年版，第6页。

③ 彭泽益《中国近代手工业史资料》第2卷，中华书局1962年版，第403—404页；陈重民；《今世中国贸易通志》，商务印书馆1924年版，第182页。

种植而来，其编织之手工，亦即由其家人妇孺自为经理”。当时曾有人这样描述草辫生产情形：“当夫夏日炎炎，农人从事南亩之时，其家人则朝夕勤劬，以为帽辫之编织”①。所以，从原料来源到生产制作，草辫生产基本保留着传统的家庭手工业形式。据清宣统年间的估计，全省从事草辫生产的农户约有数百万户②。

20 世纪初，山东各地民间资本兴起了举办实业的热潮，与此同时，处于内外交困中的清政府，为了缓和国内各种矛盾，也宣布推行“新政”，在经济上倡导兴办实业。在这种背景下，市场需求日增的草辫业出现了两个新的发展趋向。一种趋向是在草辫主要产区部分绅商投资兴办起草辫加工工场。1906 年潍县绅商创办了合丰草辫公司，1907 年黄县绅商投资 5 万两，创办草辫公司，同年，济南商人办起永阜草辫公司，即墨商人创立即昌草辫公司③。此外，在草辫生产中心沙河镇也出现了两三家商办草辫手工工场。这些手工工场的出现，一改过去单纯以家庭为单位的生产形式，将相当一批专业编织工人集中在工场内，实行统一管理，工人按照公司的统一要求从事工作，各道工序采取分工协作，因而生产效益大大超过了分散的家庭生产。单是潍县合丰草辫公司一家工场，年生产量即达 1000 箱④。草辫业发展的另一趋向是官营手工工场的广泛设立。1904—1905 年，胡廷干任山东巡抚期间，曾一再强调“凡富民以农利为先，而教养无业闲民则以工艺为急”。在他的倡导下，济南教养所、官立工艺局都聘请了专门教师，传授草辫编结技术。一些县的地方官也纷纷效法，设立草辫局或工艺局，传习推广草辫生产技术。在地方政府的扶植下，到 1911 年，山东各地官办草辫局和兼营草辫业的工艺局已有 31 处⑤。

山东花边业，发轫于烟台。1894 年，美国基督教差会牧师乔治·赫士夫妇在烟台教习花边制作。其后，英国内地会传教士马茂兰夫妇又在当地妇女中加以倡导推广。1895 年马茂兰夫妇在烟台发起成立奇山会，营经花边制作与销售，并于同年在烟台创立一所教会学校——“培真女

① 彭泽益：《中国近代手工业史资料》第 2 卷，中华书局 1962 年版，第 404 页。

② 叶春墀：《山东草辫业》，1911 年版，第 1 页。

③ 彭泽益：《中国近代手工业史资料》第 2 卷，三联书店 1957 年版，第 403—404 页。

④ 〔日〕東亞同文會：《支那省别全志》第 4 卷，《山東省》，1917 年版，第 855 頁。

⑤ 彭泽益：《中国近代手工业史资料》第 2 卷，三联书店 1957 年版，第 534—538 页。

校”，专门收容贫家子女入学，半工半读，教习花边工艺。大约同期，花边制作技术在宁海“由地方教民得基督教会之传习，逐渐散布于各乡村”①。1900年，登州文会馆毕业生宋传典在青州设立德昌花边庄，自此花边业也在青州兴起。清光绪、宣统年间，花边业主要集中于烟台、栖霞、宁海、青州、海阳、招远等地。1904年栖霞约有花边业女工200余人，到1910年左右，烟台附近地方已有数以千计的妇女从事花边生产，“仿照比、法两国花样，加工织制，乃与欧洲花边开始竞争”②。到民国初年，花边业已逐步推广于登、莱、青地区多数县份。

1904年，烟台花边参加美国圣路易赛会，获得金质奖牌，1907年又在澳大利亚妇女工艺赛会上获得优等凭照。自此烟台花边声誉鹊起，开始大批输往英国、美国和澳洲。1911年烟台花边出口约6万海关两，第二年增至12万海关两，而经邮局邮往国外的花边则远远超过此数③。民国初年（1911—1914年），花边业进入迅速发展时期，仅烟台一地从事花边业的外国洋行就有6家。洋行通过预订期货或垫款包买，控制了花边的出口业务。与此同时，部分华商也投资设立花边庄，放价招工，大力组织花边生产。花边庄将原料分发给家庭女工，组织她们按预定规格结织，然后将散于各家各户的织成品收集起来，配以各种花样，再转售给洋行，或自行输往国外。

随着花边市场需求量的增长，出口数量的增加，在一些地区出现了花边手工工场。从1902年烟台第一家花边工场开设，到清末民初已发展到数十家。宁海同类工场也是星罗棋布，从事花边生产的女工比从事纺织业的还要多。1912年2月海阳县商人创设勖勤花边工场，到10月又增加了三个分场④。这一时期成立的花边工场，类皆因陋就简，成本易筹，厂内卒无多人，全恃约定各村妇女为之工作。其办法为先分送原料，按期收取成货，工人既免往来之劳，工厂亦省设备之费。从这种情况看，花边手工工场主实际在一定程度上也具有包买商的性质。只是到了民国以后，花边业中才出现了集中化程度比较高的手工工场。

---

① 民国《牟平县志》卷5，1936年版，政治志，实业，工业。

② 彭泽益：《中国近代手工业史资料》第2卷，中华书局1962年版，第409页。

③ 烟台港务管理局编：《近代山东沿海通商口岸贸易统计资料》，1986年版，第195页。

④ 彭泽益：《中国近代手工业史资料》第2卷，中华书局1962年版，第410页。

发网业的肇兴几乎与花边业同时，1894 年开始在烟台附近兴起。当时欧美国家妇女时兴用发网包套头发，而中国发网原料丰富，劳动力低廉，具备发展发网业的有利条件。德国强占胶澳后，一些德国商人见在山东经营发网业有利可图，便在胶济铁路沿线村镇传授编织方法，利用农村妇女儿童"就地制网"，然后运回德国发售，"获利甚宏"。最早在山东从事发网业的德商是设于济南的泰隆洋行。清末民初，发网业逐步普及于寿光、益都、掖县、潍县、平度、昌邑、昌乐、胶州、高密、诸城、即墨、历城、齐河、桓台、滨州、滕县、菏泽、牟平、文登、福山、栖霞等二十几个县，在这些地方，不论县城或乡村，都有发网收买庄从事收买①。第一次世界大战期间，发网出产中心由济南和胶济沿线转移至烟台及其附近地区，烟台也由此成为国内最主要的发网输出港。

民国初年，发网业一度成为一项以妇女劳动为主、辅助家庭生计的重要家庭手工业。在胶东地区，一个熟练妇女一天可编织一打发网，工钱约 170 文，而当时农村一个男工的日工钱为 150—200 文，所以许多乡村妇女（包括十一二岁的女孩子）都把编织发网作为基本收入来源。这一时期，即墨一个手工熟练的编织工，一天可编一打发网，工钱为 30 个铜元，这一收入，糊口之外尚可有余。即墨一带的农家妇女正是靠发网业来补助生计和储蓄。据统计，当地靠发网业每月得到的劳动收益总额为 28000 两，全年按劳动 10 个月计，年可增加劳动收入 28 万两，如以 1919 年全县农户 133865 户计，平均每个农户可增加收入 2.09 两。当时全省共有二十几个县有发网业，增加的劳动总收入约数百万两②。

与传统手工业不同，发网加工业并非自发地进行，而是由中间代理商——发网庄——来组织。发网庄介于输出商与加工农户之间，在有担保人担保的条件下，输出商将原料贷给发网庄，与发网庄订立合同，约定交货规格、数量、期限和收购价格，合同交货期通常为两个月。发网庄在订立合同后，便分别将原料转发给编织农户，由农户按要求加工，按件计酬。有时发网庄也以自有资本购进原料，分发农户加工，收集回发网后，

① 〔日〕青島守備軍民政部：《山東之物産》第 5 編，1921 年版，第 49 頁。
② 〔日〕青島守備軍民政部：《山東之物産》第 5 編，1921 年版，第 51 頁，170 頁。

随行就市，转卖给输出商①。

发网生产和销售完全依赖于国外市场，伦敦、曼彻斯特、纽约、巴黎是发网的主要进口地。国外市场的大量需求，刺激着发网加工和出口不断增长。1909 年，英国商人开始从烟台等地购入发网，发运出口。此后输出商为了逃避海关关税，利用发网体积小、重量轻的特点，大量以包裹邮寄的方式组织出口。受此影响，1914 年烟台海关出口的发网只有 19099 海关两。1916 年烟台海关出口增至 42 万海关两，翌年达 65 海关两，1919 年发网出口值猛增至 180 万海关两，1920 年达 286 万海关两②。输出商资本实力的增长与出口规模的扩大同步。烟台从事发网出口的输出商，最初只有华商发业公司和英商仁德洋行等两三家，到 1916 年增加至 15 家，这 15 家分别为外商永和洋行、普西洋行、仁德洋行、敦和洋行、益德洋行、百多洋行，华商发业公司、仁记公司、裕丰公司、东方公司、华德公司、亿中公司、中法公司、广益兴、同德恒。外商收运出口额最多的为永和、仁德、普西等洋行，华商则以裕丰公司规模最大，年收运量达四五万捆（每捆 12 打）。出口经营给输出商带来丰厚的利润，如裕丰、仁德的投资最初只有一两万元，两三年后便获得了十数万元的利润。1916 年时输出商经营发网贸易，购入价与出口价之比是 1∶3.9 元，这一年亿中公司年终决算获利 4 万余元③，可见输出商获利之厚。

草辫业、花边业和发网业是在传统手工业遭受破坏之后，为适应国外市场对农产加工品及工艺加工品的需要而发展起来的新兴手工业，因此有着与传统家庭手工业迥然不同的特点。

首先，生产草辫、花边、发网，基本是为了国外市场的消费需要，而并非为了手工业者自身或国内市场的需要。产品购销以国外市场为商品流通的终点，始终要受国外市场需求消长的制约。在加工生产规模上，出口量增加时，必然会促使生产量增加；而出口量一旦减少，也会引起生产量减少。在编织方法和制品种类方面，同样也是随国外花色流行趋势的变化而变化。例如草辫编织就是“从欧美之需要者，年年受崭新之样式，通

① 日本外務省：《在芝罘日本領事館管内狀況》，1921 年版，第 157 頁。

② 〔日〕青島守備軍民政部《山東之物産》第 5 編，1921 年版，第 42—43 頁。

③ 日本外務省：《在芝罘日本領事館管内狀況》，1921 年版，第 156—158 頁。

地方之辫庄，如式编制，故其种类年年增加”①。19 世纪 70 年代后流行编制的白、黑、花三色草辫，19 世纪 90 年代后兴起的劈草辫，其实都是当时欧洲市场上时兴的草辫花色。1903—1912 年，山东平均年输出草辫 78663 担（出口值约 470 万海关两），约相当于全国输出额的 74%。第一次世界大战后，国外市场的草辫进口量锐减，青岛经营草辫输出的商行只剩和记、怡和、太古三家洋行，以及通聚福、恒盛隆两三家华商行栈。第一次世界大战前，沙河等 10 处草辫市场原有 203 家辫庄，第一次世界大战后仅剩 67 家（其中有 3 处市场家数不详）②，草辫业因受市场影响，自此陷入一蹶不振的境地。由此可见，草辫、花边、发网三业的盛衰，完全是以国外市场的需要为转移。

其次，在生产关系上，手工业者在很大程度上受包买商——辫庄、花边庄、发网庄的控制。这种控制表现在资金、原料、制作方法、加工规格和成品价格等方面。早在 1870 年代，莱州府等地的草辫业便“为富有者所组织，他们常给小耕作者预支贷款，从而取得他的制造品，并且还使他们经常负债”③。后来这些从事草辫业的“富有者”发展成为包买商——辫庄。19 世纪末，商人资本在手工业生产领域极为活跃，他们接受通商口岸洋商的定货，按其要求分派人员到乡村，组织手工业者进行加工生产，然后以极低的价格收购上来，再转售给洋商。以草辫业为例，欧洲商人从本国接到货样，然后把货样交给辫行，辫行向辫庄定货，辫庄接到定单后，将经加工处理的原料麦秆发给辫农，草辫的编法和规格系“由辫庄之指示”。辫农“接受商人定货”，按要求编制，实行计件工资，价格由辫商控制。城乡手工业者为维持生活，不得不以廉价劳动力为包买商加工产品，成为在自己家中为商人资本工作的雇佣劳动者。

3. 榨油业与粉丝业向出口型手工业转变

榨油业是一个历史悠久的传统手工业部门，榨油作坊散布于广大农村，各州县均有。清代咸丰年间，胶东沿海地区榨油业生产的豆油、豆饼

---

① 阙名：《山东麦秆草帽辫之调查》，《农商公报》第 4 卷第 1 册，1917 年 8 月第 37 期。

② 〔日〕青島守備軍民政部：《山東ニ於クル主要事業ノ概況》，1918 年版，第 44 頁。

③ 彭泽益：《中国近代手工业史资料》第 2 卷，中华书局 1962 年版，第 62 页。

即已远销至南方沿海诸省。豆饼主要由汕头帮商人经营，运往华南地区作蔗田肥料。烟台开埠后，豆饼出口规模迅速增大，1863 年单是后 9 个月的出口量即达 59 万余担，居各类出口土货首位。到 1875 年，烟台豆饼年出口量已超过 100 万担。在出口增长的带动下，19 世纪末 20 世纪初，山东榨油业中的商品化生产出现了较快的发展。

以外销出口为主的榨油业，主要集中于胶东和胶州湾沿海地区，其中比较著名的生产地和产品集散地为胶州、文登张家埠口、海阳乳山口、诸城陈家口、荣成石岛和俚岛、黄县龙口等，而烟台则为整个胶东地区榨油业的中心。1899 年烟台已有油房 40 家，常年使用的油碾共 112 盘。宣统年间，烟台油房增至 56 家，共有油碾 147 盘，每盘油碾日榨油 10 石左右。油房规模较大的裕庆升油房，拥有油碾 10 盘，其次裕增号、常恒升两家油房，各安设油碾 6 盘，此外还有 6 家油房拥有油碾在 4 盘以上[①]。

日俄战争后，东北榨油业兴起，受其竞争影响，烟台有多家油房歇业停闭，油房数骤然减少。到 1915 年前后，烟台油房减至 33 家，油碾减至 72 盘。当时烟台油房一般每家资本为 5000 两至 1 万两左右，普通每家油房安设两三台油碾，榨油采用人力和畜力，“多笃守旧法”，生产率很低。一家油房的年利润平均约 300—800 两[②]。

青岛港开放后，胶州湾腹地出产的豆油、豆饼开始转由青岛出口。随着 1904 年胶济铁路全线通车，榨油原料和制成品的运销大大加快，从铁路通车到 1911 年的六七年间，出口型榨油业在铁路沿线地区迅速兴起。当时潍县有豆油、花生油油房各 30 家，安丘有油房数十家，地处铁路沿线的蛤蟆屯有油房 30 多家[③]；平度油房每年出产豆油和花生饼各约 180 万斤，其中 70%—80% 用于出口；胶州每年由民船运上海豆油 200 万斤、豆饼 7000 余片（每片约 30 斤），输出豆油有五分之一产自当地，五分之四由附近地区运入[④]。一时间榨油生产与输出贸易空前兴旺，铁路沿线地

① 李文治：《中国近代农业史资料》第 1 辑，三联书店 1957 年版，第 412 页；田原天南：《膠州灣》，1914 年版，第 410 頁。

② 〔日〕東亞同文會：《支那省别全志》第 4 卷，《山東省》，1917 年版，第 712—713 頁。

③ 杉山五郎：《最近山鐵沿綫事情》，1917 年版，第 174 頁。

④ 光绪《平度县乡土志》，1908 年抄本，商务；光绪《胶州直隶州乡土志》，清末抄本，商务。

区遂成为新兴的手工榨油业中心。

沿海地区城乡榨油业生产商品化的发展，既以烟台、青岛两港同东北、华南地区的沿海贸易为前提，同时也对这种贸易起了促进作用。沿海地区榨油业所需大豆原料，当地根本无法满足供应，大部分要从辽东半岛的大东沟、沙河子、庄河、皮子窝等地输入。从19世纪末大豆原料便是山东重要的输入土货，1900年烟台自东北地区输入大豆86万余担，1909年输入量增至230万担，同年青岛的输入量为17.6万担。20世纪前10年，烟台平均每年从东北输入的大豆约200万担。在出口方面，1880—1907年，烟台平均年输出豆饼100万担以上，输出最多的1901年达156万担。豆油出口波动较大，1906年曾达2.85万担。青岛开埠后，依靠腹地榨油业源源不断地输送，每年都有大量豆饼、豆油输出，1905年豆饼输出近34万担，豆油输出达21万担①。从生产和流通过程来看，山东沿海地区的榨油业已具备了十分明显的商品生产性质，原料和制成品完全依赖于市场，生产和流通规模也受市场制约。

粉丝加工业原是山东一项具有农村副业性质的家庭手工业，有着悠久的生产历史。清代中叶，每年有大宗粉丝由民船运往南方销售。烟台开港后，粉丝开始输往香港、美国及东南亚地区，成为一种重要的出口商品。

清末，烟台出口粉丝集中产于登州府属各县，年总产量达21万包（1包约为150斤），其中宁海年产10万包、福山年产5万包，福山年产5万包、黄县年产3万包、招远年产2万包，蓬莱、莱阳年产各5000包。19世纪末20世纪初，粉丝加工业商品化生产的发展，使粉丝产品的商品率达到了相当高的水平。当时全省各地平均年生产粉丝40万担，年输出粉丝20余万担。1915年烟台、龙口两港输出粉丝近29万担，占全省粉丝年总产量的72%②。

随着生产规模的扩大，粉丝加工业在一些主要产区已由单纯的农家副业过渡为商品化生产。粉丝生产所需豆类原料除少部分靠当地供应外，大部分系由大连、营口、锦州、天津、羊角沟、利津、新城等地购入。加工

---

① 烟台港务管理局编：《近代山东沿海通商口岸贸易统计资料》，1986年版，第138—139页，185—186页。

② ［日］東亜同文會：《支那省别全志》第4卷，《山東省》，1917年版，第736頁，754頁。

粉丝的粉坊具有手工作坊性质，由农村富有者经营。通常一家粉坊资本（不含流动资金）约需制钱 100 余吊，雇佣帮工十人左右，其中推磨两人，汲水、烧火、掌筛、看锅、干燥、洗涤等工序六七人。粉坊加工的粉丝由收粉庄收买，经加工包装后输往南方和国外。民国初年，烟台收粉庄共有 30 家，龙口有收粉庄 16 家，分别由烟台帮、潮帮、福建帮商人经营①。经营收运粉丝的粉庄、从事生产的粉坊（当地又称“推粉家”）、提供原料的粮行，三者之间有着稳定的产供销关系。粉坊生产的粉丝运给烟台、龙口的粉庄，粉庄既是收买商又是输出商，控制着粉丝的购销进止和市场行情。对粉坊来说，从原料供应到产品销售，大部分要依赖行栈，因而生产在很大程度上要受其制约。

榨油业和粉丝业是山东手工业传统的农产品加工部门，原先产品仅供应省内及南方沿海地区市场，开埠通商后，随着出口量的增加，生产的商品化程度大大提高，生产组织形式也发生了相应变化。这种变化的结果，一方面，使生产过程和产品销售为行栈资本所控制；另一方面，也使产品对国外市场的依赖性愈益加深。

① 〔日〕東亞同文會編：《支那省别全志》第 4 卷，《山東省》，1917 年版，第 744—747 頁。

第二章　近代民族机器工矿业的发端

一　官办、官督商办工矿企业的创立

19 世纪 70 年代后，各省有洋务思想的督抚为强化地方武装力量，在清政府中枢的同意下，纷纷自筹资金，设立中小型机器局。1875 年由山东巡抚丁宝桢创办的山东机器局，便是一家中等规模的军火企业，也是山东第一家采用机器生产的近代企业。

机器局设在济南洛口，1877 年正式投产，最初以生产火药、子弹、炮弹为主，并制造少量枪炮。在企业形式上，机器局还算不上是独立的企业单位，而是山东巡抚衙门属下的一个分支部门，机器局总办由山东巡抚委任，管理人员设置也与官场职别无大差异。在经营上，工厂开办费和生产资金全部从官款中拨发，生产无须考虑市场经济效益。但是，作为一家采用机器生产的新式企业，山东机器局又初步具备了某些工厂制企业的特征和色彩。首先，工厂采用机器生产，把大批工人组织在机器的周围，无论从浙江、直隶等省招来的熟练工人，还是从本地招募的学徒工，都是自由出卖劳动力的雇佣劳动者，工薪基本按技术的熟练程度而定。其次，机器局已出现了核算成本的趋势，有了微弱的企业化经营倾向，产品虽不在市场上流通，但向外省调拨时已核定收回一定的工本费。

军事工业建立之后，随着生产规模的扩大，为了解决资金不足以及原料和燃料紧张所造成的困难，必须建立与军事工业相配套的民用工业。新式民用企业的兴办始于 19 世纪 80 年代初，陆续兴办的有电讯业和若干金属矿、煤矿。在兴办方式上，采取了官办与官督商办两种形式，其中尤以官督商办企业的规模为大，经营也较有成效。

各省军工企业成立后，对铅的需要量与日俱增，另外，各省官办铸钱局因改铸铜钱，也大量需用铅。为解决这一问题，清政府开始着手在一些铅矿产区兴办采矿业。

淄川是近代山东著名的铅矿产区，尤其是槲木沟等处铅矿，“产苗甚旺，质色尤佳”。早在 1885 年李鸿章就已注意到该处铅矿，但是因“该县有在朝臣绅倡禁开采，遂无敢过问”①。1887 年 5 月李鸿章上奏清政府，建议开办淄川铅矿。同年 6 月间，山东巡抚张曜根据李鸿章的建议，携同矿师前往淄川踏勘，最后确定开采槲木沟等处铅矿，并委派徐祝山主持开矿事宜。徐祝山到任后，“日夕督办”矿务，从 1889 年 6 月起，开始试炼铅矿矿砂。当时每昼夜炼铅两炉，每炉熔矿砂 1000 磅，每炉得铅最多为 537 磅，最少为 312 磅。开办之初，原设想每炉可从矿砂中提炼出铅七成左右，但由于“工匠人等皆系生手，未能熟谙熔炼之方”，所以仅能提炼四成至五成的铅②。

1889 年年底，徐祝山因“炼铅劳瘁”，卸职离任。而铅矿所产矿石因质色不良，售价甚低，大堆的矿石堆积在矿厂上待售。1891 年淄川铅矿出产的铅运销上海 400 余担，到第二年仅运销 12 担，不久矿厂被迫停闭③。

1887 年，张曜又主持开办了淄川煤矿。煤矿设于淄川苏家堤，经中外矿师勘察后，第二年开始使用少量机器开采。1891 年，煤矿聘用外国矿师负责采矿，并扩充设备，当时全矿已有矿工三五百人。可是同年 8 月张曜病死，煤矿因无人主持遂陷于停顿④。

在官办采矿业之前，私人资本就已开始尝试投资兴办新式采矿业。私人资本投资的煤矿和金矿，主持人多是地方官员和商人。为了解决资金不足，减少当地传统守旧势力的阻挠和干涉，他们大都找寻各种门径，以取得有势力大官僚的奥援。因此，私人资本兴办新式采矿业，大都尽力拉上“官督商办”的关系，借以作为企业的靠山。所谓“官督商办”，用李鸿章的话说，就是“由官总其大纲，察其利弊”，“所有盈亏，全归商认，

---

① 李鸿章：《李文忠公全集》卷 73，海军函稿，第 14 页。

② 孙毓棠：《中国近代工业史资料》第 1 辑下册，中华书局 1962 年版，第 688—689 页。

③ 同上书，第 689—690 页。

④ Decennial Reports，1882—1891 年，Chefoo，p. 75.

与官无涉”[1]。1878年兴办的峄县中兴矿局和1883年兴办的平度金矿，便是这种既与洋务派官僚有所联系，同时经营又比较独立的私人资本新式采矿企业。

峄县中兴矿局

峄县中兴矿局位于该县枣庄矿区，最初筹办者为枣庄士绅金铭和李朝相，后来他们因资金不足，便与济宁人、东明县知县米协麟筹议合办。米协麟复与直隶候补知县戴华藻商议共同招集股本。1878年冬，米协麟与戴华藻向北洋大臣和山东巡抚衙门请准开办峄县煤矿，并接受李鸿章的檄委，挂上了“官督商办”的名义，但是声明“不领官本”，股金全由私人筹集[2]。当时参与筹划开矿的大多是地方官员，如筹资人王筱云、黄佩兰是道员，朱采是记名知府。1879年春，戴华藻亲赴矿区枣庄，“择地兴办”，正式成立峄县“官窑总局”。

矿局成立之初，共集资25000两，投资者中据称有当地“体面绅耆王曰智、李伟、金铭等数十家”，这些人大多是当地想参与新式企业活动的一部分地主乡绅。1881—1882年间，戴华藻等人为了进一步筹集资金，又先后邀集湖南提督周盛波、通永镇总兵贾起胜、直隶候补道张莲芬、戴宗骞、江苏补用同知陈德浚等清政府官员帮助或参与集股。到1882年9月，据矿局公告称，已收到股本银53650两[3]。

峄县煤矿在创办过程中，曾因李鸿章的关系，得到天津机器局道员王德均的协助，陆续订购汲水机器4台，并从广东、上海两地招募技师和工人，先利用早年数口废弃的旧煤井，汲出积水从事开采。煤矿安设新式排水设备后，“法捷费省，一日而得数十日之功，一人而兼数十人之用”，工程进度大大加快。这样，矿局“竭数年之力，十万串之巨款，始能吸干积水，挖取煤层”[4]。1882年2月，煤矿开始产煤，到9月初，日产煤已达120余吨[5]。第二年，中兴矿局计划扩充规模，在上海公开招股，拟

---

① 李鸿章：《李文忠公全集》卷1，译署函稿，第40页；奏稿，卷20，第33页。

② 《峄县煤矿说帖》，《沪报》，光绪九年二月初六日（1883年3月14日）。

③ 朱采：《清芬阁集》卷8，第11—15页；《沪报》，光绪九年八月初六日（1883年9月6日）。

④ 朱采：《清芬阁集》卷8，第11—15页。

⑤ 《申报》，光绪九年二月初四日（1883年3月12日）。

招集资本凑足10万两。但这时恰遇上海出现金融风波，以致使扩充资本、添购机器设备的打算未能实现。

中兴矿局前后共开了12口煤井，这12口煤井都是过去民窑开采废弃的旧井。出煤后，煤的销售十分畅旺。由于当时各处煤炭需求量很大，再加上中兴矿局出产的煤“质色并佳”，所以矿局出煤后，“远近争相购用，运至金陵、天津制造局烧试，较日本上等煤尤佳，与英国松白煤相仿”。1883年，李鸿章又向清政府府奏准，中兴矿局所产煤炭，仿照“台湾、开平、湖北等处开煤奏准成案，每吨完出口正税银一钱，各省兵商轮船、机器制造局用煤，准其一律免税。完税之后，经过常关，应准呈验税单放行。运煤船只完纳船钞，免征船料”①。这项规定实行后，简化了煤炭运销纳税手续，在一定程度上减少了各地税卡的中间盘扣，使矿局煤炭更加畅销。当时在峄县境内，专门从事矿局煤炭运销的栈商就有30家。煤商从矿局购煤，有很大一部分是经运河转销江南地区。当时曾有报纸报道：“山东峄县的煤矿甚为活跃，很多大的沙船装载上等的煤斤运往清江浦”②。

峄县煤矿煤产量增加和销路扩大，给当地商品经济的发展提供了有利条件。枣庄矿区原为峄县“著名强悍穷苦之区”，但是自“开办窑工以来，商贾流通，民人安业，新增房屋鳞次栉比”，使当地出现了“生计有资，行商坐贾得囤积懋迁之利，无业穷民得食力糊口之所”的局面。同时，新式采矿业可观的经营收益，也吸引了当地部分乡绅，不少“望族绅耆、殷实行户亦皆入资搭股”，“共沾乐利”。拥有土地的士绅将资本由土地转入新式煤矿业，这对于近代民族工矿业资本的积聚无疑是有益的。矿局开办后的数年间，“计在峄用款已逾三十万串”，围绕采矿业兴起了一批商业、运输业及手工业，使开矿前社会经济的“凋敝情形”有了一定程度的改观③。

在生产组织方面，中兴矿局采取了资本主义雇佣工制。开矿初期矿局雇佣工人数百名，后来随着经营规模的扩大，矿工人数陆续增加。矿工分

---

① 李鸿章：《李文忠公全集》卷45，奏稿，第10—11页。

② 孙毓棠：《中国近代工业史资料》第1辑下册，中华书局1962年版，第1095页。

③ 朱采：《清芬阁集》卷8，第11—15页。

为“正掘班”和“公令班”两班。“正掘班”为固定工，每两人为一组，先预付20—30吊工薪，每人每日给伙食费制钱100文，工资按计件制，挖出煤按量计秤，每斛（150斤）给制钱45文。“公令班”实际为临时工，按日计工，每日轮班替换，每人每日给基本工资制钱200文，其余工资按出煤每斛45文标准支付。矿局把工人分为以上两班后，可以根据生产的淡旺季，随时增招或裁减工人（公令班），在工人来源缺乏时，矿局还能控制“正掘班”工人，使生产不致停顿。由于矿局采取了新的雇佣关系，因而一定程度上改变了旧式土煤窑“强拉夫工下窑做活，遇有疾病不准医药，至死方休”的积习①。

但是，中兴矿局在生产设备上改进却相当迟缓，除了使用抽水机器外，井下采煤仍墨守旧规，矿井生产条件十分恶劣，经常发生伤亡事故。1893年矿井发生大水灾，井下100多工人丧命。事故发生后，矿局生产几乎陷于瘫痪。李鸿章以戴华藻等人“办理不善撤差”，改派矿局转运委员陈德浚经理矿局。但是陈德浚因兼任淞沪厘局无法到职，便推荐陈宝荣接任。陈德浚、陈宝荣经营矿局到1895年。起初，矿局营业情况尚可，煤炭销售有一定盈利，但是不久局内股东派系之间因争利矛盾激化，加上掌握管理职权的官员无能和贪污中饱，企业资金出现短缺。矿局因无力更新设备和扩大生产，采煤效能降低，生产成本升高，经营逐渐陷入困境。最后矿局除4台抽水机器和房屋外，所有股本几乎亏耗一空。

平度金矿

由于新式工业和其他方面对金属矿产的迫切需要，加之外国资本勘探采矿活动的刺激，致使部分有经济实力的官僚、绅商对金属矿开采产生了浓厚的兴趣。1881年，候选中书马建忠向清政府禀请试办矿务。同年4月，山东巡抚周恒祺根据通判赵清韶的建议，报请试办莒州矿务②。这两项开矿计划，当时因种种原因都未能实行。1883年，广东香山巨富、前济东道道员李宗岱禀请开采栖霞等县金矿，因当地人士的反对，由登州府禀请停办。之后，山东巡抚陈士杰也咨请北洋大臣“从缓计议”③。李宗

① 朱采：《清芬阁集》卷8，第11—15页。

② 李秉衡：《李忠节公奏议》卷11，第1页。

③ 李秉衡：《李忠节公奏议》卷5，第27页。

岱的开矿请求未获批准，但是其开矿的意图和构想却未因此而动摇，不久，便又将设局开矿的目标转向平度。

1882 年，平度蝎子山金矿附近朱桥镇乡绅李士恭，曾筹划开采当地金矿，但因资金不足未能实现。1883 年，李士恭开始与李宗岱商议共同采矿之事。当时适逢李宗岱试办栖霞金矿的请求未获批准，所以在了解矿山详情后，李宗岱便决定投资自行开采。1884 年 2 月，李派人勘查金矿，划定矿区，在征得清政府批准后，于 1885 年设立平度矿务局，李本人自任总办。同年春，矿局在三座山山麓开凿第一号井。当掘进至 100 米深处时，挖着矿脉，掘进至 200 米深处时，采到富含量金矿[①]。李宗岱闻知此讯后，十分欣喜，遂决定采用新式机械设备，并于同年秋继续开挖第二号井，以扩大矿局采金规模。

1887 年，李宗岱通过商询李鸿章，聘开平煤矿英国技师壁赤、阿鲁士威两人负责采矿技术指导，同时又投资 20 万两，从美国旧金山购置采矿机器，并在矿区筹建机器厂。当年 4 月，一台 60 马力的蒸汽舂矿机及辅助设备在矿山安装完毕。这台舂矿机是当时中国第一台采石机器，机器落成开工后，据称“来观者数万人”[②]。此后，矿局开始用西法采矿。同年秋，矿局开凿成第一口竖井，从而使产量大幅增加。

平度矿局当时雇佣工人 600 余人，工人分为三班，从事挖掘、洗炼等工作，“轮流换班，昼夜不停”[③]。在当时国内采矿业中，平度矿局的设备是比较先进的。它拥有机器厂两座，矿场内敷设运送矿石的轻便铁道，主要工序使用机器，由蒸汽机提供动力。由于使用了机器，矿石加工技术也比传统采矿业有较大进步。矿井内搬出的粗矿，先送至选矿场，由选矿工将石头拣出，然后用矿车装载矿石由轻便铁道送至制炼所，经碎矿机、舂矿机将矿石捣成矿粉后，送熔炼炉炼金。矿局最主要的机器设备为 60 马力舂矿机，每日烧煤 3 吨多，日加工矿石 50 吨，经过处理每日可获硫黄金约 6 吨。1885—1887 年为矿局开采最盛时期，日产金达 92 两。据当时报纸报道：“矿厂上一片忙碌兴盛气象，几个月的工夫便围绕着矿局建立

① 〔日〕青島守備軍民政部：《山東之物產》第 6 編，《礦產》，1921 年版，第 17 頁。

② 《申报》，光绪十三年闰四月初七日（1887 年 5 月 29 日）。

③ 《申报》，光绪十三年闰四月十九日（1887 年 6 月 10 日）。

起了一个大的村落”，“附近左右四方之来趁贸易者，络绎不绝于途，几于设廛成市，景象兴旺可见一斑”①。

平度矿局初创时共招集商股21万两，矿局原拟广集资本，但在1883年上海金融风潮之后，私人资本视矿山为畏途，一时间集资十分困难。于是平度矿局只得先后向淮军银钱所借官款银6万两，向英国汇丰银行借款18万两，用以弥补资金不足②。到1888年春，这些资金已耗用殆尽，其中“计用机厂二十余万，储料二三万，工匠之费十余万，矿师薪工五六万，贷款息银四五万”。就在这时，贷款期限已到，而矿局又无处筹措新的资金，结果使经营陷入“万分拮据”的境地③。1883—1887年，平度矿局金矿生产曾一度比较顺利，金矿产量和销量均形成一定规模，每年都有批量金砂输出。可是好景不长，随着矿井的不断延伸，矿石中硫化铁的含量增大，含金量则相应减少。由于矿局缺乏必要的设备和技术提纯金砂，“所出金砂价值不高”，“除一切运费，价值所余无几”，结果严重影响了矿局的收益。另外，因交通条件不便，从平度运金砂至烟台运费过于昂贵，也是矿局生产利少甚至亏赔的一个重要原因。当时从平度运1吨矿石到烟台，需费银8两，这个费用恰是烟台至欧洲运费的2倍④。由于上述原因，矿局生产从1888年初开始由盛转衰。同年年底，矿局迫于经费支绌只得解聘英国技师，缩小开采规模，到1889年金矿开采实际已处于半停顿状态。

1891年，经过近五年的开采，平度金矿终“因出金不旺，禀报停工”。同年8月，北洋大臣李鸿章札委登莱青道道员盛宣怀将金矿“查封备抵”。当时矿局除厂房机器外，仅存硫黄铁千余吨，价值5000两，而债务积欠“京钱近十万串”⑤。矿局各项欠款直到1895年仍未能偿清。

平度金矿开采和运销欧美的情况，很早便引起了旅美华侨商人的关

---

① 〔日〕青島守備軍民政部：《山東之物產》第6編，《礦產》，1921年版，第18頁；孙毓棠：《中国近代工业史资料》第1辑下册，中华书局1962年版，第1123页，1125页。

② 李秉衡：《李忠节公奏议》卷10，第26—29页。

③ 马建忠：《适可斋记言记行》卷1，记言，第1—2页。

④ 孙毓棠：《中国近代工业史资料》第1辑下册，中华书局1962年版，第1129—1130页。

⑤ 中央研究院近代史研究所编：《矿务档》第2册，台北，1960年版，第132页；李秉衡：《李忠节公奏议》卷10，第27页。

注。这些侨商在美国经过多年经营，积累了数量可观的资本，他们对回国投资举办有利可图的新式采矿业怀有浓厚的兴趣。1889 年 2 月，美国旧金山侨商派谭锦泉等人到山东调查矿产资源情况。同年冬，旧金山侨商在听取谭的报告后，决定招集股本，筹办开源公司，开采宁海金矿[①]。这时，主持平度金矿的李宗岱正因矿局入不敷出，处于进退维谷之际，于是便提议将平度和宁海两矿合并。同时李又拉上与北洋系官僚关系密切的马建忠、陈世昌、徐麟光等人共同参与主持，采取官督商办的形式。合并办矿的建议得到了旧金山侨商林道琚的支持。林特派李赞勋为代表，准备投资开采。但是，这次合资办矿因国内合伙资金未能凑齐而中途夭折。

合办宁海矿务失败后，1891 年 5 月间，李宗岱又去函与侨商代表李赞勋商议，改办招远金矿。11 月议定章程，设立招远矿务公司，分由陈世昌、徐麟光为一方，出资 30 万两，侨商李赞勋等为一方，同样出资 30 万两，合招股金 60 万两。由李宗岱让出平度旧矿暨已租买的招远玲珑山、红石崖等处矿权，交新公司开采。合同中还订明，如招远金矿办有成效，应对李宗岱经营平度矿所亏空的 45 万两，先代为归还公款 6 万两（淮军银钱所借款）、洋债 18 万两（汇丰银行借款），其余 21 万两折作五成，拨入招远矿股。章程订立后，经北洋大臣李鸿章批准，派李宗岱为督办，陈世昌和李赞勋为总办，徐麟光为会办，李锡功为总董事。同时金矿还领有北洋官款银 25 万两[②]。

1891 年矿局开始“陆续雇佣工匠，开凿矿洞”。至 1892 年春，已挖到玲珑山金矿矿脉。于是矿局又添募工匠，并于 6 月聘请美国矿师探验矿石，通过查验，认为金矿含金量丰富，适合开采。不久，矿局又向旧金山定造机器，准备实行新法采矿。但是作为机器承办人的李赞勋却“办事荒谬”，“自置铁碾等无用之物，迄无一效，而已糜费巨金”。结果，矿局不得不依旧采用土法开矿和冶炼矿石。到年底，矿局共产金 2400 余两。矿局从开办之日起到 1892 年，共计开凿了 8 口矿井，但因管理不善和采

---

① 中央研究院近代史研究所编：《矿务档》第 2 册，台北，1960 年版，第 1324 页。

② 中央研究院近代史研究所编：《矿务档》第 2 册，1960 年版，第 1330—1333 页，1342 页。

冶技术落后，获利甚微，“公私股款积欠数十万”①。1894 年，王文韶、李宗岱将李赞勋查办，而矿局生产也因亏累过巨陷于停顿。

1896 年，李宗岱征得北洋大臣王文韶的批准，曾准备再行集资，购买机器，开采招远等地金矿。当时适逢日军占据威海，于是一向顽固守旧、对开矿持反对态度的山东巡抚李秉衡便以“恐矿丁与日兵有龃龉，至起交涉”为由，奏准清政府，将各处金矿封禁，不准续办。

甲午战争之后，清政府在山东经营的官办工业企业，不但继续维持了下来，而且随着新厂的设立和老厂的扩充，企业规模还有了一定程度的扩大。官办军用企业在两方面有发展，一是天津机器局 1900 年毁于八国联军之手后，剩余设备全部迁至德州，重新在当地设立了新厂；二是原来的山东机器局厂房设备不断扩充，发展成为一家技术设备比较完备的军工厂。官办民用企业由于政府经费短绌，所设新厂不多，而原先官督商办的企业则改变成纯粹商办，这时政府参与兴办企业的方式主要是官商合办。

甲午战争以后，山东历任巡抚对于机器局的扩建都比较重视，多次拨付专款，增置厂房设备。到 1901 年，山东机器局已发展成综合性的机器工厂，有炮厂、枪子厂、翻砂厂、熟铁厂、轧铜厂、火药厂、电料厂、木工厂八个分厂，不仅能够制造枪炮、子弹、火药等军火，而且还能制造机器、锅炉、电灯、电池等民用产品②。另外，机器局有时还为一些工厂承修机械设备，加工零配件，这对当时工业技术的传播与推广起了一定的作用。

1901 年，袁世凯将天津机器局的残余设备全部迁移到德州，在德州重新设厂，定名为“北洋机器制造局”。制造局厂址位于城西门外码头，占地 700 余亩，设有火药、枪弹、炮弹、机器四个制造场，其中火药场内附设有生产硫酸和硝酸的装置，生产硫酸、硝酸，硫酸日产量为 2700 磅，硝酸日产量为 1600 磅。据调查，清末民初，工厂的动力设备为蒸汽动力 468 马力，电力 78 马力，雇佣职工 1260 人、杂役 123 人③。机器制造局

---

① 中央研究院近代史研究所编：《矿务档》第 2 册，1960 年版，第 1324—1325 页，1332 页。

② 孙毓棠编：《中国近代工业史资料》第 1 辑上册，中华书局 1962 年版，第 483 页；汪敬虞编：《中国近代工业史资料》第 2 辑上册，科学出版社 1957 年版，第 435 页。

③ 〔日〕東亞同文會調查編纂部：《支那之工業》，1917 年版，第 414 頁。

这样的规模，在当时几可与江南、汉阳等少数几家大型兵工厂并列。

清末“新政”时期，清政府曾试图设法改进博山陶瓷业。1905 年，山东工艺传习所在博山河下组织河下窑业公司，拨付开办经费 2 万元，延聘专门人才研究改良瓷器生产。据称公司半用旧法，半用新法，制出的白色、茶色瓶碗及工业用电瓷壶质量不亚于进口货[①]。公司还专门设立工艺传习所，招收培养艺徒。河下窑业公司是山东第一家新式陶瓷工厂，“其意原企望改良产品，增加产额，养成学徒”。但是，公司在后来的经营过程中，“由于技术缺乏及营业龃龉”，遇到重重困难，“年年赔累”[②]。1914 年公司终因亏赔过重改为商办，不久又告停业。而公司所培养的一批工人则散布博山各地，将某些烧制新技术带进陶瓷业生产。

二　官商合办企业

官商合办，是清政府利用私人资本兴办近代企业的一种企业组织形式。20 世纪初，随着社会环境的变化，一方面，由于巨额战争赔款和大量军费开支，清政府已无力继续单独投资兴办新的民用企业，而同时又不想放弃对新式机器工业发展的控制；另一方面，私人资本因资金薄弱，也无力独资兴办规模较大的企业，在兴建这类企业时，需得到官方政治和资金上的支持以及市场专利保护。正是在这种情势下，官商合办企业应运而生。所谓官商合办，就是私人和政府双方订立合同，规定各自的权利、义务及盈余分配方法，各按入股比例出资，各举代表参加企业管理。清末，规模较大的官商合办企业为泺源造纸公司和博山玻璃公司。

济南泺源造纸公司成立于 1906 年，工厂设在市内铜元局旧址。公司额定资本 26 万两，其中商股 3 万两，省方官股 13 万两（铜元局地产、厂房和蒸汽锅炉折合 10 万两，现金投入 3 万两），由劝业道担保从银行借款 10 万两[③]。公司在山东本省享有专卖权，并规定股东不得将股票转让给外国人。1909 年公司正式开工，所用造纸机械系从德国购进，并由德国技

---

① 民国《续修博山县志》卷 7，1937 年，实业志，工业。

② 白眉初：《中华民国省区全志・山东省志》第 7 卷第 4 章，1925 年版，第 1—2 页。

③ 〔日〕青島守備軍民政部：《山東鐵道沿綫重要都市經濟事情》下册，1919 年版，第 418 頁。

师担任安装调试和技术指导。造纸所用原料三分之二为破布，三分之一为进口瑞典木浆。工厂开工初期产品主要为粉连纸，并能生产35克有光纸，成品纸的日产量近300担①。工厂生产使用动力设备和各种专用机器设备，取代了传统造纸工艺上的手工操作，使劳动生产率大为提高，同时也增加了纸产品的品种和规格，提高了纸的质量。

但是，泺源造纸厂从成立之日起，就受到外国进口纸的竞争。1909年经由青岛输入的机制纸为17000担，1910年输入额增至34000担，增长了1倍，这就使纸厂的市场销售受到影响。此外，工厂生产工艺和设备都是按欧洲的条件和标准设计，生产所用木浆原料国内尚不能生产，须依靠从国外进口，结果生产能力只达到原设计能力的三分之一，致使生产经营效益大大降低。同时，工厂管理由于受官僚控制，人浮于事，生产浪费严重，成本费用过高，公司账务仅能勉强做到收支平衡。辛亥革命后，公司营业益加萧条，最终于1913年2月停业，翌年被迫清理转让。

烟台开埠后，外国玻璃制品陆续输入，且销路日广。德占青岛后，德国殖民当局和德国商人曾计划在博山投资设立制造玻璃陶瓷的大型工厂。在当时外来经济刺激和市场需求的影响下，1904年，官商合办的博山玻璃有限公司成立。这是省内第一家机器玻璃工厂。公司由山东巡抚胡廷干、直隶候补知府顾恩远以及张謇、许鼎霖等人集官股5万两，商股15万两，在博山城北柳行庄选定厂址，占地60亩。公司开办后，通过商务局奏准专利10年，“以保利权”，并规定“公司内一切事权，归公司经理，地方洋务交涉，归商务局主持保护”，公司经理由商务局派员担任，其余用人由商家选举。至于利润，公司章程规定“分作十成，以一成报效，一成公积，五成作财股，三成作花红”。由上述规定不难看出，由工厂经理系由商务局指派，工厂的经营大权实际掌握在政府官僚手中。

1906年10月，工厂厂房、熔炉修建竣工，次年3月安装从德国购入的机器设备，正式投入生产。建成后的工厂分为机器房、打铁厂、蒸汽动力房、砖瓦厂、机器碾泥厂、原料配合厂以及炼炉、烘片、裁片、装箱等厂。各厂设备颇具规模，其中有40马力发电机、各式粉碎机、自动筛运升降机、煤气发生机、伸张式熔矿炉，制灯泡机、高压汽机、电力制磨

① 青岛市档案馆：《帝国主义与胶海关》，档案出版社1986年版，第128页。

机、改良窑等。这些设备使工厂成为当时国内为数不多的几家能够制造平板玻璃的大型工厂之一。玻璃厂生产最初聘用德国人作指导，其中制造技师 1 人，吹制工 6 人。但是这些外来技工在尚未了解当地原料特性的情况下，便一味机械地搬用德国的工艺方法，结果所出玻璃存在着一系列质量问题。1909 年工厂又改用日本技师，但仍未能解决质量问题，不久又复辞退。因技术问题长期未获解决，工厂生产一直未能达到日产玻璃 1400 平方米，年产 5 万箱的设计能力，全年仅能生产玻璃 5000 箱①。

由于一开始工厂设备投资过大，厂房建筑、机器设备购置耗银达 42 万两，占资本总投入 56.4 万两的 74.5%，加上厂内冗员多，“月薪数百元之闲职员二三十名之多”，于是经营上出现了严重的资金不足。1910 年公司为了筹集流动资金，经山东地方政府协助，向社会发行抽奖彩票，不久又向大清银行借款 50 万两，用以维持企业运营。1911 年工厂锅炉损坏，经多次修理仍无法使用，被迫于年底停工②。工厂开办期间培养的技术工人，后来分散于博山各地，继续从事小玻璃窑生产，为民国初期民间玻璃制造业的发展提供了技术基础。

三　商办企业的初兴

19 世纪末 20 世纪初，伴随着民族意识的觉醒和民族运动的高涨，出现了一些有利于私人资本投资发展的机会，商办工业企业也因此获得了初步的发展。

1900 年义和团运动之后，清政府为稳定统治，被迫放弃了不久前反对维新改革时的死硬态度，宣布推行“新政”，在经济方面推行一些“振兴工艺”的政策。1903 年，清政府设立商部，并陆续颁布了《奖励公司章程》等一系列鼓励实业的章程，承认发展实业为合法，在形式上对民间资本兴办企业表示提倡和奖励。

在推行新政的过程中，清政府迫于形势，陆续改派一些稍稍谙熟

---

①　青岛市档案馆：《帝国主义与胶海关》，档案出版社 1986 年版，第 127—128 页；实业部国际贸易局：《中国实业志（山东省）》，1934 年版，（辛），第 511 页。

②　田原天南：《膠州灣》，1914 年版，第 394 頁；赵幼祥、陈富春：《博山玻璃工业调查报告》，《青岛工商季刊》第 1 卷，1933 年 12 月第 1 期。

“洋务”的官员督理地方。从袁世凯任山东巡抚起，到继袁之后上任的张人骏、周馥、胡廷干、杨士骧、吴廷斌、袁树勋、孙宝琦等历任巡抚，都把推行“新政”作为重要的施政方针，不同程度地推行了一些振兴实业的措施。1901 年山东当局设立农工商务局，采取了若干振兴商业、奖励实业的措施。1903 年又设立路矿局，1906 年设立矿政调查局，翌年两局合并为铁路矿政调查局。上述机构的设立，推动了各项实业方针的实施。例如胡廷干任职期间，通过两局，先后在青州创立东益公司，纺织绸布，并在博山设立玻璃公司，在济南等地设立纺纱织布厂。1907 年吴廷斌就职时，将农工商局裁撤，设立劝业道，负责管理全省工商事宜。由于清政府在推行新政的过程中放松了对民间资本发展的限制，私人资本在兴办企业方面获得了比以往更多的机会和条件，社会地位也有一定程度的提高。

1905 年，在全国范围内兴起的抵制美货、收回路矿利权等一系列爱国运动中，爱国绅商大声疾呼“设厂自救”，提出了修铁路、开矿山、办工厂的主张，这对于民间资本创办企业起了号召和鼓励的作用。随着社会条件的改变，一部分积累了相当数额货币资本的官僚士绅和拥有相当商业利润积累的商人，对投资新式工矿业产生了浓厚的兴趣。过去这部分人的投资经营方向多半是土地或钱庄、典当一类的传统高利贷生意，当他们看到经营新式工矿企业有利可图，能够获取较长远的利益时，便开始在新领域进行尝试，投资办厂开矿，以求通过新的途径，积累更多的个人财富。

国外大量商品的输入、城镇市场经济与商人资本的发展，一方面，对工业品产生了广泛而持久的市场需求，从而为新兴工业提供了一定的市场和资本基础；另一方面，也导致传统经济中的自然经济成分逐渐解体，一部分农民开始离开土地，流入城市另谋生计，同时，城乡手工业者也因产品无法与外国机制产品竞争而成批失业，这些城乡失业者组成了一支出卖劳动力的雇佣劳动者队伍，为资本主义工业的发展提供了劳动力市场。

在 19 世纪末 20 世纪初民族工业初兴时期，商办工矿企业是兴办实业、投资设厂热潮中的主流。商办新式工业的投资人中，有商人、手工工场主、华侨，也有一部分资产阶级化的官绅。商办企业，除少数煤矿、电厂外，主要集中于轻工业领域，包括酿酒、缫丝、烟草、火柴、粮油加工、机械加工等行业。与官办、官商合办企业相比，尽管多数商办企业的投资额和生产规模都比较小，但它的出现却代表着民族工业发展的新方向，预示着新兴工业资本的崛起。

这一时期较早使用机器的商办企业为张裕酿酒公司和华丰缫丝厂。

张裕酿酒公司正式成立于1895年。1891年广东籍侨商张弼士应新任登莱青道道员盛宣怀之邀，到烟台商讨兴办铁路、开发矿山事宜。其间张弼士在烟台就兴办葡萄酒厂一事做了实地考察，确认烟台土壤、气候适宜栽植葡萄，具备兴办葡萄酒厂的条件。1892年张弼士一边通过盛宣怀上报呈批，一边着手筹建酒厂。1895年北洋大臣直隶总督王文韶批准开设酿酒公司，并许以专利15年，免税3年。翌年公司正式开办。

公司成立后，张弼士委任其侄张成卿为经理，“所有广购地亩，续购机器，设立工厂，建筑地窖，一切资本”，均由张弼士等人“先行垫用”。1893—1895年，张弼士曾先后聘任几个外国人任酿酒技师，但都因各种各样的原因未获成功。1896年改聘奥地利技师哇务，并从引种栽植葡萄入手，先行引种美国葡萄2000株，后分两次引种法国葡萄64万株，引种品种达120余种①。引种初期成活率仅占三成，其后试验采用根接法推广栽培，获得成功。公司先后从烟台东山、西山购得荒山千余亩，雇工千余人，劈山造田，营建葡萄园，并同时在大马路西头购地100亩，建筑厂房和一处能贮酒十余万箱的大酒窖。酒厂厂房分压榨室、发酵室、蒸馏室、洗蘸室、贴标室、装箱室、材料间、存货间、锅炉间等。生产所用机器除少部分为国内仿制外，其余大都购自国外，如蒸馏机、螺旋式木笼压榨机从奥地利购进，电动绞葡萄机从意大利购进，发酵桶购自捷克。

1908年，张裕公司已能生产窖藏红、白葡萄酒20余种，累计生产红葡萄酒20万升，白葡萄酒15万升。1909年，为了解决酒瓶供应和节约开支，公司又设立了玻璃料器厂。玻璃厂除制造凹底和平底酒瓶外，还能制造多种玻璃容器②。

在缫丝业中，本来山东最早的一家机器缫丝工厂是德商宝兴洋行在烟台兴办的纩丝局（Filanda），1892年时，该缫丝厂已有一半缫车使用蒸汽动力。1895年缫丝厂因经营不佳，租让给华商兴泰号（Sing Tai & Co.），更定厂名为华丰纩丝厂。华商接办后，进一步扩大了生产规模，缫车动力

① 汪敬虞编：《中国近代工业史资料》第2辑下册，第999—1000页。

② 《光绪三十四年通商各关华洋贸易总册》下卷，1909年版，烟台口，第18页。

全部改用蒸汽机。当时工厂共有 38 个蒸茧锅，安装法国制缫丝机 550 台，雇佣缫丝工 550 人、剥茧工等杂工 47 人，日缫丝 150 斤。到 1900 年，缫丝日产量达 250 斤①。

1899 年，兴泰商号又投资兴建了第二个机器缫丝厂——华泰纩丝厂，资本 7 万元，占地 20 亩。1901 年 5 月工厂正式开工。工厂主要设备有意大利制造的 32 马力蒸汽机 1 台，法国制生丝纩机 8 台、蒸茧锅 28 台、缫丝机 530 台。工厂生产的柞蚕丝全部用于出口②。

到 1903 年，烟台已有华丰、华泰、益丰三家机器缫丝厂，每家工厂各约有缫车 700 台左右，其中华泰规模最大，约有工人 700 余名。机器缫丝厂的出现，大大提高了缫工的劳动生产率，同时也提高了缫丝的质量。但是，由于机器缫丝厂设备投资庞大，生产耗费高，加之缺乏熟练的技术工人，结果使得成本增高，经济效益反不如当地手工缫丝工场。1906 年便曾有两家机器缫丝厂因需费浩繁而一度停业。

继烟台机器缫丝厂之后，1909 年周村行栈资本也投资成立一家新式缫丝厂——裕厚堂机器缫丝厂，这是一家规模较大、设备较先进的商办企业。工厂资本 10 万元，内分动力部、蒸茧部、缫丝部和打包部，设备有蒸汽锅炉和法国制缫丝机 100 台，全厂职工约一百二三十人，其中缫丝工 100 余人，其余工人从事蒸茧、选茧、杀蛹、换缫、打包等项工作。全厂日缫丝约 50 斤。工厂生产的丝质地匀细，但价格昂贵，加之内地绸场无相应的捻合机械，所以基本不在当地销售，而是运往上海出口③。

20 世纪初洋货在各地倾销的形势，刺激着民族资产阶级引进设备和技术，设厂仿制"洋货"，以达到抵制洋货、振兴民族经济的目的。新创办的商办企业集中在卷烟、火柴、粮油加工等行业。

烟台、青岛开埠后，外国机制卷烟大量输入口岸城市和内地，吸用纸烟的风气渐趋流行，制造纸烟遂成为一项获利丰厚的行业。在"洋烟"的竞争侵夺下，传统的土烟制造受到冲击。一些民族资本家鉴于洋烟易

---

① Decennial Reports, 1892—1901, Chefoo, p. 81.

② 峰村喜藏：《清國蠶絲業大觀》，1902 年版，第 284—286 頁。

③ 〔日〕青島守備軍民部：《山東之物産》第 4 編，《家蠶》，1920 年版，第 72—73 頁。

销、生产机制烟有利可图的情势，开始设法仿效国外制烟技术和产品式样，着手试办新式卷烟厂。

1890年，兖州宝翠制烟公司成立，资本银5万两，制造卷烟和刻烟丝[①]。

1903年，县丞赵仰献投资14000元，在兖州创办琴记雪茄烟厂，试用新法制烟。

1905年，天津官商合办的北洋烟草工厂在烟台设立分厂，使用机器生产纸烟。此后数月之间，烟台相继又有中安、隆盛、仁增盛、恒利四家机器卷烟厂成立。中安公司由同泰和行栈经理唐世鸿创办，资本8万元（一说2.8万元），设备为美国制卷烟机3台、切烟机2台、吹雾机和干燥机各1台，职工52人，日产卷烟20万支。隆盛公司由商人王廷彬创办，资本银5万两（一说1.4万元），设备为美国制卷烟机3台、切烟机1台，职工50人，日产卷烟30万支。仁增盛烟草公司由商人孟昭颜创办，资本3万元（一说5.6万元），使用日本增田式卷烟机和切烟机，职工47人，日产卷烟20万支。恒利公司由商人易怀远创办，资本5万元（一说7万元），使用机器与仁增盛相同，日产卷烟5万支。这四家烟厂成立初期，产销曾一度比较畅旺，产品不仅销于国内各埠，而且还部分出口国外[②]。1906年，烟台各家烟厂出口卷烟价值银6万两，1907年出口值又增至8.7万两。但是好景不长，开工生产没几年，各家烟厂便都程度不同地陷入困境。由于生产管理欠佳，产品质量不稳定，再加上外国进口卷烟的竞争，致使各厂产品严重滞销积压，厂方被迫忍痛压价出售，结果造成经营长期入不敷出，最后只得相继宣告停闭歇业[③]。

1906年，在烟草主要产地潍县，以邱天锦为首的当地华商集资兴办起济和烟草公司。公司注册资本5万元，厂内有2名技师，职工约四五十人，日产纸烟20万—25万支[④]。但是济和烟厂开工不久，便因产品质量

---

① 〔日〕華北交通株式會社青島出張所：《青島開港以來ノ山東省ノ經濟的發展》，1939年版，第75頁。

② 田原天南：《膠州灣》，1914年版，第406—407頁；汪敬虞编：《中国近代工业史资料》第2辑下册，科学出版社1957年，附表。

③ 阙名：《中国北部之烟草情形》，《农商公报》第3卷第1册，1916年8月第25期。

④ 《东方杂志》第3卷，1906年7月第6期，实业，各省工艺汇志。

问题而停业。

自清朝同治年间，火柴便开始由欧洲输入山东；光绪年间，欧货之外又有日本货输入。火柴销售市场的扩大和生产技术的传入，促使山东商办火柴工业发轫成长。山东最早的火柴制造厂创设于1907年。是年，潍县士绅集股3万两，设立保群制造厂，“兴办各项实业，以挽回利权”。设厂后，“先行制造火柴，以次递及于面粉、肥皂、纺织各事”①。

1908年，胶州火柴厂成立。这是一家小型火柴厂，由于所制火柴质量低劣，不能和日本办的一家火柴厂竞争，仅仅存在了一年便被迫停顿②。

在粮油加工行业，民间私人资本也有若干投资尝试。19世纪末，烟台华商设立了一家机器磨面局，这是山东最早的机器新式磨坊。1899年这家磨面局“因麦价过昂，兼以运来美国面粉价值甚贱，殊难获利”，被迫停业，机器拆卸运往旅顺③。

1907年，在泰安也有一家机器碾米厂成立，但碾米厂因成本三倍于土法碾米，开工后效益一直不佳④。

1911年，烟台又有一家机器磨坊成立，年产面粉17000担。这一产量远远不能满足当时该地区每年30万担的需求量⑤。

19世纪末20世纪初，山东榨油行业兴盛一时，榨油业的发展与竞争，促使机器榨油业兴起。1907年，济宁商人吕庆圻和吕庆煌招集股银50万两，在济宁创设裕华实业有限公司，采用机器榨制豆油，“并购制造机械之机，仿造各项轻小机械”⑥。1908年，烟台油坊从日本进口一批蒸汽榨油机，用以代替传统的手工榨油。1909年，寿光籍商人张采丞在济南商埠开设兴顺福油房。油房设备由大连购入，有蒸汽发动机1台、转轮机（粉碎机）2台、螺旋式压榨机35台，通常日加工大豆60石（2400斤），出豆油约2000斤（一说2200斤）、豆饼800个（21800斤），产品

---

① 《东方杂志》第4卷，1908年1月第12期，实业，各省工艺汇志。

② 汪敬虞：《中国近代工业史资料》第2辑下册，科学出版社1957年版，第845页。

③ 《光绪二十五年通商各关华洋贸易总册》下卷，烟台口，1900年版，第8页。

④ 《捷报》，1907年8月2日。

⑤ *Decennial Reports*，1912—1921，Vol. I，Chefoo，p. 199.

⑥ 《东方杂志》第4卷，1907年6月第6期，实业，各省工艺汇志。

一半销于当地，一半出口至德、日等国①。烟台机器榨油业的发展显然要快于同期的济南，到1911年，烟台使用蒸汽榨油机的榨油工场已发展至12家，另外当地还有40家手工榨油油房②。

在机器工业兴起和城乡手工业发展的过程中，加工企业有越来越多的机器设备需要修理和添置，这就出现了对机器机械修造业的需求。与此同时，外国机器设备的进口以及上海等城市机器修造业的兴起，也为机器修造技术的传播提供了一定条件。正是在这种情况下近代机器修造业应运而生。

1906年，济南商人创办协成铁工厂，从事机器零件的修造。1907年，周庆冕等人集资在济南创办济合机器公司，"制造各种机器及一切铜铁各货，以开通风气，抵制洋货"。公司开办后，禀请商务局立案保护，生产制造"颇有成效"。同年，登州人杨滋勋、李文林自日本专门工艺科毕业归国，招集股本在烟台开设登武公司，制造榨油机、轧棉机等多种机械，产品多为各处工艺局购用③。1911年，青岛华商成立了合顺成铁工厂，该厂已能制造机床，并能修理多种机器。翌年，华商郎洪升在济南开设洪升铁工厂，厂内拥有机床等设备，能进行多种机器和机械的修理加工。在辛亥革命前后，华商机器铁工业主要集中于济南、烟台、青岛三城市，其制作规模和技术水平都极简陋，尚无法与外资工厂及官办工厂相比。

随着近代城市规模的扩大，工业、手工业以及商业的发展，民族资本兴办的电业也开始肇兴。20世纪初，继青岛德商电厂设立后，济南、烟台相继出现了私人资本兴办的电厂。1905年，沂水人刘恩驻和莒县人庄式如等集资4万两在济南城内院后街创办济南电灯房，安设42千瓦发电机2台，并在城区敷设电线，发电供官商用户照明之用。1908年，清政府批准扩充电灯房，并附官股予以支持。1911年电灯房迁址顺河街，购地6亩多，扩充资本至20万银两，添置西门子公司生产的210千瓦蒸汽

① 〔日〕青島守備軍民政部：《山東鐵道沿綫重要都市經濟事情》下册，1919年版，第432—433頁；叶春墀：《济南指南》，1914年版，第56页。

② *Decennial Reports*, 1902—1911, Vol. I, Chefoo, p. 230.

③ 《东方杂志》第4卷，1907年8月第6期，实业，各省工艺汇志；第4卷，1908年1月第12期，实业，各省工艺汇志。

发电机 2 台，并改修线路，逐步将供电范围扩展至商埠及整个旧城区[①]。1905 年，烟台华商孙克选也在烟台安设小型发电机组，1913 年该商又正式成立生明电灯公司，资本银 21 万两，向市区供电。

这一时期民族资本兴办的采矿业也有一定程度的发展，而在新式采矿方面又以中兴煤矿最具代表性。

中兴煤矿设局采煤始于 1880 年，1895 年山东巡抚李秉衡禁止开采，矿局营业奉文停止。

1899 年煤矿再起，改为中德合办，并易名为华德中兴煤矿有限公司。公司由前侍郎张翼为督办，前山东运司张莲芬为华总办，筹招六成华股；由德国领事德璀琳为洋总办，认招四成德股。但是迟至 1904 年，德股一直未能招集，于是公司决定先招华股。1905 年 11 月，公司在商部注册，拟定股本 40 万两。杨士骧任巡抚时，曾迭令山东商务局总办朱钟琦帮同招股，而各地官绅、商人此时也对投资公司产生兴趣，此后公司经费渐渐充裕。1906 年公司修筑台枣铁路，并在运河沿岸的济宁、杨闸、韩庄、台庄、界首、瓜州、镇江开设销煤厂栈，设立路矿巡警局，弹压地方，保护矿场[②]。1908 年公司决定不再招募洋股，同时将华德字样注销，改为商办山东峄县中兴煤矿有限公司，完全由华商自主经营。当时公司资本约 80 万两，另外为修筑铁路借款 80 万两，由张莲芬任总理，戴绪万为协理。1909 年公司划定矿界，面积为 370 平方里。翌年，枣台铁路正式通车。至此，中兴煤矿“艰苦经营，逐渐起色”，按当时官报所说，煤矿“出产日丰，销场日旺，洵足抵制洋货，自保矿权”[③]。

1910 年中兴公司资本规模进一步扩大，新招股金 150 万两，合旧股 80 万两，总股本共 230 万两。公司股东大部分为在职官僚和士绅，如黎元洪、张勋、倪嗣冲、张怀芝、庄云九、赵尔巽、徐世昌、潘复、张敬尧、梁士诒、张莲芬、周学渊等人都在公司拥有股份。另外，德璀琳也在公司有股份 47000 元。1911 年公司决定再度扩大资本规模，拟招足资本

---

① 〔日〕青島守備軍鐵道部：《山東鐵道綫重要都市經濟事情》下册，1919 年版，第 433 頁。

② 山东省政府建设厅编：《山东矿业报告》第 5 次，1936 年版，第 160—161 页。

③ 汪敬虞：《中国近代工业史资料》第 2 辑下册，科学出版社 1957 年版，第 769 页。

300 万两，每股 100 两，共 3 万股①。

中兴煤矿兴办初期，在技术设备和采矿生产方面，尚带有浓厚的土法采煤的特征，据当时有关报道，“矿场简直就是一个用土法开采的大矿，只是普通用绞车和畜力的地方代之以蒸汽力而已”。“水是用巨大的生牛皮桶一上一下地抽出的，和当地其他土矿的办法一样”。1906 年以后，煤矿在生产上创用新法小井，同时增置设备，使煤产量大增，是年煤矿产量达 66768 吨，除去成本费用外，公司净得利润 146200 两②。台枣铁路通车后，煤产量和销量进一步增加，1910 年煤产量已接近 14 万吨，公司年售煤利润为 45 万两，另外经营台枣铁路收益 25 万两，合计年盈利 70 万两。

继中兴煤矿之后，1909 年商人米汝厚、李幼恒等人在宁阳创办了华丰煤矿。煤矿投资 42000 元，于 1910 年 10 月出煤，在生产上新旧方法兼用，主要矿井使用德国制造的蒸汽绞车。煤矿投产后，由于“当时以得风气之先，他处采煤者尚少，故该矿之销路售价，均占优势”。1911 年煤矿年产量已达 2 万吨③。

从 1895 年甲午战争后到 1911 年辛亥革命前，山东商办机器工业取得了一定程度的发展。这一时期商办机器工业的兴起与发展过程，有以下几个特点：第一，商办工业的资本组织形式，除个别企业采用了股份制外，大部分企业系独资或合伙经营，其中合伙又是较大企业的主要组织形式，它不仅是建立在资本关系之上，而且还建立在家族关系和地方帮派关系之上。这种组织形式不利于广泛吸收社会资金进入企业，限制了企业的扩大与发展。第二，商办企业一般规模都不大，资本的有机构成很低，由于资本薄弱，无力引进先进的技术设备，企业机器设备不得不因陋就简，生产工艺陈旧，因而影响了生产能力的提高。第三，私人资本几乎没有涉足重工业领域，资本活动的领域大都局限在丝绸、卷烟、榨油、火柴等少数几个轻工业部门。轻工业固然投资少，能够比较快地获取利润，但是在缺乏重工业支持的情况下，工业的发展也就失去了坚实的基础，机器设备和原料等方面不得不依赖国外市场和外国资本提供。

---

①《东方杂志》第 7 卷，1910 年 7 月第 6 期，山东路矿述闻；《山东矿业报告》第 5 次，1936 年版，第 162—163 页。

② 汪敬虞：《中国近代工业史资料》第 2 辑下册，科学出版社 1957 年版，第 769 页。

③ 山东省政府建设厅：《山东矿产报告》第 1 号，1936 年版，第 123—124 页。

近代机器工业产生于传统市场对外开放、社会经济开始转型的时期，所以从它诞生之日起，就受到了国外资本和商品以及国内传统经济势力的双重压力。

外国资本主义通过商品输出和资本输出，占夺了山东相当部分的工业品市场，民族工业因受到外国资本和商品的压力，在许多领域难以获得发展机会。进口机制商品在早期作为一种诱变因素，曾经对新兴消费需求和消费市场的产生起过刺激促进作用，但是在民族工业兴起之后，大量外国商品的输入与竞争，又使民族工业品市场变得十分局促，在资本、技术、质量均处劣势的情况下，稚嫩的民族工业很难获得稳定而可靠的销售市场和持续发展的条件。如 1905 年烟台兴起的几家烟厂，起初产品还能勉强进入国内埠际市场，可是后来英美烟草公司的产品四处倾销，烟台各烟厂产品的市场销售遂受到排挤，生产效益逐年下降，最后被迫停产关闭。

甲午战争后，清政府对工业的控制尽管有一定程度的松动，但实际上，专制制度、官僚机构与陈腐的传统，仍然束缚着民族工业的成长。民间投资兴办企业的要求，往往在各种传统势力的阻挠压抑下难以实现。1906—1910 年农工商部对于民间开设厂矿的请求，批示“应毋庸议”者可谓连篇累牍。尤其矿业部门，开矿要求“大半为官长所误”。各种名目的捐税，也给民间资本的经营带来沉重负担。以煤矿税为例，名义上矿务章程规定，除纳出井税外，“其内地厘卡，概不重征”，但事实上，“各省所收厘税，往往于出井、出口两项外，藉词加征”。如中兴煤矿在归华商接办以后，产煤一吨出井税不过一钱，而向各卡所纳的厘税则高达三钱七分，对此，当时的商部也不得不承认“部章几同虚设”①。沉重的税捐负担，严重影响了企业的经营效益，使企业无法有效进行内部积累，以实现扩大再生产。

由于外部生存环境和企业自身的原因，许多民族资本兴办的企业往往存在时间极为短暂，旋开旋闭，即使勉强维持下来的企业，多数也是惨淡经营，发展缓慢而又迂回曲折。

---

① 《东方杂志》第 3 卷，1906 年 5 月第 4 期，财政，商部奏；山东清理财政局：《山东清理财政局编订全省财政说明书》第 5 册，岁入部，杂税，1910 年版，第 5 页。

第三章　清末外国资本的工矿业投资经营

一　甲午战争前外国资本的开矿设厂活动

烟台港对外开放后，外国资本开始尝试在口岸城市投资开办工业企业，以扩大农副产品的出口规模。

外国资本的早期工业投资，集中于船舶修理业和原料加工业。开埠后，进出烟台港的船只数增加很快，每年进出港船只数都在600只以上。为适应外商轮船沿海航运业的需要，从1866年起，烟台李契曼洋行开办了修船业务，配置机械设备，承修进出港的外国船只①。1872年，美国商人在烟台成立了一家蛋粉厂，在农村收购鸡鸭蛋，加工制成黄、白蛋粉出口。但这家工厂规模很小，系试验性质，不久即停闭②。1877年，德国资本又在烟台成立了一家缫丝厂——烟台纩丝局（Filanda）。

生丝和茧绸，是外商在烟台重点组织收购输出的土货产品。为了扩大出口规模，1870年意大利人奥斯特尔尼曾带领技术人员专程到烟台，对当地养蚕、缫丝进行了详细的考察，指出发展山东蚕丝出口有很大潜力。几年后，一些外商对他的判断和提议做出响应，1877年，德商宝兴洋行利用部分中国人的资本，成立了烟台纩丝局。烟台纩丝局是一个缫丝兼织绸的工厂。根据创办时的记载，丝厂使用了“最新式的外国机器”，并且由“有技术的外国技师监督制造”。但是，实际上工厂最初缫丝仍是使用手摇机。缫丝日产量约50斤，织绸工序有织机200台，生产能力很小③。

---

① 汪敬虞：《十九世纪西方资本主义对中国的经济侵略》，人民出版社1983年版，第362页。

② 孙毓棠：《中国近代工业史资料》第1辑上册，中华书局1962年版，第91页。

③ 同上书，第75页，78页。

1881 年，也就是丝厂成立的第四年，工厂进行了一次改组。改组的原因，一方面是要吸收华商资本，扩大经营；另一方面是要利用政府官僚的势力，实行垄断。在改组过程中，“局内资本准华商入股至十分之六，与局洋商得失均沾，无或减少”①。改组后的纩丝局为股份公司，资本由原来的 4 万两扩大到 10 万两，新增资本“几乎全部都是由中国人出资”②。在专利垄断方面，股份公司得到了北洋通商大臣李鸿章的批准，许以十年营业期限；东海关道和海关税务司对公司事务有“秉公评断”之权，这就在一定程度上使得公司经营得到了庇护和照应③。1882 年，工厂添置机器，部分采用了机器生产，同时茧绸质量也有所改进，生丝产量增加，在欧洲的销路也有起色。1883 年，公司再次实行增资募股。但是，由于募股事宜进展不顺利，股款没有募足，企业资金出现严重短缺，经营也因成本升高而出现亏损。1885 年，企业终因资本周转不灵、负债过重而被迫停业。1886 年底，纩丝局以 3 万银两的价格转让给烟台道台，变为官办企业。

甲午战争之前，外国资本在山东的投资设厂活动，不是以占据当地销售市场为目的，而是作为扩大商品输出的辅助手段，从属于口岸出口贸易。由于不是以输出资本为目的，投资便呈零星分散状态。这种零星的投资设厂活动，总的说来，对当地市场经济并未形成多大的影响，其作用主要在于扩大农副产品的出口。尽管纩丝局织机总数在当时胶东茧绸业织机总数中占了一定比例，但是由于当时茧绸生产尚远未能满足出口的需要，且纩丝局生产成本较高，因而它对胶东的茧绸生产实际并未形成多大的竞争压力。

二　德华矿务公司的煤矿开采经营

通过修建港口和铁路，进而开采矿山，以获取山东的矿山资源，是德国在山东扩张经济势力的既定方针。1898 年德国通过《胶澳租借条约》，

---

① 《申报》，1881 年 10 月 6 日。

② Decennial Reports，1882—1891，Chefoo，p. 75.

③ 汪敬虞：《十九世纪西方资本主义对中国的经济侵略》，人民出版社 1983 年版，第 374 页。

不仅获取了在山东修建铁路的权利，而且还获取了在铁路沿线开采各种矿产的权利。根据条约规定，在德国所建铁路两侧30华里内，“如胶济北路在潍县、博山县等各处，胶沂济南路在沂州府、莱芜县等处，允准德商开挖煤斤等项及须办工程各事，亦可德商、华商合股开采，其矿务章程，亦应另行妥议”①。以上规定，实际使德国囊括了山东主要矿产区的开采权，范围包括潍县、博山、大汶口、沂水、莒州、沂州等地的煤田，金岭镇铁矿、鲁南地区银矿等有色金属矿。

德国在《胶澳租借条约》中取得开矿权后，德国国内一些大的银行和企业便开始筹建矿山公司，谋求在山东开办大型矿场。德国资本家兴办山东矿山公司的计划得到其政府支持，1899年6月，德国政府颁布批准成立矿山公司的特许令，特许令规定：已经立案的公司5年内在铁道两旁30华里内勘探发现各种矿产时，有呈请获得开采矿山的特权；同时还规定：为补助胶澳租地内的各项工程和行政费用，矿山公司分配红利占股本金五分以上时，应将红利的一部分报效胶澳殖民政府；另外，公司采出的煤炭应优先供应德国海军②。

1899年10月10日，由德华银行、德国中央银行、德意志国民银行、北德银行等14家银行在柏林正式成立了“山东矿务公司”（德华矿务局），资本1200万马克，总股本6万股，每股面值200马克。公司在柏林设本部，在青岛设立“事务所”，由其具体负责办理开矿事宜。

山东矿务公司的成立及其所进行的一系列探矿开矿活动，激起了矿区当地民众的抵制和反对，外国采矿者所到之处，往往与当地民众发生激烈的冲突，这一情况引起了清政府和德国殖民当局的极大关注与不安。在当时义和团运动尚未完全平息，地方绅商投资办矿要求愈益高涨的背景下，德国矿山公司为了取得清政府帮助，缓和矿区民众的反对，不得不做些让步。1900年2月，袁世凯与德国铁路公司总办锡乐巴在议定《胶济铁路章程》的同时，也议定了一个《山东德华矿务公司章程》。章程条文的主要内容为：公司应招集部分中国官、商股份，若华人股份超过10万两时，可选派人员入公司代表华股利益；公司不准使用外国兵队保护，若须用保

---

① 王铁崖编：《中外旧约章汇编》第1册，三联书店1957年版，第739—740页。

② 山本越美乃：《支那に於ける獨逸の經營》，1914年版，第70頁。

护时，应由山东巡抚派兵前往；铁路附近30华里以外，未经山东巡抚许可，一律不得私自开矿，在30华里内，只准华人和德国人开矿，华人已开之矿，准其继续办理。另外章程还订明，整个矿局将来中国可以购回[①]。3月12日，章程正式由矿务公司总办米海里·司米德签押生效。《山东德华矿务公司章程》的订定，中国方面争回了某些权利，如公司应吸收华人股份，在铁路30华里内华商已开办的矿务仍可继续开采，中国在将来可以购回矿局等。但是，德国矿务公司在许给这些权利的同时，也换取了许多实际的好处，如公司的权益由山东巡抚予以保护，地方官协助公司办理与民交涉事宜等。

山东矿务公司成立后，便派遣探矿队到胶济铁路沿线各地开展大规模勘探，并重点在坊子、淄川两处矿区试行开采。1900年德国探矿队在潍县南乡进行钻探，于地下160—166米深处，发现1—1.8米厚的煤层，并拟订开采方案。这时义和团运动兴起，探矿队只得放弃工作，逃回青岛。1900年11月，探矿队返回坊子继续钻探，嗣后在坊子附近地下188—192米深处，发现4米多厚的煤层。当时估计地表以下200米以内，煤储量为300万—350万吨，于是矿务公司决定在该处开凿竖井，兴建煤矿[②]。1901年9月18日，矿务公司按照日产1500吨的设计规模，开凿第一竖井，即坊子竖井。翌年8月在地下178米处开凿第一坑道，开始出煤。同年10月，坊子竖井首批生产的150吨煤由胶济铁路运至青岛，成为当时青岛社会的一大新闻[③]。1904年6月，坊子煤矿又进一步开凿第二口竖井，称为安尼竖井。1905年5月，又动工兴建第三口竖井，称为敏那竖井。德国矿务当局原计划以安尼竖井为主要出煤井，但因井内各处多被火成岩侵入，煤层纷乱不堪，加上后来水灾火灾不断，以致使竖井近乎报废。后来开凿的敏那竖井也因地质等方面的原因，出煤量很少，未获成功。

1906年8月，坊子煤矿建成机械洗煤厂，同年12月又建成炼焦厂。到1908年，煤矿建设大致完竣。井上建起洗煤厂2座，每小时选洗煤80

---

① 王铁崖：《中外旧约章汇编》第1册，三联书店1957年版，第948—952页。

② 〔日〕青島守備軍民政部：《山東之物産》第6編，《礦産》，1921年版，第87頁。

③ 山东省政府建设厅：《山东矿业报告》第4次，1934年版，第159—160页。

吨，炼焦厂的炼焦能力达到每小时 15 吨[1]。另外煤井还安装了动力机械设备，如二重卷扬机、蒸汽锅炉、空气压缩机、发电机，井内则配置了电机、水泵等。煤井建筑也较之传统土式煤窑有很大进步，竖井采用了砖砌圆拱形工艺。井下运输也改变以往的旧方式，在竖井底部铺设铁轨，用马匹牵引，煤车载重 500 公斤，出煤速度比传统方法大幅提高。尽管坊子煤矿装备了许多先进的机械设备，但是在采煤方法上仍比较落后，因地质条件复杂，各煤井均采用传统的残柱式采煤法，回采率很低，采煤依靠繁重的体力劳动进行，每个矿工平均日出煤仅 0.4 吨[2]。

坊子煤矿投产后，成为德国在山东获取煤炭资源的重要基地。1904 年煤矿产煤 10 万余吨，1908 年设施全部完工后，产量大幅度提高，当年出煤 25 万吨，比上年增长 60%。到 1909 年煤产量达到 27.3 万吨。1912 年 5 月，煤井因凿穿老井，发生水灾，各大巷道先后被水淹没。及至 6 月，第一、二巷道的积水才排尽，而安尼竖井和第三、四巷道因排水工程过大，无法复工。嗣后，该矿的大部分设备拆运淄川洪山煤矿，只剩下部分抽水机器供生产使用。1913 年坊子煤矿的出煤量由 1911 年的日产 900 吨降为 500 吨[3]。

1902 年，在胶济铁路张博支线开工之时，山东矿务公司即开始在淄川钻探勘测。1904 年 6 月，与张博支线通车同时，矿务公司开始在淄川的洪山开凿第一口竖井，即淄川竖井。1906 年煤井开始出煤，当年产量 1.4 万吨。1910 年 6 月，矿务公司又在矿区开凿第二竖井，并以公司柏林首席董事的名字命名为“海特尔井”，在当地又称北大井。由于淄川煤矿储量丰富，煤质可与英国优质的加地夫煤媲美，德国矿务当局遂决定重点开发淄川煤矿。1911 年矿局在洪山动工开凿第三口竖井，不久又将坊子安尼竖井的全部设备搬至洪山，用以扩大新建竖井和北大井的开采[4]。这样，淄川煤矿的规模和设备水平都超过了坊子煤矿。淄川煤矿是继坊子煤矿之后山东第二个新式煤矿，全矿共有三个竖井，第一、二竖井深 260

① 〔日〕滿鐵礦業部礦務課：《山東礦業資料》，1914 年版，第 29 頁。

② 〔日〕滿鐵礦業部礦務課：《山東礦業資料》，1914 年版，第 25—27 頁。

③ 山东省政府建设厅：《山东矿业报告》第 4 次，1934 年版，第 161—162 页，175 页；田原天南；《膠州灣》，1914 年版，第 379 頁。

④ 〔日〕青島守備軍民政部：《山東之物產》第 6 編，《礦產》，1921 年版，第 123 頁。

米，第三竖井深320米，竖井直径均为4.2米。井下通道分单线和复线二种，它既是采掘道和运道，又是风道。井下运输，在主要坑道使用有轨马拉煤车或循环索，在采煤面上下斜道使用自动滑轮或蒸汽绞车。井上井下机器设备使用蒸汽作动力，另外井上还安装一部400千瓦的发电机，供全矿照明之用①。为了加快煤炭外运，淄川煤矿还修筑了通往淄川车站的铁路专线，使煤炭可以经铁路直接运往青岛。1910年淄川煤矿的产量超过了坊子煤矿，1913年煤产量达41.4万吨，比同期坊子煤矿多一倍②。

山东矿务公司经营的山东煤矿，是外国资本在中国经营的著名煤矿之一。无论机械化程度，还是资金规模与煤产量，都在全国各煤矿中占据重要位置。就机械化程度而言，该公司可与直隶开滦、河南福公司、奉天抚顺并列，是当时国内四大机械化煤矿之一。就资本而言，矿务公司创办时实际投资为152.7万元，占外国资本在华投资经营煤矿的第五位，仅次于福公司、开滦、本溪和临城。如果除去中外合资的煤矿，单就外国独资煤矿而言，山东矿务公司仅次于英国的福公司，居第二位③。另外矿务公司雇佣的中国矿工人数也达到相当规模，当时坊子矿井共有矿工3000人，淄川洪山矿井有矿工3500人，两矿工人数超过了山东任何一个煤矿④。

从1902年坊子第一口煤井出煤到1912年公司结束，山东矿务公司累计生产煤284.5万吨，根据这一产量，山东矿务公司的生产能力仅次于开滦和抚顺，居全国第三位。就山东本省而言，公司的煤产量超过了全部民营煤矿产量的总和。例如1910年公司煤产量是43.1万吨，而民营煤矿的总产量只有39.5万吨。只是在1912年民营煤矿才略略超过矿务公司⑤。

矿务公司经营十多年，表面上看煤产量逐年递增，经营状况似乎不错，但实际上公司的营业收入情况并不佳。1904—1908年公司累计盈利661359马克，1909年后累年亏损，至1912年累计亏损3243069马克，盈亏相抵共亏损2581710马克，其中仅1912年就亏损了124万马克⑥。矿务

① 山东省政府实业厅：《山东矿业报告》第2次，1930年版，第87页，第108页。

② 山东省政府实业厅：《山东矿业报告》第3次，1932年版，第169页。

③ 汪敬虞编：《中国近代工业史资料》第2辑上册，科学出版社1957年版，第12—13页。

④ 田原天南：《膠州灣》，1914年版，第382頁。

⑤ 山东省政府建设厅：《山东矿业报告》第4次，1934年版，第43—44页。

⑥ 秀英舍：《山東鐵道會社ニ關スル調査報告》，1919年版，第199頁。

公司亏损的原因主要有两点：第一，胶济铁路运费过高，煤价随之升高，结果无法与其他煤矿出产的煤特别是开滦煤和日本煤竞争，影响了销路；第二，煤矿投资过大，而许多先进的机器设备又缺乏熟练工人去操作，造成设备故障率过高，加上煤矿频频发生水灾和火灾事故，致使生产成本一再提高，效益不断下降。在亏损逐年增大的情况下，矿务公司的董事们最后不得不决定将公司撤并。1913 年 1 月公司对煤矿全部资产进行了清算，核定资本为 540 万马克，在重新募集新股 60 万马克后，将全部资产转入德华铁路公司，与之合并。3 月，经德国政府许可，矿务公司的股票转换成为铁路公司股票，正式成为铁路公司的一部分。

三　德国资本的投资设厂活动

为了把青岛变成向远东地区进行经济扩张的立足地，德国殖民当局在第一次提交德国国会的备忘录中就强调："所有措施须以地区开发的经济观点居先，将地区开发成为工商业殖民地，使成为德国企业界开发一片腹地的前进据点"[①]。本着这一目的，德国胶澳殖民政府一方面采取各项措施，鼓励德国企业界到青岛投资设厂，经营工业；另一方面拨付巨额财政预算，有针对性地建设一些急需的企业，如造船厂、铁路机车工厂、发电厂和屠宰厂等。这些企业建成开工后，成为德国在租借地的重要经济支柱。

1901—1906 年，德国海军殖民当局用了 6 年的时间，耗资 500 万马克，建成青岛造船厂。造船厂的前身为德籍造船技师经营的"奥私他之"修造厂，规模很小，以修造小船为主。1900 年德国将该厂收为官办，定名为青岛水师工务局（亦称船坞工艺厂）。起初工厂只有工人百余名，仅能修理德国海军舰船。1905 年，工务局迁入大港新址，改称造船厂，并建成 16000 吨的浮船坞。船坞可容长 145 米、万吨以上的船舶入坞修理。船厂码头还设有 150 吨电动起重机。厂内组织分为变电站、锅炉制造、铁工、冷作、木工、模型、轮机、漆皮、电镀、造船、钳工等车间，其中锅

① 单维廉著，周龙章译：《德领胶州湾（青岛）之地政资料》，台北：中国地政研究所 1981 年版，第 34 页。

炉车间可制造船用和普通用锅炉，铁工车间设有炼铁炉等锻冶设备。造船厂有正式职员 123 人（其中德籍职员 50 人），华工 1500 余人（其中山东人 1300 人，上海人 200 人），工忙时使用华工达 1800 余人[①]。1906—1912 年，造船厂共承造货船、客船、舰艇等各种船只 22 艘，其中有数艘卖给清政府，当时北洋舰队的“舞风”号炮艇即为该厂所造[②]。造船厂除为德国海军提供修理服务和造船外，还承揽各种对外加工业务，如制造蒸汽机、各种机械以及铸造各种铜铁配件。

为了培养熟练工人，水师工务局还设立了艺徒养成所，从 1902 年 4 月起招收华人入所学习。第一期招收学徒 76 人，学制 4 年，所学为机械、电器、冷作、木工、铜匠、锅炉匠、制图及会计等课程。1910 年第六期招收学徒 144 人。后来，每期增至 200 人，学期也改为 2 年。养成所在德占时期先后毕业 8 届学徒，共 1000 余人，除 300 余人留在船厂外，其余学徒后来散布于青岛及山东其他城市，成为近代山东机器制造行业的一批技术骨干力量[③]。

1901 年，胶济铁路修至丈岭时，德国铁路当局利用工务局技工和当地木工、铁工建成机车修理工厂。德占时期，该厂经数次扩建，共有各种机器设备 212 台，业务为修理机车并兼制铁路器材。此外，外间工厂不能修理的机械或不能加工的机器零部件，工厂也代为承修加工。该厂后来发展成为胶济铁路四方机车厂。

1898 年，德国西门子公司在青岛开设电灯房，装设 2 台 50 马力柴油发电机，发电能力为 75 千瓦。该电灯房为山东电业和电灯照明之始。电灯房设立后，德国殖民当局为了加速城市发展，不顾城市实际用电量水平，令公司增加资本，扩充设备，结果导致公司入不敷出，累年亏损。1901 年公司因赔累严重宣布破产，厂房设备由德国政府以 200 万马克全部收买。1903 年德国政府又投入资金 100 万马克，扩建发电厂，装设 2 台 170 千瓦蒸汽发电机和 1 台 410 千瓦发电机，发电机总功率 750 千瓦，

① 〔日〕青島守備軍民政部：《青島研究資料》，1919 年版，《德逸時代ノ青島》，第 20—21 頁。

② 谋乐：《青岛全书》，1912 年版，第 236 页。

③ 〔日〕青島守備軍民政部：《青島研究資料》，1919 年版，《德逸時代ノ青島》，第 19 頁；山东省档案馆馆藏档案：山东分局长期卷，29，《青岛市机器铁工业统计表》，1949 年 8 月。

但最大电力输出功率只有350千瓦，仍难以满足整个市区照明和工业用电需要。后来德政府又在电厂安装锅炉2台，添购1台1000千瓦发电机，但扩建工程尚未完竣便遇日德交战，工程设备几乎全部被毁①。

青岛开港后，山东丰富的畜产资源成为外商组织出口的重要土货产品。为了扩大畜产品出口，1904年德国殖民政府投资80万马克，在青岛设立现代化屠宰场。屠宰场设计和建设参考了香港、上海以及德国的同类企业，于1906年建成。屠宰场规模宏大，内设检查场、消毒隔离场、屠宰场、冷库和病畜屠宰场，生产设施也为国内一流，安设有起重机械和高架传送铁轨等自动化设备②。屠宰场除商业经营外，还兼司检疫之责，凡民间宰杀牲畜，必须先到该场办理手续，接受检查，否则不准随意宰杀。所以屠宰场也是一个半行政机构，为此民间又称其为官宰局。

除德国殖民当局经营的官办企业外，德国商人资本也在青岛投资兴办了一批企业，其中最主要的为德华缫丝公司和青岛啤酒酿造公司。

1901年德商在柏林成立德华缫丝公司。1903年公司投资20万马克，在青岛沧口设立大规模新式机器动力缫丝工厂。工厂1904年投产，分缫丝、纺织两个部门，机器设备为德制最新式样，生产采用新的缫丝工艺。起初，工厂采用诸城附近出产的柞蚕茧试缫，结果因蚕丝韧力不够而失败。后来工厂改用东北柞蚕茧为原料进行成批生产，年生产能力约300担③。

沧口缫丝厂有男工约600余人，女工约400余人，年龄在12—20岁之间，大部分来自当地农家和渔户。工厂开设有专门训练班，以提高工人操作技能。到1907年，接受培训的工人共有1200名。随着工人技术熟练程度的提高，工厂能生产出粗细均匀、质地优良的产品。这些产品在欧洲市场的销售价格，比烟台地区出产的最佳柞蚕丝高出40%，但是它的生产成本也比烟台同类产品高25%，这就大大影响了工厂的生产效益和销路。1908年德华缫丝公司柏林总部与青岛公司经理发生矛盾，最后

---

① 王正廷：《青岛》，1922年版，第227页。

② 〔日〕青島守備軍民政部：《青島ノ工業》，1919年版，第79—81頁。

③ 影山卯一郎：《山東の研究》，1916年版，第150頁。

宣告停业。1910年有6家青岛和烟台华商组织了股份有限公司，准备接办该厂，但后来因1911年初青岛发生瘟疫，华商接办该厂的计划未能付诸实施①。

为适应租界内外国侨民和华人上层社会对啤酒日益增长的消费需求，1904年，德、英等国资本家在青岛设立山东第一家啤酒厂——日耳曼啤酒公司。公司总部设在香港，资本由居住在中国通商口岸的德、英、法、美四国商人筹集。青岛啤酒厂的投资总额为44万元，主要设备为德国肯尼次厂制造，生产规模和技术水平均为当时国内一流。啤酒厂生产黑、白两种啤酒，年产量130万公升，畅销于中国沿海各城市，并有部分出口国外，1911年出口量为32000加仑。1904—1913年，公司累计获利43万元②。另外，德占胶澳期间，德商还在青岛开办了一家哥穆尔啤酒厂，生产“柏林”牌啤酒，不过该厂规模较小，产量也无法与前厂相比。

利用青岛当地廉价的劳动力和腹地丰富的农业资源，德商还在青岛开设了若干家加工农畜产品的企业。1897年德商礼和蛋厂成立，专门从事蛋品收购和蛋粉加工出口。1909年德商又开办了第二家蛋粉厂——哥伦比亚有限公司，1911年该厂共生产蛋粉4000担。这年德商第三家蛋粉加工厂——卡尔·艾帕斯公司成立，工厂专门加工生产干蛋粉和湿蛋品，开工当年即生产了2400担蛋粉③。日本占领青岛后，德国蛋粉厂全部停业。1907年德商还在青岛设立了一座小型机器面粉厂，日产面粉300余包。此外，德商先后在青岛开办的加工企业还有一家制革厂、一家香肠加工厂、一家精盐厂和一家制桶工厂。

德占时期，德商在建筑材料和化工行业也做了一些试探性投资。1906年德远详行和捷远洋行兴建了两家专门生产砖瓦的工厂。大约同期，德国人经营的莱寿药房在青岛附设了一家肥皂工厂，“用山东土产的牛蜡制造”，月产肥皂100吨左右，“行销甚多”④。这是山东最早使用新法生产

① 影山卯一郎：《山東の研究》，1916年版，第150頁；青岛市档案馆编：《帝国主义与胶海关》，档案出版社1986年版，第129页。

② 〔日〕青島守備軍民政部：《青島之商工業》，1918年版，第169頁。

③ 青岛市档案馆：《帝国主义与胶海关》，档案出版社1986年版，第130页。

④ 谢开勋：《二十二年来之胶州湾》，1920年版，第82页；〔日〕青島守備軍民政部：《青島ノ工業》，1919年版，第79—81頁。

肥皂的工厂。

德商设立的商办企业，除缫丝厂和啤酒厂外，一般投资额和规模都不大，但是这些工厂有德国殖民政府给予的种种优惠，在地价、销售、税则等方面占有很大便宜，加上利用了当地廉价的劳动力和技术上的优势，所以多数企业开工后都能赚取可观的赢利。德商企业在资本、技术上的优势和垄断，使其优先获得在中国新兴商品市场的发展空间，对民族资本在工业领域的发展形成很大压力。但是，外商工业企业的开设，也在一定程度上为工业生产技术的引进提供了客观条件，并培养了一批技术力量，同时新式企业生产经营上的成功，也激起了民族资本投资设厂的欲望和热情。

第四章　机器纺织印染业的产生与发展

一　机器纺纱业的兴起与发展

中国传统纺纱，用的是构造简单的手工木制纺车。这种纺车造价便宜，几乎家家能够置备，但纺纱时棉条的抽引、棉纱的拈回及粗细掌握，都要靠手工操作来完成，而且在搓制棉条时无法进行混棉。纺车纺制棉纱的最高支数一般在16支以下，通常妇女一人专事纺纱，大约2—5天才能纺纱1斤。

清末，山东开始有人尝试对传统旧式纺车做一些简单的技术改进。据《山东时报》载，英国传教士仲均安（Alfred G. Jones）曾于1894年“率门下生徒，尽心力于纺线机器，经营四年，始得告成，试纺线自十二号至十六号，无不合用，门下生徒俱已熟练”①。1907年，恩县人王元智“自出心裁，制成新式纺线机器一架，呈县试验，颇称便捷”。同年，诸城人吴元瑞创制连机纺车一种，纺车结构为四机相连，并置一轮，纺纱者以脚踏轮，以手拉线，一次能纺纱两条，而且比普通手摇纺车操作简便②。

民国初年，也曾有人尝试对手纺车加以改进，以提高其纺纱效率。1914—1915年，傅明臣买下改进型手摇纺纱机的专利权，在济南设立裕源工厂，制造可带动50枚纱锭的手摇纺纱机。纱机出厂后销量可观，各产棉区多有购用者。但后来因纱机设计制造存有缺陷，纺纱时易出故障，加之纺出的纱较粗，无法与进口“洋纱”竞争，所以开工生产不到三年

① 《山东时报》第33号，1897年8月24日，《青州纺线局将开》。

② 《东方杂志》第4卷，1907年8月第6期，实业，各省工艺汇志；第4卷，1908年1月第12期，实业，各省工艺汇志。

便停业①。

近代机器动力纺纱机的出现，把纺纱发展到了极为复杂精细的程度。一根纱的纺成，须经过松棉、混棉、开棉、弹棉、梳棉、并条、头道、二道和三道粗纺，然后才能精纺成纱。机器纺纱所用原棉需精确检验，按比例混合，厂房的温湿度亦用人工调节，这样纺成的纱拉力强、纤维整齐、光泽美观。相比之下，手工纺纱，即使16支以下的粗纱，强力也感不足。在生产能力上，手纺车更是竞争不过动力纱机。以11小时工作日计，普通纱厂各工序工人综计，平均每人每日可出16支纱约15斤，使用大牵伸工艺时，可达20.8斤；旧式手纺车纺纱1斤，需费时20小时之多，劳动生产率大大低于机器纺纱②。

清末民初，山东城乡手工织布业使用机制"洋纱"织土布的现象已十分普遍，棉纱需用量迅速增长。1912年，青岛、烟台两港进口外国棉纱275076担，价值约706万海关两，另外还从上海输入国产棉纱近5万担③。当时每个县平均年输入棉纱十七八万箱。与此同时，棉花生产地区专业化倾向和商品化程度也有相当发展，全省27个主要产棉县的籽棉年产量已达2982500担（约合净棉1491250担）④。在棉花运销方面，形成了临清、高唐等棉花专业市场和济南集散市场，以花行为代表的行栈资本活跃于城乡棉业市场。城乡手工织布业对机制棉纱的大量需求以及充足的市场原棉供应，为近代机器纺纱工业的产生与发展提供了外部条件。

山东最早建成投产的机器纺纱厂为日本内外棉株式会社青岛纱厂。内外棉纱厂于1916年4月在青岛四方动工兴建，翌年12月建成投产。纱厂资本起初为500万日元，安装纺锭1万锭。1918年棉纱产量4905捆，产值760275胶平两。1920年纱厂资本扩充至1600万日元，纱锭增至2万锭，年产棉纱达2万捆⑤。

---

① 济南市志编纂委员会编：《济南市志资料》第3辑，1982年版，第17页。

② 严中平：《手工棉纺织业问题》，《中山文化教育馆季刊》第4卷，1937年第3期。

③ 烟台港务管理局编：《近代山东沿海通商口岸贸易统计资料》，1986年版，第173页，180—182页。

④ 阙名：《山东棉花生产及输出状况》，《农商公报》第2卷第6册，1916年1月第18期。

⑤ 〔日〕青島守備軍民政部：《青島ノ工業》，1920年版，第15—16頁；王正廷：《青岛》，1922年版，第224页。

受棉纱旺销、棉纱生产获利丰厚以及外国资本投资设厂的影响刺激，一部分民间资本和官绅开始将兴办实业的注意力转向新式机器纺纱业，筹划投资兴建机器纺纱厂。

山东第一家民族资本纺纱厂为济南鲁丰纱厂。鲁丰纱厂于1915年开始筹办，1916年由前山东实业司司长潘复在济南设立事务所。起初纱厂计划募集资本120万元，由发起人认购半数，其余由山东巡按使蔡儒楷通令各县认购。后来各县以公款认购股票，并劝导商民入股，全省107个县共招股40万元。潘复等人则在京津地区广事招募，认股者中有梁士贻、王占元、靳云鹏、田中玉、庄乐峰等官僚和部分绅商。1917年初，事务所共募集资金50万元（包括县款在内），6月投资13万元在济南标山修建厂房。1919年9月鲁丰纱厂正式开工投产。纱厂机器购自英国，有纱锭16000锭，生产10、12、14、16支粗纱和少量20支纱。纱厂开工后，产销两旺，颇有盈利。1922年添购纱锭10000锭，嗣后又增添纱锭2000锭。1923年纱厂增资100万元，加上原有资本和盈利转增资本，股本总额达186万元，纱锭总数28000锭，发动机总动力900马力，纺纱生产也由原先只能纺制粗纱发展到能纺制32支细纱①。

在鲁丰纱厂成立之后，1919年，天津华新资本集团的周学熙"商集戚友"集资，在青岛创办了山东第二家民族机器纺纱厂——华新纱厂。是年华新纱厂向上海美兴公司定购美国怀丁式纺纱机14688锭，年底部分开工。翌年初从利津、安丘等地招募工人进厂训练，5月纱厂正式开工生产，同时向美兴公司加购怀定式纱机4500锭。1921年华新纱厂再次扩大生产规模，添置美国文素式纱机11968锭，用以纺制细纱。至此，华新纱厂资本总额达120万元，纱锭总数近32000锭②。

日本占领青岛期间，日本军政当局对日商投资采取了种种鼓励政策，在地价、税收、运销等方面给予优惠，加上青岛当地劳工工资低廉，腹地原棉运输方便，棉纱市场需求旺盛，以致使日商对纺织工业的投资急速膨

---

① 山东省政府实业厅：《山东工商报告》，1931年版，第10—11页；安源美佐雄：《支那の工業と原料》第1卷上册，1919年版，第218—222頁；濱正雄：《山東紡織業の概況》，1936年版，第23頁。

② 青岛华新纱厂编：《青岛华新纱厂特刊》，1937年版，第1页；周志俊：《青岛华新纱厂概况和华北棉纺业一瞥》，《工商经济史料丛刊》第1辑，1983年6月。

胀。1921—1923 年，青岛日资机器纺纱厂纷起，3 年间纺纱机器进口值达 960 万海关两。1921 年 10 月日商大康纱厂开工投产，1922 年 12 月富士纱厂投产，1923 年 4 月隆兴纱厂和钟渊纱厂相继投产，同年 8 月宝来纱厂投产。1924 年青岛已有 6 家日资纱厂，纺锭总数达 21 万锭，到 1926 年纺锭数进一步增至 24.5 万锭，形成了庞大的日资机器纺纱工业体系①。

为数众多且规模庞大的日商纱厂，对夹处其中的青岛华新纱厂构成极大压力。华新纱厂开办之初，“营业颇为顺利，股息红利甚优”，但是后来因日商纱厂的竞争，生产经营发生困难，1924 年度“竟无余利可分”。为了摆脱经营困难，抵御日资纱厂竞争，在日资纱厂扩张的同时，华新纱厂只得不断设法注入新资金，扩大设备规模，改进生产技术和工艺，努力为企业争取生存空间。

1926 年纱厂购置 2 台合股线机，试验改纺细纱股线。嗣经研究成功，又于 1927 年增加合股线机 10 部、并筒机 6 部、精梳机 6 部、并卷机 1 部，开始试纺 42 支以上细纱。1928 年纱厂将蒸汽动力传动改为电力传动，并添购怀丁式细纱机 5 部，共 1920 锭。1931 年工厂顺应日益进步的纺织新技术，开始仿制日式大牵伸机，同时向上海信昌洋行订购英国斯迈雷式细纱机 22 部，共 8832 锭。1933 年纱厂经理周志俊亲赴英、美、德、法考察纺织技术。次年，纱厂从德、法两国买进烧毛机，从英国购进圆筒精梳机，纺制 60 支烧毛纱线；购进英国机 200 台，日本自动布机 170 台，开办织布厂，并筹办漂染厂；同年工厂还安设大纲领合线机，试纺 6 股纱线，为各地花边生产提供原料，而这些设备和生产技术都是当时日资纱厂所没有的。1935 年，华新纱厂“一方面扩充布厂，凑足五百台；另一方面筹办印花厂，以完成纺、织、染、印四项之连锁”。随着机器设备和生产技术的不断改进，纱厂由起初只能纺 16 支和 20 支纱，逐步发展到能纺 32 支细纱以及 42 支双股线、42 支三股线，后来还试纺成功 60 支双股线并转入批量生产。60 支双股线因技术要求高，当时国内各纱厂极少有能纺制。经过几次增资和扩充设备，到抗日战争爆发前，华新纱厂已拥有近

---

① 滿鐵北支經濟調查所：《北支那工場實態調查報告書（青島之部）》，1940 年版，第 46 頁。

5 万纱锭、500 台织机和全套印染设备，成为纺织印染的全能厂①。正是依靠自身实力的扩充和技术改进，华新纱厂才得以在日资纱厂包围中不被挤垮，生产经营不断有所发展。

1931 年“九一八事变”后，国内掀起了声势浩大的抗日浪潮，“抵制日货”“提倡国货”得到社会各界的拥护响应，包括纺织品在内的国货销路大增，这在一定程度上为国产棉纺织品拓宽了市场，同时也为民族纺织工业提供了发展空间。

1932 年，桓台苗氏资本集团的苗杏村、苗星垣联合张念初、王冠东等工商、金融界人士 50 人，在济南发起创办成通纺织股份有限公司。按招股简章，公司额定资本为 150 万元，计分 15000 股，每股 100 元。公司起初募集股金 75 万元，投资股东共 431 人，其中苗氏资本集团的成丰面粉厂董事投资就占 56 万元，为资本总额的 75%。公司原拟购置新式纱机 1 万纱锭，因募集资金不敷使用，遂通过无锡荣氏资本集团担保，向英商怡和洋行赊购 1 万纱锭的全套纺纱设备，并向安利洋行赊购 1 套 1500 千瓦蒸汽发电机组，另由苗氏集团的成丰铁工厂承制细纱机 40 台及其他配套设备。1933 年 5 月纱厂正式投产，厂内计有工人 600 余人，纱锭 14800 锭。

纱厂投产后，“出品量及销路，均甚畅旺”，“所出之纱，色泽白润，纱条均匀，拈度适当，拉力特强，分量加重，较之内外各厂之出品，实有过之而无不及”②。依靠产品质量，纱厂很快便在济南及周边地区打开了销路，产量和收益年年增加。1934 年棉纱产量 1.4 万捆，盈利 68969 元；1935 年棉纱产量增至 15324 捆，盈利 100542 元；1936 年棉纱产量达 1.7 万捆，盈利达 37 万元③。

成通纱厂开工后短短的几年时间，生产经营规模之所以能获得如此快的发展，其中原因有以下几方面：其一，以盈利转增投资，扩大再生产。纱厂每年将盈利的大部分甚至全部用于设备投资，加之新老股东不断注入新资金，使企业生产规模和资本规模不断扩大。1935 年公司增加纱锭

① 青岛华新纱厂编：《青岛华新纱厂特刊》，1937 年版，第 2—3 页。

② 李寿亭：《仁丰成通两纱厂调查参观记》，《山东工商月报》创刊号，1936 年 10 月。

③ 满鐵北支經濟調查所：《北支那工場實態調查報告書（濟南之部）》，1939 年版，第 43—45 頁。

2000锭，1936年纱锭总数达19600锭，资本总额累计增至150万元。其二，以资本为纽带，建立原料和成品供销网。成通股东中，有不少是花行和花纱布庄商人，通过这些商人，纱厂能够及时掌握花纱布市场交易行情，降低原料和棉纱的购销交易成本。纱厂所需原棉大部由有资本关联的花行代购，生产的棉纱相当部分由纱布庄分销，另有20%靠有投资关联的面粉厂包销给面袋厂。其三，重视生产经营管理。据1935年度成通公司营业报告所言，纱厂“对于生产如何增加，消费如何节俭，机器如何改善，考勤如何从严，工作如何比较，成品如何精良，莫不绳勉从事研究，整饬内部”。严格的管理，使纱厂生产成本大大降低，每件纱的成本由投产初期的40元降至28元①。

与苗氏资本筹建成通纱厂几乎同时，山东工商界知名人士穆伯仁、崔景三、辛铸九、马伯声等十余人，1932年在济南发起创办仁丰纱厂。按所拟招股简章，纱厂额定资本为150万元。次年，发起人以发行记名股票的方式募集资金55.8万元，并向英国普拉特厂订购细纱机30台，纺锭总数12600锭。1934年6月，纱厂正式开机生产。纱厂开工后不久，市场便受“棉麦借款”和“币制改革”影响，纱价大幅上涨，纱厂也因此获利颇丰。1935年纱厂扩大规模，资本总额由55.8万元增至93万元，额定资本仍为150万元，同时增加设备，从三井洋行订购丰田式细纱机6台共2784锭，从新井洋行订购阪本式织布机240台，另从三菱洋行订购和歌山染机、漂染机28台及全套印染辅助设备②。1936年，随着新增设备的陆续投产，仁丰纱厂已成为能够纺纱、织布、印染的全能企业。

抗战前，仁丰纱厂由纺线厂、织布厂、染色厂、发电厂、锅炉房、修机部、花栈和线栈组成，日常生产以纺16支纱为主，兼纺32支、26支和20支纱，另外还专纺22支、23支纱供布厂使用。

仁丰纱厂纺、织、染三个部门的生产都实行流水式作业，其中纺纱厂的生产流程为：原棉—混棉—清棉—梳棉—并条—头道粗纱—二道粗纱—细纱—摇纱—绞纱—打包—入库。机器布列与生产工艺流程相对应，并符合便于传输的要求。纺纱工序中的若干主要机器设备和传动技术，与国内

---

① 济南成通纱厂：《济南成通纺织股份有限公司第三年度营业报告书》，1935年。

② 济南市两会文史办公室：《解放前的仁丰纱厂》，《济南工商史料》第2辑，1987年。

同类纱厂的设备相比，具有比较先进的水平：

（1）清花机，采用普拉特（Platt）最新单程式清花机，有电力自动分配器和沙来尘笼（Shirley cage），因而减少了人工并打手（Beater）的次数。

（2）粗纱机，最初拟采用新式 Simplax Roving 机，由棉条过一道粗纱即至细纱，后因未能购到机器，遂变通采用二道粗纱式，通过技术改造，省略三道粗纱，据称，此项技术当时在国内其他纱厂极为罕见。

（3）细纱机，应用三根罗拉大牵伸（Three rolley high draff），筒管升降增大，纺出的纱纾也相应增大，纱的质量和档次明显提高。

（4）在传动方面，由清花至打包，除钢丝摇纱采用整体传动外，其余均采用单独电机传动，从而减轻了牵伸过程中有害的机械震动，"在我国纱厂传动上开一新纪元"①。

在技术和管理方面，仁丰提出了机械简单化、管理科学化、设备合理化的工厂管理模式，其内容可概括如下：

机械简单化	牵伸加大 筒管增加 工程减少	生产增加 成本降低	人力、物力、财力、效力 最经济之利用
管理科学化	机尽其能 人尽其才 物尽其用	人员减少 工资提高	
设备合理化	设备能率化 工作愉快化 工厂社会化	能率向上 福利设施	

根据管理科学化的方针，工厂设管理员直接管理各道工序，"工人既无只说话不动手之匠目，亦无走来回、管杂事之宕管，职员中之练习生、工匠中学徒等冗员，尤在禁收之列"。管理注重"寓刚于柔，重譬解不重惩罚，非不得已亦不取掉换式之开除"。同时工厂还制定了一系列工作法，纺纱操作"一举手，一移足，均须合标准动作，丝毫不许错乱"。工作法按科学标准制定，旨在提高劳动效率。如按工作法摇一车纱，工人自

① 阙名：《济南新创仁丰纱厂与合理化》，《青岛工商季刊》第2卷，1934年3月第1期。

车首至车尾，来回不过6次，而过去不按工作法自然往返，来回不下十几次。以12小时40车纱计，要多走2000步。各道工序间的输送搬运，一般纱厂由原棉纺成纱，需经过十四五次机械搬运和二十四五次人工搬运。仁丰纱厂按照程序简化的原则，从清花到打包再到纱栈，均设计了合理方法，省略了四五道机械搬运和十几道人工搬运，节省了人力和物力，使费用大大降低①。

由于采取了一系列严格的管理和成本控制措施，加之纱厂设备较新——纺机及配套设备均为1933年出厂，仁丰纱厂生产效率一直处于同行业较高水平，经营盈利颇为可观。1934年，纱厂投产当年即盈利31000元。1935年棉纱产量17280捆，产值319.7万元。1936年棉纱产量12801捆，产值272.7万元，纺纱、织布、染布三项合计，盈利314533元②。

不断更新设备、改进技术以及加强生产经营管理，是华新、成通、仁丰三家华商纱厂在外资纱厂激烈竞争环境中赖以生存发展的关键。而另一家由官僚、军阀私人资本投资经营的纱厂——鲁丰纱厂，则因管理混乱、事权不一、机器设备老化等原因，自1933年起，连年亏损。1933年纱厂亏损33.6万元，1934年亏损26.4万元，1935年亏损18.8万元，当年11月纱厂终因巨额亏损宣告停业倒闭。翌年3月成通纱厂以月租3000元，对该厂实行租赁经营，但仍未能改善经营状况，复工仅4个月即再次停工③。11月成通纱厂董事长苗杏村以个人名义租赁该厂，改名为成大纱厂，重新恢复生产，1937年7月因抗战爆发，纱厂再度停工。

从1919年鲁丰纱厂投产到抗日战争前的1936年，民族纺纱工业有了一定的发展，但是发展的速度并不快，规模远逊于日资纱厂。抗战前民族资本经营的纱厂只有青岛的华新、济南的鲁丰（后改为成大）、成通、仁丰四家，而日资纱厂则有内外棉、富士、公大、隆兴、宝来、大康、上海纺织、丰田八家。1920年华商纱厂纺锭为29964锭，日资纱厂为20000锭；1925年华商为57192锭，日资为253756锭；1930年华商为68684锭，日资为341080锭；1935年华商为104684锭，日资为489620锭；到

---

① 李寿亭：《仁丰成通两纱厂调查参观记》，《山东工商月报》创刊号，1936年10月。

② 満鐵北支經濟調查所：《北支那工場實態調查報告書（濟南之部）》，1939年版，第57—59頁。

③ 同上书，第33页。

1937 年 8 月，日资纱厂纺锭更高达 71 万锭①。如果以 1920 年纺锭数为指数 100，那么，1930 年日资为 1731，华商纱厂为 229；1935 年日资纱厂为 2369，华商纱厂为 379。日资纱厂在纺纱工业中占据了绝对优势，纺锭占棉纺业总数的 81%，产量占总产量的 74%②。

1936 年，华商纱厂资本总额为 756 万元，工厂动力——电力 2400 千瓦、蒸汽动力 900 千瓦，工人 4759 人，纺锭总数 104692 锭，年产棉纱线 68469 包，原棉消耗 24 万担。

纺纱工业棉纱产品大部分在省内销售，尤其青岛纺纱工业，更是以省内作为最大市场。以下是 1930 年代前期青岛纺纱工业棉纱生产与消费统计③：

1930—1934 年青岛棉纱的生产与消费 单位：捆

年份	棉纱产量	棉纱输入量	本省消费量	输出量
1930	180672	71852	220437	32087
1931	179299	58812	208474	29637
1932	206918	46652	234337	19233
1933	217235	20382	202812	34805
1934	210476	27091	216931	20636

棉纱的主要消费市场，一是胶济铁路沿线地区；一是济南周邻地区。作为手工织布业中心的潍县和昌邑，棉纱最高年消费量曾高达 10 万捆，另一织布中心——济南周邻地区，棉纱年消费量也在 10 万捆左右，此外，周村、平度、日照、即墨等地手工织布业每年也消费大量棉纱④。从棉纱需求的变化看，棉纱需求的多寡取决于城镇和乡村手工织布业的消长，而手工织布业的状况，又在很大程度上取决于农业商品化进程和农村市场经济的兴衰，农村经济的萧条会直接影响织布业生产和棉纱的消费。由于棉纱最大的需求对象不是机器织布业，而是手工织布业，因而决定近代机器

① 滿鐵北支經濟調查所：《北支那工場實態調查報告書（青島之部）》，1940 年版，第 45—48 頁。

② 濱正雄：《山東紡織業の概況》，1936 年版，第 9 頁，第 12 頁。

③ 同上书，第 52 页。

④ 郑肇：《山东之棉纺工业》，《青岛工商季刊》第 3 卷，1935 年 6 月第 2 期。

纺纱业生产消长的因素，不是城市消费和机器织布工业，而是手工织布业与农村消费。

棉纺工业对原料棉的大量需求，对农业商品化和农产品流通也产生了深刻的影响。伴随生产规模的不断扩大，纱厂原棉用量逐年增加。1930年山东中外纱厂原棉用量为78万担，1931年突破100万担，约占山东当年棉花产量的一半左右。1934年原棉消耗量又增至114万担。纱厂用棉大部分由本省供应，少部分由外省和国外输入。1934—1935年度，青岛纺纱业共计消耗原棉127.6万担，其中由本省临清、滨州等产棉区购入96.3万担，从河北、河南等省购入23.2万担，从美国、印度购入8.1万担[①]。年复一年大量的原棉消耗，给棉业商品化生产以有力推动，促使棉产区棉花大量进入市场，而棉花在各级市场上的交易流通，则在一定程度上改变着农产品市场的流通结构，使商品流通与工业化进程的联系更为密切。

二　织布技术的改进及其特点

山东织布业和织布技术的改进，有一个从旧式木机到改良铁轮木机、然后到机械动力织布机的发展过程。由于自然经济因素的束缚制约和民族纺织工业发展的迟缓，人力织布机一直与动力织布机并存，而改良铁轮布机则在民国时期的织布业生产中有着特殊重要的意义。

1. 从传统木机到改良铁轮木机

19世纪以前，山东城乡各地使用的织布机绝大部分为抛梭木机（亦称投梭机、扔梭机），织机结构简单，全部为木制，没有传动装置，织布系用手抛梭。因抛梭距离不能过远，用木机只能织窄幅粗布，匹长约1丈4尺至1丈5尺，俗称“小布”或“丈五弦子”。1900年前后，一些地方的木机开始改手抛梭为手拉梭，在原来抛梭机框的两端安设木槽，装设拉梭构件，使工作效率大为提高。原来的木机每织纬线一根都要打筬，并要不时中断工作，转动卷轴卷布；拉梭机可一手拉梭，一手卷布，工作无须

---

① 濱正雄：《山東紡織業の概況》，1936年版，第40—46頁。

中断。拉梭机一人一天可织布六七十尺，是抛梭机的2倍，布幅也增至2尺4寸至2尺5寸[①]。20世纪初，拉梭机尚在刚刚推开使用之时，便为一种新的织机和织布技术所取代。这次改进始于引进日本脚踏铁轮木机。

1905年，沂州府知府托人从日本购进织布铁机，用以更换纺织局的旧式木机[②]。

1906年，东昌府知府在从天津购进轧花机、弹花机、纺纱机的同时，还购进织机一架，试办新法纺织。同年，博平知县兴办纺织局，购进人力布机三架，每机每日可织布四丈有余[③]。

1907年，潍县寒亭人张瑞芝在日本学染织毕业后从日本购回6架铁轮织机。这种布机只需两脚踏动，即能做到全机工作自如，比旧式投梭机或拉梭机功效高而省力，可以织出2尺6寸的宽幅布，而且布的质地光滑均匀，纹理细密。张瑞芝还用学到的新染法配料，试染各种色布，获得成功[④]。

脚踏铁轮织机一般高1.7米，宽约2米。其基本构造分两部分，工作部分为铁制，支架部分为木制。工作部分利用飞轮、齿轮、杠杆等构件，将开口、投梭、打纬、卷布、送经、伸子六道织布工序连成一个整体，由足踏板来作总发动部件，其他构件随之自行工作。铁轮织机不仅织布宽度增加，能够织造“洋布”，而且通过提高投梭打纬速度（每分钟约打纬120次），使织布能力显著提高。另外，织机由于把发动、传动、织布三种基本功能结合于一体，从而使双手从投梭打纬操作中解放出来，大大减轻了劳动强度。

清末民初，山东各县普遍设立工艺局、教养局和工艺传习所，办理织布业，所用织机不少即为铁轮机。私人资本兴办的织布工厂也多采用铁轮织机。民国初年，铁轮机已不再只是依靠从日本购进，国内有不少铁工厂也能制造。此时，济南规模稍大的织布厂大都使用铁轮织布机。如益华织布厂有11架铁轮机，其中3架为济南三义铁工厂制造；长丰织布厂有铁

---

① 滿鐵調查部編：《濰縣土布業調查報告》，1942年版，第28頁。

② 《东方杂志》第2卷，1905年9月第8期，实业，各省工艺汇志。

③ 《东方杂志》第3卷，1907年1月第12期，实业，各省工艺汇志；第4卷，1907年8月第6期，实业，各省工艺汇志。

④ 栾云州：《潍县纺织业发展史话》，《潍坊文史资料选辑》第3辑，1987年10月。

轮机25架，系由天津田村洋行制造；历城监狱织布厂有铁机37架，其中32架由济南三义工厂制造；顺和绢布厂有脚踏机16台，全部为自制；另外，恒顺织布厂有铁轮机12台，文源长织布厂有铁轮机11台。各厂使用的梭子多为日本杉田工厂和平野工厂出品，少数为天津郭天成铁厂制品。铁轮机织布产额，因布的品种和织工技术巧拙而有所差别，普通织工一人工作12小时，可织爱国布（宽幅细布）9—10丈或粗布1匹（约110尺）①。

潍县是山东使用脚踏铁轮机最早且最普遍的地区之一。民国初年，潍县郎瑞东等人从天津购入铁轮布机数架，"回乡推广，传习技术，改良出品，获利颇丰"。用"洋纱"生产白、黑、灰平纹布，质地几可与外国货比美。1912年潍县东乡邓村人胡玉镐从营口学得铁机织布技术，购回铁机从事织布。同期，东乡人胡曰翰从三井洋行购入石丸式铁轮机，在乡里织布。"不数年间，潍河沿岸各庄，如穆村、邓村、石埠子、驸马营、桑园、眉村等地，无不以织布为业"。1915—1916年，仅潍河沿岸各庄已有铁机500架②。

1920年代初，各地手工织布业的改良仍有所发展。1920年，"桓台荣家庄人购洋机织家洋布，邻村效之"，"嗣渐推广，增至四千余张，且改拉梭为足踹铁机"③。同期，济南城关及洛口一带，"购用新机改良织物者，约三十余家，出品为爱国布、提花布、斜纹布、毛巾、织袜之类"。曹县、寿光、临朐、诸城、日照等地，也有部分织布工场和织户采用铁机织布。另外，在菏泽、定陶等经济闭塞落后的农村地区，经县纺织传习所的多方倡导，已开始将投梭机改为拉梭机，结果使织布效率提高1倍，布的长短宽窄也随之统一。1923—1924年间，铁轮机的使用逐渐扩展至潍县南北各乡，织户生产的土布、斜纹布，销售于沙河、黄县、青岛、烟台、徐州、南京等地，年收入达720万两④。

从1920年代中期起，潍县华丰、天丰、洪丰等铁工厂开始批量制造

① 安源美佐雄：《支那の工業と原料》第1卷上册，1919年版，第628—631頁。

② 滿鐵調查部：《濰縣土布業調查報告》，1942年版，第58—59頁；民国《潍县志稿》，1941年版，卷24，实业，工业。

③ 民国《桓台志略》卷2，1933年版，法制略，工商业。

④ 阙名：《山东省之织业》，《中外经济周刊》，1924年12月第93期。

铁轮机，到20世纪30年代中后期，年产量达7100架，十余年间共制造销售铁轮机七八万架，其中大部分销于潍县及省内各县。这期间，铁轮机的性能和机型也有提高和改进，不仅有平纹铁轮织机，而且还有斜纹铁轮织机和提花铁轮织机。普通平纹铁轮机“用法颇简单，一人用足踏动，全机即工作自如”，“每日十小时，织布一百市尺”；提花铁轮机系将普通铁轮机安装提花头及花纹板，提花机依图案花纹的复杂程度而有大小之别。1928年前后，铁轮机只能织经线20支纱、纬线16支纱的粗布和经线32支纱、纬线20支纱的细布，后来铁轮机织布所用棉纱的支数逐渐提高，并朝着织斜纹细布和提花直贡呢的方向发展。至1934年前后，许多织户已能用铁轮机织出42支纱的直贡呢、哔叽、细斜纹布等多种优质细布①。

1935年，潍县德丰、德信亨、聚祥永三家织染厂几乎同时安装了华丰机器厂制造的柴油发动机，用以带动铁轮织机，实行动力织布。德信亨、德丰两家工厂甚至将部分铁轮机木构件完全换成铁构件。“七七事变”前，潍县已有动力织机100余台，其中大半是由脚踏铁轮机改造而成。铁轮机与发动机相连，完成了由人工动力向机器动力的过渡，并能织出礼服呢、法兰绒等高级布料。但是，这种织机因没有经线切断自动停车装置，即使是熟练职工也只能操作2台，所以仍不能与近代化纺织工厂的动力织机相比②。就整个土布织造业而言，织机的使用在整体上一直未能超越脚踏铁轮机的阶段。

然而，铁轮织机却对手工织布业的复兴和发展起了极大的作用。20世纪30年代中期，以潍县为中心的手工织布业达到鼎盛。自清末引入铁轮机后，当地织布业经过一段时期的改进与发展，逐渐成为与高阳、宝坻并列的全国三大土布生产中心之一。据当时粗略统计，潍县布机总数约5万台，昌邑约3万台，寿光、昌乐两县约2万台，单是潍县从事织布业者就约15万人，土布产量1080万匹③。就土布销路而言，销售范围不仅包括河北、河南、山西，而且远及云南、四川、贵州、福建等省。

---

① 民国《潍县志稿》卷24，1941年版，实业，工业。

② 滿鐵調查部:《濰縣土布業調查報告》，1942年版，第30頁，123頁。

③ 实业部国际贸易局:《中国实业志（山东省)》，1934年版，(辛)，第47—49页。

2. 机器织布业的兴起

与手拉梭木机相比，脚踏铁轮织机虽然有很大改进，生产效率提高，但与动力织机相比，效率依然较低。普通动力织机一台，织 14 磅粗布，以每个工作日 11 小时计算，平均至少可出布 50 码，一个织工可管理 4 台织机，平均可出布 200 码，约合 50 丈；而脚踏人力织机，以每人 11 小时工作日计算，至多只能织 120 尺布（合 12 丈）。也就是说，一人使用动力织机的产量为人力织机的 4 倍[①]。

山东最早采用蒸汽动力的织布工厂为济南岱北模范染织公司。公司成立于 1912 年，由官僚马官和等人发起集股，共募集资本 10000 元。厂内除安装脚踏织布机 30 台外，还安装德国造蒸汽机 1 台、整经纬机 1 台、动力织布机 20 台，其中 2 台织机为日本丰田式，其余为山东工艺局铁工厂制造[②]。

20 世纪 20 年代后，青岛一些日商和华商纱厂也相继开始使用动力织布机，而日本纱厂凭借其雄厚资本和先进的技术，在机器织布方面占据了主导地位。1923 年日本钟渊纱厂首先在厂内安装 28 台机器织布机。稍后，大康纱厂也于 1925 年添设机器织布机。1933 年富士纱厂购入织布机，开始机器织布。1935 年华新纱厂自英国购进哈特雷斯织机 250 台，织造 12 磅细布和哔叽、斜纹布等细布，嗣后又添购自动布机 250 台和刮绒机，生产 15 磅绒布。1925 年青岛各纱厂共有动力织布机 1015 台，1930 年增至 4865 台，1935 年达 7316 台，其中绝大部分为日本纱厂所拥有，华商工厂只占极小比例[③]。1936 年青岛各日本纱厂的动力织布机总数达 8800 台[④]。

除华新纱厂外，青岛使用动力织布机的华商工厂，尚有成立于 1928 年的翰成染织厂和成立于 1931 年的和顺染织厂、泰顺染织厂及五福织布

---

① 严中平：《手工棉纺织业问题》，《中山文化教育馆季刊》第 4 卷，1937 年第 3 期。

② 〔日〕青島守備軍鐵道部：《山東鐵道沿綫重要都市經濟事情》下册，1919 年版，第 424 頁；安源美佐雄：《支那の工業と原料》第 1 卷上册，1919 年版，第 629 頁；岡伊太郎、小西元藏：《山東經濟事情——濟南を主として》，1919 年版，第 80 頁。

③ 濱正雄：《山東紡織業の概況》，1938 年版，第 60 頁。

④ 王子健：《日本对华棉业侵略的新阵容》，《新中华》第 5 卷，1937 年 2 月第 3 期。

厂。翰成工厂额定资本5万元，有织工50人，据称“使用最新机器织造并漂染”；和顺、泰顺二厂各有织工80人，“采用机器织布、染布”；五福织布厂规模最大，资本5万元，有织工100人，织布机100余台[①]。

20世纪20年代，济南机械化程度较高的织布厂为辛泰东染织厂。该厂成立于1922年，有电动提花机11台、日本上野式电动平面布机1台，主要生产花格布、花条布、提花布等细布。成立于1935年的中兴诚染织厂，织布设备有丰田式提花机18台，丰田式平面布机2台，染布之外，兼制各种提花布和平纹细布。同期，济南最早的动力织布工厂——岱北染织工厂，也安设了数台电动织机，取代旧的蒸汽动力织机[②]。截至1934年，济南织布业共有织布机1154台，内中铁轮机约600台，电动织布机仅70余台[③]。

1936年，仁丰纱厂成立织布厂，按新生产工艺流程安装经线机3台、动力织机240台、码布机4台，生产12磅和10磅平纹布。后来随着市场需求的变化，又开始生产斜纹布和哔叽布。同年，东元盛铁工厂仿制日本丰田式织布机40台及全套辅助设备，安装于东元盛染厂旧址，专织哔叽布和提花呢一类产品。

近代机器织布企业有三种类型，一类是纺纱工厂附设的机器织布厂，利用本厂生产的棉纱织布，此类织布厂规模较大，动力与纱厂实行一体化，生产效率和效益都比较高；第二类是单独的专门性织布工厂，这类织布厂多由织布工场转型而来，往往手工织布与机器织布并存，规模较小；第三类织布厂以染织厂的形式存在，织染结合，织布是为了给染织工序提供坯布原料，织出的布并不外销。迄于1936年，三类织布工厂的织机总数大致在1万台左右，与当时手工织布业10万织机的景况相比，机器织布业显然还只是处于起步阶段，远未能取代手工织布业。

传统手工织布业，在19世纪末20世纪初曾因国外机制纺织品的大量输入而出现严重的衰落，许多地区（如胶东地区）的织布业在遭受洋纱

---

① 阙名：《青岛工业考察团报告书》，《青岛工商季刊》第2卷，1934年6月第2期。

② 滿鐵北支經濟調查所：《北支那工場實態調查報告書（濟南之部）》，1939年版，第46頁。

③ 山东国货陈列馆编：《济南染织工业》，1935年版，第29—40页。

洋布的冲击之后，大部分趋于消亡。但是1920年代后，手工织布业在一些地区又重现生机，尤其在胶济铁路沿线的潍县、昌邑及济南附近地区，甚至出现相当兴盛的景象。在工业化进程初期，手工织布业在机器织布业兴起之时，之所以没有步手工纺纱业破产的后尘，而能够与机器织布业同时获得发展，并与之顽强并存竞争，一方面固然与大型纺纱企业因纺纱利厚，暂时无暇或不愿投资机器织布业有关，但主要是因手工织布业在经历了生产工具的改进之后，本身仍能适应当时社会下层穿着消费的需要，换言之，能够适应当时市场消费的需求。

手工织布业在经过铁轮机改进之后，劳动生产率和织布质量都有较大提高。二十世纪二三十年代，济南、潍县等地铁工厂生产大量铁轮织机，使农户可以比较容易地购置使用。另外，省内多家机器纺纱厂能够为铁机织布提供各种型号的纱线，使用铁轮机织布的手工织户，可以按照机器染厂的要求，织出幅宽符合机器漂染的坯布，而线庄、线贩及染织工厂则贷放棉纱，收买坯布。这样，手工织布实际上便与上游的机器纺纱、下游的机器漂染衔接在一起，成为一种工业化初期手工业与机器工业衔接的典型现象。在生产方面，农村有大量剩余劳动力，且劳动力价格极为低廉，使手工织布业能以极低的成本进行生产。在市场销售上，手织布因价廉耐穿，适合一般中下层民众需要，依然在城乡各地有着相当广大的市场。正是受上述因素的共同作用，才形成了手工织布业与机器织布并存的状况。

三　机器染厂的兴办与印染技术改进

传统人工漂染，工艺简单，所用工具有染锅、染缸、元宝石等。用天然植物染料染蓝布，一般是先将由蓝靛提取的靛青放入染缸，加入水、石灰和碱，然后把清洗过的白布浸入，翻转捣捶，经24小时浸泡即染成。若染深蓝色，须将染过一次的色布晾干，再如法染两三次。清末，化学染料输入，因其易上染且色泽鲜艳，逐渐替代了蓝靛等天然染料。化学染料漂染，要先将白布用温水洗涤，然后放入染锅中煮炼，再取出用水漂净，经上浆、晒干后，卷在光滑的木轴上，将元宝石（又称石梭，重约百斤）放在木轴上，用双脚踏石往返滚轧，使布光滑无皱，轧好的布又称梭布。

人工印花则是用油纸刻成漏板，铺在布上，刷上石灰糨糊后染色，然后刮去糨糊，就成了蓝色白花的印花布①。

机器漂染，工艺流程复杂，分工细致，大体分加工准备和精炼漂染两道工序。加工准备分连匹和去污两个步骤——连匹是将数匹布缝接在一起，去污则是将布浸泡去除浆垢。精炼漂染，通常先将洗涤过的布入炼釜煮两三个小时，再经清水洗涤，然后进入染色槽染色，上染的布经过扩布、干燥、给湿、上浆、拉宽、出幅、轧光、检尺、折叠等工序，便加工成成品色布。机器漂染与手工漂染相比，不仅效率高，而且布面平整，染色均匀，不易褪色。手工染坊染布，须由踹坊完成平整工序，因而造成布中间有一道明显的折痕，这道直贯一匹布两端的折痕，是当时区别手工漂染和机器漂染的标志。

1920年代，以潍县为中心的土布织造业兴起后，土布产量大幅增长。织布业的发展对漂染业加工规模和工艺水平提出了更高的要求，促使漂染业朝着使用机器动力和新工艺的方向发展。

1923年设立的潍县聚祥永染厂，是山东最早使用机器的印染企业。染厂当时有汽锅4对、轧光机、浆纱机各1台，动力25马力。这家染厂的染色工艺虽然仍为手工，但是对染成布的轧光则使用了动力机器。色布经机器轧光后，避免了踹坊轧布留有的折痕，使色布外观几乎与进口色布相仿②。

1928年，青岛双盛潍布庄经理董希尧集资创办双盛潍染厂，自日本和歌山株式会社购进染色机器。因为初次使用机器漂染毫无经验，开工试车失败。后虽经多次调试，染布效果仍不理想，最后染厂被迫宣告停闭，向外转让机器设备。

1930年，由潍县士绅于均生主持，联合张千臣、郭履平等人，集资3万元，创办大华染厂，并以12000元买下双盛潍染厂的机器设备。经过一年的安装调试，于1931年1月试车成功。工厂投产后，资金告罄，于是吸收昌邑商人王文蔚等资金3万元，以有限责任公司形式共同经营。当时大华染厂设备有染槽6对、水洗漂布机1台、拉宽机1台、烘干机2部，

① 山东大学化学社编：《科学的山东》，1935年版，工业，第6—8页。

② 北支经济调查所：《北支那工场实态调查报告书（潍县之部）》，1940年，漂染业。

职工 100 余人，日产色布 500 余匹。染厂因采用流水式机器作业，提高了劳动生产效率，到 1931 年底已盈利 2 万元。此后染厂的生产经营一直比较顺利，连年获得可观利润，通过部分利润的资本化，企业资本在王文蔚撤资之后，仍比原先增长了 2 倍①。

大华染厂的开办，为潍县机器漂染业开创了局面。继大华之后，元聚染厂、信丰染印公司、德聚染厂、大丰染厂、隆丰染厂、利丰染厂相继成立，1930 年代中期，7 家染厂日染布 3000 匹左右。

1930 年代初，在纺织业比较集中的城市，商人资本创办了一批近代机器漂染工厂。当时周村有人和染厂、东和染厂，济南有利民染厂、东元盛染厂、中兴诚染厂，青岛有阳本染厂、德华染厂等。此外，青岛华新纱厂也在 1935 年购进全套漂染机器，后来又增加了印花设备。而青岛的理化染厂、华盛染厂，济南的普利染厂、恒润生染厂则专事各种纱线漂染。

济南利民染厂创办于 1932 年秋，发起人为王文蔚、赵寿同等人，资本 4 万元。1933 年染厂完成厂房建筑和机器安装，次年春开工。开工后因缺少流动资金，染厂又吸收福升长颜料号、福庆长布庄、同心长布庄资本 4 万元，股本扩大至 8 万元。染厂设备比较完善，有染槽 11 对和水洗机、上浆机、压光机、叠码机、拉宽机、烘干机等机器设备，染布工艺采用流水化机器作业。工厂所用白布多购自潍县手工织户，年染布 2 万匹，产品大部分运销于河南、山西等省②。

济南东元盛染厂，是抗日战争前山东最大的一家机器染厂，它的前身是周村一家创办于 1898 年的手工染坊。1916 年染坊迁至济南，并开始采用化学染料染制土布，在当时为山东最早使用化学染料的漂染作坊之一。1926 年，染坊盈余积累已达 7 万元，具备了购置机器，向机器染布过渡的条件。1929 年东元盛从天津久兴铁厂购进三轴轧光机、喷雾机各 1 部，立式小锅炉 1 台，在部分工序开始使用机器。采用机器后，染厂生产和盈利同步增长，从而使企业经营者增加了发展全套机器漂染的兴趣。1930 年染厂又从上海源兴昌机器厂购进染槽 2 对、筒式烘干机 1 部、30 尺拉

---

① 宋伯良：《潍县最早的机械染布企业大华染厂》，《山东工商经济史料集萃》第 1 辑，山东人民出版社 1989 年。

② 山东大学化学社编：《科学的山东》，1935 年版，工业，第 3 页。

宽机 1 部，扩大机器漂染生产。机器生产提高了色布的档次，销路扩大到西安、甘肃、青海等地，同时盈余也随之增加。经过两年的经营，资金已积累至 20 余万元。这一时期，济南、青岛、潍县三城市机器染厂竞相设立，染厂之间的竞争也愈益激烈。为了赢得市场，东元盛染厂再次扩大投资，扩充设备。1933 年从日本和歌山铁工所购进烧毛机、精炼罐、洗水机、丝光机、叠码机等设备，另外由东元盛铁厂自制染槽 10 对和烘干机、拉宽机、精炼罐、锅炉等设备，在济南北园边家庄购地兴建新厂。1934 年东元盛年染布 10 万匹，生产总值 100 万元①。嗣后染厂又陆续新增三轴轧光机、洗水机、丝光机、拉宽机、跑空机等机器设备，形成日产千匹的生产规模。

机器印染因设备投资大，印染工艺技术不易掌握，发展落后于同期的纺织工业。20 世纪 30 年代，在印染业中仍存在众多的传统手工染坊。据 1933 年统计，全省尚有 212 家手工染坊，染坊资本总额 19. 5 万元，年染各种织品 83. 5 万匹，产值 85. 3 万元。当时染坊染布均已使用化学染料，“所染色彩以蓝色、青色、灰色、印花等居多”，产品在农村市场销路极广②。这样，在印染业中，便出现了机器染厂与染坊长期并存和竞争状态。

---

① 山东国货陈列馆编：《济南染织工业》，1935 年版，第 12 页；张东木：《济南东元盛印染厂之今昔》，《山东工商经济史料集萃》第 1 辑，1989 年版。

② 实业部国际贸易局：《中国实业志（山东省）》，1934 年版，（辛），第 562—590 页。

第五章　丝绸业生产的改进

一　缫丝业的改进

1. 烘茧技术的改进

蚕茧采摘后，或直接用鲜茧缫丝，或腌茧待缫。清代，山东各地一直沿用腌茧贮藏法。腌茧方法系在大瓮内放一竹篦，上置蚕茧，放一层蚕茧撒一层盐，然后用泥封口，25 天后取出。腌茧法与一家一户的家庭手工缫丝相适应，方法简陋，极易影响丝质，不适合大规模处理蚕茧。

1910 年前后，烟台商人从浙江引入烘茧法，在烟台修建烘茧灶加工处理蚕茧。烘茧灶式样与江浙茧行的式样大致相同，只是略简单一些①。

1911 年，临朐县少数丝场也开始采用烘茧灶，在收茧季节以烘茧代替腌茧。由于烘茧价格比鲜茧高两三成，促使各丝场竞相仿效。1921 年春，青州缫丝场刘君轩在济阳县劝业所建起一座烘茧灶，收烘蚕茧。此事传知各乡后，前往烘茧者络绎不绝，每日参观者也很多，不久乡间打算建烘茧灶的就有十几处②。1922 年临朐境内烘茧灶已达 50 余处，此外，昌乐等地丝商也在当地建有数处烘茧灶③。

当时的烘茧灶，烘房系用砖和黏土砌成，每隔 8 尺设一门，地下设火炕，屋内设置棚架，棚上排列苇条箱，使室内热气通畅。生茧装入箱内，放置于棚架上，然后自燃火口烧火，利用热气杀蛹。每室烘茧一次，可烘茧 4 万个，一昼夜可烘茧 5 次④。烘茧法与腌茧法相比，生产效率和茧的

---

① 〔日〕蠶絲業同業組合中央會編：《支那蠶絲業大觀》，1929 年版，第 651—652 頁。

② 田步蟾：《山东各县劝业所十一年度成绩报告》，1923 年版，济阳县。

③ 阙名：《山东之蚕丝业》，《中外经济周刊》，1924 年 11 月第 90 期。

④ 蔡书元：《山东之柞蚕及绸》，《山东实业学会会志》，1921 年 10 月第 5 期。

质量都大大提高，所以到1920年代末，烘茧法已在胶东和临朐、周村等丝产区广为采用。但是，烘茧法也有其不足之处。由于烘茧灶室内温度不均，烘茧的质量有时不能一致，缫丝时茧耗率较大。

民国初年，国内在推广改良烘茧灶的同时，出现了机械式烘蚕厂。1921年后日商青岛铃木丝厂相继在临朐、张店开设了5处烘茧厂，采用日本带川式干燥机烘茧①。带川式干燥机，系在干燥室两边和底面装设烘管，用以调节室内各部分温度，室的中央铺设轨道，以便推运茧笼，室内设有排气洞，两边装设动力风扇，搅动室内空气，排出湿气，以使室内温度均匀。1936年春，临朐蚕丝产销合作社经山东省建设厅介绍贷款，开设烘茧厂，购置日本大和式干燥机一部，当年即代无锡永怡公司收烘鲜茧56万斤②。大和式与带川式的不同之处，在于改人力推运茧笼为循环传送带输送，传送带由机器带动，烘茧无过或不及之弊，有助于提高缫丝产量和质量。新式烘茧机比旧式烘茧灶有许多明显的改进，但因价格不菲，各地多无力购买。1935年全国蚕丝改良委员会曾以低息贷款的方式，鼓励茧行采用机器烘茧，但是迄于抗日战争前，除山东临朐外，国内只有无锡华新丝厂、金坛改良蚕桑区、杭县裕昌新茧行及嘉兴设置了新式机器烘茧设备，其他地区仍在沿用旧式烘茧灶。

2. 由大框缫丝向小框缫丝过渡

传统缫车有手摇、足踏两种，而以手摇车为多，但是不论手摇和足踏，所缫均为大框丝。近代欧洲各国人力缫车也有手摇、足踏两种，但是不论手摇和足踏，所缫均为小框丝。19世纪末，山东缫丝业为适应向欧洲市场出口的需要，小框缫车开始逐步取代大框缫车，缫丝技术也相应出现变化和改进。

传统大框缫丝，使用大框缫车一架，大锅一口，丝框为木制，黄白丝缫丝框周长约16尺，柞蚕丝缫丝框周长5.8尺。缫丝时锅内注水，放入蚕茧和盐煮沸，然后将丝头整理成束，上车缫制。缫丝过程需用二人，一

---

① 林修竹撰，申丙编：《茂泉实业文集》，1926年版，第75页；〔日〕蠶絲業同業組合中央會編：《支那蠶絲業大觀》，1929年版，第65頁。

② 《山东合作事业指导月刊》第1卷，1936年12月第10期，第103页。

人负责以足踏车，运车缫丝；一人负责将丝头十余个整理到铁制集绪器上，上缫车缫丝。大框缫丝，丝缕配合无一定成数，茧数通常在30粒左右，缫制过程不换水，因而丝的纤度不匀，丝条断头多，色泽暗[①]。大框丝只适合乡间机坊织土绸，而不适合出口。据烟台海关报告称："西人所用之缫丝车，直径仅有十六寸至十八寸，华工所用之车则有七十寸之长。西商有数处可用大径之丝，其余均不乐购用。华工缫车较大，故所出之丝因而价贱"。而且使用大框缫丝，"华工往往用茧十个甚至二十个一抽，杂乱无定，以致精细不能一律，西人因而不愿购用"[②]。烟台原本是北方重要的生丝出口港，国外市场对生丝规格的要求和市场价格机制的驱动，必然会促使当地柞丝缫制技术发生变革。

19世纪80年代末，烟台一部分丝坊为生产国外市场需要的小框丝，开始对旧式大框缫车和缫制技术加以改进，将丝框缩小，以4—6茧为一绪，缫制小框丝，使缫成的丝绞周长比原先缩小了二分之一[③]。到19世纪末，烟台各缫丝工场已普遍采用西式脚踏小框缫车，取代了原先的手摇大框缫车。而此时辽东、广东等地缫丝工场仍在使用旧式大框缫车，所缫生丝条分、色泽均不如山东小框丝[④]。小框丝缫制工艺经不断改进，形成了一整套与手工工场生产规模相适应的生产程序。缫丝生产程序分烘茧—炼茧（蒸茧）—除皮—缫丝—烘丝—捻造—装箱等工序，各工序都有专人负责。缫丝前先将蚕茧用碱水漂白，然后将茧放入硫酸稀释液中浸透，再移入清水缫丝锅中，用脚踏缫车缫丝。缫车丝框为六角形，周长4.9尺，以4茧、6茧或8茧为一绪。这种缫法又称水缫法，缫出的小框丝又称药水丝。小框丝丝头少，光泽鲜亮，一般用于制织出口茧绸或直接出口。小框丝有时也以8茧、16茧或20茧为一绪，缫成粗丝，专供乡间织绸使用[⑤]。

---

① 实业部国际贸易局：《中国实业志（山东省）》，1934年版，（辛），第68页。

② 《光绪二十年通商各关华洋贸易总册》，1895年版，烟台口，第46页。

③ Decennial Reports, 1882—1891, Chefoo, p. 67.

④ Decennial Reports, 1892—1901, Chefoo, p. 81.

⑤ 张兆麟：《胶东之丝绸业》，《工商半月刊》第6卷，1934年3月第5期；徐宋园：《山东柞蚕业调查》，《工商半月刊》第7卷，1936年6月第3期；山东工业试验所：《山东工业试验所第一次报告书》，1921年版，（四），第237页。

经过十几年的发展，到20世纪初，烟台已成为国内小框丝缫丝业的中心。1903年烟台有手工缫丝工场16家、机器缫丝工厂3家，计有工人5500余人，年产丝约8250担。1911年烟台缫丝工场发展到40家，缫丝工人达14000余人，年产丝1400担。1912年缫丝工场达44家，缫车总数达14629台，年产量约为157000担①。民国初年为烟台缫丝业发展的鼎盛时期，小框丝产量达2万担，其中有1.4万担用于出口，6000担供烟台织绸机坊织绸。这一时期，全省柞蚕丝年产值达500余万元。但是，在文登、牟平、栖霞、莱阳、海阳等地的100余家缫丝工场，多数仍在使用大框缫丝②，所缫大框丝只能供当地机户织土绸。

随着小框缫丝技术的发展和推广，小框缫丝不仅在柞丝产地逐步推广，而且在桑蚕丝产地也开始盛行。20世纪初，小框缫丝技术传入周村。1902年前后，青州丝商李敬义在周村开设鸿裕丝厂，用人力机缫小框丝。到1911年时丝厂已有缫车100台、缫工200人。1909年，李敬义又集资4万银两，创办新记裕厚堂丝厂，缫制小框丝③。

民国初年，通商口岸的丝栈联络内地丝商，倡导改良丝业，开设改良丝厂，易旧有大框丝为木机厂丝（即小框丝）。由于改良丝厂获利丰厚，于是经营丝业者群起而竞趋改良。1915年临朐第一家小框丝工场——裕成丝厂成立，第二年县内小框丝工场纷纷设立。1917年，牟平人孙子山投资4万银两，在周村开设恒兴德丝厂，安设小框缫车30台，缫制小框丝。1919年，山东省立蚕丝劝业场制丝部从临朐招收徒工，传授制丝技术，徒工学成后由各处丝场聘用，对小框缫丝技术的推广起了一定的推动作用。同年，章丘人张相南、孟希文等人合资10万元，在周村创办同丰公司缫丝厂，创办之初有人力小框缫车100台。此后，周村永聚公等七八家丝厂也相继开始使用小框缫车。随着周村小框缫丝业的发展，临朐、益都、莱芜等县缫制大框丝的手工业者多到周村学习技术，或聘人前去传授

---

① 《光绪二十九年通商各关华洋贸易总册》下卷，1904年版，烟台口，第13页；Decennial Reports，1902—1911，Vol. I，Chefoo，p. 229；〔日〕東亞同文會：《支那省别全志》第4卷，《山東省》，1917年版，第794—814頁。

② 张兆麟：《胶东之丝绸业》，《工商半月刊》第6卷，1934年3月第5期。

③ 淄博市周村区政协文史资料委员会编：《周村商埠》，山东人民出版社1990年版，第84页。

技术。1923 年，临朐小框丝工场发展到 90 余家。由于小框丝丝质好、销路广、收入高，第二年临朐小框丝工场又增加到 130 余家，连同大框丝缫户共 300 余家，季节性缫丝工人七八万人，年产丝 300 万斤，产值达 600 余万元。同期，益都改良小框丝场也达 10 余家[①]。

桑蚕丝的缫制与柞蚕丝有不少相同之处，其基本方法为：安设缫丝锅 5 口或 8 口，列为一排，左端安设煮茧锅，煮茧锅直径 2.2 尺，缫丝锅直径 1.2 尺，锅下有土管通于煮茧灶，以防止缫锅水冷却；缫丝框周长 4.5 尺（约合 1.5 米），其下设有长管，由其外口传送热气，使丝易于干燥，所以用此法缫成的丝亦称"气锅丝"。缫丝时的丝缕配合也有定数，普通为 7 粒茧。男工一人每日可缫丝七八两（旧制 16 两为 1 斤），熟练工人可缫丝九两[②]。小框缫丝虽然仍为手工操作，但规格整齐，洁白光泽，不亚于当时机器厂丝。小框丝所具有的多项优点，使一些丝商往往自农家购进大框土丝，托丝场用小框丝车再缫。再缫丝品质基本与机器丝相同。

第一次世界大战爆发后，生丝在国外市场滞销，缫丝业一度蒙受不利影响。第一次世界大战结束后，生丝销售转旺，缫丝业也随之复兴。1924—1925 年前后，山东家蚕丝业进入最盛时期。各地丝场（厂）纷纷成立，全省共有丝场 360 余家，年产黄白丝达 8000 箱。在桑蚕丝主要产区，小框缫丝基本维持原来的水平。1927 年临朐、益都、周村小框缫丝工场共 148 家，缫车 2242 台[③]。据统计，1930 年山东 26 个产丝县的大框丝产量总共为 478300 斤，而小框丝产量为 462500 斤，与大框丝基本相埒。然而小框缫丝地域分布并不平衡，只在益都、临朐、长山（周村）、莱芜、沂水 5 县盛行，其中临朐、长山、益都三地的产量均大大超过大框丝，而其余 21 县仍继续沿用旧式大框缫丝[④]。

1925 年后，辽东地区输入胶东的柞蚕茧数量逐年减少，烟台缫丝工场因缺少原料也随之减少。1930 年胶东牟平、栖霞、文登共有柞蚕缫丝

---

① 林修竹撰，丙申编：《茂泉实业文集》，1926 年版，第 110 页。

② 伯海：《山东蚕丝业之概况》，《岭南农科大学农事月刊》第 4 卷，1926 年 2 月第 8 期。

③ 满鐵經濟調查會：《山東に於ける工業の發展》，1935 年版，第 44 頁，54 頁。

④ 马云栋：《山东省蚕丝调查报告及改良意见》，《山东建设半月刊》第 2 卷，1937 年 5 月第 10 期。

工场263家，缫车总数8182台，缫丝工9910人，年产量7327担[①]，丝产量比民国初期缩减了三分之二。1929年以后，在国际市场需求减少、丝价波动的影响下，柞蚕丝销路不畅，丝户、丝场屡遭亏折，纷纷歇业，烟台缫丝工场仅存5家。1931年日军侵占东北三省后，柞蚕茧输入几乎停顿，烟台所剩为数不多的几家缫丝工场全部停顿，胶东牟平等地的缫丝工场也所余无几。与此同时，家蚕丝缫丝业因受到进口人造丝及日本生丝的冲击，加之丝业技术进步滞缓，难以适应市场的变化，也趋于衰落。生丝出产最盛的益都、临朐、莱芜等地的丝场，因丝价一跌再跌，赔累不堪，相继歇业，小框丝产量大幅度下降，长山、沂水两地的小框丝工场则全部停缫[②]。1924—1925年，山东生丝年总产值约为390万银两，而1934年出产总值仅三四十万元[③]。在小框缫丝业出现衰退情况下，手工缫丝技术的改进也陷于停顿。

3. 机器动力缫丝的兴起与发展

机器动力缫丝最初为蒸汽动力缫丝，后来发展为电力动力缫丝。机器缫丝厂生产的丝也是小框丝。

山东最早的新式蒸汽动力缫丝，发端于烟台纩丝局。1877年，德国宝兴洋行（Crasemann & Hagen）利用部分华商资本，在烟台成立了山东第一家外商缫丝工厂——烟台纩丝局。1892年纩丝局部分缫车开始使用蒸汽机动力。1899年，华商兴泰商号又投资兴建了第二家机器缫丝厂——华泰纩丝厂。到1903年，烟台已有华丰、华泰、益丰三家机器缫丝工厂，每厂约有缫车700台左右。但是到1906年，因机器缫丝需费浩繁，三家机器缫丝工厂中有两家歇业。德国侵占胶州湾后，德商也开始在青岛经营新式蒸汽缫丝工厂。1901年，德国资本在柏林成立德中蚕丝工业公司。1903年，该公司投资20万马克，在青岛沧口设立大型蒸汽动力缫丝工厂。1908年工厂因股东间发生矛盾而停业，不久转归华商经营。

机器缫丝的优点，一方面，在于改良了缫法，丝经粗细均匀，丝色洁

---

① 滿鐵經濟調査會：《山東に於ける工業の發展》，1935年版，第44頁。

② 张兆麟：《胶东之丝绸业》，《工商半月刊》第6卷，1934年3月第5期；马云栋：《山东省蚕丝业调查报告及改进意见》，《山东建设半月刊》第2卷，1937年5月第10期。

③ 《山东建设公报》，1935年5月第241期。

净，同时丝的伸缩性也增大；另一方面，还在于将大批工人组织在一个工厂内，用机器动力带动数以百计的缫车，工人按分工的原则从事工作，生产规模远远超过传统手工丝场。机器缫丝按所需丝经粗细，用等量的茧来抽缫，丝缕用机器绾绞，缫机的转动由蒸汽机带动，水温也用锅炉蒸汽保持，看管丝经的人只掌握缫丝进程，断丝或乱丝时，只需停下机轮便可接续断经或整理乱经。机器缫丝工人因无须摇踏缫车，缫车转动均匀，故劳动强度比之手工缫车大大减轻，缫丝生产效率也明显提高。

清末民初，机器缫丝业成为民间资本投资经营的方向之一。1911 年，周村裕厚堂丝厂经理李敬义亲往无锡、上海等地参观机器缫丝，并于当年购进和安装蒸汽机及动力缫机，开始机器缫丝。裕厚堂丝厂是当时山东规模较大、设备较先进的一家华商资本丝厂。工厂资本 10 万元，厂内设动力部、蒸茧部、缫丝部和打包部，主要设备有国产卧式三节蒸汽锅炉 1 部、法国制缫丝机 100 台、小型煤油发电机 1 台（供照明用），厂内工人约 260 余人，其中缫丝工 100 余人，其余从事选茧、杀蛹、换缫、打包等项工作。工厂缫丝使用小框，每三人负责缫锅 3 口、丝框 2 架。普通缫工一天定额制丝约 7 两。丝厂全年开工 6—9 个月，平均日产丝 40 余斤（一说 50 斤），1918 年缫丝产量约 100 箱（每箱约 100 市斤）①。裕厚堂出产的生丝，质地优良，一般不在当地销售，而是悉数运往上海出口。

第一次世界大战结束后，周村丝业曾一度发展较快。当地商人资本借丝价上涨，需求增加之机，纷纷追加投资，扩充更新设备，逐步由手工缫丝工场向机器动力工厂过渡。1922 年，周村同丰公司缫丝厂首先改旧式手工缫丝为机器动力缫丝，安设意大利制座缫机 200 台、锅炉 2 部，每年用鲜茧 30 万斤，出丝 180 箱。丝厂产品由胶济铁路转海路运往上海益丰长货栈，再由行栈转销于洋行，输往欧美市场。

1924 年，周村恒兴德丝厂经理孙子山增加投资 8 万两，建厂房 2540 平方米和 37 米高烟囱 1 座，安装炉胆式锅炉 2 部、24 马力单汽缸蒸汽机 1 台、意大利制座缫机 80 台（后又增加 80 台），于翌年开始用机器缫丝。

---

① 〔日〕青島守備軍民部：《山東之物産》第 4 編，《家蠶》，1920 年版，第 72—73 頁；王永熙：《周村丝织业调查报告》，山东工业试验所：《山东工业试验所第一次报告书》，1921 年，（四），第 211 页。

丝厂有技师2人，工人280人。工厂开工后，恰逢国际国内市场对黄丝的需求量骤增，所以生产形势一度很好，每年约生产10个月，耗用蚕茧30万斤，产丝约200箱。与同丰丝厂一样，恒兴德丝厂的产品大部也是经由上海转口，运往欧美市场销售。

1924年，长山人张敏斋投资1万元，设立源丰丝厂。丝厂一开始就采用蒸汽机作动力，缫丝机系济南兴顺福铁工厂仿照日本产品制造，共50台。工厂每年耗用鲜茧6万斤，产丝50箱。

裕厚堂、同丰、恒兴德、源丰四家丝厂实行机器缫丝后，正值生丝价格上涨，因而各厂营业兴旺，获利丰厚。但是到1929年后，欧美国家发生经济危机，蚕丝出口顿减，同时英日等国人造丝大量输入，大部分机坊改织人造丝产品，国内的生丝销路也随之锐减，生丝价格暴跌，每箱丝由20世纪20年代中期时的一千五六百元跌落至六七百元。四家丝厂因经营亏损，于20世纪30年代初相继停业改组。1930年裕厚堂因负债和内部纷争，改组为新记丝厂。同年，同丰丝厂也因亏损日甚，被迫将厂房设备抵押给上海益丰长货栈。1932年，源丰丝厂停业。1933年，恒兴德丝厂也因亏累严重，被迫将全部厂房设备抵押于上海银行及钱庄，改组为安昌丝厂。当时山东各家丝厂共积欠上海丝栈140余万元①。

1933年后丝价稍稍回升，山东省政府根据周村丝业公会的请求，在周村发行丝业救济券，扶持各厂收茧缫丝，随后新记、安昌等厂相继复工。但不久丝价再次下跌，各丝厂的生产旋又受到冲击。此后由于国内外市场萧条，战乱频仍，蚕茧来源减少，丝厂只能实行部分开工，产量始终未能恢复到过去的水平，机器设备和缫丝技术也仍旧停留在20世纪20年代中期的水平上。这期间，周村共有4家机器缫丝厂，资本总额约27.5万元，工人总数近800人，原料茧年耗用量约5100担，缫机总数为510台。

在周村机器动力缫丝业兴起的同时，山东另一蚕丝生产中心——青州也开始出现新式缫丝工厂。最先设立的机器缫丝厂系青州省立蚕丝劝业场制丝部所属制丝厂。该厂于1919年正式开工，开办费约18000元，厂内

① 阙名：《考察胶济路沿线工商状况之随记》，《青岛工商季刊》第1卷，1933年12月第1期。

安设有小型锅炉1台、日本制缫丝机60台。1924年因蚕丝劝业场业务重点转向制育蚕种，制丝厂转归商办，厂名改为同业丝厂①。该厂规模虽小，但使用的却是新式缫丝机器，生产率和出丝质量远比旧式手工缫制优越。在该丝厂的影响带动下，后来当地民族资本开办的德昌福、义泰昌两家丝厂，也相继采用机器缫丝。1934年两家丝厂共有缫丝锅150口②。

日本占领青岛期间。日商先后在青岛和张店投资开设了两家机器缫丝厂。1917年3月，属日本长野县片仓组资本的日商铃木格三郎在青岛设立铃木丝厂，随后不久又在张店设立铃木丝厂分厂。青岛丝厂设在台东镇，1917年7月部分开工生产，最初资本为60万元，厂内有缫丝机200台，工人350人，年产量仅150担。1918年6月，丝厂扩充规模，缫丝机增至520台，年产量增至1000担（黄丝600担、白丝400担），产品全部出口至欧美市场。此时丝厂定名为日华蚕丝株式会社青岛丝厂。20世纪20年代，丝厂规模继续扩大，1923年营业额为银元370万元，1925年达420万元③。同期丝厂资本额达250万元，厂内有5个缫丝车间、2个烘丝车间、3个再缫车间、2个锅炉房，电气动力25马力，缫丝机总数增至736台，另外工厂还拥有回转式选茧台（代替最初的铁索式）、中原式煮茧机等先进设备。丝厂生产由日籍职员管理，工人从当地招募，有缫丝工736人、再缫工60人、选茧女工43人，加上其他工序的杂役，工人总数约1100人。丝厂全年产量为1500担。20世纪30年代初，张店分厂的资本额也达250万元，厂内有蒸汽缫丝机396台，设计能力为年产丝1000担④。

1923年，日商上海制造绢丝株式会社（钟渊纱厂资本）在青岛设立了第三家日资丝厂——公大丝厂。丝厂有缫丝机200台，并安装获得日本专利的新式直缫机26台，该机每台可同时缫制36条丝，每个丝条有自动添绪器和丝框自动制动机，是当时国内较先进的缫丝机械⑤。

---

①〔日〕蠶絲業同業組合中央會編：《支那蠶絲業大觀》，1929年版，第629頁。

②滿鐵經濟調查會：《山東に於ける工業の發展》，1935年版，第54頁。

③刘振刚：《青岛丝线厂与鲁省丝业关系》，《山东实业学会会报》，1920年1月第3期；青岛市档案馆编：《帝国主义与胶海关》，1986年版，第181页，213页，272页。

④〔日〕青島守備軍民政部：《青島ノ工業》，1919年版，第63—64頁；〔日〕蠶絲業同業組合中央會編：《支那蠶絲業大觀》，1929年版，第761頁；滿鐵經濟調查會：《山東省に於ける工業の發展》，1935年版，第53頁。

⑤〔日〕蠶絲業同業組合中央會編：《支那蠶絲業大觀》，1929年版，第667頁。

日本丝厂的设立和扩张，占夺了相当一部分生丝市场，给华商丝厂的生存形成极大的压力。铃木丝厂投产不久，即有人撰文指出：该丝厂专收山东各地黄丝茧，缫成日本“扬返式”丝，“出品优美，颇得西商信用”，运往上海之货，由三井洋行经售，华商自办之丝厂“对此反觉瞠乎其后”①。1919年青岛丝厂的影响已渗透到青州、临朐等地。这一年青州丝业在日本丝厂的竞争下，除兴业丝厂、蚕丝劝业场购进蚕茧维持缫丝外，“其余各丝家均将新茧购妥，干燥完毕，原盘尽售于日人，而实行消极的倒闭政策”②。1930年日商缫丝厂的缫丝机总数已达1332台，而华商机器缫丝厂的缫丝机只有760台，丝产量也只有日商丝厂的一半③。

日商丝厂拥有雄厚资金和先进的设备技术，华商经营的丝厂很难与之竞争，而国内动荡不宁的社会环境，沉重的捐税负担，更是严重阻碍着民族资本在缫丝业中的发展。在“内忧外患”的双重压力下，近代缫丝业始终未能完成由手工缫丝向机器动力缫丝的全面过渡，一直是二者并存，手工为主。

二　丝织业的改进

山东丝织业历史悠久，明清时期，青州府、济南府的传统织绸技术已比较成熟。清末民初，省内逐渐形成了两个制织原料和成品各不相同的丝绸生产区，即以周村为中心的绵绸生产区和以昌邑、牟平、栖霞为中心的茧绸生产区。

1. 家蚕丝织绸业的改良

用家蚕丝（黄、白丝）织成的丝绸统称绵绸，绵绸按织法不同，分绸、绢、缎、绉、纱等几大类。近代，家蚕丝织造业分布于周村（长山）、益都、临朐、寿光、滋阳、滕县、临清等地，其中以周村丝织业最为发达。

周村丝织业原为家庭手工业，织户自备织机一两台，工作全由家人担

① 阙名：《日本改良青岛制丝》，《农商公报》第4卷第10册，1918年5月第46期。

② 刘振刚：《青岛丝厂与鲁省丝业关系》，《山东实业学会会报》，1920年1月第3期。

③ 满鐵經濟調查會：《山東に於ける工業の發展》，1935年版，第53—54頁。

任。清代，周村丝织品销路渐广，在当地出现了雇佣织工常年织绸的机坊。清末民初，随着机坊业的发展，陆续又出现了手工织绸工场，规模大的工场有织机30余台。但是，这些区别起初只限于经营规模的不同和经营方式的差异，织绸业的主要生产工具——织机则没有明显变化，织工使用的仍是传统手织木机。清末，周村专营织绸的商号约有50余家，到民国初年，周村机户、机坊和工场大小合计已发展到400余家，年织绸约20万匹。大的机坊有织机十五六台，小机坊有织机两三台。1915年后，由于吴大洲“讨袁军”的掠抢破坏，周村丝织业遭受严重损失，各类织户仅剩200余户，有织机700余台，年织绸产量下降到10万匹①。另据1919年调查，周村共有各类织户约120余家，提花织机400台②。

当时各机户、机坊和工场使用的织机多为旧式提花织机。提花织机系木制结构，宽5尺，高约10尺。由于机架过高，机台有一部分卧于地下，以便操作。一台织机需织工二人，一人司投梭，一人司提花。织绸工序分以下几个步骤：络丝——将购进的大框丝整理成一定规格的小框丝；刷机——用竹篦和竹签将2400根（或4800根）经丝理顺，以备织绸使用；机织——织绸时，一人脚踏织机踏板，使排列经丝的篦子上下移动，用梭子织纬丝；一人在织机上拉丝提花，制织花纹，纹样用提花综丝支配③。

熟练织工织绸，每台织机两天织一匹绸（每匹宽1.4尺，长54尺）。木机织绸因无捻丝设备，所以只能织单层绸。织工织绸最初采用纬花，清末逐渐改用经花，但因密度过疏，丝条不匀，致使纹样平板，织纹不够整齐。而且，周村丝织业只能织造生货，即以生丝织绸，然后再行精炼染色，以致光泽大减。对此当时曾有调查者指出：旧式织机运转不灵，织物纹样简单平板，只能织单绸，故宜改用加柯尔铁制织机，以期纹样翻新，工艺进步④。

1922年后，华丝葛、线春等丝绸式样开始盛行，此类丝绸花色美观，

---

① 〔日〕青島守備軍民政部：《山東之物産》第4編，《家蠶》，1920年版，第93頁。

② 王永熙：《周村丝织业调查报告》，山东工业试验所：《山东工业试验所第一次报告书》，1921年版，(四)，第210—212页。

③ 〔日〕青島守備軍民政部：《山東之物産》，第4編，《家蠶》，1920年版，第96—98頁。

④ 王永熙：《周村丝织业调查报告》，《山东工业试验所第一次报告书》，1921年版，第210—212页。

市场极为畅销。周村各机坊和织绸工场因使用旧式木机，无法织出同样精细的花纹，为适应市场消费趋势，一些经营者遂开始改用加柯尔式铁木合机。加柯尔式织机机身比木机缩小，转动部分采用铁制部件，并增加了捻丝装置。织机虽然仍系人力带动，但是比木机运转轻捷平稳，操作方便，而且能够织造双绸，绸的丝条也比木机均细。加柯尔式织机最初系日本佐佐木工厂制造，经由上海输入，每台价格250—300元，后来因国内亦能仿制，逐渐改由天津购入。

加柯尔织机织绸，“提花美丽，出品精良”，所以一经引进，便迅速在周村丝织业中得到推广。到1930年代初，周村各机坊和织绸工场已普遍采用加柯尔织机。织绸工具的改进推动了织绸业的发展，1933年周村城区内有字号的机户、机坊和工场发展到513家，业内共有织机1780台，城外乡间机户达一千数百家，拥有织机1720台，城乡织机总数合计达3500台①。因为铁机织品优良，销路也逐步扩展到全国各地，其中尤以东北三省销数为多。

1927年后，人造丝由上海输入，山东各地织户因其价廉，适合社会中下层消费需要，竞相采用。1928年蚕丝价格上涨，更促使人造丝用量激增，过去一向以蚕丝为原料的丝织业，大量改用人造丝。20世纪30年代后，丝织业出品基本以改良葛、中山葛、麻葛、素葛等人造丝织品和混织品为主，纯丝织品数量锐减。人造丝织品充斥丝绸市场，致使家蚕丝织绸业的发展处于停滞状态。

20世纪30年代初，周村个别机坊开始零星试用电力织机。但是，由于绝大多数机坊无资金扩充改进设备，生产只能在旧设备技术的基础上维持，电力织机始终未能在织绸业中推广普及。直到1935年，周村织绸业电力织机共总只有62台，分布于4家绸厂和机坊，对织绸业没有太大的影响②。

2. 茧绸织造业的改良

用柞蚕丝织成的绸统称为茧绸，山东出产的茧绸亦称鲁绸、府绸。近

① 吴英若：《周村一带丝织业调查报告》，《山东省建设月刊》第4卷，1934年1月第1期。

② 雷雨忱等：《建国前周村丝织业的发展和演变》，《周村商埠》，山东人民出版社1990年。

代手工茧绸织造业集中于昌邑、栖霞、宁海以及烟台等地。据19世纪80年代初的调查，昌邑有织机500台，栖霞有织机150台，宁海有织机100台，另外青州有织机10台。烟台开埠后，茧绸便成为山东重要的土货输出品，1875年出口为1000余担，1909年达9460担。据烟台海关报告称，用土制人力织机和柞蚕丝织成的茧绸，在欧洲有着广大的销路，但同时也存着不少质量问题，如“常有疙瘩，没有花纹，染后呈现暗淡的蓝颜色”等①。

茧绸生产技术的改进始于19世纪70年代。1877年成立的烟台纩丝局，在购进外国缫机缫丝的同时，还安设织机200台，由外国技师监督织造茧绸。纩丝局织出的茧绸质量甚佳，部分出品还织有花纹。纩丝局在技术上的重大改进，是解决了茧绸染色问题②。

烟台土制茧绸的最大缺点是不易染色，当时机坊还没有掌握配制着色碱汁的工艺方法，所以染色一向很不成功，染出的颜色暗淡无光，丝经着色深浅不匀，使得绸面——尤其在制成衣服后——状似棋盘格子。烟台纩丝局织成的茧绸，在出厂前都经过一番化学处理，经过处理后的茧绸同桑蚕丝织成的绵绸一样容易着色。尽管这种茧绸比普通手工织成的茧绸成本高，但是因分量重、质地好、花纹精细，在市场上仍很畅销。纩丝局制织的茧绸投入市场后，烟台当地一些织户开始仿效该厂的织绸方法和工艺技术，织造有花纹的茧绸，从而使传统织绸技术得到改进③。

从19世纪80年代起，昌邑、栖霞、宁海三地的织绸业开始逐渐由家庭手工业向工场手工业过渡，到1916年，昌、栖、宁三地的织绸工场总数已发展到97家，织机总数达1087台，年织绸约20万匹。织绸工场一般雇佣织工和辅助工十余人至数十人，拥有织机5—10台，较大的工场有织机30—60台，规模最大的昌邑益丰德织绸场有织机67台④。此后昌、栖、宁以及烟台等地的织绸工场发展益加兴盛。1919年织绸工场总数已达190家，织机总数达6540台，年织绸981000匹⑤。

① Decennial Reports, 1902—1911, Vol. I, Chefoo, p. 229.

② Trade Reports, 1879, Chefoo, p. 18.

③ 彭泽益：《中国近代手工业史资料》第2卷，中华书局1962年版，第96页。

④ 〔日〕青島軍政署：《山東之物產》第2編，1917年4月，第81—85頁。

⑤ 安源美佐雄：《支那の工業と原料》第1卷下冊，1919年版，第91頁。

手工工场织绸，按工艺需要分浆丝、络丝、做穗、刷札、机织、整理等数道工序，各道工序分工细致，相互衔接，有专人操作。19 世纪末，为了适应国外市场需求的变化，织绸工场的织造方法和茧绸花色规格均有一定程度的改进。1897 年后，烟台织绸工场开始按国外市场所需规格制织“重绸”，到 1908 年重绸品种已发展到 20 余种。20 世纪初，不少手工工场改织有别于传统短绸（20 码）的长绸（50 码），原先宽 20 寸的窄绸也几乎为宽 32—33 寸的宽绸和宽 23—28 寸的二宽绸所取代①。另外，当时的手工织绸工场已能织出长流水（蓝条纹）、枣花流水（蓝地白菱形）、白枣花（白地白菱形）、白方格等多种绸样，并能染出黄、桃红、蓝、浅黄等多种花色②。

茧绸本色灰黄，外观不及家蚕丝绸，这是常常影响茧绸销售的一个因素。1905 年后，烟台开始有一两家织绸工场采用薰黄法漂白茧绸，“后来效尤日众，同业中咸皆用之”。经过薰黄法处理的茧绸虽然色泽有所改进，新货易于销售，但是绸的耐力和质地均受到损害，存放时间稍长，特别是遇有潮湿气候，即发生褪色，出现色斑，色泽反不如未薰之绸。出口茧绸经过长途海上运输，受天气影响，绸的质量往往发生劣变，结果损害了山东茧绸的信誉。因此，在 1915 年山东河北绸业公所曾呼吁废止薰黄法，改进漂白方法③。上海的山东籍绸商也于同年成立了整顿鲁绸南北联合会，向上海商务总会和农商部送呈意见书，呼吁革除薰黄、重浆等陋习。山东巡按使则依据该意见书，发布文告，劝谕机户仿照遵行。在官、绅、商各方的倡导下，几年后，织绸工场慢慢不再使用薰黄法，而逐渐改用浓碱和猪胰为原料漂白茧绸④。

清末民初，一方面，因胶东手工业城镇缺乏煤电动力来源；另一方面，因手工工场缺少必要的资金和技术，茧绸业织绸工具的改良进展缓慢，织绸工场仍沿用旧式手梭木机织绸。

---

① Decennial Reports，1902—1911，Chefoo，Vel. I，p. 229；日本外务省通商局：《清国事情》，1907 年版，第 294—295 页。

② 日本外務省：《在芝罘日本領事館管内狀況》，1921 年版，第 168 頁。

③ 山东河南丝绸业公所：《整顿鲁绸之商榷》，《农商公报》第 2 卷第 1 册，1915 年 8 月第 13 期。

④〔日〕青島守備軍民政部：《東北山東踏查報告》，1920 年版，第 109—111 頁。

民国初年，烟台曾有两三家织绸工场试用机器织绸，机器为日本羽二重式织机。机器织绸一人一天能织绸一匹，而手工织绸一人一天只能织半匹，机器织绸织品规格一致，解决了手工织绸长短不一的缺点。但是由于织绸工厂织工对机器操作不熟练，织品经丝整理不匀，易出次品，导致成本过高，难以与手工织绸竞争①。

20 世纪 20 年代前期，茧绸生产技术总的来说没有大的改进，茧绸业的发展也比较沉寂，“绸厂类用旧法纺织”。烟台新式绸厂只有广义一家。该厂有动力纺丝机 8 台、织绸机 6 台，使用 5 马力电机作动力，每台织机每天可织绸一匹。但是工厂“因纺织机少，出品不多，无利可获”②。1928 年烟台共有织绸工场 10 余家，织绸分新法铁机和传统木机两种。规模最大的春泰茂绸厂，除旧式木机厂外，还设有新式铁机厂、练绸厂，两厂机器以电力为动力。铁机厂所用机器分浆丝机、绞丝机、织绸机三种，共 20 余台，铁机织绸每日可织 30 余码。练绸厂设备计有热水机、烘绸房、漂绸房、新式漂绸池、平绸机等。传统练绸方法全靠日晒，新法则部分采用机器烘干，“至舒绸使平，亦恃机器”。使用新法练出之绸，“不但颜色较白，且极为光泽，其绸质之薄者，骤视之颇似杭州纺绸”③。

1920 年代末，茧绸业为世界市场萧条所波及，销售滞阻，加之辽东原料丝的输入逐年减少，三分之二原料靠辽东供应的胶东茧绸业，自然也就陷入困顿的境地。为了就近获取胶东本地原料，改善生产经营条件，1931 年后，昌邑一部分茧绸业资本陆续将资本转入烟台，在当地投资开办起 9 家织绸工厂（场），资本总额达 107000 元。新建织绸企业中有一家使用电动织绸机，三家兼用电动织机和人力织机，电动织机总数为 37 台。电动织机由两人操作，一天可织 20—32 码茧绸，而人力织机由一人操作一天仅织 5—6 码茧绸，电动织机的劳动生产率明显高于人力织机；另外电动织机还在一定程度上克服了人力织机的缺点，织出的茧绸丝经细密，平滑光泽，而且绸幅一致，容易漂染④。

1930 年代，无论蚕丝织绸业还是茧绸业，基本都处于停滞甚至衰落

---

① 安源美佐雄：《支那の工業と原料》第 1 卷下册，1919 年版，第 110 頁。

② 杨立惠：《烟台调查》，《东方杂志》第 21 卷，1924 年 6 月第 12 期。

③ 阙名：《烟台经济状况（续）》，《经济半月刊》第 2 卷，1928 年 6 月 15 日第 12 期。

④ 滿鐵北支經濟調查所：《北支那工場實態調查報告（芝罘之部）》，1940 年版，第 8 頁。

倒退的状态，技术上的改进十分微弱和缓慢。20 世纪 20 年代末，胶东各县有土法织绸工场 500 余家，织机不下 8000 台。到 1932 年前，织绸工场减至二百四五十家，织机减至 4300 台，年产绸 40 万匹（匹长 20 码）。1933 年 7 月调查，织绸工场只剩 140 余家，年织绸 18 万匹。1918—1919 年，每家工场平均有织机 30—50 台，而到 1933 年每家工场织机数平均只有 10 台①。织绸业衰落的原因，除原料丝供应不足、廉价人造丝充斥市场、织绸业普遍开工不足外，还与出口市场萎缩萧条以及织绸业缺乏资金有着直接的关系。

近代丝绸销售市场基本以国外市场为主，尤其是茧绸，“订货者以外商为多”，大部分运销于英国、法国、印度以及香港和南洋群岛。但是 20 世纪 30 年代后，茧绸受到其他纺织品以及日本丝绸的竞争，加之“一般绸商不讲信用，绸内多掺加粉浆，及私自减窄宽度，其信用尽失”，导致茧绸出口市场渐趋缩小。昌邑茧绸因搀浆过重，“信用扫地，几乎不能销于外洋，只销国内”②。但是，丝绸对于当时国内大部分消费者来说，无疑是带有奢侈品性质的商品，难以形成有效的消费需求。1921 年烟台茧绸出口曾高达 18544 担，而 1933 年竟跌落至 2902 担。出口市场的委顿与出口量大幅减少，给茧绸生产以致命打击，许多工场机坊被迫停工歇业，勉强维持开工的业户，也因市场销路不畅，难以通过积累来扩大再生产规模。

手工织绸业的特点是规模小、缺少资本。据 1935 年调查，胶东牟平、栖霞、烟台三地开业的 49 家织绸机坊、工场，资本共总只有 81900 元，年产绸 71450 匹，平均每家资本只有 1671 元，平均每家织绸 1458 匹；同期昌邑有 62 家织绸机坊和工场，经营资本少的只有 200 元，多的也不过六七千元，通常一家绸场只有织机一二十台，织工四五十人，设备简陋，技术陈旧，利润完全建立在织工廉价劳动力的基础上③。织绸工场生产规模狭小，便难以形成足够的资本积累，来支持技术改进和设备更新，使自身由手工工场向机器工厂过渡。

① 张兆麟：《胶东之丝绸业》，《工商半月刊》第 6 卷，1934 年 3 月第 5 期。

② 阙名：《鲁省救济绸业办法》，《中行月刊》第 9 卷，1934 年 11 月第 5 期；徐守围：《胶东柞蚕调查报告》，《山东建设半月刊》第 1 卷，1936 年 6 月第 3 期。

③ 徐守围：《胶东柞蚕调查报告》，《山东建设半月刊》第 1 卷，1936 年 6 月第 3 期。

第六章　农产品加工业的工业化进程

一　机器面粉加工业的进步

传统面粉加工，完全依靠畜力或人力牵动的石碾、石磨磨面，开业的称为磨坊。开埠通商后，外国机制面粉由口岸输入，数量逐年增加。机制面粉的进口改变着城市的消费倾向，“自外粉入境，以其品质较优，于是稍富有者相率摈弃土面，改用洋面”①。此后，随着磨面机器和加工技术的引入，山东机器面粉工业开始兴起并逐渐发展。在这个过程中，起初是由商人投资对旧式磨房加以改进，采用小型蒸汽机或柴油机作动力，置备石磨或钢磨两三盘，兴办新式机器磨坊。机器磨坊不仅规模大于旧式磨坊，而且由于实现了由畜力磨向机器磨的转变，生产效率也大大提高，这对于当时粮食加工业自然起了一种开风气的作用。

1912 年民国成立后，随着城镇人口的大量增加，城镇对机制面粉的需求量激增。在市场需求的刺激下，机器磨坊业以济南为中心，获得了进一步发展。

1913 年，济南兴顺福面粉公司成立。公司创办人为寿光行栈商人张采丞，资本 16 万元。公司机器设备系由英国制造，计有蒸汽发动机 2 台、石磨 4 盘、精麦机 2 台、洗麦机和打麦机各 1 台、输送机 4 部，日产面粉 600 袋。据当时有关调查，公司加工面粉，系从各地采购上等小麦，用清水洗涤干净，去除灰尘，输入辘碎机（打麦机），使麦粒不碎而去麸皮，再以机器石磨磨成面粉。机器加工出的面粉好于旧式磨坊，但与进口品相比仍有两项缺点：一是没有充分干燥，难于久贮；二是面粉中不时有杂物

① 张伟贤：《山东面粉事业之调查》，《商业月报》第 15 卷，1935 年 6 月第 6 期。

混入①。当时公司面粉产量，“昼夜之间，共出磅秤七千余斤”，产品一半在本地销售，一半销往青岛、天津等处②。同年，济南溥利面粉公司成立。该厂资本2万元，有蒸汽发动机、精粉机、打麦机、石磨等机器设备7台，职工24人，日产面粉240袋。1914年，济南第三家机器磨坊恒顺公机器面粉厂成立。该厂资本2万元，有120马力蒸汽发动机1台、各种加工机器8台，职工30人，日产面粉300袋。1918年，金启泰面粉公司在济南商埠开业。设备有18马力蒸汽发动机1台、各种加工机器6台，职工21人，日产面粉140包③。另外当时济南还有一家人和面粉公司，租用滋美洋行机器，专制各种面粉④。

表6　　济南机器磨坊概况表

厂名	开设年份	资本（万元）	职工	日生产能力（袋）	主要设备	
					蒸汽发动机（台）	石磨（盘）
兴顺福	1913	16	55	600	2	4
溥利	1913	2	24	240	1	2
恒顺公	1914	2	30	300	1	3
金启泰	1918		21	140	1	2

以上四家机器磨坊，资本额和生产规模都不大，也没有完整的流水式机器加工系统，企业只有几盘动力石磨，二三十名工人，经营方式与手工工场颇为相似。但是，这些机器磨坊由于已使用机械动力作传动，在使用机器进行生产方面与机器工厂又有着相同之处。这一特点表明，机器磨坊实际是传统手工磨坊向机器面粉工业过渡的中间阶段和企业形式。

第一次世界大战时期，“洋粉”输入锐减，而机制面粉的市场需求却有增无已，1917年前后，青岛当地面粉消费量已在1万吨以上，而济南

① 山东展览会报告编辑处编：《山东物品展览会第一次审查报告书》第2编，1915年版，第216页；〔日〕青岛守备军铁道部：《山东铁道沿线重要都市经济事情》下册，1919年版，第411—412页。

② 叶春墀：《济南指南》，1914年版，第56页。

③ 〔日〕青島守備軍民政部：《山東之物産》，第1编，1920年版，第85—86頁；岡伊太郎、小西元藏：《山東經濟事情——濟南を主として》，1919年版，第63—73頁。

④ 叶春墀：《济南指南》，1914年版，第56页。

的消费量在2万吨左右[①]这种状况给山东机器面粉工业的兴起带来了契机。在这一时期，以工厂化生产组织、新式厂房设施、大马力发动机、整套流水式磨面机器系统为特征的机器面粉厂开始出现。机器面粉厂由钢磨、筛麦机、洗麦机、打麦机、清粉机、麸皮机、打包机等设备组成流水式作业系统，与机器磨坊相比，机械化程度和生产效率都大为提高。同时，由机器磨坊发展至机器面粉厂，不仅表现为生产技术的进步，而且意味着资本组织形式的不同，机器面粉厂大多采用股份有限责任公司制，广泛吸收民间各界入股，初步实现了资本与经营权的分离。正是随着新式机器面粉企业家数的不断增加，才有了近代机器面粉工业的长足发展。

1915年，山东商业银行行长张子衡邀集王少农等人集资22万元，在济南创立山东第一家大型机器面粉厂——丰年面粉厂。当时工厂主要设备有精麦机2组（每组有机器4台）、精粉机2组（每组有机器4台）、钢磨8部、麸皮机2台、传送机16部、打包机10台，另有90马力发动机1部，生产工人40名，面粉日生产能力1600包[②]。1920年工厂因获利丰厚，增招股金，资本额达751900元，并正式注册为股份有限公司。在增资的同时，工厂还扩建厂房，增加设备，以进一步提高生产能力。扩建后的工厂共有新型复式钢辊磨19部，英制500马力内燃机1部，日产面粉增至5700包[③]。

1916年，商人资本在烟台创办的茂兰福机磨面粉公司投产。公司有资本30万元，设备生产能力为日产面粉3000袋。1921年公司停业，1922年改组为瑞丰面粉厂[④]。

1916年6月，济宁人刘韵樵（字赓勋）在当地发起创办济丰面粉股份有限公司，资本20万元，主要股东有吕仲符、刘子玉、靳云鹏、张勋、潘复、褚玉璞、许佩云等人，上海阜丰面粉厂以全套旧设备入股。该厂设

---

① 〔日〕青島守備軍民政部：《青島ノ工業》，1919年版，第34—35頁。

② 岡伊太郎、小西元藏：《山東經濟事情——濟南を主として》，1919年版，第72—73頁；〔日〕青島守備軍鐵道部：《山東鐵道沿綫重要都市經濟事情》下册，1919年版，第409—411頁。

③ 苗永荃：《解放前的济南机制面粉工业》，山东省政协文史资料委员会编：《山东工商史料集萃》第1辑，1989年。

④ 〔日〕青島守備軍民政部：《山東之物産》第1編，1920年版，第85—86頁。

备为美国爱礼斯厂1904年制造，计有钢磨12部、打麦机2台、刷麸机和扒砂机各1台、精粉机4台、漂粉机3台、250马力蒸汽机1台以及打包车、缝口机等。1917年工厂开始安装机器，翌年7月正式开工生产，日加工小麦300石（1石约合320斤），出产面粉2100袋。当时面粉厂生产的宝塔牌面粉，因质优价廉，畅销京、津等地，开工一年多即获利20万元。1920年工厂增添新磨10部、500马力蒸汽机1台，资本也增加至40万元，日产面粉增至4000袋①。

1918年，济南商会会长穆伯仁与王兴斋等人集资30万元，在济南创办惠丰面粉厂。是年修建厂房，安装美制"脑达克"复式钢辊磨6部，于次年8月正式开工生产。工厂投产后，产销两旺，1921年春续增资本20万元。1924年面粉厂因粉尘爆炸，厂房设备俱被烧毁。1927年工厂重建制粉车间，安装美制32英寸和36英寸复式钢辊磨各6部，以及瑞士360马力蒸汽机、英国"拔柏葛"锅炉等设备，生产规模也有所扩大，日产面粉达3600袋②。

在惠丰面粉厂兴办的同时，无锡荣宗敬的茂新面粉公司在济南设立茂新第四厂。1919年5月工厂正式开机生产。当时工厂拥有英制复式钢辊磨12部，德制250马力煤气内燃机1台，全部设备投资18万元，日产面粉2800袋③。

第一次世界大战时期，日本工业资本借欧洲各国忙于战争、无暇东顾之机，利用占据青岛和胶济铁路的有利条件，扩张经济势力，投资经营机器面粉工厂。1918年1月，日商开设的青岛制粉公司正式投产，公司资本额达50万元，雇佣工人43人（后来增至72人），日生产能力2400袋，年产近34万袋。1919年日商又在济南开设满洲制粉厂。工厂有工人65人，日生产能力3200袋④。但是这家面粉厂开工不久，即遇抵制日货运

① 〔日〕青島守備軍民政部：《大運河及鹽運河沿岸都邑經濟事情》，1922年版，第210頁；仲跻忠等：《济丰面粉公司今昔谈》，《山东工商经济史料集萃》第1辑，1989年。

② 山东省政府实业厅：《山东工商报告》，1931年版，第2—3页；王庆通等：《惠丰面粉厂简史》，山东省政协文史资料委员会编：《山东工商经济史料集萃》，第1辑，1989年。

③ 山东省政府实业厅：《山东工商报告》，1931年版，第4—5页；继頎：《面粉业调查》，《东方杂志》第22卷，1925年11月第22期。

④ 〔日〕青島守備軍民政部《青島ノ工業》，1919年版，第33頁；《山东实业学会会报》，1921年10月第5期，调查。

动，面粉销路滞阻，生产时常停顿。1923 年该厂因经营困难，改组为三吉磨坊。

1915—1925 年，是山东机器面粉工业发展的“黄金时期”，这一时期单是济南就先后有 9 家机器面粉厂开业投产，机制面粉最高年产量达 1000 万包（每包 44 斤）。1920 年华商资本先后开办恒兴、正利厚两家面粉厂，1921 年华庆面粉厂投产，1922 年民安、成丰两家面粉厂相继投产，1925 年同丰面粉厂开业。新开业面粉厂以华庆、民安、成丰三家规模最大，而且机器设备也比较先进。

华庆面粉厂系寿光籍行栈商张采丞、冷镇邦等人于 1918 年出资组建的股份制企业，资本总额 30 万元。1921 年工厂建成投产。生产设备最初为美制“脑达克”复式钢磨 6 部，1926 年又增加钢磨 6 部；动力设备原为兴顺福铁工厂制造的兰开夏式锅炉和 1 台 180 马力蒸汽发动机，后因设备效能低、耗煤多，于 1924 年另行安装英制“拔柏葛”水管式锅炉 3 台，400 马力蒸汽机 1 台。工厂职工约 160 人，日产面粉 5700 袋①。

民安面粉厂创办于 1919 年，投资者中有张怀芝、王占元、靳云鹏等官僚，资本总额达 101 万元。1922 年民安厂建成投产后，虽然资本和设备规模较大，加工机器比较先进，但是由于工厂经营管理大权为少部分不懂技术和管理的官僚所把持，资金使用不当，浪费严重，经营效益一直很差。

成丰面粉厂由桓台苗氏资本集团的苗杏村、苗星垣联合商人王冠东等人，集资 20 万元创办，其中苗杏村的恒聚成粮栈出资 4. 6 万元，苗星垣、王冠东的同聚长粮栈出资 3. 66 万元，广茂恒银号出资 6. 1 万元。1921 年工厂通过无锡荣氏资本集团从国外赊购面粉加工机器，计购进美国鲁滨逊厂复式钢辊磨 7 部、英国马旭尔厂锅炉 1 台和 15 马力发动机 1 台。1922 年工厂正式投产，日产面粉 2000 袋。当年获利全部转作投资，使企业资本额增至 30 万元。此后，企业的设备和资产每年都有所扩大，1923 年资本增至 60 万元，1924 年达 100 万元（实收 71. 45 万元，1927 年凑足），

---

① 山东省政府实业厅编：《山东工商报告》，1931 年版，第 6 页；继颀：《面粉业调查》，《东方杂志》第 22 卷，1925 年 11 月第 22 期；苗永荃：《解放前的济南机制面粉工业》，《山东工商经济史料集萃》第 1 辑，1989 年。

复式钢辊磨也增至19部，并增加了2台锅炉和1台350马力马旭尔发动机。1929年工厂又购进1台瑞士苏尔寿厂850马力发动机。当时厂内有职工240人，日产面粉5000余袋。1932年成丰面粉厂自制钢磨6部及打麦机、淘麦机、筛麦机等配套设备，使全厂钢磨总数达25部。厂内职工251人，日产面粉达8000包①。此时的成丰面粉厂已成为山东设备规模最大、产量最高的机器面粉生产厂。

1920年代初，随着资本的不断集中和生产规模的扩大，济南实际已发展成为山东机器面粉工业的中心和国内机器面粉工业的重镇。在这之后，青岛、潍县、益都、泰安、周村等城镇的华商资本为占据本地面粉市场，也先后在当地开设了机器面粉厂或机器磨坊。青岛主权收回后，日资青岛制粉公司和另外两家日资机器磨坊因失去政治奥援，无法继续其经营，华商利用这一有利条件，在青岛开办了恒兴第二面粉厂和双蚨面粉公司。

恒兴公司的前身是1917年创办的华商中兴面粉公司，1923年中兴厂失火被毁，无力复工，遂由济南恒兴面粉公司经理宫叔芳收买，改为恒兴面粉公司第二厂，资本共计27.5万元。面粉厂由恒兴接办后，营业并未见好转，截至1929年秋已累计亏损4万余元。于是公司股东被迫将资本转让，实行改组，重新添招新股7.5万元，新老股东资本共计30万元，公司也改称为恒兴面粉有限公司。改组后的企业“将内部大事扩充，自此营业逐渐畅旺，年可盈余四五万元”。1930年公司共生产面粉45.8万袋②。

双蚨面粉股份有限公司成立于1928年，由青岛商人薛相臣、陈祝三等人以募股方式开办。公司先后招股3000股，每股100元，共募集资金30万元。双蚨公司设备多购自美国，有成套面粉加工设备26台，总动力575马力，年产量30万袋。

1920年代后，华商面粉厂的资本规模和生产能力已大大超过日资面粉厂，在行业和市场竞争中占据优势。这种优势的确立，在很大程度上赖于商人资本向工业资本的转化以及二者的合二而一。例如成丰面粉厂的创办人苗星垣、惠丰厂经理穆伯仁、丰年厂经理孙墨村等人，都是桓台帮粮

---

① 山东省政协文史资料委员会等编：《苗氏民族资本的兴起》，山东人民出版社1988年版，第55页，71—73页。

② 青岛市社会局编：《青岛市面粉业调查》，1933年版，第1—2页。

栈商人出身。桓台帮商人资本一直在济南粮栈业中居主导地位，“因乡谊关系，无形中各得援助，消息之灵通，别家不能敌”，而苗星垣本人更是“久操粮业，经营成效显著”[①]。另外华庆厂创办人张采丞、济丰厂创办人刘韵樵也都是经营粮栈起家。工业资本与商业资本的这种源渊关系和交叉经营，不仅给企业生产提供了资金，而且给原料采购和面粉销售提供了便利渠道，从而使企业经营成本大大降低。

近代机器面粉厂，设备投资规模非机器磨坊可比，流动资金的占用也较多，对于资本薄弱、积累不足的华商而言，单靠个人独资创办经营无疑有相当难度和风险，因此华商面粉企业几乎从一开始就采取了股份制的资本组织方式。依靠股份制募股形式，企业不仅吸收了大量商人资本投资，而且还吸收了一批官僚私人及社会其他阶层的投资。山东督办张怀芝、江西督军采成勋、湖北督军王占元、山东督军田中玉等人就分别在丰年、民安、华庆等厂有投资。随着企业的发展，后来各厂陆续增资扩股，官僚士绅见有利可图，投资更进一步增加。成丰面粉厂1924年增资时，就曾接纳了部分官僚投资。企业通过股份制广泛吸收社会资金，有助于资本向工业部门的转移和集中，也有利于产业规模的扩大和技术改进。尽管当时股份制面粉企业还带有某些传统合伙人经营模式的痕迹，但是企业毕竟在一定程度上体现了股权（资本）和管理权（经营）的分离，为企业资本的有效运作创造了条件。

在内部因素和外部环境的推动下，1920年代初，山东面粉工业的发展达到鼎盛，当时“因面粉价昂，而市场需求甚切，各厂营业俱称发达”，赢利颇为可观[②]。1922年后，发展势头趋缓。由于江南市场为进口面粉侵夺，迫使上海、无锡等地面粉厂以低价“洋麦”制粉，向江北地区市场拓展，结果使济南面粉工业的外销市场受到影响，同业间的竞争也日趋激烈，这时一些开办较早、设备陈旧、规模小及资金缺乏的面粉厂便陷入困境。1925年兴顺福、正利厚先后歇业。1928年日本军队在济南制造“五三惨案”，导致市场委顿、交通中断，工商业受到很大冲击。是年，同丰厂歇业，恒兴厂改组为宝丰面粉厂。多家面粉厂经营出现亏损，

① 山东省政府实业厅编：《山东工商报告》，1931年版，第8页。

② 张伟贤：《山东面粉厂事业之调查》，《商业月报》第15卷，1935年6月第6期。

民安厂 1928 年因停工亏损 1.7 万元，1929—1930 年累计亏损 6.6 万元；丰年厂 1927 年尚能盈利 8 万元，1928 年盈利下降一半，1929 年因受山东商业银行倒闭连带影响而一度停工；茂新四厂 1928 年停工，1929—1930 年亏损 8 万元。这一时期只有个别企业因增加新设备、生产效率提高而获利。如惠丰厂 1927 年重建，安装复式钢磨 12 部，于次年赢利 10 万元，1929 年赢利 12 万元。经营状况最佳的成丰厂，因设备新，管理比较完善，1927 年盈利 15 万元，1928—1930 年累计盈利 37 万元①。1932 年成丰厂凭借资金实力将停业的民安厂兼并，改组为成记面粉厂。

1931 年南京政府与美国订立借购小麦 45 万吨的协议，1933 年又与之签订“麦棉借款”合同，于是美国小麦和机制面粉大量涌进，导致国内小麦、面粉价格暴跌，面粉价格由每袋 3.2 元跌至 2.2 元，民族资本的面粉工业再次出现新的危机。成丰、惠丰、宝丰、成记等厂均出现程度不同的亏损。其他未亏损的企业，赢利水平也大幅下降。迟至 1934 年，面粉工业才逐渐出现转机。1935 年，南京政府实行币制改革，米麦及面粉进口税率增高，刺激粮价上涨，市场对国产面粉的需求也有所增加。各面粉厂借机囤购小麦，竞相扩大生产，面粉工业在经过复苏之后又重新兴盛。

迄于 1934 年底，济南、青岛、烟台、泰安、济宁等地共有华商机器面粉厂 12 家，资本总额 3957600 元，年产面粉 825.8 万袋（每袋重 49 市斤），产值约 2339.6 万元。各面粉厂共有面粉机 159 台，机器设备大都购自美国，少部分为英国、德国制造。另外还有 5 家机器磨坊，资本额 21800 元，年产面粉 34450 袋，产值 89100 元。机器面粉厂年加工小麦约 460 万担，机器磨坊年加工小麦 1.7 万担，二者合计约占山东小麦年产量 4936 万担的十分之一②。

表 7　　1934 年机器面粉厂统计

厂名	厂址	成立年份	性质	资本额（元）	工人数	年小麦消费量（担）	年制粉量（袋）	年产值（元）
丰年	济南	1915	股份	751900	88	327458	578000	1703200

① 山东省政府实业厅：《山东工商报告》，1931 年版，第 1—8 页。
② 滿鐵經濟調査會：《山東に於ける工業の發展》，1935 年版，第 61 頁。

续表

厂名	厂址	成立年份	性质	资本额（元）	工人数	年小麦消费量（担）	年制粉量（袋）	年产值（元）
惠丰	济南	1919	股份	500000	90	600000	1100000	330000
茂新	济南	1919	合资	250000	96	363309	623326	1832925
华庆	济南	1921	股份	308700	74	650000	1000000	2700000
成丰	济南	1921	股份	700000	151	1100000	200000	5700000
宝丰	济南	1929	股份	200000	69	290000	490000	1600000
成记	济南	1932	股份	200000	94	462000	84000	233000
恒兴	青岛	1924	股份	300000	66	225000	450000	121500
双蚨	青岛	1928	股份	300000	165	210000	420000	1034000
瑞丰	烟台	1922	股份	297000	68	113000	185000	481000
仁德	泰安	1929	合资	50000	28	15000	72000	250000
济丰	济宁	1922	股份	100000	50	240000	500000	1250000
合计				3957600	899	4595767	8258326	23396125

资料来源：满铁经济调查会：《山东に於ける工业の发展》，1935年版，第64页。

二　手工榨油向机器榨油的过渡

传统土法榨油工艺简陋，生产率也很低。其方法是先将花生或大豆用石碾压碎成粉末，筛出后放入锅中蒸热，再用麻布包好，放入木制的压榨机中，靠人力打入木楔，将油慢慢挤压出来。

还有一些地区的花生油坊，采用重力式榨油。其榨油程序为：先将花生连壳焙热，放入石碾碾碎，再将花生碎末蒸制，然后榨油。榨油时，安放一大石槽，槽上安放凿有数孔的石条，将蒸制过的花生碎末用稻草包好，围以铁圈，放置石条上，这样一层层叠放十余圈至二十余圈；随后将横压木杆压在铁圈上，一端插于自上而下凿有数孔的铁柱中，另一端悬挂巨石，靠巨石的重力施压，使圈内的花生因受重压而榨出油，油从石条孔中流入石槽。经过压榨后，环中碎末逐渐压实压低，这时将巨石卸下，把木杆再插入下一孔，另一端重新悬挂巨石，进行第二次压榨；当压至花生碎末与铁圈齐平时，花生油基本榨出，铁圈内所余残渣即为花生饼①。

19 世纪末 20 世纪初，山东手工榨油业曾兴盛一时，豆油、豆饼和花生油成为口岸重要的出口土货。光绪末年，仅烟台一地即有油坊 56 户，油碾 147 盘；胶州、登州各有油坊 30 户，其他县份也有为数可观的手工油坊。1908 年烟台一些资本雄厚的油坊从日本进口了一批蒸汽榨油机，用以代替传统的手工榨油。到 1911 年底，烟台已有 12 家榨油工场安设上蒸汽榨油机②。

民国初年，烟台已有部分油房开始试用柴油发动机和磨碎机加工原料，机器通常由大连购进，功率一般为 16 马力。1915 年，烟台 33 家油房中已有 6 家油房使用柴油机和磨碎机③。但是 1918 年后，由于东北大豆输入减少以及大连、营口机器榨油业兴起，以烟台为中心的沿海地区大豆榨油业大受影响，许多油房陆续迁往营口等地营业。1921 年烟台油房减少到 18 家，机器榨油工场仅剩 1 家④。

在沿海地区大豆榨油业由盛转衰之时，花生榨油业却因花生油的大量出口而日见兴盛。1908 年青岛的德国商人首次将花生油试销欧洲，此后输出量逐年递增，1913 年青岛港花生油出口量达 14.7 万担。第一次世界大战后，“由青岛输出的花生油约占全国输出总数的半数左右”⑤。受口岸输出贸易的影响，新式机器榨油在青岛和花生集散市场济南等地兴起。1915 年日商峰村洋行在青岛设立精油工场，1917 年又有日商东和油房成立。迄于 1922 年，日商共在青岛设立了 15 家机器榨油工厂和精制油工厂。日本榨油厂资本雄厚，设备先进，控制了整个青岛的榨油业。当地华商“虽有数十家之油坊，不能敌日商一家之产量”⑥。以东和油房为例，该厂资本达 100 万元，厂内分选实、粉碎、电气、煮压、精制、粉渣、干

① 阙名：《中国花生与花生油之调查》，《工商半月刊》第 4 卷，1932 年 4 月 15 日第 8 期。

② 田原天南：《膠州灣》，1914 年版，第 410 頁；Decennial Reports，1902—1911，Vol. I，Chefoo，p. 230.

③ 〔日〕東亞同文會：《支那省别全志》第 4 卷，《山東省》，1917 年版，第 711—714 頁。

④ Decennial Reports，1912—1921，Vol. I，Chefoo，p. 199.

⑤ Decennial Reports，1912—1921，Vol. 1，pp. 221—222.

⑥ 民国《胶澳志》卷 5，1928 年版，食货志，工业。

燥等加工车间，主要设备有英、美制造的水压式压榨机（Hydrolic Plate Press）16 台及自动选实机、粗粉碎机、细粉碎机等，工厂雇佣男工 200 人、女工 250 人，日加工花生 25 吨（后增至 50 吨），精制油 13 吨[①]。

华商机器榨油厂集中于泰安、济南等地。1919 年 4 月，泰安商人在大汶口创立永丰机器榨油股份有限公司，投资 30 万元，购置汽压机，从事新法榨油。大约同期设立的还有济南恒升和机器榨油厂。1922 年和 1924 年，又有同丰太、东裕隆两家机器榨油厂先后成立，其中东裕隆设备较好，资本 10 万元，采用水压机榨油。

从 1920 年代初到 30 年代中期，山东不少地方盛行改良式土法榨油，即原料粉碎采用电动磨碎机或柴油磨碎机，榨油则使用传统楔式或手工螺旋式榨机。例如青岛的改良油房，通常使用 5—7 马力电动磨碎机（俗称“压豆滚子”）粉碎原料，榨油则使用人力螺旋式榨油机。据调查，1933 年省内（不包括济南）共有改良油房 26 家，其中青岛 11 家、长山 4 家、邹平 2 家、桓台 3 家、临清 2 家、牟平 1 家、临朐 1 家、夏津 1 家[②]。这种机器与手工并用的改良式油房，与早年烟台的机器油房一脉相承，是传统手工业向机器工业过渡的产物，而创办于 1909 年的济南兴顺福榨油工厂即是这类改良油房的典型。

兴顺福油厂在 20 年代中期是济南最大的榨油工厂。厂房为三层楼建筑，顶楼安设筛尘机 1 部，一楼有转轮机（磨碎机）3 台、加热器 6 座、螺旋压榨机 80 台。工厂榨油方法系将原料由动力输送带送至三楼筛机，筛去原料中的尘土后，送至二楼“使浆”（即用水喷湿原料），然后下送至一楼转轮机，转轮机二轮反向运转，原料经二轮碾压挤成扁片，在加热器内蒸两三分钟后装入草包，用铁圈圈成饼形，置于压榨机上，叠放十余层至顶部，顶为螺旋，用人力推木杠转动螺旋使之下压，油即被榨出。螺旋榨油每次费时约 6 小时左右，每 120 磅豆子约可出油 17 斤，每 100 斤花生约可出油 30 余斤。兴顺福油厂当时日产油约 3 吨[③]。螺旋式榨油虽比旧式楔式榨油工艺有相当改进，但是与机器榨油相比仍不免费时费力，

---

① 〔日〕青島守備軍民政部：《山東之物產》第 1 編，1920 年版，第 34—36 頁；〔日〕青島守備軍民政部：《青島ノ工業》，1919 年版，第 49—50 頁。

② 实业部国际贸易局：《中国实业志（山东省）》，1934 年版，（辛），第 163 页。

③ 刘向荣：《我国榨油工业之调查》，《自然界》第 1 卷，1926 年 9 月第 8 期。

且出油率较低。

近代机器榨油，从原料筛选到制精油，全部采用流水式机器作业。其加工方式基本分三种：一种为英美式（Anglo - American type）；第二种为笼箱式（开基式，Cage Type）；第三种为安得孙式（Anderson expeller）。前两种方法使用的均为水压机，第三种方法当时国内尚无工厂采用。

近代山东，使用水压机的榨油厂多为日商开办，国内商人资本因资金和技术条件的限制，只有少数几家工厂采用。日商经营的英美式榨油工厂以东和油房为代表。该厂拥有水压机 16 台、原料粉碎机 3 台、加热机 7 台、压水泵 3 台、锅炉 2 台、电机动力共 200 马力，月生产能力为 800 吨。东和油房的榨油方法为：先用磨碎机将花生碾碎，然后采用冷榨法榨出头道油，冷榨后的残渣加热至 32℃，再由 350 个大气压的水压机进行第二次榨油，第二次榨制后的残渣，再加热至 50℃—55℃，进行第三次榨油，这时榨出的油不能食用，专供制造肥皂原料、油布、灯油用。土法榨油出油率最高只有 34%—37%，而机器榨油出油率则为 37%—42%[①]。华商工厂迟至 30 年代才采用水压式工艺榨油。1934 年，华商在青岛创立义利油厂，投资 20 万元，安装水压式榨机 16 台，电机动力 150 马力，年产油 7000 吨，油饼 10200 吨。但是工厂开工不久，便于第二年秋停业[②]。

使用笼箱式榨油的工厂以日商蜂村油房为代表。笼箱式榨油生产也是使用水压机，榨油前先将原料放入大滚子机碾轧，原料碾成细末后流入原料井，再装入蒸机经 90℃高温蒸制，随后输入蒸汽压油桶，桶的四周密布针状细孔，原料装至桶箱口后加盖铁板，然后开动吹水机，将 200 吨的压力送入蒸汽压油桶，使汽力下压闸板，这时油便因受压从铁桶四周针状细孔中流出[③]。蜂村油房于 1923 年开始使用笼箱式水压榨机榨油，厂内有水压机 1 部、美制笼箱榨机 4 台、英制笼箱榨机 6 台，机器总功率 200 马力。工厂有工人 130 人，年产油 7020 吨，饼粕 10260 吨。此外，成立于 1932 年的华商昌兴榨油厂，也采用笼箱式机器榨油，厂内有水压机 1

① 〔日〕青島守備軍民政部：《山東之物產》第 1 編，《落花生》，1922 年版，第 29—36 頁。

② 滿鐵北支經濟調查所：《北支那工場實態調查報告書（青島之部）》，1940 年版，第 68 頁，699—700 頁，749 頁。

③ 实业部国际贸易局：《中国实业志（山东省）》，1934 年版，（辛），第 183 页。

部、笼箱式榨机 2 台，日产油 20 吨①。

新式机器榨油工厂虽然在部分城镇有所发展，但是在当时社会经济条件下，由于外国资本企业的竞争和对市场的垄断，华商资本的生产积累和发展举步维艰，兴办机器榨油厂的尝试屡遭挫折。相对于整个榨油业而言，传统土法榨油仍为大部分地区的业主所沿用。据统计，1914 年山东共有土法油坊 6448 家，雇工 25189 人，年榨油产量 4420 万斤，产值 1038 万元。1919 年后，虽然土法油坊家数大幅度减少，但榨油产量反而增加。1933 年土法油坊共 1800 家，年榨油产量 7291 万斤②。另据统计，1930 年青岛共出口花生油 70 余万担，约合 4 万余吨，其中只有约 1 万吨为青岛机器榨油厂生产，其余则由青岛及内地土法油坊或改良油房生产③。作为内地榨油业生产贸易中心的泰安，30 年代中期约有油坊 200 余家，除同聚栈使用机器榨油及一两家油坊使用螺旋榨机外，其余全部沿用土法楔式榨油④。

工厂制新式机器榨油基本局限于少数几个城市，而在广大内地城乡，旧式油房与土法榨油完全居主导地位。属于不同发展阶段的生产方式，之所以能一直处于新旧并存的状态，其中原因有以下几方面：

第一，传统油房和手工业者缺乏资金，无力向机器生产过渡。土法油房“数目虽多，但规模简陋，且资本过小，常受市场之影响不时停工”，难以扩大再生产。另外土法榨油油质低劣，“卖价因之低廉”，限制了经营者的资本积累⑤。

第二，在开埠城市，外商资本大量投资设厂，占夺了华商资本投资经营的空间，尤其是日商资本在青岛设立了为数众多的精制油厂，通过廉价收购土法油房生产的粗制油，再加工精制出口，从中获取丰厚利润。一部分土法油房靠加工粗制半成品油得以维持，而华商新式榨油工厂却要为此

① 满鐵北支經濟調查所編：《北支那工場實態調查報告書（青島之部）》，1940 年版，第 699—700 頁；《青岛工商季刊》第 1 卷，1933 年 12 月第 1 期，《本会第二次组织本市工厂调查团调查工厂之经过》。

② 实业部国际贸易局：《中国实业志（山东省）》，1934 年版，（辛），第 154 页，188 页。

③ 满鐵北支經濟調查所：《北支那工場實態調查報告書（青島之部）》，1940 年版，第 682 頁，749 頁。

④ 张鸿泉：《泰安附近之油坊业调查》，《青岛检验季刊》第 6 卷，1934 年 1 月第 1 期。

⑤ 同上。

承受巨大压力，行业经营利润减少，以致其他华商不愿贸然涉足机器榨油业。

第三，旧式油房与农家经济有着至为密切的联系，它的生存常常赖于农家的需要。如农耕期间，农户需用大量豆饼，农村油房便大部分转为“打外槽”。所谓“打外槽”，就是农户以豆向油房换取油饼，出资委托油房代为加工，油房从“打外槽”中赚取微薄的加工费。这种榨油生产形式，在油房一年的生产中占很大比例，油房虽不能借此形成有效的资本积累，却可以使生产得以在一个低水平上维持。

三　与手工卷烟业并存的机器卷烟业

在机制卷烟传入盛行之前，山东各地种植加工的烟叶均为土烟，而所有经过加工的土烟通称丝烟。丝烟又分净丝、金兰、水烟等名目。丝烟加工方法，系将晒干烟叶剔去烟筋，掺入香料水浸润，然后用板夹和绳束紧，俟固结后取出，切成长条，再夹入板夹内，用刮刀刮成细丝，拌入红土，即成丝烟。水烟的加工方法与丝烟大致相同，只是所加香料与刨刮烟丝的细度不同。

清末，外国机制卷烟大量输入口岸和内地，在“洋烟”的竞争刺激下，烟台等地商人资本曾引入国外制烟技术和产品样式，开设多家新式卷烟工厂。但是，这些烟厂后来因种种缘故，开工没几年便相继停业。民国以后，随着美烟引进和栽培面积的扩大，机制卷烟工业由烟台转移至济南、青岛、潍县和济宁等地，烟厂的机器设备也向大型化发展。

1913 年 1 月，济南美业卷烟有限公司成立，公司注册资本 6000 元，专门生产卷烟。同年 5 月，济宁裕华股份有限公司成立，资本 5 万元，制售纸烟和佛手牌、仙鹤牌雪茄烟，并在上海万源商号设立发售处①。

1920 年代中期，华商在青岛台西镇创办鹤丰烟草公司。烟厂主要设备有卷烟机 3 台、切烟机 2 台及烤烟机、制盒机、12 马力电动机各 1 台，日产卷烟 10 大箱，所产卷烟多为低档品，“货粗价廉，仅供平民吸用”。

① 阙名：《民国行政统计汇报》，《农商公报》第 4 卷第 4 册，1917 年 11 月第 40 期。

开业数年后，烟厂“因种种缘故，亏本至巨”，被迫于1930年迁往潍县[①]。鹤丰烟厂迁至潍县后，在当地注册资本为10万元，生产改用柴油发动机作动力，年产纸烟3000箱。当时潍县还有一家名为家庭烟工厂的烟厂，年产纸烟200箱。两家烟厂年产值合计约42万元[②]。在鹤丰烟厂之后，华商又先后在青岛创办了山东、崂山、胜利三家烟草公司。山东烟草公司成立于1928年，注册资本20万元。烟厂机械化程度较高，1933年生产纸烟4080箱，1934年产量为7560箱，产值约45万元。崂山烟草公司成立于1932年，资本2万元，厂内有卷烟机2部，生产能力为月产卷烟180箱[③]。三家烟厂共有工人500余人，规模远不能与外资烟厂相抗衡，但是因“质料、价格合于一般人民需要，尚可经营”[④]。

1930年以前，济南纸烟消费基本靠外埠烟厂和当地手工卷烟业供应，30年代，机制卷烟工业获得了一定程度的发展。1931年10月，东莱银行行长于耀西在济南创办东裕隆烟草公司。烟厂注册资本2万元，有卷烟机3台、切烟机2台，职工160人。厂内生产分拣叶、配料、烘焙、上机、包烟、装箱六道工序，工序间分工明确，工人操作专业化程度也较高。1932年烟厂生产纸烟3600箱，产值52.2万元[⑤]。在东裕隆之后，华商又相继在济南开办了铭昌（1931年）、鲁安（1933年）、华通（1934年）、成安（1934年）四家机器卷烟厂，每家烟厂资本约在一两万元之间。东裕隆等五家烟厂共有卷烟机10部，职工428人（不包括成安）。产量以东裕隆最高，年产纸烟3600—4000箱，其余四家烟厂产量均在一两千箱之间[⑥]。

华商烟厂所用烟叶原料，俱产自胶济铁路沿线地区，所用卷烟纸多由日本和意大利进口，香料则由美国进口。烟厂的基本设备如切烟机、卷烟机、磨刀机以及电动机等，最初全部依靠由国外进口，20世纪30年代

---

① 民国《胶澳志》卷5，1928年版，食货志，工业。

② 山东大学化学社编：《科学的山东》，1935年版，工业，第89页。

③ 山东大学化学社编：《科学的山东》，1935年版，工业，第89页；滿鐵北支經濟調查所：《北支那工場實態調查報告書（青島之部）》，1940年版，第1120頁。

④ 董志道：《青岛工业之鸟瞰》，《都市与乡村》，1935年8月第13期。

⑤ 胶济铁路管理委员会编：《胶济铁路经济调查报告汇编》，1934年版，分编六，济南市。

⑥ 阙名：《济南卷烟业调查》，《中行月刊》第9卷，1934年11月第5期。

后，逐渐改由国内铁工厂加工定做。当时烟厂只是在主要生产工序中使用动力机器，工序间的衔接及纸烟包装基本仍靠人力和手工操作。

1920 年代后，美烟在胶济铁路沿线地区的引种与推广，使这一地区成为国内美烟的集中产区之一。外商资本在大量收购山东美烟出口的同时，还在青岛投资兴办机器卷烟厂，利用廉价烟叶原料和当地廉价劳动力，就地加工生产各种档次的纸烟，然后分销于口岸城市和内地城镇。1923 年，英商颐中烟草公司首先在青岛设立机器卷烟厂，安设卷烟机 13 台，每天生产纸烟 50 余箱。1926 年颐中公司将烟厂迁至青岛孟庄路新址，并将规模加以扩大。新厂在当地又称大英烟厂，投资总额达 300 万元，卷烟机多达 62 台，有员工近 2000 人，月生产能力 15000 箱[①]。1933 年烟厂生产纸烟 159700 箱，价值达 1920 万元，1936 年共生产 50 多个牌号的纸烟 350 亿支。青岛另一家外资烟厂为日商华北烟草株式会社。华北烟厂成立于 1936 年，资本额 50 万元，其中设备投资额近 10 万元，厂内安装新式卷烟机（4 台）、刻烟机、干燥冷却机、加香机、压碾机等当时较先进的机器设备。烟厂共有生产工人 260 人，其中女工 200 人，纸烟生产能力为每月 3000 箱，但是由于原料供应等问题，实际上烟厂生产一直未能达到这一水平[②]。

外资烟厂的设立，给民族资本烟厂的生存造成很大压力。首先，外资烟厂资本雄厚，单是华北烟厂一家的资本，即相当于华商机器卷烟厂全行业的资本额，而颐中烟厂的资本更是远远超过华商企业；其次，外资烟厂规模大，设备机械化程度高，产品质量优于华商企业，产量更是远远超过华商。凭借资本和技术优势，外商烟厂生产的各种牌号的纸烟不仅行销山东各地，而且还大量销售于河北、河南及江北地区，占夺了北方纸烟销售市场大部分的份额。

机器工业与传统手工业长期并存，是近代工业化进程的一大特点，卷烟业生产也不例外。1930 年代，就在济南机器卷烟工厂创办发展之时，当地手工卷烟业也出现了异乎寻常的兴盛景象，手工卷烟业户“如雨后

---

① 山东大学化学社编：《科学的山东》，1935 年版，工业，第 89 页。

② 滿鐵北支經濟調查所：《北支那工場實態調查報告書（青島之部）》，1940 年版，第 1115—1117 頁，1120 頁。

春笋，争相开设”，1934 年开业户数多达 144 户（1935 年统计为 121 户），卷烟日产量 66 箱（330 万支）[①]。手工卷烟业的兴旺，显然与烟叶价格跌落和社会下层对低档烟的需求有一定关系。当时“鲁东昌、潍一带之产烟，感受商业凋敝之影响与出口烟商之抑勒把持，烟叶价格惨跌，卷烟成本减低”，结果使小本经营的家庭手工作坊能以低廉的原料成本生产低档纸烟。手工卷烟业为作坊式家庭生产，一家长幼随时工作，无明确分工，产品没有商标牌号，也不用纸盒包装，“品质欠佳，未能与外货相抗衡”。但是手工生产的纸烟价格却非常低廉，“供给中下级社会之需要，尚堪适用”，因而在城市和小城镇有着广大的市场。相比之下，华商机器卷烟工厂“初创时，因购者多未认识，销路不畅，嗣以统税增加，遂致日形困窘”，反而“均有不能维持之势”[②]。

当时民族卷烟业发展的一般状况是：虽然机器卷烟业已在一些地区取代了传统手工制烟业，但是手工制烟业因成本费用低廉，投资少，适合下层消费者的需要，在一定的市场条件下，仍有着较强的生存力。而工厂生产的卷烟产品，消费者多是社会中上层，在市场销售上要最先受到外国进口烟的竞争排挤，在生产经营上又受生产成本和折旧费用高、缴税负担重等因素的影响，往往销售稍有不顺，即会出现经营性亏损。这一情况，既是近代机器卷烟业与手工制烟业长期共存的原因，也是制约机器卷烟业发展，使机器卷烟工厂无法完全取代家庭作坊的一个重要因素。

四　蛋粉加工业的兴衰

蛋粉与冻蛋加工业的兴起，完全是开埠后农产品大宗出口的产物，它的兴衰也基本取决于国外市场需求的变化。最初，蛋品加工企业完全由外国资本投资兴设，产品生产和销售从属于外国市场对国内畜禽产品的需要，企业生产具有原料初加工和商品输出的特点。1920 年代后，随着华商资本蛋厂的兴起和外资蛋厂规模的扩大，山东蛋粉加工业成为整个食品

---

① 阙名：《济南卷烟业调查》，《中行月刊》第 9 卷，1934 年 11 月第 5 期。

② 济南市政府秘书处编：《济南市烟草制造业调查统计报告（1935 年）》，1937 年版，第 1 页。

加工业的一个重要部门，并在国内蛋粉加工业中占有举足轻重的地位。

山东近代蛋粉加工业兴起于德占胶澳之后，最初工厂集中于青岛一地。1897 年，德国礼和洋行在青岛开设礼和蛋厂，从事蛋粉加工出口。1909 年，德商哥伦比亚有限公司在青岛成立，1911 年公司生产蛋粉 4000 担。1911 年德商卡乐·艾帕斯公司在青岛开设蛋厂，同时生产干蛋粉和湿蛋品两种产品①。

日本占领青岛后，德国蛋粉厂全部停业，日资蛋粉厂乘机取而代之。1917 年，日资大仓蛋粉工场（亦称日资鸡蛋公司）和大星洋行蛋粉工场同时创立，翌年 2 月和 9 月两家工场相继开工投产。大仓工场属日本石桥洋行资本，最初资本 65000 元，年产蛋白粉 15.5 万斤、蛋黄粉 54 万斤。稍后该厂扩大规模，注册资本增至 50 万元，实际投入 25 万元，使用华工 122 人，月加工鸡蛋 360 万个。大星洋行资本 16 万元，雇佣华工 100 余人，机器动力最初为 100 马力，日加工鸡蛋 20 万个②。1918 年 4 月，日商又在济南设立东亚打蛋厂第一厂。该厂资本 50 万元，厂内有打蛋车间、发酵室、干燥室和机械室，机器动力 85 马力，使用华工 200 余人、日籍职员 20 余人，通常生产 5 种蛋粉，平均月加工鸡蛋 500 万个③。

华商成立最早的蛋厂，为 1916 年创立的济宁天成蛋厂和德县益兴存蛋厂。1919 年又有济南济洛蛋厂和兖州德和蛋厂成立。济洛蛋厂为洛口商号湖阴堂创立经营，资本 2 万元，厂内有技术工人 24 人，打蛋工 100 余人，日加工鸡蛋 1 万—3 万个，但该厂因受东亚蛋厂竞争排挤，一年中大半时间处于停工状态④。

第一次世界大战时期，山东蛋粉制造业盛极一时。1919 年，青岛、济南和胶济、津浦铁路沿线城镇共有 16 家蛋品加工厂，其中日商 5 家、华商 10 家、中日合办 1 家，日生产能力为蛋白制品 100 担、蛋黄制品 250

① 青岛市档案馆编：《帝国主义与胶海关》，档案出版社 1986 年版，第 130 页。

② 〔日〕青島守備軍民政部：《青島之商工業》，1918 年版，第 163—164 頁；高橋源太郎：《最近の青島》，1918 年版，第 91—92 頁；〔日〕青島守備軍民政部：《青島ノ工業》，1919 年版，第 60—63 頁。

③ 〔日〕青島守備軍鐵道部：《山東鐵道沿綫重要都市經濟事情》下册，1919 年版，第 408 頁。

④ 同上。

担[①]。这一时期，由于土法制造的蛋品工艺粗糙，容易变质，机器制造的蛋黄、蛋白质量超过手工制造，结果以手工加工为主要生产方式的蛋厂不得不减产，或者被迫停产，逐渐为机器蛋厂所取代。

从1920年代到30年代初期，山东蛋粉加工业发生若干新的变化，许多小型蛋品厂停业倒闭，以日、英、美资本为主的外商机器蛋厂数增加，规模扩大，同时个别华商企业的生产规模和机械化程度也有所提高。1924年，日商石桥洋行投资10万元在青岛开设蛋厂，年产冰蛋、蛋粉制品5000吨[②]。1925年，以美资为主的华北蛋厂在青岛成立，厂内主要设备有电机4台（共320马力）、柴油机1台（120马力）、冰冻机4台，全年可制冰蛋1500—2000吨。1927年，英商培林洋行也在青岛设立蛋厂，工厂拥有打蛋机、筛糖机、制听冲床等新式设备，专门制造筒装蛋粉，年产量达3000吨，1936年生产蛋粉2661吨。另外，外商资本在青岛开设的蛋厂还有英国富兴蛋厂、英国怡和蛋厂及日商美丰蛋厂。当时青岛规模最大、技术最先进的华商蛋厂，为上海茂昌公司1929年开设的茂昌蛋厂。该厂资本总额达200万元，有职工400余人，动力设备为柴油发动机5部（共749马力）、发电机2部（164马力），制蛋设备多达10余台（套），蛋加工品年产量6500吨[③]。

蛋粉加工业的发展，促使蛋粉输出迅速增长。1928年青岛输出蛋粉8173担，价值171万元。1933年输出量增至146632担，输出值达397万元[④]。

近代蛋粉和冻蛋加工业的兴起与发展，以农村副业商品化趋势为条件，也是工业化和产业经济受世界市场需求影响的结果。具体而言，蛋粉加工业之所以有较快发展，原因有三：一是国外市场需求的刺激影响。20世纪20年代后，欧美国家对蛋加工品的需求迅猛增长，利用山东廉原料和劳动力资源，加工本国市场所需的初级产品，对外商来说，无疑是一项有利可图的投资经营，这便促使外商在山东择地建厂，加工蛋成品和半成

---

① 青岛市档案馆编：《帝国主义与胶海关》，档案出版社1986年版，第181页。

② 封昌远译：《山东的鸡卵加工业概况》，《农学月刊》第1卷，1935年12月第3期。

③ 满鐵北支經濟調查所：《北支那工場實態調查報告書（青島之部）》，1940年版，第925—926頁。

④ 滿鐵經濟調查會：《山東に於ける工業の發展》，1935年版，第81頁。

品以直接输出。二是山东禽蛋产品资源丰富，价格低廉，且产品商品化程度较高。30 年代初，仅青岛周邻地区和胶济铁路沿线腹地的鲜蛋产量即达 4 亿个（约占全省产量四分之一），而且主产地靠近铁路，收运便捷，质量容易保证。三是山东有青岛、烟台等开放口岸，港口储运设施完善，制成品装船便利，产品就地加工后，无须长途转运，即可直接装船输出。

由于蛋粉加工业并非建立在国内市场的基础上，而是与远隔重洋的国外市场需求相关联，产业资本构成的核心并非民族资本，而是盘踞在口岸城市的外商资本，因此行业的兴衰极易受国外市场波动的影响，并在相当程度上以外资企业生产的消长为转移。30 年代初，欧美国家的经济危机不断蔓延，并很快波及中国，经济恐慌席卷国内工商界，出口市场亦急转直下，一片萧条。这时鸡蛋和蛋粉价格暴跌，蛋粉工厂随之受到严重冲击，1932 年后，石桥、富兴、美丰三家外资蛋厂相继停业，为数众多且资本弱小的华商蛋厂更是无力支撑，纷纷停产歇业，蛋粉加工业自此一蹶不振，到第二次世界大战前夕，能够维持生产的蛋厂已寥寥无几。一个曾经一度兴盛，但又缺乏相应国内消费市场的新式工业，便这样随着市场的委顿而烟消云散。

第七章　化工技术的引进与化学工业的兴起

山东近代意义上的化工生产始于清朝光绪年间。1875 年成立的山东机器局，作为军事工业，除修造枪械外，还从事黑火药生产。生产黑火药所使用的原料主要为硫黄、硝酸钾，而这两种原料均为化工产品。

1900 年天津机器局被八国联军毁坏，次年，机器局残余设备全部移至德州，在德州设立“北洋机器局”。机器局内设火药制造场，场内安装有硫酸和硝酸生产装置，生产硫酸、硝酸，用作无烟硝化火药的配套原料。

清末民初，民间资本对化学工业的投资兴趣和热情日益增高，集资设厂，引进动力机器和近代化工技术，相继兴办起新式火柴、染料、烛皂、精盐、制革、橡胶、精盐等企业，开始生产制造各种化工产品。1920 年代末至 30 年代初，化学工业企业的家数有显著增长，机器设备规模逐步扩大，生产工艺和制造技术也有一定程度的提高。

一　火柴工业的勃兴

火柴大约在清朝同治年间开始由欧洲输入山东，光绪年间，欧货之外又有日本货输入，年输入额数百万海关两。日本火柴销售最初是由日商直接经营，后来逐渐改为由中国商人代销，如烟台东顺太商号即曾在日本大阪设庄，专门经营日本火柴的进口销售业务。1912 年青岛港进口火柴达 770 万罗（1 罗为 144 盒）。外货倾销和国内市场火柴销量的扩大，促使华商资本从抵制外货、挽回利权的立场出发，开始投资兴办火柴工厂。清末，民族资本曾先后在潍县、胶州等地开设火柴厂，尝试引入技术，自行生产火柴。民国以后，火柴工业受国内消费需求的带动，出现了较快的发展，生产技术水平也有所提高。

1913 年，丛良弼等人在济南创立振业火柴公司。这是山东第一家大型火柴工厂，注册资本 20 万元，有工人 800 余人。丛良弼原为烟台东顺太商号大阪庄经理，在经销火柴时学会了火柴制造技术和经营管理知识，他看到国内日货充斥和火柴业丰厚的利润，便决定回国兴办企业，发展本国的火柴工业。公司成立后，由日本购进全套生产设备，计有排杆机 26 台、卸杆机 11 台、理杆机 2 台、整杆机 2 台、油盘、药盘各 1 部，设备水平在当时国内算是比较先进的。火柴厂聘用天津丹华火柴厂张厚庵为总教习，主持火柴生产，并聘用日本技师为指导。当时国内多数厂只能生产黄磷火柴，而振业火柴厂则能生产蜘蛛牌硫化磷火柴，日产 40 大箱（1 大箱为 60 小箱，1 小箱为 240 包）。工厂投产后，获准在周围 300 里范围内拥有 15 年专利权，业务进展顺利①。1919 年“五四运动”爆发，提倡国货、挽回利权的爱国热潮空前高涨，振业火柴厂借此获得了扩展机会。1919 年工厂增资 10 万元，在济宁设立分厂，并于 1921 年正式投产。此后，振业火柴厂产品的销售范围扩展至鲁西南和江苏丰、沛、萧、砀地区。

1916 年，烟台第一家火柴厂——中蚨火柴公司在烟台西沙旺成立。公司实行股份制，额定资本 10 万元，实收 5 万元。火柴生产分厂内、厂外两部分，厂内有男女工人 400 人，装盒包装则由乡间妇孺承接加工。工厂所用原料由天津和日本大阪购入，出产的青蚨牌、九星牌火柴行销于鲁东地区。1919 年工厂因火灾而停产②。

第一次世界大战时期，青岛本地及靠青岛供应地区的火柴消费量达 5 万火柴吨以上（每吨 100 罗），如此大的市场，自然成为外国资本觊觎的对象。日本占据青岛后，火柴工业便成为日本产业资本在山东投资的一个重要领域。1917 年，两家日商火柴厂——山东火柴公司和青岛磷寸株式会社几乎同时开始筹建，1918 年夏，两家火柴厂相继在青岛台东镇建成

---

① 岡伊太郎、小西元藏：《山東經濟事情——濟南を主として》，1919 年版，第 67—68 頁；蔡吉庭、张锐：《济南火柴厂与济南火柴工业》，《山东工商史料集萃》第 2 辑，1989 年版；《农商公报》第 4 卷第 4 册，1917 年 11 月第 40 期，报告门。

② 〔日〕青島守備軍民政部：《東北山東踏查報告》，1920 年版，第 455—456 頁。

投产①。山东火柴公司起初称明石磷寸制造所，资本投入开始为5万元，后增至15万元。工厂有制梗机2台（7.5马力）、排杆机18台，职工370余人，火柴日产能力30吨。青岛磷寸株式会社资本30万元，有排杆机23台，职工600人，火柴日产能力45—50吨。此后不久，日商又在青岛设立第三家火柴厂——东鲁磷寸株式会社。东鲁火柴厂资本25万元，有排杆机10台，职工275人，日产火柴能力20吨。1920年3月东鲁磷寸与山东火柴公司合并，但生产仍分于两处。同年，日资火柴厂的火柴年产量达到4万吨②。

表8　　青岛日资火柴厂概况

火柴厂	资本（元）	动力（马力）	工人数	产量（吨）	产值（元）
山东火柴公司	1000000	20	262	10000	530000
东鲁磷寸株式会社		5	720	12000	636000
青岛磷寸株式会社	300000	10	750	18000	954000

资料来源：《山东实业学会会报》，1921年10月第5期。

1919年，华商资本在青岛设立了当地第一家中资火柴厂——胶东火柴厂，但是华商兴办火柴工业的努力很快便受到日商的阻挠。山东火柴和青岛磷寸两家日资企业为了垄断市场，投产后不久，即串通日本占领军当局颁布通令，限定在其周围25华里内不准再设立新的火柴厂。这项规定无疑极大地限制了华商的投资设厂活动，影响了民族火柴工业的发展。1924年后，随着青岛主权的收回和国货运动的兴起，日商资本的行业垄断被打破，这时民族资本相继在青岛地区兴办了一批中小火柴企业。1925年济南振业火柴厂再次实行资本扩张，投资20万元，在青岛设立振业第二分厂。1928年工厂正式投产，厂内安装排杆机25台，日产火柴达80大箱。同年，华商华北火柴公司在青岛成立，1929年正式投产。华北火柴厂开办时注册资本仅45000元，设备只有排杆机7台，但是工厂由于采取了减少非生产人员、提高工作效率、采用新技术、节约原材料等生产管

① 青岛市档案馆编：《帝国主义与胶海关》，档案出版社1986年版，第271页，283页。

② 〔日〕青島守備軍民政部：《青島ノ工業》，1919年版，第3—5頁。

理措施，使企业再生产规模不断扩大。数年后，企业通过内部积累资本增至20万元，排杆机增加到36部，产量几可与日资火柴厂相埒，成为青岛最大的华商火柴厂①。

1928年济南“五三惨案”后，山东社会各界发起了抵制日货、提倡国货运动。1931年“九一八事变”后，全国各地更是掀起声势浩大的抗日风潮。这一时期，包括火柴在内的日货受到市场冷落，国产火柴则赢得消费者欢迎，销路大畅。在这种形势下，不仅原有的华商火柴厂增加了生产，而且不断有新厂成立。1917—1926年成立的火柴厂为6家，1927—1931年成立的火柴厂达16家，1932和1933两年又有6家火柴厂成立②。1929—1931年三年间，单是青岛一地，先后就有鲁东、明华、信昌、兴业、华盛等五家火柴厂成立。30年代后，济南火柴工业也有较大发展。除振业火柴厂第三次增资，资本达100万元外，先后有洪泰、东源、鲁兴、益华等火柴厂成立。另外，即墨、潍县、青州、烟台、临清、益都、威海、胶县、龙口等地也均有华商开办火柴厂。据统计，到1933年3月，山东各地先后开办的火柴厂已达39家之多（有6家当时已停业，1家正在筹建），在国内开工的88家火柴厂中，山东占了33家，火柴年产量超过20万吨，比1920年增长了1倍③。另据统计，1933年国内火柴工业共生产火柴701616箱，其中山东火柴工业生产369805箱，占国内火柴产量的一半以上。同年，青岛火柴产量为230675箱，居国内第一位，比居第二位的上海（产量为100894箱）多1倍以上，另外，济南火柴工业的产量居当时国内第三位④。

表9　　华商火柴厂一览表

企业名称	所在地	开设日期	资本（万元）	性质	经营者	工人数
华北火柴公司	青岛	1928年	20	股份	周子西	416
振业火柴公司青岛分厂	青岛	1928年	30	股份	吴心斋	531

① 王超凡：《青岛火柴工业发展史略》，《山东工商经济史料集萃》第2辑，1989年。
② 实业部国际贸易局：《中国实业志（山东省）》，1934年版，（辛），第604页。
③ 満鐵經濟調查會：《山東に於ける工業の發展》，1935年版，第97—100頁。
④ 満鐵調查部：《北支那化學工業調查資料》，1937年版，第26頁，35頁。

续表

企业名称	所在地	开设日期	资本（万元）	性质	经营者	工人数
振东新记火柴厂	青岛	1928 年	1	合资	李元之	100
鲁东火柴厂	青岛	1929 年	2.4	独资	李卓然	180
明华火柴厂	青岛	1929 年	2	合资	张轩	71
兴业火柴厂	青岛	1930 年	3	合资	曲建堂	100
信昌火柴厂	青岛	1929 年	3.5	合资	阎孟坡	180
华盛火柴公司	青岛	1931 年	3	股份	胡俊臣	100
东华火柴厂	青岛	1930 年	—	合资	—	—
振业火柴公司济南总厂	济南	1913 年	40	股份	丛良弼	540
鲁兴火柴厂	济南	1931 年	3	股份	王乐山	118
洪泰火柴厂	济南	1930 年	3	独资	李寿亭	430
东源火柴厂	济南	1931 年	3	股份	王洪九	130
益华火柴厂	济南	1934 年	5	合资	郭虎臣	100
鲁安火柴厂	济南	1932 年	5	合资	陈馨庵	130
胶东增益火柴公司	即墨	1920 年	3	股份	于选甫	240
中亚火柴公司	蓝村	1932 年	1.8	合资	—	40
福来火柴厂	即墨	1932 年	3.2	合资	—	18
滨海（明华）火柴厂	即墨	1932 年	1.3	合资	—	80
大明火柴厂	即墨	1933 年	1	独资	—	25
丰源火柴厂	即墨	1926 年	1	合资	—	72
昌兴火柴厂	烟台	1926 年	5	合资	王益受	216
德威盛记火柴厂	威海	1928 年	4	合资	王营之	158
惠丰火柴厂	潍县	1931 年	4	合资	张执符	60
洪泰火柴厂	胶县	1923 年	10	独资	李佑民	250
敬业火柴厂	胶县	1933 年	2	合资	张俊卿	160
东益火柴厂	青州	1920 年	10.4	股份	史绍周	200
鲁西火柴厂	临青	1932 年	3	合资	董子蟾	120

续表

企业名称	所在地	开设日期	资本（万元）	性质	经营者	工人数
振业火柴公司济宁分厂	济宁	1920 年	30	股份	刘濯之	548
炽昌厚民生火柴厂	龙口	1933 年	3	合资	张子丰	60

资料来源：满铁调查部：《北支那化学工业调查资料》，1937 年。

火柴工业的销售市场沿津浦线、陇海线延伸至外省。凡规模较大的火柴厂，其产品通常分销数个省份，如振业火柴厂的产品除销于本省外，还分销于河南、河北、山西、陕西、江苏、安徽等省。但是，小型火柴厂的销售市场基本局限于省内或企业周邻地区。

20 世纪 20 年代末 30 年代初民族火柴工业的兴盛，以抵制日货、提倡国货运动为背景，很大程度上得益于当时国货市场需求的增长，产业规模的扩张明显带有填补市场空缺的特征。在急速发展过程中，火柴工业从产品技术含量、原料供应到技术工艺、资本规模，都存在明显的先天不足。

就火柴厂产品而言，1925 年以前，除振业和几家日本火柴厂能制造硫化磷火柴外，其余火柴厂一般只能制造黄磷火柴。黄磷火柴易失火，使用性能差，1925 年万国会议条约禁止继续使用黄磷火柴。此后，大部分火柴厂改用硫化磷做原料，生产硫化磷火柴。硫化磷火柴抗潮性较差，但擦燃方便，价格便宜，故在北方地区有着广大消费市场。至于使用安全、硝磷分离的安全火柴，战前只有振业、华北等少数几家大火柴厂能够生产，“以应少数人之需要”①。

在原料供应方面，各火柴厂所用硫化磷、氯酸钾、锌华（氧化锌）、石蜡等原料，只有少部分能由国内厂家生产供应，而大部分需要依靠从日、德、英等国进口。多数火柴厂生产所用火柴杆、柴盒片，起初也是购自日本，只有青岛华北厂、济宁振业厂及烟台昌兴厂几家工厂能兼制。1919 年日商在青岛开设山东制梗公司，专门制造火柴杆和柴盒片，获利丰厚。此后华商也起而仿效，设厂自制。从 1923 年新生制杆厂成立到

① 阎少显：《振业火柴公司参观记后》，《工商月报》第 1 卷，1937 年 2 月第 5 期。

1930年，华商先后在青岛开设了6家制造火柴杆的专业工厂，稍后几年当地生产火柴砂和火柴盒的专业厂也发展到10家，专门为各火柴厂提供原料①。火柴生产行业内的这种分工，大大降低了开办火柴厂所需的资金投入，使企业可以在一个相对较低的资本水平上运营。

近代火柴工业的生产工艺相对比较简单，工厂的机械化程度也比较低，明显带有工厂制度与手工生产相混合的特征。当时火柴制造分制杆、理杆、排杆、蘸油、调药、上药、干燥、卸杆等工序，尽管各道工序采用了流水式分工作业，但是除振业、华北和日资山东火柴、青岛磷寸等厂在制杆、蘸油工序采用动力机器外，多数工厂的生产系由手工操作来完成，尤其在排杆工序，劳动强度很大。火柴厂所用排杆机、理杆机、卸杆机等生产设备，构造也比较简单，最初由日本大阪购进，1927年后青岛德顺炉、复源兴、天祥炉、恒祥等铁工厂也能仿制，而振业青岛分厂的全部设备则完全由济南振业厂自行制造。火柴工业的设备技术水平与企业的资本规模及构成互为表里，相互关联。由于火柴生产机械价格相对较低，如排杆机每台600元、理杆机每台150元、卸杆机每台80元，故颇能吸引中小资本进行投资，企业"以数万元之极小资本经营者居多"②。1934年，在29家华商火柴厂中，资本1万—1.8万元的5家，资本2万—5万元的17家，资本10万元的3家，资本20万元以上的只有4家③。小火柴厂生产形不成规模，一年产量只有几千箱甚至几百箱，生产效率低，经营极不稳定，有的企业开业不久即停顿。

上述情况表明，火柴工业的基础相当脆弱，很难承受和抵御外部环境变化带来的冲击。1932年后由于税制变化和市场供大于求，火柴工业形势发生逆转。是年，南京政府在裁撤厘金的同时，宣布征收火柴统税，税率超出以前数倍，占到企业经营成本的三分之一以上。而同期由国外进口原料的价格又大幅上涨，结果使火柴企业出现经营性亏损。如青岛振业分厂每箱火柴生产成本为35元，加统税10元、运费5—12元，每箱火柴按运销距离远近售价应50—57元方能保本，但实际每箱售价只45—52元，

① 滿鐵經濟調查會：《山東に於ける工業の發展》，1935年版，第103頁；山东大学化学社：《科学的山东》，1935年版，工业，第85页。

② 青岛市社会局：《青岛市火柴业调查》，1933年版，第4页。

③ 滿鐵調查部：《北支那化學工業調查資料》，1937年版，第33—35頁。

故每箱亏4—5元。同样原因使鲁东、兴业每箱亏3元，信昌、明华每箱亏2—3元，华盛每箱亏2元。到1933年，青岛7家华商火柴厂，因“原料成本大，制品销售难，捐税负担重等关系，概皆赔累不堪”。其中振业分厂负债达20万元，兴业负债4万元，华盛、明华各负债25000元①。此时济南、潍县、济宁、临清等地的火柴厂也因销售不畅、积压严重而出现亏损。济南振业总厂与青岛、济宁分厂每年所交税费即达100余万元，去除工价、原料费和销售税费，“不仅没有剩余，而且还得蚀本”。振业总厂从1932年后的四五年中，“不但没赚到分文，赔垫亦大伤元气”，最后被迫于1936年停工歇业②。

从当时情况看，造成民族火柴工业危机的原因，不外乎外货倾销、外商工厂竞争、捐税过重、原料不能自给、技术改进缓慢、销路不能拓展等几个方面。为挽救业内危机，1930年代中期，工业界人士曾多次呼吁南京政府对民族火柴工业实行保护政策，重征进口税以抵制外货，限制外商在华设厂，同时倡导业内企业实行协定配额生产，励行技术改进，提高产品质量，以谋求火柴工业自救。但是，这些呼吁当局并未采纳实行，火柴企业虽一度实行了配额生产，但效果并不佳，结果最终未能遏制住火柴工业的颓势。

二　采用新工艺的新式染料工业

传统手工染坊染布，以天然植物或矿物为染料，其中使用最广的为蓝靛。“前清光绪初年，泰安、莱芜、长山、新城各县所出之靛，每岁售银数百万两”。此外，染坊使用的其他天然染料尚有茜草、五倍子、槐米、红花、红土（氧化铁）等。清末，国外化学染料由口岸输入，“洋蓝”、“洋红”等进口染料开始为城乡染坊所采用。到民国初年，进口化学染料的使用已越来越普遍，“各染店贪其价廉，群起购用，土靛不知改图，渐归劣败”。日德在青岛交战期间，染料进口锐减，“存靛各栈，垄断居奇”，致使染料价格飞涨③。在这之后，华商资本开始着手兴办化学染料

① 青岛市社会局编：《青岛市火柴业调查》，1933年版，第11—12页。

② 阎少显：《振业火柴公司参观记后》，《工商月报》第1卷，1937年2月第5期。

③ 山东展览会报告编辑处编：《山东第一次物品展览会审查报告书》，1915年版，第2编，第158页。

厂，以打破“洋靛”的垄断，适应城乡染织业发展的需要。国内最早制造化学合成染料的企业为青岛维新化学工业社和济南裕兴颜料厂。

维新化学工业社成立于1919年，由青岛福顺泰商号出资，该商号派驻日本的职员张忠卿发起组织。工厂开办之初受资金所限，设备极为简陋，仅在厂内安设大锅10口，靠人工混合搅拌进口原料，生产硫化青黑色染料（煮青）。制造过程由日本技师儿岛熊吉、前原亥角二人负责工艺指导，日产煮青4箱（每箱100斤）[①]。同年末，济南裕兴颜料厂成立。裕兴染料厂由青岛裕东泰经理邹升三采纳该号驻日代办王敬亭的提议，联合源裕兴、桓祥茂两家商号共同发起创立。颜料厂起初资本只有3万元，规模很小，生产的产品也是硫化青染料。生产所用原料如硫黄、硝酸、硫酸、硫化碱等，多购自日本[②]。维新、裕兴二厂是迄今所知国内最早生产化学合成染料的企业。

1921年，裕兴颜料厂实行改组，由东莱银行行长于耀西、济南官磺局局长车百闻、山东兵工厂厂长李正卿以及苗星垣、王雨宸、刘之山等人加入股金8万余元，连同裕兴厂原有资产注册资本20万元，组成山东裕兴颜料股份有限公司，由于耀西任董事长兼总经理、王敬亭任厂长。1922年工厂陆续购进日制8马力发动机、冷冻机、英制化学反射炉等机器设备，扩大生产规模，改进技术工艺，使年生产能力达到1万箱，1928—1930年共赢利5.5万元[③]。1922年，维新化学工业社迁厂至四方，添置新生产设备，改用汽锅生产，日产量增至35箱。

1920年代后，潍县织布印染业日趋兴盛，化学染料市场销量大幅增长，为当地发展染料工业提供了有利条件。1923年，振兴火柴厂创办人丛良弼与张荆芳等人在潍县成立裕鲁颜料股份有限公司。张荆芳早年曾在日本经商，目睹日本染料工业发达，萌生了回国办厂的想法，并设法在日本学会硫化青染料的生产工艺。回国后，张荆芳邀集丛良弼等人投资5万元，在潍县火车站附近兴建厂房，创办染料工厂。1924年公司向当地铁工厂订制全套生产设备，并招收职工30余人。同年6月工厂正式开工投

---

① 王第荣：《青岛染料工业的萌芽与发展》，《山东工商经济史料集萃》第1辑，1989年。

② 艾鲁川：《济南裕兴化工厂简史》，《山东工商经济史料集萃》第2辑，1989年。

③ 实业部中国经济年鉴编委会：《中国经济年鉴》，1934年版，（K）第392—393页。

产，生产能力最初为年产硫化青煮膏 1000 箱。1925 年裕鲁又增资 5 万元，资本总额扩大至 10 万元。工厂生产的煮青染料因价格低廉，使用方便，很适合乡村织户和染坊的需要，数年后销路便由本省扩展至河南、河北、江苏、陕西等省①。裕鲁公司扩充规模后，生产经营年年获利，1928—1934 年累计盈利 22.3 万元②。

从 1920 年代中期到 30 年代中期，是山东染料工业发展较快的一个时期。尤其是 1931 年后南京政府采取了保护国内染料工业的政策，对进口染料实行高额关税，限制其进口，由此刺激了染料工业的发展。1933 年，裕兴生产染料 8000 余箱，产值约 35 万元；裕鲁生产染料 10000 箱，产值 45 万元③。根据当时生产和市场的需要，各染料厂相继更新和改进设备，扩大生产规模。1933 年裕兴厂增设制罐和印铁全套设备。1935 年裕鲁厂由青岛铁工厂购进汽锅 4 口、苛性锅 4 口、二硝基汽锅 2 口、五节锅炉及 25 马力蒸汽机各 1 台，从此铁锅生产全部改为汽锅生产。随着设备的增加，工厂资产总额扩大至 56 万元，工人增加到 100 余人，年获利达 10 万元。裕兴厂产量也是年年增加，且产销平衡，获利丰厚，年获利也达 10 万元。1934 年，裕兴和裕鲁两厂的煮青年产量均达 16000 箱，成为当时国内第一和第二大化学染料厂④。

在老厂扩大规模的同时，一批新染料工厂陆续开工投产。1928 年，原维新厂技师陈介夫集资 3 万元，聘用日本人前原亥角任技师，在青岛创办中国颜料公司。同年成立的还有青岛大华颜料公司。中国染料公司主要设备有五节锅炉 1 台、立式锅炉 2 台、汽锅 12 口、电机 2 部，产品为煮青染料。陈介夫经营中国染料厂，十分重视改进技术。为减少对进口原料的依赖，染料厂利用城阳盐场出产的芒硝自制硫化碱，并从生产废液中提取回收硫酸，从而降低了生产成本。1931—1935 年，中国染料厂平均年产染料 8600 箱，产值 26.6 万元。1932 年公司吸收山左银行协理刘鸣卿入股，注册资本增至 20 万元（实际投入 11.5 万元），使企业实力增强。

---

① 王中廷：《潍县裕鲁颜料股份有限公司概况》，山东省政协文史资料委员会编：《山东工商经济史料集萃》第 1 辑，1989 年。

② 滿鐵天津事務所：《北支那硫化染料工業》，1936 年版，第 50 頁。

③ 实业部中国经济年鉴编委会：《中国经济年鉴》，1934 年版，（K）第 392—393 页。

④ 滿鐵經濟調查會：《山東に於ける工業の發展》，1935 年版，第 106 頁。

1933 年染料厂盈利 75000 元。但是后来因各染料厂产量增加，生产出现过剩，导致工厂库存成品积压，生产经营陷入亏损境地，1935 年工厂亏损上万元，以后几年一直未能恢复元气①。

1931 年，在进口染料新税则实行之际，华商资本分别在青岛、济南开办正业颜料公司和振华颜料厂。其后，又有华商济南天丰颜料厂（1933 年）、华丰颜料厂（1935 年）、潍县华德颜料厂相继成立。迄于 1935 年，山东先后成立的化学染料厂已达 10 家，年生产能力 108000 担，这年开工生产的 6 家企业，共生产化学染料 53500 担②。但是，30 年代后开业的染料厂多为小厂，设备简单，一般只有石料反应锅数口，只能生产单一的煮青染料，因产品浓度不一，品质欠佳，市场销售也不稳定。染料工业销售市场，本省占三分之二，外省占三分之一。1933 年，山东产化学染料销售于本省、河南、江苏 25000 担，河北 5000 担，陕西、甘肃 1200 担，山西 3100 担③。

近代城乡染织业使用最广的化学染料为硫化煮青，染料工业生产的主要产品也为硫化煮青。通常各厂制造硫化煮青的方法为：先将一氧化苯加硝酸和硫酸制成苦味酸，再将苦味酸加硫黄和硫化碱，制成粉状硫化青。因粉状硫化青不溶于水，无法直接染色，各染料厂一般都把粉状硫化青再加硫化碱，熬制成可以直接染色的膏状煮青。煮青染料的具体生产工序为：取石碳酸溶化成液，与硝酸同时注入石锅内，混合后生热，加适量浓硫酸混合，使之发生化学反应，气体由高烟囱排出，混合液体冷却后析出黄色结晶苦味酸（俗称“料子”）；然后再将硫黄、硫化碱置入锅内加热熔化，同时加入料子和适量的水，熬炼 24 小时，即制成煮青染料④。除了生产普通硫化青染料外，维新、中国、裕兴等染厂还曾在高级染料的生产方面做过多次试验，并取得了一定进展。1927 年，维新化学工业社研制生产出碱性染料（旧称盐基染料）盐基青莲。1931 年，中国颜料厂试验生产出品紫、孔雀蓝等新染料品种。1935 年由于日资渗透，维新厂改

① 滿鐵天津事務所：《北支那硫化染料工業》，1936 年版，第 42—45 頁；王第荣：《青岛染料工业的萌芽与发展》，《山东工商史料集萃》，第 1 辑，1989 年。

② 滿鐵天津事務所：《北支那硫化染料工業》，1936 年版，第 41—42 頁。

③ 实业部国际贸易局：《中国实业志（山东省）》，1934 年版，（辛），第 632 页。

④ 山东大学化学社：《科学的山东》，1935 年版，工业，第 4 页。

为中日合办，日资投入后，增加了机器设备，于次年生产出冰染染料 G 大红倍司以及品紫、瓮染草绿、瓮染卡其等产品。1937 年该厂又开始试产硫化蓝、硫化褐、硫化黄、猩红色基等产品。

抗日战争时期，青岛中国染料厂被日本强行“收买”，维新厂也被日本采取资本渗透的方式，掠取了全部产权。1939 年中国与维新合并，改名为“维新化学工业株式会社”。而济南、潍县等地的染料厂则因原料缺乏，大部分停业倒闭。

三　新式烛皂业

中国传统的照明，完全靠植物油与蜡；洗涤皂则用天然皂荚、天然碱块和猪胰等。开埠通商后，“洋烛”、“洋皂”输入，旧式烛皂慢慢被取代淘汰。新式烛皂业最先在上海、大连等地兴起，随着新式烛皂使用范围的扩大，山东各开埠城市也出现了华洋商人开办的新式烛皂工厂。

早在德占青岛时期，德国人经营的莱寿药房即附设了肥皂工厂，用新法生产洗衣皂，月产肥皂 100 吨左右。据称，“这家工厂用山东土产的牛腊制造，行销甚多”①。1904 年，华商在济南西关开办通惠公司，“专造外洋上品条肥皂”，公司“拟遣工人先用手造，俟用具运到时改用机器”②。1908 年，一家俄美合资商行也曾在济南开办油脂制造所，生产肥皂原料③。

1912 年，烟台华商在当地开设了一家亚东号肥皂工场，资本仅 1000 吊，年产肥皂 350 箱，年产值 1000 银两，基本属于手工作坊性质④。

华商兴办的新式烛皂工厂，以济南兴华造胰公司为最早。该厂开办于 1913 年，资本 12000 元，全套设备如云片机、压胰机（辊轮磨）、打条机、切皂机及动力机器，全部从德国购进，技术也由德国技师担任指导。

① ［日］青島守備軍民政部：《青島ノ工業》，1919 年版，第 26 頁；谢开勋：《二十二年来之胶州湾》，1920 年版，第 82 页。

② 《东方杂志》第 1 卷，1904 年 7 月第 5 期，实业，各省工艺汇志。

③ 華北交通株式會社青島出張所：《青島開港以來ノ山東省ノ經濟的發展》，1939 年版，第 73 頁。

④ 日本外務省通商局：《在芝罘日本領事館管内狀況》，1921 年版，第 204 頁。

起初工厂只生产洗衣用皂，年产肥皂 4000 箱。继兴华公司成立之后，1915—1918 年，华商利源肥皂公司、礼丰造胰公司以及新华、振兴等烛皂厂先后在济南成立，另外山东工艺局也开始生产洗衣皂。这些工厂的生产工艺与兴华工厂大体相同，但生产规模均不如兴华工厂①。

日占青岛时期，日商信昌洋行利用原德国莱寿药房的设备，于 1915 年投资 2 万元，兴建了信昌肥皂工厂。翌年工厂开工，厂内有德制机器 8 台，起初只生产洗衣皂，月产四五十吨。1918 年开始生产香皂，山东香皂生产亦由此发端。30 年代初，该厂年生产能力达 5450 吨。1919 年华商在青岛设立华亨肥皂公司，稍后又开办元城肥皂制造厂，但两家工厂规模均较小，只能生产洗衣皂②。

1919 年，烟台华商成立了亚东造胰公司。1921 年又成立了源成泰肥皂厂，这是继兴华而起的一家规模较大的工厂，机器设备与兴华大体相同，除生产洗衣皂外，还兼制香皂。同年，烟台福利洋烛厂成立，该厂为山东第一家专制“洋烛”的华商工厂。

从 20 世纪 20 年代到 30 年代中期，新式烛皂业发展较快，制造工艺也有一定提高。至迟在 1920 年，济南礼丰、兴华等厂已能生产香皂。30 年代初，济南的烛皂工厂一度达 30 余家，其中兴华、益华、大兴、泰华、合祥 5 家工厂已开始使用电动机械。兴华、益华、泰华等厂除生产普通洗衣皂外，还能批量生产香皂。全行业平均年产香皂 20 万打，普通洗衣皂 10 余万箱。泰华的橄榄皂和玉兰皂、新华的龙门皂、兴华的祥云皂已能销往省外。同期，青岛有烛皂工厂 25 家，其中规模较大的为 1922 年成立的源聚泰肥皂厂以及华昌、华实、新华等厂。源聚泰和华昌两家工厂设备水平相同，都使用电力进行生产，并能制造香皂。从总的情况看，当时烛皂业虽有一定程度的发展，但基本仍处于弱小落后的状态。除兴华、源成泰和日商信昌几家工厂资本逾万元外，多数工厂资本只有数千元，一些小厂资本甚至不足千元；一般工厂只有工人 10—20 人左右，小厂工人甚至

① 〔日〕青島守備軍鐵道部：《山東鐵道沿綫重要都市經濟事情》下册，1919 年版，第 431—432 頁。

② 〔日〕青島守備軍民政部：《青島ノ工業》，1919 年版，26—29 頁；岡伊太郎、小西元藏：《山東經濟事情——濟南を主として》，1919 年版，第 74—75 頁。

不足10人①。资金薄弱的小厂，技术仍停留在手工阶段，只能制造粗劣的洗衣皂，产品无法与舶来品竞争。

在20世纪二三十年代，一般肥皂厂制造肥皂，所使用的原料为牛油、蓖麻油、硬化油、苛性碱、碳酸钠等。生产程序分碱化、整理两部分，碱化采用热制法，即先将牛油、蓖麻油放入皂锅熔化，加入荷性碱（水焚法）或碳酸钠（中和法）煮炼，然后将碱化皂液放入皂框中凝固，经切皂、压皂、挤皂、打印等工序制成成品，这些工序一般由出胰机、切胰机、压胰机、打印机来完成。至于工艺稍复杂的香皂生产，由当时兴华造胰公司的生产过程可窥见一斑。兴华工厂是当时华商最大的肥皂生产厂，资本5万元，工人50余名，日产洗衣皂200箱（每箱144块）、香皂10箱（每箱25打）。工厂生产香皂使用盐析法，原料为牛油、椰子油、荷性钠及香料等。制造工序系将牛油、椰子油、荷性钠放入汽套锅煮溶，汽套锅大小锅之间盛水，原料在小锅内间接受热，热力均匀，易于碱化；经过煮沸后的碱化皂液，加入盐，使肥皂液与苛性钠、甘油及杂质分离，然后移入皂框中凝固；俟晾至半干，再由切碎机切成碎片，加入香料掺匀，经辊轮磨、打条机制成皂条，压切成块，晾干后打印、包装，即制成香皂成品②。

第二次世界大战爆发后，原很兴盛的烛皂业因战乱和原料缺乏，陷入萧条破败的境地，企业纷纷停产倒闭。青岛稍大一些的肥皂厂只剩源聚泰、华昌两家，济南也只有兴华、大兴、源丰、泰华等少数几家肥皂厂勉强维持开工，专制蜡烛的工厂只剩华光一家。

四　橡胶加工企业的创立

橡胶制品是在开埠通商后方才兴起的一种消费品，与城镇居民的日常生活和交通工具的改进有着比较密切的关系。但是橡胶工业的兴起，却是比较晚近的事情。直到1920年代末，山东城乡消费的橡胶制品，基本为国外进口品和部分国内橡胶厂出品。1929年，威海中威胶皮工厂和烟台

---

① 滿鐵經濟調查會：《山東に於ける工業の發展》，1935年版，第109—112頁。

② 刘向荣：《我国油类工业之调查》，《自然界》第1卷第9号，1926年10月。

同成橡皮工厂相继成立，为山东橡胶工业开了先河。

中威胶皮工厂由威海商人孟显初创办。孟早年在哈尔滨、长春等地经商时，看到当地胶鞋工厂产品易销，利润丰厚，便于1927年回威海与德新商号合作，共同集资4万元，筹办橡胶工厂。胶皮工厂设备自日本大阪和国内东北购置，有75马力蒸汽机1台、2.2吨兰开夏式锅炉1台、12寸和14寸碾胶机各1台，缝纫机60余台，织布机10余台，生产技术由日本技师负责，硫化和碾胶工艺则由4名朝鲜籍技工担任，另有生产工人140人。1929年6月工厂正式开工，生产橡胶雨鞋和运动鞋。开工当年，因技术不精，产品质量和式样不佳，销路不畅，仅生产出4万双鞋，亏损7000余元。第二年企业针对本省东北市场的消费趣好，改进了产品式样，年产量达到20余万双，产值24万元，并获利15000元①。

烟台同成橡皮工厂系独资经营，资本只有2000元，职工只有33人，生产用的柴油发电机和4台碾胶机系租自日本商人，原料（旧胶皮）大都购自朝鲜，产品以胶鞋底为主，年生产胶鞋底50万双，产值只有64000元②。胶鞋底在当时有着很大的市场需求，城乡普通居民多用来制作布鞋鞋底。同成工厂的产品主要销于烟台及周邻各县。

1930年代初，青岛民族资本先后开设了福字胶皮厂（1930年）、隆裕胶皮厂（1931年）、同泰胶皮厂（1932年）三家胶皮工厂，后来又于1936年开办山东胶皮工厂。四家工厂资本总额24万元，机器设备及工艺水平与中威胶皮厂大致相仿，制造模具依靠进口，原料也大部分依靠进口半成品，产品局限于胶鞋、胶鞋底、自行车内外胎及人力车内外胎。其中福字胶皮工厂资本10万元，男女工人100余人，“用机器制造胶皮鞋，出品精良，堪与舶来品抗衡”③。

1930年，中国国内银价跌落，橡胶制品进口减少，国内橡胶制品销售转旺，日本工业资本乘此机会先后在青岛设立泰安、大裕两家胶皮工厂。两厂资本均为5万元，产品为胶鞋和胶鞋底。但是，由于受国人抵制日货的影响，两厂经营状况一直不佳。1934年南京政府提高关税税率，

---

① 山东省政府实业厅编：《山东工商报告》，1931年版，第132页；沈德容：《威海的中威胶皮工厂》，《山东工商经济史料集萃》第2辑，1989年。

② 山东省政府实业厅编：《山东工商报告》，1931年版，第101—103页。

③ 阙名：《青岛工业考察团报告书》，《青岛工商季刊》第2卷，1934年6月第2期。

胶鞋类制品进口税从 17.5% 提高至 30%，日本橡胶制品受高关税所阻，向中国出口大幅度减少。日本国内橡胶企业为保持其在中国市场的销售份额，改商品输出为资本输出，索性将橡胶工厂搬进中国。1934 年 8 月日本护谟株式会社在青岛设立太阳鞋厂，次年 5 月工厂正式投产。1935 年 5 月日本制胎株式会社投资 100 万元，开设青岛胶皮工厂（BS 胶皮工厂），专门生产汽车、自行车和人力车内外胎。1936 年 6 月，日商又在青岛设立鑫和护谟株式会社，注册资本 30 万元，实际投入 179000 元，制造汽车和自行车内外胎①。

据有关资料统计，抗日战争前，青岛橡胶制品的年生产能力为自行车外胎 250 万条、内胎 250 万条，汽车内外胎 12 万套，胶鞋 956 万双。1936 年各橡胶制品厂共生产自行车内胎 87 万条，外胎 74 万条，胶鞋 370 万双。从生产能力和产量上看，青岛已是当时中国北方最大的橡胶工业中心②。

五　盐业生产的改进

1. 传统盐业生产方法的变化

山东海岸线绵长，雨量较少，极适宜制盐。清初，沿海传统制盐采用火煎，煎盐用铁盘，制成之盐形状散，称之为“末盐”。煎盐方法系“晒盐取卤，煎卤成盐”。具体步骤大致为：开辟滩场，引入海水晒干，收取结晶的盐粒，如此收取的盐附带泥土较多，称为盐灰；盐灰移入淋灰池，用盐水淋灰成卤，再导入铁盘中烧火加热，使盘中水分蒸发，留于盘中的即为末盐。煎盐一次，烧火约 12 小时，可煎盐 6 盘，每盘出盐约 100 斤③。

清康熙年间，晒盐法传入胶州、掖县、利津、寿光等地，逐渐在各盐场盛行。但是后来因海滩地势变化，盐池距海渐远，引水不易，部分盐场又相继恢复煎盐法，有的盐场则因地而异，两种方法兼用。嘉庆年间，永

---

① 滿鐵北支經濟調查所：《北支那工場實態調查報告書（青島之部）》，1940 年版，第 631—658 頁。

② 龙树德：《青岛橡胶工业之过去与现在》，《青岛橡胶》，1947 年 6 月第 1 期。

③ 同治《即墨县志》卷 6，1873 年版，盐法。

利、利国、丰民、丰国四场距海较近，“晒盐于池，其形粒”；永阜、新镇、王家岗、宁海四场距海六七十里远，因而“熬盐于盘，其形散”①。

晒盐法分沟滩和井滩两种，永阜等盐场即采用井滩法晒盐。晒盐方法系选海滩“盐泉”最旺者掘成井，井壁用木桩和苇席固定，井深和井宽各数丈，井旁筑“圈”5个，“池”4个，“圈”为蒸发池，“池”为结晶池；晒盐时，先由井中汲盐水注入第一圈，暴晒一日后，放入第二圈，第一圈则重新汲入盐水，这样盐水依次隔日注入第三、四、五各圈，至第五圈时，盐水已成浓盐汁，然后放入池中，撒入少许盐粒，经日晒蒸发盐汁便结晶成盐粒②。

沟滩法与井滩法的区别在于引水方式。沟滩法一般先修滩作沟，筑堤挡水，堤上设门，随潮启闭，堤内开沟，以备蓄潮。晒盐时，引潮水灌入沟中，沟旁作池，形如畦圃，取沟中盐水入池，起初由两人执柳条编成的水斗汲取（盐田“斗子”的称谓即由此而来），后改用水车，两人摇车提水。至于入池海水的蒸发晒盐方法，则与井滩法相同③。

传统盐业生产由煎盐到晒盐的变化，以胶州盐场最为典型。胶州盐场清初为晒盐，道光年间改晒为煎，并一直延续到光绪年间。1901 年阴岛商人萧延蕃经商于金口，学会晒盐之法，延聘盐工回胶州试办，开设晒盐斗子 3 副，从事晒盐业。后来“如是模仿开设者，各地皆起，其中颇有大面积盐田”。1908—1910 年，胶州湾内盐田总滩数已有 254 处，晒盐斗子 960 副④。日本占据青岛后，因日本国内产盐不敷需用，故竭力扶植日商在胶州湾开辟盐场。1921 年胶州湾盐田晒盐斗子已达 8500 付，其中约有 3000 付斗子为日商经营⑤。

在盐田面积拓展的同时，晒盐技术也日臻成熟，并在生产工具上有一定程度改进。盐场一副斗子通常由外堤、蒸发池、卤台、结晶池、盐垛、回卤沟、清水沟、大沟、引水、泄水等设施组成，面积约 32.2 亩。每副

---

① 青岛市社会局编：《青岛市盐业》，1933 年版，第 1 页。

② 民国《寿光县志》卷 11，1936 年版，盐业。

③ 民国《莱阳县志》卷 2，1935 年版，盐业；民国《牟平县志》卷 5，1936 年版，实业，盐业。

④ 李襄丞：《胶州湾原盐制造总论》，《青岛工商季刊》第 3 卷，1935 年第 2 期。

⑤ 张一志：《山东问题汇刊》，1921 年版，第 264 页。

斗子有蒸发池 10—12 个，约占斗子面积的 45%—50%；结晶池为盐场最重要部分，约占盐场面积的 30%。盐场晒盐，先是在大潮时由引水沟将潮水引入，开放水门将海水导入大沟，然后将海水从大沟提入第一蒸发池，经日晒蒸发，流入第二池，第一池则仍以大沟中海水补充，第二池之水经再蒸发流入第三池，这样海水依次流入最下蒸发池，而上池亦同样依次用海水补充，最下蒸发池盐结晶至一定厚度时，将盐扫集于池两侧，再搬至盐垛堆成圆锥形，以备外运。晒盐法初兴时，蒸发池汲水使用水斗，水斗汲水费工费时，效率很低，民国初期逐渐为水车所取代。1924 年永裕公司承办胶州盐场后，开始改用风车汲水。20 世纪 30 年代初，永裕公司又引进使用小型斜式风车和柴油抽水机，从而使提水效率大大提高，晒盐周期也相应缩短①。

煎盐本重利薄，生产效率低，随着晒盐法的推广普及，煎盐法渐归淘汰。清宣统年间，永利、永阜、富国、官台、王家岗、西由、登宁、石河、涛雒、胶澳等 10 处盐场，有 3 处盐场为晒盐，3 处盐场为煎、晒并用，4 处盐场为煎盐②。民国初年，山东盐场几经改并，归并为王官、涛雒、西由、石河、富国、永利六大盐场，此时六处盐场已全部采用晒盐法生产原盐。

2. 精盐加工企业的兴办

与煎盐法相比，晒盐法不需燃料费用，生产成本低廉，但是在晒盐过程中浮尘、砂土混入盐中，堆盐存放时结晶中的有机质与空气接触，导致盐粒色泽灰暗并带有苦味。

开埠通商后，聚居于口岸城市的外国人先是输入精盐自用，后来又将精盐发售于其他城市。随着洋盐销量的逐年增长，清政府禁止外盐进口的禁律实际已名存实亡。民国成立后，国内有识之士多次吁请当局改革盐业和盐政。先是景韬白在北京组织盐政讨论会，倡导改进盐业生产；稍后范旭东又向政府条陈盐业利弊，并集资筹办久大精盐公司。1914 年，天津久大精盐公司成立，同年北京政府颁布精盐制造条例，此后方才有了本国

---

① 李襄丞：《胶州湾原盐制造总论》，《青岛工商季刊》第 3 卷，1935 年 6 月第 2 期。

② 〔日〕東亞同文會：《支那經濟全書》第 2 輯，1908 年版，第 197 頁。

的精盐业①。

山东精盐业发端于青岛。1915 年 12 月，日本人有长虎在青岛设立第一家再制盐工厂，日产精盐 1 吨。1917 年日商又成立青岛盐业株式会社，兴建大型精盐工厂，翌年生产精盐 18.7 万担。迄于 1921 年，日商先后在青岛开设精盐工厂 19 家，年生产精盐 150 万担，洗盐、粉盐 200 万担②。

1919 年 9 月，华商林子有在烟台成立通益精盐公司，生产粉盐、砖盐和精盐。公司起初资本 25 万元，1925 年增资至 40 万元，1931 年又增至 60 万元，第二年续增至 100 万元③。公司共有五个分厂，备有煎盐釜 30 余口，采用开口锅制盐法生产精盐。由于新法制盐将粗盐中的大部分杂质除去，制出的精盐色泽洁白，销路逐年增长④。

1923 年，北京政府在收回青岛主权的同时，出价收回日商在青岛的盐田和精盐工厂，计收回盐田斗子 1400 付，精盐、再制盐、洗涤盐工厂 17 处⑤。由于日方在盐田交还问题上屡生枝节，俟收回时，大部分盐田和工厂已停顿多时，有的已是残破不堪。此后，北京政府对盐田和工厂实行招标承办。1924 年，由天津久大公司主持，吸收青岛、济南的商人资本，在青岛成立永裕精盐公司。同年 7 月，永裕公司以 300 万元中标，并于当年修复盐田 4 万亩。而此时多数工厂因长期闲置，设备锈蚀严重，已不能应用，只有小港、台西有 3 家精盐工厂修复之后尚能恢复生产⑥。当时小港盐厂留有 3 座新式真空罐及洗盐机、碎盐机、电动机、煎盐锅等机器设备，这些设备在当时国内精盐制造业中算是比较先进的。

1930 年代初，烟台、青岛的精盐制造业已初具规模。据 1933 年调查，烟台通益公司制盐设备有烘干机、脱水机、轧盐机、搅拌机、筛盐机、抽水机等，另有电机 15 部，共 84 马力；青岛永裕公司主要设备有洗

① 余孟杰：《食盐工业》，《科学时报》第 14 卷，1947 年 8 月第 2 期。

② 景本白：《胶州湾盐业调查录》，1922 年版，第 43 页。

③ 胶济铁路管理委员会编：《胶济铁路经济调查报告汇编》，1934 年版，分编二，烟台。

④ 阙名：《烟台经济近况》，《经济半月刊》第 2 卷，1928 年 6 月 1 日第 11 期。

⑤ 余孟杰：《食盐工业》，《科学时报》第 14 卷，1947 年 8 月第 2 期。

⑥ 民国《胶澳志》卷 5，1928 年版，食货志，工业。

盐机、抽水机、打盐机、装盐机、真空罐、离心机及电机 8 部，共 45 马力①。

通益公司制造精盐采用当时国内流行的开口锅制盐法。制盐工序先将原盐溶化成盐卤，过滤去除盐水中杂物，再以化学溶剂提取盐水中的镁盐，然后由电动抽水机送入开口锅加热，盐化钙、硫酸钙、硫酸镁等杂质经加热蒸发，依次结晶析出，最后盐卤析出湿盐；湿盐捞出后用烘干机烘干成盐粒，再经粉碎机、筛盐机粉碎过筛，便制成精盐。开口锅制盐是国内最早采用的一种精盐制造方法，与后来兴起的几种制盐法相比，开口锅制盐所需人工较多，但其优点是设备较为简单，投资较省，适合私人资本投资经营②。

永裕公司使用三种精制盐方法制盐，即开口锅法、真空罐法和洗涤法。永裕公司是国内最早使用真空罐法和洗涤法制盐的企业，而且直到第二次世界大战前，国内也只有永裕公司一家使用真空罐法制盐。

真空罐制盐法系英国人 1824 年发明，原用于制糖，后经改良而用于制盐业。永裕公司部分生产采用此法。公司小港盐厂有真空罐 4 座，通常 3 座连接使用，制盐工序分三个步骤：先将真空罐用气泵抽成真空，由蒸气罐输送蒸气进入第一真空罐，蒸气通过铜管加热罐内盐卤，盐卤在真空中沸点降低，受热蒸发迅速，水分蒸发后，盐分结晶而降下；第一真空罐盐卤蒸发产生的蒸气，导入第二真空罐铜管内，管内温度虽降低，但因罐内同样是真空，盐卤仍能蒸发而结晶出盐粒；然后蒸气再如前导入第三真空罐铜管中，此时温度更低，但仍可使盐卤蒸发，只是盐的结晶速度变慢。开口锅制盐，蒸气耗散，热效率低；而真空罐制盐，蒸气可利用三次，从而节省了大量燃料和人力，生产效率和效益明显提高。小港盐厂真空罐制盐，一昼夜可制盐 100 吨，相当于公司盐厂全部开口锅制盐产量的总和。

永裕公司洗涤法制盐，系用洁净的饱和盐卤以洗涤机冲洗粗盐中的污物，使带有泥土的盐粒被盐水冲洗干净，然后用传送带送至烘干机烘干。洗涤法加工精盐，质量虽不如开口锅或真空罐，但其生产速度却大大快于

① 实业部国际贸易局：《中国实业志（山东省）》，1934 年版，（辛），第 441—442 页。

② 吴祖耀：《青盐志略》，1933 年版，第 89—91 页。

前两种方法，是当时国内生产效率最高的一种精盐加工方式①。

1930 年代，永裕公司的年生产能力为 150 万担，通益公司的年生产能力为 40 万担，但是由于当时精盐出口大幅减少，国内市场销路增长缓慢，实际产量一直未能达到设计能力。1933 年永裕公司精盐产量只有 21 万担，同期通益公司的产量也只有 20 万担左右。市场对生产规模的限制，直接影响了生产技术的发展。从 30 年代初到 1936 年，在设备严重开工不足的情况下，永裕公司不得不停止使用洗涤法和真空罐法，改为单纯使用比较落后的开口锅法制盐。

① 吴祖耀：《青盐志略》，1933 年版，第 89—91 页；阙名：《我国精盐业概况》，《青岛工商季刊》第 2 卷，1934 年 6 月第 2 期。

第八章　机械制造业的起步

近代机械制造业是围绕着加工工业的需要，使用动力金属加工设备，以科学工艺原理制造机器的新兴工业，与传统铁工业有着本质上的不同，它的产生与发展既是近代工业化进程的一个组成部分，同时又为手工业和农业的改进提供了一定的条件。

19 世纪末 20 世纪初，民间开始仿制西洋简单机械。辛亥革命前 10 年间，在青岛、济南等城市，以船舶、机车修理和织布、榨油等行业的发展为契机，机器修理业与机器零部件制造业开始兴起。民国成立后，城市制造机械与机器零部件的铁工厂竞相开业，企业数骤增。适应当时铁轮机织布业以及面粉、火柴、印刷等行业的需要，一些工厂已能批量生产机械整机，并能零星制造少量金属加工机器和动力机器。1930 年代，随着企业设备和技术水平的提高，部分铁工厂已能制造柴油机、发电机、蒸汽机和工艺较复杂的金属切削机床，并能制造出成套面粉加工机器和动力榨油、织布、印染设备。

一　对西洋简单机械的最初仿制

民间对西洋简单机械的仿制，始于 19 世纪 90 年代。1897 年，潍县就已有人按照国外自行车式样，仿制出两轮脚踏自行车。据当时有关记载，仿制品“虽不如购者精，却也很巧，惟独轮外皮带无法造出，所以即用外缠牛皮之麻绳，以代橡皮管之用”①。这是迄今所知山东民间仿制自行车最早的一个事例。

① 《山东时报》，第 29 号，1897 年 6 月 30 日。

1904年，兰山县工匠赵清渠仿制榨油机，又仿制自行车并获成功。赵清渠曾在上海机器局任过工匠①。

1905年，诸城王裔堂制成改良织布机一架，布机由一人操作，日可织布二丈三尺②。

1906年，乐安人隋肇午制成机器磨，机器简易合用，工作原理与外国机器相似，而式样、用法则略有不同③。同年，济南商人创办协成铁工厂，从事机器零件的修造。

此外，在1907年，恩县王元培制成新式纺纱机，呈县试验，操作颇称简便，后由县奖饬再制，准备送省陈列④。同年，诸城人吴元瑞创制连纺机，以四机相连，并置一轮，以脚踏轮，以手拉线，一次纺纱两条，较旧法快速便捷⑤。

1908年，丁立璜在济南创办山东理化器械所。丁早年在登州文会馆受教于狄考文，对于机电原理和制造技术有着较深的造诣。他创办的仪器制造所，是当时国内仿造理化仪器的佼佼者，所制理化仪器在1910年南洋劝业会上获过优奖。在1914年山东第一次物品展览会上，制造所送展机器机械与仪器达200余种，式样虽系仿造，但巧妙精致，尤以机电模型和仪器最为出色，其中有投扑来尔发电机、维本杜尔斯发电机、四轮发电机、氢气炮、圆柱感电器、蛋形感电器、验干电表、电转、电显日月转、干电铃、圆球感电器、电车模型、电风扇、副电震人机、电报、电转击钟、齿轮电转等⑥。这些制品中有不少属国内首创。

1910年上海人黄金才在济南开设金启泰太铁工厂，安装车床4部，制造水车等机械。翌年，青岛华商成立了合顺成铁工厂，该厂除能修理多种机械外，还仿制出镟床（车床）等机床设备。

清末，民间对西洋机械的简单仿制，技术水平无疑极为简陋，并带有

---

① 《东方杂志》第1卷，1904年12月第10期，实业，各省工艺汇志。

② 同上书，第2卷，1905年6月第5期，实业，各省工艺汇志。

③ 同上书，第3卷，1906年4月第3期，实业，各省工艺汇志。

④ 同上书，第4卷，1907年8月第6期，实业，各省工艺汇志。

⑤ 同上书，1908年1月第12期，实业，各省工艺汇志。

⑥ 山东展览会报告编辑处编：《山东第一次物品展览会审查报告书》第2编，1915年版，第4—12页。

某种零星分散的特征，但是，在当时的生产力水平下，这种努力还是对机械制造技术的传播与推广起了一定的积极作用。

二　大型轮船机车修造厂的建立

德占胶澳后，德国海军当局于1901—1906年用了6年的时间，耗资500万马克，在青岛大港5号码头建成青岛造船所。青岛造船所设备齐全，厂内分变电站、锅炉制作、化铁、铁工、冷作、木工、模型、轮机、漆皮、电镀、造船、钳工等车间，锅炉制造车间可制造船用和普通锅炉，化铁车间安设800吨化铁炉2座、500吨化铁炉1座，铁工车间备有电动锤、汽锤和30个打铁炉，冷作和轮机车间有螺切机2台、形切机2台以及铣床、钻床、车床、刨床等加工机械。船厂除为德国海军修船造船外，还承揽部分对外机械加工业务，如制造蒸汽机、各种机械以及铸造各种铜铁器具。

1914年日德为争夺青岛发生激战，造船厂因之遭受严重破坏，150吨电动起重机被德军沉入海底，万吨浮船坞及附属机械设备则被日本强行拖运回国。1922年中国收回青岛主权后，造船厂归青岛港务局管理，当时船厂共有分厂11个、船坞1处，据称船厂规模和造船数在国内官营造船厂中仅次于江南造船厂。30年代，船厂曾建造汽轮、挖泥船等多艘船舶，并理修了大批国内外船只①。

1901年胶济铁路修至丈岭，德国当局利用艺徒养成所的技工和当地木工、铁工，在丈岭建立机车修理工厂，工厂除修理机车外，还兼造铁道器材。后来修理厂扩建成为胶济铁路四方机车厂。

1914年日本占领青岛后，对四方机车厂投资进行扩建，机器设备由原来的212台增至290台。当时工厂共有五个分厂，第一分厂负责机车，分组装、锅炉两部分；第二分厂负责机械，分镟床、装配、铜工三部分；第三分厂负责锻铸，分锻冶、铸铁、模型三部分；第四分厂负责车辆，分车台、木工、油漆三部分；第五分厂负责电机，分动力、电工与电镀两部

---

①　周茂柏：《三十年来中国之造船工业》，中国工程师学会编：《三十年来之中国工程》，1946年。

分。此外，厂内还设有物理化学试验室，专门试验研究材料的优劣强弱（材料包括五金、煤、水泥等）。工厂月修理能力为机车 6 辆、客车 15 辆、货车 60 辆①。

1923 年，机车厂由中国政府收回自办。各分厂经过调整扩充，设备技术水平进一步提高，规模比德国经营时期扩大了 1 倍，资产总值计 272.9 万元，约占整个铁路财产原值的 5.7%。工厂的修造能力很强，除从事胶济线机车车辆及附属设备的修理、改造和新造外，还承揽其他部分线路机车的修理②。

四方机车厂以铸钢和客车制造为特色。铸钢设备为国内各路所仅有，故特别繁忙。炼钢炉为日本“金子式”转炉，熔铁量 1 吨，炼钢使用柏斯末法。另外还有熔铁量 3 吨的化铁炉 1 座，专用以给炼钢炉提供铁水。1926 年，四方机车厂因化铁用焦炭缺乏，开始使用重油代替部分焦炭。据工厂试验，此法可节省燃料费约 30%，同时炼铁质量也明显提高。机车厂还拥有当时全国唯一的一套胶合板设备，制造客车顶板、墙板，这套设备的使用，使机车厂制造的客车在全国各机车厂中质量名列前茅。

中国最早自制的机车，是 1903 年唐山机车厂制造的 2—6—0 式机车。四方机车厂在修理机车车辆的同时，也曾努力自制。截至 1937 年，机车厂共制成机车 11 辆，数量仅次于唐山机车厂（62 辆）；自制客车 193 辆，仅次于唐山、吴淞二厂；另外还自制货车 429 辆。尽管工厂制造机车台数有限，但是在当时的历史条件，能依靠自己的力量取得这样的成绩已属难能可贵。

1913 年，津浦铁路局在济南设立机器厂。厂长为德国人道克米利，起初管理人员和技术人员也全为德国人。机器厂共有机器设备 82 台，其中有金属切削机床、试验仪器以及锻压、翻砂、发电、动力等设备，工厂主要从事机车、客车和货车的修理以及零配件制造。1914 年，工厂收归国有，改组为津浦铁路济南机车厂。

1920 年代初，济南机车厂内设货车涂漆、客车涂漆、锻冶、装配、

---

① 〔日〕青島守備軍民政部：《青島ノ工業》，1919 年版，第 84 頁。

② 杨毅：《三十年来中国之铁路机务事业》，中国工程师学会编：《三十年来之中国工程》，1946 年。

铸造、模型、发电等七个分厂，工人总数约700人，工厂年装配修理能力为：装配机车120辆、客车300辆、货车480辆，修理机车96辆、客车168辆、货车600辆①。

三　青岛济南机器制造业的发展

民国初年，青岛、济南、烟台、潍县等地机器工业开始兴起，纺织、食品、化工、印刷企业相继设立，手工业也处在勃兴阶段，机器修理及零件制造的需要日益增多，这些经济因素，为城市机械制造业和制造技术的发展提供了契机。

1915—1919年，随着青岛市政工程、一般加工业和纺织业的发展，修造纺织机械与加工机械的修配工厂首先发展起来。这类工厂如东益铁工厂、复记铁工厂、顺源炉、永丰铁工厂等，起先只是修配纱厂机器零部件，铸造市政建设用铁管和金属配件，后来逐渐发展到能制造一些简单机械。同期，日本人也在青岛设立了十几家铁工厂和铸造厂，其中1915年设立的丰盛公司铁工所（资本10万元），稍后成立的天德铁工厂（资本30万元），是当时规模较大机械修造工厂。迄于1919年，青岛已有各类铁工厂、铸造厂、铁工作坊43家，其中华商23家，日资20家。这些铁工厂和作坊大多数资本细小，一般资本只有1000—3000元，资本不足1000元的有14家，日常业务以从事零部件加工、机器修理为主，不能制造整机。大多数铁工厂没有动力机器，使用动力的华商铁工厂只有永顺铁工厂（资本4000元）、朱同兴翻砂工厂（资本3000元）、永利号铁工厂（资本2万元）三家企业②。

1921年日商又在青岛设立原田铁工所、梅泽铁工所等铁工厂。这些日商铁工厂，除天德和丰盛资本雄厚能制造机器外，一般也只能修理各种机械、铸造砖瓦模具、装置暖气管道和水管道。

进入20年代后，青岛华商资本的机器铁工厂规模有所扩大，设备与

① 〔日〕青島守備軍民政部鐵道部：調查資料第25輯，《津浦鐵道調查報告書》，1922年版，第168—170頁。

② 〔日〕青島守備軍民政部：《青島ノ工業》，1919年版，第72—74頁。

技术水平也有一定程度的提高。1921 年，稍具规模的华商铁工厂和铸造厂共有 6 家，而日商铁工厂和铸造厂则有 11 家之多[①]。20 年中期，随着青岛主权的收回，华商铁工厂发展到 17 家，日商铁工厂则减少为 4 家。规模较大的华商工厂为华昌、东益、同昌泰、复记等厂。华昌铁工厂有工人 100 人，主要机器设备为车床 16 台、铣床 3 台以及刨床、钻床、卷板机等，工厂动力 10.5 马力，能够制造面粉加工机械和日用五金器材。东益、复记两厂都成立于 1919 年。东益工厂的资本为 2 万元，设备有车床、铣床、刨床、钻床、熔铁炉等，20 年代该厂已能制造刨床、铣床、钻床等多种机床。复记工厂的设备水平与东益大致相同，主要制造榨油机、面粉机，并能制造柴油机[②]。当时机械制造业中的技术骨干或经理人，多半出身于德占时期的水师工务局和四方机车厂技工学校。

1930 年代初，青岛共有包括机器制造企业在内的中外资铁工厂 47 家，资本总额 280 万元（内中包括四方机车厂），职工 2800 人[③]。同期日资铁工厂计有梅泽、铃木、昭和、日进、松山、原田、胶东、华祥、日轮等 9 家，资本总额近 11 万元，雇佣工人 154 人[④]。当时最著名的华商机器制造企业为东益、复记、利生、金城四家工厂。此外，在机械制造和修理方面，规模较大、设备水平较高的企业还有源盛炉、德顺炉、华兴、源兴、得聚成、陆丰、绒发、复元兴、同昌泰等工厂。整个机器制造行业不仅已能制造车、铣、刨、钻等金属切削机器，而且还能制造火柴机、制杆机、面粉机、榨油机等动力加工设备。成立于 1923 年的利生铁工厂制造的车床、刨床、钻床等机床，性能在许多方面不亚于进口货，而价格则大大低于进口货。当时一台 12 英尺美国车床售价 2000 元，而利生厂制造的同类车床售价仅 800 元。因此，利生厂产品销路很广，远及汉口、天津等地，1936 年仅车床一项即售出 80 台[⑤]。

---

① 阙名：《青岛及铁路沿线日本人及中国人所经营工场之调查表》，《山东实业学会会志》，1921 年 10 月第 5 期。

② 民国《胶澳志》卷 5，1928 年，食货志，工业。

③ 青岛市档案馆编：《帝国主义与胶海关》，档案出版社 1986 年版，第 214 页。

④ 青岛市社会局编：《青岛市工厂工业手工业调查》，1933 年版，第 15 页。

⑤ 山东省档案馆馆藏档案：山东分局长期卷 29，《青岛市机器铁工业统计表》，1949 年 8 月。

青岛自行车整车及零配件过去一向由日本等外国车行垄断，1930年同泰铁工厂成立后，开始自行制造车架及车轮内外带，因产品价格低廉，销路遍及省内各城镇。自行车飞轮原依赖由德国进口，30年代中期，陆丰工厂经多年研究，制造出合格的飞轮。临近抗日战争前，同泰厂已能制造出自行车整车，每月产品销售额达20万元。

1931年，尹致中在青岛创立冀鲁制针厂，工厂成立后注重改进机器设备，很快成为全国有名的制针专业厂。为提高产品产量和质量，工厂不断研究改进机器的性能，经过两年努力，在1933年发明研制出CCy式连三速度制针机。连三速度制针机，将压鼻、搓油、钻孔、切鼻四道工序同时在一台机器上完成。新式制针机除速度提高外，还能省工省料，降低成本。尹致中这项发明，曾由当时实业部颁给一等奖章，并于1936年10月由实业部奖励工业技术审查委员会颁予专利权，他本人也因此获得“制针大王”的称誉。1934年，尹致中又在青岛创办中国兴华实业工厂，内设机械厂，专事研究制造新式机械①。

1920—1930年代，青岛的机器制造业取得了一定进步，正如当时评论所说：机器制造企业在“出品方面，如车床、刨床、钻床等工作机，火柴机、制杆机、面粉机、榨油机、打水机、锅炉及简单之内燃机，与纱厂简单机件、建筑等用品各项，均能与舶来品等。火柴机及工作机，且销山东各地。船舶机件，亦能修配。此在技术方面，不能不成为优良之成绩”②。但是由于民族资本资金薄弱，设备和技术受种种条件限制，除个别企业外，多数企业的制造工艺和产品局限于仿制。不少小企业带有浓厚的传统铁工场痕迹，生产制造因陋就简，几乎看不到工艺技术上的改进和提高。

民国初年，济南的机器铁工业开始兴起。1912年，郎洪升开设洪升铁工厂。次年，兴顺福铁工厂、河北交河资本的晋太铁工厂相继成立。这些铁工厂一般只有资本三五千元至一两万元，多半只能加工修配零件，不能生产整机。1917年齐鲁铁工厂成立，房屋、机器均系租用原工艺局旧

---

① 言志：《初访制针大王尹致中》，《新世界月刊》1946年12月号；阙名：《实业部特许专利之工业新发明》，《科学的中国》第8卷，1936年12月第12期。

② 董志道：《青岛工业之鸟瞰》，《都市与乡村》，1935年8月第13期。

物，机器有大小车床5台、刨床2台、钻床1台和5马力电动机1台，工厂当时除修理各种机器、制造机械零配件外，还曾试制出锅炉和蒸汽发动机①。1919年义发成机器铁工厂成立，工厂系独资经营，起初设备仅有人力镟床1台，后逐渐增加设备，开始制造弹花机、面条机、织布机等简单机械②。

从第一次世界大战结束后到20年代中期，是济南机器制造业发展较快的一个时期，企业设备和技术水平均有所提高，产品种类也有所增加。1920年金启泰、兴顺福等老厂先后增添了动力设备，其后又有陆大等四五家工厂成立。当时几家规模大的铁工厂已能制造气泵、小型锅炉、蒸汽机、榨油机、印刷机、造胰机、面粉机、矿山用汽绞线以及部分理化仪器，虽然出品数量不多，但已经走出修配的狭小天地。另外十几家中型铁工厂已能小批量制造弹花机、轧花机、切面机、水车等简单机械产品。天津郭天成、郭天利两家铁工厂在济南设立的分厂，则专门装配铁轮织布机。

1925年后，机械制造业中虽有成丰（1928年）、华兴（1929年）、同丰、春聚德，新新、顺兴等六七家新厂成立，但制造水平并无显著提高，同时外国机器的进口却日见增多，新建纺织、化工、食品加工企业所用成套机器设备大都购自国外。华商机械制造业既无能力制造大型机器设备，普通机器产品的技术性能又难以与舶来品抗衡，因而生产和销售都受到很大限制。由于经营环境恶化和企业内部经营不善，兴顺福、金启太等几家铁工厂在1925年后相继倒闭。另外一些铁工厂不仅技术没有进步，反而转以修配来维持业务，或转向军工生产，为军阀加工迫击炮弹、制造枪械配件。

30年代初，济南机器制造工厂以齐鲁、成丰、华兴、陆大、义发成五家规模最大，工厂一般都有全套的车、铣、刨、钻等加工设备，并附设小型翻砂车间，设备比较完善的陆大工厂还拥有柴油发动机、冲床、磨床、喷气压力机等机器。成丰工厂原为成丰纱厂的铁工部，开始不过二三

---

① 《山东实业公报》，1932年3月第9期。

② 山东省档案馆馆藏档案：山东分局长期卷，《济南特别市机器工业概况初步调查材料》，1949年。

十人，负责厂内设备的安装和维修，后来设备和人员不断扩充，厂内职工达400人，主要业务也转向制造各类机床和面粉加工机器。1932年工厂仿制出鲁滨逊式钢磨及全套制粉机器，此后又为成丰西安分厂制出德式带齿轮40寸钢磨20台、清粉机12台以及打麦机和漂粉机，这些设备在当时西北面粉加工业中算是最先进的。截至1937年，成丰工厂共生产出铣床6台、1丈重型车床3台、1丈轻型车床12台、6尺小车床40台、皮带钻床3台，另外还制造出牛头刨床、龙门刨床、拉丝车床等加工机器①。同期陆大工厂的制造技术也有很大提高，不仅能制造普通车床和柴油机、蒸汽机等动力机器，而且还自行设计制造出用以疏浚小清河的挖泥船。1932年陆大工厂制造的“黄台”号、“石村”号两只挖泥船，每只造价7.3万元，船身长26米，装有4汽缸125马力柴油机，每小时挖泥量160立方，送泥距离19米，是当时国内制造水平比较高的内河挖泥船②。

1930年，济南东元盛染厂扩建，需加工制作大量的机器零配件，而工厂所属铁工部难以适应加工要求，于是染厂投资2000元，购进车床、刨床、钻床等加工机器，将铁工部改组扩充为单独核算的铁工厂。1933年染厂再度扩建，铁工厂为染厂制造了拉宽机、洗水机、烘干机、轧光机、精炼罐等印染设备以及5吨和3吨锅炉各1台，同时还仿制出丰田织布机40台及全套附属设备。1934—1935年，东元盛铁工厂先后仿制出15马力、35马力两种型号的柴油机，并销于河北高阳等地，以后又生产榨油机、轧花机，行销于鲁北产棉区。抗日战争前，铁工厂的月生产能力为10尺车床2台、织染机器2台、兰开夏式锅炉1台及8寸直径水泵1台，成为机械制造业中较具实力的企业③。

迄于1936年底，济南共有机器铁工厂23家，资本总额267800元，资本最多的为陆大工厂，计有资本10万元，资本最少的义发铁工厂，资本仅800元，其余工厂资本大多在2000—5000元之间。各家工厂所需铜铁原料大多购自鞍山及日、美等国，制品以手工机械、简单机器、机器零

① 山东省政协文史委员会等编：《苗氏民族资本集团的兴起》，山东人民出版社1988年版，第73页，86—87页。

② 丁礼卿：《整治山东小清河之工程》，《科学的中国》第3卷，1934年2月第4期。

③ 张东木：《济南东元盛铁工厂史料简述》，《山东工商经济史料集萃》第1辑，1989年。

部件为主，机器整机为数很少，行业全年制造总值只有717000余元①。

四　华丰机器厂与潍县布机制造业

1920年代后，潍县土布织造业、漂染业发展很快，织染加工业的发展使新式脚踏织机的需求量骤增，同一时期，潍县手工作坊数和手工工场数以及当地商人资本的实力也在增长，这一切，为当地机械制造业的兴起和发展提供了市场、资本和技术工人。

1920年，潍县东乡人滕虎忱创立了潍县第一家机器制造厂——华丰机器厂，该厂后经发展，成为华北最大的机器厂之一。滕虎忱是潍县东乡人，从19岁（1902年）起在青岛水师工务局学徒，后又在马尾船坞工作7年之久，学会了有关机器制造的许多知识和技能。华丰厂成立之初，资金只有3000元，设备只有车床2台、小型汽油发动机和发电机各1部，只能制造公路桥梁用夹板、螺丝等。同年10月，工厂增资至1万元，扩建厂房，增添设备，开始试制织布机。滕虎忱先是以一架“石丸式”织布机为样机，试制出脚踏铁轮织布机。后来这种织机经多次改进，每日可织40码“洋布”一匹。1931年，山东工业试验所对华丰机器厂制造的改进脚踏织布机进行性能试验，在鉴定报告中称：“足踏织布，机架坚固，运转正确，有间接卷取装置及他动的送出装置，则纬线密度均匀，工作迅速，欲定织品之疏密，即交换卷取之齿轮与增减经轴上重锤之分量，视布之用途若何耳。该机每日工作12小时，能织平面布百尺，其他斜纹、条纹布均能织造，诚为现代人力织机之良品。”② 脚踏织机批量生产后，为各地织户所乐购，产销量逐年增加。1920年华丰工厂仅能生产织布机100余架，1927年增至700架，1930年又增至1000架，1934年达3500架，而历年累计生产销售于潍县、昌邑、寿光、济南、桓台、即墨等地的织布机计12200余架③。

1927年华丰工厂建起大型厂房，陆续增添车床、刨床等加工设备，

---

① 济南市政府秘书处编：《济南市机器及金属品制造业调查统计报告》，1937年3月，第1页。

② 《山东农矿厅公报》第2卷，1931年5月第8期，训令1818号。

③ 实业部国际贸易局编：《中国实业志（山东省）》，1934年版，（辛），第660页。

由 20.5 马力柴油机提供动力，并根据当时农村需要，开始制造灌田水车、轧花机、弹花机、棉籽剥皮机、榨油机等多种机械，产品销于本省、江苏、河南及辽宁①。所制水车分八棱、七棱、六棱三种型号，六棱水车每个水斗约盛水 6 升，用牲畜拉转，1 分钟平均转 4 周，每周上水 6 斗，1 小时约上水 8640 升。1931 年工业试验所在对水车、弹棉机试验鉴定后认为："各种机器均甚适用，且有制造精致及坚固耐用之特长。水车上水丰富，运转敏捷；棉车构造精密，弹棉匀细。"同年，山东农矿厅要求各县建设局推广使用华丰工厂制造的水车、棉车和织布机②。

随着加工工业的发展，柴油机的使用量逐步增加，但国内只有极少几家工厂能制造，而且规模很小，难以满足市场需要。1931 年滕虎忱决定自行试制柴油机。是年冬，工厂自上海购进大摇臂钻、汽锤、龙门刨等加工设备，并从青岛聘请学徒出身的技师王宏茂，以德国设计、英国制造的 15 马力狄塞耳式柴油机为样机，从事研究仿造。1932 年秋，第一台 15 马力卧式单缸低速柴油机试制成功，试用效果不次于英国产品。此后，又陆续试制成功 8 马力、25 马力、40 马力柴油机以及 2kw—25kw 不同功率的发电机。华丰工厂制造的柴油机虽系小型号仿制，但当时国内只有上海、无锡两地工厂经与外厂协作才能制造，而华丰完全是用自己的设备制造。机器"以舶来品较之，价值低廉数倍，故国人颇为乐用，营业甚旺。柴油机一项，在潍县各工厂中所用者，多为该厂之出品"。1932 年，华丰机器厂资本已达 12 万元，当年生产盈利 5 万余元③。

战前，华丰工厂的机器制造能力已发展到相当水平，年制造能力为柴油机 70 台、轧棉机 700 台、弹棉机 400 台、榨油机 80 台、发电机 25 台、抽水机 80 台、纺纱机 400 台、水车 250 部。产品销路遍及本省和华北、西北地区诸省以及江苏、辽宁等省④。

1920 年代中期，在华丰机器厂的带动下，潍县制造织布机、水车和

---

① 《山东实业公报》，1932 年 3 月第 9 期；张蓝田、宋伯良：《滕虎忱与潍县华丰机器厂》，《文史资料选辑》第 14 辑，1983 年。

② 《山东农矿厅公报》第 2 卷，1931 年 5 月第 8 期，训令 1818 号。

③ 阙名：《考察胶济路工商状况之随记》，《青岛工商季刊》第 1 卷，1933 年 12 月第 1 期。

④ 滿鐵北支經濟調查所：《北支那工場實態調查報告書（濰縣之部）》，1940 年版，第 52—54 頁。

弹花机的铁工厂纷纷成立。自华丰建厂到1937年“七七事变”，先后在华丰厂工作过的工人千余人，其中留厂工作的约500人，一部分技术工人则转到别处工厂担任技术工作，少数有条件的则凑集资金开办起生产水车和织布机的工厂，如洪丰、阜丰、天丰、蚨丰、大丰、新华、益农、育秀等铁工厂，其创办经营者都曾在华丰工作过，与华丰厂有着一定的渊源关系。从1920年华丰铁工厂成立到1932年，潍县先后成立的铁工厂共计11家，年产织布机7100架，占全省织布机制造总数的83%；年产水车920部，占全省水车制造总数的80%①。通过一家工厂的示范影响，带动当地机械制造业由小到大，逐步形成一定规模，成为潍县机械制造业发展的突出特点。

五　发展中的困顿

机械制造业为工业化初期的一种新兴工业，因其对企业设备、技术和职工素质有较高的要求，产品的技术含量相对高于普通加工工业，故机械制造业的发展状况往往能从一个侧面反映甚或代表当时工业化发展的整体水平。

山东近代机械制造业起源于官办企业，后来仅有的几家大型车船制造工厂亦为官办官营，民间私人资本因资金、技术和人才等方面条件的限制，一般只能局限在一些中小型机械制造领域。但是，私人资本兴办经营的机器制造业，由于能够适应市场的需要，以加工业中的中小企业为经营对象，同时能围绕手工业和农业的改进组织生产，因此经过数十年资本、技术和经验的积累，生产制造水平比之传统旧式铁工业还是有了很大提高——从最初只能制造机器零部件逐步发展到能制造整机，部分企业甚至还能制造面粉、织染成套设备和挖泥船一类的大型设备。到30年代初，山东机械制造业已能制造车床、钻床、刨床、铣床等金属加工机器和锅炉、蒸汽机、柴油机等动力机器，并已能小批量生产火柴机、制杆机、造胰机、印刷机、弹花机、挂面机、压花机、打线机、榨油机、面粉机、打水机等多种机械，同时还能为手工织布业和农业提供数量可观的铁轮织布

① 实业部国际贸易局：《中国实业志（山东省）》，1934年版，（辛），第660页。

机和改良水车。

据1933年不完全统计，济南、青岛、潍县、博山、高密五地的机械制造业，每年约能制造各种机器机械1190台（部），产值39.9万元，其中弹花机655台、压花机100台、水龙94部、发动机90部、挂面机60台、印刷机39台、锅炉53台、打线机35台、榨油机30台、面粉机10台、造胰机10台、漂线机4台，车床、钻床、刨床、铣床等机器十几台。另外，潍县和济南的机械制造业每年约生产铁轮织机8550架、水车1093部①。

从制造规模、产品结构和技术水平等综合情况看，近代机械制造业只能算是处于原始的起步阶段，带有明显的新旧交织、传统与近代并存的特征。一方面，机械制造业适应当时手工业和农产品加工业改进的需要，为手工卷烟业、织布业、小型火柴厂、烛皂厂、榨油厂、印刷厂提供了大批廉价适用的改良机械，同时为机器加工工业提供了必要的配套服务；另一方面，机器制造业的整体水平又很低下，发展缓慢，经济影响力弱于其他加工工业，并带有某些传统铁工业的色彩。当时机械制造业发展缓慢、水平低下主要表现在以下几个方面：

第一，机械制造业的资本规模、生产规模（产值）、职工人数都未能超过传统的铁工业，整体实力还相当薄弱。1933年，山东包括机器制造厂在内的铁工厂共155家，资本254万元（不含大型车船修造厂），职工5824人，其中机器制造业14家、机器修理业55家、农具制造业14家、铁器制造业18家、布机制造业13家、袜机制造业3家、轧花机制造业3家，铁锅制造业29家、铁钉厂2家、缝针厂2家、自行车厂1家。私人资本经营的专门机器制造业资本只有73050元，职工640人，产值不足40万元②。

第二，从地域分布上看，机器制造企业主要集中在青岛、济南、潍县三城市，烟台、威海、博山、高密、临清等地虽然也有几家制造工厂，但均属规模狭小、出品不多的小企业，即使在青、济、潍三城市中，具有资本和技术实力的企业也为数甚少。各地以日用五金、农具制造为主的铁工

① 实业部国际贸易局：《中国实业志（山东省）》，1934年版，（辛），第659—660页。

② 同上书，第640—641页。

业仍保持着传统的形貌，能够制造大件农具的铁工厂只有十几家，这恐怕也是当时改良农具造价高、产量少、难以大范围推广的原因之一。

第三，企业资本薄弱，规模狭小，设备简陋，制造工艺和技术落后者比比皆是。在厂房设备方面，只有齐鲁、陆大、东益、金城等少数几家工厂拥有专门厂房和比较齐全的车、钻、刨、铣、磨、冲等金属加工机器，多数厂家通常只有三两台车床和钻床，租用民房，因陋就简，勉强从事加工制造。受设备条件的限制和出于经营上的考虑，企业更多的是在制造各种手工机械，此类产品的生产和产额占了很大比例，机器制造始终未能形成规模，大型纺织厂、面粉厂、火柴厂、染织厂所使用的机器设备基本要依靠进口。

第四，专业技术人才匮乏，企业负责技术和管理的人员多半是靠经验或自学出身，缺乏系统的专门教育，产品制造因而也只能以仿制为主。如青岛机器制造业中，“各厂主要工程负责人或经理本人，悉均德管时代之工人出身，因随德人经营各项建筑制造事业及船舶修理，遂得丰富之经验”。“惟纯粹由经验出身，工作偏重仿造，对于科学理论、机械原则，既欠研究，又不重视，此易生危险而又难期改进。且机器厂及翻砂厂常多收学徒，以减轻工资负担，学徒只知终日在平床［机床］或错［锉］桌苦干，始终难明机械原理与钢铁性质。学徒出厂，即自行独立营业，展转相因，技术上日将退化。”①

在上述几方面因素的限制影响下，尽管有个别企业依靠自身技术力量，研制生产出新型机器，但是整个行业的发展却基本处于困顿的状态，缺乏整体性的技术进步与创新，因而也未能形成一个能为工业化提供坚实基础的机器制造业体系。

---

① 董志道：《青岛工业之鸟瞰》，《都市与乡村》，1935 年 8 月第 13 期。

小结　市场变迁条件下的工业化特点

发展的诱因与条件

一种经济结构常态下的供给和需求，是由这种经济本身所具有的产业状况（农业、制造业）、交换水平决定的。通常只要上述因素不发生变化，供给和需求间的均衡及结构便不会改变，均衡在低水平上的维持与经济的长期停滞相一致。反之，供需关系、供需总量的变化是导致传统经济变迁和近代市场经济发轫成长的基础。

口岸贸易是打破旧有平衡的始作俑者。口岸市场的埠际贸易与海外贸易，给城乡市场带来了具有新生活用途（或使用价值）的商品，这些商品，如火柴、化学染料、肥皂、卷烟、机制棉纱、棉布等，是传统物质生活消费所没有的。随着内地市场和商品流通体系的逐步形成，这些商品的需求逐年扩大。同时，城镇人口和城市就业机会的增加，亦使城镇人口有支付能力的需求随之增长，而手工业品和农产品的销售流通，则为从事商品生产的手工业者及农户带来了一定的支付能力①。新商品具有特殊的替代功能，它将在一定程度上逐步替代传统经济中某些对应的消费品和资本货物，进而改变消费“偏好”和“样式”。

但是，由口岸贸易和洋货输入诱发的新的生活及生产消费需求，不可能始终不变地完全由贸易来满足，也不可能依靠或通过旧的生产技术和工艺来解决，也就是说，不可能完全靠传统产业家庭或手工作坊式的生产组织来满足。不断增长着的新需求只能由工厂化的机器生产和新的生产工艺

---

① 1921年的青岛海关报告曾说：“数年前原料畅销，乡人多积蓄，人民亦日见于纷华。”第二年，青岛进口“棉货多畅销”，“其故以内地之花生、麦子收成极佳，农民有购买物品之财力”（青岛市档案馆编：《帝国主义与胶海关》，1986年版，第306页）。

来满足，只能在产业创新、产业改进的基础上来加以解决，而且在新的经济条件下，商品消费的数量、质量、花色与低廉的价格，也限制着资本沿传统路径，通过增加手工生产来获取市场和利润的可能。

简单地说，贸易和市场的扩大为工业的产生提供了诱因和条件。建立在口岸贸易基础之上的商品流通改变了日常的物质生活需求，日常物质生活需求的变化则为产业变革与改进提了动力和市场基础，促使近代机器工业产生。对外贸易的兴起与发展、流通规模的扩大，一方面造就了新的消费需求和新的消费者；另一方面也造就了新的增量资本。与贸易有直接或间接关系的增量资本有以下来源：以行栈资本为主的商业资本、买办资本、银钱业资本、参与农产品买卖的乡绅和富农资本、手工业资本等，各业资本的积累形成了私人资本社会存量的增长，而私人资本的增长，恰是私人资本参与近代工业化进程的先决条件。

如果说清末官办企业的动机尚带有浓厚的御侮自强政治取向和色彩，那么到民国后，尽管振兴民族经济的意愿仍不失为动机之一——私人资本具有一种发展民族工业，使民族迅速富强起来的愿望，但是在市场需求供给机制的作用下，工业企业的兴办多数却是以市场现实与潜在的需求为动力，在商品市场的孕育下产生。

销售市场

传统手工制造业的原料与成品基本靠自购自销，与这一模式不同，机器制造业与市场流通的关系更为广泛，也更为紧密，企业大部分原料和成品要靠商人资本来购销。

近代机器工业植根于三个市场，一是国内日常生活用品市场，市场需求源自于城乡物质生活中消费的某些变化，如火柴、肥皂、机织布、化学染料、饮料、玻璃、卷烟、胶鞋等商品消费的出现，便为相关工业的产生提供了市场基础；二是手工业生产资料市场，市场需求源自于手工业的转型与技术工艺的更新，在手工业结构变动过程中产生了对机制工业品的大量需求，如手工织布业对机制棉纱和铁轮机的需求，丝织业对铁轮提花机的需求，榨油业对螺旋榨机的需求，手工卷烟业对卷烟机的需求，染织业对化学染料的需求，等等；三是对国内初级加工品有着大量需求的海外市场，某些工业部门最初就是在海外贸易的基础上产生，蛋粉、生丝、精制油、茧绸等加工业国内市场销量极小，实际上基本是为了出口海外而生产。

机器工业与上述三类市场的需求息息相关，市场需求量的变化、价格的周期性波动，始终是制约机器工业发展的重要因素，尤其以出口为主的初级产品加工业，对海外市场的需求变化更是极其敏感，市场可以决定加工行业或企业的兴衰。

在工业品的国内市场销售方面，中小企业基本是以企业所在地及周边地区为主，大企业则以铁路为运销动脉。如济南面粉工业生产的面粉，通常沿津浦铁路销售于铁路沿线以北地区，或向东销售于鲁东沿海地区，天津、北京、烟台、龙口等城市为其主要销售市场；火柴工业中的中小企业，其产品销售多分布于企业周邻地区，而大企业生产的产品则沿铁路和水陆商道销往周边省份。

由于国内工业生产的日用消费品具有价廉耐用的特点，适合社会中下层的消费水平和习惯，因而国内市场销路伴随产量的增加而逐年扩大。1920—1930 年代，火柴、染料、肥皂、胶鞋、低档卷烟等日用品出现了国产货替代进口货的趋势。这一趋势导致由国外进口的中低档日用工业品开始减少，华商工厂产品的市场份额逐步增长。1920 年代中期，青岛海关“洋烛之进口”“大减”，其原因便是由于“本地自制蜡烛事业之日见发达”；这一时期“进口之针，数亦短少，因华商在济南设立一制针厂，日本针之销路为彼夺去”；随着“青岛、济南及其他各处之火柴业日见扩张”，“日本火柴受本地工厂发达之抨击，几乎绝迹”，进口量由 38.5 万罗减至不足 2 万罗，而“制火柴之物料进口加增”，使原料进口代替了火柴成品的进口；另外，“外国纸烟受土制纸烟激烈竞争之影响”，进口也逐年减少①。

民族工业品市场建立在城乡下层民众的物质生活和生产需求的基础之上，一方面，产品的质量限制了其在城市上层社会的消费；另一方面，低廉的价格又使其得到社会下层消费的喜好，这是民族工业在进口洋货和外资企业包围之中得以生存发展的重要原因。

---

① 青岛市档案馆编：《帝国主义与胶海关》，1986 年版，第 318 页，325 页，335 页。

资本经营型态及其变化

近代工业企业按资本所属、产权形态和经营形式，大致可划分为官营企业、外资企业、民族私营资本企业三种类型。官营企业系中央或地方政府投资经营的企业；私营企业包括国内社会各阶层参与投资经营的各类企业，资本来源既包括商人资本、手工业主及城乡士绅的投资，同时也包括官僚个人资本和职业阶层的投资。官僚个人资本就所有权属性而言，亦属私人资本范畴，在按市场规则运作的情况下，不应将其视为高于或独立于一般私人资本之外的一种特殊资本形态。

在三种基本的企业资本形态之外，还衍生或存在着另外两种资本经营形态或模式，即官商合办企业与中外合资企业。但是，这两种企业类型在近代工业中并不占主导地位，属于过渡型企业类型。

早期工业化的历史，也是投资主体、资本组织形式演变发展的历史。投资主体的变化发展经历了几个阶段。

清末，先是由清政府投资兴办官办企业，尔后是官绅商合作兴办官督商办和官商合办的企业。最初工业企业的兴办完全由清政府官员参与主持，从资本投入到企业经营管理，几乎由清一色的官吏来经营运作。企业的开设不是当时市场消费需求的结果，而是服务于清政府政治与军事的需要，目的是为了增强抗御外侮的实力。军工企业基本不用考虑产品的销路和生产成本，原料采购与产品分配由官员负责，一般不受市场因素的影响。官办民用企业同样有类似情况，电讯业首先服务于军事防务的需要，商业性经营只居从属地位；矿山开采也是出于增加财力，为军工企业配套的考虑。

官办企业的经营，存在着严重的缺陷。生产经营管理往往不能遵循商品生产的规则，管理上没有科学的制度，人浮于事，冗员充斥，产品不计成本且与市场脱节，运营资金不是源于市场销售，而是靠财政接济。结果，多数企业成立不久即面临资金枯竭的局面，支撑不了几年便歇停关闭。

19 世纪末，私营资本开始投资工矿业，在一些传统行业出现了若干商办机器生产企业。受当时资本和环境条件的制约，商业资本为争得官方的奥援，企业大多采用官督商办或官商合办的形式。官督商办和官商合办企业基本以私人资本为主，生产经营以市场销售、获取利润为目的，具备了资本主义企业的雏形。但是，此类企业并未能摆脱官府的干预，投资经营决策往往要受政府官僚的影响。在技术上，因设备引进与技术管理相脱节，企业开工生产后技术问题长期得不到解决，导致生产迟迟不能产生效益，经营难以为继。

民国以后，商人资本成为工业投资的主体，尤其是行栈资本更是成为许多著名企业的创办人或新兴加工业的开拓者。在当时资本、技术、人才积累不足的情况下，民间资本总是选择机会成本最低的行业介入，也就是说资本集中分布在以下三个领域：（1）对中低档次产品有广泛市场需求的制造业；（2）技术构成和生产工艺相对简单、产品技术含量较低的劳动密集型行业；（3）资本构成较低、设备投资较少、资本化程度不高的行业。

民国初年，受当时政府实业政策的激励，涌现出一批私人资本创办的中小企业。这些中小企业的投资规模和水平与当时私人资本的积累水平相当，固定资本往往只有几万元，甚至数千元，生产设备简陋，加工过程使用大量人力劳动，产品只是对舶来工业品的低层次仿制。但是，由于市场对低档工业品存在着广泛的需求，这些企业的产品成为最初的进口替代商品，同时企业经营亦为商办工业的发展积累了经验。

工业化进程的一个基本特征，就是生产过程中固定资本投入的不断增长与扩充，而企业规模的扩大又与资本组织的演进相关联。单独的个人资本投资，只能经营一两家劳动密集、技术水平不高的中小型企业。为了解决个人资本的不足，同时吸引社会资金加入，分散投资风险，1920 年代后，工业投资出现了集中化和投资主体多元化的倾向，而公司制、股份制成为当时兴办大企业采用较多的资本组织形式。在这种形式之下，大企业获得了一定的发展。

民国之后，先是在面粉、火柴工业，尔后在染料、纺织工业中，股份有限责任公司成为大企业广泛采用的资本组织形式。在这种资本组织与经营模式下，投资主体也随之出现多元化的现象。例如由张采丞创办的华庆面粉股份有限公司，股东总数超过 180 人，在 40 万元的总股本中，有三分之一为商人投资，另外三分之二为农村富绅出资，而出任董事长的张采丞本人的股份只有 60 股（每股面值 100 元）。成立于 1933 年的济南成通纱厂，总股本15000股（每股面值100元），共有股东409人，由苗杏村代表的苗氏资本占股本总额的60%，其余40%的股份则由人数众多的小股东持有。另一纱厂——济南仁丰纱厂，股本总数为2万股，投资股东多达341人①。近代股份制企业的发展不仅促使企业规模扩大，生产水平提高，而且还有另外三个方面的意义：

第一，为增量资本投资工业提供了渠道。工业增量资本有以下来源：以行栈资本为主的商人资本，与贸易有关的金融业资本，官僚个人资本，职业阶层（包括银行、政府与教育部门的职员，工程部门与企业的工程师、技师、技工等）的储蓄资金，参与农产品交易的农村富户和乡绅的资金等，这些资本形成了多元化的投资体。

第二，实现了投资者与经营者某种程度的分离，使企业的经营可以更多地由懂技术和管理的人负责，而投资者一般不再介入企业的具体经营。

第三，为工业生产向集中化发展提供了条件。工业生产的集中化，是指把资本、设备、劳动力等资源逐渐集中到大企业之中，并由此引起产量集中而使生产规模扩大的过程。20世纪20—30年代，工业出现了一定程度的集中化现象——尽管集中的程度不高。集中化的现象在纺织、面粉、火柴等行业有所表现。用当时的标准看，纺织、面粉等企业一开始就是大企业，资本组织大都采取股份有限公司的形式。例如采用股份制形式的振业火柴厂有济南、青岛、济宁三家分厂，股东投资总额100万元，产量相当于十几家小厂的总和；而化学染料煮青的产量则集中在裕兴、裕鲁两家股份制工厂。

在近代工业化进程中，外国资本一直在工业资本构成和工业生产中占举足轻重的地位，尤其像青岛这样殖民地化严重的口岸城市，外国资本更是占据优势。

外国资本大规模的工业和基础设施投资始于19世纪末，起初以德、英、美等国资本为主，其中尤以德国在青岛的投资为巨。1915—1922年日本占据青岛期间，日本工业资本借助占领当局的扶持，在青岛和胶济铁路沿线城市竞相投资设厂，纺织业资本先后在青岛开设了6家大型纱厂，

---

① 滿鐵北支經濟調查所：《北支那工場實態調查報告（濟南之部）》，1940年版，第36頁，365頁。

日资火柴厂、榨油厂、铁工厂也一度居行业垄断地位。1930 年代，外资工厂尽管在面粉、机械、染料等行业有所退缩，但在纺织、卷烟、榨油等行业的资本和生产规模仍数倍于华商企业。

外国资本经营的工业企业拥有雄厚资本和先进的设备技术，在竞争中处于优势，其产品在许多行业占有相当大的市场份额，形成一种限制阻碍民族工业资本发展的市场垄断力量。外国工业资本不仅拥有资本、技术上的优势，而且还享有不平等条约所给予的种种特权，而民族资本则缺乏必要的关税保护，缺少必要的政治和经济上的支持，在当时恶劣的经营环境条件下，许多企业往往一开始便落入不利的境地，在竞争遭受严重挫折或失败。

但是，由于传统经济基础的落后和发展资源的匮乏，外国资本的投资，尤其是在口岸城市基础设施上的投资，其作用和影响又具有某种二重性。

现代技术的问题是“它需要大量的初始投资”，而这些技术“主要是劳动稀缺、资本相对丰裕经济中的产物，它往往是节约劳动和资本密集型的。因此，其中许多可能超过了传统经济地区“非常贫穷、资本匮乏经济的资力”①。铁路、港口、电力、通讯、城市公共设施等是近代工业发展的前提条件，在工业化初期，私人资本尚无此资本、技术和管理能力来投资经营。例如，修建铁路，无论财力、物力，均非当时国内商人资本所能为力。津浦铁路的修建，民间曾试图集资自办，但多次努力都没能把资本筹足。烟潍路由民间倡修多年，始终无所成就，其中原因，说到底还是资本实力不足。一种工业部门的建立，需要多个相应基础部门或生产部门的配合，从这个意义上说，外国资本在开埠城市的大量投资和兴建的一系列市政设施，一方面强化了它们对投资地的控制和影响；另一方面也间接为民族工业的发展提供了基础条件。

工业发展的结构

在市场需求和资本结构的影响作用下，随着工业企业的不断增加，

① 冈纳·缪尔达尔：《亚洲的戏剧——对一些国家贫困问题的研究》，北京经济学院出版社 1992 年版，第 48 页。

1930年代中期，加工制造业体系的雏形基本形成。新兴工业的基本结构由棉纺织、丝纺织、农产品加工、化工、机械制造五个行业构成，另外能源工业中的煤炭、电力亦有所发展，水泥、造纸、制糖、酸碱等制造业只有个别企业，而没有形成行业。

在这一行业结构中，各工业部门间的发展极不平衡。企业多集中于日用消费品生产领域，生产资料部门的发展极为缓慢，多数企业只能生产技术档次低的日用消费品，能够生产生产资料的重工业企业为数甚少，而作为工业基础的钢铁、重化工等部门则基本是空白。基础工业发展的滞后，使得机器、火柴、橡胶、染料工业生产所需原料基本依靠从国外进口，企业主要机器设备和技术工艺须依赖从国外引进。

就地域分布结构而言，近代机器工业主要集中在济南、青岛、烟台、潍县等少数几个开埠城市。这种集中既与上述城市商人资本的发展有关——新型企业的创办者多为靠贸易起家的城市商人，他们对投资工业有着浓厚的兴趣；另外也与开埠城市基础设施相对较完善有关，因为城市是交通、商业、金融与资本汇聚的中心，聚集了大量廉价自由的劳动力，原料、技术易于获得，产品也易于销售。

1924年，济南较大的华商企业共有48家，分布于火柴、面粉、纺织、制革、造纸、肥皂、水泥、制糖等行业。1928年，济南10家面粉厂的资本总额达520万元。青岛新式工业兴起于德占时期，第一次世界大战后有较大发展。1926年，青岛机器工业已有90余家，分布于纺织、火柴、榨油等十几个行业，但是华商工厂只占其中四分之一[①]。

1930年代前期，城市机器工业的规模有了成倍的增长。据1933年不完全统计，济南共有机器、半机器工业企业236家，资本858万元，年产值809.6万元；潍县有机器工厂30家，资本99万元，产值219万元；烟台有机器工厂13家，资本385.6万元[②]。同期，青岛机器工厂共约200余家，分布于40余个行业，其中华商工厂160余家，资本1300余万元，外

① 龚骏：《中国都市工业化程度之统计分析》，商务印书馆1933年版，第157页，162页。

② 实业部国际贸易局：《中国实业志（山东省）》，1934年，（丁），第19—20页，66页，86—87页。

资工厂50余家，资本8200余万元[①]。开启于清末的近代工业化进程，受传统经济和近代市场变迁因素的双重影响，形成一种“二元结构”。在纺织、印染、丝织、农产品加工、化工、机械制造等行业，近代工厂与传统手工作坊并存，机器制造与手工制造并存，在部分行业，供需之间甚至表现为一种相互依存的关系。如机器纺纱业的产品大部分供应给手工织布业，而机器印染业的原料则来自于手工织布业，机械制造业为手工业提供改良织机和提花机，而染料工厂的大部分产品实际提供给了手工染坊。

在二元结构下，产业改进沿着两条路径发展：一条路径是手工业接受近代工业的影响，逐步改进生产工具和采用新工艺。如织布业中脚踏铁轮机对抛梭木机的替代，榨油业中楔式榨机向螺旋式榨机的过渡，缫丝业中脚踏缫机和小框缫丝部分替代手摇缫机和大框缫丝，织绸业中加柯尔提花织机取代旧式木机，等等。这一方向的改进，是传统制造业适应市场变迁所做出的反应，也是手工业在经受进口商品和国内工业品的冲击后，仍能生存甚至有所发展的重要原因。另一条路径是机器工业自身技术及管理的改进、创新和提升。对私人资本和民族工业而言，不断增加投资、扩大设备规模、改进生产技术，是企业能够在外国商品和外资企业的竞争下顽强生存并求得发展的根本条件。二三十年代，民族纺织工业、面粉工业、火柴工业、染料工业正是通过不断扩充设备，改进技术，才得以在竞争中获得发展。比较言之，后一路径是产业现代化的必由之路。然而，产业沿着这一路径的发展极为缓慢，工业化给传统产业带来的变化只是局部的，“近代的”与“传统的”始终在二元结构中并存。

---

① 山东大学化学社编：《科学的山东》，1935年，工业，第1页。据1935年的一项调查，青岛“中外各工厂合计174家，除有十余家不愿宣告资本外，其余各家共计资本94225210元，工人33630人，中国占72%，日本占23%，欧美占4%，中日合资占1%，资本分配本国仅占19%，日资占80%”（易天爵：《青岛工商业之概况》，《都市与乡村》，1935年6月第5、6期合刊）。

第三编

农业改进与农业经济变迁

第一章　改良的倡行者

——农业改良机构的设立与发展

近代山东，农业科学技术的引进、推广与试验机构主要是农事试验场(简称农场)。农事试验场因主办者不同、经费来源不同以及组织形式不同，一般可分为以下四种类型：（1）各省、县政府机构兴办的省立、县立农场；（2）外国殖民当局设立的农场；（3）各高等学校和农业学校设立的附属农场；（4）地方工商团体举办的农场。在各不同时期，四类农场无论业务和影响都以省立农场为核心。另外，从业务内容上划分，农场又可分作专门性试验农场和综合性试验农场。从 1903 年第一家农场创立到 1937 年抗日战争爆发，山东农业试验改良机构的发展演变，经历了清末“新政”和民国两个时期，其间的设置沿革与析并变化情况大致如下：

一　清末农业试验改良机构的设立

1900 年义和团运动之后，清政府迫于外来侵略的压力和国内日益高涨的改革呼声，开始举办各种“新政”，以图缓和日趋激化的社会矛盾。农业方面的新政措施，就地方而言，主要包括设立综理省县农业改良的主持机构，创办各级农业学堂，建立农事试验场等几个方面。

1903 年，山东农事试验场成立。这是山东第一个农事试验场。农场由济南农桑总会创立，场址设在济南城东七里堡，创办人为候补知县谭奎翰和候选县丞汪懋钧，由日本人名井恭吉任技术指导，开办费 15000 两。到 1906 年，农场陆续购地 500 亩，从事粮食作物的栽培试验，并建房 50 余间，附设农林学堂，教习近代农业知识。农场有燕子山、马鞍山、千佛山三处山场，供造林之用。农场还辟有桑园 130 余亩，用以试种桑果，当时引种的果树品种有肥城桃、乐陵枣、曹州罡榴、木瓜、柿子、青州核桃、青梨、山楂、德州葡萄、鸭梨、临清临桃、临枣等十几种，并从青岛引进樱桃树 3000 株，进行试种①。1906 年以后，农场开始引入美棉，从事栽培驯化试验，同时还在全省各地举办棉花、花生、烟草等项经济作物的调查，通过调查为以后的农业改良推广做准备。

1898 年强行租占胶州湾地区后，投入大量财力、物力，营建胶澳殖民地。1909 年德国殖民当局在青岛成立德华特别高等学堂。同年，学堂在青岛近郊李村择地开办试验农场。农场占地 80 余亩，起初只是当作学生农科实习地，后来逐渐添置设备，增设多项农作试验和农事调查，并着手从事山东黄牛体质和杂交方面的试验研究。农作试验基本以作物引种和栽培试验为主，农事调查则包括对当地土质、土壤成分的考察及沿海地区气候观测等②。

济南、青岛两地试验农场的设立，开启了近代农业科学试验改良的进程，并为两地日后成为近代山东农业科学试验改良的中心奠定了基础。

二　民国时期的变化与扩充

1912 年民国成立后，民间兴起了举办实业的热潮。吸收西方先进的科学技术，改良落后的传统农业，成为政府标榜和民间社会团体、教育机构追求的目标。在这一背景下，山东农业试验场的场数和规模均比清末有相当程度的扩大。

原先清政府设立的农事试验场由于在农场内设立了农林学堂，后来随着农林学堂教学规模的扩展，农场反变成学堂农科教育的附属试验地。从 1913 年农林学堂改为省立农业专门学校，到 1926 年农专改组为山东大学农学院，试验场一直是作为农科学生的试验地。1928 年“五三惨案”发生后，山东大学被迫停办，农场实际处于单独活动状态，分别在农学、林学、蚕学三个方面从事试验研究。

1913 年，山东行政公署在济南成立山东农事试验场，由胡宝我担任

① 《东方杂志》第 3 卷，1907 年 1 月第 12 期，实业。

② 青岛市档案馆编：《帝国主义与胶海关》，档案出版社 1986 年版，第 174，290 页。

场长，场址设在济南商埠迤南，租地 32 亩。据农场报告称，当年曾“构舍辟地，试种农作，略具规模，惟该地限于商场，无余地可资扩充，且水泉过深，灌溉不便，故试验成绩无足记述”①。1914 年农场迁至商埠西的大槐树村，购地 45 亩，场内除设种艺科外，还设有气象观测所和种子交换所。新场开办后，因经费无着和战乱的干扰，场内设备缺乏，试验工作一直未能正常开展。1917 年农场经费恢复正常拨发，年经费为 6586 元，试验场地也有所扩大，并添设蚕桑试验科。当时农场举办的试验项目有小麦、大麦、谷子、高粱、玉米等粮食作物的种类试验、化学肥料试验、预防黑穗病和白发病试验、灌溉试验及选种试验等。1918 年随着业务的发展，农场相继增设园艺科、果树部，1919 年又设立化学试验科②。自此，农场发展成为一个门类比较齐全的综合性农业试验机构。

1920 年代，山东农事试验场经过调整后，场内组织分为农艺、园艺、农艺化学、病虫害学四个部。农艺部专事小麦、粟、玉米、大豆等作物的栽培选育试验，园艺部以果树、蔬菜良种的推广为主，农艺化学部专事土壤、肥料、农药的试验和分析，病虫害学部负责农作物病虫害防治研究、农药配制研究和药用植物栽培试验。农场有试验地 160 亩，并拥有当时较先进的试验仪器设备，如解剖镜、雌雄检别器、化学分析仪器、测候仪器等，另外还配有多种新式农机具。农场设主任兼技师 1 人、技佐 3 人、推广员 1 人并有助理员、事务员、练习生若干人。全年经费预算 22532 元，其中作业费约占三分之一。1928 年“五三惨案”发生之时，农场遭受严重破坏，仪器设备毁于战火，试验成果荡然无存。翌年，农场实行改组，改称山东省立第一农事试验场，但是迟至 1931 年，农场业务才真正恢复③。

1914 年，日本借第一次世界大战之机占领青岛，将德国势力挤出山东。1917 年，日本殖民当局在原德国李村农场的基础上，成立了青岛李村农事试验场。新办农场辟地 270 亩，使农场占地增至 350 亩，并新增果园、畜舍、温室、农艺化验室等设施，据称“当时日人创设化验室，布

① 山东农事试验场编：《山东农事试验场民国六年成绩报告书》，1918 年版，序。

② 山东农事试验场编：《山东农事试验场民国八年成绩报告书》，1920 年。

③ 山东省建设厅：《山东建设厅各项事业概况及将来进行之计划》，1933 年版，第 35—36 页；李治楫：《国内农事试验机关概况》，《农事推广》，1934 年 12 月第 7 期。

置业务，煞费经营。曾调查各地土壤肥料，分别试验”，试验设备与试验水平在当时国内堪属一流①。农场分庶务系、耕种系、农艺化学系、畜产系四个部门，试验事项由日籍技术人员主持，共有日籍技术人员 17 人。试验作物的种类有烟草、甜菜、花生、蛇麻草（啤酒花）、棉花、除虫菊、桑树、大麻、靛青等经济作物及粮食类、水果类、蔬菜类作物②。

1922 年 12 月，中国收回青岛主权，由当地政府接管农事试验场。翌年 3 月，农事试验场与林务局合并为胶澳商埠农林事务所。事务所分总务、农务、林务三科，由农务科具体管理农事试验场。农场置有田地 357 亩，各项试验设备也比较完善，是当时国内著名的农事试验场之一。农场下设农艺、畜牧、园艺三股，有职工近 30 人，农场主要业务为改良棉花、小麦、烟草、大豆、粟、马铃薯、甘薯等农作物品种；兴办畜牧业，培养优良禽畜品种；兴办园艺，改良果木③。

民国初年，随着新兴机器纺织工业对棉花需求量的增长，山东棉花种植面积逐年扩大，生产中的区域专业化和商品化倾向日趋突出。此时，不少县份的农会和劝业机构在大力推广植棉的同时，已开始注意向棉农分发良种，改良传统的栽培方法。在这种形势下，1918 年，山东省公署在临清成立了全省第一个专业性棉花试验机构——省立临清棉花试验场。试验场设于临清东门外，有房屋 74 间，土地 117 亩，场内设有技术室、测候台、标本室和轧花室。试验地划分成中棉品种观察区、美棉品种观察区及美棉品种试验区，并备有多种新式农具、显微镜和气候观察仪器。1926 年试验场改称山东省立第一棉业试验场。试验场内部分技术与事务两个部，推广工作由技术部负责。农场设主任兼技士 1 人，技佐 2 人、推广员 1 人、事务员及练习生若干人，年经费 12684 元④。试验场成立不久便开始从事脱字美棉和临清狮子头中棉的育种试验，并负责在鲁西棉区推广种

① 青岛农林事务所编：《青岛农林事务所概况》，1947 年 2 月；包伯度：《青岛参观小记》，《中华农学会报》，1930 年 8 月第 78、79 期合刊。

② 民国《胶澳志》卷 5，1928 年，食货志，农业；青岛市档案馆编：《帝国主义与胶海关》，档案出版社 1986 年版，第 174 页。

③ 青岛市档案馆编：《帝国主义与胶海关》，1986 年版，第 209—210 页；青岛农林事务所：《青岛农林事务所概况》，1947 年版，第 2—3 页。

④ 李治楫：《国内农事试验机关概况》，《农业推广》，1934 年 12 月第 7 期；胡长准：《山东棉业报告补遗》，《山东文献》第 2 卷，台北，1976 年 6 月第 2 期。

植美棉。

1926年10月，山东实业厅又在齐东成立了省立棉种场，专门从事脱字棉和中棉良种的育种改良和配发推广。1930年1月，棉种场扩大规模，增添设备，改组为省立第二棉业试验场。试验场有房舍50间，试验地110亩。场内拥有洋犁、中耕器、播种机、轧花机等新式农具，并配备了显微镜、喷雾器、发芽试验箱、昆虫饲育箱等仪器设备。农场组织分试验、推广、总务三股，设主任兼技士1人、技佐2人、推广员2人及事务员、练习生若干人，年经费14980元①。1930年代，齐东棉场曾培育成功多种优良棉种，在产棉区推广后，对植棉业的发展起了重要的作用。

1920年代末，山东各公立、私立大学在创办农学教育的同时，仿效美国农科学校，将教育和农业试验推广结合在一起，陆续在学校附近农村择购土地，设立供教师研究和学生实习用的试验农场。1926年，山东大学农学院在省立农业专门学校试验农场的基础上设立了附属农场。1928年"五三惨案"后，农学院停办，农场实际处于独立活动状态，分农学、林学、蚕学三个部从事试验工作。1929年私立齐鲁大学也在济南设立农场。当时适宜于山东栽培条件的农作物良种极为缺乏，因而农场成立后主要致力于育种及良种繁育工作，尤其致力于小麦、谷子、大豆、马铃薯等农作物品种的选育试验②。同年，山东大学与私立青岛大学合并，组建为国立青岛大学，原山东大学农学院所属农场也随之改组。改组后的农场设农艺、蚕丝、森林、推广四个部，其中农艺部的主要业务为改良作物品种与栽培方法，研究作物病虫害与防治方法。大学农学院及试验农场的设立，拓展了农业试验研究的领域，同时也使试验研究水平得到提高。

1930年代初，胶济铁路局"为增加铁路运输量起见，曾拟设法改良沿胶路及山东内地之农产品"。基于农产品增加"则铁路运输自能增加，而铁路事业得以扩充"这一考虑，1933年7月，胶济路局与齐鲁大学合作，成立合办农事试验场。铁路局年拨款9000元，作为合办农场经费，齐鲁大学则以历年所得试验成绩，作为农场开展试验研究的基础，同时农场还邀请金陵大学农学院负责规划有关试验和技术事宜。农场业务方针以

---

① 李治楫：《国内农事试验机关概况》，《农业推广》，1934年12月第7期。

② 阙名：《本校农场过去及将来》，《齐鲁大学校刊》，1948年2月第63期。

选育良种为中心，计划先选择良种在农场附近推广，然后再大范围推广于铁路沿线地区。农场总场设在齐鲁大学校内，有试验地100亩，场内有技术员、助理员、事务员各1人，练习生3人。总场专事研究改良小麦、谷子、高粱、大豆、马铃薯、棉花等作物品种。另外，总场还在青州、周村两地设立分场。青州分场租用民地50亩，试验项目与总场大致相同，凡在总场试验性状优良的品种，一般都要移至青州分场继续试验和繁育，以备推广。周村分场租用试验地51亩，专事棉花区域适应性试验及良种繁育①。该场驯化繁育的金大脱字棉，经多年试种，证明品质极佳，产量也较高，优于普通脱字棉。后来分场在龙山等地推广该棉种，使当地棉花生产普遍获得增产。

除与齐鲁大学合办农场外，胶济铁路局还与山东大学农学院合作，于1935年春在济南黄台附近合办烟叶试验场。试验场由铁路局出资，农学院委派技术人员，主要从事烟草栽培和防治病虫害试验，同时负责在烟产区分发推广美烟良种②。

由于自然条件和历史原因，山东传统的棉产区大都集中于鲁西、鲁西南和小清河流域，胶济铁路沿线和沿海地区植棉较为稀少，而且所产棉花因棉种退化，纤维粗短，纱捻低，不适合机器纺纱。产棉区棉花以济南为集散中心，每年集散额达80万担，而当地花栈经胶济路运青岛的棉花仅10万担，青岛纱厂采购棉花须深入鲁西，往来运费使成本陡然增高。为了满足纱厂对棉花日益增加的需求，由民族工商业资本为核心组成的青岛工商学会，决定以青岛为指导推动中心，在胶济铁路沿线地区提倡推广植棉，同时择地开设植棉试验场，作为选育推广棉花良种的基地。

1930年8月，青岛商品检验局首先在青岛设立农产商品研究场，租借民地84亩，以改良推广植棉为宗旨，着重进行棉花株距、摘心、施肥三项试验，并兼作花生、大豆、烟草等经济作物的品种、株距和播种法

---

① 阙名：《胶济铁路局与齐鲁大学合办农事试验场概况》，《都市与乡村》，1936年4月第9期；山东省档案馆馆藏档案：临9—4—164，胶济铁路齐鲁大学合办农事试验场工作报告。

② 叶子刚：《胶济铁路沿线农作物之改善及其经济发展之前途》，《都市与乡村》，1935年5月第3期。

试验①。

1933年5月，青岛工商学会棉业改良委员会在李村设立了植棉试验场总场。棉场占地47.5亩，分棉作改良、研究、推广三个部。棉作改良包括美棉纯系育种、混合选种、美棉驯化、品种比较等项内容，棉作研究则以棉纤维纺织性状试验为主，推广工作包括指导棉农选种、栽培和防治病虫害，进行棉区调查，编印植棉浅说及举办农产展览会、植棉讲习班等。1934年植棉总场又在高密县北乡辛庄租地33.7亩，成立高密分场，以加强该地区美棉的驯化与推广②。

30年代初，梁漱溟在邹平发起倡导乡村建设运动，于1931年成立邹平山东乡村建设研究院。研究院依照梁漱溟的社会改良思想，在尝试建立一种新的农村社会组织的同时，还十分注重通过采用农业科学技术，来改良传统落后的农业。为此，研究院在邹平设立了专门的试验农场。本着“介绍农业上新技术、新机器以及新的科学方法于农民，以增加其农业生产”这一目的，农场制定了以下农业改良方针：（1）收集各地试验已有成效的品种，做区域试验，将优良品种以“表证”的方法推广于当地农民；（2）为使推广易收成效，提倡农民组织合作社，运用新机器、新技术，作大规模生产，促使农业社会化；（3）针对推广需要，从事研究试验；（4）供给院内学生研究及实习材料，以便推广于省内各县。农场有园艺和农作物育种场40余亩，另外在东范庄等地有棉麦育种场100余亩、棉麦繁殖场135亩、棉种繁殖场150亩③。农场试验研究工作由田艺组和畜牧组分担，田艺组试验项目主要为小麦、玉米、谷子、棉花、大豆等作物的品种选育，畜牧组研究项目主要为鸡种、猪种的改良。此外，据称“如森林之培植、桑蚕的改良、农作物虫害病的治除、农事水利合作、农具的改良和介绍、土壤的研究、养蜂的提倡，该场也均有精密试验的方法”④。

---

① 包伯度：《青岛参观小记》，《中华农学会报》，1930年8月第78、79期合刊。

② 青岛工商学会棉业试验场：《棉业特刊》，1934年版，第4页。

③ 于鲁溪：《山东乡村建设研究院农场四年来工作之回顾》，《乡村建设》第5卷，1935年9月第4期。

④ 陈礼江：《邹平山东乡村建设研究院参观记》，《申报月刊》第2卷，1933年5月第5期。

1935年，山东省建设厅鉴于山东烟草品种庞杂退化，病虫害严重，种植熏烤不得法，拨款49100元，在临淄成立了省立烟草改良场。改良场购置土地300余亩，陆续建起研究室、种子储藏室、温室、烤房、试验台、农具室等设施。针对胶济铁路沿线地区美烟种植年代久、种植范围广这一特点，改良场业务首先以引进驯化美烟新品种为主，并同时负责指导烟产区的烟农改进栽培和除虫方法，推广美烟新种①。稍后，山东建设厅又在青州设立了黄烟试验场，由试验场负责鲁东地区黄烟的研究和改进②。

民国成立后，山东许多县建起了县立农事试验场。县农场多数是由县政府拨款筹建，在不同时期曾先后隶属于劝业所、建设局等机构；有的则是由农会筹款设立。到1922年，全省107个县中已有近60个县设立了农事试验场，试验地面积共1227亩。其中济南道有农场12处，占地131亩；东临道有农场22处，占地491亩；胶东道有农场8处，占地89亩；济宁道有农场17处，占地566亩③。因缺少技术专业人才和资金，县试验农场实际很少从事农作物试验，其主要业务是进行引进良种的地方适应性驯化栽培，繁育并推广良种，散发作物栽培浅说。也就是说，县立试验农场的作用主要体现在农业推广方面。20年代中期，受军阀混战和政治人事频繁更迭的影响，原先便是惨淡经营的县立农场，有的受到战乱破坏，有的因经费无着而被迫停顿，能够勉强维持的农场，其业务也形同虚设。1929年后，国民党南京政府在山东建立统治，政治经济相对稳定，于是一些县恢复旧有农场或成立新的试验农场。30年代初，县立农场逐渐恢复到20年代初的水平，经费和技术水平也较以前有所提高。1931年，山东全省共有省、市、县农事试验场58处，占当时国内试验农场总数的10.5%，居全国第三位。农场占地总面积共3002亩，其中试验田面积1407亩，年经费省市款50196元，县款24971元④。

---

① 《工商半月刊》第7卷，1935年2月15日第4期；山东省档案馆馆藏档案：临2—10—54，山东省烟草增产计划，1946年。

② 山东省档案馆馆藏档案，临2—10—68，建设厅烟草改进场财产损失报告单，1947年；临2—14—1，山东省公署建设厅关于农林事业进行概况，1940年。

③ 《山东实业学会会报》，1922年9月第6期。

④ 实业部中国经济年鉴编纂委员会编：《中国经济年鉴》，1934年版，第6章，农业。

表 10　　山东县立农事试验场一览表

农场名称	成立年月	房舍	田场（亩）	常年经费
东平县建设局农事试验场	1930. 3	无	7	无
郓城县建设局农事试验场	1922. 11	4	100	1175
滕县建设局农事试验场	1916. 3	2	15	300
邹平县建设局农事试验场	1930. 1	2	30	450
阳信县建设局农事试验场	1929. 11	9	27	500
海阳县建设局农事试验场	1930. 3	无	2. 5	未确定
嘉祥县建设局农事试验场	1930. 2	无	32	200
冠县建设局农事试验场	1924	无	6. 8	58
长山县建设局农事试验场	1931. 1	7	105	456
朝城县建设局农事试验场	1929. 11	8	12	249
昌邑县建设局农事试验场	1931. 4	8	40	4000
平度县建设局农事试验场	1927	无	15	600
寿张县建设局农事试验场	1930. 3	2	4	160
章丘县建设局农事试验场	1925	3	15	未确定
单县建设局农事试验场	1929	10	50	700
定陶县建设局农事试验场	1923. 4	7	50	540
鄄城县建设局农事试验场	1931. 4	20	167	1500
牟平县建设局农事试验场	1930. 3	无	5	未确定
莘县建设局农事试验场	1921. 10	无	18	未确定
肥城县建设局农事试验场	1920	8	50	未确定
堂邑县建设局农事试验场	1930. 4	无	11	未确定
齐河县建设局农事试验场	1930. 7	无	30	未确定
宁阳县建设局农事试验场	1931. 3	3	27	未确定
曲阜县建设局农事试验场	1929	1	30	未确定
莒县建设局农事试验场	1926	6	67	400
无棣县农场	1923. 1	3	27	100
博平县第一农事试验场	1929	无	7	未确定

续表

农场名称	成立年月	房舍	田场（亩）	常年经费
博平县第二农事试验场		无	8	未确定
泰安县建设局农事试验场	1930	77	16	250
临淄县棉业试验场	1922. 7	6	25	460
菏泽县第一农事试验场	1914	28	518	3374
菏泽县第二农事试验场	1930. 1	15	480	2256
德平县建设局试验场	1909	8	26	未确定
安丘县中山试验场	1914. 4	8	18	240
文登县建设局农事试验场	1929. 8	无	18	未确定
平原县建设局棉业试验场	1929. 1	1	20	194
平原县建设局农事试验场	1929. 1	无	8	未确定
青城县建设局美棉试验场	1921	3	47	未确定
武城县农事试验场	1928	7	41	528
惠民县农场	1920	2	30	600
蒙阴县立农事试验场	1929. 10	2	39	300
清平县建设局农场	1930	无	12	285
昌乐县立农事试验场	1929. 6	无	27	600
沂水县建设局农事试验场	1931. 3	无	20	574
曹县柳河集试验场	1930. 3	无	96	800
济阳县农事试验场	1916. 11	4	13	120
邹县农事试验场	1922	4	22	464
莱芜县建设局农事试验场	1930. 1	2	20	400
栖霞县建设局棉业试验场	1930. 4	无	4. 5	未确定
恩县建设局农事试验场	1928. 12	2	6	未确定
新泰县农事试验场	1929. 12	5	40	1980
蓬莱县建设局农事试验场	1929. 10	无	9	未确定
濮县农业试验场	1931. 3	3	28	无

参考资料：刘治楫：《国内农事试验机关概况》，《农业推广》，1934 年 12 月第 7 期。

1935年春，省建设厅将各县农场一律停办，农场经费归并使用，集中建立四个省立农场。翌年，在历城正式设立第一区农场，在惠民设立第二区农场，在莒县设立第三区农场，在莱阳设立第四区农场。各农场试验力求专一，第一区农场主要从事小麦育种试验，第二、第三、第四区农场依次以大豆、高粱、果树作为试验改良的重点。另外，各区农场还就当地农作条件，选择一两种农作物作为次要育种项目①。同年，省立第一农场改组为省立农业试验所，规模和设施均有所扩大。试验所下设农艺化学、病虫害、园艺三个部，有试验地100亩，果园70余亩②。除从事农作物试验研究外，农业试验所还负责协调组织各区农场的试验推广工作，指导地方进行农业改良。

30年代中期试验农场的改组，旨在加强农场的试验推广工作，使农场业务更为专业化。但是改组完成不久，各项有系统的、较以往更为科学的试验计划刚刚付诸实施，日本便发动了全面侵华战争。在侵略战火的蔓延下，山东各地试验农场均遭受到严重破坏，试验设施和材料毁损殆尽，技术人员纷纷撤离或逃散，一些已经开展多年的育种栽培试验随之夭折，即将育成的棉花、小麦优良品系也大部分散失，整个农业改进与推广系统就这样被侵略者的战火所吞没。

三　机构设置的特点

近代山东，试验农场是开展农业科学试验、推进农业改良的主体，农场的建立与发展，标志着近代意义上的农业科学试验和改良推广已步入轨道，而试验农场的规模、设施和试验内容，则从一个侧面反映出近代农业科技及其推广的整体发展水平。

综观山东农业试验改良机构的发展历程，大致有以下几个特点：第一，在全省范围内初步形成了农业试验研究与改良推广体系。先是由省一

---

① 山东省建设厅编：《山东省建设厅第三届第六周年工作报告》，1936年版，第135页；山东省档案馆馆藏档案：临2—14—119，山东省立惠民试验农场二十八年度下半年工作计划，1939年。

② 山东省档案馆馆藏档案：临2—14—18，调查省立农业试验所第一区农场情形报告，1938年。

级地方政府设立综合性和专业性农事试验场，到1920年代初又在县一级广泛建立起相应的农业改良推广机构——县立农事试验场，此后大学农学院试验农场和工商组织兴办的试验农场也发展成为整个农业改良系统的重要组成部分。30年代后，随着机构的归并改组以及资金、技术人员的相对集中，省立试验农场成为农业改良推广的中心和主要推动者。第二，凡是具备一定规模且较为正规的试验农场，大都配备了新式的科学仪器和设备，拥有专门的试验场地，并在内部按研究试验门类进行了初步的分工，有相对固定的技士、技佐等专业技术人员编制，在经费拨付正常的时期，试验农场能够依靠自身力量从事一系列农业试验改良和推广工作。第三，试验农场的设立及其所进行的各项改良推广，与当时地方政府的农业政策息息相关。事实上，正是1918年后山东地方当局在农村推行“植棉、种树、养蚕”三项劝业政策，才促成临清、齐东两处棉业试验场成立。而试验农场一经成立，便会成为政府农业改良政策的实施者和推行者。在经济作物种植面积不断扩大，农业商品化程度逐渐提高的背景下，自临清棉业试验场成立后，试验农场出现了由综合性向专业性发展的趋势，棉业、烟草、蚕业、林业及渔业试验场的成立反映了这一趋势。即使是综合性农场，因经费、场地和技术人员等条件的限制，试验改良的范围也相对集中于经济作物，存在着一定程度的专业化倾向。

农业试验改良机构的创立与体系的初步形成，对于传统农业来说，完全是一新事物，从农业历史发展的长时段看，则具有某种制度创新的含义。作为新知识、新技术、新品种等近代农业改进资源的主要贡献者，农业试验改良机构改变了传统农业发展那种自发无意识的旧格局。这是前所未有的变化。通过一批具备近代农业科技知识与技能人才的汇集与培养，通过开展多种形式的试验改良和农业推广，传统农业终于在通往现代化的道路上迈出了第一步。

第二章　近代农业科学试验的起步

农业科学试验是近代农业改进的基础，它为农业改进推广提供科学的方法和材料。系统地开展农事试验研究，并以其成果推进农业改良，是近现代农业区别于明清时期传统农业的一个重要标志。

山东近代意义上的农业科学试验与研究，发端于20世纪初，在20年代中期至30年代中期有相当程度的进步，并取得了一定推广成效。近代农业试验的内容可分为栽培技术试验与良种选育试验两个方面，栽培技术试验包括栽培方法试验、肥料试验、种子消毒试验、化肥与农药施用试验、作物品种比较观察试验等项内容；良种培育试验则以棉花、小麦等农作物良种的驯化和选育为主。在所有试验中，良种选育的成效最为突出，对农业经济的影响也最为显著。

一　农作物栽培技术试验

清末，农作物改良试验主要在济南、青岛两地的农场进行。试验内容主要为引进品种的试种和驯化。当时山东农事试验场曾引进美国、日本粮食作物品种，实施栽培试验，观察研究外国品种的生长性状和地方适应程度。德国人管理下的李村农场曾做过花生、蔬菜等作物的栽培试验，比较传统栽培技术与新式栽培技术的异同和优劣。但是受当时条件所限，这些试验规模都不大，成效也不明显。

民国成立后，随着省立、县立农事试验场的相继设立，农业试验基地由济南、青岛两市扩展至其他地区，农场试验研究条件得到一定程度的改善，试验方法逐步改进，试验研究项目和范围有所扩大，同时试验研究也取得了一定成效。

1917—1928 年，设于济南的山东农事试验场根据当时农业改良的需要，陆续开展了多项农业试验研究，其中有品种比较试验、化学肥料试验、预防黑穗病和白发病试验、选种试验、浸种试验和棉花栽培试验等。

品种比较试验的目的，系“集多数品种连年种植之，以考其固有之特性，较其收量之多寡与品质之优劣，而定其与本处孰为最适”①。供试作物最初为小麦、大麦、谷子、高粱、玉米等粮食作物，后来扩大到棉花、烟草等经济作物及蔬菜园艺作物。其中小麦试验品种既有产自济阳、历城、高苑、桓台等地的山东地方品种，也有引自美国的加劳尼条小麦、马克斯春小麦及日本札幌小麦。大麦试验品种有桓台地方品种和俄国甘拿大麦、金瓜大麦、美国加州无芒大麦等外国品种。谷子试验品种有吉林小黄谷、洛阳红粘谷和黑粘谷、山西大杆旗谷、金银黄谷、三毛黄谷以及日本米优谷、国富谷等。高粱试验品种有河北、山西、四川、河南等地品种和美国白高粱、红高粱、黄高粱及日本常绿帚高粱。玉米试验计有 18 个品种，其中有美国黄马齿玉米、白马齿玉米、银王玉米、利特黄齿玉米、白石炮玉米、杂交黄齿玉米、血红玉米等品种②。

化肥试验项目为观察比较不同化肥对农作物生长和产量的影响。试验设无氮肥区、无磷肥区、无钾肥区、完全肥料区、无肥区等五个试验区，供试材料为过磷酸石灰、智利硝石和钾肥。1919 年成立化学科后，又增加了各种农家肥的化学成分分析。黑穗病、白发病作为当时影响小麦、大麦、谷子等作物收成的两大病害，是农场试验的重要课题。预防黑穗病试验设三区——不预防区（只用盐水选种）、温汤浸种区、冷水温汤浸种区，试验结果为温汤浸种区作物受害较轻，但仍未能根治黑穗病。1919 年农场改用灰汁和胆矾进行浸种试验，发现胆矾具有较好的预防效果。

从 1917 年到 20 年代中期，山东农事试验场的棉作栽培试验以品种驯化试验为主，供试品种最初为美国的屈梧、皮打谅、奥施亚、脱尔兹、亚伦、海门特产、乔求斯等棉种，1919 年又增加自临清棉业试验场引进的美国脱里司、哈斯丁、银行存折棉、胡老利等棉种，以及武昌铁字棉、正定茧棉、南通青茎棉等中棉棉种。试验观察分开花期、收获期、收获量三

① 山东农事试验场编：《山东农事试验场民国六年成绩报告书》，1918 年版，第 1—2 页。
② 山东农事试验场编：《山东农事试验场民国八年成绩报告书》，1920 年。

个方面，通过优劣比较来确定最适合山东棉区栽培的棉种。同期，试验场还进行了棉花肥料三要素试验和肥料种类试验，并开始着手繁育脱尔兹棉，以用于推广①。

总之，在民国初期，山东农事试验场的试验研究已开始逐步走上正轨，从栽培观察到结果分析已或多或少地开始采用科学的方法和规程。另外，农场每年还将试验情况编印成册，分发各地农场和周邻乡村，介绍农作试验的目的、方法和结果，同时向农户宣传推广科学的整地、施肥、选种、播种和田间管理方法。但是，就试验水平而言，由于受当时设备、技术和知识的限制，农场各项试验仍处在比较幼稚的阶段。如产量计算尚未采用科学的标准计量单位，使用单位为旧斗制；试验区不设重复，每区为市亩 5 厘到 2 分，很容易受地力等因素干扰；试验观察虽然分出生长期、秀穗期（开花期）、收获期及若干观察指标，但大部分观察仍为单纯的感官判断，缺乏科学的指标体系，因而在一定程度上影响了试验的精确性。

1915—1922 年日本占据青岛期间，李村试验农场也进行了一系列栽培技术试验，试验涉及范围极广，包括烟草、棉花、甜菜、除虫菊、麻、蓖麻子、向日葵、中草药等 14 种经济作物，燕麦、小麦、大麦、高粱、玉米、粟、黍、大豆、甘薯等 11 种粮食作物，茄子、菜豆、马铃薯等 18 种蔬菜品种，试验项目达 157 项，试验内容主要为品种比较试验、肥料试验、栽培法试验三个部分②。这些试验所获得的初步结果，为后来更进一步的试验和推广提供了基础。

1922 年中国政府收回青岛后，李村农场的农业试验在经过一段短暂调整后得以恢复，此时试验范围虽有缩小，但试验内容基本仍以品种试验、肥料试验和栽培法试验三类为主。品种试验从观察品种发育、形态品质、收获量等方面着手，旨在选出适宜青岛地区农作条件的品种。其中小麦试验系从 30 种美国小麦中观察选择，最后选出的为克里佛麦种。肥料试验分肥料三要素试验、肥效试验等数项。栽培法试验项目分播种期、行株距、棉花摘叶、甘薯摘心、大豆与玉米间种等十几项，各项试验一般均

---

① 山东农事试验场编：《山东农事试验场民国六年成绩报告书》，1918 年。《山东农事试验场民国八年成绩报告书》，1920 年。

② 北京督办鲁案善后事宜公署编辑处：《鲁案善后月报特刊（公产号）》，1923 年版，第 223—228 页。

取得了一定成效①。试验所取得的成果，对指导附近农村农民改进耕作技术，推广科学的栽培方法，起到了一定的作用。

20世纪20—30年代，在经济作物种植面积逐年扩大的背景下，农业试验研究机构对棉花、花生和烟草等经济作物的栽培试验愈来愈重视。临清棉业试验场成立后，专门划出试验区作为美棉品种观察区，从事美棉播种期、施肥、种植距离、摘心整枝等项栽培试验。当时每项试验均设有记录表，随时观察记录棉株的发芽情况、生育状况、成熟期、收获量，并于冬季做籽棉检查，综合评定棉种优劣。

1930—1933年，齐东棉业试验场在着手良种选育的同时，也进行了一系列的棉花栽培试验，其中试验方法比较完善的有植棵疏密试验、深耕试验、肥料三要素试验、肥料（豆饼、棉籽饼、肥田粉）同价施用试验、棉作生理与气候关系研究及中美棉品种区域试验。以1930年棉场进行的棉作生理与气候关系试验研究为例，其研究试验方法系就中美棉棉株生长发育情况，逐周实测记录，绘制同期气温、降雨量、日照、温度等相关因素变化曲线，通过试验研究，来揭示气候与棉作收成间的关系。自1933年起，齐东棉场还与中央农事实验所合作，征集美棉66种、中棉20种，进行中美棉品种区域试验。试验分美棉、中棉及中美棉标准品种三组，美棉用脱字36号棉作标准，中棉用齐细4号棉作标准，产量计算使用洛夫改良法。经过连续三年试验比较，最后确定斯字4号棉（Stone Ville 4）为最优②。斯字棉丰产早熟，产量比脱字棉增产3成左右，1930年代末至50年代初，该棉种曾在山东各棉区大范围种植推广。

为了寻求探索能够促使棉花丰产的栽培方法，从1930年起，青岛大学农事试验场即开始从事棉花栽培试验。试验共分八个项目，每个项目设两个试验区。试验所得初步结论为：密植、疏植和整枝对棉花栽培各有利弊，整枝需工多，对提高产量并不明显，同时因费工多也不够经济；为便于耕作同时又利于增产，植棉行距以3尺为宜，株距则可视品种和土宜酌情变通，通常美棉标准株距以1尺5寸为宜。此项试验研究曾刊印成册，

① 青岛市政府编：《青岛市政府行政纪要》第九编，1932年版，农林；青岛农林事务所：《青岛农林》，1932年版，第68—91页；胶澳商埠局编：《胶澳商埠行政纪要续编》，1929年，农林。

② 阙名：《山东棉作改良场工作报告》，《山东建设半月刊》第1卷，1936年6月第4期。

对当时其他农事机构的棉业推广具有一定的示范指导意义①。

1929 年实业部青岛商品检验局农产商品改良场成立。翌年，改良场就花生栽培进行了一系列试验。试验分行距、株距、品种比较、播种期、高畦平畦比较、深耕浅耕比较、播种量比较等内容②。

1935 年山东烟草改良场成立不久，便开始着手进行烟草栽培试验。全部试验包括品种观察、品种比较、区域试验、肥料试验及轮作试验五项内容。当时试验场曾计划分别用 3—10 年的时间完成全部试验工作，但是后因日本发动侵华战争，致使整个试验工作半途而废，未能取得实际成果。

1930 年后，针对农作物病虫害的防治，济南、青岛两地农场也进行若干试验和研究。当时，山东省立第一农事试验场是全省病虫害防治研究的中心，农场病虫害部为专设机构，配有专门的技术人员，并拥有在当时说来比较完备的试验仪器和设备。病虫害部试验研究项目有高粱、玉米等农作物对黑穗病的抗病性试验、小麦黑穗病预防试验、蝗虫毒饵饲育试验、棉桃卷叶蚜虫及甘蓝蚜虫防治试验等。经过数年试验，各项试验大都取得了一定成效。如小麦黑穗病预防试验证明：54—56 度的温水浸种 10 分钟，0.4% 的硫酸铜溶液浸种 2 小时，0.5% 蚁醛液浸种 10 分种，种子与 1%—6% 的碳酸铜混合播植，均能起到预防黑穗病发生的作用。1931—1932 年，病虫害部还对省内易发的作物病虫害进行了广泛的调查研究。调查方法为实地采集、面询及函询，研究项目包括病虫害发生状况、分布、预防方法等。调查范围小则数县，大则 30 余县。根据调查分类，查清的病害计有炭疽病、黑穗病、锈病、叶枯病、黑斑病、褐斑病等 18 种，各种害虫和益虫 68 种③。这是山东近代规模最大的一次农作物病虫害普查和研究，对于了解山东病虫害的分布和特点，实施防治起到了积极作用。

与民国初年相比，30 年代各农事试验场的研究试验条件有了相当的改善，如临清、齐东两处棉业试验场不仅设有专门的技术室、标本室、轧

---

① 青岛大学农事试验场编：《国立青岛大学农事试验场民国十九年研究及调查报告》，1931 年版，第 11—12 页。

② 尹喆鼎：《山东之落花生》，1934 年版，第 9—13 页。

③ 山东省立第一农事试验场：《山东省立第一农事试验场试验报告（二十一年份）》，1933 年；阙名：《毒饵杀蝗试验成功》，《山东建设行政周报》，1929 年第 21 期。

花室和测候台，而且还配备了显微镜、发芽试验箱、昆虫试验箱等仪器设备以及气象观测设备。同时栽培技术试验的方法经不断改进，也更为系统和科学。当时凡比较系统的栽培试验均采用行区对比法。所谓行区对比法，系将供试品种按不同的栽培方法、条件及要求分成若干种植区，每隔若干区重复排列一次，试验行区的重复通常在两次以上，然后通过各区的对照观察，选定最佳的栽培方法或栽培条件。试验结果的分析，分别采用等级法、平均法、洛夫（H. H. Love）高级试验计算法（以等级法求得理论标准，然后与供试品种比较）、学生氏对比法（直接比较供试品种与标准品种之产量）①。以上方法的采用无疑使试验结果更为精确，试验的实效性和推广价值也相应得到提高。

二　优良品种的培育

近代每个时期的农业科学试验，几乎都是以农作物良种的驯化与培育为中心，试验范围包括粮食作物和经济作物，比较言之，棉花、小麦、粟等项作物良种的培育成效最为突出。

1. 棉花良种的选育

近代山东棉花良种的选育始于1906年，是年山东商务局自美国引进优良棉种，在分发种植的同时，地方当局成立山东农事试验场，由试验场负责引进棉种的驯化选育。农场经数载试种，培育出第二代和第三代美棉纯种②。大约同期，青岛李村农事试验场也开始着手美棉选育试验，旨在培育出适合当地栽培条件的第二、三代美棉纯种。

1918年，北洋政府农商部引入美棉新品种脱字棉，在山东各地分发。为配合美棉引种推广，山东实业厅指定临清棉业试验场负责选育脱字美棉，以便于日后推广。1922年临清棉场开始着手选育脱字棉，用纯系单本优选法，每年选出单本1000余株，逐年淘汰劣系。经过两年试验，初选出了若干优良种系。但是后来因试验场人事更动，新旧交替，试验中途

① 青岛市农林事务所：《青岛市农林事务所概况》，1947年2月。

② 阙名：《山东历年种植美棉情形》，《山东官报》，1908年4月第8期（总第76期）。

停止，有关材料和记录也随之散失，初选出的美棉品种仅存脱字4号和脱字47号二系。齐东棉场成立后，原临清棉场场长杨熙光调任齐东，原省立棉业讲习所教员胡长准任齐东棉场技士。胡长准到任后，将脱字47号棉自临清移植于齐东棉场，继续从事选育。经过严格去劣手续，最后决选出的脱字47号棉，产量和质量均明显优于普通脱字棉。与未经选育的普通美棉相比，脱字47号棉枝梗强壮，每斤籽棉约90铃左右，棉蒴成熟早且产量高，纤维长7/8—1英寸，平均出穰率为28%—30%[①]。脱字47号棉育成后，先是在齐东棉场大量繁育，1930年又移植于山东大学农学院，在济南周邻农村推广。1932年脱字47号棉又移植于邹平乡村建设研究院农场，然后逐步在鲁北产棉县推广。

20世纪20年代中后期，临清棉场的棉种选育试验改以中棉为主。1923年棉场经过比较试验，确定正定大棉为适合北方棉区栽培条件的优良中棉品种，之后经过连续数年的试验筛选，选育成功正大8号和正大13号两个优良品系[②]。这两个品系因优于临清当地狮子头棉，很快便在棉场周邻地区得到推广。

20世纪20年代末至30年代初，因国内棉纺工业细纱生产比重不断上升，市场对优质细长绒棉的需求日益增长。在这一背景下，棉业试验改良机构的棉花选育标准也随之提高，在注重棉种高产性的同时，尤为重视棉种的各项综合品质。同一时期，随着经费的增加和国外最新遗传育种方法的引进，棉业试验场的试验手段与试验方法也有较大改进，与过去相比，不仅选种范围扩大，而且选育程序也更加科学。

1927—1931年，齐东棉业试验场采用新式遗传选育法，经过连续五年的育种试验，成功地培育出脱字36号棉新品种。作为农场自行选育的新一代棉种，脱字36号棉在中国近代棉业改进史上具有相当重要的意义。脱字36号棉的选育，每一阶段都遵循严格完备的科学试验程序，选育过程反映了农场育种水平的提高。

1927年秋，齐东棉场首先开始单本选种，规定以绒长1英寸、丰产早熟为选种标准。先是在脱字棉普通田内初选出良株200株，随后进行冬

① 山东省林业技术员训练所编：《山东农业概要》，1947年版，第8页。

② 青岛大学农事试验场编：《一年来的青大农事试验场》，1930年。

季室内考种决选，考种后共决选出良种62号。第二年进行遗传试验。试验系将选定的单本种子分号种植，并于生长期考察生长状况，凡性状不整齐、无早熟丰产性遗传者，在田间即行汰去。第三年将遗传试验选出的6系种子分区种植，进行产量比较试验。培育过程重点比较各系生长高度、结蕾、开花、结蒴、开蒴数等项指标，并比较各系籽棉产量，以选出早熟丰产的纯系。第四年继续进行产量品质比较试验。经秋后考察比较，最后确定各系中以36号一系最为优良。36号棉绒长在1英寸以上，且同时具有早熟丰产的优点，于是棉场遂决选36号棉为繁育推广品种。第五年实行大区繁育。第六年用36号棉一代种，择农户订约，合办棉种场，从事繁育，棉业试验场则继续繁育二代种①。

新育成的脱字36号棉与普通脱字棉相比，在各项主要指标上均有较大改进，新品种的突出特征和优点为：纤维柔细纯白有光泽，长度1—$1\frac{1}{8}$英寸，出穰率32%，平均亩产籽棉140—150斤，产量高出普通脱字棉三成左右②。另外，普通脱字棉生长期长，开花迟，易受霜害，新棉种则具有较强的抗害力，且早熟丰产。由于具备上述优点，脱字36号棉在各地试种推广时受到棉农普遍欢迎。净棉由华新纱厂提价收购，能纺出42支细纱，在棉花集散市场上很快便成为各纱厂争购的对象。1932年齐东棉场共繁育出脱字36号棉5000余斤。1933年开始推广36号棉一代种，并举办集中轧花，藉以建立良种纯种区。1934年各地共推广36号棉种子20万斤，1935年推广160万斤，1936年推广总数达240万斤③。经过连续几年的推广，脱字36号棉在棉产区获得广泛的增产效果，同时棉花品质的改进，不仅使山东棉花的市场声誉大大提高，也使棉农的种棉收益相对有所增加。

鲁北棉区为近代山东最大的棉花专业产区，当地出产的细绒中棉，产

---

①　胡长准：《山东各县选种36号棉之经过》，《山东建设半月刊》第1卷，1936年6月第3期。

②　胡长准：《山东之棉业》，《山东文献》第1卷，台北，1975年12月第3期。

③　山东建设厅编：《山东省建设厅各项事业概况及将来之进行计划》，1933年版，第38页；国民党中央党部国民经济计划委员会编：《十年来之中国经济建设》第14章，1937年版，第1页。

量和品质在本省中棉中均属佼佼者，但缺点是棉种已驳杂不纯。1927 年秋，齐东棉业试验场在当地棉农田中选出性状优良的中棉单本 2000 株，进行纯系育种。棉场经过连续几年的遗传比较试验，于 1930 年决选出齐东 4 号细绒棉。齐细 4 号棉的品种优点是结蒴多，早熟丰产，纤维中细柔韧，长度为 7/8 英寸，色白整齐，出穰率 33%，平均亩产 130 斤①。齐东细绒棉育成后，经由棉区各县立农场繁育推广，增产效果显著，后来逐渐成为鲁北棉区种植最广的中棉品种。

在第一轮脱字棉选育工作开始之后，自 1929 年起，齐东棉场又由普通脱字棉田中选取优良单本 300 余株，开始新一轮脱字棉品种选育试验。经过株行、二区、五区等几个阶段的试验，选留出 6 系棉种，从 1933 年起转入 6 个纯系的高级试验，1935 年由 6 个纯系中决选出 57 号一系优良棉种②。脱字 57 号棉的选育成功，为鲁西、鲁北干旱沙土地区的棉花推广提供了极为合适的品种。新棉种的突出特点是耐干旱，成熟期比脱字 36 号棉早一周，出穰率在 30% 以上，平均亩产籽棉达 160 斤。新品种育成后经初步推广，1938 年已产到 100 万斤左右③。

在从美棉中选育脱字 57 号棉的同时，齐东棉场还着手进行了 16 个纯系的中棉高级试验。迄于 1936 年，中棉高级试验计有齐东细绒棉 6 系、正大棉 2 系、百万棉 2 系。据当时试验场报告称，选出的中棉纯系，产量品质俱优于前次育成的正大 64 号棉和齐细 4 号棉，有希望在将来选育成功数系纯良中棉。但是，这次较大规模的中棉育种试验后因日本发动全面侵华战争，未能最后完成新品种的决选和繁育④。

---

① 吴知：《山东省棉花生产与运输》，《政治经济学报》，第 5 卷，1936 年 10 月第 1 期；金城银行天津调查部：《山东棉业调查报告》，1936 年版，第 28 页。

② 阙名：《山东省棉作改良场工作报告》，《山东建设半月刊》第 1 卷，1936 年 6 月第 4 期；山东省林业技术员训练所编：《山东农业概要》，1947 年版，第 11 页。

③ 抗日战争时期，日伪政权统治下的齐东、临清二农场曾对脱字 57 号棉做过比较试验，结果表明 57 号棉的产量仍大大高于普通美棉和中棉。金城银行天津调查部：《山东棉业调查报告》，1936 年版，第 27 页；国民党中央党部国民经济计划委员会编：《十年来之中国经济建设》第 14 章，1937 年版，第 1 页；山东省档案馆馆藏档案：临 2—24—6，建设厅 1938—1939 年施政要纲等，1938—1939 年。

④ 《中华棉产改进会月刊》，第 2 卷，1933 年 12 月第 4、5 期合刊；第 3 卷，1936 年 1 月第 1、2 期合刊。

30年代，临清、济南、邹平等地试验场的棉花品种选育也取得了一定进展。

1932年，临清棉业试验场在两次脱字棉比较试验的基础上，选留出六七个高产质优的品系。1933年棉场又从各地进一步征集中美棉品种，并编定《中美棉育种大纲》，着手选育新的优良棉花品系①。

山大学农学院试验农场在1930—1934年5年中，基本以脱字47号棉为试验品种。1930年春，农学院将临清棉场选育的脱字47号棉移入农场试验，第二年栽培47号棉50亩，经两次田间选优去劣，选出优良单本630株。1932年农场使用单本进行行株试验，同时将47号棉的普通繁育基地扩大至70亩，当年47号棉亩产籽棉达130斤。1933年经过复选的47号棉亩产达到200斤的高水平。1934年农学院47号棉的五杆行试验已有14个品系，二杆行试验有34个品系，单行试验有204个品系，试验繁育基地进一步扩大至100亩②。可以说，农学院的纯系复选试验开了国内棉种复选的先河，其意义不仅在于防止了脱字47号棉的退化，而且还在于使棉种的优良特性得到优化，并在大面积繁育的基础上，使棉种的推广范围进一步扩大。

邹平乡村建设研究院试验农场在成立之初，主要从事农业推广工作，1932年后受周边农场育种风气的带动影响，也开始注重棉种选育试验。到1934年试验场育种试验已有三项内容，即株行试验、五杆行试验和高级试验，决选出18和53两个系号。18号棉的特点为铃大（重6克）、绒长（1英寸以上），53号棉的特点为早熟丰产，纤维长度在1寸以上③。

长时期的育种实践，使各地试验场积累了比较丰富的育种经验，并形成了一定的选育标准。30年代中期，齐东棉场曾结合本场多年的育种经验，对脱字棉的选种标准加以总结，得出若干带有某种规律性的认识和结论。其中一些认识和结论通过试验农场间的交流，成为北方棉种选育的重

① 《中华棉产改进会月刊》第2卷，1933年12月第4、5期合刊。

② 《中华棉产改进会月刊》第3卷，1936年1月第1、2期合刊，《山东大学农学院棉作工作概况报告》。

③ 同上书，《邹平乡村建设研究院农场工作报告》。

要参照标准①。

2. **粮食作物优良品种的培育**

20世纪20年代后，由于水旱灾频仍、病虫害蔓延、兵灾匪患连绵不绝，农村地区出现农作物品种退化、收成递减、粮食发生严重短缺的现象。这种状况的持续发展，对当时农业技术改进的方向产生了极大影响，促使农事试验场集中力量，把粮食作物良种的培育作为试验研究的重要课题。

1925年，为了改良华北农作物品种，南京金陵大学与美国康涅狄格大学及纽约世界教育会联合，在山东、山西、河北等省合作育种。为使育成品种能适应各地风土气候，采用了区域试验的方法，在包括济南、峄县在内的10个地区开办合作农场，“各场互相联络，成一有系统之合作试验”。从这一年起，各合办农场均以小麦为冬季育种项目，此外，还按照各地情形，在高粱、大豆、粟及玉米中任选主要作物一种、副作物一种，从事选育②。

金陵大学与齐鲁大学合办农场成立后，即致力于小麦良种的培育，制定并实施了一整套品种改良措施。“育种程序，系先向农田采选多量单穗而分种之，择一优良纯粹之品种为标准品种，以资比较标准。”选种试验范围除济南地区外，还扩及峄县、潍县等地。通过用纯系选育方法连续多年的培育试验，济南合办农场终于在抗日战争前夕育成著名小麦良种——济南195号（1—195号）。195号小麦不仅产量高，比一般小麦品种增产25%左右，而且抗病力强，耐旱，成熟期早，出粉率达85%。195号小麦育成后，由齐鲁大学首先组织在济南、龙山、周村三地推广，而后又逐渐推广至胶济铁路和津浦铁路沿线地区，以及鲁西、鲁南的部分地区③。

1931年，山东省实业厅制定出“改良本省麦产进行办法”，要求省立农场搜集欧美及国内各省优良麦种，进行比较选育试验，择其品质优良

---

① 详见庄维民：《近代山东棉花科学试验改良的发展及其影响》，《中国科技史料》第20卷，1999年9月第1期（总第82期）。

② 沈宗瀚：《改良品种以增进中国之粮食》，《科学》第15卷，1931年11月第11期。

③ 山东省档案馆馆藏档案，临9—4—165，改良小麦1—195号推广报告，1941年7月；阙名：《本校农场过去及将来》，《齐鲁大学校刊》，1948年2月第63期。

者，下发各县试验场继续试验繁育，以逐步推广①。

翌年，山东省立第一农事试验场开始按照美国育种专家洛夫博士所创小麦育种法，分赴省内小麦主要产区，选取优良小麦单穗，实施纯系分离育种。当年试验场用采集到的麦种实行单穗行试验，1933 年实行二杆行试验，1934 年实行五杆行试验，1935 年进入高级试验。迄至抗日战争前，农场共育成济系 1 号到济系 9 号九个小麦品种，另外还育成南保 124 号、桑保 324 号小麦良种。但是，济系小麦后因日本侵略山东，未能来得及做进一步的选育和推广。抗日战争时期，日伪各省立农场曾受华北农事试验场委托，进行过济系小麦地方适应性试验，试验结果以济系 1 号、济系 2 号及济系 4 号产量较佳②。

在重点从事小麦良种选育的同时，部分农事试验场还着手进行了其他一些粮食作物品种的培育试验，如齐鲁大学除育成 195 号小麦外，还育成优良粟品种济南 8 号（PATH 8）、济南 10 号以及大豆良种 116 号。济南 8 号系 1936 年经抗病试验和接种手续，从 19 个品系中选育出来。该品种分蘖力强、能抗黑穗病和白发病，产量比普通农家品种高出 20%—40%，出米率达 75%—80%。以育种方法使产量增加 40%，这在当时国内育种事业中还是较为罕见的。116 号大豆品种具有抗缩叶病、粒大、出油率高等特点，产量比普通品种高出 20%。品种育成后，曾在青州、潍县一带推广，深得当地农户的欢迎③。

良种选育的发展与试验方法的进步相辅相成。近代山东之所以有若干对农业推广产生影响的良种选育成功，赖于试验机构试验方法的改进和试验水平的提高。30 年代初，国内农艺界对国外先进育种试验方法的吸收运用渐趋成熟，随着育种经验的不断积累以及试验农场间相互交流的加强，农业改良机构的育种程序和试验方法逐渐趋于统一。开展一项育种试验，通常都要预先制定一个细致的育种计划，按照科学的步骤，循序以进，以期达到成功育出农作物良种的目的。选育试验的步骤和方法一般为：第一年单本选株；第二年二杆行试验，每个品系种 2 行，重复一至二

① 《山东实业公报》，1931 年 10 月第 4 期，呈文，《改良本省麦产进行办法》。

② 山东省档案馆馆藏档案：临 2—15—173，山东省立各试验场小麦试验成绩摘要，1939—1940 年。

③ 阙名：《本校农场过去及将来》，《齐鲁大学校刊》，1948 年 2 月第 63 期。

次，中间设标准行；第三年五杆行试验（初次遗传试验），产量计算采用平均或差计算法；第四年十杆行试验（二次遗传试验），每品系共种10行，重复9次，方式与五杆行试验相同；第五年高级试验，每品系共种10区（30行），重复9次，每隔2区设一标准区，最后根据产量和以往记录决选2—3个品系，供繁育推广之用；第六年繁育去劣及区域试验，通过区域试验与当地品种比较；第七年大田繁育及推广①。上述程序和方法在试验过程中的采用，无疑使试验农场的选育试验更趋精确，选育出品种的品质更为优良。

三　农业试验改良的意义与影响

农业科学试验改良是近代农业改进的一项重要内容，其目的在于通过科学试验的途径，将新栽培方法和优良作物品种用于农业生产，以改变传统落后的农业生产状况。对于近代农业改良而言，科学试验改良的意义和影响主要表现在以下几个方面：

首先，在栽培技术方面，各农业试验改良机构通过诸如播种期、行距株距、施肥比例、田间管理等项试验，探索总结出一系列适用于当时农业种植的技术与方法，并通过品种驯化比较，确定了哪些品种适合山东气候土宜，易于推广。借助建立示范田、实验区、组织农户观摩、分发各类浅说等推广措施，近代栽培技术以试验场为中心，逐步向周邻地区扩散，从而使部分地区和部分农户的栽培技术有了一定程度的提高。

其次，连续多年的品种选育试验，培育成功了若干有影响的优良新品种。新品种产量质量均超过了未经改良的农家品种，受到农户的普遍欢迎，随着推广范围的逐渐扩大，新品种对近代农业生产尤其是经济作物生产的影响也越来越大。例如脱字36号棉育成后，齐东棉场曾划定齐东、邹平为推广实验区，组织进行推广，同时临清棉场也在鲁西棉区实施推广。1933—1936年，山东各地累计推广脱字36号棉棉种420万斤，推广

---

① 青岛工商学会棉业试验场编：《棉业特刊》，1934年版，第3—6页。

面积达70余万亩，通过推广累计增产籽棉2500万斤[1]。短短数年，一个新品种能够如此快的大面积推广并获得显著增产效果，这在近代农业改进史上是不多见的。另外，新育成的棉种经过集中繁育推广，在部分产棉区形成纯种区，不仅防止了品种退化，而且使棉区良种的种植比例有所提高。1937年脱字36号棉已产到500多万斤（净棉），脱字57号棉已产到100余万斤[2]。脱字47号棉也推广于邹平、菏泽、历城、临清等地，而齐细4号棉、正大64号棉的种植也在中棉产区占了相当大的比例。

无论栽培试验还是品种选育，都要经历一个程序复杂而漫长的过程。以当时棉种选育为例，从最初单本选株到新种育成，再到繁育推广，通常需要5—7年的时间。农业科学试验改良的这一特点，决定其发展需要有一个良好稳定的社会政治环境给予配合。但是，在近代山东，除30年代前半期政局相对平稳一些外，农业试验和改良大部分时间处于战乱频仍、社会动荡不宁的环境中。试验机构和试验研究经常受到来自各方的侵扰和破坏，地方政权和人事的频繁更迭，则造成试验机构兴废无常，变更无定，人员、经费难以得到保障。在这些因素影响下，农业试验研究举步维艰，发展规模和水平受到极大限制。而日益加剧的帝国主义侵略，更是给初兴的农业科学试验改良以毁灭性的破坏。1937年日本发动全面侵华战争后，山东各主要试验农场的技术人员被迫撤离，经过多年辛勤培育的优良作物品系和试验记录散失殆尽，行将取得成果的一批选育试验也中途夭折。历史证明，只有改变落后的社会制度体系，民族争得独立，农业科学试验才能获得真正持久的发展。

---

① 国民党中央党部国民经济计划委员会编：《十年来之中国经济建设》第14章，1937年版，第1页；胡长准：《山东之棉业》，《山东文献》第1卷，台北，1975年12月第3期。

② 山东档案馆馆藏档案：临2—24—6，建设厅1938—1939年施政要纲等，1938—1939年。

第三章　新品种的引进与农业经济变迁

近代农作物新品种的引进与推广，是传统农业改良并向近代农业形态过渡的一项重要内容。新品种引进本身以农业生产的近代化趋向和近代工业及口岸贸易的兴起为前提条件，同时又在一定程度上促进了农业生产力的提高，推动农业经济沿着集约化、区域专业化以及商品化的方向进一步发展，并以此促成农业经济内部发生一系列变迁。

一　新品种的引进与推广

近代山东农作物新品种的引进肇始于清末，民国前期（1912—1936年）引进规模有相当大扩展，其中对区域农业经济和农家生产经营影响最大的，首推美棉、美烟和美种大花生的引种和推广。

早在清代中叶，棉花作为重要的经济作物，即已在鲁北和鲁西沿黄地区广为种植，并形成若干具有一定专业倾向和商品化倾向的集中产区。但是，迄于清末，山东各地栽培的棉花，多数品种已经严重混杂退化。1900年后，清政府推行新政，举办各项实业，在农业改良方面，除提倡植桑凿井外，引种推广美棉良种也为其中一项重要内容。

1904年，山东农工商务局“以千数百金购入美棉大宗，散布产棉各县试种”，试种的美棉有乔求斯、皮打谅、奥施亚及银行存折棉等品种①。这是山东首次引种美棉品种。但是，这次引种因购入种子不纯和播种期

① 杨熙光：《山东种植美棉之经过与将来》，《中华农学会报》，1922年11月第31期；舒联莹：《山东之棉业》，青岛工商学会棉业试验场：《棉业特刊》，1934年版。

迟，未获成功①。

1906年，山东商务局再次将美棉种子发交产棉区东昌府试种，结果获得成功，“收成均较本地棉花加倍”②。据东昌府知府魏家骅报称：“美国棉种高大，三倍于本地之棉，每亩之地，本地棉约种七千棵，美国棉至多不过一千棵；本地棉结实多则二十余，美国棉可七八十余；本地棉约收七八十斤，美国棉可收百余斤至二百斤不等，且丝长光细，利于纺织。”因试种成效显著，魏家骅曾函请山东巡抚杨士骧“再发美国棉种一两万磅，以广传播”③。1907年，山东巡抚衙门再次从美国购进棉种60包，翌年由省分发至东昌府、滨州、夏津、邹平、平度、恩县、定陶、临清等地，同时刊印《植美棉简法》，随种子一同分发，以使各地棉农依法种植④。

1913年，山东农事试验场成立。不久，农场即着手引进美棉，进行中美棉品种比较试验，以确定适合推广的良种。农场所育美棉除乔求斯、皮打谅外，还有海岛棉、屈梧棉、海门特产棉、亚伦棉、脱尔兹棉等品种。试验结果以“舶来种品质最良，其纤维洁白细长，虽秋末稍被霜害，然收益尚多，尤以海门特产棉为最”⑤。次年，农场又成立种子交换所，在历城等县推广美棉。

从总的情况看，清末民初山东美棉品种的引进基本是以直接引种为主，推广方法简单粗疏，即逐年输入大批棉种，未经驯化便行分发，缺乏科学的选优去劣程序，以致数年后品种渐形退化，直接影响了美棉引种的效果。据当时有关调查称：一些地方引种美棉，因“种法未熟，成绩不举，三四年后即失其本来之性，与土种无异。且其买卖价格与土种亦不甚上下，故农民多不重视之”⑥。受上述因素影响，美棉最初在各地的推广进展迟缓。

---

① 清农工商部：《棉业图说》卷3，1911年版，中国棉现情考略。

② 《盛京时报》，1906年11月11日，《试种美棉之成效》；《东方杂志》第4卷，1907年4月第2期，实业，各省农业汇志。

③ 《东方杂志》第4卷，1907年6月第4期，各省农业汇志。

④ 阙名：《劝业道详东省历年种植美棉情形》，《山东官报》第3年，1908年4月第8期（总第76期）。

⑤ 阙名：《山东农事试验场成绩报告》，《农商公报》第1卷第10册，1915年5月第10期。

⑥ 陈训昶：《山东之棉业》，《农商公报》第6卷第4册，1919年11月第64期。

1920 年代前后，在新的经济背景下，山东各棉作区又开始了新一轮的美棉引种与推广。区推广。山东实业厅则于同年在临清设立棉业试验场，专门试验、驯化和繁育引进的美棉。当时临清棉场引种的美棉计有脱字棉、爱字棉（Acola）、金字棉（King）、隆字棉（Lone Star）、埃及棉（Egyptian）、海岛棉（Sea island）、胡老利棉（Durango）、哥伦比亚棉（Columbia）等八个品种，而重点驯化繁育的品种则为脱字棉。在连续繁育成功后，山东实业厅又于 1922—1924 年间陆续购进多批脱字棉新棉种，集中在鲁西、鲁北棉区推广①。到 30 年代，脱字棉逐渐成为山东栽培面积最广的美棉品种。

1916 年后，日本工业资本在青岛投资开办了数家机器纺纱厂，日本国内也逐年增加了对山东棉花的进口，结果导致市场棉花需求量急增。日商从山东进口美棉，比从美国进口可节省三分之一的费用。为了扩大棉花供应来源、提高出口质量，1918 年，日本东洋拓殖会社出资 3 万元设立和顺泰洋行，稍后又将投资增加至 6 万元。第二年，和顺泰洋行自朝鲜购进美国金字棉种子 2 万斤，在邹平、张店、高密等地免费分发给当地农户种植。1918 年，山东实业厅也自农商部领到金字棉种，在临清、齐东等产棉区分发推广。1921 年、1923 年与 1925 年，和顺泰洋行又先后三次购进大批金字棉种，在更大范围推广②。推广过程中，和顺泰先是以村长、地保为代理人，由其劝导棉农改种金字棉，每亩发给劝种费 3 角钱。棉农改种金字棉，每亩免费发给棉种 10 斤及除虫农药，并贷给肥料费。棉花生长期，洋行复派人指导棉田管理事宜；俟棉花收获时，又在棉区分设收买庄，按等收买籽棉，并设立轧花厂，集中收轧籽棉，然后供给青岛的日资纱厂和出口商。1921 年，山东金字棉种植面积只有 1 万余亩，1923 年达到 5 万余亩③。此时，金字棉已成为胶济铁路沿线农村种植最广的美棉品种。

---

① 金城银行天津调查部：《山东棉业调查报告》，1936 年版，第 16 页。

② 天野元之助：《支那農村雜記》，東京，1942 年版，第 75—77 頁。

③ 舒联莹：《山东之棉业》，青岛工商学会棉业试验场：《棉业特刊》，1934 年；天野元之助：《支那农村杂记》，东京，1942 年版，第 44 页，77 页。按包伯度《青岛参观小记》（载《中华农学会报》，1930 年 8 月第 78、79 期合刊）一文的说法，1922 年金字棉种植面积为 10 万余亩，1923 年达到 60 万亩，包氏援用的统计数恐为当时美棉种植面积的估计数。

1934 年，青岛工商界为了摆脱美棉运销供应受外商控制的局面，以便在棉纱生产、质量和价格上同外商竞争，发起组织了棉业改良委员会。是年，该会与青岛华新纱厂合作，在高密设立棉业试验场，参照日商的推种方法，从朝鲜、上海引进金字改良棉种（King's Improved），分发清平、滨县等地棉农种植①。以后几年，在棉业改良委员会和棉场的积极推广下，金字棉很快被鲁西临清、清平、夏津、高唐、堂邑、恩县和鲁北高苑、滨县、惠民、邹平等地的棉农所接受，并在这些地区广为种植。

这样，经过数十年的引种推广，美棉种植逐渐由最初的小块试种地扩展至大部分宜棉地区。20 年代后，各地“种植美棉者日见其多，有一户种数十亩者，有一县种数千亩者”②。尤其是纱厂、花行在棉区设庄大量收买美棉后，受利益驱动，棉区“农民改移以往之习惯，无不争先恐后改种美棉”③。到 1934 年，全省产棉县中，除东平、东阿、博平、嘉祥、鱼台等少数几个县外，无不种植美棉，而清平、夏津、临清、高唐、恩县、邹平诸县的美棉总产量，一般超过当地中棉产量 2—3 倍。可以说，美棉种植这时已融入棉区农业生产系统，并形成稳定的种植结构。

美国烟草品种及其烘烤工艺最先由英美烟草公司引入中国，而山东则是国内引种最早且成效最大的省份之一。

1910 年，英美烟草公司在威海孟家庄开始试种美烟。引种工作最初由美籍技师穆尔主持，另有数名外籍技师参与田间栽培指导事宜。但是，经过两年试种，因当地气候、土壤等自然条件不适合美烟生长，试种未获成功④。

1913 年，英美烟草公司又在潍县坊子租用德国医院的房屋和 180 亩农地，开始试种弗吉尼亚种（Virginia）和奥林诺科种（Orinoco）黄烟叶。这次试种进展顺利，烟叶生长茂盛，产量和质量超过了当地土种烟叶。1915 年春，英美烟草公司又在坊子一带分发美国 Gooch Tobacoo 烟种 1 万余包，由农户自行试种。当时公司在当地从事推广的人员有二十四五人，于春夏之时，“分往各村乡传习种烟”，“于种植之法、烘制之方，不惮劳悴，循循善诱，且加以资助。迨收获之后，复概由公司购买，所给价

---

① 南京中国第二历史档案馆馆藏档案：380—1863，高密棉场。

② 杨熙光：《山东种植美棉之经过与将来》，《中华农学会报》，1922 年 11 月第 31 期。

③ 林修竹撰，申丙编：《茂泉实业文集》，1926 年版，第 81 页。

④ 山东林业技术员训练所编：《山东农业概要》，1947 年版，第 15 页。

格，又稍优异”。在引种最初几年，英美烟草公司还在潍县烟区采取了贷发肥料款、烤烟铁管及温度计的做法，以吸引更多的农户种植美烟。结果“附近农民乃咸愿栽培，以求善价”①，而美烟种植面积也因之逐渐扩大。

第一次世界大战期间及战后一段时期，国内外烟叶价格腾涨，促使英美烟草公司更加热衷于美烟的推广。公司除每年免费分发价值 2 万元的烟种外，还扩大了烟农烤烟资金的贷放规模。在各项推种措施的影响下，经过短短几年（1915—1919 年）时间，美烟种植渐次扩展至安丘、临朐，昌乐等地，而最先引种美烟的坊子周邻地区，原先的小麦田几乎全部变为烟草栽培地②。1919 年，华商南洋兄弟烟草公司仿照英美公司的做法，以青州为中心大面积推广种植美烟。此后，美烟种植区沿胶济铁路向西扩展，达于辛店、临淄等地。20 年代中后期，受美烟需求增长和价格持续上扬的影响，山东美烟种植业进一步扩大。在若干传统产烟区，美烟已基本取代土烟，成为当地种植的主要烟草品种。例如烟产区昌乐，“自洋烟种输入，种土者渐稀”；寿光“自美国烟种输入，种者日多，西乡有一家种数亩者，成熟后熏干运辛店、青州各车站，售外人为造卷烟之用”③。1931 年，山东美烟种植面积由 1926 年的 15.8 万亩发展到 24 万亩，并在胶济铁路西部沿线地区形成新的美烟集中产区④。

30 年代初，在世界性经济危机的影响下，国内农产品市场出现萧条。从 1932 年起，美烟价格开始跌落，1933 年美烟价格比 1931 年跌落了 19%。在这种情况下，美烟种植业的扩展也因之放慢，当年栽培面积为 27.3 万亩⑤。1935 年，为了继续扩大美烟种植，同时防止美烟品种退化，山东建设厅在辛店设立烟草改良场，由改良场负责美烟引种和病虫害防治等项工作，各产烟县则组织特约烟场，繁育美烟良种，并组织产销合作社，扶持中小烟农种植美烟。这一年，山东美烟栽培面积发展到 30 万亩⑥。此

① 陶昌善、谢恩隆：《调查山东坊子烟叶情形报告》，《农商公报》第 2 卷第 8 册，1916 年 3 月第 20 期。

② 阙名：《山东种植美国烟草》，《中外经济周刊》，1925 年 1 月第 95 期。

③ 民国《昌乐县志》卷 12，1934 年版，物产志；民国《寿光县志》卷 11，1936 年版，物产。

④ 阙名：《山东美种烟叶状况》，《工商半月刊》第 4 卷，1932 年 4 月 15 日第 8 期。

⑤ 滿鐵經濟調查會（天野元之助）：《山東農業經濟論》，1936 年版，第 70 頁。

⑥ 山东档案馆馆藏档案：临 2—10—54，山东省烟草增产计划，1946 年。值得一提的是新中国成立初的 1950 年，全省烤烟栽培面积为 27 万亩。

时，美烟种植区西达胶济路辛店，东至黄旗堡，长约400华里，“沿铁路两旁百里以内，农民恃种烟以生者近百万人，产量年值千万元”①。可以说，在上述产烟区，美烟已成为农家种植业中最重要的经济作物。虽然当时就全省而言，尤其在鲁南传统烟产区，仍有土烟种植，但是作为商品性农作物，其经济意义已不能与美烟相颉颃。

山东花生种植始于清代嘉庆初年，即18世纪末。道光年间，花生种植逐渐传至鲁东地区。当时山东各地种植的花生品种为龙生型品种，即小粒种。小粒种花生的特点是生长迟、产量低，适种性差，因而很大程度上限制了种植规模和范围的扩大。

19世纪60年代，美国普通型大粒花生开始传入山东。最先将美种花生引进山东的是美国长老会传教士狄考文（C. W. Mateer）和梅里士（Charls R. Mills）。狄考文引种花生之事，目前仅见于口碑性回忆。而据文献记载，1887年（光绪十三年），美国长老会传教士梅里士曾将大粒花生在平度教人试种，收成颇佳，“后遂繁滋，旧种几绝”②。美种大花生引入后，因其产量高、品质优，获得了较快的传播，光绪末年（1900年前后）已在不少地方种植推广。例如临沂出产“落花生大小两种，自光绪时，大者盛行，小者几废”；莱阳原先只种小粒花生，“光绪末，又有自外洋来者，颗粒较大，种植尤多，占全境农田十分之一”；东平种植的花生也有大小两种，“大者，光绪年间由西洋传来，俗名洋花生”，民国年间，“小花生渐少，大者日多”；莒县花生种植“旧惟有小者，清光绪间始输入大者，曰洋花生”，岭地沙土均适宜种植，“宜生多获，为出口大宗”；同期，地处鲁西的朝城县也引入大花生种植，“且获利之厚，优于五谷”，成为当地土货出口大宗③。

1904年，清政府在济南设立农桑总会，并在部分州县设立农桑分会，“凡属可兴之利，可植之物，均令试种考验”。作为对“可植之物”“试种考验”的一项内容，清政府当时曾主持在冠县、阳信、沂水、城武等地

---

① 阙名：《鲁省烟叶概况》，《中行月刊》第9卷，1934年12月第6期。

② 民国《平度县志》卷2，1936年版，疆域志，物产。

③ 民国《临沂县志》卷3，1917年版，物产；民国《莱阳县志》卷2，1935年版，实业；民国《东平县志》卷4，1936年版，物产；民国《重修莒志》卷13，1936年版，舆地志，物产；民国《朝城县续志》卷1，1920年版，建革，物产。

试种大花生①。数年后，花生种植渐渐普及于鲁北地区，并成为鲁北沿黄白沙地“稍次于木棉”的“大宗出产”②。

民国初年，美种大花生的种植区域迅速扩展。1914 年在山东第一次物品展览会上，单是种植大花生获奖的县就有胶县、郯城、招远、临朐、黄县、平原、东阿、肥城、范县、东平、恩县、菏泽、宁阳等十几个县③。与此同时，大花生在各地排挤取代土种小花生的趋势也益加普遍。据当时地方文献记载，济阳花生种植先是“有大粒小粒两种”，民国以后“种大粒者甚多，种小粒者渐少”；与之相邻的齐河，所种花生“旧时形甚小，后自外传来新种，大于旧者数倍”，农户多改种大花生，“为出口大宗”；在茌平漯河沿岸地区，农户遍植花生，“大者传自美国，小者为土产”，20 年代后“小者多被淘汰”；临朐农家素有种植花生的习惯，“昔年所种颗小，今则颗大两倍，易收而利厚，所榨油曰白油，销运出口，为农民收入大宗”④。新种替代旧种趋势的发展扩延，使大花生种植业逐渐覆盖了各主要花生产区。

随着大花生的传播普及，及至 1930 年代初，花生种植几乎遍及山东全省，范围达 82 个县，栽培面积 380 万亩，总产量达 1082 万担，栽培面积和产量均居全国首位。此时美种大花生以其经济上的重要性，对农业商品化进程所起的作用和影响也愈益突出。

二　新品种传播推广的原因和条件

美棉、美烟和美种大花生自清末民初引进山东后，经过数十年的推广种植，到 1930 年代中期，其经济意义已普遍超过当地传统品种，成为相关种植业中主要的栽培品种。引进品种之所以能在较短的时间内大范围地

---

① 《东方杂志》第 2 卷，1905 年 3 月第 2 期，实业，东抚胡廷干奏。

② 《东方杂志》第 2 卷，1905 年 3 月第 2 期，实业；李文治：《中国近代农业史资料》第 1 辑，三联书店 1957 年，437 页。

③ 山东展览会报告编辑处编：《山东第一次物品展览会审查报告书》第 1 编，1915 年版，第 171—177 页。

④ 民国《济阳县志》卷 1，1934 年版，舆地志；民国《齐河县志》卷 17，1933 年版，实业，新增物产；民国《茌平县志》卷 9，1935 年版，实业志；民国《临朐续志》卷 10，1935 年版，食货略，物产。

传播普及，是由当时多方面的社会经济因素所促成，而引进品种的技术优势、当时政府的农业改良政策、关税政策以及农家经营趋势，则为引进推广获得成功提供了条件和可能。

从市场经济需求的角度看，品种引进推广首先是近代机器工业与口岸市场发展的产物。棉花、烟叶、花生均为近代工业的重要原料。第一次世界大战后，国内纺纱、卷烟、榨油等机器工业的兴起与发展以及口岸市场农产品出口的增长，一方面刺激、加大了市场对优质棉花、烟叶和花生的需求；另一方面也凸显了新市场需求与传统农业生产结构之间的矛盾，而迅速增长的需求压力，通过中外工商资本对农业生产和流通领域的介入渗透，不仅推动了国外良种的引进，而且在市场价格机制的长期作用下，对引进后的推广过程也产生了持久的影响。

1918 年，山东开工的纱厂只有 2 万纱锭，到 1924 年，青岛、济南两地纱厂的纱锭数已增至 27.6 万锭，1930 年又增至 34.4 万锭，占国内纱锭总数的 8.58%，居全国第二位①。1933 年纱锭总数达 43.7 万锭，棉花年消耗量达 110 万担以上。在纱厂规模扩大的同时，棉纱生产的档次也由原先的 12—16 支纱转向 20—32 支纱，这种转变实际意味着对原料棉的需求已转向优质细长绒棉。同一时期，国内机器卷烟工业也获得较大发展，一方面，英、美、日等国工业资本相继在口岸城市设立大型卷烟厂；另一方面，民族卷烟工业迅速兴起，单是上海一地，华商烟厂即从 1918 年的 9 家发展到 1927 年的 182 家。当时山东卷烟工业“在国内居第二，仅亚于上海”，青岛、济南、潍县等地共有中外机器卷烟厂 6 家，每年需用烤烟原料 10 余万担②。各烟厂的生产竞争，使得市场对优质烟叶的需求愈来愈大，若继续依赖从国外进口美烟，无疑会使生产成本过高，这就迫使卷烟企业转而向国内寻求质优价廉的原料供应。20 世纪初，继丝绸、草辫之后，花生成为山东重要的出口土货，但当时整个出口尚处于大小花生混杂的状况。第一次世界大战之后，口岸实行 F. A. Q（Fair average quality）检验规定，对出口花生单位粒重制定了严格标准，由于小粒花生粒重

① 方显廷：《中国之棉纺织工业及棉纺织品贸易》，《经济统计季刊》第 1 卷，1932 年 9 月第 3 期。

② 严中平编：《中国近代经济史统计资料选辑》，科学出版社 1955 年版，第 163 页；山东大学化学社编：《科学的山东》，1935 年版，工业，第 88 页。

不符合标准，所谓花生出口实际已变为单纯大花生的出口。与此同时，机器榨油业在山东也发展至相当规模，1920 年代初，仅日商在青岛设立的榨油和精制油厂就达 17 家，年生产能力近 1500 万箱①。这些工厂使用的原料大部分也是出油率高、油质好的大花生。出口和加工两个方面的发展，刺激了对大花生的需求，在泰安、大汶口、济南等集散市场，大花生成为外商和华商行栈争相揽购的对象。

工业化进程和口岸出口对农产品的大量需求，自然会促使农业生产结构发生相应变动。但是，以往代代相传的地方经济作物品种因混杂退化和产量低下，既不能从量上满足近代工商业的大宗需求，又难以在质上达到机器生产和出口贸易的标准。例如，清末民初山东各地种植的土种棉花，品种芜杂，不下 40 余种，花色、纱捻极不一致，且“纤维粗短，质度坚硬”，除恩县、齐东等少数地区生产的棉花可混纺 16 支纱外，多数品种“不能用纺细纱，只供各地织土布及絮衣之用”②。同样，土烟品种因缺乏科学系统的改良，也已逐渐退化变劣，不但“烟叶小、质非上等”，而且“干燥方法亦粗简而欠讲求”，不适宜机器生产，“只可作为旱烟，不堪作为卷烟，所以烟叶之销路仅限于本境及附近各县，不能售于海外烟商”③。这些情况表明，在新的经济条件下，地方传统品种实际已无法作为主导性生产品种，协同农业生产完成产业结构上的变动，以最终适应新的市场要求。与传统地方品种相比，美棉、美烟及美种大花生不仅具有产量高、适种性强等优点，而且品质更适合机器生产的要求。引进最早的美种花生，与土种相比，便具有“发育迅速，容易栽培，产量极丰，食料及制油用皆甚相宜”等品种优势④。而 20 年代后经过改良的美棉、美烟品种，其对比优势更为突出。例如美棉代表性品种脱字改良棉，品种纤维长 7/8 至 1 英寸，能纺 32—42 支细纱，且丰产早熟，非常适宜在山东农田栽培；另一获得大面积推广的金字改良棉，同为早熟丰产品种，纤维长 7/8 英寸，出穰率高达 35%，可纺制 32 支以上细纱。正因为有这些优点，美棉

① 彭望恕：《青岛之落花生及其油业》，《农商公报》第 7 卷第 12 册，1921 年 7 月第 84 期。

② 刘家璠：《山东棉业》，《农商公报》第 8 卷第 4 册，1921 年 11 月第 88 期。

③ 阙名：《山东种植美国烟草》，《中外经济周刊》，1925 年 1 月第 95 期。

④ 刘家璠：《中国落花生之生产情形》，《农商公报》第 7 卷第 11 册，1921 年 11 月第 83 期。

在市场上倍受中外纱厂和花行的欢迎，成为其争购的对象。

新品种的技术优势克服了地方传统品种的缺陷与不足，而新品种的大规模推广则为解决传统种植业同近代市场发展之间的矛盾提供了途径。正是由于这一缘故，中外工商资本才不惜投入资金和人力，热衷于新品种的引进与推广。从民国初年英美烟草公司、南洋兄弟烟草公司在胶济沿线引种美烟，到20年代初日商和顺泰洋行在坊子、昌乐、张店等地引种金字棉；从1929年华新纱厂在高唐、清平等地推广美棉，到1933年纱厂、花行组织的山东棉花改良协会在张店、高密、临清等地推广美棉，产业资本不仅发起组织了若干新品种的引进，而且还涉足参与了新品种的推广。尽管历次引种推广的背景、方式各不相同，但就效果而言，产业资本的参与无疑对新品种的传播普及起了推波助澜的作用。

如果说新品种引进的经济诱因来自于工业化和市场经济的发展，那么，地方政府推行的农业政策和改良措施，则为保持推广的连续性并最终取得成效提供了一定条件。在当时民间改良农业呼声的影响推动下，山东地方政府和农事试验推广机构曾于不同时期倡导参与过美棉、美烟以及大花生的引种与推广。从清末农工商局推广种植大花生和美棉，到30年代中期烟草试验场改良推广美烟，多数地区有组织的推广活动都与当时地方政府的农业政策有着密切的关系。尤其在美棉推广方面，山东地方当局的棉业政策和改良措施对美棉引种的成功更是起了至关重要的作用。

1917年山东实业厅成立，作为全省实业的倡导主持机构，“第一注重的就是棉业”，而推广棉业的方式不外乎“以领种美棉为主旨”，“劝种棉者皆用美棉种子”①。在最初几年，实业厅“每年筹有巨款，赴农商部直辖棉业试验场购置棉种二万斤，复向棉业筹备处领取棉种五千斤，分给各县，提倡种植”。1921—1924年，实业厅每年购进的美棉棉种达4万余斤，并将棉种“无偿分发各县劝业所，再由劝业所切实劝导，印送种植方法，说明美棉利益”，引导棉农改种美棉②。1928年国民党南京政府在山东确立统治后，继续奉行推广美棉的政策，于次年颁布《山东种植美

① 山东实业厅编：《山东第一次全省劝业会议录》，1921年版，第143—144页。

② 林修竹撰，申丙编：《茂泉实业文集》，1926年版，第64页，80页。

棉奖励章程》，规定凡领种美棉达到一定面积者，分别给予不同的奖励[①]。30 年代初，掌管农政的山东农矿厅又分年陆续从北京购进大批美棉品种，分发给各产棉县种植。农矿厅撤并后，美棉推广改由省建设厅主持。1932 年，建设厅采用划定推广区的方法，在 60 个宜棉县大规模分发脱字棉，翌年又将分发范围扩大到 80 个县[②]。这种长期连续性的分发棉种措施，为各地棉农提供了方便可靠的种源。可以说，美棉种植能在 30 年代普及于多数宜棉地区，地方政府的上述政策举措起了相当大的作用。

地方政府的棉业改良政策促进了美棉的推广，而南京政府的关税改革则带动了 30 年代初美烟种植业的大发展。中国海关关税在 1928 年以前为协定关税，按协定税则，包括烟草类在内的所有进口洋货只缴纳值百抽五的进口税。1929 年南京政府实行关税改革，改协定关税为国定关税，税率由原先的均一税改为差等税，使烟叶进口税率增加了 1 倍，烟丝税率由 5% 增至 27.5%。1931 年海关又按货品性质分别厘定税率，进口税以烟酒类为最高，税率递增最高可至 50%。1932 年烟草类进口税再一次提高，并新增 32.5% 的特税[③]。新进口税率实施后，烟草类商品进口价格大幅度上涨，从而限制了洋烟的进口和消费。1931 年美烟进口为 124 万担，第二年降到 58.7 万担，1935 年缩减至 13.5 万担。烟叶进口量的减少，使中外烟厂不得不更大程度地依赖国内烟叶原料的供应，因此这一时期是美烟种植业受市场刺激发展最快的时期。据陈翰笙对潍县等三个烟产区典型村的调查，1921—1926 年美烟种植面积平均每年增长 7.6%，而 1931—1934 年年增长率急剧上升至 31%[④]。同一时期，山东美烟的种植面积也由 20 年代末的 20 多万亩扩大到 40 余万亩。

新品种得以推广普及，除了外部诱因和条件外，从农业自身原因上看，经济效益的驱动或者说价值规律作用下的农户经营趋势，无疑是新品种能为农户所采用并长期种植的基础。在当时农业经济条件下，美棉、美烟及大花生在栽培、销售以及价格等方面的综合优势，无论对自耕小农还

① 山东省政府秘书处编：《山东省现行法规类编》，1930 年版，农林类。

② 金城银行天津调查部：《山东棉业调查报告》，1936 年版，第 28 页。

③ 江源恒：《中国关税史料》（二），1931 年版，第 107—108 页；童蒙正：《关税论》，1934 年，附录。

④ 陈翰笙：《帝国主义工业资本与中国农民》，复旦大学出版社 1983 年版，第 18—19 页。

是富农，都具有相当大的吸引力。据20年代初卜凯（J. L. Buck）所作调查，花生种植之所以在山东部分地区出现取代小麦、大豆的趋势，除花生具有适宜沙地与丘陵地种植、抗灾力强、宜于安排轮作等栽培优势外，相对较高的收益也是其中重要的原因①。20年代中后期，胶济沿线大批农户放弃土烟种美烟的原因，同样也是出自经济效益上的考虑。当时普通烟农种美烟一大亩，“可收三百余元，除去成本，剩二百余元，可购地一亩”，因而形成“小农多趋之”的状况②。农户从经济效益出发引种新品种，在美棉推广过程中表现尤为突出。美棉与中棉因品质不同，价格存在明显差距。1923年华新纱厂在临清等12个县收购纺纱原棉，中棉每百斤平均价格为55元，而美棉则为63.5元，比中棉高15.5%。由价格及产量反映出的收益差距，自然会影响到农户的种植选择。据1930年山东省实业厅调查，当时棉农因收益差距而改种美棉的现象已相当普遍。在棉区临清，因“美棉纤维优良，价格较高，收量复多，故一般农户乐种美棉”；在另一棉产区夏津，“自种美棉，栽培面积日渐扩大”，“盖因美棉每亩产量较中棉为多”；美棉种植较为普及的禹城，“全县中棉几完全绝迹，盖因美棉收量较中棉为多”③。很显然，正是由于这种经济利益支配下的农户自发引种，美棉等新品种才有可能从起初的小块试种地拓展至广大农村。

从更广的历史背景来看，大批农户受经济效益驱动而种植美棉、美烟及美种大花生的趋势，还与当时的农村经济状况有着密切关系。据民国初期历次调查统计，山东拥有耕地10亩以下的农户占农户总数的40.8%，拥有耕地11亩以上至29亩以下的农户占28.7%④。按当时低下的生产力水平和每家农户人口平均5人计，小自耕农的土地明显不足；若按平均每家农户有2个壮劳力，每个壮劳力能耕种15—20亩农田计，小自耕农的家庭劳动力则明显过剩⑤。在当时土地分配不均、农户人口过密的情况

① J. L. Buck, Cost of Growing and Marketing Peanuts in China, *Chinese Economic Journal*, Vol. V, No. 3, Sep. 1929.

② 石晓钟：《山东胶路沿线烟区调查报告》，《中华农学会报》，1935年3月第134期。

③ 山东省政府实业厅编：《山东农林报告》，1931年版，第12页，42页，57页，68页。

④ 农商部总务厅统计科编：《中华民国七年第七次农商统计表》，1922年版，第62页。

⑤ 陈正谟：《各省农工雇佣习惯之调查研究》，《中山文化教育馆季刊》创刊号，1934年8月。

下，由于传统种植业结构无法吸纳“多余”的劳动力，结果除导致部分劳动力被迫离村往东北或城市谋生外，同时还促使那些家庭人口压力日趋沉重的农户将一部分生产转向劳动集约程度较高、收益较大的经济作物，以代替原先那些劳力投入较少、耕作相对粗放的谷类和豆类作物。此外，随着烟台、青岛口岸贸易的发展和胶济、津浦铁路的建成通车，棉纱、布匹、煤油、火柴等洋货大量涌入农村市场。洋货输入使传统手工业产品日益受到排挤，农家生活资料不得不越来越多地依赖市场，从而加大了农户对现金的需要。这种来自生活消费上的压力，也同样促使农户调整种植结构，扩大商品性经济作物的种植。正是由于上述两种压力的作用，农村产业结构开始悄然发生变化，而新品种的引进推广恰与这种变化相辅相成，既为这种变化提供了契机和条件，又受到这种变化趋势的有力推动。

总之，新品种引进之所以能够获得一定成功，取得一定成效，就其基础来看，始终与近代社会经济的整体变迁息息相关。除一般技术原因外，引进成功完全是变迁过程中多种因素共同作用的结果，无论外部诱因还是内在动因，无论经济需要还是社会政治条件，都离不开变迁过程的制约。因此，将品种引进推向成功的根本动力，归根结底来自于当时的社会经济变迁。而新品种推广一旦形成规模，又会反过来对经济变迁尤其是农业经济产生广泛的影响，并最终促进农业经济沿着现代化的趋向发展。

三　品种引进与农业经济变迁

1. 农业集约经营的发展

农业集约经营是指把一定量的生产资料和生产活动集中投入于较少的土地上，以提高单位面积产量和收益的一种经营方式。美棉、美烟和美种大花生均是对水、肥条件要求较高的品种，田间管理比之一般粮食作物和同类地方土种需要更多的劳力和资金投入。引进品种栽培费用的增加，即单位面积耕地所摊人工、肥料等费用的增加，最能体现集约程度的提高；而收成与收益的增加则反映了集约经营效益的提高。

就美烟种植而论，其栽培过程类似蔬菜园艺，“管理尤须周密，防治虫害、锄草、灌溉适宜，方能茂盛，烤制精良，方能出售高价”。美烟栽培最大费用为人工、肥料和煤炭，三者之中，人工为最。1920年代，种植一亩美烟累计需30个工日，需工数为当时一般粮作的3—6倍[①]。以潍县几种主要农作物一标准亩所需人工、畜工工时数比较：小麦需人工36.6、畜工19.8，大豆需人工28.2、畜工7.6，高粱需人工72.5、畜工23.8，谷子需人工79.0、畜工24.5，而烟草需人工241.1、畜工19.0[②]。烟草种植畜工使用与粮作略同，但所需人工却大大高于粮作，分别是小麦、高粱、谷子的5.6倍、3.3倍和3.1倍，显然美烟的劳动集约程度要远远高于粮作。美烟种植不仅劳动投入多，而且施肥等项费用也倍蓰于他种农作物。土烟种植一向只施少量土粪，而美烟通常则混合施用土粪、豆饼及化肥。在美烟产区潍县，一标准亩的豆饼施用量小麦为0.77枚，高粱为0.35枚，玉米为0.96枚，而美烟则为4.72枚[③]。豆饼需用现金购买，价格远高于农家自制的土粪，因而构成种烟肥料费的高投入。20世纪初，潍县、安丘曾是豆饼输出地，安丘年输出150万斤，潍县年输出数十万斤，及至20年代末，因美烟种植日广，豆饼使用量骤增，以致反要从外地输入大批豆饼[④]。这一变化，从一个侧面反映出烟区生产集约程度的提高。

在综合生产费用方面，1934年潍县每亩农田的生产费用为美烟43.3元、小麦13.0元、高粱13.8元，美烟费用投入相当于小麦的3.3倍、高粱的3.1倍。同一时期的烟产区益都，每亩（当地亩）美烟生产费用平均为75.9元，而相同面积的小麦为28.9元、高粱为14.9元，也就是说，美烟费用投入分别为小麦的2.6倍、高粱的5倍。若与土烟相比，单是烟叶烘烤一项，美烟就比土烟高25元左右[⑤]。这种由加工技术改进而形成的费用增长，恰说明美烟种植的集约程度已大大超过土烟。

再就美棉而论，种植美棉的劳力、肥料等项投入不仅高于粮食作物，

---

① 阙名：《山东种植美国烟草》，《中外经济周刊》，1925年1月第95期。

② W. Y. Swen（孙文郁），Types of Farming in Weihsen，*Chinese Economic Journal*，Vol. Ⅲ，No. 2，1928.

③ 同上.

④ 光绪《潍县乡土志》，光绪末年刊，商务；光绪《安丘县乡土志》，1908年抄本，商务。

⑤ 陈翰笙：《帝国主义工业资本与中国农民》，复旦大学出版社1983年版，第9页，71页。

而且也高于中棉。自然，伴随投入的增加，生产收益也相对有所提高。据30年代中期有关调查，每亩美棉生产成本平均为17.9元，收入为25.8元，纯收益为7.9元；每亩中棉生产成本为16.17元，收入19.25元，纯收益为3.08元①。二者比较，美棉投入比中棉高10.7%，而纯收益则增加1.57倍。30年代初，在鲁北棉区，美棉劳役费每亩为3.2元，中棉为2.8元，二者的畜役费同为0.6元，这种投入结构意味着美棉更适合那些家庭劳动力多而又缺乏牲畜的小自耕农种植。就收益而言，中棉平均亩产籽棉75斤，售价为9元，美棉平均亩产籽棉120斤，售价为14元，扣除成本后中棉纯收益不过3元左右，而美棉则为8元左右。与普通粮作相比，棉花生产投入虽然较高，通常比小麦高30%—50%，但收益也大于粮作。清末民初，鲁西棉区的棉作收益是普通粮作收益的2倍多。30年代后，因棉价下跌，致使棉作收入减少，即使如此，棉作收益仍比一般粮作高25%—35%②。

山东近代粮作以二年三熟制为主，美棉引进后，棉棉连作制逐渐推行于产棉地区。连作制既有利于生产专门化，又体现了集约经营的特点。以历城粮作与棉作的对比为例，粟麦豆二年三熟制每亩生产成本61.65元，生产收入75.2元；棉棉连作生产成本88.14元，生产收入140元，二者收益差为38.31元。类似对比也见于青州农村，当地粟麦豆三作生产成本57.27元，生产收入69.75元；棉棉连作生产成本88.14元，生产收入111.4元，二者收益差为10.78元③。棉棉连作制生产成本大于粮作，意味着劳动力和肥料等项投入增加，这种增加实际有助于从量上改善原先较粗放的耕作状况，而收益提高则是集约经营所带来的效益，这种效益对农户调整种植结构显然起了某种示范作用。

从清末到1920年代，美种大花生在相当一部分地区陆续替代土种小粒花生。在这一替代过程中，农户利用大花生栽培技术上的优势，大量在丘陵地、沙地等低产地及废隙地上种植，改变了原先低产地粗放经营的状况，肥料投入、劳力投入都超过了粮作，尤其在田间后期管理上，使用的

---

① 梨本祐平：《北支の农业经济》，1940年版，第184页。

② 金城银行天津调查部：《山东棉业调查报告》，1936年版，第41页，117页。

③ 青岛工商学会棉业试验场编：《棉业特刊》，1934年，调查，第19页，24页。

劳动大大增加，全部田间劳动投入中，除草占了26%，收获、脱粒等占了近48%，而低产地以前种植豆类和谷物时此项投入则很少。在花生生产费用上，劳动费用占了包括地租、农具折旧、利息在内的总费用的54.8%，而畜役费用只占2%①。

种植业集约水平的提高，并不单纯是劳动和生产资料的简单累积，从更广的意义上说，还蕴含着农作技术上的改进和提高。首先，新品种的广泛种植，带动了人工灌溉技术的发展。例如安丘“种植洋烟区域，灌溉井颇多，俱用水车浇灌”；在另一美烟产区潍县，“平原凿井，架汲水机具于其上，或以人推，或用畜挽，灌田之际，轳轳之声相闻”②。其次，新品种的栽培还促进了化肥、农药的使用。30年代初，德国爱礼司洋行的“狮马牌”硫酸铵肥主要推销于胶济沿线的美烟产区，而英国卜内门公司的“蛾月牌”硫酸铵肥主要销于津浦路两侧的美棉产区。1932年单是辛店烟产区的化肥销量就有900包③。与此同时，经过棉业试验场和烟草改良场的宣传倡导，棉区和烟区农户还开始使用喷雾器和农药，防治美棉、美烟虫害，并取得一定效果。通过新生产手段在生产中的尝试性使用，部分农户集约经营的技术含量有了一定提高。但是，从总的情况看，当时农作收成与收益的增长主要仍是靠新品种本身的栽培优势，集约经营的内容也主要体现在投入更多的劳动和生产资料上，在经济条件的制约下，耕作技术并无普遍的、质的进步。

2. 专业化集中产区的形成

新品种经过长期种植和推广区域的拓展，促使若干已形成种植习惯、自然条件适宜且交通便利的地区出现了区域专业化的倾向。根据近代棉花、花生及烟草生产发展的实际情况，种植区域专业化的形成大致有以下几个特征或标志：（1）区域内该项作物的种植比例居经济作物首位，种植面积稳定；（2）该项作物的产销构成当地农业经济的支柱，并且在省

① J. L. Buck, Cost of Growing and Marketing Peanuts in China, *Chinese Economic Journal*, vol. V, No. 3, Sep. 1929.

② 胶济铁路管理委员会编：《胶济铁路经济调查报告汇编》，1934年，分编三，潍县，安丘县。

③ 满鐵經濟調查會（天野元之助）：《山東農業經濟論》，1936年版，第59頁。

内同类作物总产量中占较大比例，收成丰歉直接关系到全省生产水平的高低；（3）区域内该项作物的商品率较高，产品运销以远程贸易为主。

上述特征的成熟与否，是衡量近代区域生产专业化程度高低的基本尺度。当然，审视上述特征，还须充分顾及近代小农经济的生产特点。作为经济作物基本生产者的小自耕农和半自耕农，为自身生活和再生产的安全稳妥，在安排经济作物种植时，通常总是要以先保证口粮自给或部分自给为前提，而这一种植模式又与其分散经营及缺少土地的状况相联系，因此区域专业化的程度和规模便不可避免地要受到限制。

20 世纪初，山东大花生产区已略具雏形，经过民国初年新种替代旧种的演变发展，形成了数个种植面积广、专业化倾向突出的集中产区。当时以津浦路和运河为轴线，在黄河以南形成了以泰安、新泰、莱芜为中心的汶河流域产区，在黄河以北形成了以德州、恩县为中心的鲁北集中产区，在鲁南则形成了邹、滕、峄集中产区。此外，胶莱地区和胶东半岛丘陵地区，也是特征较明显的专业化集中产区。在这些集中产区，花生种植比例远远高于全省平均水平。1930 年代前期，山东全省花生种植面积约占耕地总面积的 3%[①]，而在胶东集中产区，花生种植约占耕地面积的 10%以上，其中种植比例最高的海阳、栖霞分别为 34.3% 和 19.8%，另外同一区域内的文登，凡有地 5 亩以上的农户，即有 1.5 亩农地种植花生；胶莱产区花生种植平均约占耕地总面积的 11.3%，其中高密约占 22%；在汶河流域产区，花生所占农田种植比例在 7%以上，其中著名产地泰安约为 20%，费县则高达 26.2%；鲁南邹、滕、峄产区的种植比例约 8%左右，而后来这一比例又有所提高[②]。

1920 年代中期，美烟种植业逐渐普及于鲁东传统的土烟种植区。在相互毗邻的临淄、安丘、临朐、潍县、益都、广饶、寿光、昌乐 8 个县，美烟种植面积已达 245600 亩，总产量达 6759 万磅，以上述产烟县为中心，形成了以胶济铁路为纵轴的美烟生产区[③]。美烟产区沿铁路东起岞

① 张心一：《山东省农业概况估计报告》，《统计月报》第 3 卷，1931 年 1 月第 1 期。

② 山东大学化学社编：《科学的山东》，1935 年版，农业，第 1—3 页，17—18 页；隋德民：《山东文登县农村市场概况调查》，天津《大公报》，1935 年 6 月 8 日；水野薰：《山東省中部山地帯に於ける農業事情》，1935 年版，第 24—25 頁。

③ 阙名：《山东种植美国烟草》，《中外经济周刊》，1925 年 1 月 10 日第 95 期。

山，西抵辛店，为一长约400华里的狭长地带，分东部、中部和西部三个毗连区域，共12个县。迄于第二次世界大战前（1936年），整个烟区的美烟栽培面积约为46.7万亩，产量为8054万斤，总产值达2577万元①。在这一区域，美烟不仅是最重要的经济作物，而且对农户生计的影响也最大。据1934年有关调查，临淄烟产区的美烟产值已超过了小麦、谷子和高粱等传统粮作，而在潍县和益都，烟产值也几乎可以与小麦产值相埒②。美烟引种初期，潍县“种植烟草者，大抵十之二三”③，到30年代，当地已有近60%的农户从事美烟种植，种植面积占耕地面积的13.5%，产值占同期农业总产值的30%左右，同时出售美烟也成为烟农现金收入的主要来源。上述事例表明，作为生产区域专业化的标志，美烟种植业已成为烟产区农业经济的支柱。

清代后期，山东植棉业便已显露出区域专业化的发展趋势。后来随着美棉的引种推广，棉作区的规模逐年扩大，1933年全省棉田面积由1918年时的226万亩扩展至535万亩，产量也由72万担增至147万担，而且增加的面积和产量大部分为美棉。此时，原先已具雏形的鲁北、鲁西及鲁西南三大棉区，生产专业化的特征也日臻成熟。鲁北棉区包括津浦路以东、黄河以北的齐东等13个产棉县，鲁西棉区包括津浦路以西、黄河以北的临清等11个产棉县，鲁西南棉区包括津浦路以西、黄河以南的曹、单等产棉县。最大的鲁北棉区约有棉田350万亩，占全省棉田总面积的65%左右，其中美棉约为200万亩。在部分专业化程度较高的地区，棉作面积甚至超过了粮作。例如，临清县棉作面积常年保持在60万亩以上（其中美棉约占二分之一），相当于全部粮作面积的1.7倍；清平县棉作面积约占全县耕地总数的十分之七；高唐县美棉种植面积约40万亩，相当于小麦、玉米、大豆及甘薯四种粮作面积的总和；1930—1934年夏津棉作面积平均近50万亩，超过了小麦、高粱和谷子三种粮作面积之和④。

---

① 李心田：《山东美种烟草调查报告》，《国际贸易情报》第2卷，1937年3月第9期。

② 胶济铁路管理委员会编：《胶济铁路经济调查报告汇编》，1934年，分编三，潍县；四，临淄，益都。

③ 阙名：《鲁皖烟草业之发展》，《农商公报》第6卷第3册，1919年10月第63期。

④ 金城银行天津调查部：《山东棉业调查报告》，1936年版，第64页，70页，81—82页；山东实业厅编：《山东农林报告》，1931年，第22—23页，40页，57—58页。

程度不同的提高。专业化程度的提高，使专业产区对农业生产的意义和影响愈加重要。据 1934 年有关调查统计，鲁西棉区年产棉 80 万担，鲁北棉区年产棉 30.5 万担，分别占全省棉花总产量的 61% 和 23%，其中单是临清一县，年产棉即达 16.7 万担，占全省总产量的 12.7%。同期，胶济路沿线美烟产区的烟产量占全省美烟产量的 95% 以上，而胶东、胶莱、汶泗、邹滕峄、鲁北五个花生集中产区的花生产量占全省总产量的 70% 以上。可以说，近代山东棉花、花生和烟草的生产水平，基本上取决于这类专业产区栽培面积的多寡和收成的丰歉。

专业产区的形成，一方面促使“为市场而生产”的经济作物产量大幅度增长；另一方面产区自身生产地域集中、农户种植比例高以及销量大的特点，也为近代农产品新流通格局的形成提供了条件。

3. 农业商品化结构的变动

新品种引进前，尽管山东已有部分地区的土棉、土烟进入市场，运销省内外，但是就整体而言，流通范围和规模有限，基本限于邻近地区间的有无调剂和供应传统手工业加工所需。而美棉、美烟及美种大花生的大量进入市场，则与工商资本的购销活动紧密联系，农产品作为商品，需求消纳的主体已转换为近代机器工业、通商口岸和国外市场。这一转变，即是近代农业商品化进程的新起点，也是区别于传统农业商品生产模式的一个本质特点。

烟台开埠最初 30 年间，土种花生几无出口。美种大花生引进推广后，很快便成为外商和粤商揽购的对象。1891 年烟台花生出口只有 2250 担，随着大花生在主产区的普及，1903 年出口量增至 22.7 万担。1907 年，德国商人首次从青岛输出花生，数年后大花生竟成为青岛最重要的出口土货。1924—1932 年，青岛平均每年出口花生 248 万担，若与烟台、龙口两口岸的出口合计，约占全国花生输出总量的一半以上①。出口增长以专业产区农产品商品率的提高为基础，30 年代，胶东花生产区（12 个县）年产花生 180 万担，其中输出 137.5 万担，商品率高达 77%；胶莱产区年

① 烟台港务管理局编：《近代山东沿海通商口岸贸易统计资料》，1986 年版，第 190—193 页。

产花生141万担，输出87万担，商品率为62%；汶河流域的泰安、莱芜、新泰年产花生120万担，输出近70万担，商品率为58%。另外，各产区还有大量花生油向外输出①。在商品化程度较高的地区，农产品流通结构也发生了较大变化。例如章丘、济阳、益都三县生产的花生，当地消费量分别只占其产量的5%、3%和10%，邻近地区销售量占5%、7%和10%，而远地市场的运销量则达90%和80%②。第一次世界大战后，土烟已不再用于工业化的卷烟生产，销路日趋萎缩。与此相反，美烟的出口量和烟厂收购量则直线上升。1915年经英美烟草公司之手由青岛出口的烟叶只有1500余担，到1918年出口量上升至13.8万担。1931年出口量增至21万担，出口值达557.5万元，这一年山东美烟产量为33.5万担，出口量相当于当年产量的62.3%③。除购运出口外，英美烟草公司和日商山东烟草公司还在青岛设立大型机器卷烟厂，所用原料大部分取自胶济路沿线烟产区。

如同美烟取代土烟一样，在流通领域也出现了美棉取代中棉的局面。20年代中期，美棉通过济南、张店两大集散市场大量进入口岸市场，单是青岛港的棉花年出口量即达20余万担。除出口外，山东美棉大部分供青岛、上海、天津、济南等城市纱厂使用。1929年至1934年，上海申新、永安、庆丰等纱厂及上海大成、永隆等花行在济南设庄收买美棉，平均每年约37.6万担。1933年，青岛、济南共有中外纱厂10家，年消耗的本地棉约占山东本省棉产量的半数以上，同年进入流通市场的山东棉花约108万担，相当于当年全省棉产量的70%以上④。

美棉、美烟及美种大花生，市场购运的主体是外国产业资本和华商行栈资本，工商资本在内地市场活动范围的扩大，促使农产品的贸易方式发生显著变化，在商人资本编织的购销网下，棉农、烟农及粮农不再只是单

---

① 山东大学化学社：《科学的山东》，农业，第17—18页。

② J. L. Buck, Cost of Growing and Msrketing Peanuts in China, *Chinese Economic Journal*, Vol. V, No. 3, Sep. 1929.

③ 滿鐵經濟調查會：《山東商業經濟の發展とその破局的機構》，1935年版，第52頁，57頁。

④ 刘阶平：《山东商业性农作物的研析》，《实业部月刊》第1卷，1936年7月第4期；滿鐵經濟調查會：《山東商業經濟の發展とその破局的機構》，1935年版，第30—31頁。

纯依赖集市出售手中的农产品，而是以更加直接的形式将其卖给花行、烟草公司和粮行（“果米庄”）。30年代初，潍县年产美烟1514万磅，其中烟草公司设庄收买占80%，烟贩下乡收购占12%，而当地集市交易仅占8%；安丘年产美烟1296万磅，烟草公司设庄收买占95%，烟贩收购占5%，集市只有少量土烟交易①。随着中小专业市场的发育，在鲁北美棉产区，棉农主要不是靠集市出售美棉，而是将美棉运至诸如滨县北镇、齐东县孙家镇这样的小型专业市场，直接卖给当地花行。在鲁西棉区，花行的活动已深入美棉产地。在美棉主产区高唐，原先花行大都集中在县城，后来县城只剩8家，其余47家陆续迁往28处市镇，这些花行不论集期与否，每天都办理收花业务②。在花生专业市场泰安，东关和南关遍设“果米庄”，大小约30余家，每届花生上市期，当地及莱芜、新泰、肥城等地农户便将花生运至这些收买庄出卖③。总之，由于美棉、美烟及大花生的购销主体发生变化，农户与产业资本以及专业市场的联系益加直接，而传统定期集市的作用则逐渐退居次要地位。

农产品商品率的提高、流通结构与交易方式的变化，意味着农家经济已被纳入近代市场经济体系之中。作为农家经济商品化的具体反映，济南附近棉作区棉农与市场的关系显然具有一定的代表性。当地“棉花成熟后，各棉农自运济南，售与花栈，回程利用空车装运杂货、纸张、烟卷、煤油、布匹、棉纱、面粉、煤炭等物，回县应用”④。但是，以小商品生产为特征的小农经济，随着产业资本和高利贷资本对农业生产流通领域的不断渗透，也同时失掉了自身的“独立性”，生产和销售愈来愈受制于商业资本的势力，并在相当大的程度上受市场供求关系的左右。

美种烟草引种之初，英美烟草公司即在引种农户中推行所谓“契约栽培”。公司在分发种子的同时，与烟农订立合同，在栽培、烟叶烘制及销售等方面对烟农附加各种条件和限制，要求农户必须严格遵守。由于烟农“惟穷困者多，建筑烘房，苦于无力”，英美烟草公司便利用这一机

---

① 孔令嘉：《山东省潍县安丘美种烟产状况调查报告》，《山东建设半月刊》第1卷，1936年8月第8期。

② 水野薰、濱正雄：《御河棉地帯に於ける米棉》，1934年版，第70頁。

③ 张鸿泉：《泰安附近之油坊业调查》，《青岛检验季刊》第6卷第1期，1934年1月。

④ 胶济铁路管理委员会：《胶济铁路经济调查报告汇编》，1934年版，分编六，商河县。

会，通过向烟农发放贷款来控制烟农生产。烟农“欲建烘房者，建筑一间，由公司借现洋二十元，另铁管大炉等物约值三十元，为建筑材料之用，并纳年息六厘，至卖烟时由公司将款悉数扣回”①。此外，烟农建烘房须领取“炕票”，炕票上记有人名、村名和种烟亩数，载明不论市场价格上涨与否，烟农都必须将烟叶卖给公司。1915 年后，坊子一带烟农“多仿此法烘烟”。到 1925 年，在潍县及其周邻地区，由英美烟草公司贷款建造的烘房已达 12000 间。另外还有 4200 间烘房为日商米星公司贷款建造②。为确保每年烟叶收购的稳定，日商和顺泰洋行在推种金字棉时也采取了类似的契约栽培法。推种之时，洋行通过村长与棉农订立合同，按每亩 2 元贷给棉农肥料费，收获期按合同以高于地方土种 15% 的价格收购，棉农不得卖予他人③。生产与销售的这种被动关系，不但使引种农户丧失了部分经营上的自由，而且加重了对外来资本和市场的依赖。

农户种植美棉、美烟和大花生，主要是为了出卖，而不是为了自己消费，因此生产与销售均要受制于国内外市场的需求。由于产业资本和行栈资本通过占夺市场，操纵市场价格，已基本控制了农产品的市场交易与流通，引种农户的命运便自然与国内外工商资本的购销进止息息相关。一旦市场出现波动，引种农户便会首当其冲，成为危机的牺牲品。

新品种引进前期，由于市场需大于供，价格曾长期保持上升之势。但是，到 1930 年代初，资本主义世界的经济危机波及国内，致使市场需求萎缩，出口锐减，农产品价格因此接连出现暴跌。到 1934 年，每担籽棉已由 1929 年时的 20 余元跌落至 10 元左右；大花生米每担由 17 元跌至 4 元，带壳花生由 8 元跌至 2 元；至于美烟，更是“烟价跌落，农民深痛”，“向三百磅六十元之烟降至七八元不等，烟农愁困，嗟声载道”④。诚然，此时引进品种的种植面积仍能维持昔年水平，甚至有所扩大，种植

---

① 陶昌善、谢恩隆：《调查山东坊子烟叶情形报告》，《农商公报》，第 2 卷第 8 册，1916 年 3 月第 20 期。

② 蔡受百：《山东烟草生产状况》，《上海总商会月报》第 5 卷，1925 年 5 月第 5 期。

③ 天野元之助：《支那農村雜記》，東京，1943 年版，第 44 頁。

④ 石晓钟：《山东胶路沿线烟区调查报告》，《中华农学会报》，1935 年 3 月第 134 期；刘阶平：《山东商业性农作物的研析》，《实业部月刊》第 1 卷，1936 年 7 月第 4 期。

新品种的收益仍高于粮作和传统地方品种，但是在农产品价格跌落、生活及生产资料价格不断上涨的情况下，中小农户的收益已跟不上生产支出的增长。例如，1928—1932 年，齐东县棉农种植美棉的成本投入由每亩 7.89 元增至 12.68 元，增长 60%，而同期销售收入却减少 11.6%①。在花生产区，尽管种植花生的收益高于小麦、高粱和谷子等粮作，但农户的生产投入仍有相当一部分得不到报偿。泰安、大汶口等地农户生产 1 担花生米的成本为 4.33 元，而售价却只有 3.3 元；胶县的情形与之类此，农户种植 1 亩花生平均亏损 1.1 元②。农户增加投入、集约经营的努力已被市场危机、价格下跌所抵销，而农家生计入不敷出状况的不断恶化，又进一步加重了中小农户的负债和破产。

陷入收不抵支困境的农户，只能靠举债维持生产和生计。据 1933 年山东 82 个县的调查统计，现金借贷农户占农户总数的 46%，借贷年息平均为 34%；粮食借贷农户占农户总数的 36%，借贷月利平均为 3.5%③。引种经济作物的农户，生产开支大，需用现金多，种粮面积少，口粮多半不能自给，因而现金和粮食的赊贷比例无疑要大于种粮农户和农户平均赊贷水平。30 年代后，中小农户种烟种棉所用豆饼、烤烟用煤越来越多地要靠借贷来购买。在潍县烟产区，中农种烟用豆饼的赊购比例常在 30% 以上，贫农则多达一半以上。烟农向商栈赊贷豆饼、煤炭，俗称"期饼"、"期炭"，借贷月利"照市价加利三分"④。当时潍县、益都等地富户绅商经营的油坊和煤栈，其利润来源很大一部分便是靠向烟农放贷。沉重的高利贷盘剥使中小烟农的相当一部分收入被侵夺。1934 年潍县中农因豆饼高利贷受到的损失平均每亩为 0.71 元，而贫农则高达 1.63 元⑤。

在农产品价格连年暴跌和高利贷资本的盘剥之下，农业商品化的进程

---

① 金城银行天津调查部：《山东棉业调查报告》，1936 年版，第 46 页。

② 包文藻：《青岛市生米生油概况》，《中行月刊》第 8 卷，1934 年 4 月第 4 期；青岛工商学会棉业试验场：《棉业特刊》，1934 年版，调查，第 16 页。

③ 満鐵經濟調查會（天野元之助）：《山東農業經濟論》，1936 年版，第 251 頁。

④ 石晓钟：《山东胶路沿线烟区调查报告》，《中华农学会报》，1935 年 3 月第 134 期。

⑤ 陈翰笙：《帝国主义工业资本与中国农民》，复旦大学出版社 1983 年版，第 10—11 页，72—73 页。

并没有给引种农户带来持久的实惠。相反，一部分缺少耕地的贫农和中农，由于引种经济作物种植面积扩大，徒使他们丧失了生产粮食的机会，连最低生活也失去了保障。因此，在市场危机加重、兵灾匪患和水旱灾害频仍的动荡环境中，最先蒙受打击且损失最重的往往正是这些引种农户。30 年代后，农村经济萧条日甚一日，经济作物集中产区的中小农户不但生活每况愈下，而且有相当一部分陷入破产境地。1932 年烟产区益都、昌邑破产离村的农户占到农户总数的 35%；同期棉产区冠县农户的破产离村率达 27%，另外平原县为 13%，夏津、恩县为 10%；而花生产区费县、莒县部分农村农户的破产离村率则高达 60%。从农户破产的原因看，生活困难、丧失土地、负债以及缺粮少地等经济原因占了 69%，兵灾匪患等社会原因占 15%，水旱灾害等原因占 16%①。由此可见，品种引进尽管促进了农业商品化的进程，但是在当时落后的农村只是便利了产业资本在农村市场获取廉价原料，使农村高利贷资本得到扩大和加强，对于广大中小引种农户来说，他们不仅要为市场危机下的不等价交换做出牺牲，而且要为各种政治经济压迫付出沉重代价。

从晚清到民国，新品种引进推广在农业通往现代化的道路上留下了深深的印辙。整个推广过程持续时间之久，扩展地域之广，囊括农户之多，都是以往农业发展史上未曾有过的，而近代工业、产业资本、世界市场诸因素的阑入，又使其特点、意义迥异于以往传统引种模式。总结近代社会经济条件下新品种的引进推广进程，大致可得出以下几点结论：

第一，新品种引进推广并非在传统农业基础上自发形成，而是近代机器工业、口岸贸易、产业资本以及政府当局等多种因素共同影响作用下的产物。其中政府当局作为倡导者和组织者，所推行的农业改良政策和各项推广措施，对于新种大范围地普及种植并保持长期连续性起了尤为重要的作用。从这个意义上说，南京国民政府及其地方当局在推动农业改良方面还是做了一些工作。

第二，新品种的引进推广，带动促进了经济作物生产整体水平的提高。迄于抗日战争前（1936 年），山东棉花种植面积和产量分别比 1918 年增长了 1.76 倍与 2.54 倍；烟叶种植面积和产量分别比引种初的 1915

① 西村甲一：《山東省に於ける農村人口移動》，1942 年版，第 6—12 頁。

年增长了 3.6 倍与 15 倍；花生种植面积和产量分别比 1918 年增长了 85.8% 和 1 倍多①。这表明，作为农业改良的成果，战前农业生产力水平在某些方面确有一定的发展和进步。

第三，新品种引进推广，既是近代市场经济发展的产物，同时又是导致和促使近代农业经济发生一系列变化的重要诱因。首先，适应新的栽培需要，农户生产经营向着更加精耕细作的方向发展；其次，在区域推广的基础上形成了若干专业化集中产区，从而为近代意义上的商品流通提供了条件；另外，通过种植结构的变动，原先自给自足的农家经营增添了赢利和商品化的成分，以往封闭的农业生产与机器工业及以口岸为中心的市场体系联系在一起，形成了农产品流通的新格局。

第四，农业改良离不开当时经济关系和社会状况的制约。自民国成立后，由于战争频仍，天灾人祸不绝，农村经济环境和农业生态环境不断恶化，农业生产一直处于极不稳定的状态；同时在市场危机、经济萧条的打击下，引种农户的收益水平也不断下降，经常是入不敷出；在高利贷资本的控制盘剥下，农家经济的商品化在许多情况下只是加重了中小农户的负债与破产。由此可见，尽管包括良种引进在内的农业改良在某些方面促进了近代农业的发展，但是在生产关系和社会状况未得到根本改变与改善的条件下，农业改良无法亦不可能遏制住农村经济的衰退和小农经济的破产，农业的持久进步、农业经济的现代化需要一场整体的、基础更为广泛的社会变革。

---

① 金城银行天津调查部：《山东棉业调查报告》，1936 年版，第 12 页；许道夫：《中国近代农业生产及贸易统计资料》，上海人民出版社 1983 年版，第 195—196 页，203 页，214 页；陈训昶：《山东之落花生》，《农商公报》第 5 卷第 10 册，1919 年 5 月第 58 期；山东省林业技术员训练所：《山东农业概要》，1947 年。1918 年花生产量按陈训昶 500 万担的估计数，1936 年产量按《山东农业概要》一书统计数。

第四章　走进传统农业中的农业推广

近代农业生产的改进，离不开农业科技的推广。农业科技推广内容广泛，包括建立推广机构和团体，推广良种种植，促进使用化肥、农药和新式农具，改进与推广人工灌溉技术，改良土壤，倡导采用栽培新技术和新农艺，宣传普及农业科技知识，等等。在近代山东，农业科技推广一直是传统农业改良的一项重要内容，在传统农业现代化进程中起着十分重要的作用。

一　清末农业推广的发端

近代农业生产手段和栽培技术在山东的引进与推广，发端于 20 世纪初，也可说是与农事试验场的设立同时起步。济南、青岛两地农事试验场自成立之日起，即开始着手引进试用新式农具和化学肥料，以考察新生产手段的效用；并引进高粱、玉米、粟、荞麦、豌豆、棉花及蔬菜品种，通过地方适应性试验，向周邻农村推广。另外，农场还编印了《植棉浅说》《植桑浅说》等普及读物，宣传介绍新式栽培技术与方法。

清末，从事农业改良的机构主要为农会（农桑会）。农会起源于戊戌变法时期，发展于清政府推行“新政”之后。1903 年，山东巡抚周馥在济南设立农桑总会，雇聘日本农学士“考验各省农法”。此后又相继在泰安、兖州、沂州、曹州、济宁等州府设立农桑分会，“凡属可兴之利，可植之物，均令试种考验”①。1907 年山东设劝业道，正式饬令各州县设立农桑会，此后各地农桑会相继设立。据 1909 年各县报称，当时全省农桑

① 《东方杂志》第 2 卷，1905 年 3 月第 2 期，实业，东抚胡廷干奏。

会已有60余所，其中核准备案的有40余所。1910年4月，遵照农工商部规定，省农桑总会改称农务总会，各县农桑分会相应改组为农务分会，当年报部备案的农务分会计有20余所。翌年，据农工商部统计，除农务总会外，山东各地农务分会已有106所①。

尽管省县农会的名称前后不一，但其性质和业务却基本相同。农会大部分由地方官约集绅民组成，经费或由州县筹措，或依靠捐募与地方公产收入，其业务不外研究地方农桑树艺，推进地方农业改良。农会当时兴办的推广事项集中于劝导农户试种美棉、分发桑苗、植树育苗、垦辟荒地等方面。据1911年农工商部奏称，在农会的倡导参与下，山东各地共种植树木1200万株，垦辟荒地64万亩②。此外，长山、章丘、泰安等县农会还试办凿井灌田，改良当地旱地耕作；朝城等县农桑会附设农事试验场或示范农场，示范引进品种的栽培，试验农作新法，购进桑秧，分发乡间。就部分地区而言，当时农会对促进地方农业改良，改变传统农业的闭锢状况，无疑起了一定的积极作用。但是，也有不少农会为地方劣绅所把持，形同虚设，丝毫不问农事。1911年山东咨议局通过的“议决整顿各州县农务分会案”，曾胪列当时农会存在的六项弊端，如“腐败绅士不躬亲田亩，安知农务事宜，一旦派充总董，亦不组织各区农界会员议定分会规则，平时亦不召集开会研究，旷职尸位，适成会中阻力”；“劝业道每得改良农林蚕业新法及各色树种，均札发各农务分会，而总董往往视为具文，任意压搁，并不开会分布，以广推行，安有效力”，等等③。这些弊端的存在，恰从一个侧面暴露出当时农会作用的局限性。

在当时清政府标榜“新政”，民间倡行实业的背景下，地方政府改良农业的举措也渐有所闻。1903年，周馥于兖州、青州分设农业学堂和蚕桑学堂，培养农桑推广人才；并在济宁设立蚕桑官局，自江浙引进桑秧，分发四乡种植。1904年和1906年，山东农工商务局先后两次从美国购进棉花良种，分发棉区试种，并在冠县、阳信、沂水、城武一带试种花生，

---

① 阙名：《山东咨议局会议第一期报告书》，1910年版，实业；〔日〕東亞同文會編：《宣統三年中國年鑒》，1912年版，第242—243頁。

② 〔日〕東亞同文會編：《宣統三年中國年鑒》，1912年版，第242—243頁。

③ 阙名：《山东咨议局会议第三期报告书》第2编，1911年版，庶政。

在济南及登、莱、青各属设树艺公司，责饬各州县劝民植树①。另外，该局还自上海订购《农学报》，每县分派一份，“以备研求”。兴办水利一事，也为当时某些官吏所重视，例如临清棉田“沙土多风，易于致旱”，1902—1903年，州署劝民开凿灌田新井3800余眼，种树12万余株，使当地“棉业益形旺相”。此后农工商务局曾批饬各县仿照试办②。

新的农业生产手段——化肥及新式农具的试用推广，在清末也显露端倪。

传统农作施肥系取自厩肥、人粪尿和豆饼等农家肥。1906年，山东农事试验场自日本购进化学肥料十数种，逐一试验③。大约同期，德国洋行也投入资金和人员，在山东各地推销硫氨肥和磷肥。其推销方法为：编印浅显易懂的使用说明书，连同一定数量的化肥免费分发给试用农户，同时派人分赴各地，宣传介绍化肥的使用方法和效用，然后再择地进行大范围推销。到1910年，化肥的销售与使用范围，已从烟台、济南周邻农村扩展到胶济铁路沿线和运河沿岸的部分乡村及经营农场④。当时化肥不仅由国外购进，山东也有多家工厂能够制造。1905年，济南济农公司曾仿照美国新法制造肥料，起初无人问津，后减价出售，有的农户试购来种麦，效果好于农家肥，自此购买者渐形踊跃。1907—1908年间，候补知县何瑞在泰安、沂州两地开设益农公司，用西法制造各种肥料出售。武定府设立的一家肥料公司，专门制造一种能防除虫害的化学肥料，为当地农户所乐用⑤。另外，1908年济南农业学堂也曾在学校内附设肥料制造厂，试用新法制造肥料。这些事例尽管尚不足以对改良当时农业产生大的影响，但无疑为后来化肥使用的推广开了先河。

新式农机具的引进试用，当时尚局限于试验场内。1906年前后，山东农事试验场曾由美国购进新式农具20余种，由日本购进数十种，经试

---

① 《东方杂志》第2卷，1905年3月第2期，实业，东抚胡廷干奏。

② 《济南汇报》（百衲本），1904年版，东政辑要，第48页，129页。

③ 《东方杂志》第3卷，1907年1月第12期，实业。

④ 满鐵東亞經濟調查局：《山東省經濟事情梗概》，1914年版，第32—33頁。

⑤ 《东方杂志》第3卷，1906年11月第10期，实业，各省农桑汇志；第5卷，1908年5月第4期，实业，各省农桑汇志。

用考察，“多能合用”。同时农场还购进凿井机器，试验用新法凿井①。通过这些尝试，增进了农业推广机构对新式农机具的了解。

二　民国时期的进步

从民国成立到抗日战争爆发前的一段时期内，随着各地试验农场、农桑学校和其他推广机构的陆续兴办，农业推广的范围逐步扩大，推广的内容和方式也有明显改进，而良种和部分农作技术的推广采用，对于当时农业生产所起的作用和影响也益加突出。

1. 农作物良种的推广

近代山东，良种的推广主要集中于棉花、烟草、小麦、粟等作物种植方面，分引进良种推广与农场改良品种推广两个层次，其中尤以棉花改良品种的推广成效和影响为大。

清末民初，山东棉花良种的推广基本以直接引种美棉为主。推种方法比较简单，属单纯性推种，即输入种子后，一般不经驯化筛选便行分发，推广后缺乏选优去劣手续，以致数年后品种逐渐混杂和退化，与地方品种相比优势已不明显②。

临清（1918 年）、齐东（1926 年）、李村（1933 年）、高密（1934 年）诸棉业试验场成立后，推广方法开始逐步有所改进。推广一般与新种选育相结合，推广前重视纯系育种工作，俟获纯系良种后始行推广。30 年代，自育品种的推广比重愈来愈大，临清、齐东及山东农学院自行选育的脱字 47 号棉、齐细 4 号棉、正大 64 号棉、脱字 36 号棉和脱字 57 号棉等改良棉种，相继成为棉业推广的首选棉种。改良棉种推广前，大都先在推广区做地方适应性试验。与此同时，棉种推广开始逐步与技术指导、资金贷放、合作运销、集中收买轧花相结合，注重建立棉种纯种区，以防止棉种混杂退化。区乡小范围的技术指导由植棉公会负责，较大范围的推广由各棉业试验场负责。棉场指导的方式通常实行特约农户制，即向棉农分

---

① 《东方杂志》第 3 卷，1907 年 1 月第 12 期，实业，山东农事试验场试办章程。

② 金城银行天津调查部：《山东棉业调查报告》，1936 年版，第 28 页。

发或贷发棉种时，与棉农订立合同，规定不许领而不种或兼种其他棉种，而棉场则负责进行巡回指导，籽棉收获后，由棉场按高于市价的价格收购，集中轧花，棉籽留作下年推广之用。此外，棉场还在棉区开办了若干经济农场和示范棉田，派技术人员常驻指导，就地繁育大批纯良棉种，留备大范围分发推广。

1928 年，山东省农矿厅制订出棉业改良计划，并设立合作指导委员会，专司奖励新棉种栽培。1933 年，山东省建设厅将全省宜棉各县划为棉区，棉区所需棉种，概由棉业试验场供给，夏秋两季，棉场还须派技术人员到各县具体指导①。同年，建设厅还拟定“推广本省棉业暂行办法”，要求各县农场与棉业试验场相互联络，协助棉场繁育改良棉种，推进地方改良棉种的种植。1936 年 6 月，山东成立植棉指导所，由棉业专家胡长准任所长。指导所成立后，相继在商河等五县开设美棉原种场，专事繁育美棉改良品种，棉种均由齐东棉作改良场供给。同年，指导所还在临清、丘县、惠民、齐东四县试办合作蕃种场。另外，指导所还组织专家，制订出山东棉种改良六年计划，拟定用六年的时间在全省逐步普及改良棉种，淘汰旧棉种②。但是，这项计划因不久日本发动全面侵华战争，未能付诸实施。

就棉花良种的推广方法和推广成效而言，在山东乃至整个北方地区，脱字 36 号棉的推广无疑最为成功。

1931 年，齐东棉业试验场经过五年连续选育，培育成功脱字 36 号棉。脱字 36 号棉具有丰产、早熟、纱捻高等项优点，平均亩产籽棉 150 斤左右，比普通美棉高出 30%。第二年齐东棉场划定齐东、邹平为推广实验区，设特约示范棉田 280 亩，着手推广该项棉种。这年秋后，棉场与中棉历记花行订立合同，由花行在齐东县城和洛庄设轧花厂，集中轧花，不使棉种掺混，以便建立良种纯种区③。1933 年，棉场又在齐东宜棉各区

① 山东省政府秘书处：《山东省政府第三届第四周年工作报告》，1934 年版，第 33 页；渡部城：《山东棉花概况》，1947 年版，第 1 页。

② 阙名：《鲁省指导植棉拟定六年计划》，《科学》第 21 卷，1936 年 10 月第 9、10 期合刊。

③ 山东建设厅编：《山东省建设厅各项事业概况及将来之进行计划》，1933 年版，第 38 页。

组织美棉产销合作社，将收集的棉种无偿分发给社员。1934 年，章丘、历城、高苑、博兴、蒲台等 15 个县也仿照齐东的做法，组织美棉产销合作社，由齐东运入脱字 36 号棉种，分发社员种植。同年，设于临清的第一棉业试验场经过调整改组，将主要业务改为繁育 36 号棉种，并着手在鲁西推广。1936 年，脱字 36 号棉的推广范围已达于济阳、商河、德平、惠民、滨县、沾化等县，成为山东种植最广的自育改良棉种。1932—1936 年，山东各地累计推广脱字 36 号棉种 424. 5 万斤，推广面积 70 余万亩，累计增产籽棉 2500 万斤[①]。在短短数年中，一个新品种能够如此快的大面积推广，这在中国近代农业发展史上是不多见的。

经过连续十几年的推广，山东美棉良种的种植比例大幅度提高，棉花种植结构发生了很大变化。1931 年，全省美棉栽培面积已由 1927 年前的不足 100 万亩，扩大为 300 万亩，产量也由 1922 年时的 5 万多担上升到 100 多万担，超过了中棉产量。同时农场自育改良品种的推广也取得显著成效。1937 年脱字 36 号棉已产到 500 多万斤（皮棉），脱字 57 号棉已产到 100 余万斤，脱字 47 号棉也推广至邹平、菏泽、历城、临清等地[②]。另外，齐细 4 号棉、正大 64 号棉及百万棉的种植也在中棉产区占了一定比例。影响所及，一些原先不产棉的地区陆续开始种植棉花。

抗日战争前，粮食作物良种的推广也受到一些农场的重视，并取得了一定成效。

1914 年山东农事试验场设立子种交换所，选购采集中外农作物良种（其中大部分品种经过农场比较试验），供各地农户交换购买，并办理代购外省及外国种子业务。1917 年交换所提供给农户换购的作物良种共有 140 多种，1919 年后，交换所交换品种虽有减少，但可供交换的地方良种仍为数不少[③]。

自 1920 年代末起，青岛农林事务所从各地征集数十种小麦品种，连

---

① 金城银行天津调查部：《山东棉业调查报告》，1936 年版，第 16—28 页；国民党中央党部国民经济计划委员会编：《十年来之中国经济建设》第 14 章，1937 年版，第 2 页；胡长准：《山东之棉业》，《山东文献》第 1 卷，台北，1975 年 12 月第 3 期。

② 山东省档案馆馆藏档案，临 2—24—6，建设厅 1938—1939 年施政要纲，1938—1939 年。

③ 山东农事试验场：《山东农事试验场民国六年成绩报告书》，1918 年版，第 38—46 页；《山东农事试验场民国八年成绩报告书》，1920 年版，第 68—70 页。

年做栽培比较和地区适应性试验，最后经过观察和室内考种，确定四种适宜胶澳地区栽培条件且产量较高的优良麦种。1933 年事务所共分发这四种优良麦种 7000 余斤，在分发前，所有麦种都经过盐水洗选和硫酸铜浸种处理。农户领种后，小麦出苗、生长均优于当地土种，产量也普遍有所提高①。

20 世纪 30 年代中期，齐鲁大学也曾在胶县等地推广美种小麦。引进的美国麦种虽然成熟期稍晚，但抗病害力强、不倒伏、收获量高、品质亦佳。该校培育的 1—195 号小麦，主要推广于历城、龙山、周村等地，推广后，深得当地农民欢迎。

2、农业技术的推广

农业技术推广，就概念的狭义而言，系指有关人工灌溉技术、化肥和农药使用、土壤改良以及农作栽培技术等方面的推广。近代山东，由农事推广机构和试验农场主持兴办的技术推广，成效和影响虽不如棉花等良种推广明显，但也不是毫无成绩可言。

山东春秋两季干旱缺雨，不利于小麦和秋禾的生长，在无河渠可资利用的地区，凿井灌田不失为当时抵御风旱的一项有效办法。早在清末民初，泰安、桓台等地农民即在农会的倡导下，开凿灌田水井，发展花生、烟草等作物生产。1920 年代，鲁东和鲁南的花生、烟草等经济作物区也开始发展人工灌溉，不单农会有人倡导凿井开渠，各县劝业所也派出人员专门指导凿井事宜。据统计，单是 1925 年一年，全省各地即开凿灌田水井 9 万余眼②。此后，人工凿井灌溉由经济作物区向粮食作物区扩展，截至 1929 年，总计全省水井数（包括部分饮水井）共 33 万余眼③。

当时各地所凿水井多为土井，挖凿工费较省，一般在 10—50 元左右，提水用具大部分使用传统手摇辘轳或桔槔，一天约可浇地 3—5 亩。另外，桓台、长山一带还盛行二个水斗的“水鸳鸯”辘轳，提水时实者上，虚者下，省去空放水斗的时间。20 年代中期，水车在部分地区也有一定发

---

① 刘柏庆：《青岛市农业推广的现在和将来》，《中华农学会报》，1934 年 2 月第 121 期。

② 张栋铭：《山东劝业委员会视察各县实业报告书》，1926 年版，山东各县凿井通渠一览表。

③ 刘增冕：《防旱浅说》，《山东建设月刊》，1930 年 3 月第 6 期。

展。当时盛产烟叶的潍县，已有三分之一的水井用上水车，宁阳、泰安、莱芜、莱阳、桓台以及长清、汶上等县，也有相当部分水井换掉辘轳，改用水车①。水车井多为砖井，井筒比土井略粗，以便于水斗上下。砖井每眼工料费约50—100元，提水工效比土井辘轳高三四倍。旧式土井，井筒浅、水量少、水质差，若用水车提水一汲即干，而且井壁容易松裂坍塌。因此，开凿砖井和新式钻井，以水车或压水机代替辘轳，成为当时人工灌溉技术改进推广的方向。

1929年山东省建设厅成立不久，即分饬各县添设凿井专员，根据本地土宜，开凿改良水井（砖井或钻井）。同年冬建设厅又在泰安举办凿井训练班，召集学员20人，教习自流井开凿技术。1930年继又开办第二期，由各县选送学员120人，学成后回县主持指导凿井事宜②。夏津、临清、昌邑等县还自办机器凿井训练班，推广新法凿井技术。为了解决各地凿井器械不足，建设厅专门拨出款项，每县辅助器械购置费100元，另由各县自筹100元，由省督造配发凿井器械。1930年，领取器械并开始推广新法凿井的县已有30余个③。同时，各县建设局还设立凿井贷金，无息贷给凿井户，借以鼓励农户按新法凿井。据1930年建设厅《凿井贷款暂行办法》规定，凿井贷款以拥有地60亩以下农户为限，贷款期以一年为限，不计利息，分两次偿还。从当时一部分县推行凿井的情况看，通常农户凿井，机具由建设局免费提供，并由凿井专员负责具体技术指导，凿井户只须供给伙食、自备材料和帮工④。截至1931年，各地共发放凿井贷款56700元，贷款农户计1837户，新增水井6709眼。第二年，全省靠贷款帮助开凿的新井计3300余眼，由各县建设局组织开凿的新井计4539眼，农户自行开凿的新井则达13万余眼⑤。

1933年，建设厅选择运河沿岸地区的平原、恩县、夏津、武城四县

---

① Economic Conditions in Eastern Shantung, Chinese Ecomomic Monthly, Vol. Ⅲ, No. 12, Dec. 1926.

② 《山东省建设月刊》第3卷，1933年1月第1期（专号），丙编。

③ 刘增冕：《水利概要》，《山东建设月刊》，1930年3月第6期。

④ 山东省政府实业厅：《山东农林报告》，1931年版，第167页。

⑤ 阙名：《鲁省水利建设之成绩》，《水利月刊》第3卷，1932年12月第5、6期合刊；张含英：《论灌溉》，《山东省建设月刊》第3卷，1933年8月第8期。

为凿井试验区，由县建设局组织凿井队，集中使用凿井机器，择村开凿新式灌井，以配合当地棉业推广。同期，邹平试验农场也派人指导农户利用旧井开凿新式自流井。经过一段时期的示范推广，凿井灌溉的功效渐为农户信服。一部分耕地少的贫弱农户，采用三四户或五六户合作的办法，共同出资凿井、购置水车，逐家轮流浇地。

凿井灌溉的推广发展，使得水井灌溉在一些地区农业中的作用愈来愈重要，技术也逐渐有所提高。1934 年王毓铨在莱芜调查时曾做过这样记述："灌溉在本县的各区农业上占着重要的地位，除山地以外，几乎没有一块土地上没有灌溉用的井。……莱芜的灌溉工具从前很是笨拙的，都是用单人拧的辘轳，后来稍有进步，把单人拧的辘轳变作双人拧的，井口也随之加大了。近十年来，双人拧的辘轳又不多见，用牲畜拉的水车倒很普遍了。由辘轳而水车，在本县的种植方法上发生了很大的进展，农作物的收获额自然也增加。每于秋麦两季，在广大青葱田禾中，我们不断地听到水车的叮当声，它告诉我们说，莱芜的农业是在进步中。①"

随着各地新法凿井的推广和砖井、钻井数的增加，水车使用数量不仅有较大增长，而且性能也有较大改进。传统旧式水车多为木制，车体笨重，使用极不灵便。20 世纪 20 年代后，潍县华丰、扶农等十几家铁工厂相继成立，开始批量制造铁轮、铁斗水车，同期济南、青岛、莱芜等地也有多家铁工厂生产铁制水车。1933 年，建设厅所属机械制造厂按成本价发售给各县凿井农户水车 2000 部。铁工厂制造的普通铁斗水车，比木制水车省力，出水也多。30 年代初，华丰机器厂制造的新式水车，有水斗 50 个，车体轻，只有旧水车重量的一半，一小时约可出水 11 吨，而旧水车只能出水 8 吨。1935 年建设厅为推广这种新式水车，曾制定"推销办法"，用分期付款的方式向农户推广②。据 1933 年实业部调查，山东各地铁工厂平均年生产铁斗水车 1093 部，其中绝大部分销于省内。

当时水车井一眼，一般可浇地 15—20 市亩，作物收成比旱田明显提高，小麦增产 80%，亩产达 153.1 市斤，谷子增产 86%，亩产达 243

① 冯和法编：《中国农村经济资料续编》，1935 年版，第 227 页。

② 《农工商周刊》第 1 卷，1933 年 8 月 1 日第 1 期。

市斤①。但是，战前水车井的推广，在很大程度上仅限于农业生产水平较高的地区；即使在这些地区，因各项经济条件的限制，也远未能普及。20世纪30年代，开凿一眼砖井一般需费50元以上，开凿一眼水车井则需100—200元；购置一部普通铁斗水车约需80元，一部小水车约需60元②。这样高的费用，对于多数贫困农户来说是无力承担的。一般地少的自耕农户，只能开凿工简料省的土井，沿用旧法提水浇地。

山东地处黄河下游，因历年决口为患，沿岸大片土地变成沙碱地。沿黄地区农户传统治沙、治碱，多采用压沙、刮碱、深耕等方法，但费工大收效微，也无法大面积改良土壤。20世纪20年代，国内有不少人提出用虹吸管引黄淤田的办法，改造沿黄沙碱地。

1933年秋至1934年大汛前，山东省建设厅用地方经费（县款）安设了四组虹吸管，到1935年，四处虹吸工程共灌溉改良农田10余万亩，淤成好地近2000亩③。采用虹吸淤田灌溉的方式，利用黄河水沙资源改良沙碱土壤，这在当时国内还是首创，因而在近代农业推广史上有着不同寻常的意义。

1920年代后期，化肥的效用渐渐为农民所认识，特别是硫铵肥（肥田粉）已在大部分美烟栽培地区得到采用，并逐步扩展到棉花、小麦等作物的种植上。据统计，1925年青岛硫酸铵进口尚只有945担，而到1930年进口增至56094担。同年，山东各口岸化肥进口已达111050担，1931年又增至141030担④。但是，由于进口化肥价格高、农村劳动报酬递减以及银价低落等因素的影响，农民购买力受到很大限制，化肥使用尚无法普遍推广。

病虫害是困扰近代农业生产的一大祸患。山东农作物病害以黑穗病、白发病为患最广，虫害则以蝗虫、粟盗虫、蚜虫为患最烈。各种病虫害每

---

① 山东省档案馆馆藏档案，临2—10—2，山东省农业推广计划，1947年。

② 阙名：《莒县建设局提倡凿井灌田浅说》，《山东建设月刊》第1卷，1931年5月第5期；山东实业厅编：《山东农林报告》，1931年版，第15页。

③ 国民党中央党部国民经济计划委员会编：《十年来之中国经济建设》，1937年版，第14章，第10—11页。

④ 青岛市档案馆编：《帝国主义与胶海关》，档案出版社1986年版，第206页；实业部中国经济年鉴编纂委员会：《中国经济年鉴》上卷，1934年版，第269—270页。

年都给农业生产造成很大损失，单是粟白发病每年即使谷物减产2%—18%。

从民国初年到20年代初，山东农事试验场和青岛李村农场曾连续多年试验用硫酸铜浸种等方法，防除黑穗病和白发病，并将试验成果刊布，向周围农村示范推广。从1925年起，南京金陵大学推广系也开始在山东推广使用碳酸铜防除高粱、粟黑穗病，同时推广的地区还有河南、江苏、安徽等省。1930年度该校在山东散发农药280袋，散发农户4610户，防治亩数14555亩。根据当时农户的使用情况，使用农药后作物可减少损失5%—50%[①]。

20世纪30年代，在推广使用农药防治病害方面，试验农场起着愈来愈重要的作用。青岛李村农场每年都在播种前用盐水和硫酸铜浸种，分发消毒种子给农户播种。省立第一农场则用硫酸铜、碳酸铜及蚁醛做浸种示范，并通过宣传介绍，将浸种方法推广于周邻农村。1932年邹平试验农场购进碳酸铜6000袋，由区乡农校分发给农户使用，使当地农作物病害大为减轻[②]。同年，山东省实业厅印制大量“碳酸铜使用说明书”，分发各县，并分饬各县建设局在所属农场举办碳酸铜防治黑穗病示范，以向周围农村推广。1934年，山东46个县的种子消毒剂使用量已达39244公斤[③]。

与此同时，在济南、青岛附近农村和烟草改良区、棉作推广区，使用农药和喷雾器防治虫害也收到了相当成效。1932年，山东第一农事试验场配制毒饵杀蝗获得成功，不久毒饵配制方法便开始在周邻农村推广。同期，李村农场也使用硫酸烟精、硫酸铜石灰液、除虫菊石油乳剂等自制农药，帮助农户驱灭害虫。在小清河流域甜菜种植区，由溥益糖厂资助，省县农场经常定期派人携带农药和喷施工具，帮助家户防治甜菜虫害。临淄烟草改良场成立之初，适逢当地烟草改良区发生大面积虫害，改良场一面配制大批灭虫药剂，派人带喷雾器到烟区喷治；一面组织农场技术人员，

① 戴芬澜：《十九年度中国植物病理事业发展概况》，《中华农学会报》，1931年2月第85期。

② 佚名：《山东乡村建设研究院农业改进实施报告》，誊写本，1932年。

③ 山东省档案馆馆藏档案：临2—10—2，山东农业推广计划，1947年；《山东实业公报》报告，1932年4月第10期。

到各乡指导烟农施药治虫，结果很快使虫害得到控制①。

1936年，惠民、丘县等地发生大面积棉蚜虫害，棉农因无有效灭虫方法，对之束手无策。此时，齐东棉业改良场购进喷雾器，配制肥皂烟草合剂，到棉区为棉农喷药灭虫，灭虫率达90%以上。各村棉农看到喷药灭虫的效力后，纷纷请求帮助喷治。农场因喷雾器不敷应用，便配制大量药剂，指导棉农因陋就简，自制土喷雾器，喷洒棉田。经过这次防治，农药的配制为不少棉农所掌握，一些农户甚至还自购喷雾器，以备日后使用②。同年，山东省建设厅与中央棉产改进社合作，在各地推广使用农药，防治棉蚜虫害。当时推广的方法为：每县派指导员二人至五人，下乡传授指导农药治虫方法，同时由建设厅配发各县一定数量的喷药工具，药剂则由县合作社联社提供。所用农药有两种，一种为煤油乳剂，每亩喷施费用3角左右；另一种为棉油皂混合乳剂，每亩喷施费用仅2分钱。据当时有关报告称，由于农药配制成本低廉，各处棉农普遍乐于效法使用，另外在使用上因有专人指导，防治效果也甚佳③。

三　农业推广方法的改进

伴随农业推广规模和内容的不断扩大，农业推广的方式方法也逐步有所改进。在汲取早期品种引进失败教训的基础上，推广前的示范、宣传和指导逐渐受到重视，推广工作与合作社、资金借贷相结合，成为1930年代农业推广的发展趋势。各地农事机构在向农户分发良种、派人从事田间指导、组织兴修水利的同时，还采用诸如建立推广实验区、设立特约农田、召集农事讲演会、举办农产展览会、散发农业科普读物等方法，向农民宣传农业科学知识，来推动农村扩大良种种植和改进新生产技术。这类

① 阙名：《毒饵杀蝗试验成功》，《山东建设周报》，1932年第187期；吴逊三：《山东甜菜主要病虫害之观察与防治》，《农报》第4卷，1937年3月第8期；阙名：《山东省建设厅烟草改良场民国二十五年烟草蚜虫防治之经过》，《农报》第3卷，1936年12月第35期。

② 阙名：《山东省建设厅棉作改良场二十五年春季棉农训导工作报告》，《山东建设半月刊》第2卷，1937年2月第3期。

③ 阙名：《鲁省指导植棉拟定六年计划》，《科学》第21卷，1936年10月第9、10期合刊。

方法措施的采用，既构成近代农业推广的重要内容，同时也是农业推广改进发展的重要标志。

1. 设立推广实验区

为了消除农民对农业推广项目的疑虑，从20世纪30年代初起，一些农事机构配合有关推广事项，相继在一些地区设立推广实验区，通过举办技术示范，用实例说服引导农民采用新品种和新技术。

1932年，青岛农林事务所根据附近农村的实际需要，分别在李村、沧口、九水等地乡村租用民地，设立农林推广实验区，设区目的旨在使农民得以就近观摩、比较和学习，以作为日后大规模推广的先导。到1933年共设实验区47处，1934年又增设实验区18处。实验区经营事宜统由事务所派指导员负责，所需种子、苗木、肥料等亦由事务所免费拨发。实验区分果树、蔬菜、农作物三类，以果树为主。每区有实验田1—2亩①。

实验区的大小和推广方式不尽相同，有的是以县为单位，旨在集中人力、物力，通过试点，为更大范围的推广提供经验和推广材料。1932年，齐东棉业试验场曾划定齐东、邹平为推广实验区，按地方纯种种植要求，由近及远，逐步推广改良脱字棉种。1936年春，齐东棉场继以惠民、丘县为棉农训导实施区，选派对植棉素有研究的技术人员前往棉区，巡视各乡，田间指导棉农择土、整地、施肥、浸种、播种、匀苗、补种、除草、中耕和防治病虫害②。

同期，由各机构设立的推广实验区还有建设厅凿井实验区、山东农学院黄台棉作推广实验区、临淄烟草改良场烟草改良实验区、金陵大学历城农作推广实验区及齐鲁大学龙山推广实验区。

2. 设立特约农田

特约农田系采取契约形式，将农家生产经营与农业推广项目相结合，在农场的指导下，靠特约农户的自身经营来对周围农民产生影响，带动乡

---

① 青岛市农林事务所：《青岛农林推广事业概况》，1934年版，第2—8页。

② 阙名：《山东省建设厅棉作改良场二十五年春季棉农训导工作报告》，《山东建设半月刊》第2卷，1937年2月第3期。

村农业推广。

1932年，青岛农林事务所制定了特约农田规则，在各区乡村选设特约农田。其基本做法是：选择农户为特约农户，农田耕作管理仍由农户自理，事务所免费发给特约农户良种和种苗，并以保证其获得相当收益为前提条件，由事务所派员指导，对农作技术实施改良；或者在事务所的监督指导下，栽培繁育特约作物，收获后由事务所收买，用以推广。到1934年共设置特约农田59处①。

邹平乡村建设研究院农场农业推广所遵循的原则，是特约农田（亦称表证农田）与乡农学校相结合，农场美棉推广概以乡农学校学生作表证农家（特约农家）。表证农家根据农场的指导，使用农场发给的改良美棉种子与当地退化棉种，分别于等份棉田内播种，施以同等工本，比较新旧两者的优劣，并负责向其他农家宣传介绍改良棉种。乡农学校植根于农村，教员多由农场技术人员和练习生兼职，并与作为学生的农民在感情上有深切的联系，乡农在接受教育之后，具备了初步的科学常识和技能，因而比较容易接受新品种和新方法②。表证农田经过连续数年的推行，收到了明显成效。1932年农场推广改良美棉之初，“老农非议，时有所闻”，当年只推广棉种4788斤。后来经过表证农田示范，“一般农民目睹实况，怀疑之心遂雪消冰释，争相仿效”，1933年改良棉种推广数比上年猛增20余倍，1934年几乎普及于邹平所有棉田③。

为了使特约农田易于组织和联系，齐东棉场采用了与合作社结合的办法，先由合作社社员填具地亩报名，然后由推广员斟酌择定特约棉田户。特约棉田户在出具志愿书后，将棉田平分为二区，一区为示范区，由棉场每亩发给改良棉种7斤和补助种植费2元，种植接受推广员指导；一区为普通区，由棉农自行播种普通棉种，以与示范区比较。1936年，棉场曾在惠民设特约示范棉田15处，专门种植脱字36号棉纯种；在丘县设特约

---

① 青岛市农林事务所：《青岛农林推广事业概况》，1934年版，第9—14页；刘柏庆：《青岛市农业推广的现在和将来》，《中华农学会报》，1934年2月第121期。

② 于鲁溪：《山东乡村建设研究院农场四年来工作之回顾》，《山东乡村建设》第5卷，1935年9月第4期。

③ 乔政安：《本院农场改良脱字美棉推广报告》，《山东乡村建设》第4卷，1934年11月第11、12期合刊。

示范田 14 处，专门种植脱字 57 号棉纯种①。示范棉田设立后，因棉株出苗整齐，生长旺盛，吸引了许多附近的农民前往参观询问，结果使改良棉种的声誉不断提高，影响不断扩大。

3. 举办农事讲习会

20 世纪 30 年代，山东各地农事试验推广机构经常举办各种形式的农事讲习会，由技术人员分赴各乡担任主讲，宣传有关农业科学知识，解答农民提出的各项疑问。例如，青岛农林事务所几乎每年都在冬季农闲期举办农事讲习会，由周邻各乡选送粗识文字的农户，分期到所听讲，会期通常为 7 天，听讲人数约 700 人次②。

农事讲习会有多种形式。邹平乡村建设研究院农场主要利用集市进行巡回演讲，通过演讲、幻灯、图片及农业电影等方式，向农民宣传农业改良知识，启发增进农民对新农业的兴趣和了解。齐鲁大学龙山农村服务社举办讲习会时，采取了演讲与放映农业电影相结合的方式，结果吸引了众多的农户前往参加，通常每村都在 500 人以上③。省立第一农事试验场在定期下乡召集农业讲习会的同时，还组织农户到农场参观，分发良种和农业科普读物，现场讲解良种的栽培方法。讲习会举办的经常性和形式的多样性，无疑增广了农民的见识，扩大了农业推广在农村的影响。

4. 举办农产展览会

借助农产展览会来倡导农业改良，最早始于民国初年。1915 年在济南举办的山东第一次物品展览会，专设农林园艺部，展出从各地征集的农林、蚕桑和园艺产品，其中有从 59 个县征集的数十种棉花品种和从各县征集的花生品种。每一品种的播种量、施肥种类、栽培方法和亩产水平，都用图表逐一加以说明。山东农事试验场和农业专门学校作为发起倡导机构，在送展各种引进农作物品种的同时，还借展览会对改良犁具的使用和引进棉种的栽培技术做了宣传介绍。参展的各类农产品，经过评选，由主

---

① 阙名：《山东省建设厅棉作改良场二十五年春季棉农训导工作报告》，《山东建设半月刊》第 2 卷，1937 年 2 月第 3 期。

② 刘柏庆：《青岛市农业推广的现在和将来》，《中华农学会报》，1934 年 2 月第 121 期。

③ 阎克烈：《山东龙山农村服务社状况》，《农林新报》第 10 卷，1933 年 3 月第 9 期。

办机构按不同等次给予奖励[①]。这次展览会当时曾在一定程度上唤起农商学各界对农业改良的关注，不少人士曾就此发表言论和呼吁，要求地方政府关心重视农业的改良。

1917—1918 年，青岛李村农场也曾举办过两届农产展览会，从周围农村征集农产品，通过展览和评选，择优给奖。1933 年，青岛农林事务所发起举办了一届规模更大的农产展览会。展览由农艺、园艺、畜牧、森林、病虫害五部分组成，重点陈列李村农场提供的各类标本、模型、实物和示图。当时农户参展的热情甚高，送展农产品共 1590 件，最后评出一、二、三等奖近百项。

1931—1932 年，邹平山东乡村建设研究院也曾举办过两次农产展览会。第一次展览会展品征集范围仅限于邹平一县，展品分田艺、园艺、家庭工艺、农具畜牧四大类，计 2825 件，参观人数达 46061 人。第二次征集范围扩大至旧济南道属 27 个县，陈列品总数达 5510 件，展会期间，还多次放映农业电影，举办农技讲习会，参观人数达 57284 人[②]。同期，齐鲁大学在龙山举办的农事展览会，农民参观人数每天多达 3000 余人。

农事展览会的举办，有相当一部分展品来自农家，品种和栽培方法的优劣，农民通过参观比较，不难判定。而参展获奖者往往出自农户所熟悉的村镇，所以其经验容易为农户接受和仿效。另外，通过参观，各种新品种、新技术和新知识，也给农民留下了新鲜而深刻的印象，从而为日后的农业推广创造了条件。

5. 印发农业普及读物

配合良种和各项农业技术的推广，各地农事推广机构曾在不同时期编印散发了数量可观的农业普及读物，以用来指导农户改进栽培技术。普及读物的内容十分广泛，涉及农作物的选种、栽培、病虫害防治以及造林、养畜等诸多方面。从 1932 年起，青岛农林事务所还编辑发行定期性农业科普杂志——《农业浅说》，每月两期，介绍各种农业知识和栽培技术，

---

① 山东展览会报告编辑处编：《山东省第一次物品展览会审查报告书》，1915 年版，第 2 编第 3 章。

② 佚名：《山东乡村建设研究院农业改进实施报告》，誊写本，1932 年。

"用以劝农增广识见"。因为各种"浅说"通常是用浅显的白话编成，内容形式切合农村需要，且大都免费分发，所以受到农户的欢迎。

四　农业推广的特点、作用及影响

近代山东的农业推广，肇始于清末"新政"时期。西方近代农业技术知识的输入和传播，地方政府奖励农桑政策的推行，农事试验场与农桑会的设立，为农业推广提供了前提条件。而农事机构的改良活动，国外良种的引进，化学肥料及新式农具的试用，则标志着农业推广开始萌芽，传统农业的现代化进程已经开始启动。民国成立后，在农业试验改良机构倡导组织下，以良种推广为核心的农业推广获得了较快的发展，并取得了一定成效。尤其在20世纪30年代后，自育品种在推广过程中发挥着愈来愈突出的作用，技术推广的比重也逐渐增大。这一切，对传统农业的改良和现代化产生了积极的影响。

近代农业推广的发展历程，受传统经济基础和市场变迁因素的影响制约，形成以下四个显著特点：

（1）良种推广在整个农业推广过程中具有突出重要的意义

在各不同时期和各不同地区，农事机构的推广工作始终以良种推广为先导和中心。究其原因，主要是良种推广投入少，易见成效，即使在相同耕作条件下，收成也比普通品种明显提高，因而容易为农民所接受。而在当时贫弱的小农经济基础上从事化肥、农药及新式农具的推广，因资金、技术等项原因，难度很大，而且在农业报酬方面风险也较大。化肥和农药当时除烟草、棉花和花生种植业使用稍广外，在粮食种植上极少使用。至于新式农具的推广更是极为欠缺。清末民初，山东虽有引进农具的试用和桑园式改良犁具的试制，但只是局限于试验场内。20世纪30年代，农用水泵、耘田机、脱粒机的使用，同样也只是作为零星事例，散见于个别农场内，而未见推广。1928—1932年由青岛港进口的农用机械，价值总共只有56000元，数额之微，尚不足以对农耕技术产生明显影响①。

---

① 阙名：《近五年来农业机器输入价值统计表》，《实业统计》第2卷，1934年2月第1期。

(2) 经济作物良种推广比重远大于粮食作物

农事机构率先推广的是经济作物良种，推广范围最广、持续时间最长且影响最大的，也是经济作物良种。品种推广之所以形成如此格局，原因有四：其一，农事试验场经济作物良种的驯化、培育工作最先取得成效，育成品种的产量、品质优点较为突出，推广时易为农民所接受。其二，在当时商品经济业已发展、农村劳动力又相对过剩的情况下，家民为了增加收入，对栽培经济作物的兴趣日益增高。1930 年代初，禹城农户“植棉之利益与种麦、种粟相比，前者之所得，可增加至一倍半有余”，“且棉花交易，均以现金相授受，故农民对于棉作物亦乐于种植”[①]。经济良种的推广恰与农户种植结构的变化契合。其三，中央和地方政府曾一度把增加农产品出口作为一项政策，倡导奖励种植棉花、烟草等经济作物。如 1915 年山东公署劝业道颁布的植棉奖励条例规定，凡种植美棉改良品质者，每亩棉田奖励银 30 文；按改良方法种植普通中棉，每亩奖励银 20 文[②]。此种农业政策对农业推广的取向起了相当的作用。其四，华商企业为了就近获得优质工业原料，通过组织推广机构和分发良种，直接参与了棉花、烟草良种的引进和推广；同时，英、美、日等国工商资本为扩大口岸农产品原料的出口资源，也曾经热衷于在山东引种分发经济作物良种。工商企业的参与及其购销经营活动，在很大程度上扩大了经济作物良种的推广规模和影响。

(3) 自耕农是农业推广的基本对象和主要受益者

根据金陵大学、实业部在 20 世纪二三十年代的统计以及部分县的抽样调查，山东农户土地分配以自耕农为数最多，约占 70% 左右，半自耕农（包括部分家庭劳力多的田主）约占 20% 左右，佃雇农与其他省相比，户数相对较少。自耕农、半自农及部分经营地主，一般具备一定的经济条件和文化基础，经济作物栽培在其生产经营中占有相当的比例，种植结构与农业推广项目较为吻合。而多数佃农在缺少土地和资金的情况下，种植

---

① 山东实业厅编：《山东农林报告》，1931 年版，第 12 页。

② 〔日〕青島守備軍民政部：《山東之物產》第 1 編，1919 年版，第 156 頁。

作物以粮食作物为主，很少种植需要较多资金、劳力投入的经济作物，且种植何种作物要受地主及地租制约，因而既无力承担改种的风险，也无力负担改变耕作习惯后将会明显增大的费用。至于一般租佃地主，因田场已分成若干地块租出，自身不事生产，通常既不会在出租土地上投资（如凿井），也无接受新技术、从事农作改良的愿望和动力。就推广机构而言，为使推广易见成效，从特约农户选择、资金贷放，到良种发放、技术指导，无一不是选择那些“诚实可靠”的自耕农。就自耕农本身而言，良种与技术推广不但适合其生产集约化倾向的需要，而且推广方法和内容也与其农田经营规模相适应，作为为数最多的参与者和响应者，自耕农实际是农业推广赖以推进的社会基础。这一特点，可以说是农业推广受当时农村生产关系制约的具体体现。

（4）农业推广与农业合作社相辅而行

从20年代末起，山东地方政府为挽救农业生产衰落和农村经济破产，把组织农业合作社作为一项政策，在农业推广区倡导推行。合作社的主体是自耕农和半自耕农，除产销合作外，在社员中推广良种与技术也是合作的一项基本内容。1934年，山东建设厅为了加快推广改良脱字美棉，保全繁育优良棉种，派员到齐东组织美棉产销合作社153个，并与中国银行订立合同，前往贷款、轧花。第二年，又在齐东等15个县成立棉业合作社1241个，推广改良美棉种子162万斤，推广棉田近27万亩。1936年合作社进一步扩展到临沂等8个县，通过合作社共推广改良美棉种子243万斤，推广棉田41万亩①。另外，各地试验农场在从事农业推广之时，也多与推广区的合作社携手，以合作社为联络纽带，借以组织安排良种发放、技术宣传指导等事宜。

早期农业推广，因无适当组织配合，推广机构与单个农户间的联系十分薄弱，合作社成立后，密切了推广机构与农户间的联系。技术推广由合作社协调安排，产品由合作社统一运销，这样一则使农户易于招集，农户推广面可以相应扩大；二则使农产品通过分级收购，劣种淘汰，良种保

---

① 国民党中央党部国民经济计划委员会编：《十年来之中国经济建设》，1937年版，第14章，第2—3页。

留，既为更大范围的推广提供了可靠的种源，同时又延缓了良种的退化。另外，合作运销还相对减少了商人的中间盘剥，使改良品种可获较高收益，从而增加了良种和技术改良对农户的影响力和吸引力。

近代农业推广的本质在于传播普及农业科学技术知识，改良传统落后的农业。就山东而言，农业推广对近代农业生产的改进主要表现在以下两个方面：

首先，在品种改良方面，经过连续多年的良种推广，农作物良种种植比例在推广区明显提高——若干地方品种（如齐细棉、正大棉等）通过科学改良，在更大的范围内得以推广，而几经换代更新的引进品种，伴随多年推种，也在很大的程度上取代退化土种和早期引进品种，陆续为农家所接受。到30年代，美国大粒花生已取代地方土种小粒花生，成为主导种植品种；美棉与中棉的种植比例早先为2∶8，1931—1932年为4∶6，1933—1934年上升为4.7∶5.3，1936年美棉种植面积超过中棉，达363.3万亩，比例进一步上升为5.1∶4.9①；美烟种植则在胶济铁路沿线十几县的范围内形成集中产区，栽培面积和产量均超过了土烟。1935年和1936年，全省美烟栽培面积分别为40.1万亩和41万亩，年产烟叶分别达80万担和62.3万担，占全国烟叶产量的十分之一强②。

良种引进和推广还促使经济作物的种植规模扩大，经济作物在农业种植结构中的比重上升，尤其是棉花、花生和烟草，成为近代山东最重要的经济作物。棉花种植1918年为226万亩，棉产量为72万担，1931年棉田面积上升到797万亩，占全国棉田总面积的25.2%，棉产量达216万担，占全国棉产量的33%，其中美棉产量111万担，占全国美棉产量的44%，三项指标均居全国首位③。美国大粒花生移种山东后，“其栽培区域，日见增加”，30年代中期，花生种植几乎遍及全省，达82县，种植面积由1914年的163万亩增至1936年的441万亩，产量由247万担增至

① 金城银行天津调查分部：《山东棉业调查报告》，1936年，山东省各县棉田棉产统计表；山东林业技术员训练所：《山东农业概要》，1947年。

② 华东军政委员会土地改革委员会：《山东省、华东各大中城市郊区农村调查》，1952年版，第99页。

③ 金城银行天津调查分部：《山东棉业调查报告》，1936年版，第2编第2章。

1323 万担[①]。

在技术改进方面，首先，农田灌溉面积在一些地区明显扩大，人工灌溉技术也有所提高，尤其在棉产区、烟产区和蔬果产区，人工凿井灌田的推广普及，使农业生产条件有了明显改善，其益处也渐为农民所认识。

其次，随着病虫害防治技术的示范推广，农药配制和喷施方法渐为一些地区的农民所掌握，农作物病虫害得到初步防治。传统农业每遇病虫害为患，农民唯有束手待毙，或迷信鬼神，祈求保护，因而不管当时农药使用方法怎样幼稚，使用范围与成效怎样有限，从农业由传统形态转向近代形态这一角度看，推广使用本身已足具一种开风气的意义。

再次，在各种推广媒介的宣传、指导及影响下，农民耳濡目染，对农业科学知识开始有了点滴的了解，在世代沿袭的经验习惯及常识之外，他们渐渐接触到诸如选种浸种、化肥农药、凿井机、喷雾器、自流井、铁斗水车等一类陌生而新鲜的事物，新方法、新技术的增产效力慢慢改变着他们最初所持的保守怀疑态度，开始用新眼光衡量看待农作改良所带来的变化，并在经济条件允许的情况下，自觉不自觉地去效法模仿。据胶海关十年（1922—1931 年）报告称，在农事改良机构的示范倡导下，“现在农人播种，大都已知先用盐水浸润，藉以消除病毒，而后施种焉”[②]。选种一事同样也渐为农民所重视，如夏津、临清等棉区，“农民选种，颇能注意，凡选留之籽种，各自轧花，不使混杂，殊足称道”。当地引种美棉经多年栽植，仍能“保持原状未曾失败，考其原因，农民选种之功绩不可磨灭”[③]。

农业推广对近代农业生产力的发展产生了积极影响，多数推广区的农作物获得增产，同时技术损失的降低和产品质量的改善，也使农户收益在相同市场条件下相对有所提高。据有关调查，20 年代初，山东试种推广美棉的县有 73 个，除 22 个县产量对比情况不详外，美棉产量高于地方土种的县有 42 个，产量平均比中棉高 20—30 斤[④]。1924 年，全省美棉推广面积已占棉田总面积的三分之一，按每亩平均增加收益 5 元计，每年约增

---

① 许道夫：《中国近代农业生产及贸易统计资料》，1983 年版，第 162 页。

② 青岛市档案馆编：《帝国主义与胶海关》，档案出版社 1986 年版，第 205 页。

③ 山东实业厅编：《山东农林报告》，1931 年版，第 42 页，57—58 页。

④ 山东省实业厅：《山东省第三次全省劝业会议录》，1922 年版，第 103—249 页。

加产值633万元[1]。到30年代，据实业厅有关调查，除个别县美棉因退化产量与地方土棉大体持平外，多数县推种的美棉产量平均仍比土棉高20—30斤。尤其是后来推广的脱字36号棉等自育棉种，增产幅度更大，平均比中棉和普通美棉增产二成至五成[2]。与外省相比，除棉区遭受大面积水灾的1926—1928年、1934—1935年外，正常年景山东棉花亩产比全国平均水平高12%—30%，部分年份甚至高出40%[3]。改良棉种推广后，也使山东棉在市场上的声誉提高，河北等地甚至有不少棉商用本地棉冒充山东棉，以求博取高价。

农业改进在部分地区和部分生产环节的逐年积累，必然会带动整个农业生产水平的提高。据有关调查统计，30年代中期，山东各项主要农作物的单产水平均高出于全国平均水平，其中谷子高34斤、小麦和高粱高10斤、棉花高3斤、烟草高39斤、花生高58斤。此时山东在国内已属农业丰产区，生产发展水平明显高于北方诸省[4]。

受时代和社会条件的限制，近代农业科技的推广同当时产业改进的其他领域一样，也有其严重的局限性。首先，农业推广在许多地区因得不到有效的指导资助，带有很大的自发性。许多地区农作物良种的推广，并非在农事机构有组织的科学引导之下进行，而是靠农民之间自发的串换。如美种大花生的推广种植，在胶东地区即是农民看到大花生产量高质量优，遂自行换种，经过多年移种拓展才逐渐得以普及。产棉区高唐、夏津、堂邑等地，自20年代初由实业厅领种一批美棉后，便一直未再引进新的美棉种子，美棉在这些地区的推广普及，也是靠当地的棉农自行换种促成。

其此，从事农业推广机构的资金和技术力量亦十分有限，各县直接用于农业推广的事业费通常只有五六百元，从事推广指导的农技人员也只有寥寥数人。而推广机构又大都各自为政，漫无系统，除少数试验农场曾一度合作，共同推广美棉改良品种外，农事机构彼此间往往很少有分工合作

---

① 林修竹撰，申丙编：《茂泉实业文集》，1926年版，第228页。

② 胡长准：《山东省各县选种脱字三十六号棉之经过》，《山东建设半月刊》第1卷，1936年6月第3期。

③ 许道夫编：《中国近代农业生产及贸易统计资料》，上海人民出版社1983年版，第213页。

④ 邹豹君：《山东省农产区域之初步研究》，《师大月刊》，1937年1月30日第31期。

及统一的推广计划。这就使得推广工作带有很大的分散性和盲目性，推广的影响力也因此而减弱。

另外，农业推广因受资金、技术力量、交通条件和农村经济状况的限制，推广范围往往集中于城郊农村、经济作物种植区、交通便利的铁路沿线地区和农事推广机构所在地周围的农村，而经济落后、生产基础差、交通闭塞的偏远乡村、山区和湖区，农业推广的影响则微乎甚微，在这些地区，农业生产的面貌几乎没有丝毫改变。实际上，即使是在良种和技术推广有一定进展的地区，也依然有为数众多的农户继续沿用着业已退化的地方土种和旧的栽培习惯。30年代初，有关人士在调查莱阳农业状况时曾不无感慨地记道："农民耕种方法，墨守旧章，新式农具及肥料，鲜有利用者，欲求生产之进步，戛戛乎难矣！[①]"由此可见，当时农业推广的影响范围尚只是局部的，对改良传统农业所起的作用也存在相当大的局限性。

产业改进与进步，需要政治稳定、社会安定、国家统一等诸多因素的配合，农业推广与改良也不例外。但是，从清末到民国，社会一直处在纷乱不息的动荡中，各种社会矛盾日趋激化。军阀割据，混战频仍；腐败官僚横征暴敛，对农事漠不关心；高利贷盘剥，土地兼并，导致农民破产；外国资本操纵农产品市场，任意转嫁危机，加剧了农村经济的衰落。30年代，在农产品价格暴跌的情况下，农户生产绝对收入的下降抵销了农业推广的增产效果，农户实际生活水平未能随着生产的改进而有所改善。所有这些因素，都极大地限制削弱着农业推广的作用和影响，干扰破坏着农业推广的正常发展。农业推广既未能遏止住农村经济日益恶化的趋势，也未能使农业生产从衰退困境中挣脱出来。正因如此，农业改良和推广由以促成的近代农业改进，尽管使得传统农业具备了某些现代色彩，但却未能使传统农业发生根本性的改变。

---

① 胶济铁路管理委员会编：《胶济铁路经济调查报告汇编》，1934年版，总编，上。

第五章　近代蚕桑业生产的改良

一　传统蚕桑业生产状况

蚕桑业为山东农家副业之一，蚕的饲养分家蚕（桑蚕）与柞蚕两大类。家蚕的主要产地为临朐、新泰、莱芜、沂水、昌乐、寿光、潍县、益都、安丘、蒙阴、淄川、博山等县；柞蚕多产于丘陵地带，主要产地为鲁东文登、牟平、海阳、栖霞、蓬莱、昌邑、莱阳、福山、招远等县，以及沂蒙山区的沂水、费县、诸城、莒县、蒙阴等县。

清末民初，山东黄丝、白丝运烟、沪外销的数量逐年增长，在生丝出口贸易的刺激下，桑蚕生产出现新的发展。据 1914 年统计，全省计有养蚕户 179589 户，年产蚕茧 1126.9 万斤，产值 418.3 万元[①]。这一时期，桑蚕业年产值在百万两以上的县为临朐、益都和长山，年产值 10 万两以上的县有日照、费县、淄川、乐安和曹县[②]。

柞蚕饲育、柞丝缫制与茧绸织造是山东蚕桑业发展的一大特点。清代同治、光绪年间，柞蚕业已遍及整个胶东地区。当时文登"村民厚利，莫如柞树"，"有柞之山谓之蚕场，春蚕出自秋茧，秋蚕出自春茧，若风雨以时，阴阳和调，春秋两收，其利什倍"[③]。20 世纪初，仅威海一地就有 8000 多亩柞树，所产柞蚕茧大都运烟台，由烟台缫丝工场缫丝出口[④]。民国初年，胶东柞蚕业发展至鼎盛，文登、莱阳、栖霞、福山等处，"养

---

① 〔日〕青島守備軍民政部：《山東之物産》第 4 編，《家蠶》，1920 年版，第 123 頁。

② 山东展览会报告编辑处：《山东省第一次物品展览会审查报告书》，1915 年版，第 2 编第 3 章。

③ 光绪《文登县志》卷 13，1922 年刊，土产。

④ R. C. Forsyth, Shantung. The Sacred Province of China. Shanghai, 1912, p. 104.

柞蚕者，十家居其八九”[1]。当时柞蚕业年产值在10万银两以上的县有荣成、文登、宁海、福山、莱阳、日照等县[2]。后来由于日本人在东北广设蚕场，从事大规模经营，山东柞蚕丝销路渐形萎缩，加之胶东兵灾匪祸连年不绝，柞树多被砍伐破坏，育蚕农户大为减少，柞蚕业随之陷入衰落境地。到30年代初，山东全省尚有养蚕户22544户，全年柞蚕茧产量19580担[3]。

蚕桑业的长期发展，使蚕农积累了丰富的栽桑育蚕经验，这些经验经各个时期学者研究总结，形成多种蚕桑技术方面的著作，其中影响较广的有清代张崧的《山蚕谱》、韩梦周的《养蚕成法》、陆敏的《山左蚕桑考》、王元珽的《野蚕录》等书。这些书曾有多种刊本印行，对于传播推广育蚕技术起了一定作用。但是在传统农业生产条件下，蚕丝业一直属于农村副业，栽桑、制种、养蚕、烘茧从未出现过专业化分工，蚕农长期墨守旧法，少有改良，加之与外界隔绝，传统生产技术代代相因，无显著进步。在部分丘陵山区，育蚕技术尚处于十分原始的状态。如蚕种孵化，或放于棉被中保温，或纳入人身衣袋中，借体温孵化。养蚕方法同样很幼稚，莱芜蚕农多用秫秸支木为屋，以资饲育；临朐、博山等地蚕农用芦苇、竹竿编制成茅舍来养蚕。“养蚕之法，制种为要”，但农家旧式制种，“不知检查蚕体之有无病毒，只知于采茧时问谁家蚕收最优，即向伊家买茧制种”[4]，结果蚕种混杂退化，病害蔓延，影响了蚕茧的产量和质量。蚕桑业生产技术的粗放与停滞，导致传统蚕桑业生产长期在一个低水平上循环，难以满足缫丝业的需求。进入20世纪后，改良旧的饲育方法，引进优良桑蚕品种，举办新式蚕桑教育，推广蚕桑新技术，便成为蚕桑业发展的迫切历史需要。

二　蚕桑改良机构的设立

1900年义和团运动后，清政府迫于内外压力，开始在各地举办“新

---

① 陈咏棠：《调查山东农业记》，《中华实业界》第2卷第11期，1915年11月。

② 山东展览会报告编辑处：《山东省第一次物品展览会审查报告书》，1915年版，第2编第3章。

③ 实业部国际贸易局：《中国实业志（山东省）》，1934年版，（戊），第227页。

④ 田步蟾：《山东各县劝业所十一年度成绩报告书》，1923年，临朐县。

政”。同时受当时民间“振兴实业”风气的影响，振兴在农村经济中占有重要地位的蚕桑业，亦引起社会各界有识之士的广泛关注。在这种形势下，近代蚕桑业开始步入改良的轨道。

近代蚕桑业改良以蚕桑改良机构和蚕桑学校的设立为嚆矢。山东近代最早的蚕桑改良机构成立于1903年，是年清政府在济南设立山东农事试验场，聘日本人谷井恭吉为农桑教习，并延聘日本人川上京一在济开办桑园，专门从事蚕桑试验改良。1904年，清政府拨银5000两，在青州（益都）开设中等蚕桑学堂。这是山东第一所蚕桑专业学校。同年成立的还有兖州初级农业学堂和郯城农桑学堂①。1906年，山东巡抚杨士骧在省城东关设立了山东高等农业学堂，延聘日本农学教习，招收当地学生入堂学习②。1909年，该校高等农科正式开办，蚕科为学校主要教习科目之一。同一时期，许多县也相继建立起农桑学堂或附设蚕科的农业学校，其中有1906年成立的济宁农业初级学校，1907年成立的蒙阴蚕桑学堂、黄县蚕桑学堂，1908年成立的菏泽农桑学堂、夏津乙种蚕业学校，1910年成立的平度农桑学堂、寿光乙种农校、齐河农业学校，1911年成立的阳信乙种农业学校、临沂乙种农业学校和德州初级农业学校。这些学校成立以后，通过带有启蒙色彩的农桑教育，将近代科学知识和新式蚕桑技术传授给学生，再由学生将新知识和新技术传播于农村。如青州、兖州两处蚕桑学堂成立后，毕业学生“分遣各属，转相教导”，使“两学堂附近地方士人已渐知师法，改其耕织旧习”③。为扩大农桑技术的传播，山东巡抚周馥还于1904年在省城济南成立农桑总会，由总会负责协调地方农桑推广。随后泰安、沂州、济宁、平度等地也相继设立了农桑会、蚕桑局等机构，这些机构以发展本地蚕桑业为职任，对地方蚕桑业改良起着倡风气之先的作用。

民国成立后，农商部规定省设甲种蚕业学校，县设乙种蚕业学校。

---

① 朱有瓛主编：《中国近代学制史料》第2辑下册，华东师大出版社1989年版，第182—183页。

② 李文治：《中国近代农业史资料》第1辑，生活·读书·新知三联书店1957年版，第872—873页。

③ 山东省丝绸公司丝绸志办公室编：《丝绸志资料汇编》（二），油印本，1986年版，第306页。

1912年原山东高等农业学堂改为山东省农业专门学校，学校开设蚕科，讲习蚕桑技术。到1922年农专并入山东大学农学院为止，学校蚕科先后共毕业学生400余人，这些学生散布于各县，不少人后来成为县农桑技术推广的骨干①。1913年，青州甲种农业学校蚕科和兖州第二甲种农业学校蚕科相继成立，这两所农校后来分别成为鲁东和鲁南地区新式桑蚕教育与技术推广的中心。1922年，第一甲种农校蚕科有学生155人，年经费9500元；第二甲种农校有农科、蚕科学生117人，年经费10300元。与此同时，县立乙种农桑学校也发展到75所②。根据当时调查，其中高唐等18县的农桑学校的年经费和学生数如下表：

表11　　乙种学校学生人数与经费统计表

学校	学生人数	年经费（元）	学校	学生人数	年经费（元）
高唐县立乙种农校	95	1242	惠民县立乙种农校	150	1200
齐东县立乙种农校	52	130	沂水县立乙种农校	48	1500
滨县县立乙种农校	52	1476	即墨县立乙种农校	32	2000
莱芜县立乙种农校	85	1700	菏泽县立乙种农校	52	2000
益都县立乙种农校	67	1200	德平公立乙种农校	35	1100
定陶县立乙种农校	60	1100	肥城乡立乙种农校	20	800
昌邑县立乙种农校	41	1343	高唐县立乙种农校	42	1800
桓台县立乙种农校	30	1100	城武县立乙种农校	58	1500
阳信县立乙种农校	50	1084	郓城县立乙种农校	67	1100

参考资料：《中华农学会报》第24期，1922年5月，《各省乙种农校每年经费数及学生数表》。

各地乙种蚕校除传授新式栽桑养蚕技术外，还不同程度地参与当地的蚕桑改良。蚕校改良活动通常集中在以下三个方面：一是试用新法养蚕；二是引进新园、诸桂等新蚕种；三是引种湖桑，并按新法植桑。关于蚕校

① 全国经济委员会蚕丝改良委员会：《蚕丝改良事业工作报告》，1934年，《山东蚕丝业之近况》。

② 《中华农学会报》，1922年5月第24期，《各省农校总数表》。

与农村蚕桑推广的关系，在1919年的调查中有所反映①：

阳信 自乙种蚕校成立以来，竭力提倡，乡民始渐知蚕桑之利，现在颇有起色。

滨县 乙种农校设有桑园，藉资提倡，故近来乡民饲蚕养桑者颇伙。

齐东 乙种农校栽桑四五千株。

齐河 近年乙种蚕业学校学生实习养蚕，并培植桑树，颇著成效。

汶上 乙种农校对于蚕桑力为提倡，或可日有起色。

濮县 蚕校毕业生在乡劝导改良，多购蚕箔蚕架，用新法饲育者渐多。

广饶 蚕桑事业素不发达，近经蚕校提倡，居民倾向者日多。

寿张 妇女养蚕沿用土法，近因乙种农校整理桑园，改良饲育，乡民渐知效法。

昌邑 乙种蚕业学校现在提倡种桑种柞，以开风气。

文登 近由农校改种桑苗，选择蚕种，以教生徒而资提倡。

泗水 近自乙种蚕校校长率同该校学生实习养蚕，颇著成效，故乡民渐知新法，跃跃欲试者日见其多。

郯城 近自乙种蚕校提倡改良以来，该县蚕业日见进步。

由以上调查不难看出，在蚕校参与改良的地方，当地蚕桑业确实发生了程度不同的变化，新蚕种、新饲育方法以及植桑新法慢慢引入乡间，并在一些主要产区逐步被采用。

民国初年，由山东地方政府主持，先后在济南成立了两所蚕业讲习所。1913年，省立女子蚕业讲习所成立，讲习所每年由省拨经费6600元，专门培训蚕科女学生②。1918年1月山东实业厅拨款10985元，筹设省立模范蚕业讲习所。讲习所购置济南东关辛甸庄24亩农地为校址，并购进湖桑2500株、实生桑苗6000株，分别栽植，另外，还从上海、日本购进养蚕、制丝等实习工具。6月，讲习所竣工落成，所内设有养蚕室、调理室、贮桑室、制丝室、干茧室、陈列室及显微镜教室，并附设有通俗蚕业教育讲演部，常年经费约5550元。翌年，讲习所又添购桑园地近19

① 林修竹：《山东各县乡土调查录》第1—4卷，1920年版。

② 林修竹：《山东各县乡土调查录》，1920年版，历城县。

亩，招收第一班长期讲习科学生42名，备取生15名，第二班长期讲习科学生40名，备取生10名。讲习所教学与蚕桑改良业务相结合，内容包括讲习养蚕制种新法，向附近农村配发优良蚕种；讲习栽桑及育苗新法，向蚕农分发桑苗；讲习缫丝新法；巡回演讲及短期传习①。

传统农家育蚕，无专门制种所，养蚕户一般系选择茧层厚密、形状完整的茧自行制种。为了改善农家制种，同时也从多方面改良蚕桑技术，1918年8月，山东省实业厅拨付专款40810元，在青州筹设蚕丝劝业场②。1919年8月，青州蚕丝劝业场正式开办。劝业场共有桑园3处，计160余亩，下设养蚕、制丝二部，养蚕部专事制造蚕种，栽培桑苗，1922年以前，每年培植桑苗6万余株，制蚕种5000余张分配给周邻养蚕地区，“所出之蚕种桑苗，颇为地方欢迎”；制丝部则负责购茧制丝，偏重经营，每年缫丝40箱，发上海销售③。此外，场内还附设有传习所，每年录取甲种农校毕业生16人，培养育蚕制种方面的技术人才。1919年，临朐县农会设立蚕种制造所，“以新法制造蚕种，推销各乡村”④。这是山东第一家专业性制种机构。此后各地相继仿效成立了多家蚕种制造所，1921年成立的有滋阳蚕种制造所，稍后成立的有济阳蚕种制造所、沂水蚕种制造所、菏泽蚕种制造所、城武蚕种制造所、濮县蚕种制造所、莱芜裕嬴蚕种制造所、莱阳溥益蚕种制造所、寿光蚕种制造所、冶源蚕种制造所等⑤。随着制种业务的扩大，1925年青州蚕丝劝业场改组为蚕种制造所。制造所以科学方法养蚕制种，年制种量上万张，成为当时省内规模最大的专业性改良制种机构⑥。

胶东地区养蚕业向以柞蚕为主，柞蚕业技术改良推广始于20年代。1920年，烟台华洋丝绸商人发起成立烟台华洋丝业联合会，会长由美籍海关税务司苏古敦担任，华洋商人分任委员。同年，丝业联合会利用丝绸捐为经费，创立蚕业专科学校，由曾留法研习蚕业技术的王嘉猷任校长，

---

① 山东省立模范蚕业讲习所：《山东省立模范蚕业讲习所要览》，民国□年，第2—5页。

② 阙名：《山东省议会议决山东省第六会计年度地方预算册》上册，1917年版。

③ 山东农业调查会：《山东之农业概况》附录，1922年版，第15—16页。

④ 民国《临朐续志》卷8，1935年版，建置略，会所。

⑤ 伯海：《山东蚕丝业之概况》，《岭南农科大学农事月刊》第4卷，1926年2月第8期。

⑥ 山东省档案馆馆藏档案，临2—10—69，山东蚕业改进计划，1946年。

聘用教职员十余人，在当地招收男女学生，教习种柞养蚕和新法缫丝技术。1921年秋，学校斥资10.5万元，购得烟台东南山地产一处，兴办缫丝试验所和蚕桑试验场，“其规模之大，在中国尤当屈一指”①。1923年后学校又相继在牟平、文登、栖霞设立五处分场，专门饲育柞蚕及制造蚕种②。随着自身规模和影响范围的扩大，学校逐渐发展成为胶东地区柞蚕业改良推广的中心。

1920年代前期，各地举办实业、振兴农桑蔚成风气，“各县提倡改良，民间集资创办公司，培养桑苗，改良饲育者甚多”。民间所办蚕业公司较著名的有：滋阳益生蚕业公司、惠民裕武蚕业公司、青城东邹蚕丝劝业社、禹城振亚蚕桑场、临邑裕鲁蚕桑公司、招远罗峰蚕丝场等③。当时各县地方政府倡导兴办的蚕桑改良，则多由县劝业所负责。各县劝业所大都成立于1920年前后，劝业所与乡村蚕桑改良推广的关系，由以下济阳等县的情况可窥见一斑：

济阳　劝业所自成立以来，于种桑一事，急起劝办，不遗余力，设办蚕业讲习会及蚕种制造所各一处，每年四季开会，以研究蚕业普及办法；制造蚕种，分配乡民饲养，以改良统一蚕种；并印刷养蚕栽桑浅说，分布各乡，以启迪农民蚕业知识。

齐东　不时赴乡讲演植桑之利益及如何保护，由济南同利农场购进桑秧2万株分配各村，每户有种十株、二十株、三十株、百株不等。

长山　派员赴乡，劝令每庄各设立植桑公会一处，附设苗圃，养育桑苗。

莘县　向无实业人材，对于蚕桑事业，提倡无人，以致接桑育苗，素不讲求。劝业所成立以后，对于此项事业，极力提倡。

高唐　劝业所自成立后，即对于蚕桑异常注意，当即购买苗圃一处，播种实生桑，以为分配各区村庄栽植之预备，并编制栽桑养蚕浅说各一本，印刷多份，散布各乡，以资提倡。

---

① 烟台华洋丝业联合会编：《烟台华洋丝业联合会民国十九年报告书》，1930年版；曾同春：《中国丝业》，1933年版，第175—176页。

② 山东省档案馆馆藏档案，临2—14—91，山东省烟台市蚕丝改良场创立经过略史，1939年。

③ 阙名：《山东之蚕丝业》，《中外经济周刊》，1924年11月第90期。

阳谷　设模范桑园一处，共植湖桑600余株，实生桑5400余株，拟接成湖桑，分配乡间。

博平　为提倡蚕桑起见，特印刷蚕业浅说，散布民间，以供参考，并下乡演说养蚕利益及改良蚕种之要旨。

邹平　购湖桑5000株，分配宜蚕区域各庄村。

临清　为提倡蚕业起见，设立模范桑园，购栽湖桑，印刷蚕桑浅说，分布乡间，并劝令各乡间富户植桑以作提倡，籍资推广。

东阿　蚕业向不讲求，自去年召集各里里长来县会议，并令劝业员赴各乡劝导，植桑育苗逐渐增多。

濮县　拟具植桑公会简章，赴乡劝导，与蚕校合办蚕种制造所和土茧调查会，开办短期蚕桑讲习会①。

20年代末，在社会政治环境变化的背景下，山东原有的蚕桑改良机构发生了一系列的变更和改组，并在一些地方成立了若干新机构。

1928年因益都（青州）城里发生变乱，设在该地的省蚕种制造所各项设施遭受严重损失，制丝部被迫停办。1930年山东省建设厅增拨经费，将蚕种制造所改组为省立蚕业试验场。试验场设场长兼技士1人、技佐2人、技术员4人，年经费9306元，作业费4686元。场内有蚕室12间、桑园3处，计165.3亩，设备有显微镜32架、蚕网2000张、制种框2万个。抗日战争前，试验场年最高制种数为杂交蚕种18400张②。

1928年，烟台华洋丝业联合会改称丝业促进委员会，牟平等地5处分场改为蚕丝传习所，所属蚕业专科学校的规模则有所扩大。学校增设丝织部、丝染部，购置缫丝织绸机器，聘请专人分任教授。迄于1930年，学校先后毕业学生数百人，“岁制蚕卵储赠农民孵育者，卒数十万”；同时每年“选派既学女生，遍历蚕户，讲授蚕自孵化以至作茧成丝所应娴晓之科学知识”③。1933年后，作为丝业促进委员会开支来源的丝绸捐被

---

①　朱增祐：《山东各县劝业所十年度成绩报告书》，1922年；田步蟾：《山东各县劝业所十一年度成绩报告书》，1923年。

②　山东省档案馆馆藏档案，临2—14—83，山东省立蚕业试验场报告册，1938年10—12月。

③　烟台华洋丝业联合会编：《烟台华洋丝业联合会民国十九年报告书》，1930年；曾同春：《中国丝业》，1933年版，第175—176页。

取消，蚕校经费随之枯竭。1936 年春，蚕校被迫停办。翌年，山东建设厅与全国丝业改良委员会共同提供经费，接办蚕校，改称烟台蚕丝改良委员会蚕丝改良场，总场分养蚕、制种、缫丝、织绸四部，下设分场 5 处，拥有蚕场 2082 亩①。但是蚕丝改良场甫经改组恢复，即逢“七七事变”发生，各项改良业务再度陷于停顿。

1931—1932 年，因市场风波和生丝质量欠佳，烟台等口岸生丝出口锐减，内地生丝大量积压，蚕农破产者比比皆是。对此，当时农商各界曾多次吁请政府增加人力财力投入，改良蚕桑业，劝导蚕农恢复蚕桑生产。1935 年，山东建设厅在丝茧主要产区临朐、莱芜等地建立了蚕业指导所，并派出专业技术人员，负责在蚕区进行改良推广。临朐蚕业指导所设分所 10 处，分布各区，指导蚕农组织合作社，并与县立蚕种制造所合作，在乡村分布优良杂交蚕种②。当时临朐蚕种制造所有鲁桑 100 亩，蚕室 10 间，制种框 1 万个，平均每年制蚕种 12000 张③。在指导所的示范辅导下，不少蚕农开始采用改良蚕种，育蚕方法也有所改进。1937 年临朐蚕业合作社将全县社员所收蚕茧集中运往上海销售，获利倍增。

30 年代中期，山东蚕桑改良机构的改组与规模扩充，加快了蚕桑业改进的步伐，给衰落中的蚕丝业生产注入了新的生机。然而，1937 年日本发动全面侵华战争，在日军铁蹄践踏之下，山东各地蚕桑改良机构悉遭破坏。当年 12 月，日军占领益都和临朐，当地蚕业试验场和蚕种制造所的桑田、房屋和制种设施几乎全部被毁。经此毁灭性打击，山东近代蚕桑业改良进程便不幸中途夭折。

三　蚕桑改良的推行

近代蚕桑生产技术的改良大致包括引进良种桑苗、改进植桑方法、引进选育优良蚕种、改进制种饲育方法等几个方面，而技术改良又与蚕桑推

---

① 烟台市公署建设局：《工作合刊》，1940 年；山东省档案馆馆藏档案，临 2—14—92，烟台蚕丝改良场二十八年度工作计划书，1939 年。

② 山东省档案馆馆藏档案，临 2—10—69，山东蚕业改进计划，1946 年。

③ 山东省档案馆馆藏档案，临 2—10—71，山东省省立蚕业试验场、临朐蚕种制造所损失报告册。

广相辅而行，通过分发优良桑苗蚕种、对农村养蚕巡回指导、组织农户成立蚕业产销合作社等措施，逐步在蚕桑集中产区推行改良，使当地蚕桑生产得到改进。

1. 引进良种桑苗，改进植桑方法

山东本地桑树种类有鲁桑、椹桑、荆桑数种，各地植桑历来以鲁桑为主。许多地区包括鲁桑在内的土种桑，因缺乏选育改进，育苗栽植技术落后粗放，听任病害为患，结果经长期栽植后，品种出现严重退化现象，桑株矮小，桑叶小而薄，单株产量低，不适合专业性蚕桑生产。

清末“新政”时期，外地优良桑种开始引入山东，植桑技术也逐渐有所改进。1903 年，长山县设立同利蚕桑场，自杭州购入桑秧 8 万株，蚕种数百张，延聘女教习 3 人，在当地从事蚕桑改良推广。同年，诸城人王维屏、王维城兄弟自浙江海宁购进红皮大种桑秧 28000 株试种，并聘教师 2 人，讲求选种烘茧之法[①]。一些蚕业较盛的县相继从南方引入湖桑试种。湖桑原产于浙江湖州（今吴兴），桑叶产量和宜蚕性优于山东当地土桑。1904 年宁海州杨薇史以本地桑叶小而薄，派人从湖州购湖桑数万株，在本地栽植。1905 年诸城县试种湖桑 500 余株[②]。

民国成立后，山东不少地方的劝业所、农桑学校及农会都热衷于提倡种植湖桑，从而促使湖桑引种规模进一步扩大。1918 年，山东省公署在实业预备费项下拨付 4000 元，从江浙购买湖桑 10 万株，分配给济南农事试验场 3 万株、农业专门学校 3 万株、滋阳第二甲种农校 4 万株。蚕桑机构领种的湖桑，“均为供给各县嫁接桑穗之预备”[③]。据当时资料记载，在 1918—1920 年期间，至少有沂水、定陶、巨野、郓城、东阿、邹平、临清、恩县、范县、日照等十几个县，先后引种过湖桑，引种株数少则数百株，多则上万株[④]。引种不单限于湖桑，20 年代，烟台蚕丝学校还自浙江

① 《东方杂志》第 1 卷，1904 年 6 月第 3 期，实业，各省农桑汇志；第 1 卷第 5 期，1904 年 7 月，实业，各省农桑汇志。

② 《东方杂志》第 2 卷，1905 年 8 月第 7 期，实业，各省农桑汇志；第 3 卷，1907 年 1 月第 12 期，实业，各省农桑汇志。

③ 林修竹撰，申丙编：《茂泉实业文集》，1926 年版，第 108 页。

④ 田步蟾：《山东各县劝业所十一年度成绩报告书》，1923 年。

海宁一带采购柞树种子，免费分发给胶东各县农户，引导农户在荒山种柞育蚕。此外，学校农场还向邻近农村分送枳树、橡树种苗，劝导乡农种植，并设立试验室，研究驱除枳、橡、桑害虫方法①。

在植桑方法上，部分地区也有一定程度的改进。作为主要蚕桑产区的临朐县，20 年代初开始推行实生桑栽植法，用以取代传统粗放的栽植方法。实生桑栽植经第一年育秧，第二年移栽，第三年嫁接，第四年分移成树，在第五年即可育蚕。同期，临朐部分桑农还采用桑粮间作，栽桑“均置普通田地中”，每亩（720 步）共栽桑 40 株，“依然不碍种麦”。虽然间作比单纯种麦施肥量约多出 25%，但实际生产收益也高于单纯种麦②。采用上述方法植桑，加速了桑树的更新和推广，为地方养蚕业的发展提供了条件。

2. 引进优良蚕种，改进制种方法

伴随湖桑的引种，外省和国外的优良蚕种也相继引入山东。清代末年，山东即已从江浙输入新元、诸桂、莲心、长兴、大兴等优良蚕种。1910 年，山东用引自浙江诸暨的诸桂蚕种生产出的蚕茧，曾在南洋劝业会获得金奖。1914 年，诸桂蚕茧又在山东物品展览会获得金牌奖③。这一时期，在德国占据的胶澳地区则引入了意大利和法国蚕种，后来到 20 年代，胶济铁路沿线农村仍有不少农户在饲育意、法蚕种。1920 年，青州蚕业劝业场自国内及日本引进蚕种 69 种进行试验，其中制种繁育的有桂雪新元、新园、新诸等 13 个蚕种④。同期，山东丝商也“曾向江南采购四眠改良种，散发于周村一带，收效较宏”；另外，日商缫丝厂亦曾引入改良蚕种散发于青州、周村等处⑤。到 20 年代末，山东使用江浙种蚕茧生产的生丝已占生丝总产量的四分之一⑥。

---

① 曾同春：《中国丝业》，1933 年版，第 175—176 页。

② 林修竹撰，申丙编：《茂泉实业文集》，1926 年版，第 108—110 页。

③ 山东展览会报告编辑处：《山东省第一次物品展览会审查报告书》第 2 章，1915 年版，第 171 页。

④ 〔日〕青島守備軍民政部：《山東之物産》第 4 编，《家蠶》，1920 年版，第 117 頁。

⑤ 缪毓辉：《中国蚕丝问题》，商务印书馆万有文库本，1937 年版，第 57 页。

⑥ 青岛市档案馆编：《帝国主义与胶海关》，档案出版社 1986 年版，第 206 页。

传统育蚕系自留土种，制种无一定科学标准，蚕种病毒率常在20%以上，结果养蚕量虽多，出茧量却很少。因此，实行科学制种是推广优良蚕种、改进育蚕的前提条件。民国成立后，山东各地蚕桑改良机构开始逐步采用新法制种。1919年临朐农会蚕种制造所就曾“以新法制造蚕种，推销各乡村”。在历城，农业专科学校提倡新法制种，每春廉价分配新元、诸桂等蚕种，使新蚕种在城东各乡广为饲育[①]。在济阳，蚕种制造所自行制种，分售各乡间饲养，并编印蚕种浅说，散布乡间，“而乡民如法养育，皆得良好结果”[②]。在烟台，蚕业专科学校从成立之日起，即开始用新法从事柞蚕制种，免费向农户赠送，并派实习生到农户进行制种指导。迄于1922年，已有滋阳、济阳、沂水、菏泽、城武、濮县、寿光、齐东等县设立了制种所，使用新法制种。此外，各县乙种蚕校也都按新法制种，免费分发蚕农饲育。20年代初，散布省内各地的农专、农场、女蚕校、蚕丝劝业场、第一和第二甲种农校以及乙种蚕校，每年所制蚕种已不下2万张[③]。

1930年世界经济危机波及国内市场，导致市场丝价暴跌，山东蚕桑业为此蒙受巨大打击。随着危机的加深，蚕桑业生产出现严重倒退，原有弊病也暴露无遗。1932年山东实业厅鉴于“近年来蚕户多用土种，以致蚕病日滋，茧收多歉，丝质驳杂”，训令历城、临朐、益都等44个县的建设局推广使用改良蚕种。翌年，临朐、长山、昌乐等县先后设立蚕种制造所，“负各县改良种普及并指导之责”[④]。1935年春，全国蚕丝改良委员会代临朐引进华五/诸桂、化桂/华六杂交改良蚕种2万张，由临朐蚕业指导所在本县推广。1936年又由蚕丝改良委员会代为引进改良蚕种4.4万张。同期，益都蚕业合作社由省立蚕业试验场领得改良蚕种3500张，分发蚕农饲育。两地蚕农改用改良蚕种后，“较饲育土种，计增产三成以上。又土种茧制丝一担，平均需茧一千四百斤左右；而改良之茧种，则仅需八百斤左右”。益都省立蚕业试验场也在当地大量推广改良蚕种，并代蚕农用新法催青，巡回指导蚕农饲育，“凡饲育该场蚕种及受指导之蚕

---

① 山东农业调查会：《山东之农业概况》，1922年版，历城县。

② 田步蟾：《山东各县劝业所十一年度成绩报告书》，1923年版，济阳县。

③ 林修竹撰，申丙编：《茂泉实业文集》，1926年版，第108页。

④ 《山东实业公报》，1932年1月第7期，训令；1933年4月第22期，呈文。

户，每张蚕种结茧量可达三十斤左右，较之饲养土种及未经指导者，增加茧产达一倍有余”①。

3. **选育新蚕种**

蚕种选育试验，目的在于选育出适合本地饲育的优良蚕种。1918 年，济南东关实业学校经多年饲育试验，育成一种能吐绿茧的蚕种。这种绿茧“质地佳良”“体壳坚厚，抽丝也多，且色泽新鲜，若以织作天然绿绸，非但染费既省，而光彩夺目”。绿茧丝运销丝市后，“洋商居为奇货，购办甚多”②。

从 1925 年起，省立农业专科学校曾对新园蚕种做过连续五年的纯种饲育试验，旨在从中选育出优良新蚕种。农专改并归属青岛大学农学院后，蚕种改良仍继续进行。试验共分两种，一为原蚕饲育，一为品种饲育。原蚕饲育，系用一纯粹蚕种，选出蛾区，实行单蛾饲育，饲育期按严格标准淘汰蛾区和劣性蚕，经过连续饲育试验，决选出纯良原蚕种，用以制种推广。品种饲育，系从各地征集蚕种，经过饲育观察，择优改良，以获得适合当地风土的纯良优种③。上述试验是近代山东农学界采用科学方法从事蚕种试验改良的一个突出事例，对地方蚕桑改良机构的制种育种，具有某种间接示范的作用。

20 世纪 30 年代，益都省立蚕业试验场是山东最具规模的蚕桑试验研究机构。试验研究由技术部负责，主要项目有合理催青试验、原种育成试验、品种比较试验、土种纯系分离、函饲试验、叶质试验、经济育种试验等，先后试验的蚕种有 40 余种。试验场通过选茧、饲育观察、选标本茧、检验丝质优劣等步骤，选出适合推广的优良蚕种制种，然后“以佳种分配各县，转给农民，并加以宣传，农民亦可直接向该场购买蚕种”。试验场另设推广部，派技术人员到各乡训练蚕农，指导饲育，并编印《鲁桑培植浅说》《养蚕浅说》等普及读本，散发乡间，向蚕农介绍推广科学的栽桑养蚕技术④。

---

① 张鸿烈：《改良山东蚕丝问题》，《进德月刊》第 2 卷，1937 年 2 月第 6 期。

② 阙名：《山东丝业之进步》，《农商公报》第 4 卷第 10 册，1918 年 5 月第 43 期。

③ 青岛大学农学院：《一年来的青大农事试验场》，1930 年版。

④ 胶济铁路管理委员会：《胶济铁路经济调查报告汇编》，1934 年版，分编四，益都。

四　改良的功效和局限

近代蚕桑改良的本质，是在植桑、制种、饲育以及桑园管理等方面采用科学方法，引进近代技术知识，来改变传统蚕桑业的落后状况，提高蚕桑业整体发展水平。蚕桑改良进程，从创设蚕桑教育、兴办新式制种场、开办蚕业试验改良机构，到传播近代蚕桑科技知识、改良蚕种、推广新式植桑育蚕技术，标志着近代科学技术因素已注入于传统蚕桑业中，并给停滞落后的蚕桑业带来一线新的发展生机。

从清末到1920年代中期，蚕桑业在胶济铁路沿线和津浦路中段地区的广泛发展，以及临朐、益都两个近代蚕丝业中心的形成，一方面固然得益于当时国内外市场对生丝的旺盛需求，但在另一方面，也与地方政府倡导蚕桑的实业政策、蚕桑改良机构的改良推广活动有着相当的关系。近代蚕桑改良对蚕桑业的影响主要表现在以下几点：首先，蚕桑学校的创办与人才培育，使新式蚕桑技术知识与方法在一定范围得到传播，从而为蚕桑业的进步提供了人才资源和知识资源；其次，引进推广湖桑，提倡植桑及采用新法剪定桑树，改变了传统植桑习惯，20年代，湖桑已在全省植桑总数中占了相当比例，30年代后因受大量砍伐影响，湖桑种植数下降，但到1937年估计仍占10%以上；再次，改良蚕种的引进推广和新式制种法的采用，使传统蚕桑业完全靠本地土种、退化蚕种育蚕的状况有所改善，改良蚕种从无到有，逐步在饲育蚕种中占了一定比例，据20年代估计，改良蚕种约占整个养蚕业的四分之一，30年代中期杂交种每年达2万张，1937年，改良种张数为69064张，约占土种蚕张数的五分之一。采用改良蚕种的地区，蚕丝生产产量和质量都有明显提高。

蚕桑业的改良与改进，尽管对近代蚕桑业的发展起到了一定的积极影响，但是在当时社会经济条件下，其影响又受到种种局限，缺乏广泛性和持久性。例如蚕种改良虽有进步，但却始终未能改变“改良茧少，土种茧多”的状况。直到30年代中期，除临朐、益都等少数专业化程度较高的地区外，多数地区蚕农使用的蚕种仍以地方土种占大部分，诸桂、新元等新蚕种只占少数。土种蚕“体质虚弱且非纯种，所产丝量为数甚少”，而曾为20年代最优蚕种的诸桂、新元种，在经过一段时期饲育后也出现了退化，与当时开始推广的杂交种相比，“已不适于现代之用”。在饲育技术方面，同样也是进步缓慢，许多地区仍处于停滞不前的状态，“一般蚕民养蚕，毫无技术可言”，育蚕死亡率高达30%—40%[①]。很显然，蚕桑改良的成效和影响只是局部的，并没有使整个蚕桑业摆脱旧的格局。更有甚者，在30年代初世界经济危机和蚕丝市场萧条的打击下，蚕桑业甚至出现了严重的倒退，陷入危机之中。

近代蚕桑业生产的特点是商品化程度高、发展兴衰为市场需求所左右。1929年资本主义世界发生经济危机，国际市场丝价开始大幅跌落。1931年后，国内缫丝工业因蒙受经济危机的冲击，生丝销路空前呆滞，存货堆积，丝厂纷纷倒闭歇业。1932年山东丝厂由上年的216家锐减至113家。市场的严重萧条导致蚕桑业生产由盛转衰。养蚕农户因茧价惨跌，亏蚀或破产者时有所闻。影响所及，“农民对于养蚕兴趣日见淡薄”。“胶济路沿线土壤性质宜于烟叶之种植，一般农民见蚕桑无利可图，拔桑种烟者，比比皆是”[②]。在蚕桑业中心临朐，过去桑树“连岗被野，弥望皆是”，但这时也“因丝业凋落，桑之在田者，皆以妨害稼穑，大加斩伐”[③]。当时曾有人这样评论蚕桑业的衰落：“前者养蚕之家，对于植桑养蚕，年有增益，……及至丝价即跌之后，无论养蚕家制丝家，俱为时势之驱策，一致由极度发展之情况中急转直下，变更多养多制之方式，而为少养少制之应付”。生产的急剧衰落致使产量骤减，蚕茧产量由1925年全盛时1243.1万斤跌落至1936年的396.7万斤[④]。可以说，整个蚕桑业形势已处于岌岌可危之中。

① 马云栋：《山东省蚕丝调查报告及改良意见》，《山东建设半月刊》第2卷，1937年5月第10期。

② 缪毓辉：《中国蚕丝问题》，商务印书馆万有文库本，1937年版，第56页。

③ 民国《临朐续志》卷11，1935年，食货略，物产。

④ 马云栋：《山东省蚕丝调查报告及改良意见》，《山东建设半月刊》第2卷，1937年5月第10期。

第六章　近代林果业的改良与推广

一　清末外国树种的引进与林业改良

第二次鸦片战争后，英、美、法等国传教士纷至沓来，先是在新辟通商口岸烟台及沿海地区传教，不久将活动地域扩展至山东内地。漂洋而来的传教士当中，有的曾随行携带来了一些外国果木和花木树种，这些树种先是由传教士在居所附近栽培种植，经过一段时期后，逐渐由传教士的居住地传至周邻地区。

19 世纪 60 年代末，美国传教士狄考文（Calvin W. Mateer）定居于登州，便曾将从美国带来的一些植物种植于居所周围，成活的有弗吉尼亚爬山虎（Virginia Creeper）、紫藤（Wistaria）、蔷薇等①。

1871 年美国传教士倪维思（J. L. Nevius）由登州迁居烟台，第二年后，他开始试种从国外带来的果木树种。在居所附近毓璜顶东南山麓，倪维思购置了数英亩园地（一说 40 亩），在园内种植原生于欧美等国的果木树苗。当时烟台当地人称该果园为“外国果园”，有时亦称“南园”，实际上果园的正式名称为：

Foreign Fruit Garden

John Wannamaker，Yu

广兴果园

按：果园创立时宁海人于复元（仁斋）曾协助经营，Yu，即对于氏的纪念②。

---

① D. W. Fisher：Calvin wilson Mateer，1911，p. 81.

② 唐荃生等：《山东烟台青岛威海卫果树园艺调查报告》，1940 年版，第 3—6 页。

引进树种试种初期，因种种原因，成活率很低，后经倪维思多番探索试种，始获成功。此后，果园经常备有可供移栽或嫁接的树苗、枝条，无偿赠送给附近的乡农。1887 年倪维思又在烟台新建了一处果园，面积约 3 英亩。新果园仍以栽培外国果木为主，并向当地果农传授外来果树的栽培技术①。由于不少引进水果品种“所结之果，较比中国本有之果尤肥大，尤好看，其味更可悦口，因此有多人羡慕，愿意栽培”②。此后，外国果树品种已传至烟台百里以外的乡村。引进种植成功的果木品种如下③：

苹果　1. 早苹果（Early Harrest，日本名黄金丸）2. 花花鲜（Sweet Bongh）3. 发客仙（Gravenstein，日本名生娘）4. 万寻（Westfield Seek－no－further，日本名胧月，烟台俗名秋金星 5. 黄钟花（Yellow Beuflewer，日本名风凰卵）6. 黄手敦（Newtoun Pippin，日本名翠玉）7. 黄搓皮（Golden Russet）8. 红搓皮（Roybegry Russet，日本名虾夷衣）9. 绿青（Rhode island Green）10. 王（King）11. 红端阳（Garolina Red fune，烟台俗名洋红子）12. 早草鲜（Early Strowberry，日本名小町）13. 秋苹果（Fall Pippin）14. 花皮（Tompkin's King，日本名绯之衣）15. 磅苹果，又名金星（Wenty ounee Pippin，日本名大锦）16. 香蕉苹果（Winter Banan-a，日本名祥玉）

梨　1. 巴梨（Bartlett）2. Early（Butler）3. Fall（Beauty）4. 玛特连（Made laine）5. 茄梨（Beurg's Anlon）

葡萄　1. 玫瑰香（Muscat）2. 龙眼（Dragon eyes）3. 黑牛奶（Black Joabella）4. 紫葡萄（Hartnord Prolifie）5. 小甘（Delaware）6. 黑汉（Black Hamburgh）7. 康哥（Concord）8. 白玫瑰香（White museat）

樱桃　1. 青状心（Large Black Hearts）2. 春紫（May Duke）3. 短巴（May Blagrrean）4. 紫樱（Malor Treaneis）5. 黑亮 6. 西班牙（Yellow Spanish）7. 晚公（Lade Duke）8. 黑莲子（Daven Port）

李子　1. Coe's Golden Drop　2. Jefferson　3. Peach plum　4. Ogon date　5. Smith's orlsons　6. Brodshow　7. 美国扁李

---

① Helen S. Coan Nevius：Life of Jonh Livingstone Nevius，1895，p. 189，pp. 428—443.

② 于志圣：《种植果树略论》，《山东时报》第 34 号，1897 年 9 月 8 日。

③ 唐荃生等：《山东烟台青岛威海卫果树园艺调查报告》，1940 年版，第 3—6 页。

以上品种大部分引自美国加利福尼亚州。由于倪维思的热心推广和果农的大量引种，到20世纪初，引进果木树种以烟台为中心逐渐向周邻地区扩散，从而使烟台地区成为国内欧美果木品种的集中引进栽培地。与土生品种相比，引进品种不仅市场价格高，且容易销售，结果越来越多的果农放弃原先种植的土生品种，改种新品种。单是1902年引进水果品种的产量就比上年增长了4倍①。随着这一趋势的发展，烟台及其周邻水果产区的果木种植结构开始慢慢发生变化，外来品种的产量逐渐超过土生品种，并成为进入长途运贩的大宗输出商品。

1898年英国强租威海，把威海作为殖民地实施规划和经营。不久英国殖民当局——威海卫行政长官署——在当地设立了果物试验园，由该国园艺家基伯（John J. Gibbons）自欧美等国引进多种果木树苗，“即行种植，以证土宜”。1905—1908年，试验园栽培的果木、灌木和花卉，因栽培管理得法，“结果甚佳”。另外，基伯还编印中文手册，记述果木栽培方法，分发当地农民传习。但是后来因基伯离开威海回国，试验园的果木品种未能来得及广泛传播于周邻乡间。只是到1911年后，威海一些果农自建果园，引种栽培外来果木品种，才使引进品种的栽培逐渐推广于各乡②。当时威海引进栽培的外国果木品种主要有以下十几种③：

苹果　1. 新倭锦　2. 新大王　3. 印度（Indian）　4. 风凰卵　5. Winesape　6. 红星（Star King）　7. 元帅　8. 新满红

梨　1. 鸭梨　2. 秋白梨　3. 廿世纪　4. 晚之吉　5. 菊水梨

葡萄　1. 紫元帅　2. 紫龙眼　3. 黑罕　4. 水晶

1897年德国强占胶州湾后，出于将胶澳租借地建成德国在东亚商贸中心的需要，对改善当地自然环境极为重视。为涵养水源，防止风沙和水土流失，1898年胶澳殖民当局专门设立林务署，负责规划大规模造林。当时“全租借地内，殆无可称为森林者，仅见土著人所栽植之少数松树耳”。对此，林务署先是查勘官荒，收买民地，编定官有林地面积39904亩；接着又对民有荒地实行限期造林，如不遵行照办，即以“违法”处

---

① 白泽保美著，张福延译：《德意志在青岛之森林经营（续二）》，《中华农学会报》，1921年5月第18期。

② 阙名：《威海卫之治绩》，《山东杂志》，1909年第38期。

③ 唐荃生：《山东烟台青岛威海卫果树园艺调查报告》，1940年版，第34—35页。

治；同时又设立森林学校，教习林业工人，设立“树木园”，用新法栽培各种苗木。在技术方面，由德国林业专家赫司负责指导①。

1900年后，林务署开始在胶澳地区实施大片造林。先是在官有地土壤崩坏及流失之处栽植柳树和赤杨柳，以防御风沙；在风化花岗石地带植草护土，以减少表土流失。稍后，又针对青岛周围荒山“历年为雨水冲洗，岩土露骨而突出，形成无数之溪谷，犬牙相错，粒土无存”的状况，采取陡坡水平阶整地的方法，修筑水平阶梯，在溪谷及豁裂地段填土造地，然后按土壤性质，分别栽植松树和阔叶树。所用树种苗木由日本输入，不足之数补用当地产栎树和柳树。对于“崩坏之林地不能施行防砂工事者”，则采取筑造石垣、堤堰和水平沟的方法，“其上部仍任其自然崩坏，待土壤固定，而后植树”。崩坏土壤之堆积处，栽植刺槐——刺槐树根水平生长，且发育迅速，能起到固土作用。在坡地上部则种植金雀花或葛藤，以巩固植林效果。1902年植草造林防沙工程完工后，林务部门继续在先前种植的草地上栽植栎树和松苗。另外，赫司还根据崂山山脉的自然条件，设计了山顶栽日本落叶松，山腰栽黑松、刺槐，山麓、平原栽刺槐，海滩栽黑松的造林方案，在崂山一带实施造林②。

青岛地区因气候及其他关系，极易发生各种树木病虫害。在林区常有松毛虫、松蛀虫、实蜂地虫、穿孔虫、栎毛虫等虫害发生。当时除组织人力捕捉外，已开始采用化学药剂除治虫害，使用的药剂主要有绿砒石（Paris green）、紫砒石（London Purple）、煤油乳剂、石灰硫黄合剂等药剂。另外，青岛林区还从外埠运入大量益鸟，放养于林区，辅助灭虫③。用生物防治方法除治害虫，当时在国内尚属首例。

1900—1913年，德国当局用人工播种和人工栽植的方法，共完成造林1265.55公顷，耗用林业经费达2290729马克④。经过长达14年之久的植树造林，青岛周邻地区的林相发生了很大变化，昔日童山秃岭，渐渐成为苍郁茂密的林区。

---

① 青岛农林事务所：《青岛农林》，1932年版，第1页。

② 青岛农林事务所编：《青岛农林》，1932年版，第1页；民国《胶澳志》卷1，1928年版，沿革志，德人租借始末。

③ 张福延：《青岛林务所业务状况调查书》，《中华农学会报》，1922年7月第32期。

④ 同上。

1901—1903 年，在推行造林的同时，林务署还设立“树木园”，引进试种外国树种，其中有引自日本的樱花树、梧桐、漆树、楮木和菩提树，有自德国输入的白杨、杨槐、秦皮树和赤杨，另外还有美国鹅掌松和产自加利福尼亚的多种果树苗[①]。1904 年，林务署在汇泉湾畔设立植物园，园中“所植之树，非洲热带之种树而外，其余各种树木无不广为试种，前后至六百五十余次之多”。引种国内外苗木总数达 13 万株。引种初期，因经验不足，成活率较低，后改为每年精选 20 种适合当地土宜条件的树种，连续试种，先后试种成功的有北美东部森林树种和灌木树种 120 种。另外，植物园还选择温暖而低湿的地带，试种包括美国皂荚、长柄栎、油榧、车轮梅、日本厚朴在内的珍贵稀有树种，并在园内建玻璃温室，栽培椰子树等热带植物。在果木引种方面，植物园先后引种德国和美国加利福尼亚苹果树种 73 种、梨树种 78 种、樱桃树种近百种，经试种，最后选出适合当地栽培条件的苹果树种 11 种、梨树种 8 种、樱桃树种 48 种[②]。不少果树品种，由于林务部门采取赠送嫁接砧木、指导嫁接技术的方式加以推广，后来逐渐扩散到青岛四乡以及周邻农村。第一次世界大战前，胶澳地区果木园艺业的发展及沧口、沙子口两个果品专业市场的形成，应该说与这一时期果树品种的引进推广不无关系。

清末，清政府举办新政，造林成为山东地方政府实行新政的一项重要内容。在地方官员倡办的同时，也有不少民间人士热心于林业改良，创办森林公司，提倡植树造林。

1903 年，济南农桑总会将燕子山、千佛山、马鞍山三处荒山划为林场，实施造林。林场“相度地势，修筑水池，存贮雨水，开凿石井，以通泉源”，从省内各地引种肥城桃、乐陵枣、曹州罡榴、木瓜、柿子、青州核桃、青梨、山楂、德州葡萄、鸭梨、临清临桃、临枣等优良果木品种，并从青岛引种外国白松 7 万株、红松 1000 株、洋槐（刺槐）2 万株、樱桃树 2000 株。试种结果，“其土质相宜者，尤以琴树［刺槐］为最”，其次则为白松、红松，“较中国松柏尤易长发”。三处林场栽植各种树木，

---

① 北京督办鲁案善后事宜公署编辑处：《鲁案善后月报特刊（公产号）》，1923 年版，第 170 页。

② 民国《胶澳志》卷 1，1928 年版，沿革志，德人租借始末。

共计成活 10 余万株，新树种推广和林业改良改善了山地的林相与生态①。

1904 年，山东巡抚周馥倡办山东树艺公司，招官股银 30 万两，并拨出官荒地数百亩，以为提倡。同年，青岛树艺公司派人至济南设立林业试验场，先后种植桑秧、果树及与土性相宜之树，实地研究改良，引导民间效仿②。1905 年，济南府、登州府、莱州府均创办了林木培植会，根据本地土宜条件，栽种各种树木。济南府林木培植会，在所属各州县种树达 300 万株③。此后，造林风气渐开，各县树艺局、农桑会、农会、林业会等机构分别主持造林事宜，在乡村劝导植树。

在官绅的提倡下，民间私人资本也接踵开办了一批林业公司。迄于 1911 年，全省已有森林公司不下 15 家，共栽活树木二三百万株，其中经营最佳的为济南、即墨、登州、临朐等地的公司④。私人开办森林公司，目的主要在于谋利，但是在其实际经营过程中，由于重视引进宜林优良树种，并多少采用了科学的植树造林方法，因而对近代林业的发展和改良起了某种开风气的作用。

二　民国前期的林业改良

民国成立以后，林业的重要性渐为农学界和社会所认识。一方面，由民间团体倡导推动，地方绅商兴设森林公司，营造私有林；另一方面，中央、省、县政府也设置林政机构，划出荒山荒地，辟林场，建苗圃，兴园艺，营造公有林。同时，林业试验场、农校林科也陆续开始兴设，并由这些机构从国内外引进宜林树种栽植，从事林业研究改良与教育。

1912 年，济南模范森林局成立，在城南分水岭设立苗圃，划出玉函山、六里山为林场。1915 年因该处缺水，森林局移苗圃于柳埠镇，划凤凰山、白虎山、青龙山、桃花山、灵鹫山等处为林场，实施大片造林。

1912 年山东农事试验场设立园艺部，着手进行林果技术研究和林业

① 《东方杂志》第 3 卷，1907 年 1 月第 12 期，实业。

② 《东方杂志》第 1 卷，1904 年 8 月第 6 期，实业；第 2 卷，1905 年 3 月第 2 期，实业。

③ 《东方杂志》第 2 卷，1905 年 6 月第 5 期，实业。

④ 《时报》，1911 年 8 月 12 日（辛亥 6 月 18 日），《山东林业发达记》；阙名：《山东之林业》，《地学杂志》第 2 卷，1911 年 9 月第 18 期。

改良。园艺部利用农场苗圃和周围山地试种各种树木，选择适宜当地风土的树种育苗推广。试种的树种有松、柏、榆、槐、桑、杨、柳、楸等90余种，其中有朝鲜松、法国海岸松、德国唐桧、日本神代杉、加拿大白杨、刺槐等外国树种，而种植最多的外国树种为刺槐①。刺槐当时亦称洋槐、琴树、阿戛琴，最初从德、日两国输入山东，因该树生长快，易成活，用途广，很快便成为林业推广的首选树种。1916年，农场曾采集刺槐树种500余斤，分发给各县苗圃和农林机构，以推广种植，后来刺槐栽植逐渐遍及全省各地②。

1914年，日本强占青岛。翌年6月日军在青岛设立林务所，后又将该所移交守备军民政部管辖。林务所成立后，先是利用德国人残留的70余万株苗木，营造水源林和防沙林；1917年又在台东镇、李村、崂山设立三处苗圃，栽植各种造林用树苗③。林务所造林所用树种与德国人略有不同。树种多用黑松代替赤松，另外还引进榉树、山赤杨、落叶松、侧柏、扁柏、柳杉等树种，在林场试验种植。林务所在营造官有林的同时，还于每年春季无偿分发大批树苗，派员到乡间指导造林，并明令禁止砍伐民有林。1920年分发树苗26万株，1921年分发树苗17万株④。

1915年4月，北京政府农商部在长清县崮山镇设立农商部第二林业试验场，划定自崮山至泰安津浦线两旁山地为林场，并勘定实施造林区48700亩，规划在石灰岩质地带栽植侧柏，在砂质土地带栽植阔叶树⑤。林场除设场长1人外，有技术员3人、工人14人。林场本场有苗圃34亩，分场面积2670亩（内有苗圃31亩）。林场前期造林以崮山为中心，后来逐渐扩大，范围扩展至张夏、泰安等地，栽植树种有侧柏、刺槐、黑枣、马尾松、榉、桐、乌桕等。此外林场还先后进行过高低床造林试验、养成一年生苗木单价试验、气候土质试验等项林业科学试验。但是，自林

---

① 山东展览会报告编辑处：《山东省第一次物品展览会审查报告书》第2编，1915年版，第12页。

② 《山东公报》第1132册，1916年3月，实业公文。

③ 北京督办鲁案善后事宜公署编辑处：《鲁案善后月报特刊（公产号）》，1923年版，第176—178页。

④ 李继侗：《青岛森林调查记》，《农商公报》第9卷第1册，1922年8月第97期。

⑤ 作琼：《实业部山东林业试验场沿革及概况》，《新农通讯》第2卷，1933年7月第14期。

场成立之日起，其业务和发展便始终受到经费不足的困扰。1918 年林场由农商部拨付的经费只有 6000 元，除去各项工薪杂费外，所余造林试验费仅 370 元①。在这种情况下，植树造林试验只能时作时辍，勉强维持。1926 年前后，因北洋政府机构人事变动频仍，林场经费被长期拖欠，致使职工流散，林业改良业务逐渐荒废。

1928 年夏，南京政府农矿部接收原北洋政府农商部第二林业试验场，委托山东省农矿厅代管，但每月拨付的经费只有 100 元，因而林场业务实际仍是形同虚设。实业部成立后，林场改为实业部山东林业试验场，1933 年 8 月又改称实业部直辖山东模范林场，月经费增至 1000 元。随着经费的增加，林场重新设置林区，整理苗圃，恢复了造林试验业务，并利用夏季多雨时机实施雨期造林。当时林场开展的试验研究有雨量流失试验、林业副产品试验、梯田与造林利益比较研究、播种造林与植苗造林比较研究等②。迄于 1934 年，林场共造林 22707 公亩，同时还向周围农村分发了大量树苗。经过多年实施造林，崮山、五峰山等山地森林覆盖率得到提高，在相当程度上改善了当地的植被和林相。

1920 年代初，省、县地方林业改良机构经过整顿归并，经费和规模得到扩充，造林范围也有所拓展。1922 年，山东实业厅增拨款项，在整顿扩充济南模范森林局的同时，在泰安设立泰沂模范森林局，营建泰山林场，从事山地育苗造林试验。稍后又在益都设立青州模范森林局，负责在云门山山区造林。同年，中国政府收回青岛主权，由青岛市农林事务所接管青岛及胶澳地区林务。农林事务所接管林务后，接办台东、李村、崂山三地苗圃，“每值春季，赠送苗木，令人栽种。凡愿种植者，皆得遵章免费领取，并编印《保养森林浅说》，散给农民，以广宣传”。这种做法明显推动了周边农村的植树造林，迄于 1931 年，林区面积已达 38780 亩③。

从 1919 年起，山东地方当局在县一级设立劝业所制度，推行农村劝业政策。劝业政策的基本内容为提倡推广种树、种桑、种棉及发展农村家庭副业和手工业。随着这一政策的推行，各地农村的植树造林有了相当的

---

① 农商部总务厅统计科编：《中华民国七年第七次农商统计表》，1922 年版，第 573 页。

② 实业部中国经济年鉴编纂委员会编：《中国经济年鉴》第 8 章，1934 年版，林垦。

③ 青岛市档案馆编：《帝国主义与胶海关》，档案出版社 1986 年版，第 209 页。

起色。1921 年全省植树总数达 2000 万株，1922 年又增至 2700 余万株。劝业政策未实行之前，各县大都没有专用于造林的苗圃，1921 年山东第二次劝业会议要求各县须一律设置苗圃 50 亩，内中以 25 亩育树苗，以 25 亩育桑苗。至 1922 年，全省足额开设苗圃的县已有一半左右，其余县份亦分别有十至三四十亩不等的苗圃。尽管苗圃的年作业费平均只有几百元，但对当时农村推广植树还是起到了一定的作用。“每届春令，各劝业所将所育之苗木廉价分配给各乡，由是农民不待育苗，即得佳秧，推行种植，便利异常”。一些地区在经过连续多年分发树苗、推广植树后，当地的农业生态获得明显改善。例如掖县经过五年凿井植树，“官道两旁，河流左右，以及大小村落，一望菁葱，野无隙地，合计数在千万株以上”。此外，植树造林对农村经济也有一定效益。按当时每株树五年后价值 1 元的估算，植树造林每年可使全省增加潜在收益数千万元①。

20 世纪 20 年代中期后，因军阀混战，动乱频仍，省属三大森林局的业务渐归停顿。1928 年，省建设厅在改组原有森林局的基础上，将全省划为四个林区，每区设林务局，每一林务局分技术、宣传、行政三科，配备 10 名林业技术人员，负责指导造林育苗和林业技术推广。第一林区包括鲁西北 51 个县，局址设于济南；第二林区包括鲁西南、津浦路沿线 24 个县，局址设于泰安；第三林区包括胶济沿线 18 个县，局址设于青州；第四林区包括鲁东北 13 个县，局址设于烟台。1930 年，各局完成的植树面积分别为：一区 1897 亩、二区 951 亩、三区 514 亩、四区 518 亩②。1929—1934 年，第一林区曾连续五年在荒山实施橡籽播种造林，并试验赤松播种造林。同时，根据本地区春季气候干燥、雨量少的特点，林区林务所还试验在夏季雨期营造针叶林，树木成活率达到 80%。此举对当时山地造林技术的改进带有某种创新的意义。此后，山区针叶树造林多改在夏季雨期③。

---

① 林修竹撰，申丙编：《茂泉实业文集》，1926 年版，小传第 5 页，第 40 页，61 页，72 页。

② 青岛市档案馆编：《帝国主义与胶海关》，档案出版社 1986 年版，第 208—209 页；山东省政府秘书处编：《山东省政府第三届第四周年工作报告》，1934 年版，第 19 页。

③ 山东省第一林区林务所：《山东省第一林区林务所工作报告》，1935 年版，第 128—129 页。

迄于1933年，山东共有林业机构93个（包括省立林区和89个县苗圃），经费261326元。全省有林业技术员101人，其中毕业于国内大学的66人，毕业于中等农业学校的35人。同年，省建设厅为集中林业技术人才，推动各县林业改良，专门设立了山东林业推广委员会。林业推广委员会年经费18588元，下设巡回指导员，并委派林务局技佐兼任指导员，常川往来于各县，督促指导地方林业。此外，建设厅还于同年设立蒙山天然林管理委员会，负责管理保护蒙山林区。

1935年，建设厅以归并经费使用、集中业务管理为由，将第一林区与第二林区合并，组成第一林务局，设总局于济南，在泰安、药乡、柳埠分设办事处；将第三林区与第四林区合并，组成第二林务局，设总局于益都，在烟台、沂山、大方山分设办事处。林务局通常有技士1人、技佐4人、事务员2人以及林警和林场工人数十人。第一林务局年经费26636元，专门负责在泰山、长城岭一带荒山造林；第二林务局年经费23350元，负责营建栖霞大方山林场和沂山林场①。

林务局和林业推广机构的设立、林业经费的增加以及林业技术人员的宣传指导，对各地植树造林起了一定作用，使全省植树面积有相当程度的扩大。1929年受战乱影响，全省育苗造林面积仅为614亩。1930—1935年，省有苗圃由190亩增至651亩，县有苗圃由3600亩增至6398亩。同期，林务局林场累计造林4.5万亩，县有林场造林10万余亩，各森林公司、林业合作社、私营林场造林95917亩，三类造林共成活树木2380万株②。

三　果木改良及其影响

1930年代，山东林果产区病虫害蔓延，为患酷烈。果木大面积减产或绝产，果农为此蒙受很大损失。为了防治果木病虫害，建设厅在推行造

---

① 〔日〕興亞院華北聯絡部：《山東省西部膠濟沿綫林業調查》，1941年版，第9—10頁，14—15頁。

② 阙名：《全国各省林业机关之近况》，《农林新报》第15期，1937年5月。造林统计数与《十年来之中国经济建设》一书的统计（实业，第131页）有较大差异，该书统计数疑有夸大。

林的同时，相继在莱阳、博平设立病虫害防除试验区，寻求除治果木地方病虫害的方法。

1934年，建设厅首先在莱阳创办防治莱阳梨病虫害试验区。莱阳梨病害以赤星病为患最烈。赤星病菌冬季寄存在桧柏类树木上，梨区附近如无桧柏，病菌失去寄生处，病害便易于根治。为此试验区采取砍伐桧柏、换植扁柏的方法，实施防治。是年，莱阳各地推行此法，并配合施用农药，使防治取得了相当成效。莱阳梨虫害以心蚀虫为主，试验区防除虫害采取的是包袋方法，即果实长至拇指大时，用纸袋包裹，使害虫不能入内①。经包袋处理的果实，不仅果形大、果质好，而且易于远销，果农收益也相应增加。

1935年，建设厅又在博平设立防除枣树病虫害试验区。博平是山东枣产区之一，但由于栽植管理粗放，枣树常受病虫侵害，枣的产量和销售也常因此受到影响。是年，试验区实行枣树施药试验，并由农业试验所病虫害部负责对县农林技术员进行短期训练，然后由技术员到各乡指导农家防治枣树病虫害②。

20世纪20年代，私人资本曾一度热心于投资林业，兴办森林公司，采用科学方法，经营造林和林木产品销售。但是，后来由于地方动乱、兵匪为患，森林屡遭破坏，林果产品运销受阻，有不少森林公司停业倒闭。30年代后，口岸城市对林果产品的需求量不断增加，加之林果产品出口的增长，再次诱发了私人资本和农界人士投资经营林果业的兴趣，青岛、烟台、济南等地先后出现了若干采用近代科学管理方法的果园和果木公司。

1933年，叶允之、章仲和、周志俊等人投资10余万元，在青岛创办果产公司。公司以引进国外优良果木品种、改良地方果木种植为宗旨，技术上由园艺专家孙云蔚主持。1935年春公司在沧口设立第一农场，栽种苹果、梨、桃、李、樱桃等果树，其中苹果、梨、樱桃三种苗木均由美国Stark种苗公司输入。翌年春，公司又再次自美国引进优良苹果树苗，在几个农场栽植，用来改良当地已退化的果树品种。当时引种的苹果品种有

① 吴耕民、管超：《莱阳梨调查报告》，1935年版，第20—21页。

② 山东省建设厅：《山东省政府建设厅第三届第六周年工作报告》，1935年版，第16页。

金帅（Golden Delicious）、红星（Starking）、祥玉（Winter Banana）、早生旭（Early Mcintosh Red）等，梨树品种有林肯梨（Lincoln）、巴梨（Bartlett），樱桃品种有美国黄樱桃（Stark Gold）和红樱桃（Stark Lambut）。同期，果产公司还自日本引进红玉（Jonathan）、祝旭（American Summer Pearmain）、国光、印度等苹果苗种。迄至第二次世界大战前，青岛果产公司已发展成为省内规模最大、栽培品种最齐全的专业化果木公司，在当时享有“华北唯一科学化之果园”的盛誉①。

与青岛的果园相比，济南、烟台的果木公司和果园经营规模相对较小，通常果园面积只有20—50亩，种植的林果品种也较少。但是，经营者和创办者一般都是毕业于林学专业的技术人员。如济南中华农林种苗公司的经理李薰芳，毕业于金陵大学林木科，曾先后担任过青岛农林事务所技师、山东农事试验场场长；同利农场的创办人卞晓亭，毕业于日本帝国大学林本科，曾担任过山东公立农业专门学校林科主任、济南模范森林局局长等职；华北农业改进社的主持人崔景祺，毕业于山东农业专门学校，曾任农业实验所技士等职。因此，他们经营的公司往往兼有营利性和试验改良性质。例如，中华农林种苗公司育苗之外，还兼办农林种子，每年出售苗木10余万株；华北农业改进社试验培植各种林果花卉苗木，分销济南周邻地区；培英果园在济南率先使用柴油抽水机，实行苗木动力机械浇灌②。

1937年“七七事变”后，日本侵华战火蔓延至整个华北，山东林业人员大都逃离林场，林务工作陷于瘫痪，各地林场、苗圃荒芜破败，林业的研究与改良也随之中止。

近代山东林果业的改良，肇始于清末，民国时期，在林业管理和改良机构的推动下，取得了一定的进展。前后两个时期的改良与推广，其内容可以归纳为以下四个方面：

其一，引进国外林果良种，经过长期试种繁育和推广，使这些品种逐

① 唐荃生：《山东烟台青岛威海卫果树园艺调查报告》，1940年版，第39—44页；孙云蔚：《青岛之苹果品种调查》，《农林新报》第14卷，1937年3月第9期。

② 山东省档案馆馆藏档案，临2—16—18，济南市附近公私苗圃农场果园调查表，1938年。

渐适应山东当地的自然条件，后来随着栽种范围的扩大，在一定程度上改变了引种地区的林果种植结构。

其二，从发展阶段上看，近代意义上的林业改良系由外国传教士开其端，随后是德国胶澳殖民当局的大规模植树造林，这对用科学方法改良林业起了某种先导的作用。1903年清政府实施新政后，官办农业试验场的林木种植推广接踵而起，民间资本则按照新的组织方式，创办林业公司，择地兴办林场。民国成立后，中央和地方政府成立了各级林业改良管理机构，兴办林场和苗圃，并创设了专门的林业试验场，地方绅商则投资兴办起一批森林公司。机构、林场和林业公司，都不同程度地以改良林业为宗旨，通常有固定的专项经费、苗圃及专业技术人员，因而在林区规划、造林指导、人员培训、试验研究等方面起着重要的作用。

其三，在林业试验和推广机构的倡导组织下，一部分地区开始采用林业科学方法，有计划地进行荒山造林和人工育苗，并开始对天然林实施人工管理和保护，对森林和果木病虫害开始采用化学农药及其他方法实施科学防治。

其四，以林业试验场为主体，根据当时造林育苗的实际需要，开展了初步的林业科学试验与研究，并取得了一定成效。

以上几方面的改良，构成了近代林果业技术进步的基本框架。在林果业改良的影响下，林果种植面积和产量有了一定的增长，尤其果树品种的改良与推广，更是对沿海地区林果的商品性生产起了推动作用。民国初年，“以美国水果接枝改进土产水果品种的努力已获得巨大的成就”，“烟台的苹果、水梨和葡萄，几乎在每个通商口岸都有出售，售价仅次于从美国输入的水果”①。到20世纪30年代，苹果种植“鲁东一带多洋种，烟台及其附近一带所产之香蕉苹果，尤蜚声于南北”。荣成、威海、牟平、文登、福山、蓬莱等地所产香蕉苹果，“为山东苹果中最佳者，售价最昂，销路最大”。果品的产销水平也随之提高，1933年苹果的产销量分别

① 李文治：《中国近代农业史资料》第1辑，生活·读书·新知三联书店1957年版，第658页。

为52万担和近30万担，梨的产销量分别为478万担和225万担，商品率已在50%—60%之间[①]。但是，由于长期连年不断的军阀争战，兵匪滋扰破坏，林业改良实际一直处在动荡不宁的社会环境之中，不断受到摧残；加之林业机构经费短绌，技术人才匮乏，各项改良与推广只能时断时续，因而成效难以彰著。

① 实业部国际贸易局：《中国实业志（山东省）》，1934年版，（戊），第236页，268—269页。

第七章　家畜业和渔业生产的改良

一　清末民初家畜业状况

近代山东，家畜饲养在广大农村始终是依附于种植业的一项农家副业，专门性的畜牧农场为数极少。家畜饲养以猪、牛、羊、马、驴为主，其中猪、羊的畜养数最多。就家畜产地分布而言，家畜存养数的多寡与地区人口的多少成正比。济南、兖州、济宁等地家畜饲养数最多，沂州、莒州地区次之，胶东半岛数量较少。据1915年统计，山东农户养猪总数（5年平均数）为769619头，其中鲁中和鲁西地区575049头，胶东半岛地区22150头。农村畜养的牛，既不是食用牛，也不是专门的役用牛，而是兼有役用、肉食两种用途。同期全省约有成年牛60万头，其中鲁中鲁西地区486090头，胶东地区113910头。养羊业发达的地区为济宁、青州、泰安、博山、长清、沂水等地，青州除一般农户普遍养羊外，尚有不少饲育300—500只羊的牧场。1915年全省养羊总数为480625只，其中鲁中鲁西地区437865只，胶东地区42760只①。

传统家畜业，受小农经济条件的限制和其他历史原因，饲养繁育技术至为落后。民国初年农会调查山东农业情形时曾这样报告："鲁省畜牧，向不讲求，以致种类繁杂，血统混淆；育养技术，尤形卑劣，推厥祖始，几莫能考，畜体衰弱，亦云极矣"②。以养牛业而言，饲育方法"至简易，各农家之称为大户者，尝养至五六头，仅雇用一牛夫，在耕耘之余暇，则

① 吉田新七郎：《山東牛及山東之畜産物》，1916年版，第10—11頁；阙名：《山东牛只贸易状况》，《农商公报》第2卷第5册，1915年12月第17期。

② 陶昌善等编：《全国农会联合会第一次纪事》，1913年，山东农业情形。

放之郊外而秣其青草，夜间则于牛舍收容之，不与他种饲料，至秋冬之际，田野间既无青草可秣，始以麦秆皮、粟秆、玉蜀黍、豆壳等类，切为短末，和水与之”①。这种原始粗放的畜养方式，限制了畜养业的发展。

烟台、青岛开港后，受对外贸易和城市经济发展的刺激影响，山东传统的家畜业逐渐发生变化，开始朝着商品化的方向发展。家畜及畜产制品不仅输往南方地区及省内外城市，而且出口到欧美、日本以及东南亚地区。同时，适应城市消费的需要，肉用牛和乳用牛饲养也有初步发展，与畜产品相关的蛋品加工、新式皮革加工、油脂加工等行业相继兴起。从青岛开埠到第一次世界大战前，由青岛出口到国外的家畜总数达50余万头。民国初年，山东每天输出的鸡蛋数量达100万个以上；1913年仅青岛一港输出的鸡蛋即达2700万个，而由津浦铁路输出的数量较之尤多，春季交易盛时，津浦铁路每日运出量达200万个以上②。伴随农业改良和畜禽产品出口的发展，家畜研究改良和防疫检疫开始起步，牛羊猪鸡新品种渐次引入，引入畜种与本地畜种的杂交选育也在一些农场进行。

二　畜种改良与防疫技术的采用

近代山东家畜新种的引进与家畜的研究改良，起始于德占胶澳时期。德国侵占胶澳后，曾将产自欧洲的牛、马运入青岛，一部分拨归总督府充作役用，一部分拨给德华学校李村农场做饲育试验。但是，首批引入的种畜因气候不适，最后所存无几③。

关于山东牛的形体、体质及其经济价值，青岛德华学校的德籍瓦格纳博士（Dr. Wagner）曾做过研究，并著成《中国牛的研究》一书，于1914年出版。瓦格纳曾用山东牛与荷兰种乳牛进行比较研究，他根据山东牛的诸特点，认为山东牛与黄牛系同种，并与波兰牛同种。瓦格纳还曾在李村农场做过种牛杂交试验，他的试验结论是：山东牛与洋种牛的一代杂种比原山东牛的体型大，第二、三代逐步退化，体形变小，因此改良山

① 阙名：《山东牛只贸易状况》，《农商公报》第2卷第5册，1915年12月第17期。

② 子云：《山东之鸡蛋业》，《中华实业界》第2卷，1915年5月第5期。

③ 谢开勋：《二十二年来之胶州湾》，1920年版，第94页。

东牛以半血种为宜。

日本占据青岛期间，青岛屠宰场曾于1916年做过荷兰牛与山东牛的杂交试验，其后日本人吉田新七郎继续进行这项试验。试验证明，山地牛种的山东牛与低地牛种的荷兰牛杂交后，具有两种牛的优点，杂种牛以半血种遗传为最佳①。

中国政府收回青岛后，青岛农林事务所接收了原李村农场的全部种畜，并在原有繁育的基础上继续进行试验。到1924年，山东牛与荷兰牛杂交繁殖已行至第四代。第一代种牛高4.1尺，日产乳量133两；第二代高4.25尺，日产乳190两；第三代高4.23尺，日产乳273两；第四代已逐渐进化为纯粹欧种②。山东当地牛种具有皮毛光滑和生长发育快的特征，杂交配种后进一步兼有了外来品种的优点。

在牛种改良的同时，还有猪种的引进与改良。民国初年，青岛、济南两地便已引入巴克夏（Beikshire）、约克夏（Yorkshire）等良种猪。与山东当地猪种相比，巴克夏猪种早熟性强，易于催肥，适应性强；约克夏猪种肌肉发达，是腌肉型猪中体型最大的一种；而当地猪色纯黑，发育慢，产肉量少。20世纪20年代，山东农业专门学校曾用引进猪种与本地猪种交配，培育出新一代改良猪种。同期青岛李村农场以巴克夏猪种与当地猪种交配，行至第三代，所产仔猪已具备了杂交猪的各项优良特性。此外，当时济南、青岛两地的农事试验场还引进了西班牙美利奴绵羊、非洲萨纳种山羊以及来航鸡、布拉麻种鸡、普利毛斯洛克种鸡、日本名古屋柯庆种鸡等优良畜禽，按科学方法饲育繁殖，进行推广。

20世纪30年代，在政府农事部门的主持下，仍有不少外国种畜引入山东。1930年南京政府实业部曾拨给山东美利奴种绵羊30只，以改良山东本地羊种。同年，青岛李村农场引进巴克夏猪与当地海西种猪杂交，进行试验，结果一、二代杂种猪的形体、产肉率及饲料利用率均胜过了当地猪种③。1931年，邹县乡村建设研究院试验农场鉴于土种猪血统、体质日渐退化，从国外购入波支猪种，在从事纯种繁殖的同时，用波支猪与邹平

---

① 吉田新七郎：《山東牛及山東畜產物》，1916年版，第80—83頁。

② 民国《胶澳志》卷5，1928年版，食货志，农业；青岛市档案馆编：《帝国主义与胶海关》，档案出版社1986年版，第175页。

③ 青岛农林事务所：《青岛农林》，1932年版，第92—93页。

当地猪进行杂交试验。经过杂交选育的一代杂种猪，不但肉质细嫩，而且产肉率高，当地猪产肉八九十斤，而杂种猪产肉可达一百三四十斤①。

除种畜杂交改良试验外，青岛李村农场还做过多项家畜饲育试验。农场曾试以花生饼、豆饼饲养种牛，试验用虾皮作畜禽的添加饲料，结果发现使用添加饲料后，家畜生长快，鸡产卵多。另外，农场做过的试验还有改良牛乳试验、增加牛乳产量试验、猪育肥与温度关系试验等，通过试验，农场逐步形成一套科学合理的种畜饲育方法②。

在引进良种、从事研究改良的基础上，青岛、济南、邹县等地的农场还在周邻农村进行了不同程度的良种推广工作。推广所采用的方法，是用农场的良种家畜与农户的本地家畜实行配种繁殖。起初农场只是单纯提供种畜，为农家免费配种，后来逐渐改为由农户领饲农场种畜，自行配种。1933 年，青岛农林事务所颁行“免费给发种畜办法”，向周邻农村配发乳用种牛、乳用山羊、绵羊和种猪，规定凡领饲种畜的农户，在领饲期间（通常为 1—3 年），饲养护理费用均由领饲户自行承担，同时负有为周邻农户家畜配种的责任，领饲配种所得收益归其所有，但如领饲种猪，则须于领饲期内缴回幼种猪一对③。这一推广方法，不仅减少了农场饲育种畜的费用，而且也方便了农户家畜的配种。

第一次世界大战后，青岛畜产品出口业已发展到相当规模。伴随牲畜和畜产品的大量出口，每天都有成百上千的牲畜由内地运抵青岛。为使畜产品符合国际港埠检疫标准，青岛海关很早便建立了检疫和防疫制度，并负责对进出口港牲畜进行疫情检查和疫苗注射。同样，拥有先进设备的青岛屠宰场对内地运入的牛只，在屠宰前也要先进行检疫和疫苗注射。起初青岛各港所用疫苗完全依赖国外进口，而进口疫苗价格既昂，种类和数量又不能及时满足大范围防疫的需要。在各地对疫苗需求日趋增大的情况下，南京政府曾多次派员考察，决定在几个沿海城市建立机构，自行试验生产防疫疫苗。

1930 年 6 月，实业部所属青岛商品检验局首先在沧口设立兽疫血清

① 山东乡村建设研究院编：《山东乡村建设研究院农业改进实施报告》（誊写本），1932 年。

② 胶澳商埠局：《胶澳商埠行政纪要续编》，1929 年。

③ 青岛市政府编：《青岛市政府行政纪要》第 9 编，1932 年版，农林。

制造所，试验制造血清疫苗。翌年，山东博山、淄川等地以及上海、汉口、无锡、镇江、杭州等地发生大面积牛瘟，各地到制造所订购血清疫苗的数量骤增，以致使制造所制品供不应求。同年秋，制造所一边扩大生产规模，着手兴建新所，一边派出技术人员到日本考察防疫办法，到美国旧金山学习血清制造标准，同时向德国、美国订购大批新式机器设备。当年 12 月，制造所新址落成，不久机器设备也安装完竣，正式投入批量生产。

青岛血清制造所是当时国内规模较大的疫苗生产和试验机构，所内设三个研究室以及细菌培养室、培养基制造室、解剖室、免疫猪室、疫畜室等。第一研究室专门研究滤过性病毒和细菌，第二研究室专门从事病理标本制作与研究以及炭疽病检查，第三研究室负责狂犬病检查。到 30 年代中期，血清制造所已能批量生产牛瘟血清和预防液、炭疽血清和预防液、猪虎列拉血清和预防液、狂犬病预防液、家禽虎列拉血清、鼻疽诊断液、牛痘苗等防疫药品。疫苗制品的销售地以平、津及山东本省为主，其次为沪、杭、赣、鄂、桂、闽等省市，此外尚有少部分销往国外。1931 年，日本大阪药物研究所就曾从制造所订购一批牛疫预防液、猪虎列拉血清和狂犬病预防液①。

血清制造所在研制血清疫苗的同时，还在一些地区开展了牲畜防疫工作。1931 年春博山、淄川等县牛疫蔓延，制造所派员义务到这些地区实施牛疫预防注射，先后注射耕牛 300 余头，骆驼数十头，经过这次防疫后，两地牛疫基本未再发生。另外，制造所还在青岛各乳牛场实施牛疫预防注射，青岛牧场、农村事务所牧场采取防疫注射后，效果显著，牛疫基本杜绝。

1934 年后，制造所开始为各县农技术人员培训畜疫防治技术，传授血清防疫注射方法。培训期一般为四个月，期满结业后，由省建设厅发给家畜注射器械和药品，学员以技术员名义，负责所在县家畜的防疫注射②。

---

① 国民党中央党部国民经济计划委员会：《十年来之中国经济建设》第 2 章，1937 年版，第 128 页，第 148 页。

② 同上书，第 14 章，1937 年版，第 14 页。

三　渔业教育和改良机构的创办

山东为滨海省份，胶东半岛横跨黄海和渤海，全省海岸线北起无棣，南至日照，长约2400华里。清代，伴随沿海地区的不断垦殖开发，渔户、渔船、渔获量均较前代增加。光绪年间，胶澳地区已有渔村160余处；海阳有沿海居民数万户，"全赖终生捕鱼养鱼"；掖县"北境濒海，民殖鱼盐以生"；蓬莱"沿海居民，多以捕鱼为业"；而文登沿海诸岛，"春夏之交，渔者云集"①。据统计，到民国初年，山东沿海已有渔民近2万户，各种风帆渔船11495只，年渔获量约25万担。但是，在传统经济条件下，渔业生产方式历代相沿因袭，缺乏明显改进。沿海捕捞，所用渔网渔具既小且陋，捕捞范围很少超过百海里；水产加工仅限于传统的腌晒法，产品难以远销；渔民生活贫困，缺乏资本，无力改善捕捞生产条件。

德国侵占胶澳后，德商文窦林在青岛创办"中国渔业有限公司"，首次在山东沿海使用西洋渔具，用小轮船捕鱼②。其后，日本渔船开始侵入山东沿海渔场，进行捕捞作业，不少日本渔船甚至在山东海岸泊岸晒网，引起山东各界人士的关注和抗议。为了抵制日本渔船的侵入，维护渔权，在清末新政时期，倡导改良的渔业机构和团体开始兴起，以谋求振兴渔业，近代渔业的改良亦由此发端。

近代渔业生产的改良是整个农业改进的一个组成部分，它的内容包括成立渔业改良机构、创办近代渔业教育、发展机船渔业（渔轮捕捞）、兴办新式水产品加工业、水产养殖等几个方面，其中机船渔业的兴起与发展对渔业的影响最大。

清末，烟台等地绅商有鉴于日本渔业的兴盛及新式渔业可观的赢利，开始仿效日本渔业的发展方式，募集资金，筹设渔业公司。1905年3月，在山东巡抚周馥的支持下，前署礼部侍郎王锡藩在烟台开办山东渔业公司。公司集股银4万两（内有山东商务局官股1万两），聘黄县商人梁礼

① 光绪《海阳县志》卷2，1880年版，盐法；光绪《掖县全志》卷1，1893年版，物产；光绪《蓬莱县志》卷5，1882年版，食货志；光绪《文登县志》卷1上，1922年刊，山川。

② 金毓黻：《宣统政纪》卷4，1934年版。

赞（体贤）为总董事，协理日常业务。公司成立后，以渔船保护、渔具渔法改良、鱼类腌制销售、水产养殖为业务宗旨，先后派人赴广东招聘腌鱼工匠，考察沿海捕捞，并向日本订购电船、电网及其他新式渔具，雇募渔艇，参用西法捕鱼。同年4月，公司还在烟台开办水产小学校，招收附近渔民子弟入学，3年间入校学习的学生约40余人①。这是山东最早从事水产启蒙教育的学校。

1906年，山东渔业公司曾派人携带渔船模型、巨网捕鱼模型、山东各海口所产鱼介26科标本，赴意大利米兰参加国际博览会渔业分会；同时派人赴英国考察渔业，学习井水蓄养海鱼之法，并于次年在烟台进行试验。1907年，公司再次派人去广东雇募"谙悉养鱼善法之工匠，携带粤省所出之肥大蛎黄"，在烟台凿池注水，试验放养，开了近代山东海产养殖之先声。同年公司还搜集山东沿海所产鱼虾蟹类，制成各种标本72件，送农商部农事试验场陈列②。1908年公司又在烟台创设水产学堂，聘日本水产专门教师任教，招收"山东渔民子弟入堂肄业，学习水产制造法"。山东渔业公司的各项渔业改良举措无疑具开创意义，并取得了一定成效。但是，由于管理上的漏洞，公司在经营上却出现了"赔累甚多"的局面，尽管后来"办理大有进步"，但最终还是因"滥费过巨，物议沸腾"，于民国成立之初被迫停办③。

民国成立后，一些热心改良的人士上书当局，筹划发展山东渔业，呼吁推行渔业改良。在社会各界的倡导推动下，山东地方政府先后在烟台成立了水产试验场、水产讲习所、水产学校等渔业改良教育机构，通过这些机构来推动渔业改良和发展。

1917年10月，山东省省长公署划拨专款，在烟台西沙旺创办省立水产试验场，经办人为原直隶甲种水产学校毕业生陈葆刚。试验场内设渔捞、制造、养殖三科，占地约3.5亩，有技术员、职员、练习生20余人，并配有3马力汽艇一艘，专门用于海洋资源调查④。试验场成立之初，业务以捕捞为主，后增添制造，除生产冻粉外，还兼制罐头和精盐。养殖科

---

① 《东方杂志》第2卷，1905年12月第11期，实业；第3卷，1906年7月第6期，实业。

② 邓实辑：《光绪丁未政艺丛书》卷2，政艺图表；《山东官报》，1907年11月第66期。

③ 《盛京时报》第181号，1907年5月31日；《山东公报》，1912年8月第78期。

④ 李士豪，屈若骞：《中国渔业史》，商务印书馆1937年版，第115—116页。

设专门渔场，从事水产养殖试验。1928—1929 年间，试验场“被张宗昌驻军竭泽而渔，食其鱼族，捣其鱼池”，业务陷于停顿。30 年代后，试验场各项业务逐渐开始恢复，年经费增至 13000 余元。但是，由于试验场每月开支薪水即占全部经费的 80%，用于业务的经费所余无几，“发展颇感困难”，难以开展广泛而系统的渔业改良工作①。

1923 年，山东省水产讲习所在烟台成立，由创办人尉鸿模任所长。讲习所设渔捞科，专门培养水产技术人员，年经费为 5000 元，有教职员 10 余人，学生 30 余人。但是由于经费不足，入学人数少，讲习所一直是惨淡经营，成效甚微。1930 年讲习所被迫停办，房产设施由山东省水产试验场接收②。

“七七”事变后，烟台水产试验场人员大部分逃散，各项设施器材也遭到严重破坏。烟台日伪政权成立后，在该场的基础上设立水产组合，增设冷藏库和海带养殖场，从事水产加工和养殖。

四　渔轮业及海产品加工业的兴起

山东传统沿海渔业捕捞，所用渔船多为帆船和风船。风帆船通常多在近海渔场作业，且只能捕捞上层鱼类。船的种类大致分为大风网船、小风网船、流网船、挂网船等数种，捕捞方式与渔船渔具相适应，主要有以下八种：

（1）挂网捕捞：挂网网口呈正方形，网具可随水流转动，一船普通约挂 20 余只网，专用于在沿海捕捞杂鱼和虾。挂网首创于荣成一带沿海，相传有二三百年的历史，后来在鲁东南沿海使用最广。

（2）圆网捕捞：圆网系山东半岛南部特有的一种单船无囊围网，圆网船通常有渔夫六七人，专用来捕捞带鱼。

（3）流网捕捞：流网属刺网类渔具，由若干横长纵短的长方形网片联结成一垣状，网具与船同时随风和海流漂移，故称“流网”。流网主要用于捕鲭、鲥等鱼类。

---

① 高维聚：《山东渔业急应改进之要点》，《水产导线》创刊号，1933 年 1 月。

② 张玉芝：《烟台渔业之调查》，《水产学报》，1932 年 7 月第 2 期。

（4）曳网捕捞：分单船和双船作业，专用于捕捞乌鱼及杂鱼。

（5）元网捕捞：元网实际是小型圆网，专用于海湾浅水捕捞，捕捞鱼类为乌鱼和杂鱼。

（6）张网捕捞：张网一般张设在鱼虾类较集中的海区，主要用以捕捞小鱼虾。清初胶东沿海即已有张网渔业，后逐渐普及于沾化、寿光等地。

（7）风网捕捞：风网是一种以围捕黄花鱼为主的无兜围网，分布于长岛、蓬莱、掖县等地。

（8）大网捕捞：大网在烟台一带使用最广，专用于捕捞杂鱼。

旧式风帆船，大者可容渔夫七八人，小者容四五人，船体小，经不起远海风浪，“采捕路程未曾超过百浬，海洋深远之处，莫敢问津。至于所用渔网，即小且陋，钓鱼为业者，钓线、钓竿及鱼钩、鱼饵，亦墨守成规，帆船下网，既借风力，又赖潮流，稍有不合，即受影响”，所以捕捞产量很低①。

早在1913年，日本某汽船会社就曾在德国胶澳当局的许可下，派渔轮在胶州湾一带从事捕捞。1914年日军占领青岛后，日本渔轮更是屡屡驶入山东海域，制造侵渔事件。1916年日本在胶州湾捕鱼的渔船已多达134只，渔获量价值972万日元，这一年日商还在青岛成立水产组合，开始在胶州湾从事渔轮手操网渔业。1917年日商又集资30万元，由水村正平发起成立山东水产株式会社，经营大规模鲷鱼延绳钓渔业，掠捕黄海渔场渔业资源②。

在近代新式渔业和日商侵渔的刺激下，山东民族资本开始积极筹划兴办新式渔轮业。1921年，原烟台政记公司永利轮买办辛作亭“因见于日本手操网渔业试验成绩优良，为挽回利权外溢之见”，赴日本下关购买30马力单汽缸机动渔轮2艘，命名为“富海”、“贵海”。二艘渔轮延聘日本人任船长、大车，在沿海试航捕捞，渔获量颇丰③。自此国内始有中国人自己办的轮船手操网渔业。翌年，烟台又增加30马力单汽缸渔轮4艘。

① 何坚：《青岛市渔业之现在与将来》，《水产月刊》第3卷，1936年11月第11期。

② 谢开勋：《二十二年来之胶州湾》，1920年版，第99—100页。

③ 张宝树：《烟台渔轮业》，《水产学报》，1934年11月第4期。

渔轮船体龙骨部呈锐尖形，重心在下，能经得起风浪；另外渔轮马力大，能使用拖网捕捞底层鱼，所以渔获量远比旧式风帆船大。当时“因水产丰富，渔轮较少，故大有取所欲取，载所欲载之势，各渔轮营业均极发达”。于是，在烟台之后，青岛、威海、石岛等地也相继有华商渔轮业兴起。20年代末，渔业商人资本的发展为渔轮业的兴起提供了条件。当时烟台有许多鱼商“因营业日有起色，多兼置轮船，自营渔捞，有独家经营者，亦有三数家合营者，渔轮则一艘、二艘、三艘不定，历年成绩，尚属不恶”①。到1933年，以烟台为行渔基地的渔轮已达140艘，共有船员1600余人。同期，青岛有拖网渔轮92艘，渔轮动力多为50—70马力，航速5—8海里，每艘渔轮有船员8—12人；威海有渔轮26艘，船员286人②。渔轮业的发展，使山东成为当时国内新式渔业最为发达的省份。此时一些渔轮公司通过资本扩充和不断购置新船，已具备了一定规模，如烟台利盛公司有渔轮20余艘，洪兴公有渔轮6艘，新成公司有渔轮7艘，诚生公司、海产公司各有渔轮4艘③。1936—1937年，山东渔轮业发展至鼎盛，烟台渔轮总数达197艘，其中能正式出渔的渔轮157艘，威海渔轮达70艘④。

1921—1927年手操网渔轮业初创时期，渔轮船体构造简单窄小，马力相对较小，发动机为有水式重油发动机，燃料消耗高，运转也欠灵便。1928年后渔轮业逐步改进，以构造坚固轻便、马力大、速度快及操作便捷为发展趋势。是年，烟台定造的渔轮，发动机均改为无水式重油发动机，功率达到55马力，速力由6.5海里提高到7海里。1933年建造的渔轮，平均功率增至70马力以上，航速达到8海里。

1927年以前烟台等地定造的渔轮，其船体马力均超过发动机马力，如船体功率为60马力，发动机功率则在50马力左右，这样设计的目的是

① 张玉芝：《烟台渔业之调查》，《水产学报》，1932年7月第2期。

② 张宝树：《烟台渔轮业》，《水产学报》，1934年11月第4期；青岛市社会局：《青岛市渔业调查》，1933年版，第7页。

③ 张宝树：《烟台渔轮业之现状及今后之改进》，《水产月刊》第3卷，1936年2月第2期。

④ 王品三编：《烟台渔业汇编》，烟台市渔会、同业公会合刊，1949年；宋修阜：《威海卫渔业现状及补救方法》，《水产月刊》第3卷，1936年11月第11期。

减少船体振动，藉资保障安全。1928 年后，新造渔轮则与前相反，发动机功率均超过船体功率（普通超过值在 10 马力以内），以便增高航速，提高捕捞作业的敏捷程度。

表 12　　烟台历年增添渔轮统计表（1921—1935 年）

年份	增添艘数	平均吨位	平均马力	速度（海里）	发动机种类
1921	3	25	30	4	有水式重油发动机
1922	4	25	30	4	有水式重油发动机
1923	3	32	35	5	有水式重油发动机
1924	3	32	35	5	有水式重油发动机
1925	15	40	50	6.5	有水式重油发动机
1926	11	40	50	6.5	有水式重油发动机
1927	14	40	50	6.5	有水式重油发动机
1928	19	45	55	7	无水式重油发动机
1929	15	45	55	7	无水式重油发动机
1930	2	45	55	7	无水式重油发动机
1931	1	45	55	7	无水式重油发动机
1932	30	52	68	7.8	无水式重油发动机
1933	15	52	70	8	无水式重油发动机
1934	6	52	70	8	无水式重油发动机
1935	10	54	72	8.5	无水式重油发动机

参考资料：张宝树：《烟台渔轮业之现状及今后之改进》，《水产月刊》第 3 卷，1936 年 2 月第 2 期。

手操网渔轮的捕捞方法，系利用曳网的惊吓作用，使鱼类惊集，然后借船体的高速航行，急拖网具，追逐鱼群，使鱼脱逃不及，群集于网中。1920 年代手操网渔法采用初期，系采用一艘手操网渔法（俗称拉小网），其后渐渐有部分渔轮采用二艘手操网渔法（俗称拉大网），用以捕捞对虾和鲷鱼。30 年代后，大部分渔轮已改用二艘渔法。一艘渔法向二艘渔法过渡的原因有三点：第一，经长时期捕捞，沿海鱼类资源已减少，而且容易惊散，非用二轮高速曳行，不易群集鱼类于网中；第二，二艘法曳行速度快，渔具大，捕获的鱼也比较整齐；第三，二艘法捕捞范围大于一艘法，抗御海上作业风险的能力也较强。30 年代中期，采用二艘法作业的渔轮，生产经营状况明显好于一艘渔法作业的渔轮，当时烟台每对渔轮年盈利平均 4000 元以上，而一艘渔法只有少数渔轮能有盈利①。

近代渔轮捕捞业的兴起与发展，是传统渔业向近代化渔业转变的一个重要标志。采用渔轮行渔，实现了捕捞作业的动力化和机械化，航行不再依靠风力或人力，捕捞范围扩大，渔业生产力和生产效率也随之提高。1932 年烟台渔轮业的捕捞产量已达 5478 万斤，产值 250 万元，而据实业部调查，同期全省沿海渔业的总产值为 1500 万元左右（当年渔业总产值 1568 万元，其中沿海渔业占 96%）。如果在加上青岛、威海两地渔轮业产值，渔轮业在当时渔业生产中已占相当比重②。

海产品的保鲜，传统方法一般为冬季在封冻的河上取冰，储藏地窖中，俟来年夏使用。民国初年，工厂化制冰冷藏技术传入，渔港开始出现商办的机器制冰冷藏工厂。1917 年 4 月，日本商人在青岛设立大连制冰株式会社青岛支店。青岛制冰工厂建筑设备费共 4.1 万元（大连会社资本总额为 50 万元），年制冰 30 万斤，20 年代中期制冰量增至每日 4 吨③。同年日、美商人还合资在青岛开设了石桥冷冻厂。20 年代，华商创办的制冰工厂也迭有兴起。1920 年烟台醴泉啤酒公司创办制冰厂，1923 年经扩建后，该厂共有 150 吨氨压缩机 3 台、15 吨制冰机 1 台，日产冰 15 吨，除供本厂需要外，还为渔港提供制冰。1924 年 4 月，烟台商人孙蚨亭等人合伙投资近 10 万元，在当地创办捷敏制冰厂，工厂有 2 套美制 20 吨制冰机，日制冰 60 万斤，可同时冰储海产品 60 吨，这是烟台第一家专业性海产冷冻保鲜工厂。1929 年威海商人在当地成立新光制冰公司；翌年，又创办晶明制冰公司。晶明制冰厂有 10 吨、15 吨氨压缩机各 4 台，制冰机 2 台，日制冰 20 吨。随着烟台渔港冰储保鲜业务的增长，1934 年华商又在烟台开办了地山制冰厂。这家制冰厂资本额为 10 万元，日产冰 40 万

---

① 张宝树：《烟台渔轮业之现状及今后之改进》，《水产月刊》第 3 卷，1936 年 2 月第 2 期。

② 张宝树：《烟台渔轮业之现状及今后之改进》，《水产月刊》第 3 卷，1936 年 2 月第 2 期；实业部国际贸易局：《中国实业志（山东省）》，1934 年版，（巳），第 50—51 页。

③ 高橋源太郎：《最近の青島》，1918 年版，第 90 頁；民国《胶澳志》卷 5，1928 年版，食货志，工业。

斤，制冰专供渔港渔船使用。迄至抗日战争前，烟台、青岛、威海三个主要渔港都已有了近代化的制冰工厂，机器制冰保鲜已成为海产品保鲜的重要手段。制冰保鲜技术的采用，为延长海上渔捞作业、扩大海产品的销售范围提供了条件。

海产品加工是渔业生产的一个基本组成部分。传统海产品加工的基本方法为腌制或晒制，海民所获鱼类，除售于贩鲜船和鱼行外，“皆盐干、盐藏或晒藏之”。民国初期，罐头制作技术传入山东，从而逐步改变了传统渔业原始单一的加工格局。1915 年 10 月中日合资经营的青岛罐诘会社成立，除制造肉类罐头外，还兼制鱼类罐头，这是山东最早的一家加工海产品的罐头工厂，年生产能力为 7900 箱①。稍后，日本山口商会和日商南条正吉也分别在青岛设立罐头工厂。以上三家工厂“皆用新式机械制造物品，制造成装于铁罐之内，包以华美之物，其上绘以所装之物品形式，印以商标，输于欧美各国”，“其次销于本地及内地者各埠者亦不少”②。1916 年 6 月，烟台商人孙松荪发起成立东亚罐头股份有限公司，资本 2 万元，生产海产品罐头及水果、肉类罐头。1916 年公司海产品罐头的年产量为 11200 打。东亚罐头厂成立之后，1921 年烟台德丰、福兴公两家罐头工厂相继成立。1926 年又有振业罐头厂成立。三家工厂生产工人自 20 人至 60 人不等，均以生产鱼虾罐头为主，并兼制水果罐头。1936 年，烟台东亚等四家罐头厂年罐头产量约 25000 箱，产值约 20 万元③。1932 年，设于烟台的省立水产试验场也曾试制过鱼类罐头，这一年试验场采用脱气杀菌法，制造出大口鱼油渍罐头，1936 年试验场又试制成功鲍鱼罐头④。

民国以前，用沿海石花菜制造的冻粉悉由日本进口，国内不能制造，故当时冻粉又有“洋粉”之称。民国初年，赴日留学生梁道源在日本学会冻粉生产技术，回国后在山东沿海收购石花菜，开始从事冻粉生产。经过苦心经营，梁道源先后在日照、烟台等地设立了 10 处制造所，年加工

① 〔日〕青島守備軍民政部：《青島ノ工業》，1919 年版，第 75 頁。

② 林传甲：《青岛游记（续）》，《地学杂志》第 9 卷，1918 年 6 月第 6 期（总第 96 期）。

③ 北支经济调查所：《北支那工场实态调查报告（芝罘之部）》，1940 年版，第 107—111 页。

④ 《山东实业公报》报告，1932 年 4 月第 10 期。

冻粉40万斤。1915年，山东省物品展览会上有12家工场的冻粉送会展出，其中崂山洋粉公司、烟台山东冻粉有限公司的展品获得金牌[①]。30年代，冻粉加工厂已遍及山东沿海各主要海产品出产地，逐渐形成一种加工行业。

五　渔业改良的局限

渔业改良，是传统渔业迈向现代化的必由之路。发端于清末、在民国前期有较大发展的渔业改良，使有数千年历史的传统渔业发生了相当程度的变化，水产教育和渔业改良试验机构从无到有，各项改良举措的逐步推行，渔轮业的创立与发展，新式水产品藏储技术的采用，水产品机器加工业的兴起，这一切都使近代渔业有别于传统渔业，可以说，渔业改良所带来的种种变化，已使传统渔业踏入向现代渔业发展的门槛。

然而，踏入门槛的渔业改良进程却是步履蹒跚，进步缓慢，改良并未从根本上改变传统渔业的落后状况。即使就改进程度最大的捕捞业而言，渔轮业的发展也没能使传统捕捞业发生整体性的改变。在渔业生产中，传统风帆船渔业仍占据主导地位。战前（1936年），山东全省从事沿海渔业的渔民劳力有7.1万人，其中绝大部分以传统风帆船捕捞为业。以胶东为例，30年代前期，各处渔港共有帆船8980只，风船2400只，而渔轮只有158艘，另外在烟台渔港2万多渔民劳力中，从事渔轮作业的渔民只有1600余人[②]。30年代中期后，因周边社会经济形势的恶化，渔业非但没有改进，反而出现了重重危机。渔业危机主要表现在以下几方面：一是城乡市场萧条，购买力下降，鱼类消费量减少，致使鱼价低落，传统风帆船渔业经营入不敷出，渔民贫困现象日趋严重；二是渔业资源枯竭，产量减少“渔业者希图一时渔获量之增加，均未以渔业前途为前提，故滥行捕获，大有捕绝捞净之势，关于鱼卵、鱼苗（稚鱼）之保护问题，尤未稍加注意”[③]，造成近海捕捞效率降低；三是鱼价日贱，成本费用不断增加，

---

① 山东省水产志编纂委员会：《山东省志·水产志资料长编》，1986年版，第435页。

② 山东省国货推销委员会《山东省各种特产调查报告》第1册，1935年版，第15—16页。

③ 张宝树：《烟台渔轮业》，《水产学报》，1934年11月第4期。

渔轮业前景变得日趋暗淡。1932 年烟台手操网渔轮年渔获产值 250 万元，业内获利者占三分之二，稍有余利或稍有亏损者占三分之一。1933 年渔获产值降至 180 万元，业内获利者只占三分之一，收支持平者占三分之一，而亏损者占三分之一。渔业亏损迫使一些渔轮改作运输船，从事沿海走私①。四是外轮侵入，在黄渤海渔场滥肆捕捞，尤其是日本渔轮，任意侵入，每年捕获，为数不赀，给山东渔业经济造成极大损失。

① 张宝树：《烟台渔轮业》，《水产学报》，1934 年 11 月第 4 期。

小结　农业改进:迈向现代化的脚步

近代意义上的农业改进肇始于清末新政时期，民国以后步入制度化的发展时期，到抗日战争爆发时，前后持续了30余年。

农业改进就对象而言，就是改良世代相沿的传统农业。明清时期的传统农业尽管有缓慢的增长，但这一增长却为更快的人口增长所抵销。而到19世纪末，继续依靠传统的农业增产方法、手段和知识资源，已不能带动日形羸弱的农业向前发展。在传统的农业模式下，生产技术变化很少，品种、耕作及肥料使用技术已经相对比较成熟，传统的小农农业根据长期的生产经验，已经把其中所能支配的生产要素作了最佳配置，不能再像过去那样靠增加生产要素或改变要素配置来提高生产效率，而且增加这些传统要素的边际产值也很低。由于不具备农业技术更新所需的科学试验组织、科学方法和技术知识等资源，传统农业已明显缺乏促进生产增长的潜力。

开埠通商后，农业所处的环境发生了前所未有的变化。当时农业所面临的，即有传统形式的人口压力，又有来自市场、工业及商品化手工业发展的要求。近代农业改进正是由这样的环境“诱导”产生，而不是像英国18世纪的“农业革命”及近代西方农业的发展那样，由农业系统自发产生。在不骤然改变即有的土地和产权制度前提下，农业改进被当时的社会改良团体、机构以及具有进步思想的人士、阶层和社会舆论视为扭转农业落后面貌，提高农业生产和农民生活水平的根本出路，因而不遗余力对之加以倡导推行。即使当时的统治集团、政府部门，为了缓和农业衰退带来的危机，抵御消解外来经济逼迫，也将农业改进纳入农业政策之中，并建立相应的机构实施某种程度的改良和推广。

从清末到抗日战争爆发前，农业改进的基本内容主要有以下几方面：

1. 制定实施以改良传统农业、提高农业生产水平和商品化程度为主旨的农业发展政策；

2. 建立初步的国家、省、县三级研究试验、教育培训、改良推广体系，中央和地方政府成立专门性农事试验场，并由这些试验场主持开展试验改良和推广活动；

3. 在种植业、蚕桑业、林果业、禽畜业、渔业等方面，开展科学试验研究，引进国外作物良种、家畜良种和种养技术，培育改良新品种；

4. 以政府实业部门、农事试验机构、农事改良机构为主体，在农科院校、工商企业与团体的参与下，进行多种形式和内容的农业推广，其中包括推广良种以替代传统常规品种，推广化肥、农药和防治病虫害方法，推广科学的种养技术（如种子处理技术、养蚕技术），兴办农田水利建设，等等。

从内容和发展进程上看，农业改进的历史演进包含着一种由旧系统向新系统过渡，由传统趋向现代的含义。概括而言，近代农业改进大致可定义为：在国内外市场扩大、贸易流通结构变化、机器工业发轫成长、手工业转型的背景条件下，由国家和地方政府制定推行改进发展农业的政策，并以这一政策作为指导，通过建立各类农业试验、改良、推广及与之相关的督导管理机构，将近代农业科学技术推广应用于生产过程，使包括良种、栽培技术在内的新技术逐步为农户所接受。

在近代农业改进进程中，显现出现代化开端或初期的某些特征，这些特征包括：

1. 科学精神。以近代科学思想为指导，采用科学试验的方法，探求适合本地土宜条件的栽培技术和品种，宣传推广近代农业科学知识，倡导用近代农业科学来改进、替代、丰富传统农作经验。

2. 农业改进在一定程度上以有组织、有计划的方式推行，与传统农业自发改良的路径不同。通常，农业改良机构和农技专家进行试验改良和推广，要经过预先规划，设立科学的指标体系，依循科学方法，以求达至预定目标。

3. 改进过程与市场经济变迁和工业化进程相互影响。首先，农业改进的动因对许多地区的种植业来说，源自于贸易和工业化的发展，如棉花、烟草、花生等作物的改良，是为了适应工厂生产和贸易的需要，改进的方向是向工业提供更多符合机器生产或贸易需要的农产品，使农产品的品质、规格更适合工业化和贸易的要求；其次，生产工具的改良和推广往往直接来自近代工业的支持和提供，如改良水车、抽水机、引黄虹吸管、渔轮，等等；再次，农户受市场价格机制的驱动，为了获取更大的市场交易收益，而采用改良品种，接受和参与农业改良。

4. 农业改进与农村合作组织相结合。20世纪30年代后，试验改良机构往往与农村合作组织携手，通过合作组织在农村合办原种圃、特约农田，而农户则由合作组织介绍贷款，通过合作社领取良种，三者间的联系与合作，成为农业改良推广的重要形式。

5. 在不触动当时农村社会生产关系的前提下，农业改进走的是一条土地替代型的技术选择之路。技术进步是农业生产率增长所需的最重要因素，这一增长可以经由两种不同类型——“节约劳动型”和“节约土地型”——的技术或途径来实现，前者力图通过使用机械来替代劳动，而后者力图通过增加技术和劳动的投入来替代土地①。在土地、资本等生产要素的配置受到旧制度严格限制的情况下，身处近代市场经济中的农民，受土地制度约束和市场变迁的影响，在农产品市场价格的刺激下，倾向于选择那些能够替代稀缺生产要素（如土地）的技术。于是，品种选育推广和改善水肥条件的道路，便形成了研究机构、推广组织、农民三者普遍一致的选择。近代农作品种的引进、良种的选育推广、各种形式的灌溉方式的推广，一直是农业改进的主流，技术选择在此得到体现。制度是刚性的，只有大规模的社会政治变革才能对其加以改造，而技术则具有弹性，似乎可以因地因时而异。

6. 与改进途径相关联，改进的作用主要表现在提高土地生产率，而不是提高劳动生产率。农业改进过程中的棉花、烟草、玉米等作物良种的引进、选育、推广，耕作制度的改良（如提高复种指数、轮作、棉花的连作、增加人工灌溉等），其结果，劳动净收入的提高并不显著，与“传统”相比，“近代”似乎是更为劳动密集性的。

试验农场、农学院校、推广机构是近代农业创新的发起者、倡导者和推行者，在新技术传播扩散过程中起着至关重要的作用。这类机构或由政

① 早见雄次郎、弗农·拉坦：《农业发展：国际前景》，商务印书馆1993年版，第45页。

府拨款支持，或由工商团体、学校资助，集中了一批农业科技工作者，试验推广工作循着一定的计划和方向进行，从而使农业改进具备了制度化和科学化的雏形。

自耕农是农业改进进程中科学知识、技术手段最早同时也是最基本的应用者。各项改进首先对自耕农这一群体最为有利，他们自身的素质、需要和能力使之最有可能获取资助和指导。在小农经济制度下，一个自耕农享有自身生产和产品的“残余”权利，获得他劳作的一部分收益，因此自耕小农经济自身具有采用新技术的“激励机制”，这是近代农业改进的前提。在土地制度不变，土地资源未能得到有效合理配置的情况下，自耕农为解决家庭人口和消费增长的压力，亦有接受农业改良的切实需要。而无地和缺地的贫困农户通常则缺乏必要的经济条件，难以承担改良农作物的风险和不确定性，贫困将他们排斥于农业改进之外，使他们无法从中受益。农村中的经济状况，决定着农业改进进程主要发生在改良推广机构和自耕农或富农之间。

在农业改进影响所及的地区，传统农业与现代之间建立了某种联系，改进也或多或少取得了一定成效。这些成效表现在以下几个方面：

1. 通过开展以良种选育和繁育为主的农业科学试验，育成了若干粮食和棉花等经济作物新品种，其他方面的农业科学试验也从无到有，取得了一定成效与进展。近代农学试验研究在中国农业发展史上具有特殊的意义，它意味着传统农业那种自然无意识的演进，将被有目的、循着一定方向、按科学方法推行的改进所取代。

2. 经过长达30年之久的良种推广，棉花、烟草、花生以及个别粮食新品种在一些地区得到较大范围和较大面积的推广，并对当地农业产生了持久的影响。同时，近代农业科学技术知识也得到了一定程度的传播。

3. 农业改进意味着更多劳动力、资本和技术的投入，其结果自然会提高农业生产的集约程度。此外，农业改进还在一些地区改变了传统的耕作制度，如南方的双季稻推广，北方玉米、地瓜的推广种植，带动了一年两作制的扩散普及，使耕地复种指数得以提高。在农业劳动力相对过剩的情况下，农业改进和推广成为吸收多余劳动力、改变劳动力农田使用结构的重要途径。

4. 从局部改善了农业生态环境。一批水利工程的修建、井渠灌溉的增加以及改良灌溉工具的采用，使农田灌溉面积增加；植树造林、良种推广、一定数量化肥农药的采用，在使部分地区的生态环境和农业生产条件有所改善，并在生产上得到一定程度反映。

5. 培养造就了一批农业研究试验和推广人才。这批农技人员接受过程度不同的科学教育和训练，具备一定的实践经验，在当时艰苦孤寂的环境中，他们通过不懈探索，取得了一批研究试验成果，在育种学、农艺化学、土壤学、肥料学、病虫害学诸多领域为中国现代农业科学奠定了基础。

农业改进所取得的绩效尽管尚未达到引起变革的程度，但改进作为一个变量，毕竟导致了一系列的变化和变迁——生产种植结构向商品性农作物倾斜，专业化产区开始形成，农业商品化程度有了显著提高，市场成为左右农业生产兴衰的重要机制。变化和变迁至少有两个方面的意义：其一，支持了同期工业化的发展，为工业化提供了数量不断增长、质量有所改善的农产品，如棉花、烟草、小麦、油料作物等；其二，推动了农业商品化进程。技术推广——如使用化肥、农药、水车、豆饼、烤烟工具等——使越来越多的生产资料要在市场购买，同时基于交换和消费的需要，农产品的商品率也大幅度提高，农户与市场的联系因此有所增强，这是技术推广的必然结果。从因果关系上看，农业改进以近代市场经济的变迁为前提，反过来又促进了市场经济的发展。

农业改进的核心是农业生产技术的进步，其本质就是在政府农业政策的倡导下，将新的作物品种、栽培方法、耕作制度、防治病虫害方法以及新生产要素应用于生产过程，以逐步替代对应的传统方法和手段，从而建立新的生产增长模式，并将之加以推广。此时的进步不论其横向或纵向比较处于何种层面，只要它对传统农业有所改进，能给传统农业带来新知识、新方法和新手段，那么它就具有了一定的革新意义。

其实，正是由于有了改进，"传统的"与"近代的"才有了比较上的意义。

长达 4 个世纪之久的明清传统农业与开埠通商后的近代农业，可以看作农业史上的两个不同阶段，将两个阶段加以比较，其外部条件与内涵无疑有许多相同未变之处，但同时也确实存在着若干显著而非细微的差别。两个阶段的相同之处在于产权制度（土地所有权形式）和基本的耕作模式，在这两个方面，近代农业与明清传统农业实无大的差别和歧异。差别由农业改良引起。近代以后，技术改进和推广在农业中开始显露端倪，并在部分地区产生了一定的作用和影响。在新技术的获得方式和扩散途径上，“近代的”与“传统的”之间存在着明显差别。明清时期及其以前的农业史，技术的传播扩散主要借助异域文化的交往和人口流动，带有浓厚的自发性。而在近代，有计划有组织的农业推广逐渐成为技术扩散的主要途径。以品种改良为例，明清时期传统农业的新种来源主要靠农民自身“发现”和串换；而近代则是靠自觉有计划的品种改良，其途径一是从国外有目的地引进，一是由试验农场用科学方法培育获得。传统农业尽管积淀了丰厚成熟的生产经验，但现代科学和技术还远在大门之外；而对近代农业来说，科学技术则开始缓慢地渗入到生产领域。

就最一般、最典型的特征而言，传统农业进步与近代农业改进的显著差异在于：明清时期传统农业的进步，动力源于人口及城镇消费的压力，生产力的发展主要依赖农业劳动力投入及农业复垦面积的增加，改良技术的扩散靠自发传播的途径，即先进的方法由先进地区向落后地区传播；而近代农业改进的动因则来自开埠通商后市场经济发展的需要和工业化进程的需要，改进的途径是运用推广近代农业科学技术，用科学方法改良传统农业，生产力的增长依靠农业改进的推助，而且劳动力、技术和资本投入的增加，也是由改进所引起。在一些地区，新品种推广、灌溉方法改良以至化肥与农药的使用，确实成为农业生产赖以增长的主要手段。这是一种由依赖自然资源维持生存到依赖科学资源促进增长的历史性转变。这种差别恰是由农业改进促成，甚至农业改进本身即构成了这种差别的内容。衡量评判差别的意义，实际也是衡量评判农业改进的意义。

农业改进断续进行了 30 余年，但是，农业改进主要表现在局部上，发生在有限的地域和有限的领域，相对于整个传统农业而言，改进只是零星的、点滴的，发展远未能使近代农业发生整体性的变革和进步。

农业发展和生产进步的动力并不单单是技术改进的问题，它同时还涉及制度和政策、社会环境、现代化要素投入、工业支持等诸多方面。然而近代农业改进却未能得到这些方面的有利或有效配合。在制度与政策方面，地主、自耕农、佃农、雇农混合的旧农业土地制度造成土地分配不均，限制了土地资源和其他生产要素的有效合理分配与使用；而社会政治的黑暗，又使得农业改良政策的制定与实施之间存在着严重的脱节和不对称。在社会环境方面，长时期的军阀割据混战、政权频繁更迭，造成兵灾匪患接连不断，农业生产屡受破坏，农业经济残破不堪。整体环境的恶化，不仅使农业改良机构和农技人员的研究推广努力往往付诸东流，而且导致农业生产出现萧条和农产品匮乏，农业不能满足城市的消费需求，农村贫穷落后的面貌依然如旧。

社会环境的稳定，对于农业改进至关重要。以良种选育推广为例，一个品种从开始培育到育出良种，再经推广产生增产效果，要经过一个长时间的过程。在1920年代，品种选育的科学程序尚不完善，育种周期相对较短，一般需三五年的时间。到30年代，新品种的育成要经一个完整的试验选育周期，通常需要六七年的时间。农业改进的这种特点，需要社会有一个稳定的政治经济环境，政府的农业改良政策和资金、人力投入要有稳定性和连续性。很显然，当时的社会政治状况距离这一要求有着很大差距。

近代农业的改进，需要近代工业的配合支持，迅速发展工业，为农业提供充足且价格低廉的化肥、农药、农用机械及其他生产资料，是农业发展必不可少的要求或条件。但是，由于资本、技术和市场等方面的原因，生产近代农用资料的产业并没有发育出来，化肥、农药几乎全部依靠从国外进口，生产农具的企业大多停留在制造改良手工农具阶段。在农业改进过程中，各地普遍缺乏廉价适用的农用机械和农具，农药、化肥因价格高，一般只能使用于经济作物和园艺作物。

就发展进化的程度而言，传统农业只是一只脚刚刚迈入现代的门槛，身子依然还在门外。近代农业科学和农业技术与其说已长驱直入，不如说“走近”来得更为贴切。但变化还是悄然而至，此时传统农业已无法继续保持旧日的完整性，蜕变和进化已然开始，现代化进程已在诸多方面开启，若干现代农业的特征已初露端倪。从百年发展历程前后相继角度看，发生于近代的农业改进，无疑是整个20世纪中国农业现代化进程中的重要萌发起始阶段。

近代农业改进是一个整体性的连续的历史进程，它不仅给传统农业注入了现代化的因素，而且还成为现代农业的开端。说近代农业改进是中国现代农业的开端，不单是二者具有前后相承的关系，更重要的是它为后来的农业现代化提供了一部分历史与技术发展的框架。这一框架的基本结构为：

1. 制定并实施改良农业的政策；
2. 建立农业改良试验推广机构；
3. 农业试验与改良；
4. 农业推广措施及其进程；
5. 农业集约化、专业化、商品化进程。

这个框架具有一定的历史递延性，用来观照当代，其发展演变的轨迹至今依然清晰可见，换句话说，构成这个框架的基本要素，即使在今天也仍然具有重要的作用和意义。内容形式可以推陈出新，但框架结构却不会随着时代的变迁全然消失。

或许，农业改进的意义就在于它开启了传统农业现代化的进程，虽然有限的进步不可能从根本上改变传统农业的整体面貌，但却将传统农业带到了“现代”的门槛前，从此传统农业面临着一条新的发展之路。

结　语

任何一种社会经济或物质文明，都可能会有两种命运，它或者通过对传统形态的变革与创造性的转换，经由与外部世界的交流和相互影响，不断焕发出活力与生机；或者抱残守缺，在社会生存发展环境趋于恶化之时，物质生产和生活陷于停滞，逐渐走向沉沦。在这一点上，丹麦王子哈姆雷特所面对的“生存还是毁灭”的问题，对任何一种社会经济或物质文明都是一个万古长青的课题。

在近代之前，传统经济内部业已存在着深刻的内在矛盾，生存和发展面临着困境。经济体系内部商品经济因素与自然经济结构的矛盾，不断增长着的人口与生产不足、供给匮乏之间的矛盾，自给模式与实际不能自给间的矛盾，导致了周期性的社会动荡和危机，造成经济生存环境恶化，发展僵滞。近代形成的市场经济、产业改进及一系列相关经济变迁，与上述矛盾有着渊源关系，同时也为解决矛盾、走出困境开辟了道路。

近代经济变迁的基础离不开传统积淀形成的条件。发生于市场和产业经济领域里的变迁，只能是在传统经济基础之上的变化、演变和变革，只能是相对于传统的汰旧出新，而不可能有什么“超越”。在变迁过程和变迁因素的影响下，近代经济将融合传统，改变传统。但是传统经济中具有转型意义的变迁，却并非由其本身自发产生。

诚然，传统经济中也存在初级形态的市场因素和一定规模的商品流通，但是从本质上说，它基本仍处在一种纯粹的农业状态，农业是经济增长的源泉和基本模式，也是构成社会财富的最根本条件，而市场经济成分则被限制在一个极其狭小的范围内，传统产业资源的匮乏，尚难以使物质产品的供需（总量与结构）产生足以打破僵滞状态的变化。

开埠通商后，传统经济发生了一系列历史性的变化。旧形态开始解体变异，商品交换和生产由贸易带进现代的门槛。

口岸贸易是一只强有力的“无形之手”，在新产业尚未形成之时，它便造就了新的消费和新的消费者，造就了新的需求和供给。随之而来的商品市场、商路网络、商品流通、商人资本的嬗变兴替，以及与市场相关的资本、金融诸因素的整体性变迁，改变了以往相互隔绝、几近封闭的地域经济格局，促使传统经济向着近代市场经济转变，并为产业改进与发展准备了必要的基础。这种转变在资本主义入侵不断加深的背景下，既带有半殖民地、不平等的色彩，同时由于转变为新产业的发轫成长提供了基础，因而又具有发展的性质。

由传统经济向近代商品经济转型，其根本标志为商品生产的变迁和新生产力、新生产方式的产生，而商品生产的发展及其结构变迁，正是近代产业经济改进的内容。

产业改进是驱动近代经济变迁的推进器，它建立在新市场体系和新消费需求结构的基础上，以制度和技术的改进为内容。城市中工厂制度的建立与新生产力要素（机器和工业技术）的采用，使制造业开始由手工阶段向机器时代缓慢过渡。由于汲取了西方已有的工业成果，因而缩短了自身由手工阶段探索路径所需花费的时间。农业中近代科学技术的初步采用和推广，局部地改善着生产技术与手段，使农业生产的集约性、区域专门化和商品化有所提高。

在市场机制、制度和技术诸因素的影响作用下，产业改进经过几个阶段的发展，逐步改变着传统的产业结构、技术和生产方式。近代机器工业成为产业经济中的重要组成部分，新生产力的总量逐步上升，资本主义在城市经济的发展中占据了主导地位；在传统产业部门，手工业因市场变迁而发生转型，农业亦在改良过程中孕育着现代化的胚芽，农村生活和农业生产中的商品经济因素在逐渐增长。在传统经济关系层面上，手工业和农业的商品化趋势，使传统农家经济和手工业发生微妙的变化，产生繁衍着一代又一代的小商品生产者——近代小农和手工业者；而在不同于传统的经济关系层面上，则产生了具有变革意识和要求的新社会利益集团——近代资产阶级和产业工人队伍。

产业改进与市场流通体系的变迁，造就了一种与传统迥异的生产、流通、消费结构，当着市场发展同早期工业化进程、手工业转型、农业改进等相关变迁融合之时，近代统一的市场经济体系便随之形成。比较而言，这是一种新的“经济世界”，发展模式、增长机制同市场经济和产业改进密切相关，二者构成了变迁的基本框架。

近代商品经济的形成与产业经济的变迁，是一个错综复杂的历史进程。由于新经济因素发轫成长于国家主权沦丧、民族危机加重、内战频仍、社会政治纷乱动荡的环境之中，变迁与发展既受到旧社会关系的制约，又受到外国强势经济的竞争和压抑。在这种恶劣窘迫的环境中，近代经济的演进呈现出一种变迁与停滞、发展与沉沦扭曲并行的趋势。

但是，从长期和宏观的比较角度看，迄于抗日战争爆发前，近代经济基本还是处在一个缓慢上升的发展趋势之中。半个多世纪的变迁与发展所取得的进步，超过了以往几个时代成果积累的总和，而且发展的性质亦与以往不同——因为它突破了传统的发展模式和矛盾对立格局，形成了近代与传统的对立，使工业化、农业改进成为新的经济发展目标。市场和产业经济的变迁是社会进步的表征，也是现代化的历史前提，尽管近代经济的发展始终未能实现上述目标，但是，新经济因素的成长毕竟为摆脱困境积累了条件。

征引书目

中文部分

专著、文集、文献资料等

丁宝桢：《丁文诚公奏稿》26 卷，1896 年版。

丁抒明等：《烟台港史（古、近代部分）》，北京：人民交通出版社 1988 年版。

山东省农业调查会：《山东之农业概况》，济南：启明印刷社 1922 年版。

山东农事试验场：《山东农事试验场民国六年成绩报告书》，济南：编者刊 1918 年版。

山东农事试验场：《山东农事试验场民国八年成绩报告书》，济南：编者刊 1920 年版。

山东师范大学历史系编：《清实录山东史料选》，济南：齐鲁书社 1984 年版。

山东林业技术员训练所：《山东农业概要》，济南：编者刊 1947 年版。

山东国货陈列馆：《济南染织工业》，济南：编者刊 1935 年版。

山东国货推销委员会：《山东省各种特产调查报告》第 1—2 册，济南：编者刊 1935 年版。

山东省工业试验所：《山东工业试验所第一次报告书》，济南：编者刊 1921 年版。

山东省工业试验所：《山东工业试验所第二次报告书》，济南：编者刊 1922 年版。

山东省立第一农事试验场：《山东省立第一农事试验场试验报告（二

十一年份)》，济南：编者刊 1933 年版。

山东省立模范蚕业讲习所：《山东省立模范蚕业讲习所要览》，民国□年刊。

山东省丝绸公司丝绸志办公室编：《丝绸志资料汇编》（二），油印本，1986 年版。

山东省政协文史资料委员会：《山东工商经济史料集粹》第 1—2 辑，济南：山东人民出版社 1989 年版。

山东省政协文史资料委员会：《苗氏民族资本的兴起》，济南：山东人民出版社 1988 年版。

山东省政协文史资料委员会等：《周村商埠》，济南：山东人民出版社 1990 年版。

山东省实业厅：《山东第一次全省劝业会议录》，济南：编者刊 1920 年版。

山东省实业厅：《山东第三次全省劝业会议录》，济南：编者刊 1922 年版。

山东省政府实业厅：《山东工商报告》，济南：编者刊 1931 年版。

山东省政府实业厅：《山东农林报告》，济南：北洋印刷公司 1931 年版。

山东省政府实业厅：《山东矿业报告》第 2 次，济南：编者刊 1930 年版。

山东省政府实业厅：《山东矿业报告》第 3 次，济南：编者刊 1932 年版。

山东省政府建设厅：《山东矿业报告》第 4 次，济南：编者刊 1934 年版。

山东省政府建设厅：《山东矿产报告》第 1 号，济南：编者刊 1936 年版。

山东省建设厅：《山东建设厅各项事业概况及将来进行之计划》，济南：编者刊 1933 年版。

山东省建设厅：《山东省建设厅第三届第六周年工作报告》，济南：编者刊 1936 年版。

山东省政府秘书处：《山东现行法规类编》，济南：编者刊 1930

年版。

山东省政府秘书处：《山东省政府第三届第四周年工作报告》，济南：编者刊1934年版。

山东展览会报告编辑处：《山东第一次物品展览会审查报告书》，上海商务印书馆1915年版。

山东清理财政局：《山东清理财政局编订全省财政说明书》17册，济南：编者刊1910年版。

山东省第一林区林务局：《山东省第一林区林务局工作报告》，编者刊1935年版。

王正廷：《青岛》，北京：督办鲁案善后事宜公署，1922年版。

王品三主编：《烟台渔业汇编》，烟台市渔会、同业公会合刊1948年版。

王铁崖：《中外旧约章汇编》第1册，北京：生活·读书·新知三联书店1957年版。

王树枬：《羊角沟愳见录》，青岛：宜今兴印务局1936年版。

王培荀：《乡园忆旧录》，济南：齐鲁书社点校本，1993年版。

毛泽东：《毛泽东选集》，北京：人民出版社1968年合订本，第589页。

马建忠：《适可斋记言》，北京：中华书局1960年版。

韦伯：《社会经济史》，上海：商务印书馆万有文库本，1936年版。

"中研院"近代史研究所：《矿务档》第2册，台北：编者刊1960年版。

中国工程师学会编：《三十年来之中国工程》，重庆：编者刊1946年版。

冈纳·缪尔达尔：《亚洲的戏剧——对一些国家贫困问题的研究》，北京：北京经济学院出版社1992年版。

尹喆鼎：《山东之落花生》，青岛：实业部青岛商品检验局1934年版。

冯和法：《中国农村经济资料续编》，上海：黎明书局1935年版。

卡尔·波普尔：《猜想与反驳》，上海：上海译文出版社1986年版。

叶春墀：《山东草辫业》，京都华东石印局1911年版。

叶春墀：《济南指南》，济南：大东日报社 1914 年版。

叶春墀：《青岛概要》，上海：商务印书馆 1922 年版。

田步蟾：《山东各县劝业所十一年度成绩报告书》，济南：山东实业厅 1923 年版。

白眉初：《中华民国省区全志·山东省志》，北京：北京师范大学史地系 1925 年版。

江源恒：《中国关税史料》，上海：中华书局 1931 年版。

许道夫：《中国近代农业生产及贸易统计资料》，上海：人民出版社 1983 年版。

匡裕祥：《烟台笔记》，《新游记汇刊续编》卷 7，上海，1922 年版。

早见雄次郎、弗农·拉坦：《农业发展：国际前景》，北京：商务印书馆 1993 年版。

朱采：《清芬阁集》12 卷，1908 年版。

朱世全：《威海问题》，上海：商务印书馆 1931 年版。

朱有瓛主编：《中国近代学制史料》第 2 辑，上海：华东师大出版社 1989 年版。

朱增祜：《山东各县劝业所十年度成绩报告书》，济南：山东实业厅 1922 年版。

华东军政委员会土地改革委员会：《山东省、华东各大中城市郊区农村调查》，编者刊 1952 年版。

全国经济委员会蚕丝改良委员会：《蚕丝改良事业工作报告》，南京编者刊 1935 年版。

全国政协文史资料研究委员会：《工商经济史料丛刊》，北京：文史资料出版社 1983 年版。

农商部总务厅统计科：《中华民国七年第七次农商部统计（1918 年)》，编者刊 1922 年版。

孙宝生：《历城县乡土调查录》，济南：历城县实业局 1928 年版。

孙点：《历下志游》，《小方壶斋舆地丛钞》第六帙，台北广文书局影印本 1962 年版。

孙瑞芹译：《德国外交文件有关中国交涉史料选译》第 1 卷，北京：商务印书馆 1960 年版。

孙毓棠：《中国近代工业史资料》第 1 辑上下册，北京：中华书局 1962 年版。

约翰·希克斯：《经济史理论》，北京：商务印书馆 1987 年版。

汪敬虞：《中国近代工业史资料》第 2 辑上下册，北京：科学出版社 1957 年版。

汪敬虞：《十九世纪西方资本主义对中国的经济侵略》，北京：人民出版社 1983 年版。

亨利·皮朗：《中世纪欧洲经济社会史》，上海：上海人民出版社 1964 年版。

宋湘等纂修：《新修山东盐法志》22 卷，1809 年版。

寿扬宾：《青岛海港史（近代部分）》，北京：人民交通出版社 1986 年版。

严中平：《中国近代经济史统计资料选辑》，北京：科学出版社 1955 年版。

李士豪、屈若骞：《中国渔业史》，上海：商务印书馆 1937 年版。

李文治：《中国近代农业史资料》第 1 辑，北京：生活·读书·新知三联书店 1957 年版。

李秉衡：《李忠节公奏议》16 卷，辽宁作新印刷局 1930 年版。

李鸿章：《李文忠公全集》，南京：1905 年版。

吴承明：《中国资本主义与国内市场》，北京：中国社会科学出版社 1985 年版。

吴祖耀：《青盐志略》，1933 年版。

吴耕民、管超：《莱阳梨调查报告》，济南：国立山东大学农学院 1935 年版。

佚名：《山东全省议会议决山东省第六次会计年度地方预算册》上册，1917 年版。

佚名：《山东全省实业表》13 册，1908 年写本，北京大学图书馆藏。

佚名：《山东咨议局会议第一期报告书》，1910 年版。

佚名：《山东咨议局会议第三期报告书》，1911 年版。

佚名：《山东乡村建设研究院农业改进实施报告》，誊写本，1932 年版，上海图书馆藏。

佚名：《济南汇报》（百衲本）6 册，1904 年版。

佚名：《鲁政辑要》12 册，清代抄本，北京大学图书馆藏。

张一志：《山东问题汇刊》，上海：上海欧美同学会 1921 年版。

张玉法：《中国现代化的区域研究 · 山东省（1860—1916）》，台北："中研院"近代史研究所 1982 年版。

张茂炯：《清盐法志》300 卷，64 册，盐务署刊 1920 年。

张相文：《齐鲁旅行记》，《南园丛稿》卷 4，沈云龙编：《近代中国史料丛刊》正编，第 30 辑，台北：文海出版社影印本。

张寿庸等纂：《清朝掌故汇编》，台北：文海出版社影印本 1986 年版。

陈重民：《今世中国贸易通志》，上海：商务印书馆 1924 年版。

陈恒庆：《谏书稀庵笔记》，沈云龙编：《近代中国史料丛刊》正编，第 41 辑，台北：文海出版社影印本。

陈真、姚洛：《中国近代工业史资料》第 1 辑，北京：生活 · 读书 · 新知三联书店 1957 年版。

陈翰笙：《帝国主义工业资本与中国农民》，上海：复旦大学出版社 1983 年版。

实业部国际贸易局：《中国实业志（山东省）》，上海：编者刊 1934 年版。

实业部中国经济年鉴编纂委员会：《中国经济年鉴》，上海：商务印书馆 1934 年版。

郑观应：《盛世危言》，上海书局 1896 年版。

郑重：《烟台要览》2 册，烟台要览统筹局 1923 年版。

单维廉著，周龙章译：《德领胶州湾（青岛）之地政资料》，台北，中国地政研究所 1980 年版。

青岛大学农学院：《一年来的青大农事试验场》，青岛：编者刊 1930 年版。

青岛大学农事试验场：《国立青岛大学农事试验场民国十九年研究及调查报告》，青岛：编者刊 1931 年版。

青岛工商学会棉业试验场：《棉业特刊》，青岛：编者刊 1934 年版。

青岛市社会局：《青岛市工厂工业手工业调查》，青岛：编者刊 1933 年版。

青岛市社会局：《青岛市火柴业调查》，青岛：编者刊1933年版。

青岛市社会局：《青岛市盐业调查》，青岛：编者刊1933年版。

青岛市社会局：《青岛市渔业调查》，青岛：编者刊1933年版。

青岛市社会局：《青岛市面粉业调查》，青岛：编者刊1933年版。

青岛市政府：《青岛市政府行政纪要》，青岛：编者刊1932年版。

青岛市档案馆：《帝国主义与胶海关》，北京：档案出版社1986年版。

青岛农林事务所：《青岛农林》，青岛：编者刊1932年版。

青岛农林事务所：《青岛农林推广事业概况》，青岛：编者刊1934年版。

青岛农林事务所：《青岛农林事务所概况》，青岛：编者刊1947年版。

青岛华新纱厂：《青岛华新纱厂特刊》，青岛：编者刊1937年版。

林传甲：《大中华山东地理志》，北京：武学书馆1920年版。

林修竹：《山东各县乡土调查录》，上海：商务印书馆1920年版。

林修竹撰，申丙编：《茂泉实业文集》，1926年版，沈云龙编：《近代中国史料丛刊》三编，第47辑，台北：文海出版社影印本。

国立山东大学化学社：《科学的山东》，青岛：编者刊1935年版。

国民党中央党部国民经济计划委员会：《十年来之中国经济建设》，南京：南京扶轮日报社1937年版。

金城银行天津调查分部：《山东棉业调查报告》，天津：编者刊1936年版。

金毓黻：《宣统政纪》，沈阳：辽海书社1934年版。

周传铭：《济南快览》，济南：世界书局1927年版。

周馥：《周悫慎公全集》，秋浦周氏刻本1920年版。

济南市志编纂委员会：《济南市志资料》第3辑，济南：编者刊1982年版。

济南市政府秘书处：《济南市烟草制造业调查统计报告（1935年）》，济南：编者刊1937年版。

济南市政府秘书处：《济南市机器及金属品制造业调查统计报告》，济南：编者刊1937年版。

济南成通纱厂：《济南成通纺织股份有限公司第三年度营业报告书》，

济南：编者刊1935年版。

赵琪、蒋邦彦编：《开辟龙口商埠纪事》，龙口：龙口商埠兴筑公司1920年版。

郝延平：《十九世纪的中国买办——东西间桥梁》，上海：上海社会科学出版社1988年版。

保尔·芒图：《十八世纪产业革命》，北京：商务印书馆1991年版。

费尔南·布罗代尔：《资本主义论丛》，北京：中央编译出版社1997年版。

费尔南·布罗代尔：《资本主义的动力》，北京：生活·读书·新知三联书店1997年版。

费尔南·布罗代尔：《15—18世纪的物质文明、经济和资本主义》第2卷，北京：生活·读书·新知三联书店1992年版。

姚贤镐：《中国近代对外贸易史资料》3册，北京：中华书局1962年版。

施丢克尔著，乔松译：《十九世纪的德国与中国》，北京：生活·读书·新知三联书店1963年版。

海关总税务司：光绪十六年至宣统三年《通商各关华洋贸易总册》，上海：1891—1912年刊。

郭嵩焘：《郭嵩焘日记》第1卷，长沙：湖南人民出版社1981年版。

唐荃生等：《山东烟台青岛威海卫果树园艺调查报告》，北平：东亚文化协会1940年版。

烟台市公署建设局：《工作合刊》，烟台：编者刊1940年版。

烟台华洋丝业联合会：《烟台华洋丝业联合会民国十九年报告书》，烟台：编者刊1930年版。

烟台总商会：《烟台总商会民国十六年并十七年份报告书》，烟台：编者刊1929年版。

烟台港务管理局编：《近代山东沿海通商口岸贸易统计资料》，北京：对外贸易教育出版社1986年版。

贾桢等纂：《筹办夷务始末（咸丰朝）》8册，北京：中华书局校点本1979年版。

恩锡等编：《山东盐法志续增备考》6卷，1864年版。

徐珂：《清稗类钞》，北京：中华书局排印本1986年版。

胶济铁路管理委员会：《胶济铁路经济调查报告汇编》8册，青岛：文华印书社1934年版。

胶澳商埠局：《胶澳商埠行政纪要续编》，青岛：编者刊1929年版。

陶昌善等：《全国农会联合会第一次纪事》，北京，1913年版。

清农工商部：《棉业图说》，8卷，1911年版。

梁方仲：《中国历代户口、田地、田赋统计》，上海：生活·读书·新知人民出版社1980年版。

章有义：《中国近代农业史资料》第2辑，北京：生活·读书·新知三联书店1957年版。

谋乐辑：《青岛全书》，青岛：青岛印书局1912年版。

黄光域：《外国在华工商企业辞典》，成都，四川人民出版社1995年版。

龚骏：《中国都市工业化程度之统计分析》，上海：商务印书馆万有文库本1933年版。

渡部城：《山东棉花概况》，青岛：中国纺织建设公司青岛分公司1947年版。

童蒙正：《关税论》，上海：商务印书馆1934年版。

道格拉斯·C. 诺斯：《经济史中的结构与变迁》，上海三联书店1994年版。

谢开勋：《二十二年来之胶州湾》，上海：中华书局1920年版。

蒋桐生：《威海卫指南》，上海：朱锦堂印刷所1933年版。

景本白：《胶州湾盐业调查录》，北京：盐政杂志社1922年版。

曾同春：《中国丝业》，上海：商务印书馆1923年版。

彭泽益：《中国近代手工业史资料》第1—3卷，北京：中华书局1962年版。

督办鲁案善后事宜公署编辑处：《鲁案善后月报特刊（公产号）》，北京，1923年版。

缪辉毓：《中国蚕丝问题》，上海：商务印书馆万有文库本，1937年版。

期刊篇目

丁礼卿：《整顿山东小清河之工程》，《科学的中国》第3卷，1934年2月第4期。

于鲁溪：《山东乡村建设研究院农场四年来工作之回顾》，《乡村建设》第5卷，1935年9月第4期。

万葆元：《山东之柞蚕》，《农商公报》第4卷第3册，1917年10月第39期。

山东咨议局：《上盐政大臣改良盐务意见书》，《山东杂志》，1910年第63期。

山东河南丝绸业公所：《整顿鲁绸之商榷》，《农商公报》第2卷第1册，1915年8月第13期。

马云栋：《山东蚕业调查报告及改良意见》，《山东建设半月刊》第2卷，1937年5月第10期。

子云：《山东之鸡蛋业》，《中华实业界》第2卷，1915年5月第5期。

方显廷：《中国之棉纺织工业及棉纺织品贸易》，《经济统计季刊》第1卷，1932年9月第3期。

王子健：《日本对华棉业侵略的新阵容》，《新中华》第5卷，1937年2月第3期。

孔令嘉：《山东省潍县安丘美种烟产状况调查报告》，《山东建设半月刊》第1卷，1936年8月第8期。

记者：《济南之商工业》，《中华实业界》第2卷，1915年5月第5期。

艾学川：《济南几种商业之鸟瞰》，《农工商周刊》第1卷，1933年10月第8期。

石晓钟：《山东胶路沿线烟区调查报告》，《中华农学会报》，1935年3月第134期。

龙树德：《青岛橡胶工业之过去与现在》，《青岛橡胶》，1947年6月第1期。

叶子刚：《胶济铁路沿线农作物之改善及其经济发展之前途》，《都市与乡村》，1935年5月第3期。

叶春墀：《山东草辫业调查》，《东方杂志》第8卷，1911年4月第

2 期。

白泽保美著，张福延译：《德意志在青岛之森林经营（续二）》，《中华农学会报》，1921 年 5 月第 18 期。

包文藻：《青岛市生米生油概况》，《中行月刊》第 8 卷，1934 年 4 月第 4 期。

包伯度：《青岛参观小记》，《中华农学会报》，1930 年 8 月第 78、79 期合刊。

刘向荣：《我国榨油工业之调查》，《自然界》第 1 卷，1926 年 9 月第 8 期。

刘向荣：《我国油类工业调查》，《自然界》第 1 卷，1926 年 10 月第 9 期。

刘阶平：《山东商业性农作物的研析》，《实业部月刊》第 1 卷，1936 年 7 月第 4 期。

刘柏庆：《青岛市农业推广的现在和将来》，《中华农学会报》，1934 年 2 月第 121 期。

刘家璠：《山东落花生之生产情形》，《农商公报》第 7 卷第 11 册，1921 年 6 月第 83 期。

刘家璠：《山东棉业》，《农商公报》第 8 卷第 4 册，1921 年 11 月第 88 期。

刘素芬：《烟台对外贸易分析》，《食货》第 12 卷，第 8 期。

刘振刚：《青岛丝厂与鲁省丝业关系》，《山东实业学会会报》，1920 年 1 月第 3 期。

刘增冕：《防旱浅说》，《山东建设月刊》，1930 年 3 月第 6 期。

曲滢生：《威海卫鸟瞰》，《时事月刊》第 2 卷，1930 年 2 月第 2 期。

乔政安：《本院农场改良脱字美棉推广报告》，《山东乡村建设》第 4 卷，1934 年 11 月第 11、12 期合刊。

孙云蔚：《青岛之苹果品种调查》，《新农月刊》第 14 卷，1937 年第 9 期。

延仲：《山东重要物产之生产及销场》，《国际贸易导报》第 4 卷，1933 年 1 月第 8 期。

言志：《初访制针大王尹致中》，《新世界月刊》，1946 年 12 月号。

宋修阜：《威海卫渔业现状及补救办法》，《水产月刊》第3卷，1936年11月第11期。

李心田：《山东美种烟草调查报告》，《国际贸易情报》第2卷，1937年3月第9期。

李心田：《山东美种烟草调查报告》，《国际贸易情报（续）》第2卷，1937年4月第10期。

李尔康：《青岛工商调查记》，《工业中心》第3卷，1934年8月第8期。

李寿亭：《仁丰成通两纱厂参观调查记》，《山东工商月报》创刊号，1936年10月。

李治楫：《国内农事试验机关概况》，《农业推广》，1934年12月第7期。

李继侗：《青岛森林调查记》，《农商公报》第9卷第1册，1922年8月第97期。

李襄丞：《胶州湾原盐制造总论》，《青岛工商季刊》第3卷，1935年2月第2期。

沈宗瀚：《改良品种以增进中国之粮食》，《科学》第15卷，1931年11月第11期。

严中平：《手工棉纺织业问题》，《中山文化教育馆季刊》第4卷，第3期1937年。

杨立惠：《烟台调查》，《东方杂志》第21卷，1924年6月第12期。

杨熙光：《山东种植美棉之经过与将来》，《中华农学会报》，1922年11月第31期。

吴英若：《周村一带丝织业调查报告》，《山东省建设月刊》第4卷，1934年1月第1期。

吴知：《山东省棉花之生产与运销》，《政治经济学报》第5卷，1936年10月第1期。

吴逊三：《山东甜菜主要病虫害之观察与防治》，《农报》第4卷，1937年3月第8期。

何坚：《青岛市渔业之现在与将来》，《水产月刊》第3卷，1934年11月第11期。

作琼：《实业部山东林业试验场沿革及概况》，《新农通讯》第2卷，1933年7月第14期。

伯海：《山东蚕丝业概况》，《岭南农科大学农事月报》第4卷，1926年2月第8期。

余孟杰：《食盐工业》，《科学时报》第14卷，1947年8月第2期。

余逊斋：《山东产业调查记（续）》，《中华实业界》第2卷，1915年10月第10期。

邹豹君：《山东省农产区域之初步研究》，《师大月刊》，1937年1月第31期。

张心一：《山东省农业概况估计报告》，《统计月刊》第3卷，1931年1月第1期。

张玉芝：《烟台渔业之调查》，《水产学报》，1932年7月第2期。

张兆麟：《胶东之丝绸业》，《工商半月刊》第6卷，1934年3月第5期。

张伟贤：《山东面粉事业之调查》，《商业月报》第15卷，1935年6月第6期。

张延福译：《德意志在青岛之森林经营》，《中华农学会报》第3卷，1922年11月第10期。

张含英：《论灌溉》，《山东省建设月刊》第3卷，1933年8月第8期。

张宝树：《烟台渔轮业》，《水产学报》，1934年11月第4期。

张宝树：《烟台渔轮业之现状与今后之改进》，《水产月刊》第3卷，1936年2月第2期。

张相文：《齐鲁旅行记》，《东方杂志》第7卷，1910年5月第3期。

张鸿泉：《泰安附近之油坊调查》，《青岛检验季刊》第6卷，1934年1月第1期。

张鸿烈：《山东省公路运输》，《交通杂志》第4卷，1936年2月第1、2期合刊。

张鸿烈：《改良山东蚕丝问题》，《进德月刊》第2卷，1937年2月第6期。

张蓝田、宋伯良：《滕虎忱与潍县华丰机器厂》，《文史资料选辑》，

1983 年第 14 期。

陈正谟：《各省农工雇佣习惯之调查研究》，《中山文化教育馆季刊》创刊号，1934 年 8 月。

陈礼江：《邹平山东乡村建设研究院参观记》，《申报月刊》第 2 卷，1933 年 5 月第 5 期。

陈训昶：《山东之落花生》，《农商公报》第 5 卷第 10 册，1919 年 5 月第 58 期。

陈训昶：《山东之落花生（续前）》，《农商公报》第 5 卷第 12 册，1919 年 7 月第 60 期。

陈训昶：《山东之棉业》，《农商公报》第 6 卷第 4 册，1919 年 11 月第 64 期。

陈咏棠：《调查山东农业记》，《中华实业界》第 2 卷，1915 年 11 月第 11 期。

郑肇：《山东之棉纺工业》，《青岛工商季刊》第 3 卷，1935 年 6 月第 2 期。

林传甲：《青岛游记》，《地学杂志》第 9 卷，1918 年 1 月第 1 期（总第 91 期）。

林传甲：《青岛游记（续）》，《地学杂志》第 9 卷，1918 年 6 月第 6 期（总第 96 期）。

易天爵：《青岛工商业之概况》，《都市与乡村》，1935 年 6 月第 5、6 期合刊。

洵天：《论山东盐务》，《山东杂志》，1909 年第 51 期。

封昌远译：《山东的鸡卵加工业概况》，《农学月刊》第 1 卷，1935 年 12 月第 3 期。

胡长准：《山东之棉业》，《山东文献》第 1 卷，1975 年 12 月第 3 期。

胡长准：《山东棉业报告补述》，《山东文献》第 2 卷，1976 年 9 月第 2 期。

胡长准：《山东各县选种 36 号棉之经过》，《山东建设半月刊》第 1 卷，1936 年 6 月第 3 期。

高维聚：《山东渔业急应改进之要点》，《水产导线》创刊号，1933 年 1 月。

栾云州：《潍县纺织发展史话》，《潍坊文史资料选辑》第3辑，1987年10月。

贾明元：《山东各区汽车路局视察报告》，《山东省建设月刊》第1卷，1931年4月第4期。

徐守围：《胶东柞蚕调查报告》，《山东建设半月刊》第1卷，1936年6月第3期。

徐宋园：《山东柞蚕业调查》，《工商半月刊》第7卷，1936年6月第3期。

继颀：《面粉业调查》，《东方杂志》第22卷，1925年11月第22期。

陶昌善、谢恩隆：《调查山东坊子烟叶情形报告》，《农商公报》第2卷第8册，1916年3月第20期。

阎少显：《振业火柴公司参观记后》，《工商月报》第1卷，1937年2月第5期。

阎克烈：《山东龙山农村服务社状况》，《农林新报》第10卷，1933年3月第9期。

黄严等译：《中国柞蚕丝织物之制产及输出状况》，《农商公报》第5卷第10册，1919年5月第58期。

黄昌寿：《山东之水运》，《地学杂志》第9卷，1918年10月第9、10期（总99、100期）合刊。

彭望恕：《青岛之落花生及其油业》，《农商公报》第7卷第12册，1921年7月第84期。

董志道：《青岛工业之鸟瞰》，《都市与乡村》，1935年8月第13期。

阙名：《劝业道详东省历年种植美棉情形》，《山东官报》第3年，1908年4月第8期（第76期）。

阙名：《山东龙口之现象》，《东方杂志》第7卷，1910年11月第10期。

阙名：《新辟七商埠之形势》，《东方杂志》第10卷，1914年2月第8期。

阙名：《山东之蚕丝业》，《中外经济周刊》，1924年11月第90期。

阙名：《山东省之织业》，《中外经济周刊》，1924年12月第93期。

阙名：《山东种植美国烟草》，《中外经济周刊》，1925年1月第

95 期。

阙名：《山东之烟叶》，《中外经济周刊》，1925 年 1 月 31 日第 97 期。

阙名：《山东农事试验场成绩报告》，《农商公报》第 1 卷第 10 册，1915 年 5 月第 10 期。

阙名：《民国元年全国工商状况》，《农商公报》第 2 卷第 2 册，1915 年 9 月第 14 期。

阙名：《山东牛只贸易状况》，《农商公报》第 2 卷第 5 册，1915 年 12 月第 17 期。

阙名：《山东棉花生产及输出状况》，《农商公报》第 2 卷第 6 册，1916 年 1 月第 18 期。

阙名：《中国北方之烟草情形》，《农商公报》第 3 卷第 1 册，1916 年 8 月第 25 期。

阙名：《济宁商业之最近观》，《农商公报》第 3 卷第 8 册，1917 年 3 月第 32 期。

阙名：《山东麦秆草帽辫调查报告》，《农商公报》第 4 卷第 1 册，1917 年 8 月第 37 期。

阙名：《民国行政统计汇报》，《农商公报》第 4 卷第 4 册，1917 年 11 月第 40 期。

阙名：《日本改良青岛制丝》，《农商公报》第 4 卷第 10 册，1918 年 5 月第 46 期。

阙名：《山东丝业之进步》，《农商公报》第 4 卷第 10 册，1918 年 5 月第 46 期。

阙名：《鲁皖烟草业之发展》，《农商公报》第 6 卷第 3 册，1919 年 10 月第 63 期。

阙名：《济宁民国十年之商情》，《银行月报》第 2 卷，1922 年 2 月第 2 期。

阙名：《烟台经济状况》，《经济半月刊》第 2 卷，1928 年 6 月第 11 期。

阙名：《烟台经济状况（续）》，《经济半月刊》第 2 卷，1928 年 6 月第 12 期。

阙名：《山东美种烟叶状况》，《工商半月刊》第 4 卷，1932 年 4 月第

8 期。

阙名：《山东之钱庄业》，《工商半月刊》第 7 卷，1935 年 3 月第 6 期。

阙名：《中国花生与花生油之调查》，《工商半月刊》第 4 卷，1932 年 4 月第 8 期。

阙名：《鲁省救济丝业办法》，《中行月刊》第 9 卷，1934 年 11 月第 5 期。

阙名：《鲁省烟叶概况》，《中行月刊》第 9 卷，1934 年 12 月第 6 期。

阙名：《济南卷烟业之调查》，《中行月刊》第 9 卷，1934 年 11 月第 5 期。

阙名：《济南新创仁丰纱厂与合理化》，《青岛工商季刊》第 2 卷，1934 年 3 月第 1 期。

阙名：《我国精盐业概况》，《青岛工商季刊》第 2 卷，1934 年 6 月第 2 期。

阙名：《青岛工业考察团报告书》，《青岛工商季刊》第 2 卷，1934 年 6 月第 2 期。

阙名：《青岛胶济铁路沿线工商状况之随记》，《青岛工商季刊》第 1 卷，1933 年 12 月第 1 期。

阙名：《青岛及胶济铁路沿线日本人及中国人经营工场之调查》，《山东实业学会会报》，1921 年 10 月第 5 期。

阙名：《烟台商业之沿革》，《山东杂志》，1909 年第 38 期。

阙名：《调查潍县昌乐益都临朐周村织机数目及经济状况报告》，《山东实业公报》，1931 年 10 月第 4 期。

阙名：《实业部特许专利之工业新发明》，《科学的中国》第 8 卷，1936 年 12 月第 12 期。

阙名：《鲁省水利建设之成绩》，《水利月刊》第 3 卷，1932 年 12 月第 5、6 期合刊。

阙名：《鲁省指导植棉拟定六年计划》，《科学》第 21 卷，1936 年 10 月第 9、10 期合刊。

阙名：《第二大连将发现》，《地学杂志》第 1 卷，1910 年 12 月第 10 期。

阙名：《山东省建设厅烟草改良场民国二十五年烟草蚜虫之经过》，《农报》第 3 卷，1936 年 12 月第 35 期。

阙名：《山东省棉作改良场工作报告》，《山东建设半月刊》第 1 卷，1936 年 6 月第 4 期。

阙名：《山东省建设厅棉作改良场二十五年春季棉农训导报告》，《山东建设半月刊》第 2 卷，1937 年 2 月第 3 期。

阙名：《近五年来农业机器输入价值统计表》，《实业统计》第卷，19 年　月第　期。

阙名：《胶济铁路局与齐鲁大学合办农事试验场概况》，《都市与乡村》，1936 年 4 月第 9 期。

阙名：《全国各省林业机关之近况》，《农林新报》，1937 年 5 月第 15 期。

阙名：《本校农场过去及将来》，《齐鲁大学校刊》，1948 年 2 月第 63 期。

蔡书元：《山东之柞蚕及绸》，《山东实业学会会报》，1921 年 10 月第 5 期。

戴芬澜：《十九年度中国植物病理事业发展概况》，《中华农学会报》，1931 年 2 月第 85 期。

报纸

《大公报》，《市集现象所表现的农村自给自足问题》，1934 年 7 月 19 日。

《山东时报》第 29 号，1897 年 6 月 30 日。

《山东时报》第 33 号，1897 年 8 月 24 日，《青州纺线局将开》。

《山东时报》第 34 号，1897 年 9 月 8 日，《种植果树略论》。

《时报》，1907 年 8 月 23 日，1911 年 8 月 12 日。

《申报》，1881—1887 年。

《沪报》，1883 年。

《捷报》，1904 年 12 月 3 日。

《盛京时报》，1906 年 11 月 11 日，《试种美棉之成效》。

《盛京时报》，1906 年 12 月 29 日，《今昔殊观》。

档案

南京中国第二历史档案馆馆藏档案

380—1863，高密棉场。

1038—2020，山东省福山县烟台东海关重要农产品及其制品对外调查表，1911 年。

山东省档案馆馆藏档案

临 2—10—2，山东省农业推广计划，1947 年。

临 2—10—54，山东省烟草增产计划，1946 年。

临 2—10—68，建设厅烟草改进场财产损失报告单，1947 年。

临 2—10—69，山东蚕业改进计划，1946 年。

临 2—10—71，山东省立蚕业试验场、临朐蚕种制造所损失报告册。

临 2—14—1，山东省公署建设厅关于农林事业进行概况，1940 年。

临 2—14—18，调查省立农业试验所第一区农场情形报告，1938 年 4 月。

临 2—14—83，山东省立蚕业试验场报告册，1938 年 10—12 月。

临 2—14—91，山东省烟台市蚕丝改良场创立经过略史，1939。

临 2—14—92，烟台蚕丝改良场二十八年度工作计划书，1939。

临 2—14—119，山东省立惠民试验农场二十八年度下半年工作计划，1939 年。

临 2—15—173，山东省立各试验场小麦试验成绩摘要，1939—1940 年。

临 2—16—18，济南市附近公私立苗圃农场果园调查表，1938 年。

临 2—24—6，建设厅 1938—1939 年施政要纲等，1938—1939 年。

临 9—4—164，胶济铁路与齐鲁大学合办农事试验场工作报告，1947 年。

临 9—4—165，改良小麦 1—195 号推广报告，1941 年。

山东分局长期卷，29，青岛市机器铁工业统计表，1949 年 8 月。

山东分局长期卷，济南特别市机器工业初步调查统计，1949 年。

济南市档案馆馆藏档案

临 77—4—1，济南商埠粮行章程，1917 年。

临 77—4—2，济南商埠商会稿，1921 年 7 月。

临 77—4—13，济南总商会稿，1921 年 5 月。

临 77—4—14，海味杂货行请议书，1921 年。

临 77—3—1，济南商埠钱业各号经理人姓名册，1920 年。

地方志

岳浚等修纂：雍正《山东通志》，1736 年刊。
孙葆田等纂修：宣统《山东通志》，1915 年刊。
上官有仪等修纂：雍正《齐河县志》，1737 年刊。
万承绍等修纂：嘉庆《清平县志》，1798 年刊。
马思齐等修纂：光绪《安丘县乡土志》，1908 年抄本。
方学成等修纂：乾隆《夏津县志》，1741 年刊。
王文焘等修纂：道光《重修蓬莱县志》，1839 年刊。
王止廉等修纂：光绪《商河县乡土志》，清光绪末抄本。
王廷彦等修纂：民国《利津县志》，1935 年刊。
王传钵编：光绪《高苑县乡土志》，1906 年刊。
王学曾等修纂，光绪《惠民县乡土志》，1906 年刊。
王金岳等修纂：民国《昌乐县志》，1934 年刊。
王荫桂等修纂：民国《续修博山县志》，1937 年刊。
王陵基等修纂：民国《福山县志稿》，1931 年刊。
王梦松等修纂：光绪《高密县乡土志》，1908 年刊。
王鸿瑞等修纂：光绪《东平州乡土志》，1907 年刊。
王赓等修纂：光绪《济宁直隶州乡土志》，1905 年刊。
王景祜等纂修：民国《临沂县志》，1917 年刊。
牛占诚等修纂：民国《茌平县志》，1935 年刊。
尹继美等修纂：同治《黄县志》，1871 年刊。
边度春等修纂：光绪《金乡县乡土志》，1908 年刊。
冯翥编：光绪《德州乡土志》，清光绪抄本。
厉秀芳等修纂：道光《续武城县志》，1841 年刊。
卢少泉等修纂：民国《重修莒志》，1936 年刊。
生克中编辑：民国《滕县续志稿》，民国初年刊。
汤宗干纂修：光绪《新泰县乡土志》，1908 年刊。
庄洪烈等修纂：光绪《寿张县志》，1900 年刊。
许绍锦纂修：嘉庆《莒州志》，1796 年刊。
向植纂：光绪《聊城县乡土志》，1908 年刊。
汪鸿孙等修纂：光绪《菏泽县乡土志》，1907 年刊。
汪鸿孙等修纂：光绪《恩县乡土志》，1908 年刊。

沈世铨等修纂：光绪《惠民县志》，1886 年刊。
宋金镜等纂修：光绪《馆陶县乡土志》，1908 年刊。
宋宪章等修纂：民国《牟平县志》，1936 年刊。
宋宪章等修纂：民国《寿光县志》，1936 年刊。
宋朝桢等修纂：光绪《潍县乡土志》，清光绪末刊。
苏再勋等纂修：光绪《武城县乡土志略》，清末抄本。
李祖年等修纂：光绪《文登县志》，1922 年刊。
李树德等修纂：民国《德县志》，1935 年刊。
李景星编：光绪《费县乡土志》，清光绪末抄本。
李敬修等修纂：光绪《费县志》，1896 年刊。
李熙龄等修纂：咸丰《滨州志》，1860 年刊。
李藩等修纂：康熙《黄县志》，1673 年刊。
杨承泽纂修：民国《重修泰安县志》，1929 年刊。
杨祖宪等修纂：《博平县志》，1831 年刊。
杨豫修等修纂：民国《齐河县志》，1933 年刊。
吴建勋编：《滨州乡土志》，清宣统抄本。
吴璋等修纂：道光《章丘县志》，1833 年刊。
余为霖纂修：康熙《齐东县志》，1685 年刊。
余有林等修纂：民国《高密县志》，1935 年刊。
陈巨前等修纂：宣统《增辑清平县志》，1911 年刊。
陈庆蕃等修纂：宣统《聊城县志》，1910 年刊。
陈观圻等修纂：光绪《诸城县乡土志》，1920 年刊。
张世卿等修纂：光绪《平度州乡土志》，1908 年刊。
张丕矩编：《增订山东邹县地理志》，1917 年刊。
张同生等修纂：道光《重修胶州志》，1845 年刊。
张志熙等修纂：民国《东平县志》，1936 年刊。
张度等纂修：乾隆《临清州志》，1785 年刊。
张恩勉等修纂：乾隆《掖县志》，1758 年刊。
张梅亭等修纂：民国《莱芜县志》，1922 年刊。
张殿邦纂修：民国《龙口志》，1936 年，抄本。
张耀壁等修纂：乾隆《潍县志》，1760 年刊。

郑斗南等修纂：光绪《临淄县乡土志》，清末抄本。
苗恩波等修纂：民国《陵县续志》，1936 年刊。
林溥等修纂：同治《即墨县志》，1873 年刊。
岳赓廷等纂修：道光《荣成县志》，1840 年刊。
周元英纂修：光绪《滋阳县乡土志》，1906 年抄本。
周凤鸣等修纂：光绪《峄县志》，1904 年刊。
周凤鸣等修纂：光绪《峄县乡土志》，1904 年刊。
周竹生等修纂：民国《东阿县志》，1934 年刊。
周钧英等修纂：民国《临朐县续志》，1935 年刊。
姜汉章等纂修：光绪《东阿县乡土志》，光绪末刊。
赵琪等修纂：民国《胶澳志》，1928 年刊。
胡炜纂修：光绪《邹县乡土志》，1907 年刊。
胡德琳等修纂：乾隆《济宁直隶州志》，1785 年刊。
钟树森等修纂：光绪《肥城县乡土志》，1908 年刊。
保宗等修纂：道光《重修平度州志》，1849 年刊。
姚先浚编：光绪《博平县乡土志》，1906 年抄本。
高熙哲编：光绪《滕县乡土志》，清末刊。
袁励杰等修纂：民国《桓台志略》，1933 年刊。
袁励杰等修纂：民国《增修胶志》，1931 年刊。
袁绍昂纂修：民国《济宁县志》，1927 年刊。
袁章华等修纂：道光《城武县志》，1830 年刊。
贾铭恩等修纂：民国《朝城县续志》，1920 年刊。
贾瑚等修纂：光绪《增修登州府志》，1881 年刊。
钱应显等修纂，光绪《陵县乡土志》，1907 年刊。
侯光陆等修纂：民国《冠县志》，1934 年刊。
徐子尚等修纂：民国《临清县志》，1935 年刊。
徐寿彭等修纂：光绪《乐陵县乡土志》，1909 年刊。
徐宗干纂修：道光《高唐州志》，1836 年刊。
徐宗干等修纂：道光《泰安县志》，1829 年刊。
梁秉锟等修纂：民国《莱阳县志》，1935 年刊。
黄丽中等修纂：光绪《栖霞县续志》，1879 年刊。

黄笃瓒等修纂：光绪《平阴县乡土志》，1907 年刊。
曹倜等修纂：光绪《宁阳县乡土志》，1907 年刊。
盛赞熙等修纂：光绪《利津县志》，1883 年刊。
崔光煦等修纂，光绪《寿张县乡土志》，1907 年抄本。
葛延英等修纂：民国《重修泰安县志》，1929 年刊。
董鹏翱等修纂：嘉庆《禹城县志》，1808 年刊。
舒孔安等修纂：同治《宁海州志》，1864 年刊。
舒孝先等修纂：民国《临淄县志》，1920 年刊。
潘时琮编：光绪《郓城县乡土志》，清末抄本。
魏起鹏辑：光绪《掖县全志》，1893 年刊。
佚名编：光绪《德平县乡土志》，清光绪末抄本。
佚名编：光绪《阳信县乡土志》，清光绪末抄本。
佚名编：光绪《临朐县乡土志》，清末抄本。
佚名编：光绪《新城县乡土志》，清末抄本。
佚名编：光绪《齐河县乡土志》，清光绪末刊。
佚名编：光绪《蒲台县乡土志》，清末抄本。
佚名编：光绪《清平县乡土志》，清光绪末刊。
佚名编：光绪《堂邑县乡土志》，清光绪末抄本。
佚名编：光绪《冠县乡土志》，清末抄本。
佚名编：光绪《观城县乡土志》，清末抄本。
佚名编：光绪《范县乡土志》，1908 年刊。

日文部分

山東每日新聞社編：《山東に於ける邦人の經濟發展并に日華親和策》，濟南，1934 年版。
山本越美乃：《支那に於ける獨逸の經營》，東京：岩松堂 1914 年版。
馬場鍬太郎：《支那經濟地理志》交通篇，上海：禹域學會 1922 年版。
天城生：《濟南》，1915 年版。
長谷川櫻峰：《支那貿易案內》，東京：亞細亞社 1914 年版。
天野元之助：《支那農村雜記》，東京：生活社 1942 年版。

日本外務省:《在芝罘日本領事館館内狀況》，東京，1921年版。

日本外務省通商局:《清國事情》，東京，1907年版。

日本青島總領事館:《青島概觀》，青島，1927年版。

日本濟南總領事館:《山東概觀（未定稿)》，濟南，1926年版。

日清貿易研究所:《清國通商綜覽》，上海，1891年版。

中村正三:《濟南に於ける糧棧》，大連：滿鐵調查部1943年版。

岡伊太朗、小西元藏:《山東經濟事情——濟南を主として》，濟南：濟南經濟報社1919年版。

水野薰:《山東省中部山地帶に於ける農業事情》，大連：滿鐵經濟調查會1935年版。

水野薰、濱正雄:《御河棉地帶に於ける米棉》，天津，1934年版。

東亞同文會調查編纂部:《山東及膠州灣》，東京，1914年版。

東亞同文會:《宣統三年中國年鑒》，東京，1912年版。

東亞同文會：《支那省别全志》第4卷，《山東省》，東京，1917年版。

東亞同文會：《支那省别全志》，第12卷，《安徽省》，東京，1917年版。

東亞同文會：《支那經濟全書》，第2、5、7、12輯，東京：丸善株式會社1908—1910年版。

東亞同文會調查編纂部:《支那之工業》，東京，1917年版。

田原天南:《膠州灣》，大連：滿洲日日新聞株式會社1914年版。

田野元之助:《支那農村雜記》，東京：生活社1942年版。

興亞院華北聯絡部：《山東省西部膠濟沿綫林業調查》，北京，1941年版。

安源美佐雄：《支那の工業と原料》第1卷上下册，上海，1919年版。

吉田豐次郎:《山東視察報告文集》，大連：關東都督府民政部1913年版。

吉田新七郎：《山東牛及山東之畜產物》，青島：青島軍政署1916年版。

西村甲一:《山東省に於ける農村人口移動》，北京，1942年版。

華北交通株式會社青島出張所：《青島開港以來ノ山東省ノ經濟的發展》，青島，1939 年（H. Betz，Die wirtschaftliche Entwickelung der Provinz Schantung seit der Eröffnung Tsingtaus，1898—1910. Tsingtau，1911. 日譯本）。

杉山五郎：《最近山鐵沿綫事情》，青島，1917 年版。

秀英舍：《山東鐵道會社ニ關スル調查報告》，青島守備軍民政部 1919 年版。

青島日本商業會議所：《青島に於ける民船貿易》，青島，1926 年版。

青島軍政署：《山東研究資料》第 1 編，青島，1917 年版。

青島軍政署：《山東研究資料》第 2 編，青島，1917 年版。

青島軍政署：《山東之物産》第 2 編，青島，1917 年版。

青島軍政署：《青島要覽》，青島，1918 年第 4 版。

青島守備軍民政部：《山東ニ於クル主要事業ノ概況》，青島，1918 年版。

青島守備軍民政部：《山東之物産》第 1 編，青島，1920 年版。

青島守備軍民政部：《山東之物産》第 1 編，《落花生》，青島，1922 年版。

青島守備軍民政部：《山東之物産》第 4 編，《家蠶》，青島，1920 年版。

青島守備軍民政部：《山東之物産》第 5 編，青島，1921 年版。

青島守備軍民政部：《山東之物産》第 6 編，《礦産》，青島，1921 年版。

青島守備軍民政部：《青島之商工業》，青島，1918 年版。

青島守備軍民政部：《青島ノ工業》，青島，1919 年版。

青島守備軍民政部：《青島研究資料》，青島，1919 年版。

青島守備軍民政部：調查資料第 10 輯，《南山東及江蘇沿岸諸港調查報告書》，青島，1919 年版。

青島守備軍民政部：調查資料第 13 輯，《山東鐵道沿綫重要都市經濟事情》下册，青島，1919 年版。

青島守備軍民政部：調查資料第 14 輯，《南山東重要都市經濟事情》，青島，1920 年版。

青島守備軍民政部：調查資料第17輯，《東北山東踏查報告》，青島，1920年版。

青島守備軍鐵道部：調查資料第19輯，《兖州博山間鐵道沿綫調查報告》，青島，1921年版。

青島守備軍民政部：調查資料第20輯，《周村德州間及德州石家莊間并石家莊滄州間調查報告》，青島，1921年版。

青島守備軍鐵道部：調查資料第21輯，由《小清河ノ水運ト羊角溝》《大汶口泰安ニ於クル花生及花生油》等4篇組成，青島，1921年版。

青島守備軍鐵道部：調查資料第25輯，《津浦鐵道調查報告書》，青島，1922年版。

青島守備軍民政部：調查資料第27輯，《大運河及鹽運河沿岸都邑經濟事情》，青島，1922年版。

青島守備軍鐵道部：《周村事情》，油印本，1917年版。

青島守備軍鐵道部：《青州事情》，油印本，1917年版。

青島守備軍鐵道部：《沂州事情》，油印本，1917年版。

青島守備軍鐵道部：《博山事情》，油印本，1917年版。

梨本祐平：《北支の農業經濟》，東京：白楊社1940年版。

濟南商工會議所：《濟南事情》，濟南，1941年版。

高橋源太郎：《最近の青島》，東京：久松閣1918年版。

峰村喜藏：《清國蠶絲業大觀》，東京，1902年版。

鐵道院鐵道調查所編：《芝罘》，東京，1909年版。

航業聯合會芝罘支部：《芝罘事情》，烟臺，1939年版。

蠶絲業同業組合中央會：《支那蠶絲業大觀》，東京：岡田日榮堂1929年版。

朝鮮銀行調查課：《青島の錢莊業に就て》，1940年版。

濱正雄：《山東紡織業の概況》，天津：滿鐵天津事務所調查課1936年版。

滿鐵天津事務所：《北支那硫化染料工業》，天津，1936年版。

滿鐵東亞經濟調查局：《山東經濟事情梗概》，天津，1914年版。

滿鐵北支經濟調查所：《北支那工場實態調查報告（青島之部）》，大連：滿鐵調查部 1940 年版。

滿鐵北支經濟調查所：《北支那工場實態調查報告（濟南之部）》，大連：滿鐵調查部 1939 年版。

滿鐵北支經濟調查所：《北支那工場實態調查報告（烟臺之部）》，大連：滿鐵調查部 1940 年版。

滿鐵北支經濟調查所：《北支那工場實態調查報告（濰縣之部）》，大連：滿鐵調查部 1940 年版。

滿鐵北支經濟調查所：《濰縣土布業調查報告》，大連：滿鐵調查部 1942 年版。

滿鐵北支經濟調查所：《濰縣に於ける綫莊業》，大連：滿鐵調查部 1943 年版。

滿鐵礦業部礦務課：《山東礦業資料》，大連：滿洲日日新聞社 1914 年版。

滿鐵經濟調查會（山上金男）：山東省經濟調查資料第 1 輯，《山東商業經濟の發展とその破局的機構》，大連：編者刊 1935 年版。

滿鐵經濟調查會：山東省經濟調查資料第 2 輯，《山東に於ける工業の發展》，大連：編者刊 1935 年版。

滿鐵經濟調查會（田野元之助）：山東省經濟調查資料第 3 輯，《山東農業經濟論》，大連：編者刊 1936 年版。

滿鐵總務部調查課：《北支那貿易年報（1917—1921）》，大連，1922 年版。

滿鐵總務部調查課：《北支那貿易年報（1918—1924）》，大連，1925 年版。

滿鐵調查部：《北支那化學工業調查資料》，大連：編者刊 1937 年版。

影山卯一郎：《山東の研究》，東京：山東研究會 1916 年版。

英文部分

Armstrong, Alex. Shantung, A General of the Geography and History of the Province. Shanghai: The Shanghai Mercary Office, 1898.

Donnelly, I. A. Chinese Junks and other Native Craft. 1924.

Forsyth, R. C. Shantong, the Sacred Province of China. Shanghai, 1912.

Fisher, Daniel Webster. Calvin Wilson Mateer, Forty - five year a Missionary in Shantong, China. Philadelphia: The Westminster Press, 1911.

Nevius, Heien S. C. The Life of John Livingston Nevius, for Forty years a Missionary in China. New York, 1895.

China, The Maritime Customs: Dicennial Reports on Trade, Industies, etc. (简称 Decennial Reports). 1882—1891, 1892—1901, 1902—1911, 1912—1921, Chefoo.

China Imperial Maritime Customs: Reports on Trade at the Treaty Ports in China (简称 Trade Reports). 1862—1881.

China Imperial Maritime Customs: Returns of Trade and Trade Reports (简称 Trade Reports). 1882—1891.